Logistik
Prozeßmanagement

Horst Wildemann

Meiner Tochter Ricarda

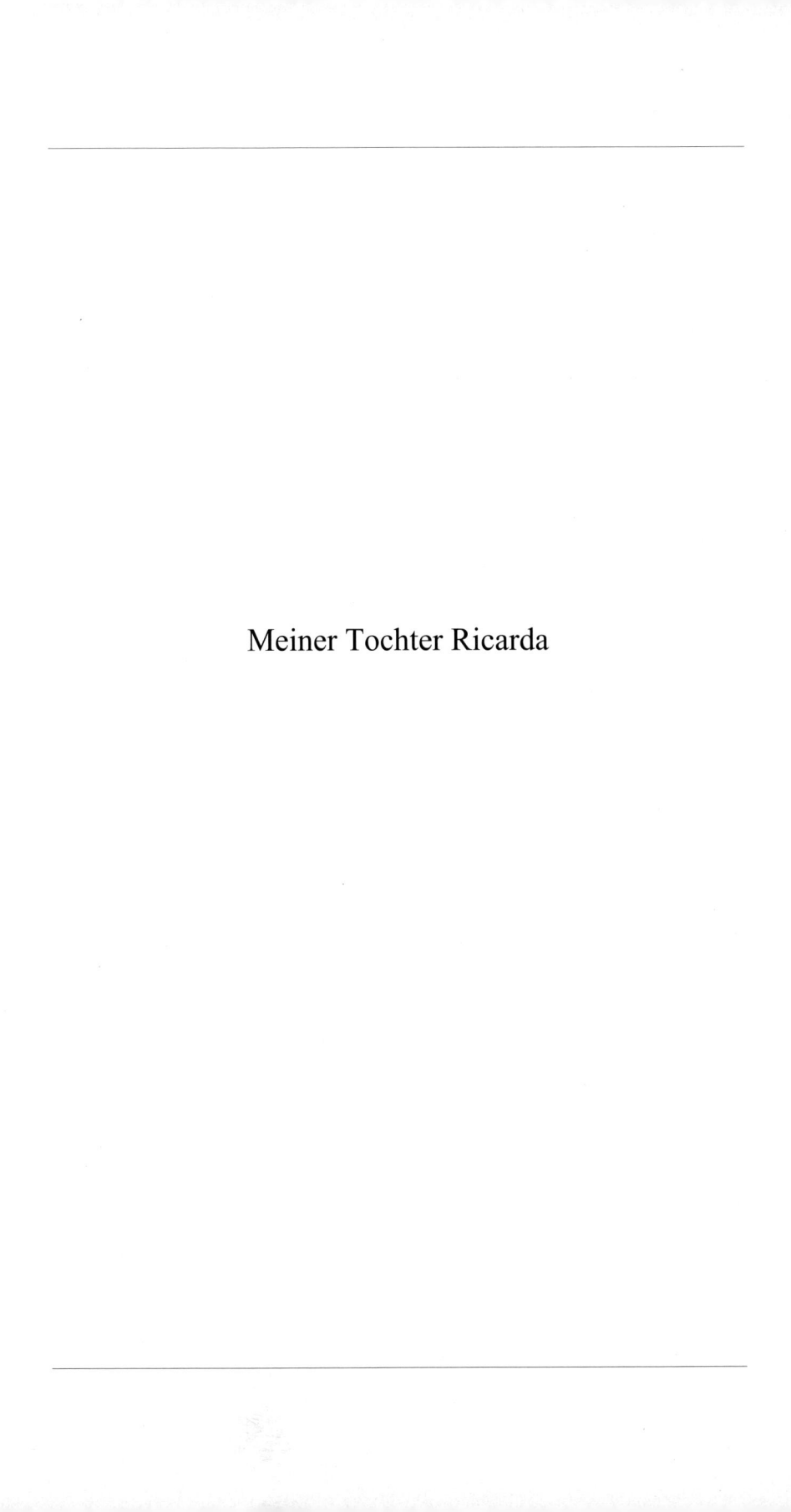

Horst Wildemann

Logistik Prozeßmanagement

Copyright by TCW Transfer-Centrum-Verlag GmbH 2009
1. Auflage 1997
2. Auflage 2001
3. Auflage 2005
4. Auflage 2009

Bibliografische Information Der Deutschen Bibliothek
Die Deutsche Bibliothek verzeichnet diese Publikation in
der Deutschen Nationalbibliografie:
detaillierte bibliografische Daten sind im Internet über
http://dnb.ddb.de abrufbar.

Wildemann, Horst:
Logistik Prozeßmanagement
4. Auflage
München: TCW Transfer-Centrum, 2009
ISBN 978-3-934155-61-9

Verlag:
TCW Transfer-Centrum-Verlag GmbH, München

Druck:
Hofmann GmbH & Co. KG, Offsetdruck + Repro, Traunreut

Alle Rechte, auch die der Übersetzung in fremde Sprachen, vorbehalten. Kein Teil dieses Werkes darf ohne schriftliche Genehmigung des Verlages in irgendeiner Form, auch nicht zum Zwecke der Unterrichtsgestaltung, reproduziert oder unter Verwendung elektronischer Systeme verarbeitet werden.

Vorwort zur vierten Auflage

Die Beherrschung der Logistikprozesse mit einer effizienten Schnittstellengestaltung zu internen und externen Wertschöpfungspartnern hat heute mehr Bedeutung denn je. Veränderte Wettbewerbs- und Wertschöpfungskonstellationen in einem globalen Wettbewerbsumfeld weisen der Logistik eine Rolle als Scharnierfunktion beim Wachstum und der Stabilisierung von Unternehmen zu. Die dazu erforderliche Logistikleistung definiert sich nicht mehr rein über die Paradigmen der Vergangenheit wie „Zero-Inventory" oder „Zero-Failure". Leistungsfähige Supply Chains müssen heute die Forderung nach „Zero-Surprise" in allen Phasen der Wertschöpfung gerecht werden.

Die Tatsache, dass heute zum Beispiel in der Automobilindustrie Produktionsstätten von Zulieferunternehmen, die mehr als tausend Kilometer vom Verbauort des OEMS entfernt liegen, über JiS-Konzepte in die Supply Chain eingebunden werden, zeigt das Entwicklungspotential der Logistik auf und verdeutlicht gleichzeitig die damit einhergehende Fragilität und Risikoexposition der neu entstehenden Wertschöpfungsgeflechte. Es ist klar, dass das Ende der Logistikentwicklung noch lange nicht erreicht ist und die Anforderungen der Zukunft den Menschen, Prozessen und IT-Systemen noch höhere Leistungsfähigkeit und Wandelbarkeit abverlangen werden.

Dieses nun in der vierten Auflage erscheinende Buch dient als Bauplan für ein robustes Fundament der Prozess -und Organisationsgestaltung der Logistik. Es berücksichtigt die Managementperspektive, in dem die Rolle der Logistik als Wettbewerbsfaktor herausgearbeitet und die wesentlichen Leitlinien der erfolgreichen Gestaltung skizziert werden. Genauso aber werden dem Leser die erforderlichen Bausteine, Methoden und Tools für eine effiziente, effektive und risikobewusste Gestaltung der Beschaffungs-, Produktions-, Distributions- und Entsorgungslogistik an die Hand gegeben. Der Maxime, stets auch immer besser werden zu müssen, wird Rechnung getragen: Robuste und in der Praxis bereits vielfach bewährte Methoden zur Rationalisierung logistischer Prozesse haben Eingang gefunden und können als Leitfaden zur Optimierung der eigenen Prozesse herangezogen werden. Dargestellt werden auch die Möglichkeiten des Prozessbenchmarkings, Konzepte zur Potentialerschließung im Einkauf,

Vorwort

Methoden der Bestandsreduzierung in der gesamten Supply Chain sowie Gestaltungsoptionen zur Reduktion der Durchlaufzeit und zur Verbesserung der Prozessqualität der logistischen Leistungserbringung. Empirisch fundierte Erfolgsmuster zur Ausgestaltung der Logistikorganisation und ein Ausblick auf identifizierte Entwicklungslinien der Logistik runden die vierte Auflage des vorliegenden Buches ab.

Ich freue mich über den Erfolg des Buches und die Möglichkeit, dies nun bereits in der vierten Auflage einer interessierten Leserschaft zur Verfügung stellen zu können. Es beweist einmal mehr, dass die Beschäftigung mit der Optimierung der Logistikprozesse ein aktuelles Thema ist, das nichts von seiner Bedeutung eingebüßt hat, sondern vielmehr auf der Strategie-Roadmap eines jeden Unternehmens stehen sollte, das in den unruhigen Fahrwassern der Globalisierung nicht nur den Kurs behalten, sondern auch schneller als die Wettbewerber das Ziel erreichen will.

München, im August 2008   Horst Wildemann

Vorwort zur dritten Auflage

Ein Drittel der Innovationen in den Unternehmen resultieren aus der Optimierung der Logistik. Dennoch ist in Wissenschaft und Praxis nach wie vor die Suche nach Potenzialen ungebrochen, um die Logistikkette schneller und effizienter werden zu lassen. Die Suchfelder haben sich mittlerweile verändert. Während man in den 80er Jahren in Japan mit dem Just-in-Time-Konzept sowie in den 90er Jahren in den USA mit dem Efficient Consumer Response-Konzept oder dem Supply-Chain-Management-Konzept Ausschau nach neuen Denkansätzen gehalten hat, finden sich nun verstärkt eigenständige Ansätze in Deutschland wieder. Damit wurde auf die Fehler in der Vergangenheit reagiert: Vielfach wurden japanische und amerikanische Logistikkonzepte unreflektiert auf die deutschen Unternehmen übertragen. Basierend auf ad hoc Entscheidungen wurde ein Just-in-Time-Konzept oder die produktionssynchrone Beschaffung eingeführt. Auch Entscheidungen hinsichtlich des Outsourcings logistischer Prozesse wurden teilweise getroffen, ohne sich der Auswirkungen bewusst zu sein.

Empirisch lässt sich dies daran belegen, dass der Durchdringungsgrad etablierter Konzepte und Methoden einerseits und die Zahl der Pilotprojekte innovativer Konzepte und Methoden andererseits geringer ist als bei erfolgreichen Unternehmen.

Einige Unternehmen haben versucht, die Elemente des Just-in-Time-Konzepts unabhängig voneinander anzugehen und damit "Schiffbruch" erlitten. Andere Unternehmen haben erst sehr gute Erfahrungen mit der Einführung derartiger Konzepte gemacht, jedoch ohne die Nachhaltigkeit der eingeleiteten Maßnahmen über die Jahre sicherzustellen. Gerade in letzter Zeit werden daher wieder vermehrt Just-in-Time- oder Just-in-Sequence-Audits durchgeführt, um wenigstens die ehemaligen Kanban-Regelkreise wieder "zum Leben zu erwecken".

Die Zeiten, wo eine Kanban-Steuerung losgelöst von anderen Steuerungskonzepten mit Hilfe von Kartentafeln erfolgte, gehören der Vergangenheit an. Moderne Produktionsplanungs- und -steuerungssysteme berücksichtigen dieses Steuerungsprinzip und sind zudem mit anderen Informations- und Kommunikationssystemen wie Supply-Chain-Management-Systemen vernetzt.

Vorwort

Diese IuK-Systeme sind ein Befähiger der heutigen Auftragslogistik. Kundenaufträge können in weltweit verteilten Systemen eingegeben und zentral bearbeitet werden. Trotz dieser Vernetzung wird eine Institutionalisierung der Prozesse in einem Auftragszentrum in vielen Unternehmen in Ergänzung verfolgt, um weitere Effizienz- und Effektivitätsverbesserungen zu erzielen. So sind organisatorische Konzepte notwendig, um die Zusammenarbeitsformen zwischen kaufmännischer und technischer Auftragsabwicklung zu unterstützen.

In Bezug auf die Fertigungssegmentierung ist festzustellen, dass das Potenzial nicht voll erkannt wurde. Erst jetzt bei hoher Volatilität der Märkte zeigt sich die hohe Flexibilität in der Produktion, wenn kleine autonome Einheiten oder sogar kleine Unternehmen im Unternehmen gebildet werden. Dieses Vorhalten von Anlagevermögen ist immer noch schwierig, den Unternehmen zu vermitteln, die eine hohe Produktivität mit einem hohen Anlagennutzungsgrad verbinden. Neben der Montage erlebt die Fertigungssegmentierung auch in anderen Bereichen nun wieder eine Renaissance. Selbst innovative Steuerungskonzepte, wie das Perlenketten-Verfahren, können nur in begrenztem Umfang die zunehmende Komplexität in der Logistikkette beherrschen.

Eine ereignisorientierte, regelbasierte Steuerung in der Logistikkette wird unter dem Stichwort Supply Chain Event-Management diskutiert. Aus der Perspektive des Management-Konzepts ist hierbei festzustellen, dass dieses Konzept zahlreiche Anleihen zum Entstörmanagement nimmt. Interorganisatorische Prozesse werden selten so ausgeführt, wie ursprünglich geplant, weil diese sich in einer Umwelt vollziehen, die anfällig für Störungen ist. Das Entstörmanagement versucht daher, die resultierenden Abweichungen zwischen den Plan-Werten und den Ist-Werten so früh wie möglich zu identifizieren, an die Entscheidungsträger weiterzuleiten und Handlungsempfehlungen, reflektierend vordefinierte Regeln, abzuleiten. Störungen sind nicht allein mit Hilfe einer IuK-Komponente zu beseitigen, sondern benötigen vielmehr ein Management-Konzept. Beide Komponenten stehen in wechselseitigen Beziehungen zueinander.

Neben der Beschaffungs- und Produktionslogistik zielt auch die Distributionslogistik darauf ab, die Bestände zu reduzieren. Lagerloser Warenumschlag oder "dynamic merge in transit" heißen hier die Zauberworte. Die Realität sieht immer noch anders aus: Die durchschnittliche Lagerzeit der Produkte in derartigen Lagern liegt teilweise über 48 Stunden, so dass von einem lagerlosen Warenumschlag nicht gesprochen werden kann. Empirische Untersuchungen zeigen, dass die Potenziale einer Optimierung einer Lagerstruktur mit "festen" Lagern noch immer nicht ausgeschöpft sind.

Die Erweiterungen des Just-In-Time-Konzepts sind in den Konzepten des Efficient Consumer Response und des Collaborative Planning, Forecasting & Replenishment (CPFR) zu sehen, die beide ihren Ursprung in der Konsumgüterlogistik haben. Beiden Konzepten ist gemeinsam, dass diese die Zusammenarbeit zwischen Zulieferern und Abnehmern deutlich erweitern wollen. So erstreckt sich das CPFR-Konzept über mehrere Stufen der Logistikkette und reicht vom Auffüllen des Lagers über die Bedarfsprognose bis hin zur Entwicklung eines gemeinsamen Geschäftsplans. Mit diesem Konzept werden somit nicht nur die operative, sondern auch die taktische und strategische Ebene tangiert.

Vertrauensbildende Maßnahmen sind im Vorfeld zu ergreifen, damit die beteiligten Unternehmen für derartige Formen der Zusammenarbeit (Collaboration) empfänglich werden. Diese Maßnahmen werden nicht kurzfristig realisiert, sondern benötigen ausreichend Zeit und induzieren eine Annäherung in mehreren Stufen. Dazu gehört auch, dass die Unternehmen lernen, den Nutzen aus der hieraus sich ergebenden Effizienzsteigerung gerechter zu verteilen. Bislang sind erst Ansätze bezüglich einer Kosten-Nutzen-Verteilung in der Logistikkette vorhanden. Diese konzentrieren sich vielfach ausschließlich auf quantifizierbare Messgrößen wie die Logistikkosten und -leistungen. Nicht quantifizierbare Größen, wie Visibilität und Transparenz, werden außer Acht gelassen.

Logistische Prozesse in der Distribution waren bereits zu Beginn der 50er Jahre Gegenstand des Outsourcings. Aufgrund des zunehmenden Anstiegs der Komplexität in der logistischen Kette und des stetigen Kostendrucks seit der 80er Jahre gingen die Unternehmen verstärkt dazu über, weitere Leistungsumfänge an ihre Dienstleister zu übertragen und den entsprechenden Kostendruck weiterzugeben. So wurden die Dienstleister beauftragt, einen Industriepark bezüglich der Eingangslogistik zu betreiben, indem die Kommissionierung der Teile in Verbindung mit einer Sequenzierung stattfinden sollte.

Vorwort

Die Diskussion der Kernkompetenzen in den 90er Jahren im Unternehmen hat dazu geführt, dass ein Outsourcing der Logistik nicht nur unter Kostengesichtspunkten geführt wird. Herausragende Logistikleistungen können nachweislich auch zur Kundenbindung beitragen. Logistische Leistungen sind daher hinsichtlich ihrer Marktattraktivität und relativen Kernkompetenz in einem Portfolio zu positionieren. Elemente der Einkaufspotenzialanalyse können zur Auswahl und Bewertung des Dienstleisters herangezogen werden.

Die sich im Konzentrationsprozess zu Beginn des neuen Jahrtausends herausgebildeten internationalen Dienstleister verfügen über entsprechende Netzwerke und steuern mittlerweile über Informations- und Kommunikationssysteme kleinere Dienstleister. Einige davon haben ihren Fuhrpark ganz aufgegeben und verstehen sich nun als reines "Generalunternehmen", also als 4th party logistics provider.

Aufgrund der obigen Entwicklungen und dem weiteren Streben nach Kostenreduzierung denken einige Unternehmen seit Kurzem wieder darüber nach, einen Schritt zurück zu gehen. So möchte man nun wieder eine Trennung der Materialbezugskosten in Materialeinstandskosten und Beschaffungslogistikkosten vornehmen, um weitere Kostensenkungspotenziale aufzuzeigen. Die Möglichkeit der Koordination der logistischen Prozesse soll dazu führen, dass neue Bündelungseffekte in Verbindung mit innovativen Konzepten wie dem CPFR-Konzept identifiziert werden können.

Aus diesen Trends in der Logistik kann festgehalten werden, dass die Potenziale bei weitem noch nicht ausgeschöpft sind. Die Entwicklungen von inner- und außerbetrieblichen Informations- und Kommunikationssystemen eröffnen vielmehr neue Gestaltungsfelder, um eine Ausdehnung bestehender Konzepte vorzunehmen. Inwieweit diese Konzepte Wirklichkeit werden, hängt maßgeblich davon ab, ob zukünftig eine Kosten-Nutzen-Verteilung zwischen Zulieferern und Abnehmern stattfinden wird. Zusätzlich sind vertrauensbildende Maßnahmen zu ergreifen.

München, im Januar 2005   Horst Wildemann

Vorwort zur zweiten Auflage

Eine managementorientierte Logistikkonzeption ist geprägt von einer ganzheitlichen und prozeßorientierten Sichtweise der Material- und Informationsflüsse innerhalb und zwischen Unternehmen. Die Betrachtung vollständiger Wertschöpfungsketten führt weg von Teillösungen und partiellen Optimierungsansätzen. Wesentliche Erfolgsfaktoren ganzheitlicher Logistikkonzepte sind die Prinzipien einer reibungslosen, bestandsarmen und den Prozeß fokussierenden logistischen Kette von der ersten Wertschöpfungsstufe bis zur Vertragserfüllung gegenüber dem Kunden. Die effiziente Gestaltung der Materialflüsse geht einher mit einer Organisationsgestaltung, die auf die Vermeidung von Schnittstellen ausgerichtet ist. Als wesentliches Gestaltungselement hat sich hier in vielen Fällen die Bildung von kleinen, autonomen Einheiten, die von Unternehmern im Unternehmen geleitet werden bewährt.

Innovative Logistikstrukturen erfordern aber vor allem auch die Nutzung des Kreativitäts- und Problemlösungspotentials der Mitarbeiter aller Hierarchieebenen. Diese Feststellung basiert auf der Erkenntnis, daß durch eine intelligente Organisation von Wissen Synergieeffekte erzielt werden können, die weit über die aus der additiven Vermehrung von Individualwissen resultierenden Lern- und Leistungspotentiale hinausgehen. Erst eine lernende Organisation ist in der Lage antizipativ auf Veränderungen im externen Entscheidungsfeld zu reagieren. Gerade die Reaktionsfähigkeit auf marktliche Veränderungen wird in dem dynamischen und globalen Umfeld für Unternehmen zu einem entscheidenden Wettbewerbsvorteil mit hohem Imitationsschutz.

Dies konfrontiert die Unternehmen mit der Anforderung unternehmensübergreifende Logistikstrukturen zu beherrschen. So werden unter dem Stichwort supply-chain-management unternehmensübergreifende Wertschöpfungsketten in Form weltweiter Produktions- und Zuliefernetzwerke hinsichtlich Kosten, Qualität und Zeit bei gleichzeitig hoher Transparenz über die relevanten Leistungskenngrößen optimiert. Bestandsarme Fertigung setzt schon innerhalb eines Unternehmens ein Höchstmaß an Prozeßsicherheit voraus. Unternehmens-

Vorwort

übergreifend wird das aktive Management von Beständen und Durchlaufzeiten zu einem Haupterfolgsfaktor aus logistischer Sicht. Neue Logistikstrukturen finden sich nicht nur in Produktionsunternehmen, sondern auch im Handel. Die Implementierung von Efficience-Consumer-Response-Ansätzen führt vielfach zu Quantensprüngen in der Logistikleistung. Besondere Anforderung an die Leistungsfähigkeit von Logistikstrukturen ergeben sich aus der Verbreitung des Internets und der Einführung des e-business. So führt das Internet zu einer Markttransparenz, wie sie bis jetzt nur an Börsen zu beobachten war.

Kontinuierliche Preissenkungen, weltweite Markttransparenz, kaum noch wahrnehmbare Markteintrittsbarrieren sowie ein permanenter Rationalisierungsdruck setzen stabile Prozesse in der Logistik voraus. Prozeßbeherrschung und die Fähigkeit zur permanenten Organisationsentwicklung wird damit zu einer Kernkompetenz. Schnelligkeit entscheidet über den Erfolg. Wenn früher die Beherrschung logistischer Prozesse zu einem dauerhaften Differenzierungsvorteil geführt hat, so ist heute festzustellen, daß der Einsatz moderner Informations- und Kommunikationstechnologien jedes Unternehmen bei der Beherrschung logistischer Prozesse unterstützen kann. Von entscheidender Bedeutung wird zukünftig die Schnelligkeit sein, mit der die Unternehmen ihre Logistikprozesse an geänderte Marktvoraussetzungen anpassen. Dieser Prozeß erfordert eine lernende Organisation in der Innovationen entstehen können. Denn Produkt- und Prozeßinnovationen sind nachhaltig wirkende Kostenreduzierungspotentiale.

In der neuen Auflage des Buches sind diese Überlegungen und Erkenntnisse aus einer ständigen Beratungspraxis mit weltweiten Produktions- und Zuliefernetzwerken eingeflossen.

München, im September 2000   Horst Wildemann

Vorwort zur ersten Auflage

Vor 25 Jahren standen einzelne Themen wie der effiziente Einkauf, die Einführung von PPS-Systemen oder die Warenverteilung im Mittelpunkt der Diskussion. Die technologische Entwicklung in der Datenverarbeitung und der Zwang, ganze Wertschöpfungsketten zu rationalisieren, ließen in den folgenden Jahren die Themen zu einer integrierten Logistikkonzeption verschmelzen. Insbesondere die Auseinandersetzung mit japanischen Managementkonzepten hat die Diskussion in den achtziger Jahren stark bereichert. Die Beschäftigung mit Konzepten eines fremden Sprachraums war schwierig und nicht auf der Basis vieler Aufsätze in Form von neuen Zusammenfassungen möglich. Es mußten immer wieder neue Elemente in die Diskussion gebracht werden, die sich an der Kunden- und Prozeßorientierung, der Kreislauflogistik, der Warendistribution in einem globalen Markt oder der Organisation globaler Zuliefer- und Produktionsnetzwerke festmachen ließen. Der Verfasser hat zu einigen dieser Themen in Monographien und Aufsätzen Beiträge geleistet und Stellung genommen.

Nach intensiver Auseinandersetzung mit diesen Themen wurden die Gedanken zu einer managementorientierten Logistikkonzeption zusammengefaßt. Die Ideen zu dieser Logistikkonzeption wurden mit vielen wissenschaftlichen Mitarbeitern diskutiert, die einige Ideen in ihren Arbeiten ausdifferenzierten und weiterverfolgten, wofür ich ihnen zu großem Dank verpflichtet bin. Meine Sichtweise der managementorientierten Logistikkonzeption wurde aber geprägt durch die intensive Suche nach Lösungen für praktische Probleme in der Automobil- und Zulieferindustrie, dem Maschinenbau, der Elektro- und Elektronikindustrie, aber auch in der Prozeß- und Konsumgüterindustrie sowie in Handelsunternehmen. Sich diesen Herausforderungen im engen Dialog mit Praktikern zu stellen, hat meinen Blick für Möglichkeiten zur Leistungssteigerung und Kostensenkung in der Logistik geschärft. Meinen Gesprächspartnern und Auftraggebern aus der Praxis schulde ich besonderen Dank auch dafür, daß sie unsere Lösungsvorschläge dem Härtetest der Praxis unterzogen und auf die Unzulänglichkeiten aus Ergebnisinteresse hinwiesen. Mein Anliegen ist es, das Bewußtsein in der Praxis durch Forschung zu verändern und zu fragen, welche Rezepte für morgen sich aus dem Stand der Forschung

Vorwort

ableiten lassen. Ich nenne dies praxisbezogene Forschung oder mit Poppers Worten gesagt: "Alles Leben ist Problemlösen."

Wichtige Unterstützung bei der Ausarbeitung dieses Buches erhielt ich durch meine Mitarbeiter die Herren Dipl.-Ing. Heinrich Dreyer, Dipl.-Ing., Dipl.-Wirt. Ing. Jörg M. Elsenbach, Dipl.-Kfm. Stefan Frings, Dipl.-Kfm. Michael Gick, Dr. Michael Hadamitzky, Dipl.-Ing., Dipl.-Wirt. Ing. Holger Koschorz, Frau Dr. Bettina Männel, Dipl.-Wirtsch.-Ing. Olaf Marx, Dipl.-Kfm. Georg Miehler, Dipl.-Wirtsch.-Ing. Achim Reinhold, Dipl.-Ing., Dipl.-Wirtsch.-Ing. Stefan Schifferer und Dr. Michael Veitinger. Ganz besonderer Dank gebührt aber Herrn Elsenbach, der mit der hilfreichen Unterstützung durch Frau Launer die mühsame Aufgabe der redaktionellen Endfassung dieses Buches übernommen hat.

Dieses Buch widme ich meiner Tochter Ricarda zu ihrem 18. Geburtstag.

München, im Juni 1997   Horst Wildemann

Inhaltsverzeichnis

Seite

Vorwort .... **I**

Abbildungsverzeichnis .... **XVI**

1 Logistik als Wettbewerbsfaktor **1**
    1.1 Die strategische Bedeutung der Logistik 1
    1.2 Logistikbegriffe und -konzepte 4
    1.3 Die logistische Kette als Untersuchungsobjekt 7
           1.3.1 Darstellung und Beschreibung der logistischen Kette als Referenzmodell 7
           1.3.2 Meßkonzepte 10
    1.4 Die Leitprinzipien der Logistik 15
           1.4.1 Ganzheitliches Denken und Handeln 16
           1.4.2 Nicht Funktions-, sondern Flußoptimierung ermöglicht eine kundennahe Produktion 17
           1.4.3 Bestände in der Produktion und im Fertigwarenlager stellen gespeicherte Kapazitäten dar! 22
           1.4.4 Bestände verdecken Fehler! 23
           1.4.5 Zur Beurteilung der Effizenz der Fertigung sind neben Kosten und Produktivität die Durchlauf- und Wiederbeschaffungszeiten heranzuziehen! 24
           1.4.6 Wettbewerbs- und Kundenorientierung 27
           1.4.7 Kreislaufoptimierung 29

2 Die Phasen in der logistischen Prozeßkette **33**
    2.1 Beschaffungslogistik: Vom Lieferanten zum Abnehmer ... 33
    2.2 Produktionslogistik: Von Wertschöpfungsstufe zu Wertschöpfungsstufe 35
    2.3 Distributionslogistik: Vom Produzenten zum Kunden 45
    2.4 Entsorgungslogistik: Vom Kunden zum Produzenten 49

Inhaltsverzeichnis

Seite

 2.5 Zusammenfassung: Phasen und Prozesse in der logistischen Kette 53

3 Beschaffungslogistik 59

 3.1 Versorgungskonzepte 59
  3.1.1 Materialflußgestaltung 61
  3.1.2 Speditionskonzepte 68
  3.1.3 Informationsflußgestaltung 73
  3.1.4 Informationssysteme zwischen Abnehmern und Lieferanten 75
 3.2 Beschaffungsstrategien 80
  3.2.1 Kaufteile-Portfolio 81
  3.2.2 Normstrategien für Kaufteile 86
 3.3 Qualitätssicherung von Zulieferungen 100
  3.3.1 Methoden der Qualitätssicherung 101
  3.3.2 Lieferantenspezifische Optimierung der Logistikqualität 108
  3.3.3 Informationsqualität in der Abnehmer-Lieferanten-Beziehung 111
  3.3.4 Wirkungsanalyse 115
  3.3.5 Fallstudie: Fehlteilmanagement 120

4 Produktionslogistik 124

 4.1 Logistikgerechte Produktionsstrukturen 124
 4.2 Steuerungskonzepte 138
  4.2.1 Materials Requirement Planning 141
  4.2.2 Fortschrittszahlen 143
  4.2.3 Belastungsorientierte Auftragsfreigabe 144
  4.2.4 Engpaßsteuerung 146
  4.2.5 KANBAN 149
 4.3 Entstörmanagement 150
  4.3.1 Bedeutung des Störungsphänomens 155
  4.3.2 Strategien der Entstörung 158
 4.4 Organisatorische Gestaltung der Auftragsabwicklung 164

Seite

    4.4.1 Gestaltungsobjekte 167
    4.4.2 Gestaltungsprinzipien 174
    4.4.3 Auftragszentrum 182

5 Distributionslogistik 188

5.1 Ziele und Strategien 188

5.2 Gestaltungsparameter 190

5.3 Prozesse 193

    5.3.1 Absatzplanung, Disposition und Bedarfsmeldung 194
    5.3.2 Auftragsabwicklung 195
    5.3.3 Lagerhaltung 196
    5.3.4 Kommissionierung und Verpackung 201
    5.3.5 Transport und Versand 202

5.4 Modelle der Distributionslogistik 204

    5.4.1 Strukturierung von Transport- und Lagerprozessen 205
    5.4.2 Transportoptimierungsmodelle 215
    5.4.3 Koordination von Eigen- und Fremdleistungen 218

5.5 Das Konzept "Efficient Consumer Response" 221

    5.5.1 Ziele und Strategien 225
    5.5.2 Prozesse 229
    5.5.3 Betriebswirtschaftliche Wirkungen 235

5.6 Bewertung der Distributionsleistung 237

6 Entsorgungslogistik 244

6.1 Ziele und Strategien 244

6.2 Prozesse 249

6.3 Kreislauforientierte Entsorgungssysteme 254

    6.3.1 Redistributionssysteme 256
    6.3.2 Aufbereitungssysteme 259
    6.3.3 Wiedereinsatzsysteme 261

Inhaltsverzeichnis

Seite

6.4 Behälterkreisläufe als gestaltendes Element von
Entsorgungssystemen 262
  6.4.1 Gestaltungsparameter von Behältern 263
  6.4.2 Behälterkonzepte 266
  6.4.3 Behälterkreislaufsysteme 269
  6.4.4 Ökologie und Verpackung 274
6.5 Bewertung der Entsorgungsleistung 275

7 Methoden zur Rationalisierung logistischer Prozesse 280

7.1 Prozeßbenchmarking 290
  7.1.1 Meßkonzept 294
  7.1.2 Benchmarking-Prozeß 299
  7.1.3 Prozeßbenchmarking zur Potentialermittlung
         von Logistikprozessen 304
  7.1.4 Empirische Befunde 308
7.2 Konzepte zur Potentialerschließung im Einkauf 313
  7.2.1 Identifikation von Einkaufspotentialen mit
         Hilfe der Lieferantenbewertung 314
  7.2.2 Prozeßoptimierung zwischen Lieferant und
         Abnehmer 331
  7.2.3 Gemeinsame wertanalytische und wert-
         gestalterische Aktivitäten in der Abnehmer-
         Lieferanten-Beziehung 340
  7.2.4 Verfahrensauswahl 350
7.3 Methoden zur Bestandsreduzierung 351
  7.3.1 Bestände in der logistischen Kette 352
  7.3.2 Instrumente zur Analyse von Beständen 355
  7.3.3 Maßnahmen zur Reduzierung von Beständen 359
7.4 Durchlaufzeitreduzierung in logistischen Prozessen 367
  7.4.1 Durchlaufzeitanalyse 370
  7.4.2 Einflußgrößen 376
  7.4.3 Konzepte zur Durchlaufzeitverkürzung 378
7.5 Qualitätssicherung logistischer Leistungen 383

Seite

    7.5.1 Messung der Ergebnisqualität als Indikator der Kundenzufriedenheit 386

    7.5.2 Messung und Beeinflussung der Abwicklungsqualität 390

    7.5.3 Messung und Beeinflussung der Potentialqualität 400

    7.5.4 Organisation der QS-Aktivitäten 401

  7.6 Meßkonzepte für die Wirksamkeit von Rationalisierungsmaßnahmen 402

8 Logistikorganisation 415

  8.1 Analyse der Aufgaben der Logistik 417

  8.2 Einbindung der Logistik in die Gesamtorganisation 421

  8.3 Aufgabensynthese und Stellenbildung 423

  8.4 Hierarchische Einordnung der Logistik 427

  8.5 Externalisierung von Logistikaufgaben 427

9 Entwicklungslinien in der Logistik 431

Literaturverzeichnis 442

Stichwortverzeichnis 450

Der Autor 463

Abbildungsverzeichnis

Seite

Abb. 1-1:	Die Wanderungsbilanz der Logistikkosten	1
Abb. 1-2:	Entwicklungsphasen der Logistikkonzeption	6
Abb. 1-3:	Die logistische Kette zwischen Zulieferer, Produzent und Abnehmer	8
Abb. 1-4:	Logistikbilanz (Beispiel)	11
Abb. 1-5:	Dimensionen der Logistikleistungen	12
Abb. 1-6:	Gestaltungsprinzipien der Unternehmenslogistik	16
Abb. 1-7:	Die Umwandlung von Umlauf- in Anlagevermögen	22
Abb. 1-8:	Die Funktionen von Beständen	23
Abb. 1-9:	Die Ansatzpunkte zur Durchlaufzeitreduzierung	25
Abb. 1-10:	Der Zusammenhang zwischen Durchlaufzeit und Prognosesicherheit	26
Abb. 1-11:	Der Zeitverzug zwischen auftretender Nachfrage und betrieblicher Reaktion	26
Abb. 1-12:	Die Logistik im strategischen Dreieck zwischen Kunde, Wettbewerb und Unternehmen	27
Abb. 1-13:	Distribution und Redistribution von Mehrweg-Transportverpackungen	30
Abb. 2-1:	Planungsebenen	36
Abb. 2-2:	Anonyme und kundenauftragsbezogene Primärbedarfe	38
Abb. 2-3:	Verbrauchs- und programmgebundene Disposition	40
Abb. 2-4:	Brutto-Netto-Rechnung - erste Strukturstufe	41
Abb. 2-5:	Brutto-Netto-Rechnung - zweite Strukturstufe	42
Abb. 2-6:	Zeit- und Kapazitätswirtschaft	44
Abb. 2-7:	Von der Abfallwirtschaft zur Kreislaufwirtschaft	52
Abb. 2-8:	Subsysteme der Unternehmenslogistik	53
Abb. 2-9:	Aufbau des Buches	57
Abb. 3-1:	Teilebezogene Kriterien für eine Direktanlieferung	62
Abb. 3-2:	Lieferantenbezogene Kriterien für eine Direktanlieferung	63
Abb. 3-3:	Alternative Versorgungsstrukturen	64
Abb. 3-4:	Lagerorganisationstypen	66
Abb. 3-5:	Verantwortungsbereiche bei Lagermodellen	68

Abbildungsverzeichnis

Seite

Abb. 3-6:	Realisierungskonzepte zur produktionssynchronen Beschaffung	69
Abb. 3-7:	Ebenen der Planungssystematik (Beispiel)	77
Abb. 3-8:	Elektronischer Datenaustausch (EDI) in einer unternehmensübergreifenden Logistikkette	79
Abb. 3-9:	Checkliste Versorgungsrisiko: Spezifität, Komplexität und Unsicherheit	83
Abb. 3-10:	Kaufteile-Portfolio	85
Abb. 3-11:	Normstrategien im Kaufteile-Portfolio	87
Abb. 3-12:	Beschaffungskonzepte für Strategische Kaufteile	88
Abb. 3-13:	Single Sourcing Varianten	90
Abb. 3-14:	Modular-/System-Sourcing	92
Abb. 3-15:	Beschaffungskonzepte für Kern-Kaufteile	94
Abb. 3-16:	Beschaffungskonzepte für Engpaß-Kaufteile	97
Abb. 3-17:	Beschaffungskonzepte für Standard-Kaufteile	99
Abb. 3-18:	Wirkungen des Wegfalls der Wareneingangskontrolle	102
Abb. 3-19:	Einbezug logistischer Qualitätsmerkmale	106
Abb. 3-20:	QFD für logistische Leistungen	107
Abb. 3-21:	Methodeneignung in Abhängigkeit vom Lieferantentyp	112
Abb. 3-22:	Informationsumfänge und Transaktionskosten	116
Abb. 3-23:	Transaktionskosten in Abhängigkeit vom Kooperationsgrad	118
Abb. 3-24:	Ursache-Wirkungs-Diagramm zur Fehlteilanalyse	121
Abb. 3-25:	Ergebnisübersicht Fehlteil-FMEA	122
Abb. 4-1:	Perspektiven logistikgerechter Fabrikstrukturen	128
Abb. 4-2:	Merkmale und Prinzipien der Fertigungssegmentierung	131
Abb. 4-3:	Aufgabenverteilung zwischen Leistungs-Center und Service-Center	137
Abb. 4-4:	Übersicht über die Steuerungskonzepte	140
Abb. 4-5:	Angepaßte Methoden der Ablaufsteuerung	141
Abb. 4-6:	Schemadarstellung MRP	142
Abb. 4-7:	MRP II-Konzept	142
Abb. 4-8:	Das Fortschrittszahlenkonzept	143
Abb. 4-9:	Das Trichtermodell der belastungsorientierten Auftragsfreigabe	145

Abbildungsverzeichnis

		Seite
Abb. 4-10:	Engpaßsteuerung	148
Abb. 4-11:	Das KANBAN-Regelkreissystem	149
Abb. 4-12:	Verursachungsort der Störungen	156
Abb. 4-13:	Ursachen nicht genutzter Kapazität in der Fertigung	156
Abb. 4-14:	Vor- und Nachteile ursachen- und wirkungsbezogener Entstörstrategien	161
Abb. 4-15:	Maßnahmen des Entstörmanagements	163
Abb. 4-16:	Ausgangssituation in indirekten Bereichen	165
Abb. 4-17:	Segmentierung des Auftragsabwicklungsprozesses	173
Abb. 4-18:	Bildung von Auftragstypen nach der Komplexität	177
Abb. 4-19:	Leitlinien zur Prozeßoptimierung	178
Abb. 4-20:	Beispiel für ein Bürolayout im Auftragsabwicklungssegment	181
Abb. 4-21:	Funktionen der Auftragsabwicklung	185
Abb. 4-22:	Betriebswirtschaftliche Wirkungen einer teamorientierten Auftragsabwicklung	187
Abb. 5-1:	Alternative Logistikstrukturen	199
Abb. 5-2:	Einflußgrößen für zentrale/dezentrale Lager	201
Abb. 5-3:	Vor- und Nachteile alternativer Verkehrsarten	203
Abb. 5-4:	Lager- und Transportstrategien der Distributionslogistik	207
Abb. 5-5:	Das Konzept der "Efficient Consumer Response"	223
Abb. 5-6:	Harmonisierung der Wertschöpfung	224
Abb. 5-7:	6 Basisstrategien im ECR-Konzept	228
Abb. 6-1:	Wanderungsbilanz der Entsorgungslogistikkosten	246
Abb. 6-2:	Abfallwirtschaftliche Zielhierarchie	246
Abb. 6-3:	Das Prozeßmodell der Entsorgung	250
Abb. 6-4:	Transportsteuerungen	252
Abb. 6-5:	Zuordnung von Behälterauswahl- und Behältergestaltungs-kriterien zu logistischen Behälterfunktionen	264
Abb. 6-6:	Lebenszyklus eines Behälters	267
Abb. 6-7:	Materialflußdurchdringungsgrade von Behältern	269
Abb. 7-1:	Anlässe der Rationalisierung logistischer Prozesse	281
Abb. 7-2:	Ziele der Rationalisierung logistischer Prozesse	282
Abb. 7-3:	Basisstrategien zur Produktivitätssteigerung	285

Abbildungsverzeichnis

Seite

Abb. 7-4:	Verbesserungsspirale in den physischen Logistikprozessen	286
Abb. 7-5:	Verbesserungsspirale in den informatorischen Logistikprozessen	288
Abb. 7-6:	Benchmarking als Weiterentwicklung der Wettbewerbsanalyse	291
Abb. 7-7:	Kernaktivitäten des Benchmarking	293
Abb. 7-8:	Meßgrößen in der Logistik	295
Abb. 7-9:	Leistungsprofil Logistik-Meßgrößen	296
Abb. 7-10:	Prozeßsynthese mittels Prozeßbenchmarking	297
Abb. 7-11:	Kennzahlen Logistikprozesse	298
Abb. 7-12:	Benchmarking-Prozeß	300
Abb. 7-13:	Benchmarking-Entwicklungsstufen	303
Abb. 7-14:	Anwendung und Wirkungen des Benchmarking (n=41)	309
Abb. 7-15:	Fallbeispiel: Benchmarking von Automobilzulieferern	312
Abb. 7-16:	Verantwortung und Ort der Informationserhebung für ausgewählte Lieferantenbewertungen	317
Abb. 7-17:	Veränderung der Wettbewerbsfaktoren für Zulieferanten	319
Abb. 7-18:	Ziele der externen Auditierung	321
Abb. 7-19:	Systeme und Untersuchungsbereiche der Lieferantenauditierung	322
Abb. 7-20:	Ablauf der Zertifizierung	325
Abb. 7-21:	Entwicklungslinien der Qualitätsnachweisführung	326
Abb. 7-22:	Grund für die Auditierung und Zertifizierung von Qualitätssicherungssystemen	328
Abb. 7-23:	Übersicht über die Programme der Automobilhersteller zur Optimierung der Abnehmer-Lieferanten-Beziehung	333
Abb. 7-24:	Ermittlung der gesamten Einstandskosten	338
Abb. 7-25:	Bewertung der Lieferantenprogramme der Automobilhersteller	340
Abb. 7-26:	Aufbau von Workshops mit Lieferanten	345
Abb. 7-27:	Ablauf und Inhalte des 4-Tage-Workshops mit Lieferanten	347
Abb. 7-28:	Auswirkungen von Beständen auf den ROI	353

Abbildungsverzeichnis

		Seite
Abb. 7-29:	Zielkonflikte im Bestandsmanagement	354
Abb. 7-30:	Wertzuwachskurve	358
Abb. 7-31:	Die Wahl der Bevorratungsebenen	359
Abb. 7-32:	Bestandssenkung durch verkürzte Dispositionszyklen	365
Abb. 7-33:	Wirkungen einer Durchlaufzeitverkürzung	369
Abb. 7-34:	Exemplarische Analyse der Durchlaufzeitbestandteile	370
Abb. 7-35:	Wert- und Materialzuwachskurve	373
Abb. 7-36:	Beispiel eines Ursache-Wirkungs-Diagramms	374
Abb. 7-37:	Beispiel einer logistischen Kette (IST und SOLL)	375
Abb. 7-38:	Hindernisse in Geschäftsprozessen	377
Abb. 7-39:	Einflußebenen der Qualität von Logistiksystemen	384
Abb. 7-40:	Kennzahlen logistischer Qualitätskomponenten	388
Abb. 7-41:	Formblatt zur Durchführung einer FMEA	395
Abb. 7-42:	Organisation der Qualitätssicherung von Logistikleistungen	402
Abb. 7-43:	Vorgehensweise zur Bestimmung der Halbwertzeit	404
Abb. 7-44:	Charakterisierung der Methoden zur Ermittlung von Soll-Ausprägungen	405
Abb. 7-45:	Charakterisierung der Diagnosemethoden	406
Abb. 7-46:	Abbildungsvorschrift der Mustererkennung	408
Abb. 7-47:	Ebenen des Wertschöpfungsprozesses	409
Abb. 7-48:	Logistikleistung	410
Abb. 7-49:	Kunden- und Serviceleistung	411
Abb. 7-50:	DuPont-Simulation	414
Abb. 7-51:	Return On Net Assets (RONA)	414
Abb. 8-1:	Aufgabenfelder der Logistik	418
Abb. 8-2:	Analyse ausgewählter funktionaler Logistikaufgaben	420
Abb. 8-3:	Grundmodelle der Logistikorganisation	422
Abb. 8-4:	Lebenszyklus von Basistypen der Logistikorganisation	426
Abb. 9-1:	Traditioneller Ansatz versus Reverse Engineering	434
Abb. 9-2:	Management virtueller Unternehmensstrukturen	440

1 Logistik als Wettbewerbsfaktor

1.1 Die strategische Bedeutung der Logistik

Technische Innovationen in der Kommunikations- und Informationsverarbeitung, permanenter organisatorischer Wandel, die Internationalisierung von Geschäftssystemen und die Konzentration auf Kernkompetenzen bis hin zu virtuellen Unternehmen führen zu einer neuen Wettbewerbslandschaft. Um in einem solchen Szenario bestehen zu können, kommt es für Unternehmen darauf an, die Effektivität und Effizienz der Logistikkette zu erhöhen. Hierfür sprechen zwei Gründe: Zum einen können durch verbesserte Logistikkonzepte erhebliche Kostensenkungspotentiale erschlossen werden. Nach wie vor liegt der Anteil der Logistikkosten in Deutschland zwischen 15-25% an den Gesamtkosten und im Durchschnitt zwischen 8-14% am Umsatz (vgl. Abb. 1-1). Untersuchungen aus den USA deuten in eine ähnliche Richtung. Sie weisen einen Anteil der Logistik am Bruttosozialprodukt von 11,4% aus (vgl. Pfohl 1996, S. 55; Bowersox 1994, S. 22). Die Entwicklungsrichtung ist auch hier eher steigend, wenn man von einem ansteigenden Trend zur Internalisierung von Umwelt- und Entsorgungskosten ausgeht und eine wachsende Bedeutung der Redistributionslogistik von Konsumtionsrückständen konstatiert. Obgleich

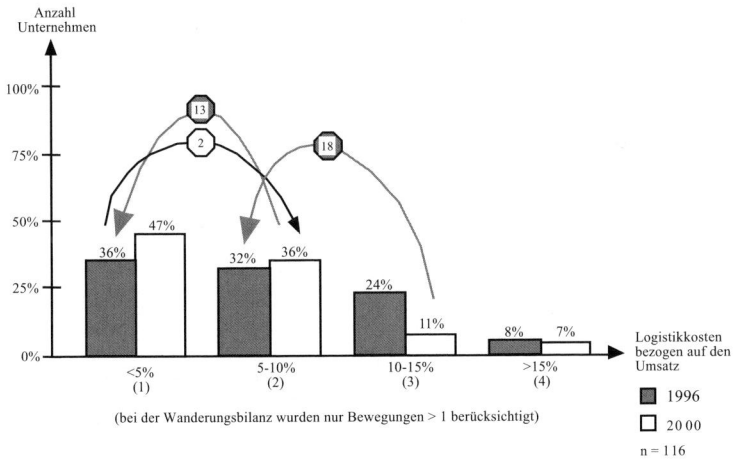

Abb. 1-1: Die Wanderungsbilanz der Logistikkosten

Kostenstatistiken speziell in Querschnittsbereichen wie der Logistik aufgrund von Unsicherheiten bei der Datenerhebung, falschen Kosteneinschätzungen und auch aufgrund der mangelnden Standardisierung logistischer Prozeßelemente mit einer gewissen Zurückhaltung zu analysieren sind, weisen sie dennoch auf das große Ergebnispotential in der Logistik hin. Das logistische Gesamtpotential wird deutlich, wenn man die Umsatzanteile der Logistikkosten den tatsächlich realisierten Umsatzrenditen von Unternehmen gegenüberstellt. Die Umsatzrenditen vor Steuern bewegen sich im Durchschnitt bei erfolgreichen Unternehmen im Handel, also dort wo ein sehr hoher Logistikkostenanteil anzutreffen ist, in der Größenordnung von 1,5 bis 2% vom Umsatz. Bei überdurchschnittlich erfolgreichen Produktionsunternehmen liegt die Spannbreite bei der Umsatzrendite zwischen 8 und 15%. Der sich hieraus ergebende Ergebnishebel in der Logistik ist offensichtlich. Gelingt es, die Logistikkosten zu halbieren, kann die Umsatzrendite um mindestens 20% verbessert und im besten Fall verdoppelt werden. Dramatischer wird eine Kostenbetrachtung bei der Konfrontation mit den jeweils besten Unternehmen einer Branche, die Kostenvorteile in der Logistikkette von 30% aufweisen. Branchenübergreifend können sogar Kostenunterschiede von mehr als 50% nachgewiesen werden.

Neben den Kostenwirkungen kommt der Leistungskomponente der Logistik eine wachsende Bedeutung im Wettbewerb zu. Denn wenn sich weltweit die technischen Merkmale angleichen, ist nicht mehr allein die Produktqualität für die Kaufentscheidung und die Kundenbindung ausschlaggebend. Vielmehr wird das Angebot an logistischen Dienstleistungen zum mitentscheidenden Wettbewerbsfaktor. Logistische Leistungen wirken sich in mehrfacher Weise auf die Spielregeln im Wettbewerb aus:

➢ Logistische Leistungen bestimmen den Kundennutzen, indem sie die Lieferqualität, den Lieferzeitpunkt und die Verfügbarkeit am Point of Sales beeinflussen.

Die Entwicklung der industriellen Märkte zu Käufermärkten haben für Unternehmen und für deren Produkte weitreichende Konsequenzen. Nur eine strikte Kundenorientierung und die Bereitstellung von Produkten und Dienstleistungen "Just-In-Time" bieten die Möglichkeit, im Wettbewerb erfolgreich zu sein. Dies gilt insbesondere für Branchen, die durch gesättigte, fragmentierte Märkte sowie zyklische Nachfrageschwankungen und fluktuierende Kundenwünsche gekennzeichnet sind.

➢ Logistische (Spitzen-)Leistungen bieten ein Differenzierungspotential gegenüber den Wettbewerbern, da sie nur schwer zu imitieren sind.

Studien zur Erfolgsfaktorenforschung zeigen, daß der Unternehmenserfolg längst nicht mehr allein von marktgerechten Produkten und überlegenen Technologien abhängt, sondern in zunehmendem Maße davon beeinflußt wird, mit welchen Methoden und Kompetenzen Unternehmen im Wettbewerb agieren. Im Vordergrund steht dabei die Generierung von Alleinstellungsmerkmalen gegenüber der Konkurrenz. Hierzu bieten sich der Logistik neben der Optimierung unternehmensspezifischer und unternehmensübergreifender Prozeßketten vor allem Differenzierungspotentiale durch den Aufbau interner und externer Kunden-Lieferanten-Beziehungen, die vom Wettbewerb nur schwer oder überhaupt nicht zu imitieren sind.

➢ Logistische Leistungen ermöglichen die Neudefinition von Branchenspielregeln.

Erfolgreiche Dienstleistungsunternehmen zeigen, daß sich die Logistik längst von einem Cost-Center zu einem Profit-Center entwickelt hat. Durch die Bündelung logistischer Kompetenzen lassen sich die Prozesse in der Logistik branchenübergreifend neu ausrichten. Dadurch entstehen neue Geschäftsfelder und Märkte mit einem hohen Wertschöpfungs- und Ergebnispotential.

Aus dem Kosten- und Leistungspotential der Logistik wird deutlich, daß sich die Logistik von einem reinen Erfüllungsgehilfen der betrieblichen Primärfunktionen Einkauf, Produktion und Verkauf zu einem wettbewerbsrelevanten Managementkonzept entwickelt hat. Nicht mehr die Überbrückung von Raum-Zeit-Disparitäten steht im Vordergrund der Gestaltung logistischer Prozeßketten. Vielmehr gilt es, die gesamte Wertschöpfungskette nach logistischen Prinzipien zu gestalten.

1.2 Logistikbegriffe und -konzepte

Die Logistik hat im Verlauf ihrer Entwicklung unterschiedliche Ausprägungen und Interpretationen erfahren. Das in der Literatur anzutreffende Spektrum an Konzeptionen und Begriffsauffassungen umfaßt unterschiedliche, teilweise widersprüchliche Auslegungen des Bedeutungsinhalts der Logistik. Die Definitionen reichen von einem wissenschaftskonzeptionellen Logistikverständnis (Logistik als wissenschaftliche Lehre) über eine problembezogene Aufzählung verschiedener Logistikaufgaben bis hin zu Bedeutungsinhalten, die entweder durch einen führungsorientierten Koordinationsansatz (Logistik als materialflußbezogene Koordinationsfunktion) oder durch einen strategieorientierten Erklärungsansatz (Logistik als bereichsübergreifende Strategie zur Optimierung der Produktherstellung) gekennzeichnet sind. In der Literatur besteht Einigkeit darüber, daß als zentraler Begriffsinhalt der Logistik die zielgerichtete Überbrückung von Raum- und Zeitdisparitäten anzusehen ist (Magee 1985, S. 1f.; Ihde 1991, S. 2; Pfohl, 1972, S. 15f.). Durch logistische Aktivitäten werden räumlich und zeitlich entkoppelte Prozesse der Produktion und Konsumtion miteinander verbunden, ohne daß diese eine bewußte Veränderung ihrer physischen Eigenschaften erfahren. Hieran anknüpfend kann Logistik im weitesten Sinn "als Inbegriff aller Prozesse in sozialen Systemen (Gesellschaften, Organisationen) definiert werden, die der Raumüberwindung bzw. Zeitüberbrückung sowie deren Steuerung und Regelung dienen" (Kirsch 1973, S. 79). Die Konzeption der Unternehmenslogistik stützt sich auf systemtheoretische Erkenntnisse. Sie umfaßt die ganzheitliche Funktions- und Unternehmensgrenzen überwindende Gestaltung, Steuerung und Koordination der Material- und Produktflüsse sowie der hierzu komplementären Informationsflüsse von den Lieferanten durch das Unternehmen bis hin zu den Kunden. Aus diesem Gegenstandsbereich heraus haben sich vier Konzepte der Logistik herausgebildet:

1. Instrumentelle Logistikkonzeption: Diese Dimension beinhaltet das betriebswirtschaftlich-technologische Instrumentarium, welches zur Durchführung logistischer Aufgaben eingesetzt wird. Neben der Entwicklung und Anwendung von Verfahren zur Planung, Steuerung und Koordination logistischer Prozesse oder Systeme befaßt sich der instrumentelle Logistikansatz mit dem Einsatz und

der Nutzung von Materialfluß-, Informations- und Kommunikationstechnologien.
2. Funktionale Logistikkonzeption: Die funktionale Sichtweise betrachtet die Unternehmenslogistik als Aufgabenkomplex, der sich aus sämtlichen zur bedarfsgerechten Ver- und Entsorgung einer Unternehmung erforderlichen operativen, administrativen und dispositiven Aktivitäten zusammensetzt (vgl. Weber/Kummer 1994, S. 7f.). Die Logistik tritt in dieser Betrachtung als eigenständiges funktionales Subsystem neben traditionellen Unternehmensfunktionen wie Forschung und Entwicklung, Einkauf, Produktion und Vertrieb auf.
3. Institutionelle Logistikkonzeption: Der institutionelle Logistikansatz behandelt die Einordnung der Unternehmenslogistik in das Organisationssystem und die aufbauorganisatorische Strukturierung der Logistik (vgl. Wegner 1993). Obwohl die primär funktionsintegrierende Sichtweise der Logistik die Bildung eigenständiger organisatorischer Strukturen nicht präjudiziert, wird die Reorganisation bestehender Organisationsstrukturen als wesentliche Schlüsselgröße zur erfolgreichen Umsetzung der Logistikkonzeption angesehen. Durch die Bündelung von Aufgaben und Kompetenzen in selbständigen Organisationseinheiten sollen die Voraussetzungen für eine ganzheitliche Optimierung der Material- und Informationsflüsse geschaffen werden.
4. Managementorientierte Logistikkonzeption: Die managementorientierte Perspektive betrachtet die Unternehmenslogistik als Führungskonzept und stellt strategische Gestaltungsaspekte in den Vordergrund (vgl. Bowersox 1986; Magee et al.1985). Die Logistik wird nicht als eine auf die Steuerung, Abwicklung und Überwachung von Material- und Informationsflußaktivitäten beschränkte Dienstleistungsfunktion angesehen, sondern als querschnittsorientierte Grundhaltung zur zeiteffizienten, kunden- und prozeßorientierten Koordination von Wertschöpfungsaktivitäten. Das managementorientierte Logistikverständnis geht über den eigentlichen Logistikbereich hinaus. Dieses Verständnis impliziert logistisches Denken und Handeln in sämtlichen Unternehmenseinheiten und Hierarchiestufen.

Die konzeptionellen Alternativen spiegeln nicht nur die in der Literatur anzutreffenden Abgrenzungen des Logistikbegriffs wider. Sie können auch als Stufen eines Entwicklungspfades verstanden werden (vgl. Abb. 1-2). Während zu Beginn der Auseinandersetzung mit logistischen Phänomenen die Lösung von operativen Transport-, Versorgungs- sowie Distributionsproblemen im Vordergrund standen, traten mit zunehmendem Erkenntnisfortschritt aufgabenbezogene Gestaltungsaspekte in den Mittelpunkt der Betrachtung. Dabei wurde deutlich, daß zur durchgängigen Umsetzung der Querschnittsfunktion Logistik eine institutionelle Aufwertung logistischer Aufgaben erforderlich ist. Als Weiterentwicklung des organisationsorientierten Logistikverständnisses kehrt die managementorientierte Logistikkonzeption den strukturoptimierenden Entwicklungstrend um, indem sie darauf abzielt, den institutionellen Einfluß der Logistik auf ein notwendiges Mindestmaß zu beschränken, aber gleichzeitig fordert, daß sämtliche an der Wertschöpfung direkt oder indirekt beteiligte Geschäftsprozesse nach logistischen Prinzipien ausgerichtet werden müssen, wenn ein Gesamtoptimum erreicht werden soll.

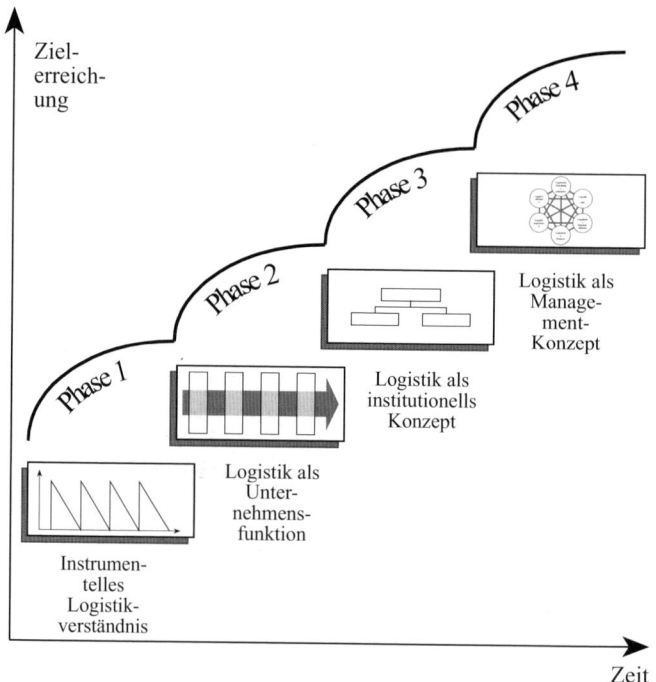

Abb. 1-2:   Entwicklungsphasen der Logistikkonzeption

1.3 Die logistische Kette als Untersuchungsobjekt

1.3.1 Darstellung und Beschreibung der logistischen Kette als Referenzmodell

Abgeleitet aus dem Prinzip der Flußoptimierung zählt das Denken in Prozeßketten zu einem der zentralen Bestandteile jeder Logistikkonzeption. Die betriebliche Leistungserstellung wird als Wertschöpfungskette verstanden, in die alle betrieblichen Funktionen von der Beschaffung über die Entwicklung und Produktion bis hin zum Vertrieb und Rückführung eingebunden sind. Innerhalb der betrieblichen Wertschöpfungskette kommt der logistischen Kette eine zentrale Rolle zu. Sie hat die Aufgabe, die horizontalen Geschäftsprozesse im Unternehmen zu koordinieren. Das Referenzmodell Logistikkette umfaßt (vgl. Abb. 1-3)

- den physischen Materialfluß vom Beschaffungsmarkt bis zum Absatzmarkt einschließlich der umgekehrt verlaufenden Flüsse zur kreislauforientierten Rückführung von Konsumtionsrückständen und
- den komplementären Informationsfluß, der die Material- und Produktflüsse zeitlich vorauslaufend plant, begleitend regelt sowie zeitlich nachgelagert bestätigt und überprüft.

Diese beiden Kernprozesse der Material- und Informationslogistik werden von sekundären Logistikprozessen unterstützt. Sekundärprozesse der Logistik betreffen das Management und die kontinuierliche Weiterentwicklung der Basisprozesse des Material- und Informationsflusses. Sie setzen sich zusammen aus strategischen und operativen Aktivitäten zur Gestaltung und Optimierung logistischer Systeme. Eine ganzheitliche Optimierung der Logistikkette zielt darauf ab, Material- und Informationsflüsse nach Fließprinzipien zu gestalten und zu koordinieren. Voraussetzung für die flußgerechte Gestaltung ist jedoch, daß nicht nur Teilprozesse auf der physischen und informatorischen Ebene logistikgerecht strukturiert werden. Vielmehr erfordert eine durchgängige Prozeß- und Zeiteffizienz in den horizontalen Geschäftsprozessen von Produktionsunternehmen die Neuausrichtung von Produktstrukturen und Unternehmensressourcen sowie die Einbeziehung der Mitarbeiter. Demzufolge wird das Leistungsvermögen der

Logistikkette durch den Aufbau der Produkte ebenso beeinflußt wie durch den Ressourcenfokus des Managements und die Problemlösungskapazitäten der Mitarbeiter.

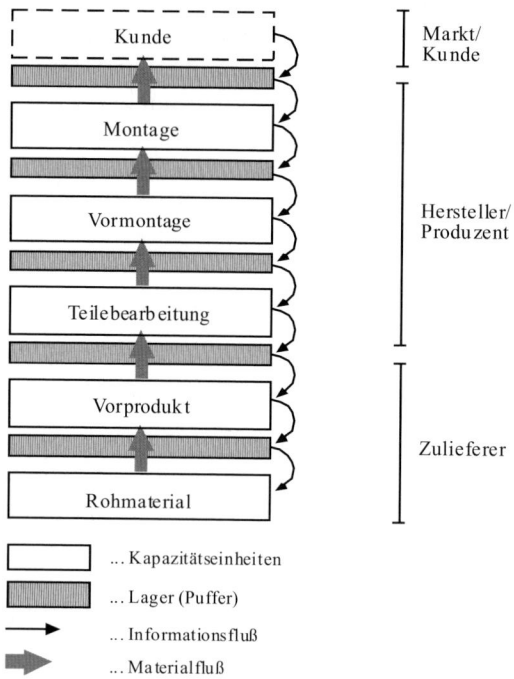

Abb. 1-3:   Die logistische Kette zwischen Zulieferer, Produzent und Abnehmer

➢   Produktperspektive: Zu Recht stellt Eidenmüller fest: "Ein ungünstig gestaltetes Produkt begrenzt bei einem noch so leistungsfähigen Produktionsprozeß die erreichbare Durchlaufzeit ebenso wie die erreichbare Flexibilität" (Eidenmüller 1994, S. 91). Demzufolge zielt die Produktperspektive der Logistik darauf ab, bereits in der Produktentstehung die Voraussetzungen für einen störungsfreien, kostengünstigen Material- und Informationsfluß zu schaffen. Die produktbedingten Komplexitätskosten in der Logistikkette können entscheidend gesenkt werden, wenn der Zeitpunkt, zu dem sich eine Produktausführung von ihrem Standard unterscheidet, also zur Variante wird, möglichst in Kundennähe verschoben wird. Am Variantenbestimmungspunkt kann dann eine Bevorratungsebene mit Standardbaugruppen eingerichtet werden. Von hier aus ist es möglich, schnell, bedarfsgerecht und vergleichsweise kostengünstig auf die individuellen Kundenwünsche zu reagieren. Durch den Einsatz von Baukastensystemen und Gleichteilen kann die Vorfertigung auftragsneutral und auf optimaler Prognoseebene durchgeführt werden. Des weiteren kann durch die Kombination von Baukästen mit Wiederhol- und Gleichteilen mit Sonderbausteinen erreicht werden, daß viele Teile und Baugruppen wenig Varianten und wenige Teile und Baugruppen viele Varianten haben. Damit wird deutlich, daß die Effektivität und Effizienz der Logistikkette wesentlich durch die Produktperspektive beeinflußt werden kann.

➢ Ressourcenperspektive: In der Logistikkette herrschte über lange Jahre hinweg eine einseitige Orientierung in bezug auf die Unternehmensressourcen vor. Handlungsparameter waren die maximale Auslastung von Betriebsmitteln und Mitarbeitern sowie der Output an Produkten und Zwischenerzeugnissen, den es zu optimieren galt. Lieferbereitschaft und Flexibilität wurden mit hohen Beständen und dem Nebeneffekt erkauft, daß genau das gebraucht wurde, was nicht auf Lager lag. Um die Fehlerallokation durch Bestandshaltung zu verdeutlichen, ist es zweckmäßig, Bestände als gebundene Finanzressourcen zu betrachten. In den Fertigwarenbeständen sind außer Materialkosten Abschreibungen und Personalkosten enthalten. Gleiches gilt für die Ware in Arbeit und die Roh- und Einkaufswarenbestände. Heute erfordern die Kapitalbindungskosten eine effiziente Ressourcenallokation. Es gilt, Bestände durch bessere Informationen, kurze Durchlaufzeiten und eine hohe Qualität in der Auftragsabwicklung zu ersetzen. Hierdurch können die in den Beständen gebundenen Ressourcen für Investitionen in Betriebsmittel und Mitarbeiter herangezogen werden. Eine solche Betrachtung führt zu einer neuen Rechtfertigung von Investitionen durch die Bereitstellung liquider Mittel aus der Auflösung des Umlaufvermögens. Dies ermöglicht eine Umschichtung auf der Aktivseite der Bilanz. Es ist eine Erweiterung des Anlagevermögens zu Lasten des Umlaufvermögens mit dem Ziel anzustreben, kurze Durchlaufzeiten mit einer hohen Lieferflexibilität in der Logistikkette zu erreichen.

➢ Mitarbeiterorientierung: Die Wettbewerbsfähigkeit von Logistikkonzepten wird durch die Kreativität und die Leistungsfähigkeit der

Mitarbeiter bestimmt. Sie stellen die Problemlösungsfähigkeiten und das Wissen bereit, um die Material- und Informationsflüsse kosten- und leistungseffizient zu planen, zu koordinieren und insbesondere ständig zu verbessern. Ausgangspunkt jeder mitarbeiterorientierten Logistikkonzeption ist die grundlegende Erkenntnis, daß die Mobilisierung des Problembewußtseins bei den Mitarbeitern mit Verhaltensänderungen verbunden ist und zur Entwicklung partizipativer Ansätze mit dem Ziel führt, zusätzlich Problemlösungskapazitäten zu schaffen und das vorhandene Wissenspotential besser zu erschließen. Problemlösungskapazitäten in der Logistik kommen darin zum Ausdruck, daß die Mitarbeiter neben den ihnen übertragenen Aufgaben im Blick auf die Kunden, die in der Vielzahl der Fälle interne Kunden sind, einen Beitrag zur Weiterentwicklung und Verbesserung der Abläufe in der logistischen Prozeßkette leisten. Dabei hat die Einbindung der Mitarbeiter in einen ständigen Verbesserungs- und Lernprozeß zwei Effekte: Zum einen wird die Akzeptanz notwendiger Veränderungen abgesichert, zum anderen kann das Problemlösungspotential der Mitarbeiter aus ihrem täglichen Umgang mit dem Ziel der Steigerung von Kundennutzen und Wirtschaftlichkeit erschlossen werden.

1.3.2 Meßkonzepte

Die Effizienz von logistischen Prozeßketten läßt sich mit Hilfe von Logistikbilanzen abbilden. Logistikbilanzen stellen eine Gegenüberstellung von Logistikkostenkategorien und logistischen Leistungsgrößen dar (vgl. Abb. 1-4). Sie ermöglichen eine integrale Beurteilung der Leistungsfähigkeit der Logistik.

Die "Aktivseite" der Logistikbilanz bildet die Logistikkosten ab. Die Logistikkosten umfassen den bewerteten Verzehr an Personal-, Kapital- und Materialressourcen sowie zuordenbare kalkulatorische Kosten, Steuern und Abgaben. Die Logistikkosten werden in der Literatur unterschiedlich systematisiert. In einer rein funktionalen Betrachtung beinhalten sie lediglich die Kosten für den Transport, die Lagerhaltung und die Kapitalbindung. Nach dem hier verfolgten Logistikverständnis werden die Logistikkosten weiter gefaßt. Sie setzen sich aus folgenden Logistikkostenkategorien zusammen:

- Kapitalbindungskosten der Bestände,

- Raum- und Wegekosten für Lager sowie Gebäude,
- EDV-Kosten,
- Handlingkosten in Lager, Montage und Produktion,
- interne Transportkosten,
- externe Transportkosten und Frachten,
- Kosten für die Produktionsplanung und -steuerung,
- Kosten der Kundenauftragsabwicklung,
- Verpackungs- und Versandkosten,
- Kosten des Logistikmanagements sowie
- Kosten für mangelnde Qualität der logistischen Aufgabenerfüllung (Konventionalstrafen, Rücklieferungen).

Logistikkosten		Logistikleistung	
• Kapitalbindung Bestände	10,8 Mio.	• Lieferzeit Standarderzeugnisse	2 AT
• Personal	23,2 Mio.	• Lieferzeit "Exoten"	9 AT
• Logistiksysteme	10,7 Mio.	• Lieferfähigkeit	99,5%
• Externe Transporte und Frachten	8,3 Mio.	• Liefertreue	99%
• Bestandsrisiken	0,8 Mio.	• Lieferqualität	99,8%
• Sonstige	1,6 Mio.	• Interne Termintreue	98%
• Total	55,4 Mio.		

Abb. 1-4: Logistikbilanz (Beispiel)

Die Passivseite der Logistikbilanz bildet das logistische Leistungsprofil von Unternehmen ab. Die Leistungsgrößen der Logistik lassen sich in drei unterschiedliche Betrachtungsebenen gliedern:

➢ Ressourcenverfügbarkeit: Die Dimension der Ressourcenverfügbarkeit besteht aus Sicht des Leistungsempfängers aus Art, Menge, Ort, Zeitdauer zwischen der Artikulation eines Bedarfs und dessen

Logistik als Wettbewerbsfaktor

Befriedigung sowie dem materiellen Zustand der Produkteigenschaften (vgl. Abb. 1-5). Diese Dimensionen lassen sich jeweils unter dem Gesichtspunkt der Systemeigenschaften und den Phasen der logistischen Leistungserstellung betrachten. Hinsichtlich der Systemeigenschaften kann die Ausprägung der fünf Dimensionen als Leistungsstandard, als Zuverlässigkeit der Realisierung und als Möglichkeit der Veränderung der Standards in Abhängigkeit von der Zeit (Systemflexibilität) beschrieben werden.

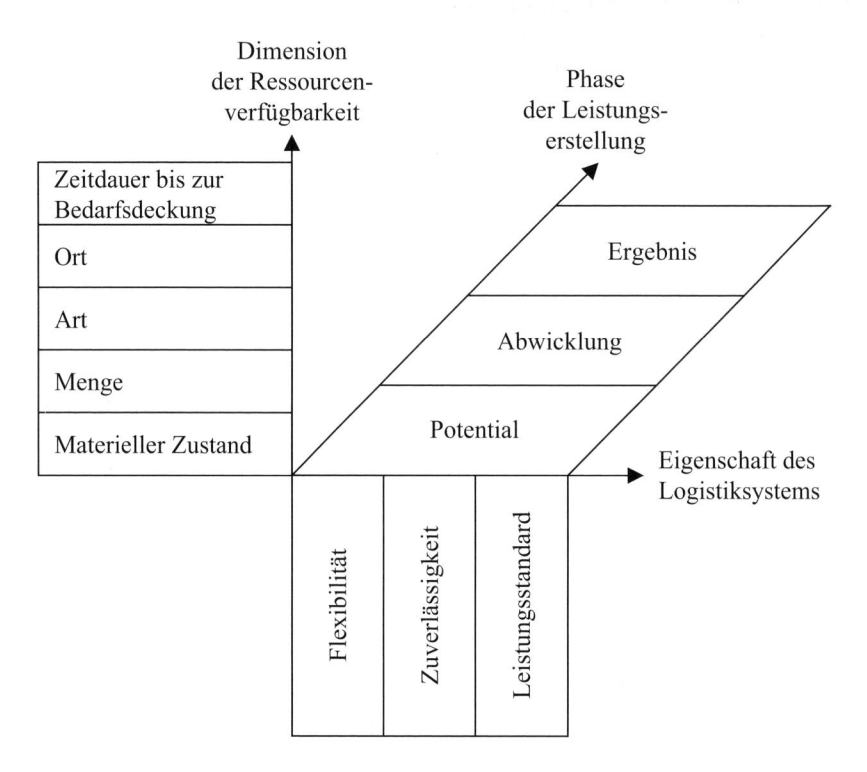

Abb. 1-5: Dimensionen der Logistikleistungen

➢ Phase der Leistungserstellung: Die Phasen der Leistungserstellung sind in die Komponenten Potential-, Abwicklungs- und Ergebnisphase zu gliedern. Diesen kann jeweils eine Qualität zugeordnet werden. Die Abwicklungsqualität beschreibt den Ablauf der Leistungserstellung, die Ergebnisqualität die Wirkung, die das Erbringen einer Dienstleistung beim Nachfrager erzeugt. Die Potentialqualität zeigt den möglichen Leistungsstandard auf, der durch das Logistiksystem erreicht werden kann. Dieser wird durch die adäquate Auswahl und Gestaltung der Transportmittel, Lagermöglichkeiten und Bestandspolitik, die verwendeten Informations- und Kommunikationstechnologien, Ausbildung, Schulung und Führung des im Logistikprozeß eingesetzten Personals sowie durch die Organisation der Potentialfaktorenkombination bestimmt. Die Abwicklungsqualität umfaßt alle Aktivitäten, die während der Leistungserstellung selbst erbracht werden. Sie ist wegen der Simultanität von Leistungserstellung und Ergebnis mit der Ergebnisqualität verknüpft. Beim Leistungsempfänger prägt sich ein Bild der Abwicklungs- und Ergebnisqualität des Logistiksystems, das maßgeblich von den Prozessen bestimmt wird, in die er selbst eingebunden ist. Dies umfaßt alle Aktivitäten, die im Rahmen der Kundenauftragsabwicklung wahrgenommen werden. Die Ergebnisqualität entsteht für den Kunden in der Regel mit dem letzten Materialflußprozeß in der logistischen Kette; dessen Qualität, also das Ausmaß, mit dem die Verfügbarkeitsdimensionen Zeit, Ort, Menge, Art und Zustand erfüllt werden, hängt entscheidend von der Qualität der vorgelagerten Prozesse ab.

Das Ergebnis von Logistikprozessen aus Sicht des Abnehmers besteht in der Realisierung der Dimensionen der Verfügbarkeit. Diese Verfügbarkeitsdimensionen sind gleichwertige Bestandteile der ergebnisbezogenen Logistikleistung und erfordern eine getrennte Betrachtung ihrer konkreten Ausprägung. Zur Bewertung der Verfügbarkeitsdimensionen sind für die Lieferzeit der Durchschnitt der absoluten Zeitspanne und die Streuung der Werte von Interesse. Die Betrachtung gilt für die anderen vier Verfügbarkeitsdimensionen analog; bei Art, Ort und Zustand der Objektfaktoren sind die Merkmalsverteilungen lediglich ordinal skaliert (richtig/falsch oder beschädigt/unbeschädigt), bei Zeit und Menge ergeben sich Intervallskalen. Für die Messung des Leistungsniveaus auf der ergebnisbezogenen Ebene werden in der Literatur sowohl Bezugsgrößen, Maßeinheiten und Aggregationsniveaus als auch konkrete Vorschläge zur Formulierung von Kennzahlen und deren Integration in Kennzahlensysteme gegeben. Eine Messung des Leistungsniveaus mit Kennzahlen, die die Wirkung einer Abweichung auf die Zufriedenheit des Kunden möglichst gut abbilden, ist unumgänglich, da nur über die Verfolgung von ausgewählten Meßgrößen

Ansatzpunkte zur Verbesserung des Leistungsniveaus ermittelt werden können.

➢ Eigenschaft des Logistiksystems: Die Zuverlässigkeit des Systems bezeichnet die Wahrscheinlichkeit, mit der die generell möglichen Ausprägungen der Leistungsdimensionen auch eingehalten werden; sie beschreibt die Streuung des realisierten Ergebnisses um die beabsichtigte Leistung. Wegen des immateriellen Leistungscharakters der Logistik ist ihre Beurteilung wesentlich schwieriger als die materieller Güter. Die Flexibilität bestimmt im allgemeinen die Anpassungsfähigkeit eines Systems an unterschiedliche Situationen. Zu unterscheiden ist hierbei die langfristige Betrachtung, die die Möglichkeit einer Veränderung des Systems über Investitionen oder Desinvestitionen unter Einschluß der Möglichkeit von Personalneueinstellungen beinhaltet. Die kurzfristige Flexibilität zeigt, welche Anpassungsfähigkeit das System unter Beibehaltung der vorhandenen Betriebsmittel und des Personalstands aufweist. Damit wird die Größe des Leistungsrahmens deutlich, den die Systemarchitektur hinsichtlich der Verfügbarkeitsdimensionen zuläßt.

Die Gliederung der Logistikleistungsbilanz ist an der Gesamtleistung der Logistikkette ausgerichtet. Bei einer detaillierteren Analyse ist aber auch eine prozeßbezogene Strukturierung in Leistungen der Beschaffungs-, Produktions-, Distributions- und Entsorgungslogistik vorstellbar. Bei der Entscheidung über das Gliederungsschema von Logistikbilanzen sind in erster Linie die spezifischen Gegebenheiten der Anwender und deren Informationsbedürfnisse zu berücksichtigen.

Ein wesentlicher Vorteil von Logistikbilanzen besteht in der Möglichkeit, Wirkungsinterdependenzen zwischen Logistikkosten und Logistikleistungen abzubilden. Die Analyse von Wirkungsinterdependenzen entspricht dem systemorientierten Grundansatz der Logistik. Dieser abstrahiert von eindimensionalen Wenn-Dann-Wirkungs-beziehungen und bezieht Zielkonflikte mit Hilfe von vernetzten Entscheidungstechniken mit in die Analyse ein. Es setzt sich in zunehmendem Maße die Erkenntnis durch, daß theoretisch ableitbare Zielkonflikte empirisch oftmals nicht verifiziert werden können. Ein Beispiel hierfür ist der Zielkonflikt zwischen Servicegrad und Bestandshöhe. Während in der Vergangenheit die Hypothese aufgestellt worden ist, daß ein hoher

Servicegrad nur durch hohe Bestände und damit hohe Kapitalbindungskosten erreicht werden kann, zeigt die Einführung von prozeßorientierten Konzepten wie Just-In-Time oder Time Based Management, daß dieser Wirkungszusammenhang aufgelöst werden kann. Zeiteffiziente Logistikstrategien erlauben es, Kosten- und Leistungseffekte in der Logistikkette zu realisieren, die bislang als gegensätzlich und nicht miteinander kompatibel betrachtet wurden. So wurde auch die Erhöhung der Produktvielfalt mit einer Steigerung der Bestandskosten gleichgesetzt oder die Steigerung der Produktivität mit einem Verlust an Lieferflexibilität. Eine Voraussetzung für die Auflösung von Zielkonflikten zwischen Logistikkosten und Logistikleistungen ist die Verkürzung der Durchlaufzeiten. Kurze Auftragsdurchlaufzeiten im Material- und Informationsfluß ermöglichen gleichzeitig eine Erhöhung des Servicegrades und eine Reduzierung der Bestände und Kapitalbindungskosten, da sie die Prognosesicherheit erhöhen, die Reaktionsfähigkeit verbessern und vor allem die Produktionsplanung und -steuerung in die Lage versetzen, Kundenaufträge später zu aktivieren.

1.4 Die Leitprinzipien der Logistik

Die Einführung der Logistikkonzeption ist mit einem Paradigmawechsel in Produktionsunternehmen vergleichbar. Dieser impliziert tiefgreifende Struktur- und Verhaltensänderungen und führt zu neuen Problemlösungs- und Methodenansätzen sowohl in der Abwicklung von Material- und Informationsflußaktivitäten als auch im Management unternehmensübergreifender Wertschöpfungsketten. Quasi-Naturgesetze der Produktion wie das Dilemma der Ablaufplanung (vgl. Gutenberg 1983, S. 216) oder Grundmodelle zur Bestimmung wirtschaftlicher Losgrößen werden durch die Übertragung logistischer Prinzipien auf bestehende Unternehmensstrukturen relativiert.

In zunehmendem Maße ist erkennbar, "the concept of the logistics system gives the management a framework for thinking about evolutionary changes, and the total system orientation of modern system-analysis techniques gives the management the tools for investigating and implementing evolutionary change consistent with total system effectiveness" (vgl. Magee 1985, S. 8). Der mit der Einführung der Logistikkonzeption verbundene Paradigmawechsel beruht auf den in Abbildung 1-6 angeführten Prinzipien. Diese können als konstitutive

Gestaltungsmerkmale der Logistikkonzeption bezeichnet werden. Sie haben in der Betriebswirtschaftslehre in unterschiedlicher Form Eingang in die theoretische und praktische Diskussion gefunden. Ihre gesamte Wirkungsintensität haben sie allerdings erst durch die Bündelung zu einem logistischen Leitbild erfahren.

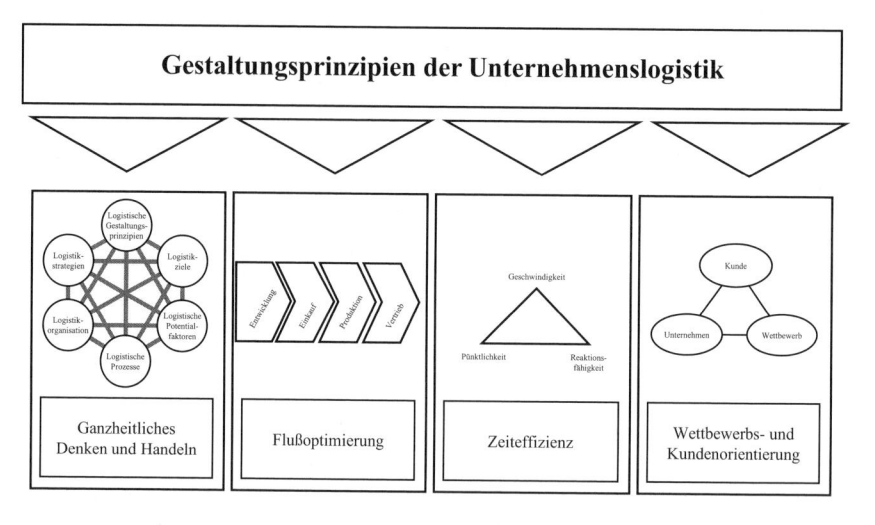

Abb. 1-6: Gestaltungsprinzipien der Unternehmenslogistik

1.4.1 Ganzheitliches Denken und Handeln

Dem Prinzip des ganzheitlichen Denkens und Handelns liegt die systemtheoretische These zugrunde, daß das Ganze mehr ist als die Summe seiner Teile. Die These unterstellt, daß durch die Integration isolierter Elemente zusätzliche Leistungspotentiale entstehen, die ausschließlich dem Gesamtsystem zugeordnet werden können und größer sind als die addierten Leistungspotentiale der Teilelemente. Die aus diesem Wirkungszusammenhang resultierenden Synergieeffekte liefern eine theoretische Begründung für die integrierende Sichtweise der Logistik. Sie rechtfertigen den logistischen Ansatz, separierte und im Unternehmen bereits vorhandene Teilaktivitäten zur Abwicklung des Material- und Informationsflusses funktions- und unternehmensübergreifend zu koordinieren oder unter einheitlicher organisatorischer Leitung zusammenzufassen. Neben diesem die Logistikkonzeption konstituierenden Aspekt bietet das Prinzip des ganzheitlichen Denkens und Handelns einen Erklärungsansatz für das Totalkostenkonzept der

Unternehmenslogistik. Das Total- oder Gesamtkostenkonzept besagt, daß bei der Beurteilung logistischer Entscheidungen und Systeme die gesamten mit der betrieblichen Leistungserstellung verbundenen logistischen Kostenkategorien sowie deren mittelbare und unmittelbare Interdependenzen (Trade-Offs) zu den Kosten anderer Funktionsbereiche zu berücksichtigen sind (vgl. Magee 1985, S. 217f.; Ihde 1991, S. 20ff.; Pfohl 1996, S. 30ff.; Bowersox 1986, S. 286ff.; Shapiro 1985, S. 61ff.). Da bei Kosteninterdependenzen die Minimierung einzelner Kostenarten nicht zwingend zu einem Gesamtkostenoptimum führen muß, steht beim Totalkostenansatz weniger die Minimierung isolierter Kostenkategorien (z.B. Kapitalbindungskosten) oder spezifischer Kosten-Trade-Offs (z.B. Produktions- versus Lagerkosten) im Vordergrund, sondern die Optimierung der gesamten "entscheidungsrelevanten" Kosten. Dies hat zur Folge, daß trotz des Anstiegs einzelner Kostenelemente ein Gesamtkostenoptimum erreicht werden kann. Einschränkend ist jedoch festzuhalten, daß die praktische Umsetzung des Totalkostenansatzes - auch aufgrund von Informationsdefiziten bestehender Kostenrechnungssysteme - auf Grenzen stößt. So ist die Ermittlung und Quantifizierung der entscheidungsrelevanten Kosten unter Berücksichtigung der intra- und interorganisatorischen Kosteninterdependenzen in vielen Fällen schwierig und oftmals mit aufwendigen Analysen und Sonderrechnungen verbunden. Trotz dieser Einschränkungen läßt sich aus dem Totalkostenkonzept die für die Gestaltung und Abwicklung logistischer Systeme zentrale Aussage ableiten, daß eine Steigerung der Logistikeffizienz von Unternehmen weder durch eine isolierte Optimierung von einzelnen logistischen Prozessen erreicht werden kann, noch auf den Logistikbereich im engeren Sinn beschränkt bleiben darf (vgl. Ihde 1991, S. 19f.).

1.4.2 Nicht Funktions-, sondern Flußoptimierung ermöglicht eine kundennahe Produktion

Das Fließprinzip gilt als die kostengünstigste Organisation des Fertigungsprozesses. Ziel ist es, die Vorteile der Fließfertigung auch in der Losfertigung zu nutzen. Dies geschieht z.B. durch die Produktion von Tageslosgrößen. Damit verbunden ist die Einführung von generellen organisatorischen Regelungen zur Aufrechterhaltung eines kontinuierlichen Auftragsflusses unter der Maxime, von jedem Auftrag täglich nur ein kleines Quantum zu fertigen. Der ständige Wechsel der

Produktion tritt damit als besonderes Problem hervor. Rüstzeitminimierungsstrategien und Investitionen in eine flexible Produktionstechnik sind die Voraussetzung zur Erlangung einer Synchronisation der Kapazitäten.

Zur Umsetzung dieser Erkenntnisse ist ein neues Fundament in Produktion und Beschaffung zu legen. Eine verbesserte Reaktion auf Kundenwünsche läßt sich dann erreichen, wenn die Auftragsdurchlaufzeit möglichst kurz ist. Orientiert am Prinzip der Fließfertigung wird versucht, die Flußoptimierung auch bei wechselnder Produktion zu nutzen. Die konventionelle Funktionsspezialisierung in Form der Werkstattorganisation verliert gegenüber einer objektbezogenen Ablaufgestaltung an Bedeutung.

Eine weitere die Auftragsdurchlaufzeit bestimmende Größe ist die Höhe der zu fertigenden Losgröße. Die Einflußparameter sind dabei die zeitlichen Aufwendungen für die Anlagenumstellung und die Übergangszeiten sowie die Berücksichtigung zusätzlicher Mengen wegen unzureichender Qualitätssicherheit. Zur Minimierung des Rüstaufwands steht ein breitgefächertes Instrumentarium organisatorischer und konstruktiver Maßnahmen an der Anlage bis hin zu einer verbesserten Arbeitsstrukturierung und Ausbildung des Einrichtepersonals bereit. Ein nach Funktion ausgerichtetes Betriebsmittel-Layout bedingt einen erhöhten Transportaufwand, der sich in langen Wegen widerspiegelt. Damit verbunden ist die Ausweitung der Bestände, die als zusätzliche "Arbeitspuffer" interpretiert werden können und eine hinreichende Ablaufsicherheit gewähren sollen. Die Ausweitung der Sicherheitspuffer soll die Beschäftigung einzelner Anlagen gewährleisten. Jedoch erhöht sich dadurch das Umlaufvermögen.

Kleinere Losgrößen mit geringem Bestand auf den einzelnen Fertigungsstufen verlangen somit sichere Produktionsbedingungen. Zur Erhöhung der Qualitätssicherheit ist zwischen zwei unterschiedlichen Strategien zu unterscheiden:

- Kontrolle des Produktes auf jeder Stufe der Wertschöpfung für sämtliche Teile oder
- absolute Prozeßsicherheit.

Die erste Strategie bedeutet in der Regel einen zusätzlichen Arbeitsgang nach jedem Fertigungsschritt. Die hier wirksam werdenden Kostenimplikationen sind mit der Ausbringungsmenge linear ansteigende Aufwendungen. Es handelt sich um variable Kosten. Abweichungen des Produkts von vorgegebenen Qualitätsnormen werden erst sichtbar, wenn der entsprechende Arbeitsgang abgeschlossen ist. Anders bei der zweiten Strategie, der absoluten Prozeßsicherheit. Hier ist der Ablauf so zu gestalten, daß nur dann der eigentliche Arbeitsgang vollzogen wird, wenn sämtliche genau zu spezifizierenden Bedingungen am Betriebsmittel und am Arbeitsobjekt optimal sind. Es entfällt die permanente sich über den gesamten Ablauf vollziehende Prüfung der Einzelteile. Die anfallenden Kosten haben fixen Charakter und sind mit steigender Ausbringungsmenge degressiv fallend. Qualitätsstrategien dieser Art lassen sich durch Meßwertgeber, Sensoren, Miniaturschalter usw. realisieren. Es steigt der Automatisierungsgrad der Anlage. Im angelsächsischen Sprachgebrauch ist hierfür der Begriff "Autonomation" zu finden. Hierunter wird verstanden, daß der direkte personelle Arbeitsanteil im Ablauf auf ein Minimum beschränkt ist. Aufgabenschwerpunkte des Personals liegen vor allem in der Behebung von Maschinenstörungen und in der Instandhaltung. Eine mögliche Mehrmaschinenbedienung und -verantwortung verringert die Fertigungslohnkosten weiter. Die Mehrmaschinenbedienung ist allerdings in der Regel mit zusätzlicher Aus- bzw. Weiterbildung des Personals verbunden. Sie erleichtert die Zuordnung von Mensch und Maschine erheblich, scheitert jedoch an der häufig unzureichenden Bereitschaft des Personals zum Arbeitsplatzwechsel. Hier ist das Führungspersonal gefordert, durch motivatorische Maßnahmen und vollständige Information darauf hinzuweisen, daß eine solche Arbeitsorganisation mit dazu beitragen kann, einen interessanten und zukunftsträchtigen Arbeitsplatz zu gestalten. Verbunden mit Transformation von Erfahrungen durch das Personal von einem Arbeitsplatz zum anderen wächst das Problembewußtsein für Nachbarbereiche. Die oft anzufindende Isolation wird durchbrochen. Dadurch ist es möglich, im Rahmen einer flexiblen Organisation "humane Reserven" effizienter zu mobilisieren. Die Erfahrung zeigt, daß die konsequente, funktionsübergreifende Mitwirkung des Fertigungspersonals zu Verbesserungsvorschlägen führt. Die Berücksichtigung und die Verwertung dieser Vorschläge macht häufig erst auf Schwachstellen innerhalb der Fertigungsorganisation aufmerksam.

Logistik als Wettbewerbsfaktor

Nicht abgestimmte Kapazitätsquerschnitte zwischen einzelnen Betriebsmitteln führen entweder zu Leerkosten oder zu Beständen. Es sind die Engpaßmaschinen, die die mögliche Ausbringungsmenge bestimmen. Angestrebt wird deshalb eine Kapazitätsharmonisierung. Prozeßbedingte Restriktionen hinsichtlich dieser Forderung lassen sich nur durch eine Entzerrung (Entkopplung) des Ablaufprozesses erreichen, beispielsweise über gezielt angelegte Bevorratungsebenen für nachfolgende Arbeitsgänge oder durch eine Segmentierung der Fertigung. Damit wird eine lokale Zusammenfassung unterschiedlicher Betriebsmittel unter dem Aspekt der Komplettbearbeitung von Teilen und Baugruppen angestrebt. Diese quasi autonomen organisatorischen Einheiten innerhalb der Fertigung verlangen individuelle Steuerungskonzepte. Steuerungskreise, zwischen zwei und mehreren Bearbeitungsquellen angelegt, agieren ohne permanente Kontrolle oder Eingriffe einer übergeordneten Instanz. Bei auftretender Nachfrage nach einem Produkt an einer Stelle meldet diese sofort einen Bedarf bei dem vorgelagerten Arbeitsplatz an. Die Steuerung erfolgt somit in dezentralen Regelkreisen.

Das Prinzip der Fertigungssegmentierung hat direkte Auswirkungen auf Konstruktion und Entwicklung. Die komponentenbezogene Erfahrungsakkumulation bei einer objektorientierten Konzentration von Betriebsmitteln zieht es nach sich, dieses Rationalisierungspotential umfassend zu nutzen. Hieraus ist die Forderung nach einer konsequenten Mehrfachverwendung von Bauteilen abzuleiten. Dies geschieht einerseits in der Weise, daß die betrachteten Produktkomponenten gleichzeitig Eingang in unterschiedliche Alternativprodukte finden; hierdurch treten Stückkostendegressionseffekte auf. Andererseits können bewährte Modularkomponenten über mehrere Produktlebenszyklen hinweg hergestellt werden und Eingang in das Fertigprodukt finden; damit stabilisiert sich das dem Fertigungsfluß angepaßte Betriebsmittel-Layout und ermöglicht einen langfristigen Einsatz.

Die Standardisierung von Bauteilen und -gruppen erlaubt eine zügige Marktbedienung, da neben der Verringerung der Durchlaufzeiten in der Produktion der zeitliche Aufwand für Konstruktion und Entwicklung abnimmt. Trotzdem ist der geforderte hohe Individualisierungsgrad der Endprodukte zu erfüllen. Die kundenspezifische Kombination der Komponenten sollte deshalb zu einem späten Zeitpunkt im

Wertschöpfungsprozeß, möglichst im letzten Montagearbeitsgang, erfolgen. Die hohe Variantenzahl, beispielsweise Farbdifferenzierungen bei großvolumigen Produkten, macht es aus Kostengründen (Kapitalbindung) nahezu unmöglich, sämtliche Varianten zu bevorraten. Ohne Aufblähung eigener Fertigwarenlager kann der Hersteller nur dadurch reagieren, die kundenbezogene Auftrags- oder Durchlaufzeit zu minimieren. In einigen Branchen bedeutet dies eine Minimierung bis hin zu Stundenrhythmus.

Die umfassende Realisierung von Just-In-Time-Konzepten beschränkt sich nicht nur auf die Ablauforganisation, sondern tangiert ebenfalls die Aufbauorganisation. Mit der Fertigungssegmentierung ist gleichzeitig eine Kompetenzverlagerung verbunden. Dispositions- und Ergebnisverantwortung werden näher an den Erstellungsprozeß gerückt, übergeordnete Koordinations- und Kontrollinstanzen entfallen. Die Organisationstiefe verringert sich - die Organisationspyramide wird flacher. Kleinere organisatorische Einheiten beschleunigen den Informationsfluß und erhalten einen erweiterten Freiraum hinsichtlich des Einsatzes und der Gestaltung des für die Leistungserfüllung notwendigen Personals bzw. der Abläufe. Die induzierte Möglichkeit verstärkter Eigeninitiative in bezug auf die Problemlösung durch den einzelnen Mitarbeiter führt auf der näher zur Fertigung angesiedelten Führungsebene zu einer Ausweitung des Arbeitsbereichs. Die Kompetenzausweitung der Vorgesetzten spiegelt sich in den dezentralen Entscheidungen, der umfassenden Produktverantwortung ebenso wie in der Disziplinargewalt über die Mitarbeiter wider. Bestandsarme Fertigung bei reaktionsschneller Erfüllung der Marktforderungen bedingt - über die gesamte logistische Kette betrachtet - eine enge Zusammenarbeit zwischen Abnehmer und Lieferant. Produktionssynchrone Beschaffung verlangt einen umfassenden Informationsaustausch und letztlich die Öffnung des Zulieferers für eine Änderung der Produktionsstrategie und die Einführung einer Just-In-Time-Zulieferung (JIT). Die enge Bindung von Zulieferer und Abnehmer sowie die Ausweitung der Kontrollspanne erhöhen den Koordinationsaufwand. Das zu bearbeitende Informationsvolumen steigt. Somit findet Just-In-Time-Produktion ihr logistisches Pendant in einem umfassenden integrativen Informationskonzept wie dem CIM (Computer Integrated Manufacturing). Ein JIT-Konzept, das auf diesen Erkenntnissen fußt, ermöglicht eine kostengünstige Produktion variantenreicher Produkte ohne umfassende Bestände bei einem hohen Servicegrad. Aufgrund der schnellen Präsenz am Markt lassen sich durch eine umstellungsfreundliche und flexible Organisation produktionsseitig Markteintrittsbarrieren aufbauen und Marktanteile gewinnen. Eingebunden in die logistische Kette führt das so konzipierte Produktionssystem nicht nur zu einer Verbesserung der individuellen Situation der Unternehmungen, sondern zieht gleichzeitig eine im internationalen Vergleich leistungsfähigere Volkswirtschaft nach sich.

Die Umgestaltung der Produktion und Zulieferung nach JIT-Gesichtspunkten orientiert sich somit an vier Erkenntnissen:

1.4.3 Bestände in der Produktion und im Fertigwarenlager stellen gespeicherte Kapazitäten dar!

Es wird postuliert, daß es zweckmäßiger ist, "Kapazitäten" nicht im Umlaufvermögen, sondern im Anlagevermögen zu speichern. Dies erfordert eine Umschichtung in der Bilanzstruktur. Es ist eine Erweiterung des Anlagevermögens zugunsten des Umlaufvermögens (vgl. Abb. 1-7) mit dem Ziel kurzer Durchlaufzeiten und hoher Flexibilität daß der Kunde immer die Produkte nachfragt, die gerade nicht vorrätig anzustreben. Diese Forderung wird begründet durch die Beobach-

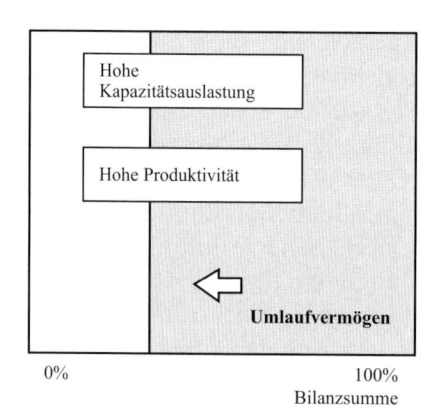

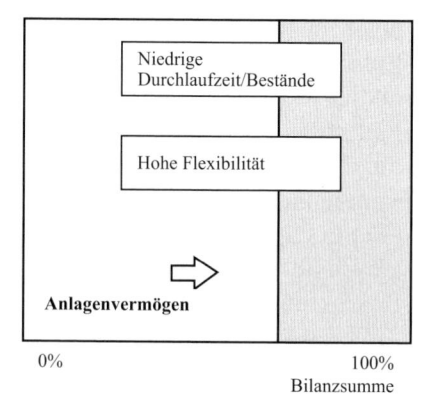

Abb. 1-7: Die Umwandlung von Umlauf- in Anlagevermögen

tung, sind. Es scheint deshalb angebracht, zusätzliche Kapazitäten bereitzustellen, mit denen zum Zeitpunkt des Bedarfs die jeweilige Produktvariante produziert und gleichzeitig die zeitliche Verzögerung zwischen auftretender Nachfrage und Reaktion verringert werden kann.

1.4.4 Bestände verdecken Fehler!

Die Optimierung einzelner Funktionen wie Einkauf, Produktion und Vertrieb erfordert aufgrund inhärenter Unsicherheiten Bestände, die eine reibungslose Produktion, eine prompte Lieferung, eine Überbrückung von Störungen, eine wirtschaftliche Fertigung und konstante Auslastung der Produktionsanlagen erst ermöglichen. In einer Produktion, die sich am Fließprinzip orientiert, verdecken Bestände störanfällige Prozesse, unabgestimmte Kapazitäten, mangelnde Flexi-

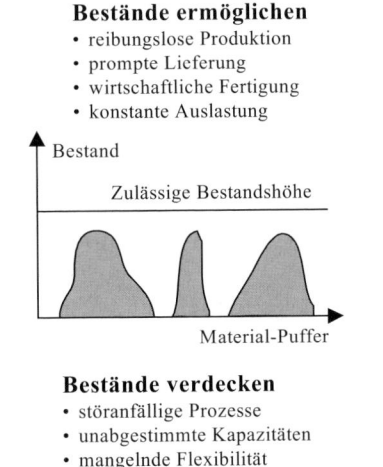

Bestände ermöglichen
- reibungslose Produktion
- prompte Lieferung
- wirtschaftliche Fertigung
- konstante Auslastung

Bestände verdecken
- störanfällige Prozesse
- unabgestimmte Kapazitäten
- mangelnde Flexibilität
- Ausschuß
- mangelnde Liefertreue

Abb. 1-8:   Die Funktionen von Beständen

bilität, Ausschuß und unzureichende Lieferbereitschaft. Senkt man nun die Bestände, so werden diese Probleme offensichtlich (vgl. Abb. 1-8). Darüber hinaus entsteht ein unmittelbarer Zwang, diese zu lösen. Hierdurch wird eine permanente Rationalisierung des Produktionsgeschehens initiiert.

1.4.5 Zur Beurteilung der Effizienz der Fertigung sind neben Kosten und Produktivität die Durchlauf- und Wiederbeschaffungszeiten heranzuziehen!

Kurze Durchlaufzeiten und kurze Wiederbeschaffungszeiten verringern den Prognosezeitraum, verbessern die Lieferfähigkeit und erlauben eine hohe mengenmäßige Flexibilität bei Marktänderungen. In vielen Unternehmen ist die Planungssicherheit der Terminzusagen relativ gering. Einige Aufträge werden früher und einige später als zum geplanten Termin fertig (vgl. Abb. 1-9). Die Strategie der zentralen Produktionsplanung und -steuerung lief darauf hinaus, die Streubreite der Auftragsfertigstellung durch permanente Eingriffe in den Produktionsablauf zu reduzieren (vgl. Ellinger/Wildemann 1985). Es ist unbestreitbar, daß diese Strategie in vielen Bereichen Erfolge zeigte. Eine drastische Reduzierung der Durchlaufzeit, etwa eine Halbierung, ließ sich durch eine Strukturveränderung, d.h. durch eine Entflechtung der Produktionsbeziehungen mit dem Ziel einer stärkeren Produktionsorientierung, erreichen. Diese Strukturveränderung führt zu einer Fertigungssegmentierung, bei der das Ziel angestrebt wird, in den Teilbereichen das Prinzip der Flußoptimierung zu realisieren und diese Teilbereiche möglichst autonom zu steuern, um eine höhere Transparenz des Betriebsgeschehens zu erhalten und Bestände durch bessere und schnellere Informationen zu ersetzen.

Die anzustrebende Durchlaufzeit ist abhängig von der Prognosesicherheit (vgl. Abb. 1-10). Über die Fertigungszeit betrachtet nehmen die Prognosefehler für den Bedarf in unterschiedlichem Maße zu. Um den Prognosefehler bei Teilen mit unsicherer Bedarfsprognose auf ein für eine wirksame Produktionsplanung und -steuerung erforderliches Maß zu begrenzen, ist eine Reduzierung der Durchlaufzeiten erforderlich. Dabei gilt: Je geringer die Prognosesicherheit, desto stärker müssen die Bestrebungen zur Reduzierung der Durchlaufzeiten bzw. Wiederbeschaffungszeiten sein.

Logistik als Wettbewerbsfaktor

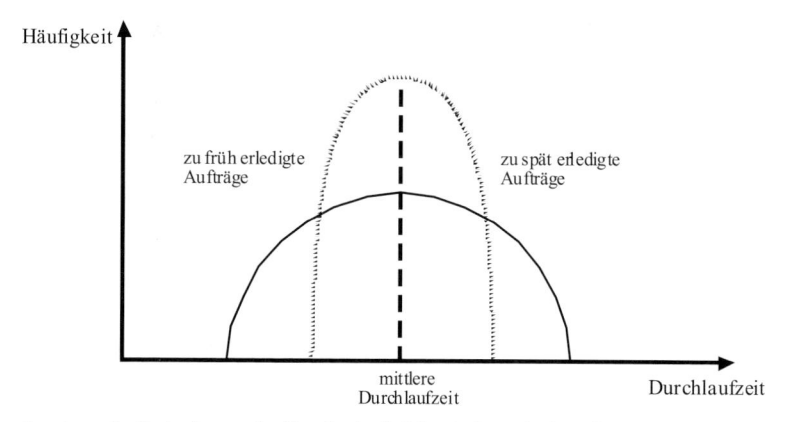

Ansatzpunkt: Reduzierung der Streubreite bei der Auftragsfertigstellung durch permanente Eingriffe in den Produktionsablauf.

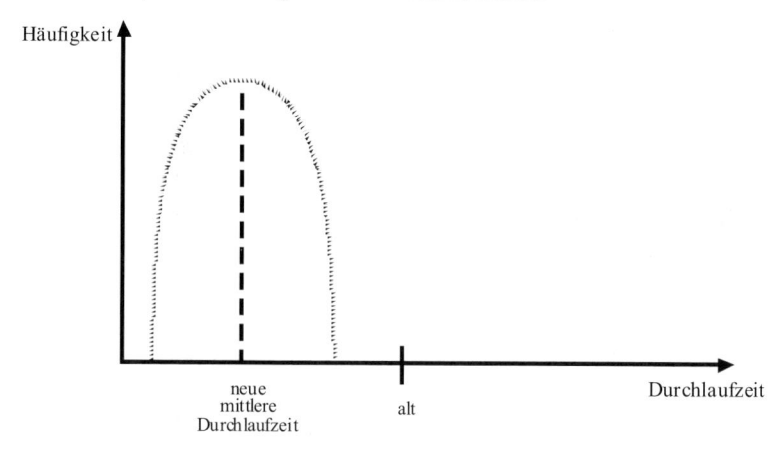

Ansatzpunkt: Verringerung der mittleren Durchlaufzeit - bei geringer Streubreite in der Auftragsfertigstellung - durch Veränderung betrieblicher Strukturen.

Abb. 1-9: Die Ansatzpunkte zur Durchlaufzeitreduzierung

Lange Durchlaufzeiten verursachen bei schwankender Marktentwicklung einen umsatz- und kostenwirksamen Verzug (vgl. Abb. 1-11). In einer Marktaufschwungsphase bewirkt die lange Durchlaufzeit eine Zeitverzögerung, bis der Bedarf durch die einsetzende Produktion befriedigt werden kann. Vorhandene Marktpotentiale lassen sich nicht ausschöpfen - und es besteht die Gefahr, daß die Konkurrenz Marktanteile schneller besetzt. In einer Marktabschwungsphase bewirkt die lange Durchlaufzeit eine anhaltende Beschäftigung der keine Nachfrage gegenübersteht. Das Resultat ist ein übermäßiger Aufbau von Beständen.

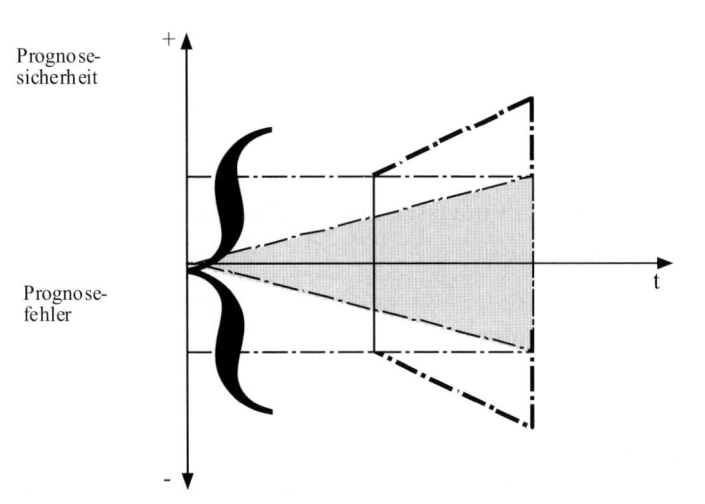

Je größer die Prognoseunsicherheit, desto kürzer müssen die Durchlaufzeiten sein.

Abb. 1-10: Der Zusammenhang zwischen Durchlaufzeit und Prognosesicherheit

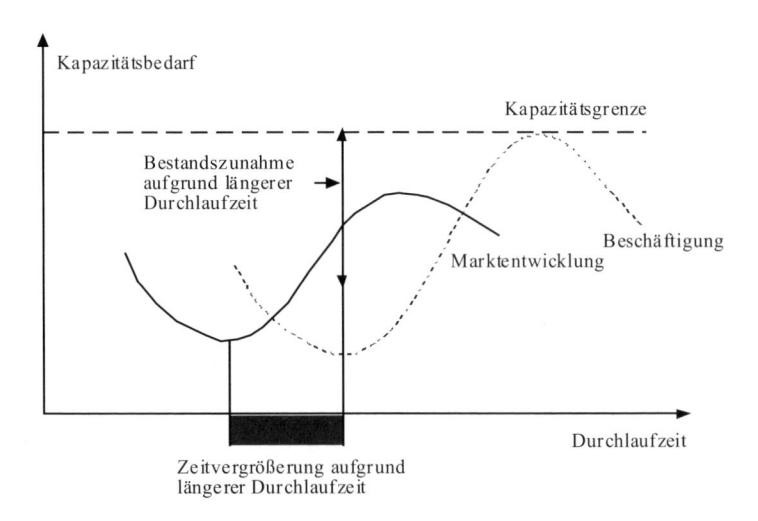

Abb. 1-11: Der Zeitverzug zwischen auftretender Nachfrage und betrieblicher Reaktion

1.4.6 Wettbewerbs- und Kundenorientierung

Das Prinzip der Wettbewerbs- und Kundenorientierung bringt zum Ausdruck, daß logistische Aktivitäten keinen Selbstzweck darstellen, sondern sich im "strategischen Dreieck" (vgl. Ohmae 1986, S. 71ff.) zwischen Unternehmen, Kunde und Konkurrenz bewegen (vgl. Abb. 1-12). Um in diesem Spannungsfeld erfolgreich bestehen zu können, reicht es nicht aus, wenn sich Unternehmen allein auf ihre Stärken und Schwächen konzentrieren. Voraussetzung für den Aufbau dauerhafter Wettbewerbsvorteile ist vielmehr, daß alle drei Parameter gleichzeitig Berücksichtigung finden. Aus der Perspektive der Unternehmenslogistik läßt sich das "strategische Dreieck" in die Dimensionen Kundenorientierung und Wettbewerbsorientierung zerlegen. Die Kundenorientierung betrachtet die Beziehungen zwischen Kunden und Unternehmen. In diesem Zusammenhang zeigt sich, daß sich der Wettbewerb von den Produktmerkmalen, die einer immer stärkeren und schnelleren Anpassung unterliegen, zu der Qualität der Leistungen vor, während und nach dem Herstellungsprozeß verlagert hat. In immer mehr Marktsegmenten wird der Kundennutzen durch die Bereitstellung individueller Problemlösungen bestimmt, wohingegen aus-

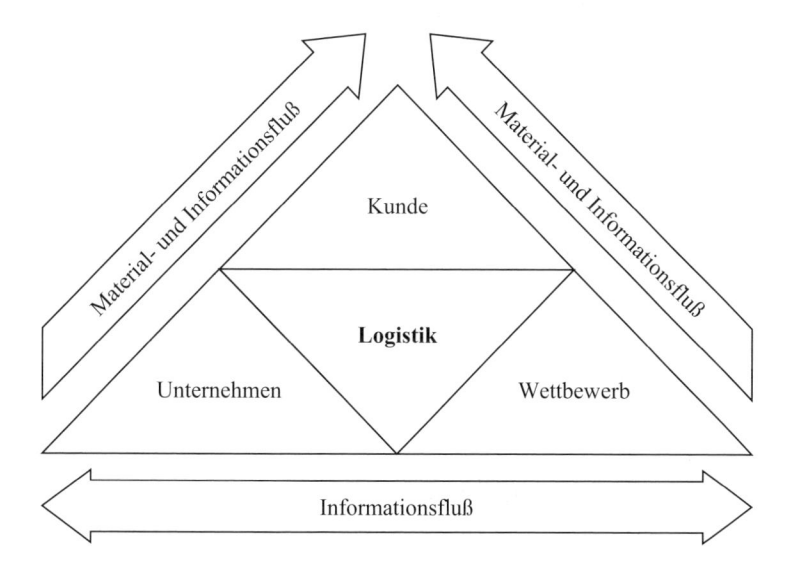

Abb. 1-12: Die Logistik im strategischen Dreieck zwischen Kunde, Wettbewerb und Unternehmen

schließlich preisorientierte Nutzenkriterien in den Hintergrund treten (vgl. Bleicher 1991, S. 15). In diesem Wettbewerbsumfeld kommt dem logistischen Leistungspotential industrieller Produktionsunternehmen eine wachsende Bedeutung zu, da sowohl exzellente Logistikleistungen als auch wettbewerbsgerechte Logistikkosten Ansätze bieten, um die Nachfrage individuell zu befriedigen und die Kundenloyalität zu erhöhen.

Neben diesem Produkt/Markt-Aspekt lassen sich aus dem Prinzip der Kundenorientierung auch prozeßorientierte Anforderungen an die Gestaltung logistischer Systeme ableiten. Die Individualisierung der Kundenwünsche muß sich auch in der Konfiguration der Logistikprozesse widerspiegeln. Ansatzpunkte hierfür reichen von der Festlegung kundengruppenbezogener Lieferservicegrade über eine kundenspezifische Auftragsabwicklung oder Bevorratung bis hin zur kundenorientierten Auslegung von Produktionsstrukturen, Fabrik- und Lagerstandorten. Unter prozeßorientierten Gesichtspunkten bedeutet Kundenorientierung ferner, daß ausschließlich das produziert und beschafft wird, was der Kunde tatsächlich benötigt, und daß erst dann produziert und beschafft wird, wenn ein Kundenauftrag vorliegt. Dieser anzustrebende Idealfall führt zu einer wertanalytischen Betrachtung sämtlicher zur Herstellung eines Produkts notwendigen Aktivitäten. Dabei erhöhen nur solche Aktivitäten den Kundennutzen, die zur Wertsteigerung von Produkten beitragen. Alle anderen Aktivitäten erzeugen in erster Linie Kosten und müssen aus wertanalytischer Sicht als Quelle potentieller Ressourcenverschwendung angesehen werden (vgl. Wildemann 1995a, S. 17). Sie sind deshalb konsequent zu hinterfragen und auf ein im Hinblick auf die Kundenanforderungen erforderliches Minimum zu reduzieren. Das Prinzip der Kundenorientierung ist schließlich nicht auf den externen Kundenkreis beschränkt. Betrachtet man das logistische Netzwerk, dann lassen sich vielfältige Kunden-Produzenten-Beziehungen innerhalb von Unternehmen und zu den Lieferanten definieren. Der gesamte Wertschöpfungsprozeß kann als "Chain of Customer" (vgl. Schonberger 1990, S. 34ff.) verstanden werden, die es durchgängig nach dem Prinzip der Kundenorientierung zu gestalten gilt. Dies impliziert eine fundamentale Umkehrung der Wertschöpfungsperspektive: "Production-Push" wird durch "Market-Pull" ersetzt.

Das Prinzip der Wettbewerbsorientierung stellt die Wechselbeziehungen zwischen Unternehmen und Wettbewerb aus dem Blickwinkel der Logistik in den Vordergrund. Ausgehend von der Erkenntnis, daß Wettbewerbsvorteile relativ und nur dann gegeben sind, wenn sie ein aus Sicht des Kunden wichtiges Leistungsmerkmal betreffen, vom Verbraucher wahrgenommen werden und eine gewisse Dauerhaftigkeit aufweisen (vgl. Simon 1988, S. 464), lautet die Forderung, das logistische Leistungspotential so zu gestalten, daß es im erfolgsunkritischen Bereich zumindest dem Leistungsniveau des Branchendurchschnitts entspricht und bei den erfolgskritischen Parametern gezielt besser ist als die Leistungsgrößen der jeweils besten Wettbewerber. Voraussetzung hierfür ist, daß das Leistungsprofil und das Leistungsniveau der Wettbewerber hinreichend bekannt sind. In der Regel muß jedoch die Beobachtung gemacht werden, daß Unternehmen über die Leistungsmerkmale der Logistikkonzepte der Wettbewerber nur in geringem Umfang Kenntnisse besitzen. Dieser Sachverhalt weist darauf hin, daß effiziente Logistiksysteme und ein hohes Logistik-Knowhow im Gegensatz zu Produkt- oder Prozeßinnovationen einen höheren Imitationsschutz gewährleisten und damit Optionen zur nachhaltigen Differenzierung gegenüber dem Wettbewerb bieten. Demnach zielt das Prinzip der Kunden- und Wettbewerbsorientierung darauf ab, die strategischen Dimensionen logistischen Denkens und Handelns herauszustellen. In diesem Sinn bedeutet logistisch Denken, das Unternehmen als ganzheitliches, komplexes System zu verstehen, welches Absatz- und Beschaffungsmärkte miteinander verbindet. Logistisch Handeln bedeutet, sämtliche Unternehmensaktivitäten darauf auszurichten, daß ein zeitoptimierter Material- und Informationsfluß mit dem Ziel angestrebt wird, die Logistikeffizienz wettbewerbswirksam zu erhöhen. Was wettbewerbswirksam ist, bestimmen die Anforderungen der Kunden, die Leistungen der Konkurrenz und die Wettbewerbsziele des Unternehmens.

1.4.7 Kreislaufoptimierung

Mit dem Kreislaufwirtschafts- und Abfallgesetz wird das Verursacherprinzip erstmalig umgesetzt. Zentraler Bestandteil ist die Verpflichtung der Hersteller zur Produktverantwortung. Die Kreislaufwirtschaft postuliert, Produktions-, Distributions- und Konsumtionsrückstände möglichst lange im Wirtschaftskreislauf zu halten, d.h.

möglichst oft wiederzuverwenden oder -verwerten. Naturgesetzliche Schranken lassen jedoch keine in sich geschlossenen Systeme zu. Das Entropiegesetz besagt, daß Materie und Energie nur in eine Richtung verändert werden können, nämlich von einer nutzbaren Form in eine nicht-nutzbare, von einer verfügbaren in eine nichtverfügbare, von einer geordneten in eine ungeordnete. Alle Stoffe werden zwangsläufig nach mehrmaliger Nutzung zu Rückständen, die dann ökologiegerecht zu entsorgen sind. Die Kreislaufwirtschaft verfolgt das Ziel, nur diese Stoffe durch Primärstoffe zu ersetzen. Dabei kann und darf es eine Kreislaufwirtschaft um jeden Preis nicht geben. Diese conditio sine qua non bedeutet, daß weiterhin nicht nur der ökonomische Preis sondern auch der ökologische Preis, also die Frage nach der ökologischen Sinnhaftigkeit, nicht außer acht gelassen werden dürfen.

Bei Kreisläufen ist zwischen Mehrweg- und Einwegkreisläufen zu unterscheiden. Mehrwegkreisläufe sind gekennzeichnet durch die Mehrfachverwendung von Produkten und Verpackungen, die zwischen den einzelnen Umläufen einer Aufarbeitung oder eines Recyclings bedürfen (vgl. Abb. 1-13). Typische Beispiele sind alle Mehr-

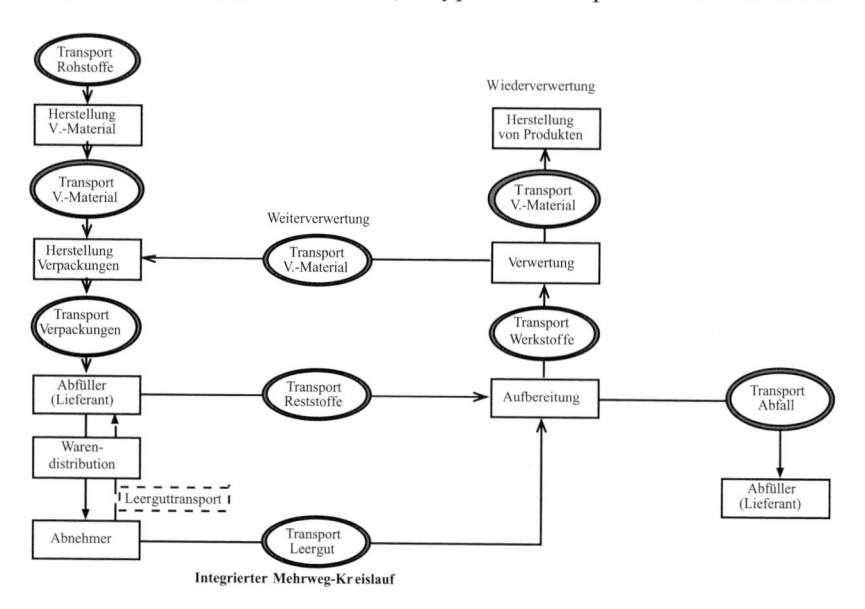

Abb. 1-13: Distribution und Redistribution von Mehrweg-Transportverpackungen

wegverpackungen sowie im Produktbereich Austauschaggregate. Einwegkreisläufe zeichnen sich durch die Rückstandsverwertung in Form des werkstofflichen, rohstofflichen bzw. energetischen Recyclings aus. Beim werkstofflichen Recycling werden die Wertstoffe nach entsprechender Behandlung unmittelbar der Produktion wieder zugeführt (z.B. Glas, Papier, Metalle, Kunststoffe). Eine chemische Transformation der Wertstoffe in Primärstoffe (z.B. Kunststoffe überwiegend in Öl und Gas) erfolgt während des rohstofflichen Recyclings. Innerhalb des energetischen Recyclings wird der Energiegehalt der Wertstoffe genutzt, um die fossilen Energieträger zu substituieren. Voraussetzungen für Mehrweg- und Einwegkreisläufe sind neben der Entwicklung mehrwegfähiger Produkte Verpackungen sowie geeigneten Technologien entsprechende Logistikkonzepte.

In diesem Zusammenhang ist festzustellen, daß die öffentlichen und politischen Diskussionen über Einweg oder Mehrweg sowie Werkstoff-, Rohstoff- und Energierecycling häufig nicht objektiven Kriterien standhalten. Vor dem Hintergrund der öffentlichen Meinung fließt oft nicht das "sachlich Notwendige", sondern das "politisch Machbare" in die Gesetzgebung ein.

Die Schwächen traditioneller ökonomischer Prozesse, die das Entropiegesetz und das logistische Gestaltungsprinzip des ganzheitlichen Denkens nicht berücksichtigen, liegen nicht nur in fehlendem Verständnis der Interdependenzen zwischen Stoffentropie und Systementropie, sondern darüber hinaus in relativ willkürlich räumlichen Begrenzungen von analysierten Systemen sowie in der Mißachtung der zeitlichen Verschiebung zwischen Ursache und Wirkung: Beim Sammeln, Sortieren, Trennen und Transportieren der Rückstände zur Kreislaufrückführung werden Einsatzfaktoren verbraucht. An anderer Stelle im System und zu anderer Zeit wird jedoch zwangsläufig die Entropie erhöht. So vermindert sich zwar in dem unmittelbar betrachteten und analysierten Entsorgungssystem die Entropie durch das Verfügbarmachen der Objekte und Ressourcen. Im Gesamtsystem wird aber durch den Energieentzug aus fossilen Brennstoffen, die für die Teilprozesse und Aktivitäten der Entsorgung benötigt werden, die Systementropie per Saldo erhöht. Eine negative Systementropie zeigt sich hingegen beim Recycling von Kunststoffbehältern. Jeder Transport-, Sortier- und Trennungsprozeß von Kunststoffbehältern zu deren

Recycling verringert aus entropischer Sicht die Recyclingeffektivität, da jeder dieser Vorgänge Energie benötigt. So entsteht die paradoxe Situation, daß die für die Recyclingmaßnahmen von Kunststoffbehältern insgesamt notwendige Energie der Ressource Rohöl entnommen wird, um eben diese Ressource durch Recycling zu schonen. Zudem muß die durch das Sammeln von Kunststoffen für das stoffliche Recycling dem energetischen Recycling entzogene Energiemenge zugeführt werden, um die thermische Umwandlung zu gewährleisten.

Wenn zwischen Vermeidung und Verwertung, zwischen Kreislauf und Nicht-Kreislauf, zwischen Einweg und Mehrweg, zwischen Werkstoff-, Rohstoff- oder Energierecycling zu entscheiden ist, muß hinterfragt werden, "Was wollen wir uns leisten?" und "Was können wir uns leisten?". Da das Budget jedes Unternehmens oder jeder Volkswirtschaft begrenzt ist, ist es um so wichtiger, dieses effektiv einzusetzen. Es ist die Frage zu beantworten, ob es Sinn macht, die letzte Zigarettenschachtel mit einem überhöhten verfahrenstechnischen und logistischen Aufwand der stofflichen Verwertung zuzuführen, oder ob es nicht ökonomisch und ökologisch effektiver wäre, dieses Geld für die Altlastensanierung zu verwenden.

2 Die Phasen in der logistischen Prozeßkette

2.1 Beschaffungslogistik: Vom Lieferanten zum Abnehmer

Die Beschaffungsfunktion im Unternehmen hat die Aufgabe, die für die Erstellung und Verwertung der Produktionsfaktoren erforderlichen Güter bereitzustellen (Versorgungssystem). Unter die Beschaffung werden der Einkauf und die Beschaffungslogistik subsumiert. Während der Einkauf als objektbezogener Ausgleich von Bedarfsanforderungen und Beschaffungsmarkt dient, sichert die Beschaffungslogistik den Material- und Informationsfluß zwischen Beschaffungsmarkt und dem Abnehmer im Unternehmen. Die Beschaffungslogistik nutzt die vorhandenen Logistikressourcen, indem sie die zu beschaffenden Güter und Informationsflüsse zur Bereitstellung der Einsatzgüter zusammenführt. Aufgabe der Beschaffungslogistik ist es, die benötigten Güter durch Gestaltung des Material- und Informationsflusses zwischen Beschaffungsmarkt und Abnehmern im Unternehmen bedarfsgerecht zur Verfügung zu stellen. Ausgehend von dieser Zielsetzung lassen sich Sicherungsziele und Gestaltungsziele ableiten. Als Sicherungsziele können angesehen werden:

- Lieferbereitschaft: Die optimale Lieferbereitschaft bezieht sich sowohl auf die interne Lieferbereitschaft (termin- und bedarfsgerecht) als auch auf die externe Lieferbereitschaft (Sicherung der Beschaffungsquelle).
- Flexibilität: Sie soll die schnelle und reibungslose Anpassung des Beschaffungsvolumens an die Schwankungen sicherstellen.
- Qualität: Die Qualität der beschafften Güter ist einerseits maßgebend für die Kosten der Weiterverarbeitung und beeinflußt die Qualität der Absatzgüter.
- Wirtschaftlichkeit: Die Sicherung der Wirtschaftlichkeit und damit verbunden die Nutzung des Kostensenkungs- und Leistungssteigerungspotentials der Materialwirtschaft betrifft die Beschaffung der Güter zu möglichst niedrigen Preisen sowie die kostengünstige Abwicklung materialwirtschaftlicher Aufgaben.

- Kapitalbindungs- und Liquiditätserhaltung: Sie dienen der Minimierung des in den Beständen gebundenen Kapitals, um die tatsächlichen oder kalkulatorischen Kosten zu minimieren.

Neben den Sicherungszielen können Gestaltungsziele formuliert werden. Gestaltungsziele betreffen die Organisation der Beschaffungslogistik und ihr Zusammenwirken mit anderen Stellen im Unternehmen sowie externen Stellen, insbesondere Lieferanten:

- Unterstützung anderer betrieblicher Funktionen durch Information,
- Sicherstellung der ausreichenden fachlichen Kompetenz und Problemlösungskapazität durch die Mitarbeiter,
- Sicherung des Ansehens des Unternehmens im unternehmerischen Umfeld (Zahlungsgewohnheiten, Termintreue, Qualität).

Die bedarfsgerechte Versorgung kann nur durch eine Optimierung sowohl des Material- als auch des Informationsflusses zwischen Beschaffungsmarkt und Bedarfsträgern im Unternehmen erreicht werden. Für das gesamte Unternehmen sind auf der Grundlage des Beschaffungsvolumens und -sortiments funktionsübergreifende Gesamtstrategien festzulegen. Mit diesen strategischen Entscheidungen werden die Rahmenbedingungen für das logistische Aktionsfeld festgelegt. Hierbei erfolgt die Festlegung über den Aufbau eigener Lager- und Transportkapazitäten oder die Inanspruchnahme von externen Logistikdienstleistern. Für das Unternehmen sind güterspezifische Versorgungsstrategien zu entwickeln. Diese bestimmen auf der Basis der jeweiligen Bedarfsanforderungen und Liefermöglichkeiten der Beschaffungsquellen die Versorgungs- und Bereitstellprinzipien. Bei der externen Materialbereitstellung lassen sich drei Prinzipien unterscheiden, die jeweils andere Anforderungen an die Beschaffungslogistik stellen:

1. Bei der Einzelbeschaffung im Bedarfsfall wird das benötigte Gut einzeln und erst zu dem Zeitpunkt beschafft, wenn sein Bedarf bekannt ist. Diese Art der Beschaffung kann zu zeitlichen Verzögerungen und einer Erschwerung der Terminplanung führen. Sie besitzt jedoch die Vorteile, daß geringe Kosten für die Lagerhaltung entstehen. Der logistische Aufwand ist somit punktuell hoch und bezieht sich hauptsächlich auf die schnelle externe Materialbeschaffung.

2. Im Falle der Vorratshaltung kommt es zur Lagerbildung der im Unternehmen laufend benötigten Güter. Durch größere Bestellmengen lassen sich hier günstigere Bestellkosten und Einstandspreise erzielen, wobei diesen höhere Lagerhaltungskosten gegenüberstehen. Die Hauptaufgabe der Beschaffungslogistik besteht darin, im Vorfeld durch geeignete Vertragsgestaltung einen reibungslosen Anlieferungsablauf festzulegen. Innerbetrieblich liegt der Schwerpunkt auf der Auswahl des geeigneten Lagerhaltungsmodells und der Sicherstellung des unter Kosten- und Zeitkriterien günstigsten Materialflusses innerhalb der Fertigung.

3. Bei einer produktionssynchronen Beschaffung wird versucht, die Lagerhaltung zu vermeiden, indem das richtige Material in der richtigen Menge, in der richtigen Qualität unmittelbar zum richtigen Zeitpunkt am richtigen Ort in der Fertigung angeliefert wird. Damit wird ein Teil der Kapital- und Lagerkosten auf den Lieferanten verteilt. Eine partnerschaftliche Beziehung zwischen Lieferant und Abnehmer und eine enge und exakte Zusammenarbeit hinsichtlich Menge, Qualität und Terminen soll hier Vorteile für beide Seiten bringen. Da bei dieser Art der Güterbereitstellung ein Lieferausfall weitreichende Konsequenzen bis hin zum Fertigungsstillstand nach sich ziehen kann, erfordert die produktionssynchrone Beschaffung eine genaue Planung sämtlicher Funktionen der Beschaffungslogistik, die speziell auf den Fertigungsablauf im Unternehmen zugeschnitten ist.

2.2 Produktionslogistik: Von Wertschöpfungsstufe zu Wertschöpfungsstufe

Die Produktionslogistik umfaßt die Planung, Steuerung und Überwachung des Material- und Informationsflusses vom Rohmaterial der Beschaffung über die unterschiedlichen Stufen des Produktionsprozesses bis hin zum Fertigwarenlager. Die unterschiedlichen Organisationstypen der Fertigung nehmen dabei einen entscheidenden Einfluß auf die Produktionslogistik. Das Wesen der Werkstattfertigung besteht darin, daß Hilfsstoffe sowie Halbfabrikate diskontinuierlich in unterschiedlichen Losen von einem Produktionsbereich zum anderen transportiert werden müssen, wohingegen die Fließfertigung durch einen kontinuierlichen Materialfluß charakterisiert ist und als wichtigste Aufgabe die permanente Verfügbarkeit der Einsatzgüter beinhaltet.

Logistische Prozeßketten

Eine weitere Unterscheidung erfolgt hinsichtlich der Übereinstimmung der Produkte in Massen-, Sorten-, Serien- und Einzelfertigung, wodurch die Menge der zu transportierenden Güter und die Wahl des Transportmittels beeinflußt wird.

Die Aufgaben der Produktionslogistik werden auf unterschiedlichen Planungsebenen wahrgenommen (vgl. Abb. 2-1). Diese sind

- Grobplanung,
- Disposition (Material, Termin, Kapazität) und
- Feinsteuerung/Fertigungssteuerung.

In Abhängigkeit der zu produzierenden Güter und der damit verbundenen Produktionsform kommt den Planungsebenen unterschiedliche Bedeutung zu. Insbesondere Produkte mit einer langen Entstehungsdauer, einer damit verbundenen komplexen Produktstruktur mit Einzelfertigungscharakter, bedürfen einer besonders stark ausgeprägten Grobplanung. Diese Produkte charakterisieren sich weiterhin durch ein hohes Maß an kundenindividueller Spezifikation mit entsprechend hohem konstruktiven Aufwand. Die Produktstruktur vervollständigt sich erst mit der Auftragsabwicklung. Dies ist beispielsweise im Großmaschinen- und Anlagenbau der Fall. Dort entspricht die Grobplanung einem (Multi-)Projektmanagement, bei dem mit aggregier-

```
          ┌──────────────────┐
          │   Grobplanung    │
          └──────────────────┘
       ┌─────────────────────────┐
       │    Auftragseinlastung   │
       └─────────────────────────┘
                   ▼
          ┌──────────────────┐
          │ Materialwirtschaft│
          └──────────────────┘
          ┌──────────────────┐
          │  Zeit- u. Kapazitäts-
          │     wirtschaft    │
          └──────────────────┘
       ┌─────────────────────────┐
       │    Auftragsfreigabe     │
       └─────────────────────────┘
                   ▼
          ┌──────────────────┐
          │ Fertigungssteuerung│
          └──────────────────┘
```

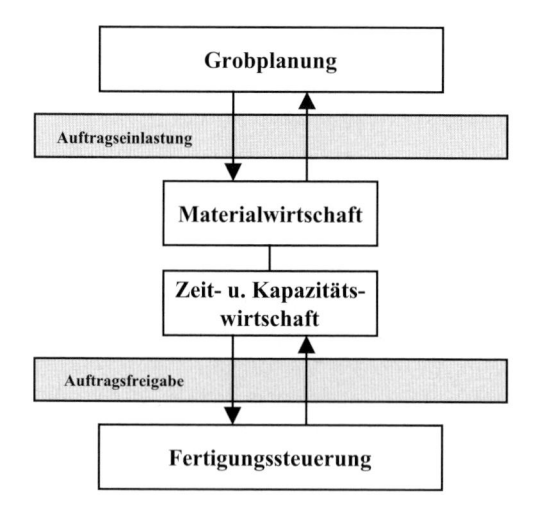

Abb. 2-1:   Planungsebenen

ten Größen Materialbereitstellungstermine, Fertigstellungstermine und Kapazitäten grob geplant werden. Häufig findet dabei das Instrument der Netzplanung Anwendung, das eine simultane Planung von Material und Kapazität erlaubt. Im Bereich der Serienfertigung ist die Grobplanungsebene als Primärbedarfsplanung oder Produktionsprogrammplanung ausgeprägt. Im Vordergrund steht das Mengen- und Sortimentsproblem mit den dafür zur Verfügung zu stellenden Kapazitäten, da zumeist für einen anonymen Markt vorgefertigt wird. In beiden Fällen wird sich die Gewichtung der Planungsebenen verändern. Die in vielen Unternehmen heute noch stark ausgeprägte dispositive Planungsebene (Material-, Zeit- und Kapazitätswirtschaft) wird zugunsten einer stärker ausgeprägten Grobplanung reduziert. Ursache hierfür ist die zunehmende Neuordnung im Spannungsfeld zwischen dezentralen und zentralen Funktionen der Produktionsplanung und -steuerung. Die dispositive Planungsebene auf der Basis von Arbeitsgangdaten wird zunehmend in modulare Produktionsstrukturen integriert und dezentralisiert. Die Vergangenheit hat gezeigt, daß ein hoher Detaillierungsgrad der Planung diese nicht genauer und effizienter macht und der Aufwand hierfür in vielen Anwendungsfällen in keinem Verhältnis zum Nutzen steht. Eine Grobplanung mit dem entsprechenden Aggregationsniveau bildet dann das Koordinierungsinstrument für die autonomen dezentralen Bereiche.

Die wesentlichen Aufgaben eines Produktionsplanungs- und -steuerungssystems (PPS) sind

- Produktionsprogrammplanung,
- Mengenplanung,
- Termin- und Kapazitätsplanung,
- Auftragsveranlassung sowie
- Auftragsüberwachung.

Die funktionale Gliederung der PPS zeigt, daß hier ein sukzessives Planungskonzept angewendet wird. Das Gesamtproblem wird in Teilprobleme aufgeteilt, welche dann für sich genommen sukzessive abgearbeitet werden. Dabei ergibt sich ein zunehmender Detaillierungsgrad und ein abnehmender Planungshorizont.

In der Produktionsprogrammplanung werden die zu produzierenden Enderzeugnisse nach Art, Menge und Termin festgelegt. Damit wird der Primärbedarf festgelegt, der als Planungsvorgabe für die nachfolgenden Funktionen dient. In der Produktionsprogrammplanung erfolgt bereits eine erste Kapazitätsgrobplanung, mit der eine Abstimmung zwischen den zu erstellenden Produktmengen und den zur Verfügung stehenden Kapazitäten erfolgt. Die Produktionsprogrammplanung unterscheidet die erwartungsbezogene Programmbildung und die kundenauftragsbezogene Programmbildung. Die erwartungsbezogene Programmbildung geht von einem anonymen Markt, bei dem der Käufer des Produkts erst nach der Produktionsprogrammplanung bekannt wird, aus. Hierzu bedienen sich PPS-Systeme der verschiedenen Methoden der Prognose, beispielsweise der Bildung einfacher oder gleitender Mittelwerte, der exponentiellen Glättung erster oder zweiter Ordnung sowie der Methode der kleinsten Quadrate. Die kundenauftragsbezogene Programmbildung erfolgt auf der Basis vorliegender Kundenaufträge (vgl. Abb. 2-2). Häufig ist dies im Großmaschinen- und Anlagenbau der Fall, wo der einzelne Kundenauftrag einer aufwendigen technischen Klärung bedarf und konstruktiven Aufwand mit kundenauftragsbezogenen Spezifikationen nach sich zieht. Bei der Einlastung eines solchen Kundenauftrages erfolgt zunächst die kapazitive und mengenmäßige Betrachtung eines Kundenauftrags. Die

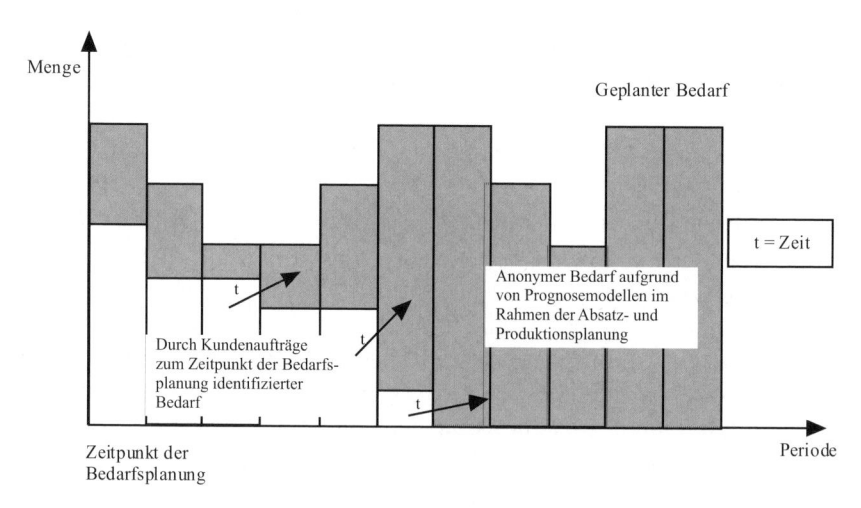

Abb. 2-2:   Anonyme und kundenauftragsbezogene Primärbedarfe

Kundenauftragsverwaltung und -abwicklung stellt damit die Programmbildung dar. Häufig finden sich in der Praxis Mischformen zwischen erwartungsbezogener und kundenauftragsbezogener Programmbildung, so daß die verwendeten Methoden eng miteinander verzahnt werden. Ein Teil eines anonym geplanten Bedarfs läßt sich zum Zeitpunkt einer Bedarfsplanung zumeist schon mit Kundenaufträgen unterlegen.

In der Mengenplanung werden alle Entscheidungen vorbereitet, koordiniert und getroffen, die die Bereitstellung der Materialien nach Art, Qualität, Menge, Termin und Kosten zur Durchführung des geplanten Produktionsprogramms umfassen. Die Entscheidungen in der Mengenplanung beziehen sich auf

- das Mengenproblem (Sicherstellung des Bedarfs zu minimalen Bereitstellungskosten),
- das Sortimentsproblem (optimale Zusammenstellung der Materialien bezüglich Art und Güte zur Ausführung des Produktionsprogramms),
- das Transportproblem (inner- und außerbetrieblicher Transport: Lieferant - Materialeingang - Verbrauchsart),
- das Zeitproblem (Bestimmung von Beschaffungszeitpunkten unter Berücksichtigung der Bedarfsdeckung und Beschaffungspreise) und
- das Kapitalproblem (Liquiditätsaspekt und Kapitalbindungskosten).

Grundsätzlich werden bei der Materialbedarfsplanung die Verfahren der verbrauchsgebundenen und programmgebundenen Materialbedarfsplanung unterschieden (vgl. Abb. 2-3). Die verbrauchsgebundene Materialbedarfsplanung orientiert sich bei der Vorausplanung an den Verbrauchswerten der Vergangenheit und arbeitet mit definierten Lagerbeständen. Im Gegensatz dazu werden bei der programmgebundenen Materialbedarfsplanung über die Stücklistenauflösung aus den Primärbedarfen die sogenannten Sekundärbedarfe generiert. Sie arbeitet damit bedarfsorientiert aufgrund der determinierten Bedarfe. Eine solche Stücklistenauflösung erfolgt über mehrere Stufen. Die Stückliste selbst ist das Abbild der Produktstruktur. Zur Unterschei-

Logistische Prozeßketten

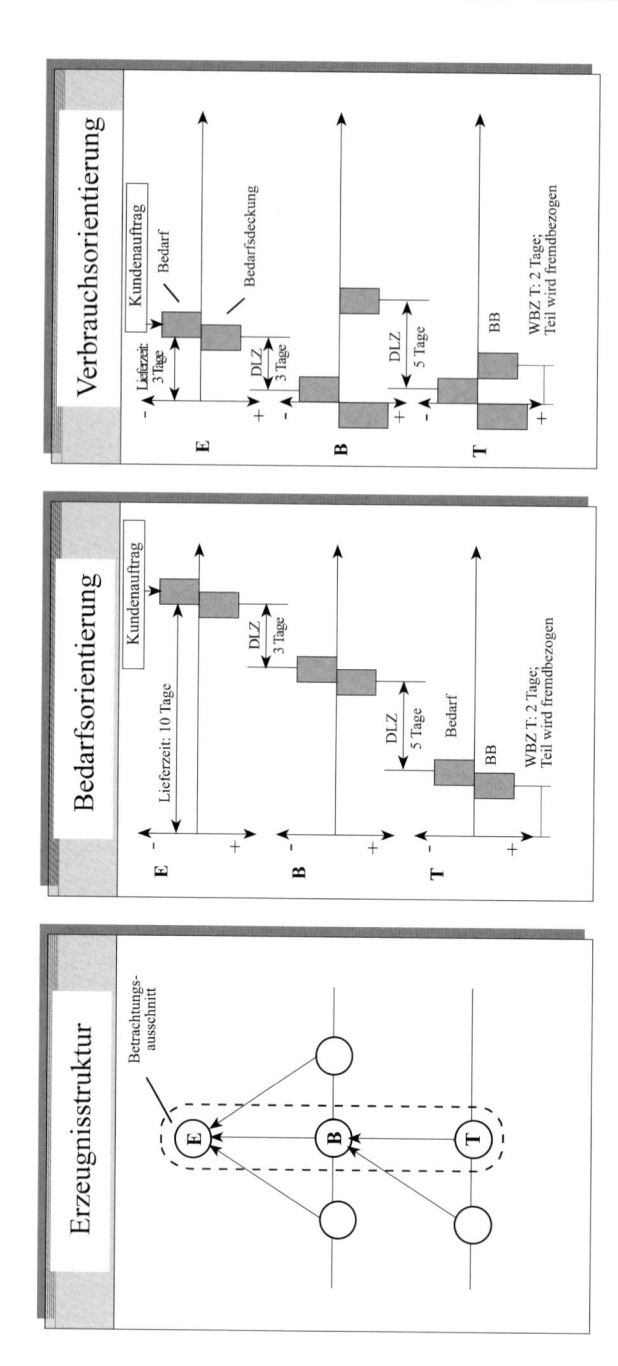

Abb. 2-3: Verbrauchs- und programmgebundene Disposition

dung, welche Teile nach welchem Verfahren disponiert werden sollen, dient die ABC-Analyse. A-Teile mit einer hohen Wertigkeit werden unabhängig von der Bedarfsregelmäßigkeit programmgebunden disponiert. C-Teile dagegen werden verbrauchsgebunden disponiert. Differenzierter muß die Dispositionsstrategie für B-Teile betrachtet werden, so daß beide Verfahren zum Einsatz kommen können. In der Nettobedarfsermittlung (Stücklistenauflösung) werden die verfügbaren Lagerbestände (Lagerbestand, Bestellbestand, Reservierungen) über dispositive Bestandskonten den terminierten Bruttobedarfen gegenübergestellt. Ergebnis der Nettobedarfsermittlung als Abgleich zwischen Bedarf und verfügbarem Bestand ist die zu einem bestimmten Termin über die Eigenproduktion oder Fremdbeschaffung bereitzustellende Menge eines Teils oder einer Baugruppe. Der Bereitstellungstermin wird während der Stücklistenauflösung über die Vorlaufverschiebung ermittelt. Die Vorlaufverschiebung stellt geplante Durchlaufzeiten dar (vgl. Abb. 2-4 und 2-5).

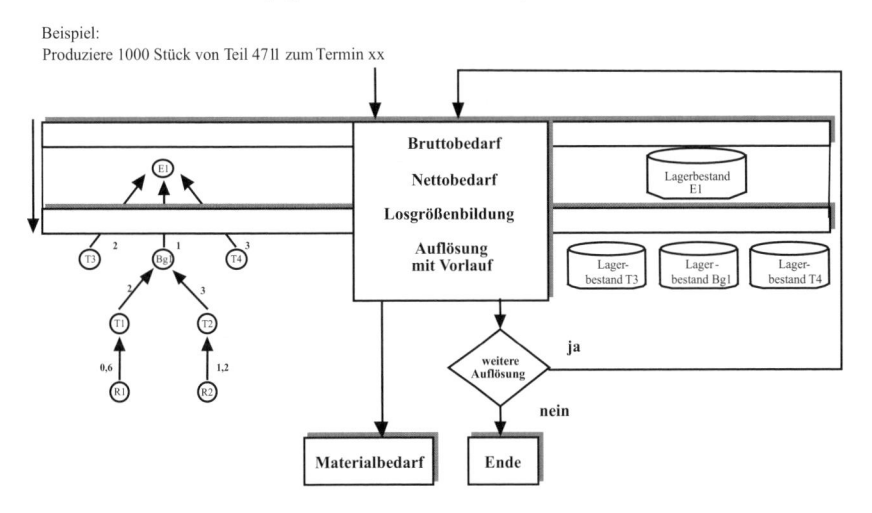

Abb. 2-4: Brutto-Netto-Rechnung - erste Strukturstufe

Die Terminplanung umfaßt die Vorbereitung, Planung und Koordination des zeitlichen Ablaufs der Aufträge in der Produktion und die damit zusammenhängenden Entscheidungen sowie kapazitiven Betrachtungen. Im wesentlichen handelt es sich dabei um die Lösung eines Dreieckszuordnungsproblems von Aufträgen zur Kalenderzeit und

Logistische Prozeßketten

zu betrieblichen Kapazitätseinheiten. Die Ergebnisse der Entscheidungen in der Terminplanung sind Aussagen über die

- Termine (Liefertermine, Einsteuerungs- und Zwischentermine der Werkaufträge),
- Kapazitäten (für Eigen- und Fremdkapazitäten) und
- Maschinenbelegung (Festlegen der Auftragsreihenfolge, Lage und Zuordnen der Aufträge zu Kapazitätseinheiten).

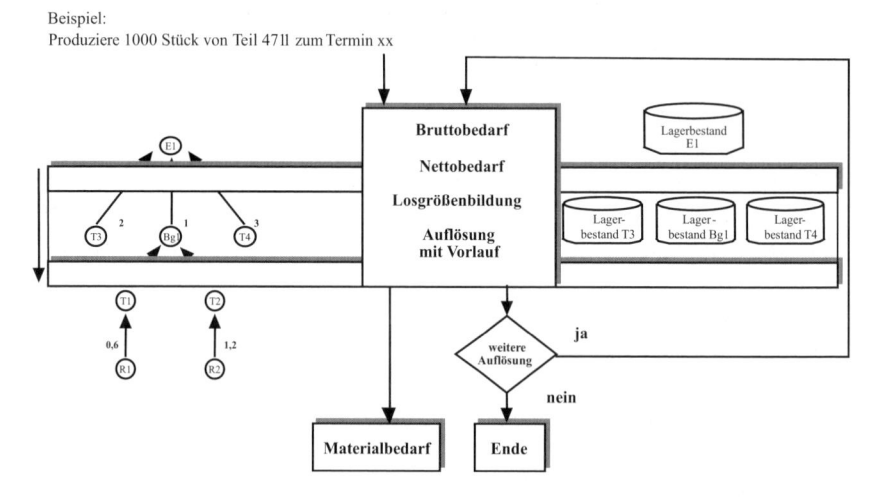

Beispiel:
Produziere 1000 Stück von Teil 4711 zum Termin xx

Abb. 2-5: Brutto-Netto-Rechnung - zweite Strukturstufe

Um diese Aussagen machen zu können, sind entsprechend dem Fertigungssystem Informationen über den Absatzmarkt (Verkaufsprognosen, eingehende Aufträge), die noch vorhandenen und noch offenen Kapazitäten (Betriebsmittel und Personal), Konstruktionsdaten (Zeichnungen, Stücklisten), Arbeitsplandaten und Ablaufdaten erforderlich.

Für die Wahrnehmung dieses Aufgabenbereiches stehen folgende Teilfunktionen zur Verfügung:

- Durchlaufterminierung,
- Kapazitätsbedarfsrechnung und
- Kapazitätsterminierung (Kapazitätsabgleich).

Mit der Durchlaufterminierung werden Start- und Endtermine der Fertigungsaufträge ermittelt ohne die Beachtung von Kapazitätsrestriktionen. Die Kapazitätsbedarfsrechnung ermittelt den für die Durchführung der Fertigungsaufträge benötigten Kapazitätsbedarf nach Zeit und Betriebsmittel. In der Kapazitätsterminierung kommt es dann zum Abgleich von Kapazitätsangebot und -nachfrage, womit dann machbare Termine ermittelt werden (vgl. Abb. 2-6).

Die beiden Hauptfunktionen der Auftragseinlassung und der Auftragsfreigabe sind Bestandteile der Auftragssteuerung. Die Auftragssteuerung umfaßt Tätigkeiten, welche zur Durchsetzung der kurzfristigen Anpassungen des Produktionsplanes dienen. Die Auftragssteuerung beinhaltet damit vor allem Realisierungsaufgaben, aber auch Planungsaufgaben mit kurzfristigem Planungshorizont (Belegungsplanung). Zur Wahrnehmung dieser Aufgaben ist eine Auftragsfortschritts- und Terminkontrolle sowie eine Kontrolle der Kapazitätseinheiten erforderlich. Ein zeitpunktadäquates Handeln mit teilweise unvollständigen Informationen ist in der Auftragssteuerung in ungleich höherem Maße erforderlich als in den anderen Funktionsgruppen.

Die Auftragseinlassung stellt den direkten Übergang von den planerischen zu den steuernden Funktionen dar. Im einzelnen sind mit der Auftragseinlassung folgende Funktionen verbunden:

- Fertigungsauftragsfreigabe,
- Verfügbarkeitsprüfung und
- Arbeitsverteilung.

Mit der Fertigungsauftragsfreigabe geht die Verfügbarkeitsprüfung einher, so daß gewährleistet werden kann, daß die freigegeben Aufträge auch durchgeführt werden können und das Material bereitgestellt wird. In manchen Fällen erfolgt dabei eine nochmalige Arbeitsgangterminierung/Feinterminierung mit dem Resultat entsprechend aktualisierter Maschinenbelegungspläne. Anschließend erfolgt der Ausdruck der Fertigungspapiere und die Verteilung der Arbeit. Die Fertigungssteuerung vergleicht Plan- und Ist-Werte des Auftragsfortschritts hinsichtlich Qualität, Menge und Zeit. Erkennbar sind dadurch etwaige Differenzen zwischen den Plan- und Ist-Werten.

Logistische Prozeßketten

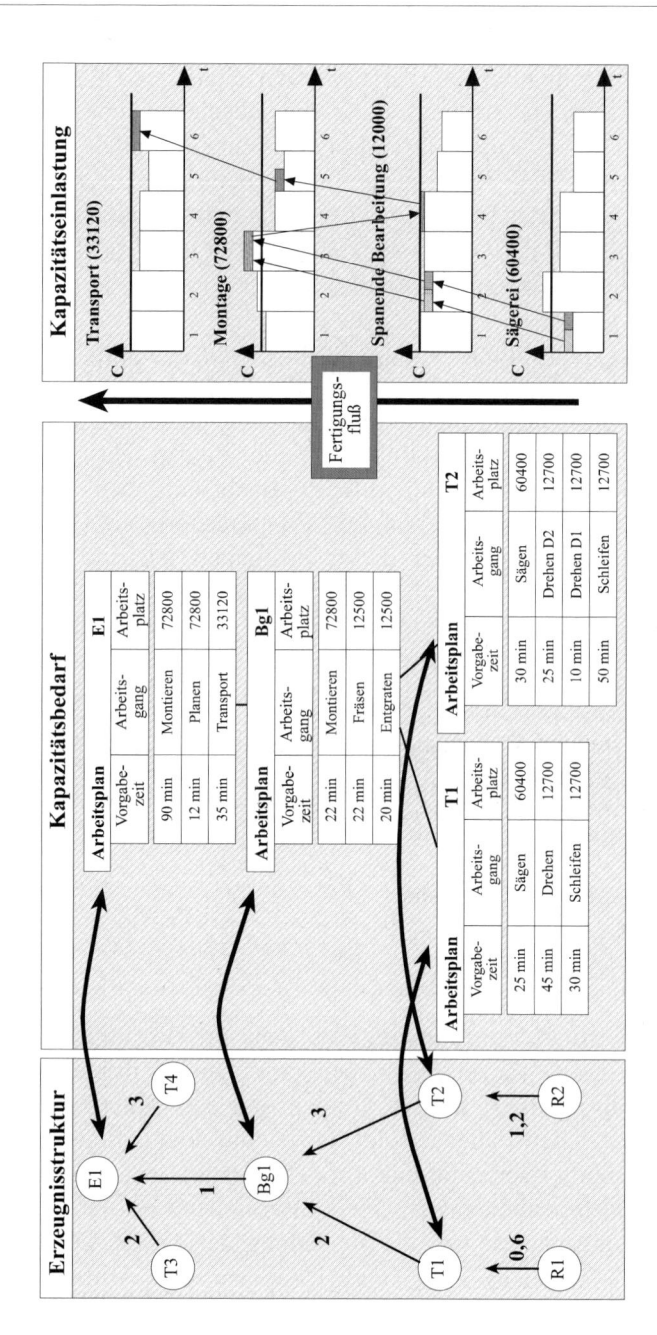

Abb. 2-6: Zeit- und Kapazitätswirtschaft

2.3 Distributionslogistik: Vom Produzenten zum Kunden

Die Distributionslogistik stellt die Transferfunktion zwischen der durch Produktionsprogramme und -technologien geprägten Güterbereitstellung durch Produktions- und Handelsunternehmen und der an Verhaltensmustern orientierten zeitlich und räumlich stochastischen Bedarfsstruktur von Verwendern dar. Die Güterabgabe erfolgt in der ersten Stufe durch Produzenten. In einer weiteren Stufe wird die Weitergabe durch Handelsunternehmen durchgeführt. Bestimmend für die Abgabe sind das Produktionsprogramm, die Bestellmengen, die Bereitstellorte und die Bereitstellzeiten. Da die Logistikprozesse aller Unternehmen in der Distributionslogistik münden, decken die zu verteilenden Produkte alle Arten von Gütern ab. Die Lieferprogramme reichen über Investitions-, Konsum- und Stückgüter bis hin zu Schüttgütern. Für die Distributionslogistik bedeutsam sind die chemisch-physikalischen Eigenschaften, Gewicht, äußere Form, Abmessungen, Aggregatzustand und Verderblichkeit der Güter. Diese mit dem Begriff Transportempfindlichkeit bezeichneten Faktoren grenzen die zur Auswahl stehenden Transportmittel und -hilfsmittel ein und legen die durch die Verpackung wahrzunehmenden Schutzfunktionen fest. Diese für den Verteilungsprozeß sehr weitreichenden Festlegungen machen es notwendig, daß die Distributionslogistik bereits frühzeitig bei der Produktdefinition Einfluß nimmt, da die Möglichkeit des Einsatzes standardisierter Verpackungs- und Transportmittel sowie mechanisierter Lager- und Umschlagstechniken große Wirkungen auf die Kosten des Distributionsprozesses ausübt. Eine wesentliche Bedeutung für die Lagerbestände des Distributionsprozesses hat neben den Bestellmengen die Breite des Produktionsprogramms. Erfahrungswerte zeigen, daß die Substitution eines Produktes A durch drei differenzierte Produkte B, C und D bei gleichem Umsatz zu einer Erhöhung der Gesamtlagerbestände um 60% führt. Unter der Annahme einer Umsatzsteigerung von 50% erhöhen sich die Gesamtlagerbestände sogar um 100%.

Die Distributionslogistik hat außerdem einen besonderen Stellenwert bei der Produktneueinführung. In dieser Phase können zeitlicher Verlauf und Höhe der Nachfrage nur geschätzt werden. Ein für die Distributionslogistik wesentliches Kriterium ist die Unterscheidung zwischen Investitions- und Konsumgütern. Eine besondere Stellung bei den Investitionsgütern haben Großprojekte, bei denen nicht eine einzelne Anlage transferiert wird, sondern mehrere Einzelaggregate. An unterschiedlichen Orten werden diese über einen längeren Zeitraum zu einem schlüsselfertigen Projekt zusammengesetzt. Im Gegensatz zu den Investitionsgütern muß die Distributionslogistik im Konsumgüterbereich primär Mengenprobleme bewältigen sowie für eine ausreichende Verfügbarkeit an vielen Orten sorgen. Der Anstoß für die Fertigung erfolgt, losgelöst von konkreten Aufträgen, durch Lagerergänzungsaufträge. Der anonyme Kundenbedarf wird aus Lagerbeständen befriedigt. Aufgabe der Distributionslogistik ist die Einhaltung eines vorgegebenen Lieferservice bei minimalen Kosten. Die geographische Verteilung der Bereitstellorte ist eine weitere Determinante der Güterbereitstellung. Dabei wird ein Optimum aus den Vorteilen niedriger Transportkosten durch mehrere kundennahe oder spezialisierte Produktionsstätten und den aus der Größe resultierenden Vorteilen einer zentralen Produktion gesucht. Ein weiterer wichtiger Bestimmungsfaktor der Güterbereitstellung sind die Bereitstellzeiten, zu denen die Produkte art- und mengenmäßig sowie örtlich differenziert bereitgestellt werden. Die Parameter der Güterbereitstellung sind durch die Möglichkeit der Steuerung von Produktionslosgröße, Transportlos, Transportfrequenz und Lagerbestandshöhe zeitlich autonom beeinflußbar. Zu unterscheiden ist zwischen kontinuierlichen und diskontinuierlichen Produktions- und Abnahmeprozessen. Entweder erfolgt die Produktion kontinuierlich und der Verbrauch diskontinuierlich, wie bei Spielwaren, oder umgekehrt, der Verbrauch erfolgt kontinuierlich und die Produktion diskontinuierlich in bestimmten Intervallen, wie bei der Verarbeitung landwirtschaftlicher Produkte in Konservenfabriken.

Die Marktentnahme des Verwenders ist im Gegensatz zur Güterabgabe nicht quantitativ durch Mengen und Preise fixiert, sondern abhängig von zeitlich wechselnden Präferenzen, Konformität, Autonomie und Fremdbestimmtheit als Ergebnis der Konsumentensouveränität. Auch bewirken sozio-ökonomische Interdependenzen wie Werbung, Preiszusammenhang und Snobeffekte eine Außensteuerung der Nachfrager. Die Informationen der Marktforschung bezüglich der Verteilung der Nachfrager, den Kaufgewohnheiten und der Kaufkraftverteilung liefern wichtige Informationen für die Gestaltung des Distributionssystems. Die für die Distributionslogistik wesentlichen Faktoren resultieren wie bei der Marktabgabe aus dem Bedarf, den Bedarfsmengen, den Bedarfsorten und den Bedarfszeitpunkten.

Die technischen und ökonomischen Produkteigenschaften des nachgefragten Gutes haben wesentlichen Einfluß auf Art und Umfang der Einkaufsanstrengungen der Konsumenten. Für die Distributionslogistik leitet sich daraus die Ausprägung der Lieferzeiten, Distributionsdichte und Präsenz ab. In räumlicher Hinsicht kann dies die Notwendigkeit zur vollkommenen Abdeckung des Marktes erfordern oder im entgegengesetzten Extremfall die Beschränkung auf einen Angebotspunkt. Zeitlich reicht das Spektrum vom einmaligen Angebot bis zur dauerhaften Verfügbarkeit. Die Bedeutung des Lieferservice als Kenngröße für die Distributionslogistik kann aus einer für Konsumgüter gültigen Güterklassifikation abgeleitet werden. Zu unterscheiden ist dabei zwischen Gütern des täglichen Bedarfs, des gehobenen Bedarfs, den Spezialitäten und den Impulsgütern. Das Bestreben nach Bedürfnisbefriedigung nimmt von den Grundbedürfnissen zu den imagesteigernden Bedürfnissen ab. Umgekehrt nimmt die Individualität und soziale Bezogenheit zu. Für Güter des täglichen Bedarfs, wie Lebensmittel, Seife oder Tabakwaren, die durch ein stark gewohnheitsmäßiges Einkaufsverhalten geprägt sind, bedeutet dies, daß die Distributionslogistik in Abhängigkeit von der Mobilität der Nachfrager eine hohe räumliche Marktabdeckung und eine möglichst hohe Präsenz ermöglichen muß. Die Massenhaftigkeit des Bedarfs erfordert zudem eine hohe Leistungsfähigkeit des Distributionssystems. Die Fehlmengenkosten, die die erwarteten Auswirkungen von Fehlbeständen kostenmäßig quantifizieren, fallen einmalig in voller Höhe des durch Substitution durch ein Konkurrenzprodukt entgangenen Umsatzes an. Eine sich häufig wiederholende Nichtverfügbarkeit kann einen dauerhaften Umsatzausfall nach sich ziehen. Bei Gütern des gehobenen Bedarfs, wie Möbeln, hochwertiger Kleidung oder Haushaltsgeräten, vergleicht der Konsument intensiv nach den Kriterien Preis, Qualität, Angemessenheit und Aussehen. Zu unterscheiden ist aber nach der Art der vom Käufer durchgeführten Gegenüberstellung. Beim "Inter-Shop-Vergleich" prüft der Nachfrager das Angebot verschiedener Geschäfte. Die Gefahr des Umsatzverlustes für den Hersteller ist bei dieser Vergleichsform geringer, da der suchfreudige Käufer die im ersten Fall nicht angetroffene Ware mit großer Wahrscheinlichkeit in einem anderen Geschäft antrifft. Beim "Intra-Shop-Vergleich", bei dem der Konsument nur ein einziges Geschäft mit konzentriertem Angebot aufsucht, trifft den Hersteller der Umsatzausfall in voller Höhe.

Bei den als Spezialitäten bezeichneten Gütern wie Marken- und Luxusartikeln, die durch einen hohen Grad an Produktindividualität und Markentreue geprägt sind, ist der Konsument aufgrund der Individualität, des höheren Preises und der Seltenheit des Bedarfs eher bereit, Fehlmengen in Kauf zu nehmen. Die Bedeutung des Lieferservice ist daher von geringerer Bedeutung. Die notwendige Distributionsdichte kann für diese Produkte reduziert werden. Selektive, exklusive und direkte Verteilungsformen gewinnen an Bedeutung. Impulsgüter zeichnen sich durch ein momentan motiviertes und häufig ungeplantes Einkaufsverhalten aus. Für diese Produkte ist neben der Form der Präsentation die Präsenz von Bedeutung. Impulskäufe werden durch Sichtkontakt ausgelöst und sind entweder Zusatzkäufe oder Substitutionen für nicht präsente Güter. Der Lieferservice ist bei diesen Produkten sowohl für den Hersteller als auch für den Händler bedeutsam, da Fehlmengen für beide Umsatzverluste zur Folge haben. Abgesehen von den Impulsgütern lassen sich die für die drei anderen Konsumgüterklassen angestellten Überlegungen auch auf Investitionsgüter übertragen.

Ein drittes Merkmal der Güteraufnahme sind die Bedarfsorte und die geographische Verteilung der Orte, an denen die Nachfrager zur körperlichen Übernahme des Angebots fähig und willig sind. Die Verteilung dieser Punkte ist abhängig vom Wohnsitz der Konsumenten und ihrer Mobilität, also der Bereitschaft zur Raumüberbrückung und der Fähigkeit zur Erreichung zentraler Orte. Eine zunehmende Mobilität der Nachfrager bietet der Distributionslogistik die Möglichkeit zum Rückzug aus der Fläche. Diese Substitution von Transportfahrten durch Einkaufsfahrten der Nachfrager kann verstärkt werden, indem die durch Reduzierung der Transporte und die räumliche Zusammenfassung von Angebotspunkten erreichte Kostenreduzierung als Preisreduzierung an die Nachfrager weitergegeben wird. Die starke Mobilitätszunahme der Nachfrager durch den Individualverkehr hat außerdem beim Verbraucher die Tendenz zu Verbundeinkäufen verstärkt. Hohe Frequenz und geringer Umfang von Einkäufen wurden ersetzt durch seltener stattfindende Preis- und Zeitvorteile ausschöpfende Verbundeinkäufe. Die Zusammenfassung räumlich abhängiger Bestände auf einer Verteilungsstufe bietet die Möglichkeit zur Reduzierung der Gesamtsicherheitsbestände bei gleicher Lieferbereitschaft. Andererseits erhöht sich die Bereitschaft der Konsumenten, zentrale Angebotspunkte aufzusuchen, da die Wahrscheinlichkeit, auf Fehlmengen zu stoßen, geringer ist. Neben den Bedarfsorten kommt den Bedarfszeitpunkten und dem Zeitrahmen, in dem die Nachfrager zur Produktübernahme bereit und fähig sind, eine besondere Beachtung zu. Dieser Zeitrahmen kann abweichend von der Zeitstruktur der Bedürfnisse sein.

Die Einhaltung von zugesagten Lieferterminen von Investitionsgütern und Einsatzgütern für die Produktion ist aufgrund der möglicherweise sehr hohen Folgekosten bei Terminverzögerungen bedeutsam. Bei Investitionsgütern können diese Kosten aus der Verzögerung von geplanten Inbetriebnahmezeitpunkten und einer dadurch hervorgerufenen Verschiebung des Produktionsbeginns resultieren. Die Einhaltung des Lieferzeitpunktes bei Just-In-Time-Beziehungen zwischen Lieferant und Abnehmer ist auch bei Rohstoffen und Zulieferteilen ein Muß. Sind die Pufferlager aufgebraucht, kann es zu Stillständen oder zu aufwendigen Nacharbeiten kommen. Bei Konsumgütern besteht für die Distributionslogistik die Möglichkeit zur zeitlichen Bündelung und Standardisierung der Nachfrage durch eine die Vorratshaltung erleichternde Produkt- und Verpackungsgestaltung. Eine Verschiebung der Nachfrage zum Abbau von Einkaufsspitzen durch Werbung und Sonderangebote und durch das Vorziehen des Wochenendeinkaufs von Freitag auf Donnerstag ist eine weitere mögliche Variante. Der Verbundeinkauf der Nachfrager führt bei Fehlmengen in der Regel zu Substitutionen durch andere Produkte, da die Bereitschaft zur wiederholten Einkaufsfahrt aufgrund des damit verbundenen Zeit- und Kosteneinsatzes beim Verbraucher nicht vorausgesetzt werden kann. Während dies beim Handel sogar zu Umsatzzuwächsen aufgrund eines Ausweichens auf höherpreisige Produkte führen kann, bedeutet dies für den Hersteller einen Umsatzverlust, der in Folge auch einen dauerhaften Produktwechsel des Nachfragers bewirken kann.

Logistische Prozeßketten

2.4 Entsorgungslogistik: Vom Kunden zum Produzenten

Die mit der Produktion, der Distribution und Konsumtion zwangsläufig verbundene Entstehung von Rückständen bedarf auch logistisch einer besonderen Betrachtung. Die Entwicklung des Rückstandsaufkommens, insbesondere im Konsumgüterbereich, verdeutlicht die zunehmende Umweltproblematik. Anzustreben ist die Realisierung einer "Kreislaufwirtschaft", in der die der Umwelt entnommenen Ressourcen einem Wiedereinsatz zugeführt werden. Der Gesetzgeber hat diese Notwendigkeit erkannt und gesetzliche Rahmenbedingungen geschaffen, die ein Erreichen dieses Ziels unterstützen sollen. Einen Schritt dahin stellt das derzeit noch gültige Abfallgesetz und die damit verbundenen Verordnungen dar, wie z.B. die Verpackungsverordnung. In Verbindung mit dem Kreislaufwirtschafts- und Abfallgesetz sind zahlreiche Verordnungen für die Rückstände verschiedener Branchen definiert, mit deren Hilfe eine Annäherung an eine Kreislaufwirtschaft erreicht werden soll. Zentraler Bestandteil ist die Verpflichtung der Hersteller zur Produktverantwortung. Dies bedeutet, daß jedes Unternehmen, das Güter herstellt oder vermarktet, für die Vermeidung, Verwertung und ökologische Entsorgung der nach dem Gebrauch anfallenden Rückstände verantwortlich ist (§§ 22-26 KrW-/AbfG). Der Handel wird bei der Rücknahmepflicht dem Hersteller, Importeure den inländischen Anbietern gleichgestellt. Die Erweiterung der Produktverantwortung soll eine Internalisierung der bisher vielfach externalisierten Entsorgungskosten bewirken. Eine Entsorgung im üblichen Sinn ist nur noch dann zulässig, wenn nachgewiesen werden kann, daß keine wirtschaftlich vertretbaren Maßnahmen zur Vermeidung und Verwertung zur Verfügung stehen. Dies stellt für die Unternehmen ein neues Problemfeld dar, dessen Klärung eine Vielzahl neben verfahrenstechnischen auch logistischer Teilfragen erforderlich macht. Gerade die Logistik liefert mit ihrer funktions- und institutionenübergreifenden Perspektive wertvolle Gestaltungshinweise für den Aufbau von Kreislaufsystemen, da mit der Sammlung der Rückstände, ihrer Aufbereitung und der anschließenden Bereitstellung an den Orten des Wiedereinsatzes oder der Beseitigung Raumüberwindungs-, Zeitausgleichs- und Ordnungsleistungen angesprochen werden. Das Entsorgungslogistiksystem läßt sich als logistisches Netz auffassen, dessen Knoten infrastrukturelle Einheiten bilden, in denen logistische und verfahrenstechnische Prozesse erbracht werden. Dabei interessieren insbesondere die Anzahl, die räumliche Lage, der Prozeßumfang sowie die organisatorische Gestaltung der Knoten. Die Kanten hingegen bilden die Transportprozesse innerhalb der Entsorgungslogistiksysteme ab und repräsentieren die Stärke und zeitliche Verteilung des streckenspezifischen Transportaufkommens. Somit entstehen neben dem Güterversorgungsfluß, ausgehend vom Lieferanten über den Hersteller bis zum Kunden, weitere Produkti-ons-, Distributions- und Konsumtionsrückstände umfassende Güterflüsse, deren Gestaltung den Unternehmen obliegt. Die Güterflüsse sind nicht nur in Richtung vom Hersteller zum Kunden auszubilden. Es muß auch eine Rückführung vom Kunden zum Hersteller erfolgen. Die Verbindung der Absatzseite eines Unternehmens mit dem Kunden ist die Aufgabe der Distribution. Die Redistribution von Konsumtionsrückständen läßt sich hinsichtlich des Materialflusses in Teilprozesse verschiedener Aktivitäten differenzieren. In Analogie zur Distribution muß die Redistribution ausgehend von der Rückstandsquelle - dem Kunden - erfolgen. Die Distributions- und Konsumtionsrückstände als Objekte der Entsorgungslogistik stellen den Anknüpfungspunkt für die Redistribution dar. Die zurückgenommenen Rückstände werden je nach Notwendigkeit in der Aufbereitung in ihre Komponenten zerlegt. Die sich daraus ergebenden Wertstoffe werden einer Verwendung oder Verwertung innerhalb des Wiedereinsatzes zugeführt, während die Reststoffe ordnungsgemäß beseitigt werden. Die Fragestellungen der Redistribution lassen sich mit denen der Distribution vergleichen. Die wahrzunehmenden logistischen Prozesse von Distributionssystemen können in angepaßter Form auf Redistributionssysteme transferiert und transformiert werden. Der entscheidende Unterschied zur Distribution besteht darin, daß dem Hersteller bei der Redistribution keine aktive Handlungsmöglichkeit in bezug auf den Ursprung der Materialflüsse gegeben und dieser damit auf die Unterstützung durch den Kunden angewiesen ist, um die im KrW-/AbfG festgesetzten Quoten der Wiederverwertung zu erreichen. Mit der Redistribution der Produkte setzt die Realisierung der Kreislaufwirtschaft ein (vgl. Abb. 2-7). Sie ist verantwortlich für einen ökonomisch und ökologisch effizienten Materialfluß von den Rückstandsquellen (Kunden) zu den Rückstandssenken. Als Kriterium der Systemdifferenzierung der Redistributionslogistik kann einerseits die Stufigkeit genannt werden. Während in einstufige Systeme lediglich die Kunden und Hersteller eingebunden sind, werden

Logistische Prozeßketten

an mehrstufigen Systemen Absatzmittler, Logistik Andererseits macht die Ausprägung des Wiedereinsatzes eine Aussage darüber, inwieweit zusätzlich die Beseitigung berücksichtigt werden muß. Neben rückstandsbezogenen physischen Redistributionsaktivitäten ergeben sich auch informatorische Teilprozesse und Aktivitäten. Sie werden benötigt, um einen Informationsfluß parallel zum Rückstandsfluß zu realisieren, indem die Informationen über Ort, dienstleister und Entsorgungsunternehmen beteiligt. Art, Umfang, Qualität und Aggregatzustand der anfallenden Rückstände sowie die damit korrespondierenden Möglichkeiten des Wiedereinsatzes beschafft und weitergegeben werden. Die Entwicklung effizienter Redistributionslogistiksysteme kann einen Beitrag zur Verwirklichung einer Kreislaufwirtschaft leisten. Um dieses Ziel zu erreichen, müssen zwei wesentliche Anforderungen erfüllt sein: Erstens muß der Kunde motiviert sein, den umgekehrten Güterfluß in Gang zu setzen. Zweitens muß innerhalb des Redistributionskanals eine bessere Kooperation zwischen allen Marktteilnehmern in einer Kreislaufwirtschaft erreicht werden.

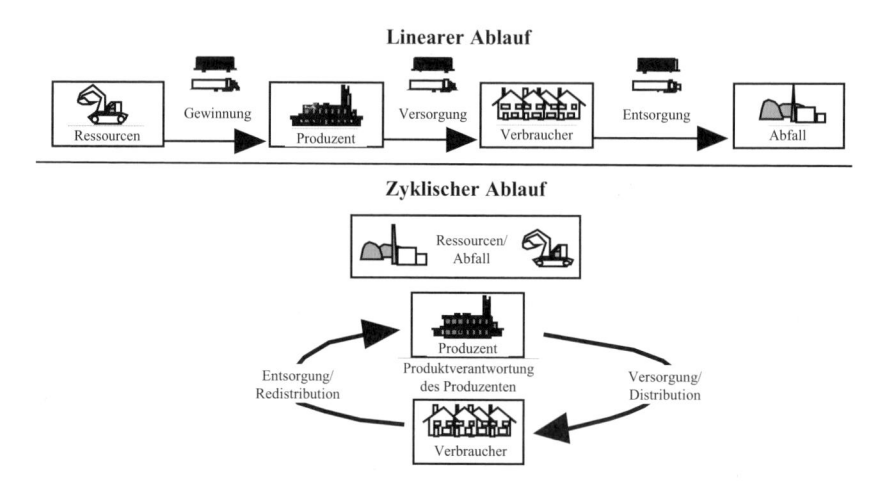

Abb. 2-7: Von der Abfallwirtschaft zur Kreislaufwirtschaft

2.5 Zusammenfassung: Phasen und Prozesse in der logistischen Kette

Versorgungs- und Entsorgungslogistik lassen sich als Teilsysteme der Logistik auffassen. Während die traditionelle Versorgungslogistik für die räumlich-zeitliche Gütertransformation vom Beschaffungsmarkt über Beschaffung, Produktion und Distribution zum Absatzmarkt verantwortlich ist, gewährleistet die Entsorgungslogistik die ökonomisch und ökologisch effiziente Gestaltung des Rückstandsflusses, ausgehend von den Rückstandsquellen über die Redistribution, Aufbereitung und den Wiedereinsatz zu den Rückstandssenken (vgl. Abb. 2-8). Die Beschaffungslogistik umfaßt die Planung, Steuerung, Kontrolle und Behandlung der Güterflüsse sowie Dienstleistungen von den Lieferanten bis hin zur Bereitstellung für die Produktion einschließlich der dazu erforderlichen Informationsflüsse zu deren zielgerichteter Versorgung. Die Bereitstellung der Einsatzgüter kann in betrieblichen Wareneingangslagern oder direkt an den Produktionseinrichtungen durchgeführt werden. Zwischen diesen und dem Beschaffungsmarkt können noch Zulieferlager liegen, die beispielsweise die Aufgaben des Kommissionierens und Umschlagens übernehmen. Die sich in der

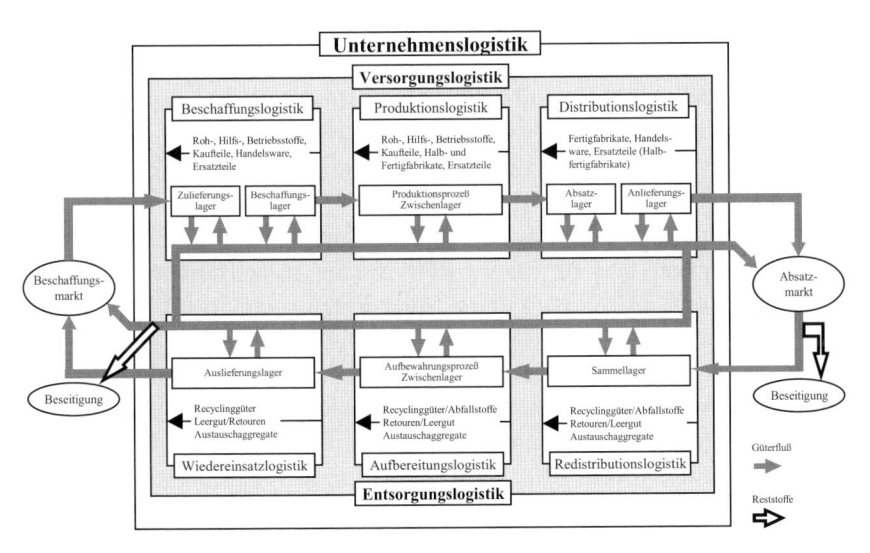

Abb. 2-8:   Subsysteme der Unternehmenslogistik

nächsten Phase der versorgungslogistischen Kette anschließende Produktionslogistik organisiert und koordiniert den Materialfluß, um die art- und mengenmäßig, räumlich und zeitlich abgestimmte Versorgung der Bedarfsträger mit den benötigten Einsatzgütern sicherzustellen. Der Güterfluß erfolgt vom Wareneingang über die verschiedenen Produktions- und Lagerstufen der Produktionsprozesse bis hin zum Warenausgang, wonach die Distributionslogistik in Summe alle prozessualen Aktivitäten übernimmt, die mit dem Umschlag von immateriellen und materiellen Endprodukten und Handelswaren zwischen den Erzeugern und ihren Kunden verbunden sind. Die Redistributionslogistik hat die Aufgabe, die Rückstände zu sammeln, zu sortieren und zu trennen sowie einer Aufbereitung zuzuführen. Sammellager, als zeitliche Puffer dienend, können notwendig werden. Die Aufgabe der Aufbereitungslogistik ist es, Material- und Informationsflüsse in den Aufbereitungs- und Aufarbeitungsanlagen zu planen, zu steuern und zu überwachen. Schließlich optimiert die Wiedereinsatzlogistik die physischen und informatorischen Prozesse in den Wiedereinsatzbetrieben und führt die gewonnenen Wertstoffe einem erneuten Gebrauch zu. Falls ein Recycling aufgrund technischer, ökonomischer und ökologischer Faktoren realisierbar ist, bilden Versorgungs- und Entsorgungslogistik im Idealfall einen geschlossenen Materialkreislauf. Im Gegensatz zu den Produktionsunternehmen ist in den Handelsunternehmen die Produktionslogistik, die Aufbereitungslogistik und die Wiedereinsatzlogistik nicht vorzufinden. Der Güterfluß setzt sich nur aus Handelsware und Betriebsstoffen zusammen. Dienstleistungsunternehmen benötigen ausschließlich eine Beschaffungslogistik.

Die im Rahmen dieses Buches verfolgte managementorientierte Logistikkonzeption und die damit verbundene prozeßorientierte Sichtweise versteht die Versorgungs- und Entsorgungslogistik nicht als Konglomerat statischer Funktionen, sondern als strukturiertes Netzwerk dynamischer Prozesse. Die prozessualen Logistikaktivitäten werden dabei nicht länger als Gemeinkostenfunktionen, sondern als primäre Wertaktivitäten angesehen, die auf einen hohen Kundennutzen bei deutlich verbesserter Kostenposition ausgerichtet sind. Ausgehend vom Netzwerkgedanken lassen sich in den Unternehmen zahlreiche miteinander in Beziehung stehende ver- und entsorgungslogistische Ketten identifizieren, die hierarchie- und funktionsübergreifend eine Transformation der Logistikobjekte hinsichtlich Zeit, Ort, Menge,

Zusammensetzung und Qualität sowie eine Koordination der inner- und zwischenbetrieblichen Prozesse beschreiben (vgl. Weber/Kummer 1994, S. 13ff.). Operatoren dieser Transformationsprozesse sind dabei die eingesetzten Materialflußtechnologien wie Lagersysteme, Transport-, Förder-, Ladehilfs- und Handhabungsmittel und Informationstechnologien wie Produktionsplanungs- und Steuerungssysteme (PPS-Systeme) sowie Computer Aided Logistics (CAL). Ihr Einsatz zielt darauf ab, die Effektivität und Effizienz sowie die Qualität und die Flexibilität logistischer Prozesse zu erhöhen. Die operative Abwicklung der logistischen Prozesse sowie die Übernahme dispositiver Aufgaben der Gestaltung und Koordination des gesamten inner- und intraorganisatorischen Logistiknetzwerkes erfolgt zudem durch das eingesetzte Personal. Hier ist eine Zunahme der Anforderungen an fachlicher und sozialer Kompetenz sowie Lernkompetenz aufgrund der zunehmenden Vernetztheit der Logistikprozesse zu verzeichnen. Weitere Operatoren stellen außerdem die Infrastruktur des Unternehmens und die eingesetzten Energien dar. Den die logistischen Ketten umfassenden physischen und informatorischen Prozessen kommt die Aufgabe zu, die entkoppelten Prozesse der Beschaffung, der Produktion, der Distribution und der Entsorgung zu verbinden und die vorliegenden Schnittstellen zwischen diesen Funktionsbereichen zu beseitigen. Unternehmensübergreifend ist hierunter die Einbindung der Zulieferer, des Handels, der Dienstleister und der Kunden in den Material- und Informastionsfluß zu verstehen. Gestaltungshinweise des Material- und Informationsflusses liefern dabei neben den logistischen Leitprinzipien die Zieldimensionen, die Strategien und die Organisation der einzelnen logistischen Subsysteme. Zu den Prozessen des Materialflusses gehören die Lager-, Transport-, Handhabungs-, Kommissionierungs-, Umschlags- sowie Verpackungsprozesse. Die einer Zeitänderung zugeordneten Lagerprozesse umfassen das gewollte Liegen von Arbeitsgegenständen im Materialfluß. Mit den Transportprozessen wird eine zielgerichtete Überwindung der Raumdisparitäten angestrebt. Unter Handhabungsprozesse fallen in Anlehnung an die VDI-Richtlinie 2860 das definierte Schaffen, Verändern oder vorübergehende Aufrechterhalten einer Anordnung von Gütern, bei denen nicht nur die Position, sondern auch die Orientierung im Raum vorgegeben ist. Die prozessualen Aktivitäten des Kommissionierens umfassen nach der VDI-Richtlinie 3590 "das Zusammenstellen von bestimmten Teilmengen (Artikeln) aus einer bereitgestellten Gesamtmenge (Sortiment) aufgrund von Bedarfsinformationen (Aufträgen)". Umschlagprozesse lassen sich gemäß DIN 30781 als "Gesamtheit der Förder- und Lagervorgänge beim Übergang der Güter auf ein Transportmittel, beim Abgang der Güter von einem Transportmittel und wenn Güter das Transportmittel wechseln" definieren, die eine Mengenänderung zum Gegenstand haben. Der Verpackungsprozeß besteht schließlich aus der Zuführung von leeren Verpackungen und Packgut, dem eigentlichen Packvorgang sowie der Bereitstellung der Verpackungseinheit zum Transport. Diese physischen logistischen Kernprozesse lassen sich in Abhängigkeit der Analyseerfordernisse weiter in Teilprozesse zerlegen. So sind der Lagerung im engeren Sinne als prozessuale Aktivitäten die Lagervorbereitung, die Einlagerung, die Auslagerung und die Lagernachbearbeitung voran- und hintennach gestellt.

Gegenstand der am Informationsfluß ausgerichteten Prozeßkette ist die Beschaffung, Übermittlung, Speicherung, Verarbeitung und Verwertung von Informationen. Es zählen hierzu das gesamte Aktivitätenbündel der Auftragsabwicklung sowie sämtliche Kommunikations- und Koordinationsprozesse, die zur Planung, Disposition und Steuerung logistischer Objekte und Ressourcen erforderlich sind. Sowohl die externen Aufträge (Kunden- und Bestellaufträge) als auch die internen Aufträge (Fertigungs-, Lager-, Transport-, Kommissionier- und Verpackungsaufträge) stellen die Basis der entsprechenden Informationsleistungen dar. Während auf der operativen Ebene des Materialflusses überwiegend die klassischen Steuerungssysteme eingesetzt werden, dienen die Informationssysteme auf der Managementebene dazu, die Informationen für die unterstützenden Logistikprozesse wie beispielsweise das Logistik-Controlling bereitzustellen.

Der Aufbau des Buches spiegelt die gewählte Logistikkonzeption wider (vgl. Abb. 2-9). Damit wird eine Erklärung für die Logistik als Koordinationsfunktion in der Wertschöpfungskette geliefert. Durch die Matrix-Darstellung wird deutlich, daß selbst innerhalb der Logistik Querschnittsbereiche wie die Leitprinzipien der Logistik, die Methoden zur Rationalisierung in logistischen Prozessen, das Logistik-Controlling, die Logistikorganisation und die Entwicklungslinien existieren. Wenn sich auch die Phasen der logistischen Prozeßkette

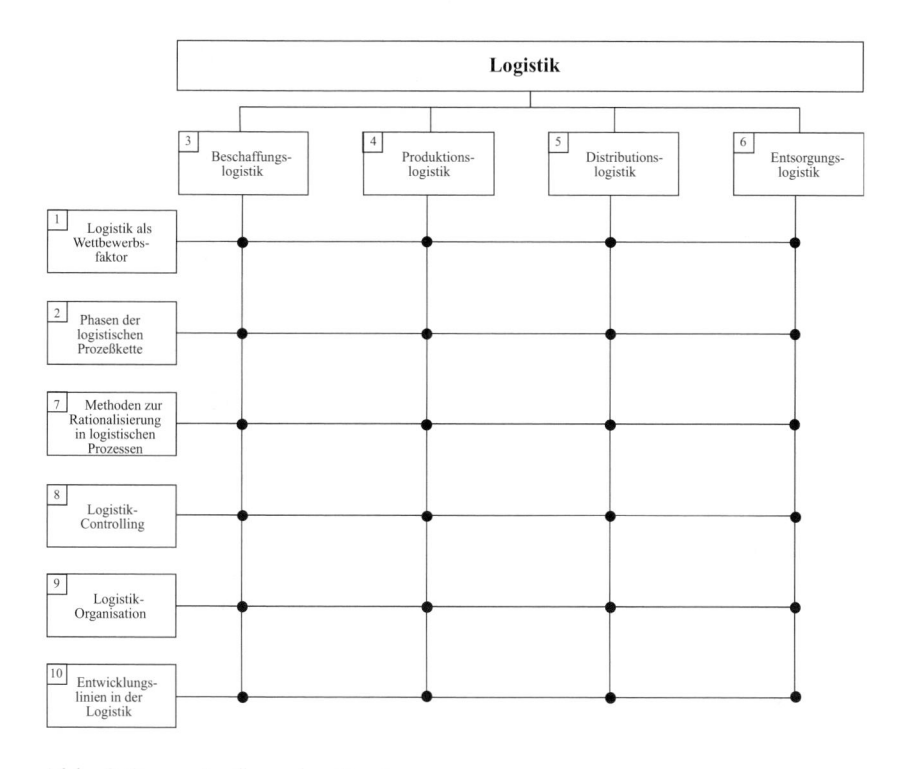

Abb. 2-9: Aufbau des Buches

(Beschaffung - Produktion - Distribution - Entsorgung) primär am Güter- oder Rückstandsfluß orientieren, werden die zugehörigen Informationsflüsse in den Kapiteln mitberücksichtigt. Dies ist dadurch begründet, daß die Güter- und Rückstandsflüsse zwischen den Quellen und Senken den Austausch von Informationen voraussetzen, indem sie die Materialflüsse vorauseilend auslösen, sie erläuternd begleiten und ihnen nachfolgen. Die Querschnittsbereiche, die die gesamte logistische Kette der Versorgung und Entsorgung betreffen, werden in einem eigenständigen Kapitel diskutiert, um Redundanzen zu vermeiden. Diese Vorgehensweise soll an zwei Beispielen erläutert werden. Zum einen determinieren die Leitprinzipien der Logistik die einzelnen logistischen Systeme, wenn auch in unterschiedlicher Höhe ihrer Ausprägung. So ist die hohe Bedeutung des logistischen Leitprinzips der Kreislaufoptimierung gegenüber dem Leitprinzip "Bestände verdecken Fehler!" insbesondere für die Entsorgungslogistik verständlich. Andererseits sind die Methoden des Prozeßbenchmarking, der Bestands-

und Durchlaufzeitenreduzierung auf alle logistischen Prozesse entlang der logistischen Versorgungs- und Entsorgungskette anwendbar. Das Logistik-Controlling als sekundärer logistischer Prozeß unterstützt nicht nur zusätzlich die Logistik hinsichtlich ihrer Koordinationsfunktion in der Wertschöpfungskette. Ihm muß vielmehr die Koordinationsfunktion des Planungs- und Kontrollsystems zugewiesen werden. Zur Realisierung der Logistikkonzeption ist eine Institutionalisierung von Aufgaben und Kompetenzen erforderlich, deren Ausprägungsformen innerhalb des Kapitels Logistikorganisation beschrieben und bewertet werden. Die Entwicklungslinien geben einen Orientierungsrahmen, wie zukünftige logistische Systeme zu gestalten sind, um den Anforderungen aus dem betrieblichen Umfeld Rechnung zu tragen.

3 Beschaffungslogistik

Bei der Realisierung von Logistikkonzepten ist die Einbeziehung der Material- und Informationsflußbeziehungen zwischen Lieferanten und Produzenten unabdingbar. Ziel ist es, die unternehmensübergreifende Wertschöpfungskette im Hinblick auf die Erfolgsfaktoren Zeit, Qualität und Kosten zu optimieren. Die Verfolgung dieses Ziels setzt neben einer engeren Zusammenarbeit zwischen Zulieferunternehmen und Produzenten strukturelle und prozessuale Veränderungen voraus. Die logistische Kette zwischen Lieferanten und Endverbraucher ist so zu gestalten, daß eine möglichst produktionssynchrone Direktanlieferung ohne kostenintensive Kontrollaktivitäten, Transporte, Umverpackungen und Zwischenlagerungen ermöglicht wird. Darüber hinaus ist die Arbeitsteilung in mehrstufigen Abnehmer-Lieferanten-Beziehungen unter Einbeziehung von Logistikdienstleistern neu zu definieren. Die Gestaltungsfelder der Beschaffungslogistik beziehen sich sowohl auf unternehmensübergreifende Informations- und Materialflußprozesse als auch auf die Strukturierung von Beschaffungskonzepten und deren methodische Unterstützung.

3.1 Versorgungskonzepte

Ein Versorgungskonzept für das gesamte Teilespektrum eines Unternehmens erfordert eine differenzierte Betrachtung der Eigenschaften der Kaufteile. Für einzelne Kaufteil- oder Materialgruppen können verschiedene Verfahren zur Anwendung kommen.

➤ Einzelbeschaffung im Bedarfsfall: Diese Form der Beschaffung findet insbesondere bei einer auftragsbezogenen Einzelfertigung Anwendung. Die Beschaffung erfolgt erst zu dem Zeitpunkt, wenn ein mit einem Kundenauftrag verbundener Bedarf vorliegt. Lange Wiederbeschaffungszeiten solcher Bauteile können dazu führen, daß der Beschaffungsvorgang auf dem kritischen Zeitpfad liegt, die Wiederbeschaffungszeit der Kaufteile also die Lieferzeit der Endprodukte determiniert. Demzufolge bewirken Lieferverzögerungen unmittelbare Verzögerungen bei der Fertigung oder bei der Auslieferung der Endprodukte. Der externen Materialflußgestaltung wird in diesen Fällen weniger Planungsaufwand gewidmet. Disposition und Einkauf erfolgen fallweise.

➤ Vorratsbeschaffung: Bei der Vorratsbeschaffung wird die Fertigung des Abnehmers durch Materialpuffer vom Beschaffungsmarkt entkoppelt. Nicht zu synchronisierende Materialflüsse zwischen dem Beschaffungsmarkt und der Fertigung machen diese Pufferung erforderlich. Vorteile der Vorratsbeschaffung bestehen in einer gesteigerten Materialverfügbarkeit sowie der Möglichkeit, durch Mengenrabatte oder Mengenvorteile beim Transport die Einstandskosten zu senken. Demgegenüber entstehen Nachteile durch erhöhte Kapitalbindung und Lagerhaltungskosten sowie das Risiko obsoleter Bestände. Die durch Kundenwünsche erhöhte Spezifität der Kaufteile führt dazu, daß aufgrund von Planungsunsicherheiten das benötigte Kaufteil nicht im Lager ist. Die Vorteile einer höheren Materialverfügbarkeit werden daher häufig mit hohen Beständen erkauft.

➤ Produktionssynchrone Beschaffung: Unter produktionssynchroner Beschaffung wird eine verbrauchsorientierte Anlieferung von Kaufteilen verstanden. Der Produktionsplan des Abnehmers bestimmt somit die Anlieferfrequenz und Anliefermenge. Auf diese Weise soll teilespezifisch die Versorgungssicherheit des Abnehmers mit der Optimierung von Bestandsreichweiten kombiniert werden. Kaufteile, die sich für eine produktionssynchrone Beschaffung eignen, können anhand einer kombinierten ABC-XYZ-Analyse identifiziert werden.

Das Konzept der produktionssynchronen Beschaffung erfordert eine Synchronisation der inner- und zwischenbetrieblichen Abläufe zwischen Abnehmer und Lieferant. Die beteiligten Unternehmen haben möglichst identische Mengen- und Zeitstandards zu verwenden und die Verfügbarkeit der notwendigen Einsatzfaktoren wie Personal- und Maschinenkapazitäten sicherzustellen. Insbesondere im Hinblick auf Bedarfsschwankungen müssen die Unternehmen in der Lage sein, mit ausreichender Flexibilität die Versorgung sicherzustellen. Die Installation wenig störanfälliger Prozesse hilft Qualitätsschwankungen und damit verbundene Liefertermverzögerungen zu vermeiden. Bei der Einführung der produktionssynchronen Beschaffung erhalten solche Kaufteile Priorität, die sich neben der Erfüllung der spezifischen Eignungskriterien durch stabile Fertigungsprozesse auszeichnen.

3.1.1 Materialflußgestaltung

Das Ziel der Materialflußgestaltung ist die Realisierung aufwands- und schnittstellenarmer Logistikstrukturen, die eine enge Zusammenarbeit zwischen Abnehmer und Lieferant beinhalten und eine Fertigung mit kurzen Lieferzeiten und hoher Versorgungssicherheit gewährleisten. Dabei kann zwischen verschiedenen Ausgestaltungsformen unterschieden werden.

➢ Direktanlieferung: Die Direktanlieferung zielt darauf ab, wertschöpfende Einzelprozesse von Lieferanten und Abnehmer eng miteinander zu verknüpfen, indem auf die Zwischenschaltung von Wareneingangsbuchungen, Qualitätskontrollen und Zwischenlagerungen verzichtet wird. Der Lieferant stellt die Teile transport- und verbrauchsgerecht bereit und liefert sie ohne Wareneingangsprüfung direkt an den Verbauort in der Fertigung oder an die Montage. Eine Lagerhaltung erfolgt nur in Form von Übergangslagern. Anwendungsmöglichkeiten ergeben sich für die Direktanlieferung vor allem dann, wenn einem Lieferanten genau eine verbrauchende Stelle im Abnehmerbetrieb zugeordnet werden kann. Andere Ausprägungen (ein Lieferant und mehrere abnehmende Stellen, mehrere Lieferanten und eine abnehmende Stelle, mehrere Lieferanten mit mehr als einer abnehmenden Stelle) setzen eine zusätzliche Koordinationsstufe voraus, die eine übergeordnete, bedarfsbündelnde Termin- oder Mengendisposition vorzunehmen hat.

Die für die produktionssynchrone Beschaffung definierten Kriterien zur Teileauswahl sind gemäß Abbildung 3-1 für die Direktanlieferung zu erweitern. Darüber hinaus hat auch eine Bewertung der betroffenen Lieferanten zu erfolgen (vgl. Abb. 3-2). Wichtige Voraussetzung für eine effiziente Durchführung der Direktanlieferung ist die Versorgung der Fertigung mit Bauteilen in Null-Fehler-Qualität. Bereits im Produktionsprozeß der Kaufteile sind mögliche Fehler beim Lieferanten zu identifizieren. Die Qualitätssicherungsfunktion sollte weitestgehend auf die Lieferanten übertragen werden. Eine einheitliche Dimensionierung der vom Lieferanten versandten, vom Spediteur transportierten und vom Verbraucher weiterverarbeiteten Mengeneinheiten zu logistischen Einheiten vermeidet Handlungsaufwand wie Umpacken

Beschaffungslogistik

Wert ABC	A	B	C
Verbrauchskontinuität	hoch	mittel	gering
Variantenzahl	keine	<3	≥3
Qualität	einwandfrei	kleine Mängel	erhebliche Mängel
Volumen	Kleinteile	mittelgroße Teile	Großteile
Lieferzeit	<Ø	Ø	>Ø
Reklamationen	> 50% der Zulieferungen	> 20% der Zulieferungen	-5% der Zulieferungen

●————● optimale Ausprägung der Kriterien
●————● zulässige Ausprägung der Kriterien

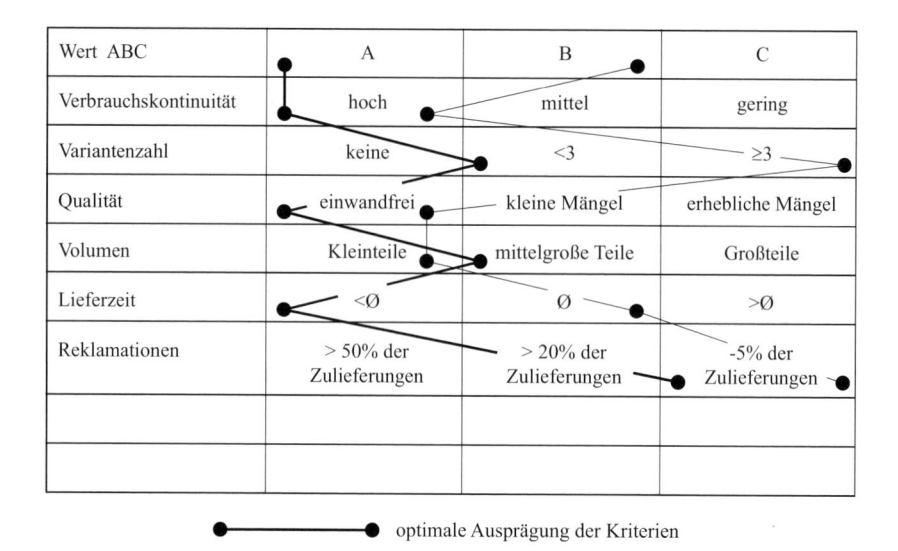

Abb. 3-1: Teilebezogene Kriterien für eine Direktanlieferung

oder Kommissionieren. Die zu verfolgende Zielsetzung lautet: Liefereinheit = Transporteinheit = Puffereinheit = Lagereinheit = Verbrauchseinheit. Zur Rechtssicherheit ist der Zeitpunkt des Eigentumsübergangs zwischen Lieferant und Abnehmer zu definieren. Durch Wareneingangsbuchungen wird dieser Moment fixiert. Bei Direktanlieferungen empfiehlt sich die Verantwortungsdelegation an den Verbauort. Der Fakturierungszeitpunkt kann lieferungsunabhängig gewählt werden.

➢ Lagerstufenkonzepte: Kann eine Direktanlieferung von Kaufteilen nicht realisiert werden, sind Lagerstufen zu definieren. Eine Lagerstufe entkoppelt den Materialfluß innerhalb der vertikalen Warenverteilungsstruktur zwischen Lieferant und Abnehmer. Bei der Ausgestaltung der vertikalen Warenverteilungsstruktur ist zu klären, wieviele Lagerstufen zwischen Lieferant und Abnehmer zu implementieren sind. Da die Einrichtung einer zusätzlichen Lagerstufe immer eine Unterbrechung des Materialflusses bedeutet und von Stufe zu Stufe zusätzliche Sicherheiten in Form von Beständen eingeplant werden, ist die Anzahl der Lagerstufen möglichst gering zu halten. Verschiedene

Beschaffungslogistik

	<100km	100km< <200km	>200km
Entfernung	●		●
Mengentreue	exakte Lieferung	Abweichung nach oben	Abweichung nach oben und unten
Termintreue	Mehr als 1 Tag verspätet	Bis zu 1 Tag verspätet	pünktlich
Anpassungsfähigkeit an Lieferfrequenz	nicht möglich	bedingt möglich	direkt möglich
Lieferantenanzahl je Teil	1	2	>2
kundenspezifische Bevorratung	keine Bevorratung	im Regelfall Lieferung ab Lager möglich	spezifische Mindestbestände für alle Teile
technische Beratung und Service	keine Beratung	Schwierigkeiten bei Rückfragen	kompetente Ansprechpartner jederzeit verfügb.
Nachfragemacht des Kunden	<5% Umsatzanteil	>15% Umsatzanteil	<30% Umsatzanteil
Organisationsgrad	gering	mittel	hoch
Durchsetzbarkeit von Auftrags- bzw. Sonderwünschen	nie möglich	verzögert möglich (Kosten)	jederzeit möglich
Vollständigkeit des Programms	nur für wenige Ausführungen	für ca. 70% der Teile lieferfähig	für 100% der Teile lieferfähig

●———● optimale Ausprägung der Kriterien

●———● zulässige Ausprägung der Kriterien

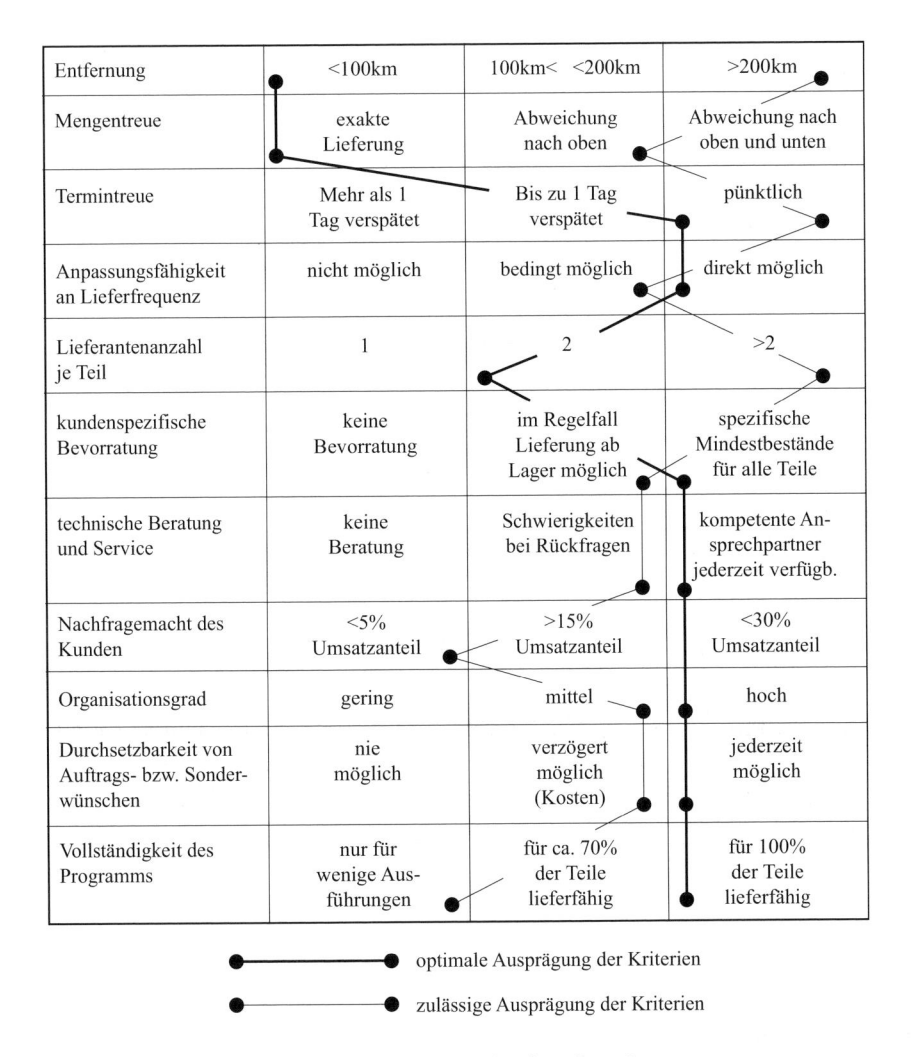

Abb. 3-2: Lieferantenbezogene Kriterien für eine Direktanlieferung

Motive sprechen dennoch für die Lagerung von Kaufteilen zwischen Lieferant und Abnehmer. So ist beispielsweise aus Gründen der Transportökonomie eine bestimmte Auslastung der Transportmittel vorzuhalten. Eine Kongruenz zwischen Transportmenge und der Bedarfssituation beim Abnehmer ist selten gegeben. Die dann notwendige Ausgleichsfunktion wird von einer Lagerstufe übernommen. Die durch die Transportoptimierung notwendige Zwischenpufferung der

Kaufteile ergibt sich in erster Linie aus der geographischen Entfernung zwischen Lieferant und Abnehmer und erst in zweiter Linie aus der Lagersituation beim Abnehmer. Der Lagerort kann dabei sowohl beim Lieferanten wie auch beim Abnehmer liegen (vgl. Abb. 3-3). Tritt das Vorhalten von Sicherheitsbeständen hinzu und ist das Kaufteil für mehrere verschiedene Abnehmer bestimmt, so liegt der Standort beim Lieferanten oder einem beauftragten Logistikdienstleister. Allerdings bestehen Abnehmer oft auf einer unmittelbaren Nähe des Lagers zu ihrer Fertigungsstätte. Manche Abnehmer gehen soweit, Lager in unmittelbarer Nähe der jeweils abnehmenden Verbrauchsstellen zu fordern. Als Gründe für dieses Verhalten können eine angestrebte Sicherung des Materialflusses und die Reduktion von Handlingaufwand für den Abnehmer genannt werden. Die Errichtung zentraler oder dezentraler Lager hängt vom Auftragsvolumen, der Auftragsstruktur, der Sortimentsbreite und der Artikelstruktur ab, die in einem Lagersystem zu handhaben sind.

Sollen vorwiegend kleine Auftragsvolumina abgewickelt und an eine große Zahl unterschiedlicher Abnehmer geliefert werden, ist eine zentrale Lagerhaltung vorzuziehen. Bei wenigen Abnehmern mit hohen Abnahmemengen ist dagegen eine dezentrale Lagerstruktur zu bevorzugen. Im Einzelfall ist zu beachten, daß mit zunehmender Zentralisierung von Lagern die Transportkosten vom Werk zum Lager sinken,

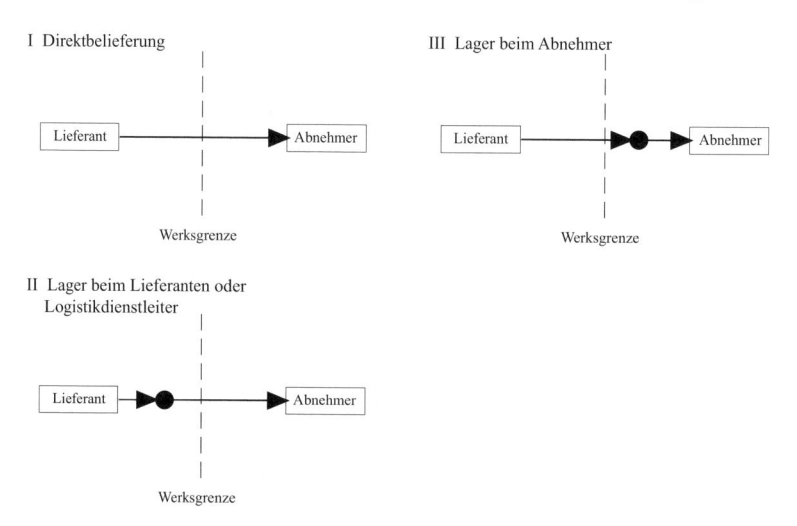

Abb. 3-3: Alternative Versorgungsstrukturen

hingegen die Kosten zur Belieferung der Abnehmer von Zentrallagern ansteigen. Hinsichtlich der Artikelstruktur sind die Kaufteile nach Wert und Volumen zu unterscheiden. Hochwertige, teure Kaufteile sind eher zentral zu lagern, um die Bestandskosten zu optimieren. Für großvolumige Kaufteile spricht ebenfalls eine zentrale Lagerung, da durch eine Verringerung des einzulagernden Volumens hohe Lagerkosten eingespart werden können.

Die erforderliche Lagerorganisation kann durch drei unterschiedliche Typen klassifiziert werden (vgl. Abb. 3-4). Bei Typ A erfolgt zunächst eine Einlagerung nach Sachnummern in ein Warenlager. Aus diesem Warenlager erfolgt vor dem Verbauzeitpunkt in der Fertigung die Kommissionierung in ein fertigungsnahes Bereitstellager. Daraus wiederum entnimmt das Personal die benötigten Teile selbständig. Als für diese Lagerorganisationsform typische Teile gelten häufig oder mehrfach verwendbare Bauteile, die sich durch einen relativ niedrigen Fertigstellungsgrad auszeichnen. Anwendungsgebiete sind insbesondere Einzel- oder Kleinserienfertigungen. Die Materialversorgung des Bereitstellagers liegt im Verantwortungsbereich des Warenlagers. Eine Einlagerung nach Aufträgen (Typ B), bei denen die Bauteile kommissioniert werden, verringert das Materialhandling, da eine zusätzliche Bereitstellung in der Fertigung entfällt. Bei Auftragsbeginn wird das Material komplett an die Bearbeitungsstellen geliefert. Mehrfach verwendbare Teile lassen sich nicht bei Bedarf anderen Aufträgen zuteilen. Aufträge können erst dann begonnen werden, wenn sämtliche Materialien für die Fertigung vorhanden sind. Typischer Anwendungsfall ist eine geringstufige Fertigung oder Montage. Ein geringerer Handlingaufwand ergibt sich bei Typ C, bei dem das notwendige Material bei der Anlieferung direkt an den verbrauchenden Arbeitsplatz oder die vorgesehene Bereitstellfläche transportiert wird. Jede zusätzliche Handhabung entfällt. Es liegt eine auftragsbezogene, bearbeitungsplatzorientierte Materialversorgung vor.

Die gemeinsame Festlegung der Lagerstufen zwischen Abnehmer und Lieferant beeinflußt wichtige Kostenblöcke. Zunächst können die variablen Handlingkosten pro Kaufteil gesenkt werden, da die Anzahl der Lagerspiele pro Kaufteil mit einer Reduzierung der Lagerstufen abnimmt. Aufgrund sich ergebender Betriebsgrößenvorteile bei Personaleinsatz, Organisation und Betriebstechnik können die fixen Kosten

Beschaffungslogistik

der gesamten Lagerstruktur durch einen Verzicht auf Lagerstufen gesenkt werden. Darüber hinaus führt eine Reduktion der Lagerstufen

Typ A:

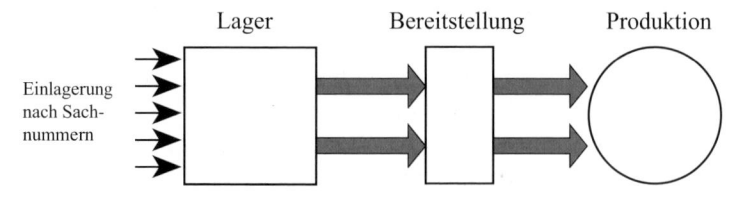

Einlagerung nach Sachnummern → Lager → Bereitstellung → Produktion

Ziel: Fertigungsnahe Lager mit kurzen Wegen und schnellen Reaktionszeiten

Typ B:

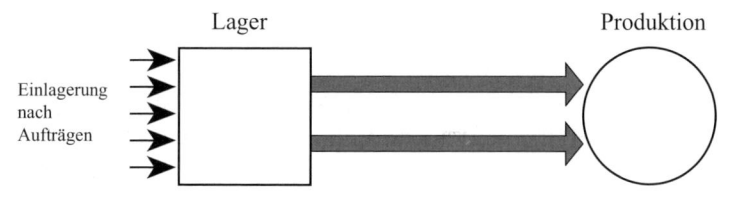

Einlagerung nach Aufträgen → Lager → Produktion

Ziel: Auftragsorientierte, fertigungsnahe Einlagerung zur Vermeidung von Handlingkosten

Typ C:

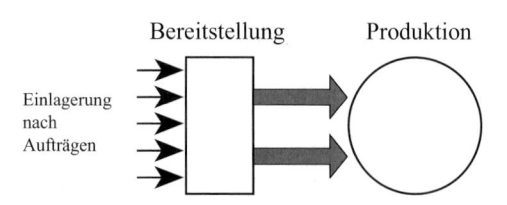

Einlagerung nach Aufträgen → Bereitstellung → Produktion

Ziel: Auftragsorientierte Einlagerung ohne Lager direkt vor Montage und Fertigung

Abb. 3-4:   Lagerorganisationstypen

zur Senkung der Kapitalbindungskosten. Voraussetzung für eine Reduktion von Lagerstufen ist eine verbesserte Abstimmung und gegenseitige Information zwischen Abnehmer und Lieferant sowie die Optimierung der Transportorganisation, insbesondere hinsichtlich Pünktlichkeit und Flexibilität.

Eine Gestaltungsoption von Lagerstufen besteht in der Organisation als Konsignationslager. Die Bevorratungsebene befindet sich im Abnehmerwerk in der Nähe des Verbrauchsortes, so daß der Abnehmer jederzeit den erforderlichen Bedarf entnehmen kann. Das Lager untersteht der direkten Verfügungsgewalt des Abnehmers, die Fakturierung der Teile erfolgt zeitlich versetzt erst bei der Entnahme. Der Lieferant kann innerhalb der durch Mindest- und Maximalbestände definierten Grenzen Anlieferzeitpunkt und -mengen selbst bestimmen. Hierdurch erhöht sich der Dispositionsspielraum, so daß er Transportoptimierungen vornehmen kann und eigener Lagerraum entlastet wird. Eine weitere Gestaltungsalternative ist das Speditionslager oder Vertragslager. Hier wird in räumlicher Nähe zum Abnehmerwerk eine Lagerstufe eingerichtet, in die Anlieferungen verschiedener Lieferanten erfolgen. Zielsetzung ist, durch den Einzug einer zusätzlichen Lagerstufe den Koordinationsaufwand zwischen den Materialflüssen verschiedener Lieferanten zu minimieren und eine unternehmensübergreifende Optimierung des Materialflusses zu erreichen. Anlieferungen erfolgen auf Basis der Lieferabrufe direkt in dieses Lager. Im Gegensatz zum Konsignationslager erfolgt der Eigentumsübergang zwischen Abnehmer und Lieferant mit der Anlieferung der Teile im Abnehmerwerk.

Neben der organisatorischen Gestaltung einer Lagerstufe ergibt sich die Notwendigkeit, vertragliche Regelungen bezüglich der Zuständigkeit über die Bestandshöhe, die Übernahme der Lagerkosten, die Bestimmung des Fakturierungszeitpunkts und die Verantwortung bei Inventurdifferenzen zu treffen (vgl. Abb. 3-5). Den Hauptnutzen einer Regelung hat der Abnehmer, wenn Kosten für das Lager und die Bestandsverantwortung vom Lieferanten getragen werden, der Abnehmer selbst jedoch den Fakturierungszeitpunkt bestimmt (Typ I). Eine andere Verteilung der Vorteile ergibt sich, wenn der Abnehmer die Kosten für das Lager übernimmt und der Fakturierungszeitpunkt durch die

Beschaffungslogistik

Modelltypen	Bestands-ver-antwortung?	Wer trägt die Lagerkosten?	Wer bestimmt den Zeitpunkt der Fakturierung?
I	A	A	ZL
II	ZL	A	A
III	ZL	ZL	A

A = Abnehmer   **ZL** = Zulieferer

Abb. 3-5: Verantwortungsbereiche bei Lagermodellen

Entnahme oder den Verbau festgelegt wird, die Bestandsverantwortung aber weiterhin vom Lieferanten getragen wird (Typ II). Das Modell präferiert den Lieferanten, wenn sowohl die Lagerkosten als auch die Bestandshöhe vom Abnehmer verantwortet werden und der Lieferant den Fakturierungszeitpunkt bestimmen kann (Typ III). Inventurdifferenzen sind sachlich nur von dem Personenkreis zu verantworten, der auch die physische Kontrolle über das Lager besitzt. Die Bewirtschaftung von Lagerstufen kann ebenso Spediteuren oder logistischen Dienstleistern übertragen werden, wobei das Aufgabenspektrum für logistische Dienstleister um zusätzliche Aufgabenstellungen wie das Verpacken oder Kommissionieren erweitert werden kann.

3.1.2 Speditionskonzepte

Die Überwindung des Raumproblems zwischen Abnehmern und Zulieferunternehmen wird Speditionsunternehmen übertragen. Die folgenden Gestaltungsansätze (vgl. Abb. 3-6) können Widersprüche zwischen flexibler, kostengünstiger produktionssynchroner Belieferung

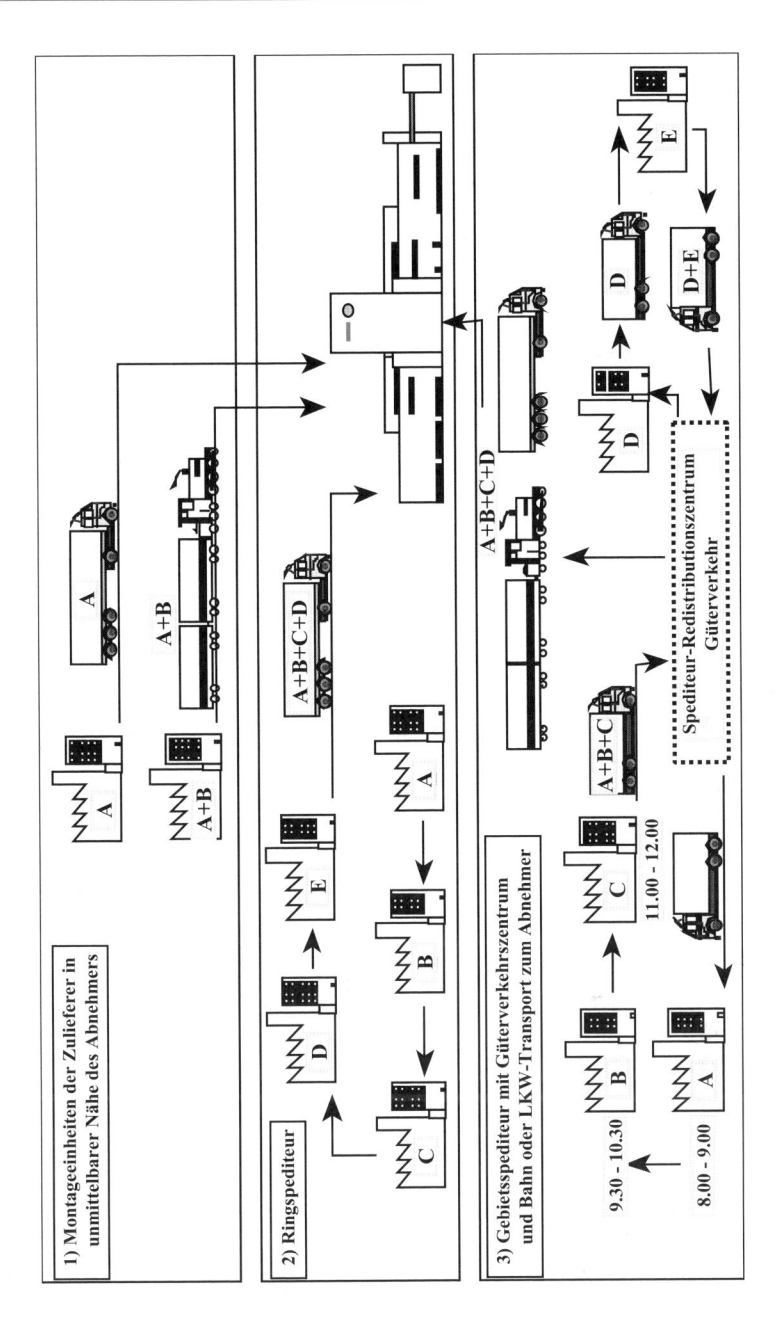

Abb. 3-6: Realisierungskonzepte zur produktionssynchronen Beschaffung

Beschaffungslogistik

und potentiellen Transportkostensteigerungen sowie Verkehrsproblemen durch wachsendes Verkehrsaufkommen auflösen:

1. Errichtung von Montageeinheiten des Lieferanten in der Nähe des Abnehmers,
2. Einsatz von lieferantenorientierten Gebietsspediteuren,
3. Einsatz von Ringspediteuren oder die
4. Zwischenschaltung von Logistik-Redistributions- oder Güterverkehrszentren.

Befinden sich Zulieferunternehmen in weiter räumlicher Entfernung vom Abnehmerbetrieb und sind die Abnehmerbetriebe insbesondere mit großvolumigen Teilen oder kundenspezifischen Systemkomponenten produktionssynchron zu beliefern, so ist vom Lieferanten zu überprüfen, ob kleine Montageeinheiten im unmittelbaren Einzugsbereich des Abnehmerwerkes sich wirtschaftlich sinnvoll erweisen. Kurze Abrufzeiten bedingen eine räumliche Nähe zum Einbauort. Um eine einseitige Abhängigkeit des Lieferanten vom Abnehmer nach dem Bau der investitionsintensiven Montageeinheit zu vermeiden, empfiehlt es sich für den Lieferanten, im Vorfeld dieser Investition eine möglichst langfristige vertragliche Regelung insbesondere über Liefermengen, Preise und Logistikleistungen mit dem Abnehmer zu treffen. Sind Einbauteile aus überregionalen Standorten zum Abnehmer zu transportieren, ist der Einsatz von lieferantenorientierten Gebietsspediteuren zu prüfen. Ziel dieses Anlieferkonzepts ist es, Waren aus einer definierten Region von einer größeren Anzahl von Lieferanten in definierten Zeitperioden zu Sammelladungen zusammenzufassen und als Komplettladung zu entsprechend niedrigeren Frachttarifen zum Abnehmer zu transportieren. Je nach räumlicher Entfernung, verkehrstechnischer Anbindung und Transportvolumen ist es sinnvoll, die Sammelladungen auf Sonderzügen der Bahn zusammenzufassen. Die Bündelung einer Vielzahl von Einzelsendungen senkt die Transportkosten, vermeidet Engpässe im Wareneingang des Abnehmerbetriebes, vereinfacht die Terminsteuerung, entschärft gleichzeitig die Verkehrsproblematik und reduziert Umweltbelastungen. Das Gebietsspediteurkonzept zielt auf die Bündelung möglichst vieler Einzelsendungen ab. Die Einführung von Gebietsspediteuren erfordert eine Analyse des Mengen- und Termingerüstes der Zulieferteile und Lieferanten. Nach der Erfassung der regionalen Standorte der Lieferanten sind die

Transportmengen und Liefertermine sowie die Transportbelastung zu ermitteln. Bei der Realisierung sind Regionen zu definieren, innerhalb derer die Standorte der Lieferanten in ein Linienverkehrskonzept des Spediteurs eingebunden werden. Ein weiterer Lösungsansatz besteht in der Einführung von Ringspediteurkonzepten. Sie bezeichnen die Bildung von Sammeltransportrouten, die eine Zusammenstellung von Lkw-Zügen mit einer überschaubaren Zahl von Lieferanten erlauben. Die Anzahl der Lieferanten eines Speditionsrings ist dabei abhängig von den jeweiligen Liefermengen und der Entfernung der Lieferanten untereinander. Neben der Transportzeit ist pro Anlaufstation der Rundreise ein Zeitfenster für den Beladungsvorgang und eventuelle Wartezeiten zu berücksichtigen. Außer Ring- und Gebietsspediteuren werden zur räumlichen und zeitlichen Bündelung kleinvolumiger Sendungen mit langen Transportwegen Güterverkehrszentren eingesetzt. Güterverkehrszentren bilden eine Schnittstelle zwischen verschiedenen Verkehrsträgern wie Straße, Schiene, Wasserstraßen oder Luft. Sie stellen eine räumliche Zusammenfassung von verkehrsbezogenen und transportergänzenden Dienstleistungsbetrieben dar und übernehmen eine Koordinationsfunktion der verschiedenen Güterverkehrsströme. Neben einer Transportwegeoptimierung und der Realisierung der Wahl des optimalen Verkehrsträgers ermöglichen Güterverkehrszentren eine Vermeidung von Transporten durch Kombination von Distributions- und Rücknahmetransporten. Hierdurch können Leerfahrten vermieden werden. Abnehmerbetriebe und Logistikdienstleister können als Nutzer von Güterverkehrszentren herkömmliche Transportstrukturen durch Flächen- und Knotenpunktverkehre ersetzen und gleichzeitig die Einsatzbedingungen der massenleistungsfähigen Bahn verbessern (vgl. Wildemann 1997a).

Gebiets-, Ringspediteurkonzept und Güterverkehrszentren schließen sich gegenseitig nicht aus. Sie lassen sich zu einem optimierten Materialversorgungssystem kombinieren. Unter Berücksichtigung der unternehmensspezifischen Anforderungen des Abnehmerunternehmens empfiehlt sich zur Einrichtung eines solchen Versorgungssystems folgende Vorgehensweise: Zunächst ist in einem regionalen Umkreis zum Abnehmerbetrieb in Abhängigkeit von Entfernungen und Liefermengen ein Ringspediteurkonzept zu implementieren. Mit steigender Anzahl von Anlaufstationen und weiteren Fahrstrecken des Sammeltransporteurs wächst die Gefahr von Terminverzögerungen. In einem

Beschaffungslogistik

zweiten Schritt sind daher bisher nicht beteiligte Lieferanten einzubinden, indem kleine Sammelladungen im überschaubaren Nahverkehr durch Gebietsspediteure abgeholt werden und in Spediteur-Redistributionszentren oder Güterverkehrszentren zu Sammelladungen größeren Umfangs zusammengefaßt werden. Die Versorgung der Abnehmer erfolgt dann von diesen Zentren im "Nachtsprung" per Lkw oder Bahn. Innerhalb eines dritten Abschnitts der Realisierung gehen Unternehmen dazu über, die Bahn in das Transportkonzept einzubinden, um weitere Kostenvorteile zu realisieren. Dabei werden von lokalen Gebietsspediteuren in entfernteren Regionen Sammelladungen mit einem solchen Frachtaufkommen geschaffen, daß diese wirtschaftlich mit Sonderzügen abgeholt werden können. In einer Konsolidierungsphase ist die ursprünglich durchgeführte Tourenplanung in regelmäßigen Zeitabständen in Abhängigkeit möglicher Parameteränderungen zu überprüfen. Der reibungslose Verlauf von Materialversorgungskonzepten wird gewährleistet, wenn folgende Bedingungen erfüllt werden:

- Vorausgeplante Abholungen hinsichtlich Menge und Termin sowie Anlieferung beim Abnehmer in vorgegebenen Zeitfenstern,
- zentrale Planung der Abholsystematik mit einer lokalen Steuerung und Kontrolle durch Logistikdienstleister,
- definierte Verpackungsgrößen,
- stetiger Auftragsfluß sowie
- Disziplin bei der Beachtung der aufgestellten Planungen und Regeln.

Der Einsatz der Speditionskonzepte erfolgt in der Regel im Auftrag der Abnehmerunternehmen. Die Umstellung von "frei Haus"- auf "ab Werk"-Konditionen zwischen Abnehmer und Lieferant sowie die damit oft verbundene Neuverhandlung der Einkaufspreise erfolgt auf Basis der ermittelten Transportkosten und ermöglicht durch Mengeneffekte bei der Transportabwicklung eine Senkung der Einstandskosten für den Abnehmer. Im Rechtsverhältnis zwischen Abnehmer und Lieferant ist zu berücksichtigen, daß der Einsatz von Speditionskonzepten die bisherige Bring-Schuld des Lieferanten in eine Hol-Schuld des Abnehmers oder beauftragten Logistikdienstleisters wandelt.

3.1.3 Informationsflußgestaltung

Gegenstand des Gestaltungsfeldes Informationsfluß zwischen Lieferant und Abnehmer ist das Erarbeiten effizienter Informationsflußstrukturen, die zur Planung, Steuerung und Koordination des physischen Materialstroms zwischen Lieferant und Abnehmer erforderlich sind. Ziel ist es, die Voraussetzungen dafür zu schaffen, daß allen an der logistischen Kette beteiligten Parteien die zur Durchführung der Materialbewegungen benötigten Informationen in der gewünschten Form, zum richtigen Zeitpunkt und an der richtigen Stelle zur Verfügung gestellt werden. Die Informationsübermittlung findet zwischen dem Abnehmer, Lieferanten und Logistikdienstleistern statt. Der Schwerpunkt der Zusammenarbeit zwischen den Beteiligten ist darauf gerichtet, den Informationsstand der Beteiligten zu verbessern und ihnen eine vereinfachte und effiziente Anpassung der Versorgung an die tatsächlichen betrieblichen Erfordernisse des Abnehmers zu ermöglichen.

Die Ausgestaltung des Informationssystems zwischen Abnehmer, Lieferant und Logistikdienstleister verfolgt die Zielsetzung, Informationen unterschiedlichen Inhalts, die in unterschiedlichen Mengen zu unterschiedlichen Zeiten und an unterschiedlichen Orten auftreten, so zu erfassen, zu speichern, zu verarbeiten und zu übertragen, daß die Informationsbedarfe der beteiligten Bereiche abgedeckt werden. So können die Voraussetzungen geschaffen werden, daß die an Schnittstellen zwischen den verschiedenen Gliedern der Wertschöpfungskette auftretenden Verluste in Form von beispielsweise hohen Beständen durch verbesserte Informationen ersetzt werden. Den sinkenden Bestandskosten stehen dabei allerdings steigende Informationsversorgungskosten gegenüber. Es ist deshalb notwendig, ein Kostenminimum zwischen den Informationsversorgungskosten und den durch die fehlenden Informationen veranlaßten Folgekosten zu finden. Um den Klärungsaufwand zwischen den beteiligten Unternehmen zu minimieren, sind die Informationen verständlich und übersichtlich darzustellen und zu übertragen. So ist durch eine exakte Definition von Datenfeldern und -inhalten dazu beizutragen, daß eine präzise Kommunikation ermöglicht wird. Diese Standardisierungen sind allerdings oft sehr zeitintensiv und aufwendig. Dies gilt insbesondere für Informationssysteme, die mehrere Unternehmen miteinander verbinden und eine

Kommunikation über Sprachgrenzen hinaus ermöglichen. Bei der Gestaltung eines Informationssystems sind diese oft schwer zu quantifizierenden Vorbereitungskosten neben den Kosten für die physische Einrichtung und den Betrieb des Informationssystems von besonderer Relevanz. Der Informationsgehalt und die Übertragungshäufigkeit sind genau auf die Bedürfnisse der beteiligten Unternehmen abzustimmen, dabei aber einfach und verständlich zu gestalten. Weitere elementare Zielsetzung bei der Gestaltung eines Informationssystems ist die Sicherstellung der Akzeptanz des Systems bei den betroffenen Mitarbeitern. Lange Reaktions- und Antwortzeiten des Systems, die Nichterreichung vorgegebener Betriebssicherheiten oder wenig benutzerfreundliche Schnittstellen zwischen System und Mitarbeiter erschweren die Akzeptanz und bilden oftmals einen wichtigen Grund für das Scheitern einer Systemeinführung. In diesem Zusammenhang ist ebenfalls darauf zu achten, daß die in die Benutzung des Systems involvierten Mitarbeiter Gestaltungs- und Entscheidungsfreiheiten behalten. Ihre Erfahrungen sollen durch das System genutzt und auf andere Mitarbeiter übertragen werden. Die Zielsetzung der Systemgestaltung hat darüber hinaus eine eventuelle Zunahme des zukünftigen Bearbeitungs- und Datenvolumens zu berücksichtigen. Die Entwicklung des Informationssystems hat im Einklang zu stehen mit der unternehmerischen Gesamtplanung. So sind Veränderungen der Fertigungstiefe, Standortverlagerungen und Veränderungen der Einkaufsstrategien zu berücksichtigen.

Im Rahmen der Gestaltung eines Versorgungskonzeptes erstreckt sich die Ist-Analyse des Informationsflusses auf die Ermittlung des Planungsablaufs, die Untersuchung der Belegorganisation und der Planungsgrößen sowie auf eine Erfassung und Auswertung der Informationsdurchlaufzeiten. Zur Erstellung eines Sollkonzepts ist zunächst eine Bedarfsaufstellung von Funktionen vorzunehmen, die das zukünftige Informationssystem zu leisten hat. Die Untersuchungsergebnisse liefern wichtige Informationen darüber, welche Aufgaben bereits von anderen Informationssystemen wie Produktionsplanungs- und Steuerungssystemen erfüllt werden. Es ist zu prüfen, inwieweit diese Systeme mit dem Informationssystem zwischen Abnehmer, Lieferant und Logistikdienstleister gekoppelt werden können oder wie eine Systemintegration stattfinden kann. Den Schwerpunkt bei der Einführung neuer Informationssysteme zwischen Abnehmer, Lieferant und

Logistikdienstleister stellt die Organisation der Bestellabwicklung und der Datenaustausch zwischen den Beteiligten dar. Für die Implementierung eines geeigneten, flexiblen Abrufsystems hat die Betrachtung des internen und externen Informationsflusses zu erfolgen. Eine Analyse des innerbetrieblichen Informationsablaufs zwischen Vertrieb und Einkauf/Beschaffung soll den Zusammenhang zwischen Bedarf und Bestellung verdeutlichen. Es ist der Frage nachzugehen, nach welcher Systematik ein Materialbedarf in der Fertigung in eine konkrete Bestellung der Einkaufsabteilung umgewandelt wird. Ebenfalls ist der externe Informationsablauf zwischen Einkauf und den Lieferanten zu berücksichtigen. Eine Untersuchung dieses Abschnitts hat zur Aufgabe, den Prozeß der Materialbestellung auf seiten des Abnehmers bis hin zum entsprechenden Abruf beim Lieferanten zu analysieren. Besonderes Augenmerk ist hier auf die bereits bestehende Abrufsystematik sowie auf die verwendeten Informationsübertragungsstandards mit Lieferanten zu richten. Die graphische Darstellung dieses Informationsablaufs ermöglicht die Kennzeichnung von Problemschwerpunkten, die bei einem Abruf zu beachten sind.

3.1.4 Informationssysteme zwischen Abnehmern und Lieferanten

Bevor Lieferabrufe definiert und Informationsübermittlungssysteme implementiert werden, ist es erforderlich, die Belegorganisation, die Entstehungsorte der Belege sowie deren Erstellungsinstanzen zu ermitteln. Da die Übertragung von Belegen entweder konventionell durch Pendelkarten oder elektronisch per EDV erfolgt, ist zu prüfen, welche Informationsträger eingesetzt und wie die Informationen den Lieferanten zugänglich gemacht werden. Eine Analyse der Belegorganisation führt häufig zur Identifizierung redundanter Informationsabläufe. So können durch die Einführung von identischen Stammdatenkatalogen beim Abnehmer und beim Lieferanten erhebliche Reduzierungen des Informationsumfanges von Abrufen erreicht werden. Hierdurch kann eine Grundlage für eine wirtschaftliche Datenübertragung geschaffen werden, bei der als Abrufinformation lediglich die Teilenummer, der Bedarfstermin und die Menge übertragen werden. Alle übrigen Daten, wie Lieferant, Anliefer- und Verwendungsort sind im Teilestammsatz enthalten.

Werden die benötigten Kaufteile unabhängig voneinander auf mehreren Entscheidungsebenen disponiert, führt dies im Regelfall zu einer Aufsummierung der individuellen Sicherheitszuschläge. Ansätze zur Verringerung der Sicherheitsbestände ergeben sich aus der Reduzierung von Dispositions- und Entscheidungsstufen. Die Reduzierung der Planungsebenen kann zu einer engeren Planungsvarianz führen. Es ist deshalb anzustreben, zeitliche Planungsvorgaben zentral zu überwachen und den einzelnen Stellen den bereichsübergreifenden Charakter dieser Aufgaben zu vermitteln. Zentrale Informationsspeicher wie Datenbanken stellen bei dezentralen Entscheidungsbefugnissen eine Möglichkeit zur integrativen, zielkonformen Auftragserfüllung dar. Der erforderliche Einsatz leistungsfähiger Informationsverarbeitungs- und Übertragungstechniken erlaubt auch ohne zusätzliche Aufwendungen eine Erhöhung der Dispositionsfrequenz. Kürzere Dispositionszyklen führen aufgrund ihrer Nähe zum tatsächlichen Bedarfszeitpunkt zu kleineren Bestellmengen und geringeren Bestandsreichweiten. Eine Integration der internen und externen Informationsflüsse ermöglicht eine kurzfristige automatische Übertragung von Produktionsprogrammänderungen des Herstellers in den Datenbestand der Dispositionssysteme der Zulieferfirmen. So ist es beispielsweise denkbar, daß der aktuelle Produktionsplan des Abnehmers periodisch aufgelöst wird und nach Abgleich der Bedarfe mit dem verfügbaren Bestand der effektive Bedarf tagesgenau im Dispositionsprogramm des Lieferanten ermittelt wird.

Die Intensität der Kooperation und der Grad der Integration des Lieferanten sowie des Logistikdienstleisters in die Abläufe der Abnehmer sind abhängig von der Fristigkeit der gegenseitigen Geschäftsverbindungen und ihres wertmäßigen Volumens. Lieferanten, zu denen nur kurzfristige Geschäftsbeziehungen bestehen, werden in der Regel nicht in ein aufwendiges Informationssystem einbezogen, da die zu erzielenden Einsparungen nicht die Implementierungskosten kompensieren. Einzelbestellungen von operativen Einkäufern oder Disponenten erfolgen deshalb in Schriftform. Lieferanten, die in längerfristigen Geschäftsbeziehungen mit dem Abnehmer stehen, sind frühzeitig in den Produktionsplanungsprozeß des Abnehmers einzubinden. Der Lieferant wird in die Lage versetzt, die notwendigen Produktionsfaktoren rechtzeitig bereitzustellen und seine Produktion entsprechend

Beschaffungslogistik

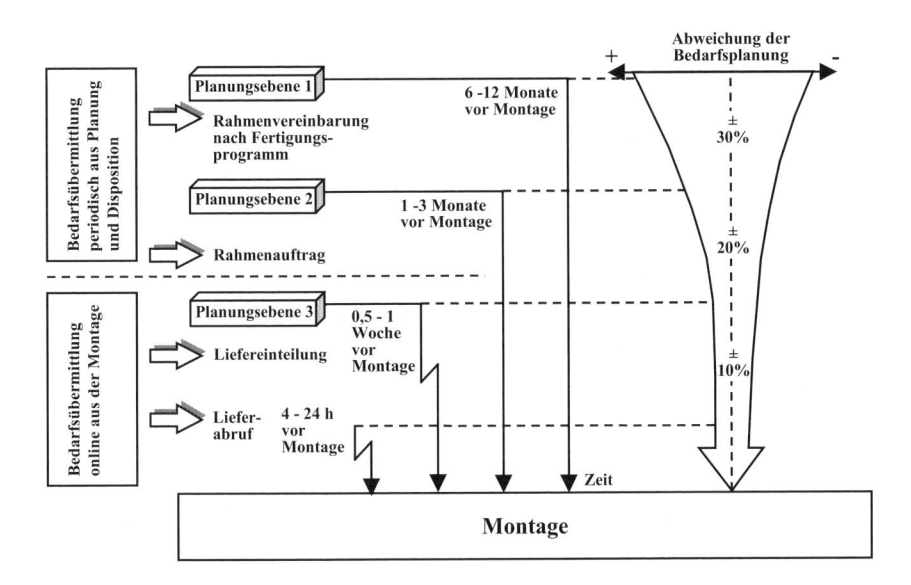

Abb. 3-7: Ebenen der Planungssystematik (Beispiel)

den Verbrauchsmengen und -zeitpunkten des Abnehmers zu steuern. Um Mengen- und Terminplanungen der Lieferanten zu ermöglichen, bietet sich eine dreistufige Planungssystematik in Form rollierender Vorausschauen an (vgl. Abb. 3-7). Planungsebene 1 stellt eine Rahmenvereinbarung dar. Sie umfaßt einen längerfristigen Zeithorizont von beispielsweise einem Jahr, legt Artikelgruppen, Gesamtmengen und Qualität der Kaufteile fest und ermöglicht dem Lieferanten eine längerfristige Kapazitätsplanung. Die Höhe der vereinbarten Abweichung der Bestellmengen ist stark abhängig von der Verhandlungsstärke des Abnehmers gegenüber dem Lieferanten. Die Planungsebene 2 bezieht sich auf die Rahmenaufträge und umfaßt einen mittelfristigen Zeithorizont von bis zu drei Monaten, für den die jeweiligen Bedarfe festgelegt werden. Die Mengenabweichungen sollten auf ein Niveau von 10% fixiert werden. Diese an den Lieferanten übermittelten Informationen dienen der Materialdisposition und zur Planung der Vorfertigung. Planungsebene 3 stellt den endgültigen Lieferabruf dar, der exakt und kurzfristig die zu liefernden Mengen verbindlich festlegt. In manchen Fällen erfolgen diese Lieferabrufe in zwei Schritten. Dem tatsächlichen Lieferabruf ist eine Liefereinteilung vorgeschaltet, die etwa eine bis eine halbe Woche vor dem Bedarf in der Fertigung des Abnehmers von dessen Fertigungssteuerung ausgelöst wird. Zu diesem Zeitpunkt sollten die Bedarfsmengen mit einer Genauigkeit von ± 2% übermittelt werden. Der Lieferabruf erfolgt etwa einen Tag vor dem tatsächlichen Bedarf und läßt keine Bedarfsmengenschwankungen zu. Die Bedarfsübermittlung der Planungsebenen erfolgt periodisch. Die Informationen der Planungsebene 3 sind dem Lieferanten permanent zu übermitteln.

➢ Abrufsystematiken: Eine Verbesserung der Abrufsysteme kann durch die Streichung einzelner Entscheidungs- und Dispositionsstufen erreicht werden. Eine Ausprägung stellt dabei der Lieferabruf aus der Fertigung dar. Mitarbeiter in der Fertigung übernehmen die Aufgabe, den Materialbedarf eines definierten Fertigungsbereiches selbständig vom Lieferanten direkt abzurufen. Hierdurch erfolgt eine schnelle und verbrauchsnahe Bedarfsinformation an den Lieferanten, die Transparenz der Versorgungssituation des Fertigungsbereiches wird verbessert und dispositive Aufwendungen werden reduziert. Eine weitere Variante zur Aufwandsminimierung der Bestellabwicklung stellen automatische Bestellungen des Abnehmers dar. Bei Unterschreiten eines definierten Mindestlagerbestands erfolgen automatische Bestellungen aus dem Produktionsplanungs- und Steuerungssystem. Hauptanwendungsgebiet für automatische Bestellungen können C-Teile sein. Im Rahmen der Fremdvergabe logistischer Leistungsumfänge ist eine Übertragung der Abwicklung des Bestellverkehrs zwischen Abnehmer und Lieferant und dessen Integration in Lieferabrufsysteme auf externe Dienstleister möglich. Hierfür bieten sich insbesondere Speditionsunternehmen, die auch die Organisation des Materialtransports durchführen, oder Clearing-Häuser an. Durch die Zusammenlegung von Materialtransport und Lieferabrufen in eine Hand können dispositive Tätigkeiten reduziert und eine Verbesserung der Versorgungssicherheit erreicht werden.

➢ Datenaustausch zwischen Abnehmer und Lieferant: Die Umsetzung einer produktionssynchronen Beschaffung mit tages- und stundengenauen Anlieferfrequenzen setzt eine Beschleunigung des Datenaustauschs zwischen Abnehmer, Lieferanten und Logistikdienstleistern voraus (vgl. Abb. 3-8). Hierdurch gewinnt die Datenfernübertragung (DFÜ/EDI Electronic-Data-Interchange) bei intensiven Ge-

Beschaffungslogistik

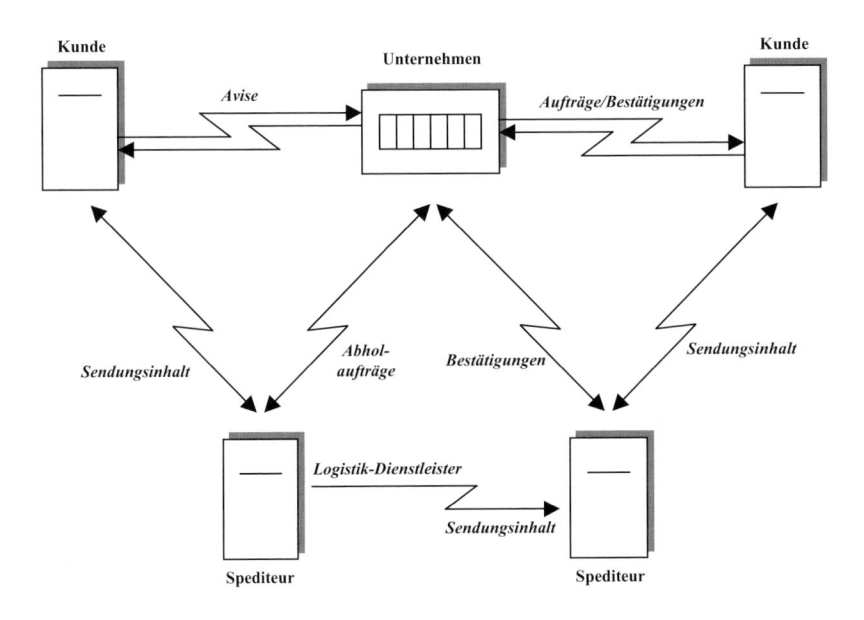

Abb. 3-8: Elektronischer Datenaustausch (EDI) in einer unternehmensübergreifenden Logistikkette

schäftsbeziehungen an Gewicht. Doch nicht jeder Datenaustausch kann mit EDI bezeichnet werden. Die Daten müssen zur direkten Weiterverarbeitung in Anwendungsprogrammen geeignet sein. Eine wichtige Voraussetzung zur Realisierung eines internationalen elektronischen Geschäftsverkehrs zwischen Unternehmen ist die Schaffung von Übertragungsstandards. Im Jahre 1988 wurde ein weltweit einheitliches Verfahren für den automatisierten Datenaustausch verabschiedet. Es handelt sich um die Norm EDIFACT (= EDI for Administration, Commerce and Transport) und ist in der ISO 9735 festgeschrieben. Darüber hinaus bestehen Branchennormen wie etwa "Odette" für die Automobilindustrie.

Die Bedeutung der Elektronischen Datenfernübertragung wird aus den Potentialen ersichtlich, die mit einer konsequenten Nutzung realisiert werden können. Produktivitätsgewinne können erzielt werden, indem manuelle oder mehrfache Dateneingaben entfallen. Dadurch kann gleichzeitig die Fehlerrate der Informationsübertragung gesenkt werden. Für die beteiligten Unternehmen ergeben sich des weiteren Zeitvorteile. Die Reaktionszeiten der Geschäftspartner werden reduziert.

Beschaffungslogistik

Freie Kommunikation mit Electronic Mail und strukturierten Datenbanken verbessern das Informationsmanagement im Unternehmen und über das Unternehmen hinaus. Nicht zuletzt spielt auch der Vertrauensgewinn zwischen Lieferant und Abnehmern eine wichtige Rolle. So kann mehr Transparenz über die Pünktlichkeit von Wareneingängen oder die aktuelle Qualität von Produkten erreicht werden.

Bei der Realisierung der Informationsflußgestaltung ist eine enge Anbindung an die Materialflußgestaltung zu berücksichtigen. Der mit dem Materialfluß unmittelbar verknüpfte Informationsfluß soll die fehlerfreie Abwicklung der Versorgung des Abnehmerunternehmens mit Kaufteilen sicherstellen. Die Informationsflußgestaltung, insbesondere die Form der Bestellabwicklung und die Art der Datenübertragung sind an die Erfordernisse der Materialflußgestaltung anzupassen. Bei der Einführung ist die Datenorganisation festzulegen und darauf zu achten, daß das Informationssystem jenes Zeitverhalten erreicht, welches durch die Materialflußgestaltung definiert worden ist. Die betroffenen Mitarbeiter sind intensiv zu schulen und die geplanten Abläufe vor dem Starttermin mehrfach zu testen. Zusätzlich ist auch eine Notfallstrategie auszuarbeiten, die Alternativabläufe im Falle von technischen Störungen vorsieht. In den meisten Fällen ist auch der Belegfluß innerhalb der Informationsflußgestaltung neu zu definieren und zu organisieren, da nicht jede informatorische Verknüpfung papierlos zu gestalten ist.

3.2 Beschaffungsstrategien

Beschaffungsentscheidungen umfassen unterschiedliche Gestaltungsfelder der Abnehmer-Lieferanten-Beziehung und legen die Art der Zusammenarbeit für unterschiedliche Leistungsspektren auf lange Sicht fest. Sie zeichnen sich dadurch aus, daß sie

- auf die Erschließung zukünftiger Beschaffungspotentiale ausgerichtet sind,
- mehrjährige Entscheidungsfolgen für das Unternehmen festlegen,
- die Existenz und Erfolgspotentiale des Unternehmens langfristig sichern,
- eine hohe wirtschaftliche Bedeutung haben und

- die langfristige Versorgung mit den wesentlichen materiellen Inputfaktoren sicherstellen.

Entscheidungsinhalte von Beschaffungsstrategien beziehen sich sowohl auf formelle Gestaltungsparameter wie Art und Intensität der Kooperation mit Lieferanten als auch auf die Auswahl von Beschaffungsinstrumenten und -methoden. Zur Festlegung effizienter Beschaffungsstrategien ist eine genaue Kenntnis der gegenwärtigen und zukünftigen Bedarfsstruktur des eigenen Unternehmens eine wesentliche Voraussetzung. Hierzu ist die Erfassung und Strukturierung der Ausgangssituation im Beschaffungsbereich erforderlich. Im Mittelpunkt steht die Analyse des Kaufteile- und Lieferantenspektrums. Die Strukturierung des Entscheidungsfeldes dient dazu, dem Einkäufer einen Überblick über Schwerpunkte und Kennzeichen von Kaufteilen und Lieferanten zu vermitteln und ihm somit eine geeignete Grundlage zur strategischen Entscheidungsfindung zu verschaffen.

3.2.1 Kaufteile-Portfolio

In der Beschaffungstheorie und -praxis hat sich die Portfolio-Analyse als Strukturierungsmethodik durchgesetzt. Der Aufbau des Kaufteile-Portfolios vollzieht sich in drei Schritten: die Abgrenzung der Kaufteile (Erfolgsobjekte), die Ermittlung der relevanten Klassifizierungskriterien (Erfolgskriterien) sowie die Bewertung und Positionierung der Erfolgsobjekte im Kaufteile-Portfolio. Auf das Problem einer geeigneten Abgrenzung von Erfolgsobjekten ist bei beschaffungsorientierten Portfolio-Analysen bisher nur wenig eingegangen worden. Die Abgrenzung der Erfolgsobjekte gewinnt jedoch gerade bei stark steigenden Varianten- und Typenzahlen an Gewicht. Empirische Untersuchungen zeigen, daß beispielsweise die Anzahl der Teilenummern in den letzten 15 Jahren um den Faktor 6 und die Zahl der Sonderausstattungen um nahezu 200% zugenommen hat (vgl. Eicke/Femerling 1991, S. 28). Eine Durchführung der Analyse für einzelne Kaufteile erweist sich vor diesem Hintergrund als wenig sinnvoll, da ansonsten die Praktikabilität der Vorgehensweise und die Transparenz der Beschaffungssituation verlorengehen. In Anlehnung an die Bildung strategischer Geschäftseinheiten im Absatzbereich bietet es sich im Beschaffungsbereich an, Kaufteile zu strategischen Beschaffungseinheiten (im folgenden SBE's genannt) zusammenzufassen. Hierzu sind die

SBE's präzise zu definieren und voneinander abzugrenzen. Zielsetzung ist die Bildung von SBE's, die hinsichtlich ihrer Technologie und Funktionsorientierung homogen sind und die Durchführung von unabhängigen Strategien und Maßnahmen im Beschaffungsbereich erlauben. Homogene SBE's sind als einheitliche Problemlösungskonzeptionen für Abnehmerprodukte zu interpretieren. Als Beispiele aus der Automobilindustrie können hierzu Reifen, Stoßdämpfer, Bremssysteme oder Sitze angeführt werden.

Strategische Entscheidungen in der Beschaffung zielen darauf ab, Erfolgspotentiale für das Unternehmen aufzubauen oder zu erhalten. Dieser Schritt wird durch die Bewertung der Erfolgsfaktoren der jeweiligen SBE's vorgenommen. Erfolgsfaktoren sind durch einen großen Einfluß auf das Chancen- und Risikopotential einer SBE gekennzeichnet. Zur Bewertung und Positionierung der SBE's im Kaufteile-Portfolio können transaktionskostentheoretische Einflußgrößen wie Spezifität, Unsicherheit und Komplexität der Kaufteile sowie die Häufigkeit der Transaktion zwischen Abnehmer und Lieferant als Erfolgsfaktoren herangezogen werden. Zur Verdichtung der Erfolgsfaktoren bietet sich eine Unterscheidung in die Beschaffungsmarktdimension "Versorgungsrisiko" und die Unternehmensdimension "Ergebniseinfluß" an. Zur Konkretisierung des Erfolgsfaktors "Ergebniseinfluß" ist davon auszugehen, daß bei der Beschaffung von Kaufteilen die Häufigkeit des Leistungsaustausches zwischen Abnehmer und Lieferant mit dem Wert dieser Transaktionen korreliert. Vorherrschende Strategie in der Beschaffungspraxis ist es, teurere Kaufteile, die in hohen Stückzahlen benötigt werden, möglichst häufig produktionssynchron anliefern zu lassen, um Kapitalbindungs- und Lagerkosten einzusparen. Der Wert des Leistungsaustausches ergibt sich daher aus dem Zusammenwirken der jeweils beschafften Stückzahl und dem Einkaufspreis der Teile. Durch Kombination von Häufigkeit und Wert von Transaktionen ergibt sich eine ABC-Analyse nach dem Jahresbezugswert aller Kaufteile.

Aufwendiger erweist sich die Konkretisierung des Faktors "Versorgungsrisiko". Aus Transaktionskostenaspekten sind unter den Erfolgsfaktor Versorgungsrisiko die Einflußgrößen Spezifität, Komplexität und Unsicherheit zu subsumieren (vgl. Abb. 3-9). Die Spezifität

Beschaffungslogistik

Merkmale \ Ausprägung	Versorgungsrisiko		
	gering	mittel	hoch
A. Spezifität			
Anforderung an technische Zusammenarbeit mit Lieferanten	gering	durchschnittlich	hoch
Standardisierungsgrad des Produktes	hoch	durchschnittlich	gering
B. Komplexität und Unsicherheit			
Anwenderbezogene Änderungshäufigkeit	gering	durchschnittlich	hoch
Technische Komplexität	gering	durchschnittlich	hoch
Technologische Entwicklung des Produktes	stagnierend	moderat	dynamisch
Zukünftige Nachfrageentwicklung am Beschaffungsmarkt	stagnierend	moderat	dynamisch
Logistische Komplexität	gering	durchschnittlich	hoch
Gesamtbewertung			

Abb. 3-9: Checkliste Versorgungsrisiko: Spezifität, Komplexität und Unsicherheit

bezieht sich dabei auf die Anforderungen an die technische Zusammenarbeit mit Lieferanten sowie auf den Standardisierungsgrad der Produkte. Stellt der Abnehmer an das Produkt und die Fertigungsverfahren technische und qualitative Anforderungen, die über den Industriestandard hinausgehen, und stehen dem Lieferanten nur wenige Abnehmer zur Verfügung, so weist die Beziehung einen hohen Spezifitätsgrad auf. Hohe Spezifitätsgrade steigern dabei tendenziell das Versorgungsrisiko des Abnehmers. Aufgrund vergleichbarer Auswirkungen auf die Höhe des Versorgungsrisikos bietet es sich an, die Einflußgrößen Unsicherheit und Komplexität gemeinsam zu behandeln. Die Komplexität bezieht sich auf logistische Abläufe und technologieorientierte Merkmale. Eine hohe logistische Komplexität liegt vor, wenn eine Vielzahl externer Einflußgrößen entlang der logistischen Kette vom Lieferanten bis zum Verbauort beim Abnehmer zu beachten ist.

Diese können auf standortspezifische Gegebenheiten wie die geographische Lage des Lieferanten oder auf Schwachstellen innerhalb der logistischen Kette, wie beispielsweise Engpässe beim Verpacken, Verladen, Umpacken oder Transportieren, zurückgeführt werden. Technische Komplexität liegt dann vor, wenn Kaufteile aus einer großen Zahl verschiedenartiger Einzelteile bestehen, die selbst vielfältige Interdependenzen untereinander aufweisen und bei denen mehrere Produkttechnologien eingesetzt werden. Die Produkte befinden sich auf einem hohen Wertschöpfungsniveau, das oftmals erst durch Einsatz mehrerer unterschiedlicher Prozeßtechnologien erreicht wurde. Hochkomplexe Teile steigern das Versorgungsrisiko. Unsicherheit bezieht sich schwerpunktmäßig auf diskontinuierliche Veränderungen der Umweltbedingungen. Hierunter sind technologische Entwicklungen, die anwenderbezogene Änderungshäufigkeit der Kaufteile sowie die zukünftige Nachfrageentwicklung nach den Produkten am Beschaffungsmarkt zu subsumieren. Die Unsicherheit wächst mit steigender Dynamik der technologischen Entwicklung, hohen anwenderbezogenen Änderungsraten sowie ansteigenden Bedarfsstückzahlen, falls diese nicht durch eine Ausweitung des Angebots befriedigt werden können. Hohe Ausprägungen der Einflußgröße Unsicherheit steigern das Versorgungsrisiko.

Beschaffungslogistik

Im Anschluß an die Kriterienermittlung ist die Bewertung der SBE's durchzuführen. Die Bewertung wird anhand von Checklisten strukturiert, die den Anwender zwingen, seine Kenntnisse über Teile und Lieferanten zu explizieren, wodurch die Nachvollziehbarkeit der strategischen Beschaffungsentscheidungen verbessert wird. Die Bewertung erfolgt subjektiv mittels qualitativer Ausprägungen wie gering, mittel oder hoch, wobei im letzten Schritt eine Aggregation der Einzelbewertungen zu einer Gesamtbewertung des Versorgungsrisikos und des Ergebniseinflusses vorzunehmen ist. Entsprechend dieser Gesamtbewertung nach Versorgungsrisiko und Ergebniseinfluß erfolgt die Positionierung der SBE's im Kaufteile-Portfolio. Um den Aufwand zur Ableitung von Normbeschaffungsstrategien einzuschränken und homogene Kaufteile-Cluster im Hinblick auf eine eindeutige Strategiezuweisung zu bilden, wird eine Aufteilung des Portfolios in vier Quadranten vorgenommen (vgl. Abb. 3-10). Es ergibt sich eine 4-Felder-Matrix mit Standard-, Kern-, Engpaß- und strategischen Kaufteilen (vgl. Kraljic 1986, S. 88).

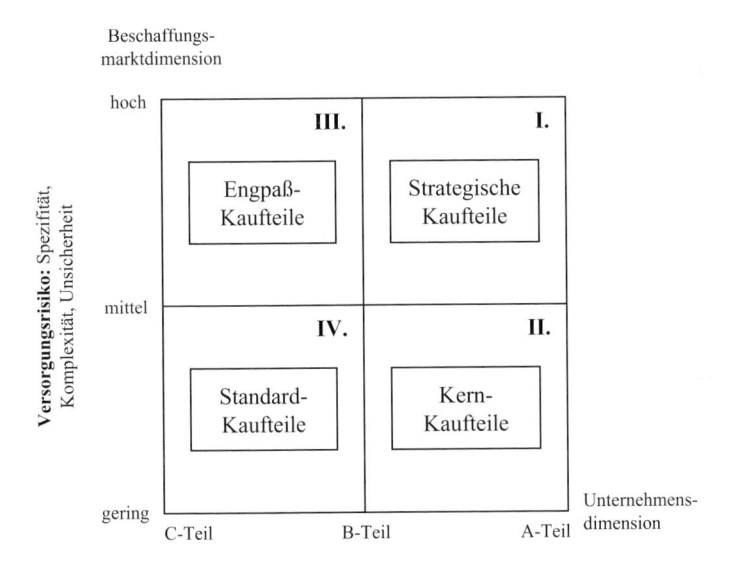

Ergebniseinfluß: ABC-Analyse nach Jahresbezugsvolumen

Abb. 3-10: Kaufteile-Portfolio

3.2.2 Normstrategien für Kaufteile

Ausgehend von der Strukturierung des Ist-Zustands ist die Herleitung und Umsetzung geeigneter Beschaffungsstrategien durchzuführen. Mit der Zielrichtung, daß Unternehmen eigene Stärken und Chancen nutzen sowie Schwächen und Risiken meiden sollten, sind aus der jeweiligen Portfolio-Positionierung Normstrategien als vorteilhafte Handlungsempfehlungen im Beschaffungsbereich abzuleiten. Die Zielsetzung der Strategieableitung im Beschaffungsbereich besteht daher darin, unter Berücksichtigung unternehmensinterner und -externer Restriktionen die Einkaufspotentiale, die der Beschaffungsmarkt bietet, optimal zu nutzen und zu erweitern. So stellt beispielsweise der Aufbau von partnerschaftlichen Zusammenarbeitsstrukturen mit Lieferanten keine grundsätzlich anzustrebende strategische Zielsetzung dar. Vielmehr erweisen sich mit jeder Abnahme einer Einflußgröße einfach aufgebaute Kooperationsstrukturen mit Lieferanten als vorteilhaft: Kaufteile mit hohen Komplexitäts- und Spezifitätsgraden, die hohen technischen und qualitativen Unsicherheiten ausgesetzt sind und deren Fertigung und Entwicklung ausschließlich auf unternehmensspezifisches Entwicklungs- und Fertigungs-Know-how zurückgehen, sollten über enge funktionsübergreifende partnerschaftliche Zusammenarbeitsstrukturen mit Lieferanten (Wertschöpfungspartnerschaften) abgewickelt werden. Weisen einige Einflußgrößen nur geringe Ausprägungen auf, so sind die Teile tendenziell über kooperationsärmere Zusammenarbeitsstrukturen zu beschaffen. Ubiquitäten, die nur niedrige Spezifitäts- und Komplexitätsgrade aufweisen und aufgrund von geringfügigen Bedarfsschwankungen und marginalen konstruktiven Änderungen lediglich geringe Unsicherheitsgrade aufweisen, sind über kooperationsarme Koordinationsstrukturen wie kurzfristige Lieferverträge abzuwickeln. Beispiele hierfür bieten in der Automobilindustrie DIN- und Normteile wie Schrauben oder Stanzteile, aber auch komplette Komponenten wie Sitze oder Ölwannen. Als Ausgangspunkt zur Festlegung geeigneter Beschaffungsstrategien dienen Normstrategien, die den einzelnen Quadranten des Kaufteile-Portfolios zugeordnet werden. Hierdurch soll es dem Entscheidungsträger gelingen, für alle homogenen Kaufteile-Gruppen eines Quadranten eine Optimierung der Beschaffungssituation zu erreichen. Die anzustrebende Beschaffungsstrategie wird stark vom jeweiligen Marktmachtverhältnis zwischen Abnehmer und Lieferant beeinflußt. Strategieempfehlungen des

Kaufteile-Portfolios sind daher im Hinblick auf die Kooperationsbereitschaft und -fähigkeit der betroffenen Lieferanten zu überprüfen. Zur Bestimmung von Normstrategien wird das Kaufteile-Portfolio in Abhängigkeit von der Höhe des Versorgungsrisikos und des Ergebniseinflusses in vier Quadranten unterteilt. Die Quadranten unterscheiden sich nach strategisch und ökonomisch relevanten Kriterien und bedingen daher differenzierte beschaffungswirtschaftliche Verhaltensweisen. Die Normstrategien lauten (vgl. Abb. 3-11)

- Aufbau partnerschaftlicher Zusammenarbeitsstrukturen,
- Nutzung des Marktpotentials,
- Sicherstellung der Verfügbarkeit und
- effiziente Beschaffung.

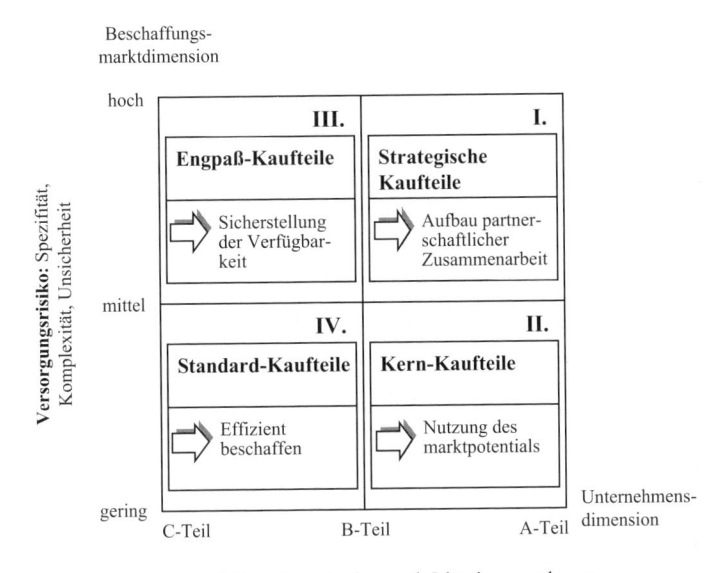

Abb. 3-11: Normstrategien im Kaufteile-Portfolio

➢ Strategische Kaufteile: Als Beispiele für Produktfamilien in diesem Quadranten lassen sich in der Automobilindustrie Getriebe oder komplette Module wie elektronische Dämpfungs- oder Bremssysteme anführen. Aufgrund des hohen Versorgungsrisikos und Ergebniseinflusses der strategischen Kaufteile stehen die Sicherstellung der Ver-

Beschaffungslogistik

sorgungssicherheit und die Erarbeitung von wirtschaftlich effizienten Koordinationsstrukturen zwischen Abnehmer und Lieferant im Vordergrund. Diese Zielsetzungen sind aufgrund der hohen Spezifität und Komplexität der Produkte mit konventionellen Beschaffungsvorgängen nicht zu erreichen. Anzustreben ist eine enge, auf einen längeren Zeitraum ausgerichtete und vertraglich abgesicherte, partnerschaftliche Zusammenarbeit mit Know-how-starken Lieferanten (vgl. Abb. 3-12). Diese Art der Zusammenarbeit ermöglicht die Ausnutzung

	III.	I.
Versorgungs-	Engpaß-Kaufteile	Strategische Kaufteile
risiko	IV.	II.
	Standard-Kaufteile	Kern-Kaufteile

Ergebniseinfluß

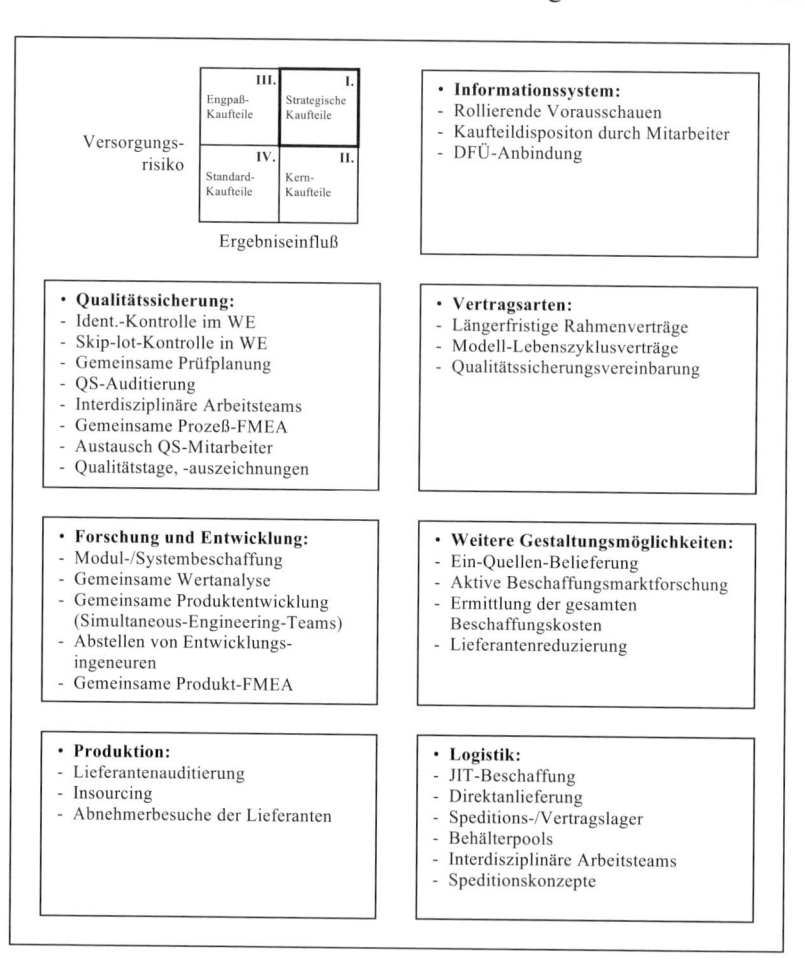

- **Informationssystem:**
  - Rollierende Vorausschauen
  - Kaufteildispositon durch Mitarbeiter
  - DFÜ-Anbindung

- **Qualitätssicherung:**
  - Ident.-Kontrolle im WE
  - Skip-lot-Kontrolle in WE
  - Gemeinsame Prüfplanung
  - QS-Auditierung
  - Interdisziplinäre Arbeitsteams
  - Gemeinsame Prozeß-FMEA
  - Austausch QS-Mitarbeiter
  - Qualitätstage, -auszeichnungen

- **Vertragsarten:**
  - Längerfristige Rahmenverträge
  - Modell-Lebenszyklusverträge
  - Qualitätssicherungsvereinbarung

- **Forschung und Entwicklung:**
  - Modul-/Systembeschaffung
  - Gemeinsame Wertanalyse
  - Gemeinsame Produktentwicklung (Simultaneous-Engineering-Teams)
  - Abstellen von Entwicklungsingeneuren
  - Gemeinsame Produkt-FMEA

- **Weitere Gestaltungsmöglichkeiten:**
  - Ein-Quellen-Belieferung
  - Aktive Beschaffungsmarktforschung
  - Ermittlung der gesamten Beschaffungskosten
  - Lieferantenreduzierung

- **Produktion:**
  - Lieferantenauditierung
  - Insourcing
  - Abnehmerbesuche der Lieferanten

- **Logistik:**
  - JIT-Beschaffung
  - Direktanlieferung
  - Speditions-/Vertragslager
  - Behälterpools
  - Interdisziplinäre Arbeitsteams
  - Speditionskonzepte

Abb. 3-12: Beschaffungskonzepte für Strategische Kaufteile

synergetischer Vorteile, die beide Partner durch gemeinsames Handeln in Hinblick auf eine verbesserte Koordination und Steuerung von Transaktionen in allen beschaffungsrelevanten Funktionsbereichen erreichen können. Diese Zielsetzungen münden in den Aufbau von Ein-Quellen-Belieferungen (Single Sourcing). Die Ein-Quellen-Belieferung kann als Konzentration auf eine Beschaffungsquelle definiert werden, wobei mit diesem Lieferanten in der Regel eine längerfristige, intensive Zusammenarbeit angestrebt wird. Der Ansatz verzichtet auf kurzfristige Preisvorteile, die der Wettbewerb auf den Beschaffungsmärkten bietet, und versucht diese durch die Potentiale partnerschaftlicher Zusammenarbeit zu übertreffen. Das zugrunde liegende Entscheidungsproblem der Verteilung eines gegebenen Bedarfs auf mehrere Lieferanten oder die Konzentration auf nur einen Lieferanten hat im Zuge der Fertigungstiefenreduzierung und steigenden Kooperationsgrade zwischen Abnehmer und Lieferanten stark an Bedeutung gewonnen. Das Konzept der Ein-Quellen-Belieferung zielt auf eine Reduzierung der Komplexität in den Lieferbeziehungen, eine Kostensenkung in der Beschaffungsabwicklung, eine Erhöhung der Transparenz in den Beschaffungsprozessen sowie eine Kostendegression aufgrund von Mengen-, Lern- und Synergieeffekten ab. Voraussetzung für die Erfolgswirksamkeit des Konzeptes ist eine enge datentechnische Kopplung mit den Lieferanten. Hierzu sind in der Regel spezifische Investitionen erforderlich, die gegenseitige Abhängigkeiten schaffen. Der Kooperationscharakter dieses Konzeptes setzt aber vor allem Vertrauen und Offenheit voraus. Je nach Intensitätsgrad der Beziehung lassen sich unterschiedliche Ausprägungsformen einer Ein-Quellen-Belieferung unterscheiden. Ein-Quellen-Belieferung im engeren Sinne liegt dann vor, wenn zum Beispiel für alle Baureihen eines Kfz-Herstellers weltweit alle Achstypen von nur einem einzigen Lieferanten bezogen werden (teileartbezogenes Single Sourcing). Weitere Abstufungen bilden baureihenspezifische Lösungen oder der Aufbau von Ein-Quellen-Lieferbeziehungen, die nur auf einen Standort beschränkt sind (werkspezifisches Single Sourcing). Eine weitere Variation besteht darin, daß Einkäufer von mehreren Ein-Quellen-Lieferanten ähnliche, produktverwandte Komponenten beziehen (Parallel Sourcing) (vgl. Richardson 1993, S. 339ff.). So bezieht beispielsweise ein Automobilhersteller Stoßdämpfer von einem bestimmten Lieferanten, Federbeine jedoch von einem Konkurrenzunternehmen des Lieferanten. Hierdurch lassen sich Lieferantenwechsel-

Beschaffungslogistik

kosten verringern und ein ständiger Preis-Leistungsvergleich zwischen den Lieferanten herbeiführen. Je nach Begriffsinterpretation weisen Strategien der Ein-Quellen-Belieferung daher unterschiedliche Intensitätsgrade der Zusammenarbeit auf. Weiter gefaßte Interpretationen des Begriffes deuten dabei auf schwächer ausgeprägte Kooperationsgrade hin und ziehen in der Beschaffungspraxis eine steigende Anzahl der Single-Source-Lieferanten nach sich. Eine Übersicht über die unterschiedlichen Konzeptionen der Ein-Quellen-Belieferung gibt Abbildung 3-13. Im Gestaltungsfeld Informations- und Kommunikationssystem steht für strategische Kaufteile die Verbesserung des Informationsaustausches zwischen Abnehmer und Lieferant im Mittelpunkt. Hierzu bietet sich eine DFÜ-Anbindung der Lieferanten sowie die rollierende Überarbeitung der Bedarfsplanzahlen durch den Abnehmer an.

Im Bereich der Logistik stellen die Einführung von Just-In-Time-Beschaffungskonzeptionen oder die Direktbelieferung ausgewählter Kaufteile sinnvolle Zielsetzungen dar. Kann eine solch enge logistische Zusammenarbeit nicht durchgeführt werden, läßt sich eine Ent-

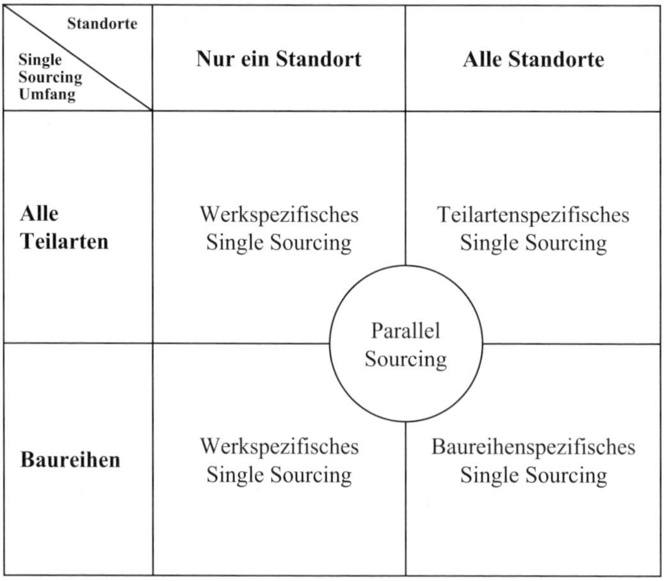

Single Sourcing Umfang \ Standorte	Nur ein Standort	Alle Standorte
Alle Teilarten	Werkspezifisches Single Sourcing	Teilartenspezifisches Single Sourcing
Baureihen	Werkspezifisches Single Sourcing	Baureihenspezifisches Single Sourcing

(In der Mitte: Parallel Sourcing)

Abb. 3-13: Single Sourcing Varianten

kopplung zwischen Abnehmer und Lieferant über die Einrichtung einer zusätzlichen Lagerstufe in Form von Vertrags-, Konsignations- oder Speditionslagern erreichen. In der Qualitätssicherung ist eine Verlagerung der Qualitätssicherungsaktivitäten an den Herstellungsort beim Lieferanten anzustreben, so daß redundante Prüfvorgänge vermieden werden können und im Wareneingangsbereich des Abnehmers nur noch eine Ident.-Kontrolle der Teile vorzunehmen ist. Voraussetzung hierzu ist die enge und frühzeitige Abstimmung der Prüfplanung und -mittel zwischen Abnehmer und Lieferant. Zudem sollte sich der Abnehmer im Rahmen eines Systemaudits von der Zuverlässigkeit des Qualitätssicherungssystems des Lieferanten überzeugen. Für besonders kritische Teileumfänge kann sich die Durchführung einer gemeinsamen Prozeß-FMEA als sinnvoll erweisen. Im Vordergrund des Funktionsbereiches der Forschung und Entwicklung steht die Definition von Modulen und Systemen, die komplett und einbaufertig von leistungsstarken Lieferanten bezogen werden, die einen Alleinstellungsanspruch aufweisen. Module und Systeme sind als Funktionsgruppen komplexer Struktur definiert, deren unternehmensexterne Beschaffung als Modular- oder System-Sourcing bezeichnet wird. Modular-Sourcing versucht, die sich widersprechenden Zielsetzungen der Verringerung der Fertigungstiefe sowie Reduzierung der Lieferantenanzahl und Senkung des Beschaffungsaufwands miteinander zu verknüpfen, um interne und externe Transaktionskosten zu minimieren. Das Konzept sieht vor, montage- und somit lohnkostenintensive Bauteile wie komplette Bremssysteme oder Armaturentafeln vom Lieferanten selbst herstellen und montieren zu lassen, so daß der Abnehmer weniger, dafür aber komplexere Teile zu montieren hat (vgl. v. Eicke/Femerling 1991, S. 28ff.). Hierbei besteht ein Unterschied zwischen Modul- und Systemlieferanten (vgl. Abb. 3-14). Beide beliefern den Abnehmer zwar mit komplett einbaufertigen Modulen flexibel und innerhalb kurzer Zeitabstände, das Differenzierungskriterium liegt jedoch in der Wahrnehmung von Entwicklungsaufgaben. Während der Modullieferant überwiegend Komponenten anliefert, die zum großen Teil vom Abnehmer entwikkelt worden sind, zeichnen sich Systemlieferanten durch hohe eigene Entwicklungsleistungen an den Systemen aus. Lieferanten, die für eine Systembelieferung in Frage kommen, müssen daher weiterreichende Kompetenzen als Modullieferanten aufweisen. So haben sie Entwicklungstätigkeiten am System, die Einbindung der Sublieferanten, die Prüfung und Erprobung des

Beschaffungslogistik

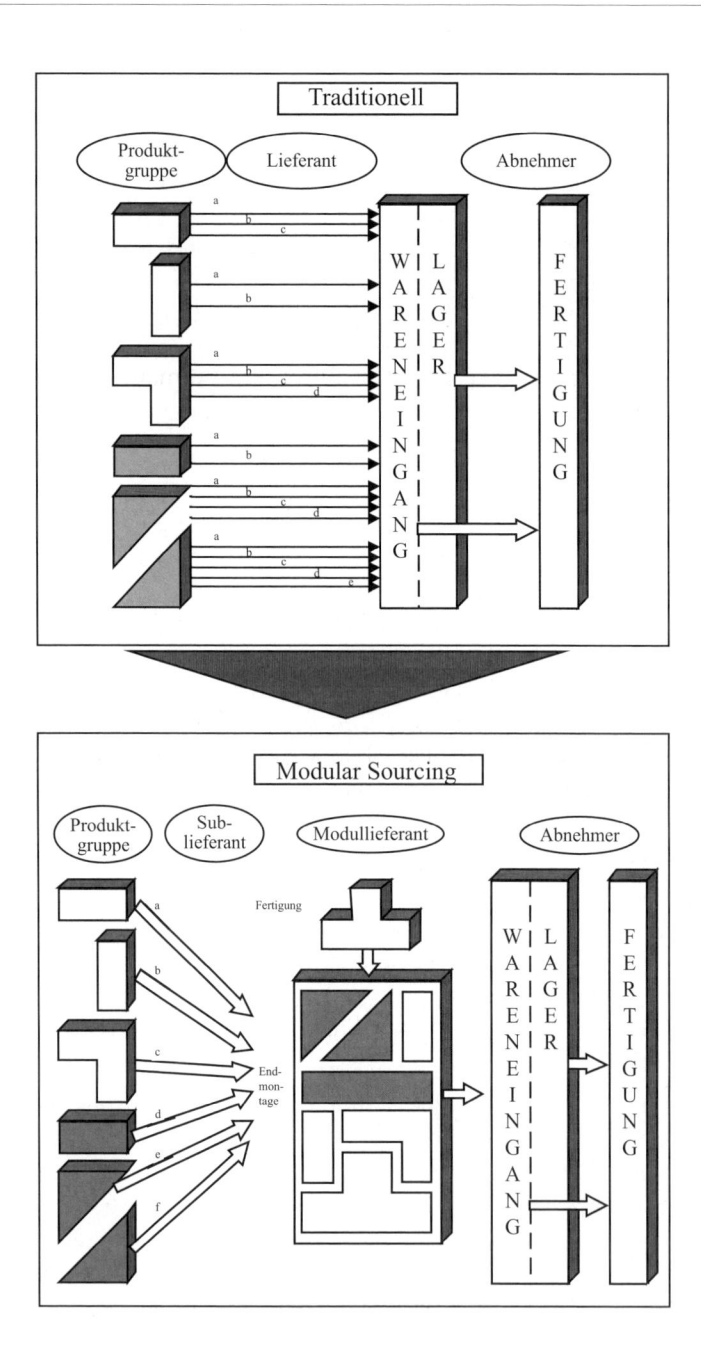

Abb. 3-14: Modular-/System-Sourcing

Systems, die Einzelteilfertigung wie auch die Systemmontage verantwortlich durchzuführen.

In der Praxis läßt sich die Modulbildung um gemeinsame wertanalytische Untersuchungen ergänzen, die auf eine Reduzierung der Produktkomplexität und Kostensenkung abzielen. Der partnerschaftliche Charakter der Zusammenarbeit kann insbesondere durch die Bildung gemeinsamer Teams zur Produktneuentwicklung nach den Prinzipien des Simultaneous Engineering oder durch ein permanentes Abstellen von Entwicklungsingenieuren "vor Ort" beim Abnehmer unterstrichen werden (Resident Engineering). Im Bereich der Fertigung können von der Beschaffung Lieferantenauditierungen mit Zielrichtung Lieferantenförderung durchgeführt werden, die den Lieferanten in die Lage versetzen, eigenständig den Prozeß der kontinuierlichen Verbesserung in seinem Unternehmen einzuführen. Den höchsten Kooperationsgrad weist die Abnehmer-Lieferanten-Beziehung dann auf, wenn der Lieferant seine Teile am Verbauort des Abnehmers selbst montiert und dort eventuell auch herstellt. In der Regel genügen die traditionellen Verfahren der Einkaufspreisermittlung nicht den Anforderungen partnerschaftlicher Kooperationsformen. Die klassischen Zuschlagskalkulationsverfahren der Lieferanten sind durch eine detaillierte, gesamtheitliche Erfassung aller beschaffungsrelevanten Kosten beim Lieferanten und beim Abnehmer zu substituieren. Diese intensiven Formen der Zusammenarbeit bedingen eine vertragliche Absicherung. So sind für kooperationsintensive Abwicklungsstrukturen generell längerfristige vertragliche Regelungen mit Know-how-Schutzvereinbarungen oder Modell-Lebenszyklusverträge abzuschließen. Das Qualitätsniveau der Anlieferungen ist durch spezielle Qualitätssicherungsvereinbarungen festzuschreiben.

➢ Kern-Kaufteile: Als Beispiele für Kern-Kaufteile lassen sich in der Automobilindustrie Batterien, Reifen, Felgen, Kühlsysteme oder Kugellager anführen. Kern-Kaufteile zeichnen sich durch einen hohen Ergebniseinfluß und ein geringes Versorgungsrisiko aus. Im Gegensatz zu den strategischen Teilen sind aufgrund der niedrigen Spezifität und Komplexität der Teile kaum technische oder logistische Probleme zu erwarten, so daß die Teileversorgung gesichert erscheint und die Nutzung des Marktpotentials die anzustrebende Zielsetzung darstellt. Im Funktionsbereich Logistik steht für Kern-Kaufteile die Reduzie-

Beschaffungslogistik

rung der Handling- und Kapitalbindungskosten im Vordergrund. Zielsetzungen sind die Just-In-Time- und Direktanlieferung an den Verbauort, die einen engen Informationsaustausch mit den Lieferanten zum Beispiel durch rollierende Vorausschauen oder DFÜ-Anbindungen voraussetzen (vgl. Abb. 3-15).

	III. Engpaß-Kaufteile	I. Strategische Kaufteile
Versorgungs-risiko	IV. Standard-Kaufteile	II. Kern-Kaufteile

Ergebniseinfluß

- **Informationssystem:**
  - Rollierende Vorausschauen
  - Kaufteildisposition durch Lieferanten, externe Dienstleiter oder Mitarbeiter
  - DFÜ-Anbindung

- **Qualitätssicherung:**
  - Ident.-Kontrolle im WE
  - Gemeinsame Prüfplanung
  - QS-Auditierungen
  - Qualitätsauszeichnungen

- **Vertragsarten:**
  - Längerfristige Rahmenverträge mit Rationalisierungsklauseln

- **Forschung und Entwicklung:**
  - Lockere Konstruktionsvorgaben
  - Gemeinsame Wertanalyse

- **Weitere Gestaltungsmöglichkeiten:**
  - Aktive Beschaffungsmarktforschung
  - Weltweiter Einkauf
  - Ausschreibungen
  - Einkaufskooperationen

- **Produktion:**
  - Lieferantenauditierung

- **Logistik:**
  - JIT-Beschaffung
  - Direktanlieferung
  - Konsignationslager
  - Speditionskonzepte
  - Behälterkonzepte

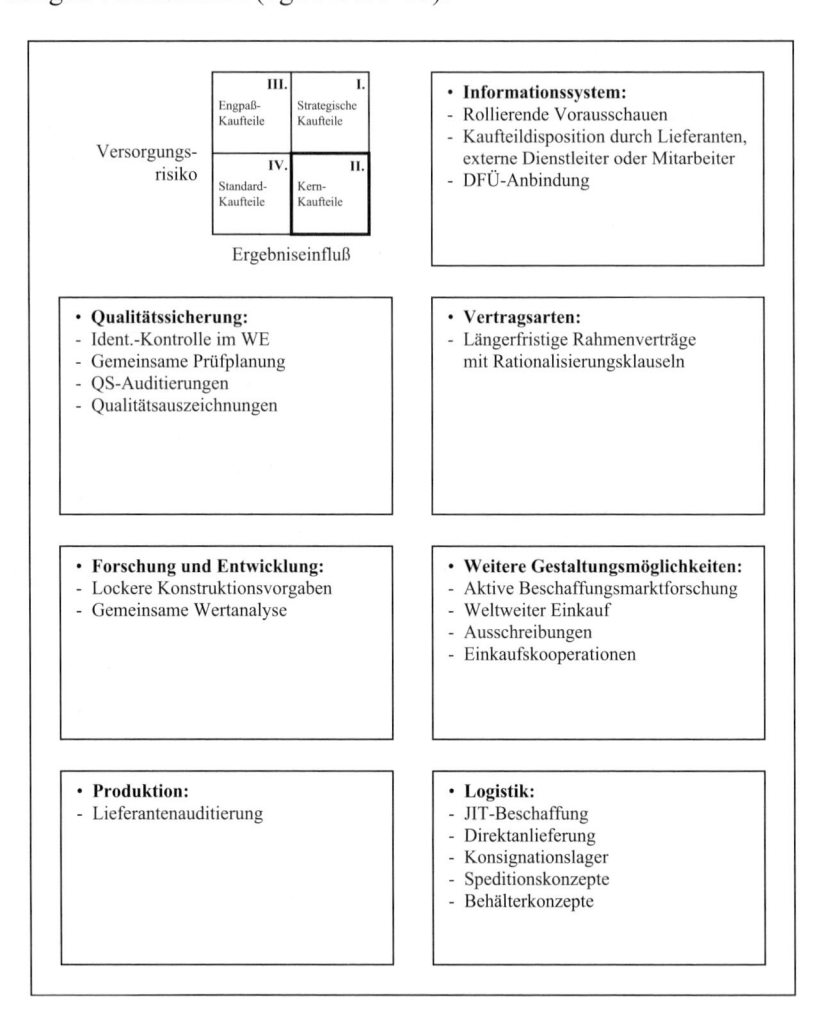

Abb. 3-15: Beschaffungskonzepte für Kern-Kaufteile

Lassen sich diese Logistikkonzepte ökonomisch nicht effizient realisieren, ist die Vorteilhaftigkeit der Einrichtung von Konsignationslagern zu überprüfen. Häufig bietet sich bei diesen Zwischenlagern der Einsatz von Speditionskonzepten (Ring- oder Gebietsspeditionskonzept) an, wobei dem Spediteur auch die Bewirtschaftung der Lagerstufe übertragen werden kann. Die geringe Komplexität der Teile ermöglicht die Konzentration der Zusammenarbeit im Bereich der Qualitätssicherung auf die gemeinsame Prüfplanung und Auditierung des Qualitätssicherungssystems des Lieferanten. Aufgrund dieser Abstimmung kann im Wareneingang des Abnehmers eine Beschränkung der Qualitätssicherungsaufgaben auf die Ident.-Kontrolle der Kaufteile erfolgen. In der Forschung und Entwicklung werden den Lieferanten in der Regel Konstruktionsvorgaben gemacht, innerhalb derer der Lieferant eigenständig Optimierungen vornehmen und Kosten einsparen kann. Da die Kern-Kaufteile ein hohes Wertvolumen beinhalten, läßt sich die Zusammenarbeit durch gemeinsame Wertanalyseaktivitäten ergänzen. In den Wertschöpfungsbereichen der Lieferanten bieten sich Auditierungen unter dem Gesichtspunkt der Ermittlung und Bewertung von Verschwendung an. Auch für Kernteile sind längerfristige vertragliche Regelungen mit Lieferanten abzuschließen. Diese können durch Rationalisierungsvereinbarungen ergänzt werden, deren Festlegung sich an den Erkenntnissen der Erfahrungskurventheorie orientiert. Eine Erhöhung der Nachfragemengen und die Erzielung von Mengeneffekten lassen sich durch die Bildung von Einkaufskooperationen mit anderen Unternehmen erreichen. Dieses Konzept stellt darauf ab, durch eine Bedarfsbündelung der Partner Mengeneffekte und somit Preisreduzierungen bei gemeinsamen Lieferanten zu erreichen. Insbesondere bei kleinen und mittleren Unternehmen, die isoliert betrachtet eine nur geringe Nachfragemacht aufweisen, kann durch Mengenzusammenlegungen die entstehende Auftragsmenge für den Lieferanten so groß werden, daß bei Vertragsabschluß Reduzierungen der Einkaufspreise erzielt und zusätzliche Sonderleistungen vom Lieferanten erwirkt werden können. Aber auch bei großen Konzernunternehmen kann diese Vorgehensweise zur Erhöhung der Verhandlungsmacht genutzt werden. So führt in Japan ein Stahlunternehmen stellvertretend für die gesamte stahlverarbeitende Industrie den weltweiten Rohstoffeinkauf von der Lieferantenauswahl bis hin zum Vertragsabschluß eigenständig durch. Voraussetzungen für diese gemeinsame Vorgehensweise bilden ein intensiver Informationsaustausch, einfache Abwicklung in den Transaktionsbeziehungen, gegenseitige Akzeptanz und das unbedingte Einhalten der getroffenen Vereinbarungen.

➢ Engpaß-Kaufteile: Typische Produkte in dieser Kategorie stellen in der Automobilindustrie elektronische Bauteile oder Stahlgußstücke mit niedrigen Toleranzen dar. Engpaß-Kaufteile zeichnen sich ebenso wie strategische Teile durch ein hohes Versorgungsrisiko aus, ihr Ergebniseinfluß ist aber aufgrund des geringen Wertvolumens nur niedrig. Es ist darauf hinzuweisen, daß der geringe Ergebniseinfluß, den diese Teile für den Abnehmer besitzen, oftmals auf einen nur geringen Bedarf zurückzuführen ist. Beschaffungswirtschaftlichen Maßnahmen, die auf ein stärkeres logistisches oder technologisches Engagement der Lieferanten abzielen, sind daher enge Grenzen gesetzt. Für Engpaß-Kaufteile rückt die Gewährleistung der Materialverfügbarkeit in den Mittelpunkt der Beschaffungsaktivitäten. Da es sich bei diesen Teilen um C-Teile handelt, kommen mitunter auch Maßnahmen zur Anwendung, die eine Erhöhung beschaffungsrelevanter Kostengrößen bewirken. So kann sich bei einer zu erwartenden Angebotsverknappung der Aufbau von Sicherheitsbeständen als sinnvoll erweisen. Aufgrund der bestehenden Qualitätsunsicherheit dieser Teile ist eine 100%ige Qualitätskontrolle der Teile oder die Definition von Skip-Lot-Prüfumfängen erforderlich. Zur Einschränkung der Variationsmöglichkeiten der Lieferanten bietet sich in der Forschung und Entwicklung die detaillierte Vorgabe eines Pflichtenhefts an. Sind die Versorgungsschwierigkeiten durch einen mangelhaften Informationsaustausch zwischen Abnehmer und Lieferant begründet, so sollten den Lieferanten rollierend überarbeitete Bedarfsvorausschauen übermittelt werden. Seitens der Vertragsgestaltung ist aufgrund der hohen Versorgungsrisiken auf den Abschluß von längerfristigen Rahmenverträgen und Qualitätssicherungsvereinbarungen zu drängen. Einen Schwerpunkt der Beschaffungskonzepte für Engpaß-Kaufteile stellt die aktive Beschaffungsmarktforschung mit der Zielsetzung des Aufbaus neuer, leistungsfähiger Lieferanten dar (vgl. Abb. 3-16).

➢ Standard-Kaufteile: Als Beispiele für dieses Teilespektrum lassen sich DIN-, Norm- und Stanzteile anführen. In diesem Portfolio-Bereich befinden sich C-Teile, die sich durch eine geringe Spezifität

Beschaffungslogistik

	III. Engpaß-Kaufteile	I. Strategische Kaufteile
Versorgungs-risiko	IV. Standard-Kaufteile	II. Kern-Kaufteile

Ergebniseinfluß

- **Informationssystem:**
  - Rollierende Vorausschauen
  - Einzelbestellungen

- **Qualitätssicherung:**
  - 100% -Kontrolle im WE
  - Skip-lot-Kontrolle im WE
  - Gemeinsame Prüfplanung

- **Vertragsarten:**
  - Längerfristige Rahmenverträge
  - Qualitätssicherungsvereinbarungen

- **Forschung und Entwicklung:**
  - Vorgabe Pflichtenheft

- **Weitere Gestaltungsmöglichkeiten:**
  - Aktive Beschaffungsmarktforschung
  - Lieferantenreduzierung
  - Ausschreibungen
  - Weltweiter Einkauf

- **Produktion:**
  - Überprüfung der Möglichkeiten zur Eigenfertigung

- **Logistik:**
  - Aufbau von Sicherheitsbeständen

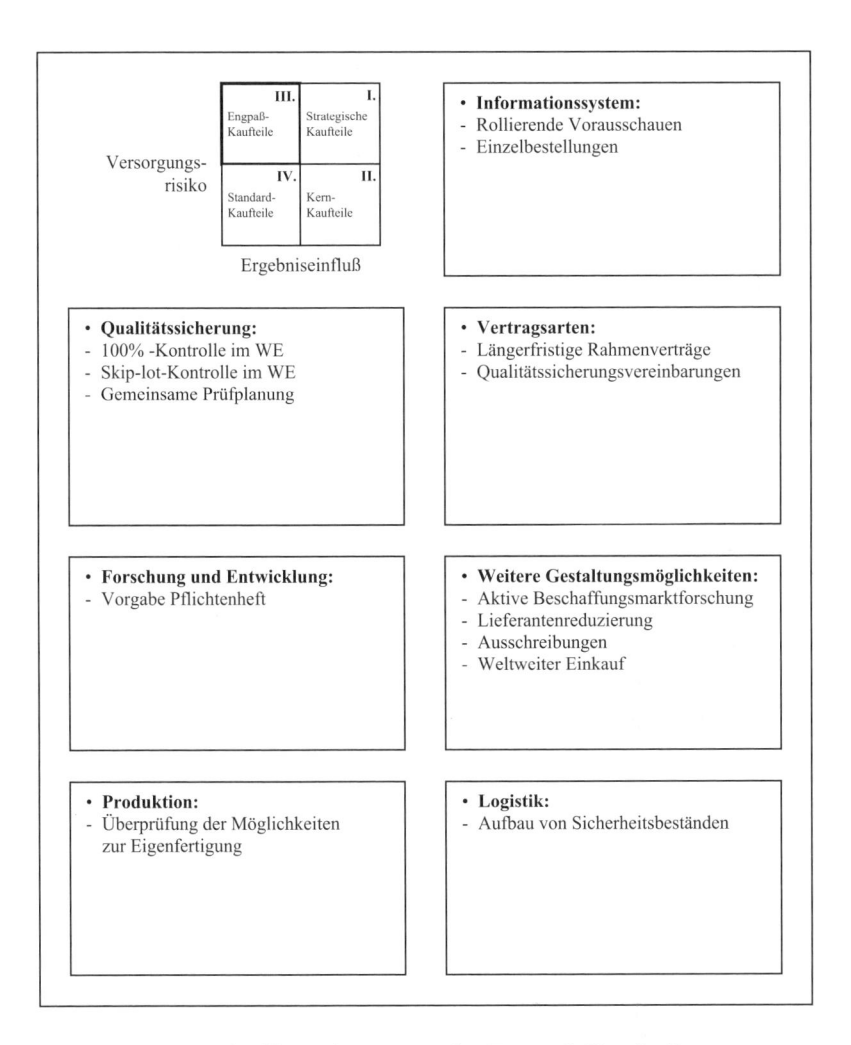

Abb. 3-16: Beschaffungskonzepte für Engpaß-Kaufteile

und Komplexität sowie eine gute Beschreibbarkeit hinsichtlich Funktion, Form, Leistung und Bearbeitungsart auszeichnen. Der Lieferantenmarkt ist in der Regel durch eine hohe internationale Wettbewerbsintensität und geringe Unsicherheiten gekennzeichnet. Den Schwerpunkt der Beschaffungsstrategien für Standard-Kaufteile stellt die Optimierung der zur Beschaffung notwendigen Aktivitäten dar. Hierbei stehen insbesondere die Kosten der Bestellabwicklung im Blickfeld. Konzepte zur Reduzierung dieser Kosten sind automatische

Bestellabrufe des Abnehmers sowie Lieferabrufe durch Werker aus der Fertigung des Abnehmers. Von seiten der Logistik sind verbrauchsgesteuerte Just-In-Time-Belieferungen mit größeren Beschaffungslosgrößen anzustreben. Die Qualitätssicherung dieser Teile beschränkt sich in der Regel auf eine Ident.-Kontrolle beim Abnehmer. Zur Reduzierung des Beschaffungsaufwands und zur Erzielung von Mengeneffekten bietet sich wiederum die Einrichtung von Einkaufskooperationen an. So bündeln beispielsweise deutsche Kfz-Hersteller verstärkt ihren Bedarf an DIN- und Normteilen. Die Vertragsgestaltung ist durch kurzfristige Standardverträge gekennzeichnet, um sich ein hohes marktliches Flexibilitätspotential zu bewahren (vgl. Abb. 3-17). Es entstehen insbesondere Strategien eines weltweiten Einkaufs. Weltweiter Einkauf (Global Sourcing) ist als internationale Marktbearbeitung im Sinne einer systematischen Ausdehnung der Beschaffungspolitik auf internationale Beschaffungsmärkte unter strategischer Ausrichtung zu interpretieren. Die benötigten Informationen können dabei über eigene internationale Einkaufbüros, ausländische Niederlassungen, die Beauftragung kompetenter Agenten oder eigene Firmen- und Messenbesuche beschafft werden. Erst seit dem Ende der 80er Jahre hat das Konzept des weltweiten Einkaufs in Deutschland Bedeutung erlangt. Ausgehend von der Tatsache, daß nur 20% aller deutschen Unternehmen Produkte aus dem Ausland bezogen, stellte sich das Konzept primär als ein wirksames Mittel zur Erreichung von kurzfristigen Einkaufspreisvorteilen, insbesondere bei schnittstelleninvarianten Teilen heraus. Die Beziehungen zu den Lieferanten waren bei dieser Spot-Markt-Beschaffung durch schwach ausgeprägte Kooperationsgrade gekennzeichnet. Erst mit dem Bedeutungsanstieg der Abnehmer-Lieferanten-Beziehungen als kritischem Erfolgsfaktor für die internationale Wettbewerbsfähigkeit wurde der weltweite Einkauf auch als Instrument zur Sicherung der internationalen Produkt- und Prozeßtechnologiezufuhr, zur Schaffung von Weltmarkttransparenz durch globales Produkt- und Lieferanten-Know-how und zum Ausgleich von Devisen- und Handelsrisiken eingesetzt. Im Anschluß an die Zuordnung geeigneter Beschaffungskonzepte zu den einzelnen Beschaffungsstrategien werden für jede strategische Beschaffungseinheit die bestehenden Konzepte zur Optimierung der Abnehmer- Lieferanten-Beziehungen mit den Soll-Vorgaben der Normstrategien verglichen. Resultieren bei diesem Soll-Ist-Ver-

Beschaffungslogistik

	III. Engpaß-Kaufteile	I. Strategische Kaufteile
Versorgungs-risiko	IV. Standard-Kaufteile	II. Kern-Kaufteile

Ergebniseinfluß

- **Informationssystem:**
  - Automatische Bestellauslösung
  - Lieferabrufe aus der Fertigung

- **Qualitätssicherung:**
  - Ident.-Kontrolle

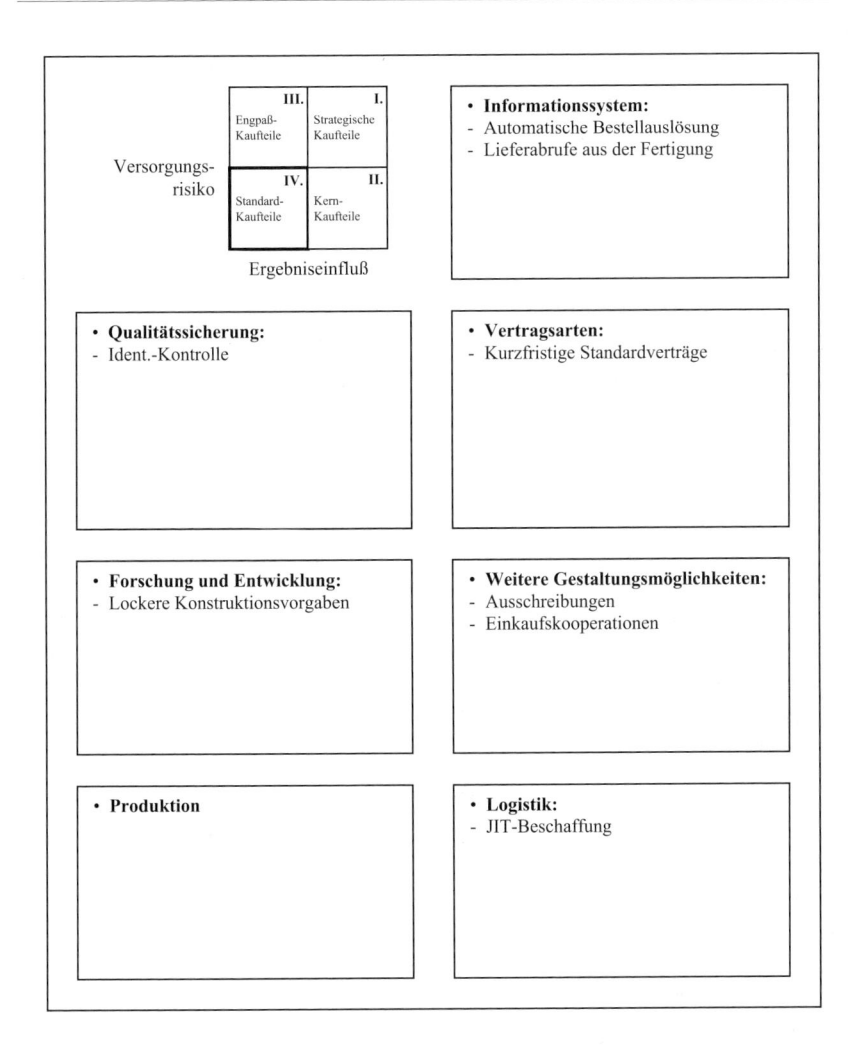

- **Vertragsarten:**
  - Kurzfristige Standardverträge

- **Forschung und Entwicklung:**
  - Lockere Konstruktionsvorgaben

- **Weitere Gestaltungsmöglichkeiten:**
  - Ausschreibungen
  - Einkaufskooperationen

- **Produktion**

- **Logistik:**
  - JIT-Beschaffung

Abb. 3-17: Beschaffungskonzepte für Standard-Kaufteile

gleich Defizite hinsichtlich der Anwendung geeigneter Beschaffungskonzepte, so können die aus den Normstrategien abgeleiteten Beschaffungskonzepte Wege zu einer potentialorientierten Gestaltung von Abnehmer-Lieferanten-Beziehungen aufzeigen.

Der Ansatz verlangt eine kritische Reflexion der Strategieempfehlungen im Hinblick auf unternehmensinterne und -externe Restriktionen. Die Analyse lebt mit der Subjektivität des Anwenders. Sie stellt keinen Ersatz für eine detaillierte Planung von Beschaffungsmaßnahmen dar. Sie erleichtert die Strukturanalyse der Einkaufsvolumen und leistet somit einen wesentlichen Beitrag zur Bestimmung der strategischen Stoßrichtung bei der kaufteilspezifischen Beschaffungsplanung.

3.3 Qualitätssicherung von Zulieferungen

Durch eine neue Aufteilung der Wertschöpfungs- und hiermit verbunden der Innovationskette zur Produktherstellung entsteht eine veränderte Arbeitsteilung zwischen Abnehmern und Zulieferern, die aus Sicht der Abnehmer darin besteht, solche Aktivitäten nach außen zu verlagern, die für das Unternehmen keine Kernkompetenzen im Sinne von Voraussetzungen für den Erfolg im Wettbewerb darstellen. Die skizzierte Entwicklung hat auf die Erfolgsfaktoren Kosten, Zeit und Qualität gravierende Auswirkungen. Für die Kostensituation eines Unternehmens hat die Beschaffung bei Zukaufanteilen von zum Teil 50% und mehr einen überragenden Stellenwert. Schon kleine Verbesserungen haben für die Gesamtkosten erhebliche Folgen. Dabei dürfen die hohen Gemeinkosten, die durch eine ineffiziente Beschaffung verursacht werden, nicht außer acht gelassen werden. Bei der Veränderung der Arbeitsteilung zwischen Abnehmern und Zulieferern ist darauf zu achten, daß die Wertschöpfungskette auf die zeitbezogenen Kundenanforderungen ausgerichtet wird. Der Gefahr, daß durch die verstärkte Auswärtsvergabe komplexe Schnittstellen entstehen, die zu zeitlichen Verzögerungen führen, muß durch geeignete Strategien begegnet werden. Der verstärkte Druck auf die Unternehmen zur produkt- und prozeßbedingten Außenvergabe, die bei ineffizienter Gestaltung der entstehenden Zulieferer-Abnehmer-Beziehungen eine steigende Planungs- und Abwicklungskomplexität nach sich zieht, bewirkt somit Kosten- und Zeitnachteile.

Der Erfolgsfaktor Qualität, verstanden als Adäquanz für einen definierten Verwendungszweck, zielt auf die Einhaltung kundenrelevanter Produkteigenschaften auf allen Stufen der Wertschöpfungskette ab. Qualitätssicherung im Beschaffungsbereich kann als Planung, Steuerung, Umsetzung und Controlling aller Maßnahmen definiert werden, die zur Schaffung und Sicherstellung der Adäquanz des Verwendungszwecks von Kaufteilen unter Beachtung des Wirtschaftlichkeitsprinzips durchgeführt werden. Ausgehend von einer konsequenten

Kundenorientierung stehen nicht weiter die Produkte im Vordergrund, sondern die zugrunde liegenden Geschäftsprozesse. Dies führt zu der Forderung nach dem Einbezug logistischer Qualitätsmerkmale wie Lieferzeit und Liefertreue in die Qualitätssicherungsaktivitäten an der Schnittstelle zwischen Zulieferer und Abnehmer.

3.3.1 Methoden der Qualitätssicherung

Die Gestaltung der Qualitätssicherung ist unabhängig von der konkreten Ausprägung der Zulieferbeziehung an drei grundlegenden Prinzipien zu orientieren. Anzustreben ist ein weitestmöglicher Verzicht auf die Wareneingangskontrolle beim Abnehmer und anderer Doppelaktivitäten entlang der Zulieferkette, die hohe Kosten verursachen und dabei die Erreichung marktseitig geforderter Zeitziele gefährden, ohne Qualitätsprobleme effizient beseitigen zu können. Hinzu kommt die Forderung nach dem Einbezug logistischer Qualitätsmerkmale wie Lieferzeit und Liefertreue in die Qualitätssicherungsaktivitäten an der Schnittstelle zwischen Zulieferer und Abnehmer sowie die gesamtheitliche Minimierung der notwendigen Prüfaktivitäten entlang der Wertschöpfungskette durch Prävention in Entwicklung, Konstruktion und Produktion.

Der Wegfall der Wareneingangskontrolle beim Abnehmer beinhaltet die Übertragung von Qualitätssicherungsfunktionen auf den Lieferanten. Liege- und Prüfzeiten in der Wareneingangskontrolle sollen im Sinne der Direktanlieferung zum Verbraucher vermieden werden, um den Materialfluß zu beschleunigen. Hierzu ist es erforderlich, die Aufgabenteilung zwischen Lieferant und Abnehmer neu zu gestalten. Ziel ist es, die Nachprüfung der Teile durch den Abnehmer stufenweise durch eine reine Identitäts- und Mengenprüfung im Wareneingang zu ersetzen. In empirischen Untersuchungen des Verfassers wurden Durchlaufzeiten im Wareneingang von bis zu zwei Wochen erfaßt, wodurch eine erhebliche Kapitalbindung durch Bestände an Einkaufsteilen und ein großer Raumbedarf entsteht. Diese Aspekte sind neben dem Wegfall der Kosten durch Kontrollvorgänge in die Betrachtungen einzubeziehen (vgl. Abb. 3-18).

Beschaffungslogistik

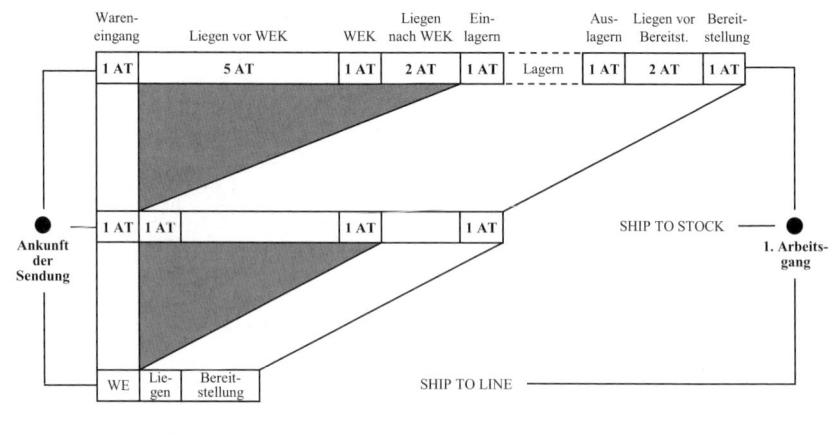

Durch Wegfall der Wareneingangskontrolle entstehen

⇒ verringerte Durchlaufzeiten,

⇒ niedrigere Kapitalbindung und

⇒ geringerer Raumbedarf im Wareneingangsbereich.

Abb. 3-18: Wirkungen des Wegfalls der Wareneingangskontrolle

Für die weitestmögliche Übertragung von Qualitätssicherungsmaßnahmen auf den Lieferanten spricht auch die Tatsache, daß im Rahmen einer Wareneingangskontrolle nur nach bekannten Problemen gesucht werden kann. Ein Fehler muß also immer erst tatsächlich aufgetreten sein, bevor das Qualitätssicherungssystem Maßnahmen zu seiner Beseitigung ergreifen kann. Hinzu kommt, daß bei reduziertem Umlaufvermögen die Reaktion der Wareneingangskontrolle beim Auftreten von Fehlern nicht länger im Rückgriff auf fehlerfreies Lagermaterial, sondern nur noch in der Abwicklung fallweise auftretender Reklamationen bestehen kann. Durch die Verlagerung der Qualitätsprüfung können beim Abnehmer das Handling reduziert, Sicherheitsbestände geringer dimensioniert und Durchlaufzeiten verkürzt werden.

Der Verzicht auf eine Wareneingangskontrolle beim Abnehmer wird in der laufenden Diskussion oft mit dem Hinweis auf juristische Argumente abgelehnt. Die Auseinandersetzung bezieht sich dabei auf zwei Problemkreise: die kaufmännische Untersuchungs- und Rügepflicht nach §§ 377, 378 HGB und die Regelungen zur Produkthaftung. Die kaufmännische Untersuchungs- und Rügepflicht soll den Lieferanten vor verspäteten Reklamationen und den damit verbundenen wirtschaftlichen Forderungen von seiten des Abnehmers schützen. Die Diskussion geht um die Frage, ob diese Pflicht grundsätzlich abbedungen werden kann, ob dies für einen oder mehrere Verträge gesamthaft in einer Qualitätsvereinbarung, die als allgemeine Geschäftsbedingung im Sinne des AGBG aufgefaßt werden könnte, möglich ist, und welche Folgen sich im Schadensfall aus solchen Regelungen ergeben. Qualitätssicherungsvereinbarungen zwischen Abnehmern und Zulieferern enthalten Forderungen an das Qualitätssicherungssystem des Zulieferers, die auf allgemein anerkannten Regeln wie DIN ISO 9000-9004 oder Ford Q101, Regelungen bezüglich Auditierung, Dokumentation, der Zusammenarbeit bei Produktentwicklung und -änderungen, Festlegung der Fertigungsstätte, Qualitätsforderungen an Unterlieferanten und Vereinbarungen über Prüfungsverantwortung und -ort beruhen. Die Regelungen werden ergänzt durch Ausschluß der Prüf- und Rügepflicht gemäß §§ 372 und 378 HGB, Festlegung der Haftung bei Vertragsverletzung und Regelungen über Laufzeit- und Kündigungsfristen. Für Produkthaftungsfälle kann der Wegfall der Wareneingangsprüfung insofern relevant werden, als ein Zulieferer, der von seinem Abnehmer in Regreß genommen wird, den Schaden nicht über seine Haftpflichtversicherung abwickeln kann, soweit er dem Verzicht auf die Eingangskontrolle bei seinem Abnehmer zugestimmt hat.

Diese Diskussion ist zwar juristisch interessant, betriebswirtschaftlich aber geht sie am zentralen Problem vorbei. Betrachtet man die grundsätzlichen Optionen, mit denen ein Eintreten qualitativ minderwertiger Güter in den Markt verhindert werden kann, so ergeben sich nur zwei Möglichkeiten, nämlich das Aussortieren fehlerhafter Produkte vor der Auslieferung oder die konsequente Prävention. Unter Kostengesichtspunkten ist die Prävention dem Aussortieren fehlerhafter Teile häufig überlegen, so daß aus ökonomischer Sicht die letztgenannte Alternative nicht ernsthaft erwogen werden kann. Unter dem Gesichtspunkt des Erfolges am Markt und damit der Wettbewerbsfähigkeit muß ein weitestmöglicher Verzicht auf Wareneingangskontrollen Bestandteil der Qualitätssicherungsstrategie in der Beschaffung sein. Der Weg zu einem weitgehenden Verzicht auf die Wareneingangskontrolle ohne rechtliche Nachteile führt dabei über eine dreigeteilte

Strategie: Im ersten Schritt wird die Zuverlässigkeit des Zulieferers durch laufende Auditierung überwacht. Dabei können auch Prüfzeugnisse, Zertifikate und Gütezeichen von Dritten eine Rolle spielen. Sie können aber die abnehmerseitige Überwachung nicht vollständig ersetzen. Zum zweiten muß das Zulieferprodukt vor Serieneinsatz vom Abnehmer auf Funktion, Belastbarkeit und Konstruktionsfehler geprüft werden. Im dritten Schritt bleibt dann die Wareneingangskontrolle als reine Identitäts- und Mengenprüfung als Minimalumfang erhalten. Für verbleibende Umfänge an Prüfungsakti-vitäten im Wareneingang ist eine Rationalisierung durch Rechnerunterstützung anzustreben, um für eine effiziente Abwicklung zu sorgen.

Im Rahmen des Aufbaus langfristiger Abnehmer-Zulieferer-Beziehungen, die in der Beschaffungspolitik im Vordergrund stehen, ist der Einbezug logistischer Qualitätsmerkmale in die Qualitätssicherungsaktivitäten unter zwei Gesichtspunkten zu sehen. Zum einen ist die Frage zu diskutieren, inwieweit solche Parameter schon Gegenstand des Vertragsschlusses werden können, zum anderen sind logistische Kenngrößen auch Gegenstand der Qualitätssicherung während des Beschaffungsvollzuges. In der Phase des Vertragsabschlusses wird mit Lieferanten meist eine Standard-Lieferzeit vereinbart, die für den Abnehmer als Wiederbeschaffungszeit in sein PPS-System eingestellt wird. Hierbei sind kürzestmögliche Zeiträume anzustreben, so daß das Prognoserisiko des Abnehmers weder durch zu hohe Bestellungen, und damit Bestände an Einkaufsteilen, noch durch kurzfristige Änderungen bereits plazierter Bestellungen, die zu hohen Kosten beim Zulieferer führen, ausgeglichen werden muß. Darüber hinaus sind Flexibilitätsvorgaben zu vereinbaren, die dem Abnehmer innerhalb einer gewissen Frist vor geplanter Auslieferung durch den Lieferanten die Möglichkeit zu Termin-, Mengen- und Variantenänderungen in gewissen Bandbreiten erlauben. Ein solches Vorgehen trägt nicht zuletzt zu einer Stabilisierung des Vertrauensverhältnisses zwischen beiden Partnern bei, das für zukunftsorientierte Beschaffungskonzepte von großer Bedeutung ist.

Logistische Qualitätsmerkmale werden in laufenden Beschaffungsbeziehungen in den meisten Fällen nur prüfend und damit vergangenheitsorientiert in Form von Lieferantenbeurteilungen berücksichtigt. Die Lieferantenbewertung kann mittels eines Notensystems ohne Gewichtung von Kriterien, mit Hilfe eines Scoring-Modells mit Gewichtungen oder über einen Zuverlässigkeitsindex, der nur die Parameter der laufenden Zulieferung wie Qualität, Quantität und Termintreue, aber keine grundsätzlichen Charakteristika des Lieferanten bewertet, geschehen. Ziel muß es sein, diese vergangenheitsorientierte Perspektive um eine präventive Komponente zu ergänzen. Dies beruht auf der Erkenntnis, daß Qualitätssicherung langfristig erst durch eine präventive Ausrichtung dem Grundsatz der Wirtschaftlichkeit gerecht werden kann (vgl. Wildemann 1995b). Um eine Qualitätssicherung der Logistikleistung sicherzustellen, geht es vor allem darum, die in Produktionsunternehmen auf breiter Basis angewendeten Qualitätssicherungsmethoden auf die Logistik anzuwenden. Insbesondere das Quality Function Deployment (QFD), die Failure Mode and Effects Analysis (FMEA), die sieben Qualitätswerkzeuge und die Auditierung sind in diesem Zusammenhang auf ihre Eignung zu prüfen.

Durch ihre Übertragung und spezifische Anpassung auf logistische Prozesse wird eine frühzeitige und damit kostenminimale Beeinflussung der logistischen Prozeßsicherheit ermöglicht. Die Ansatzpunkte für einen Einbezug und die Beeinflussung logistischer Qualitätsmerkmale zeigt Abbildung 3-19. Der Ansatz, präventive Qualitätssicherungsmaßnahmen in der laufenden Leistungserstellung im Sinne einer kontinuierlichen Verbesserung zu betreiben, darf nicht isoliert von einer Qualitätssicherung im Rahmen der Entwicklungsprozesse gesehen werden. Dabei ist die Gestaltung des Logistiksystems genauso wichtig wie die Entwicklung der Produkte, bei deren Entwurf logistische Merkmale wie spätere Transport-, Lager-, Verpackungsund Handlingeigenschaften zu berücksichtigen sind. Für die Entwicklung von technischen Materialflußsystemen können die bekannten Methoden wie Produkt- und Prozeß-FMEA, die sieben Qualitätswerkzeuge (s. Kapitel 3.3.5 Fallstudie Fehlteilmanagement) oder die Taguchi-Methode angewandt werden, die eine gegenüber Störgrößen robuste Gestaltung und die Sicherstellung der Systemzuverlässigkeit zum Ziel haben. Eine Materialfluß-FMEA unterscheidet sich von einer Prozeß-FMEA für Fertigungsprozesse nur unwesentlich; sollen Informationsprozesse untersucht werden, so ist das Instrumentarium der Aufgabenstellung entsprechend anzupassen. Die zu analysierenden Risiken bestehen nicht aus der Beschädigung materieller Produkte, sondern

Beschaffungslogistik

Logistische Qualitätsmerkmale

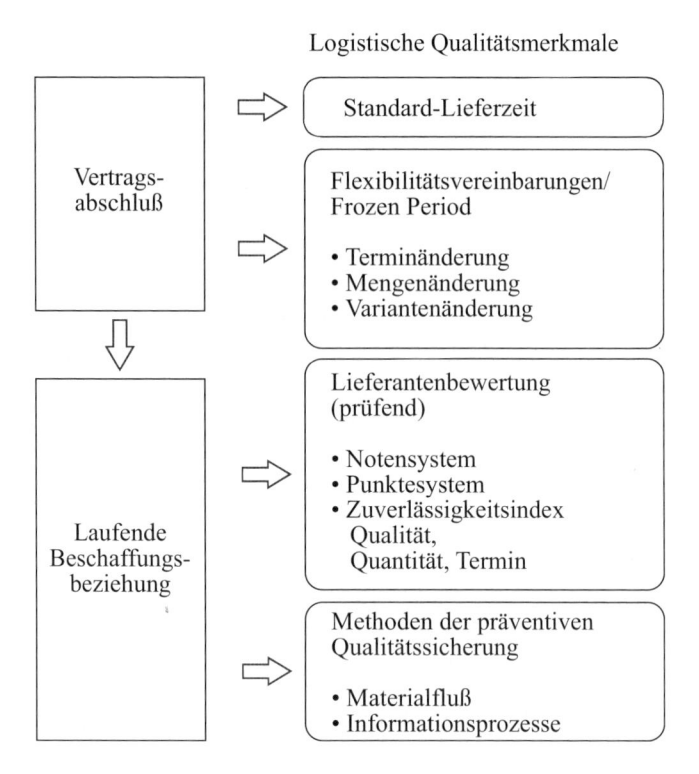

```
┌──────────────┐    ⇒  ┌─────────────────────────┐
│              │       │  Standard-Lieferzeit    │
│              │       └─────────────────────────┘
│  Vertrags-   │       ┌─────────────────────────┐
│  abschluß    │       │ Flexibilitätsvereinbarungen/
│              │   ⇒   │ Frozen Period           │
│              │       │ • Terminänderung        │
│              │       │ • Mengenänderung        │
│              │       │ • Variantenänderung     │
└──────────────┘       └─────────────────────────┘
       ⇓
┌──────────────┐       ┌─────────────────────────┐
│              │       │ Lieferantenbewertung    │
│              │       │ (prüfend)               │
│              │   ⇒   │ • Notensystem           │
│  Laufende    │       │ • Punktesystem          │
│ Beschaffungs-│       │ • Zuverlässigkeitsindex │
│  beziehung   │       │   Qualität,             │
│              │       │   Quantität, Termin     │
│              │       └─────────────────────────┘
│              │       ┌─────────────────────────┐
│              │       │ Methoden der präventiven│
│              │       │ Qualitätssicherung      │
│              │   ⇒   │                         │
│              │       │ • Materialfluß          │
│              │       │ • Informationsprozesse  │
└──────────────┘       └─────────────────────────┘
```

Abb. 3-19: Einbezug logistischer Qualitätsmerkmale

im Terminverzug, zu langen Lieferzeiten und Ablieferung von Mindermengen. Auch der Einsatz von Simulationsmodellen kann im Rahmen der genannten Aufgabenstellung sinnvoll integriert werden, ebenso wie die prozeßbegleitende Optimierung mit der Shainin-Methodik. Die Auditierung logistischer Parameter beschränkt sich bei den verfügbaren Auditierungskonzepten im wesentlichen auf Beeinträchtigungen des materiellen Zustands der zu liefernden Güter durch Logistikprozesse (Handling, Verpacken, Transportieren). Die logistischen Informationsprozesse, die für die Termintreue und die Länge der Lieferzeiten von erheblicher Bedeutung sind, finden dagegen keine Berücksichtigung. Hilfreich ist auch die Methodik des Quality Function Deployment, die sich auch für die Umsetzung von Anforderungen an die Logistikqualität eignet. Im House of Quality wird dabei eine Ausrichtung der logistischen Qualitätsmerkmale an den Wün-

Beschaffungslogistik

„House of Quality"

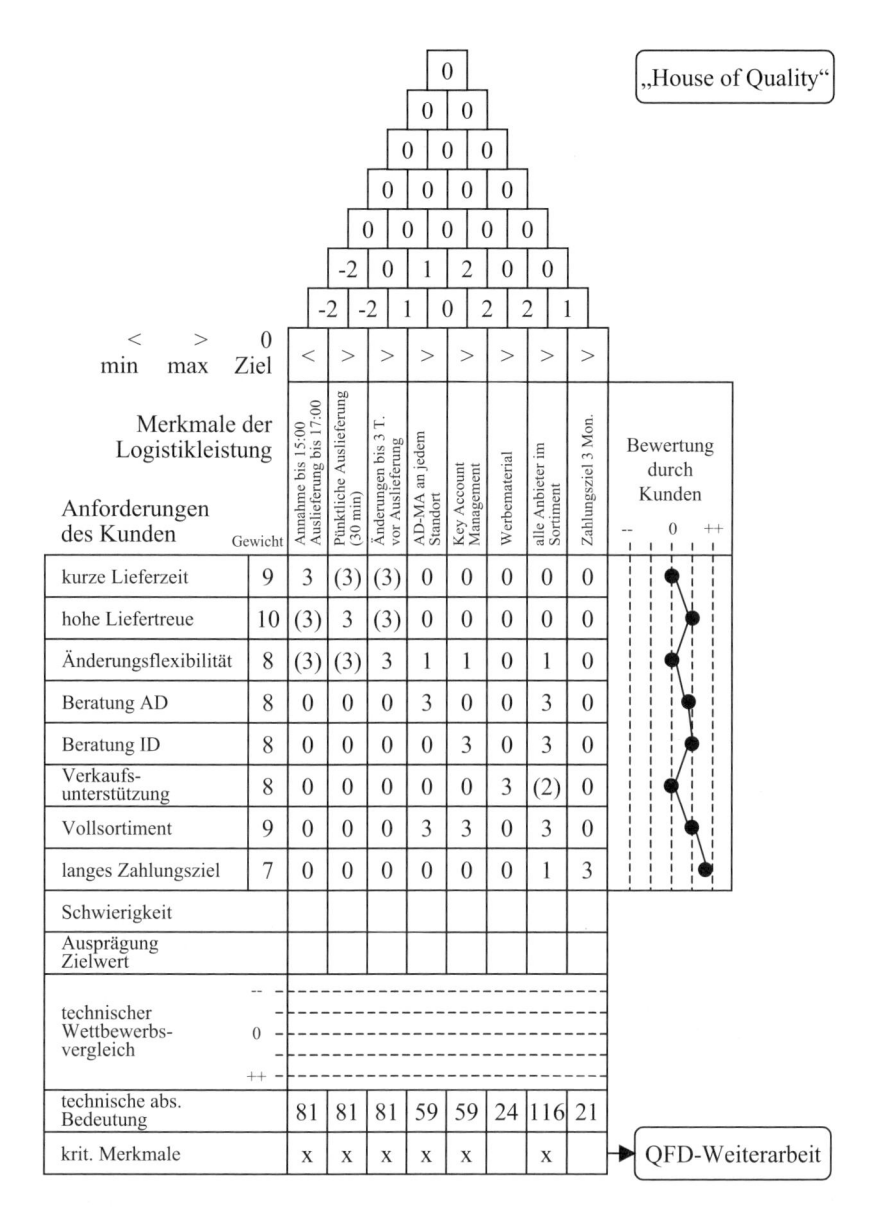

```
              0
            0   0
          0   0   0
        0   0   0   0
      0   0   0   0   0
    -2  0   1   2   0   0
  -2  -2  1   0   2   2   1
  <   >   >   >   >   >   >   >
```

< > 0 min max Ziel	Merkmale der Logistikleistung Anforderungen des Kunden	Gewicht	Annahme bis 15:00 Auslieferung bis 17:00	Pünktliche Auslieferung (30 min)	Änderungen bis 3 T. vor Auslieferung	AD-MA an jedem Standort	Key Account Management	Werbematerial	alle Anbieter im Sortiment	Zahlungsziel 3 Mon.	Bewertung durch Kunden -- 0 ++
	kurze Lieferzeit	9	3	(3)	(3)	0	0	0	0	0	
	hohe Liefertreue	10	(3)	3	(3)	0	0	0	0	0	
	Änderungsflexibilität	8	(3)	(3)	3	1	1	0	1	0	
	Beratung AD	8	0	0	0	3	0	0	3	0	
	Beratung ID	8	0	0	0	0	3	0	3	0	
	Verkaufs-unterstützung	8	0	0	0	0	0	3	(2)	0	
	Vollsortiment	9	0	0	0	3	3	0	3	0	
	langes Zahlungsziel	7	0	0	0	0	0	0	1	3	
	Schwierigkeit										
	Ausprägung Zielwert										
	technischer Wettbewerbs-vergleich	0									
	technische abs. Bedeutung		81	81	81	59	59	24	116	21	
	krit. Merkmale		x	x	x	x	x		x		→ QFD-Weiterarbeit

Abb. 3-20: QFD für logistische Leistungen

schen der Kunden vorgenommen (vgl. Abb. 3-20). An Planungsebenen sind die Distributions-, die Produktions- und die Beschaffungslogistik zu unterscheiden. Die Durchführung entspricht derjenigen eines QFD für die Produktqualität (vgl. Sullivan 1986, S. 39ff.).

3.3.2 Lieferantenspezifische Optimierung der Logistikqualität

Die Möglichkeiten der Prävention hängen von der Ausgestaltung der Zulieferer-Abnehmer-Beziehung und von dem Zuliefertyp ab. Zur Ableitung spezifischer Qualitätssicherungsstrategien für Zulieferer bedarf es im ersten Schritt der Formulierung eines Lieferanten-Anforderungsprofils. Ein Zulieferer kann mit Hilfe dreier Kriterien beschrieben werden: Zuerst ist zu fragen, welchen Abschnitt in der Wertschöpfungskette des vom Abnehmer vermarkteten Produktes der Zulieferer übernimmt. Im einfachsten Fall sind es ein oder mehrere Fertigungs- oder Montagearbeitsgänge, wie etwa galvanische Oberflächenbehandlungen, für die eine Außenvergabe erfolgt. Die zweite Stufe ist eine Mehrzahl von Arbeitsgängen, die zusammen eine geschlossene Prozeßkette bilden, etwa die Komplettbearbeitung mit spanenden Technologien oder die Produktion von Leiterplatten. Beinhaltet die Außenvergabe auch Montageschritte, so umfaßt der Lieferumfang Systemkomponenten, wie etwa bestückte Leiterplatten oder Elektromotoren. Wird bei großen Montageumfängen vom Lieferanten ein so großer Anteil übernommen, daß der Abnehmer das gelieferte Produkt in nur noch wenigen Schritten zum Endprodukt komplettiert, spricht man von einem Modullieferanten. Das zweite Systematisierungskriterium ist das Prozeß-Know-how des Lieferanten im Verhältnis zum Abnehmer. Sieht man von der Außenvergabe aus rein kapazitiven Gründen ab, so kann eine Lieferbeziehung unter diesem Aspekt aus Sicht des Abnehmers nur dann Vorteile versprechen, wenn der Lieferant ein größeres Prozeß-Know-how als der Abnehmer besitzt. Zulieferer mit einem relativ höheren Prozeß-Know-how können grundsätzlich jeden denkbaren Ausschnitt aus der Wertschöpfungskette eines Endproduktes übernehmen, wobei der wichtigste Fall der Produktionsspezialist ist, der wenige Arbeitsgänge oder eine Fertigungsprozeßkette übernimmt, aber keine nennenswerten Montageumfänge ausführt. Ein solcher Produktionsspezialist beherrscht eine bestimmte Technologie besser als seine Abnehmer und bietet diese am Markt als Lösung für Fertigungsprobleme an.

Besitzt der Lieferant auch Produkt-Know-how, so ist er in der Lage, am Markt technische Lösungen für ein bestimmtes funktionales Problem anzubieten. Dies kann in Extremfällen gänzlich ohne Fertigungs- oder Montageumfänge geschehen, so etwa im Fall der Vergabe von Entwicklungsaufträgen an Ingenieurbüros. Verfügt ein Lieferant mit Produkt-Know-how über eine eigene Produktion, so sind darin regelmäßig auch Montageumfänge integriert. Er übernimmt zumindest die Fertigung einer Systemkomponente. In der Praxis gewinnen tiefgestaffelte, hierarchisch aufgebaute Zulieferbeziehungen an Bedeutung, in denen ein Lieferant mit Produkt-Know-how gewisse Produktionsumfänge wiederum von Unterlieferanten mit Prozeß-Know-how durchführen läßt. Im Sinne einer einfachen Abwicklung streben Abnehmer an, möglichst große Wertschöpfungsumfänge mit einigen wenigen Modullieferanten zu realisieren und die Anlieferung von Teilen sowie die Außenvergabe von einzelnen Arbeitsgängen zu minimieren. Dieses Vorgehen ist insbesondere dann nicht möglich, wenn Teile der Montage für einen Abnehmer Kernkompetenzen darstellen, deren Außenvergabe mittelfristig den Know-how-Verlust bezüglich der Produktionstechnologie für den Abnehmer bedeutet. Zudem ist mit der Außenvergabe Know-how-trächtiger Systemmodule an unabhängige Lieferanten das Risiko verbunden, daß der Zulieferer auch Wettbewerber mit der von ihm übernommenen Problemlösung bedient oder selbst als Anbieter auf dem Markt des Abnehmers auftritt. Diesem Risiko läßt sich durch Beteiligung des Abnehmers am Zulieferunternehmen begegnen.

Führt ein Lieferant als Produktionsspezialist nur einige Arbeitsgänge durch, so ist der Ansatzpunkt für die Qualitätssicherung zunächst das Ergebnis dieser Arbeitsgänge, dessen Spezifikation vom Abnehmer eindeutig festgelegt werden muß. Hier sind in der Praxis oft Defizite festzustellen: Der Abnehmer teilt dem Zulieferer in vielen Fällen nicht alle relevanten Merkmale mit oder beschreibt seine Forderungen nicht ausreichend, so daß der Lieferant das gewünschte Spezifikationsprofil nicht in ausreichendem Maße kennt, um das Qualitätsniveau entsprechend gestalten zu können. Erfordert die Einhaltung der Spezifikationen und deren Überprüfung ein besonderes qualitätsbezogenes Know-how oder spezielle Einrichtungen und trifft der Abnehmer auf ein Unternehmen, das über die entsprechenden Ressourcen nicht verfügt, so ist an eine Unterstützung des Lieferanten durch den Abnehmer zu denken, um auch in solchen Beziehungen das Ziel des Wegfalls der Wareneingangskontrolle realisieren zu können. Es sind präventive Maßnahmen in bezug auf die Prozeßgestaltung zu treffen, wobei dem Lieferanten die Verantwortung für fertigungsnahe Prozeßprävention zu überlassen ist; die Durchführung einer Prozeß-FMEA ist je nach Problemstellung in mehr oder weniger enger Kooperation mit dem Abnehmer durchzuführen. Da der Zulieferer über ein höheres Prozeß-Know-how als der Abnehmer verfügt, kann dieser die Prozeßqualität nur über den Vergleich mit anderen Zulieferern oder die Durchführung von Audits überprüfen, wohingegen der Abnehmer selbst keinen Beitrag zur Prozeßverbesserung leisten kann. Im Rahmen eines Audits kann der Austausch qualitätsbezogener Daten, wie etwa statistischer Regelkarten, vorgesehen werden. Der Abnehmer hat so die Möglichkeit, anhand von Regelkarten ohne spezifisches eigenes Know-how auf die Prozeßqualität des Abnehmers zu schließen. Verfügt der Lieferant über spezielles Produkt-Know-how, so können sich präventive Maßnahmen des Lieferanten sowohl auf das Produkt als auch auf den Prozeß beziehen.

Aus der Zulieferer-Abnehmer-Beziehung ergibt sich beispielsweise, daß bei Entwicklungs- oder Wertschöpfungspartnerschaften bereits im Innovationsprozeß ein wesentlicher Einfluß auf die Logistikqualität ausgeübt werden kann. Durch das frühzeitige Einfließen von logistischen Anforderungskriterien kann die Produktgestaltung im Hinblick auf Handling, Verpackung oder Lagerhaltung durch ein logistikbezogenes QFD optimiert werden. Auch kann in der Planungsphase durch eine gemeinsame FMEA von Lieferant und Abnehmer die Belieferung prozeßsicher gestaltet werden, indem die Auswirkungen von Schwankungen in der Produktqualität des Lieferanten auf logistische Abweichungskosten des Abnehmers analysiert werden. Die gewonnenen Erkenntnisse können eine Argumentation für eine verstärkte Prävention beim Lieferanten ergeben. Ebenso gibt es die Möglichkeit, mit dieser Methodik Belieferungsalternativen wie eigenen Werksverkehr, Spedition und Gebietsspediteur auf die Versorgungssicherheit des Abnehmers zu prüfen. Auf dieser Basis kann eine Gesamtoptimierung von Transportkosten und logistischen Zusatzaufwendungen bei Versorgungsengpässen realisiert werden. Bei Teilefertigern und Produktionsspezialisten ist dies aufgrund der mangelnden Partizipation am Innovationsprozeß nur begrenzt möglich. Hier bietet sich lediglich eine

Logistik-FMEA des bestehenden Prozesses an, um nachträgliche Verbesserungen zu erzielen. Wertschöpfungs- und Entwicklungspartnerschaften verlangen nach einem erweiterten Auditierungsinstrument, welches das gesamte Leistungsprofil von Zulieferern erfaßt und nicht einseitig auf die laufende Erstellung materieller Güter abgestellt ist. Die Auditierungssystematik ist zu erweitern hinsichtlich logistischer und entwicklungsbezogener Leistungsgrößen, die heute nur auszugsweise in Auditierungsfragebögen erfaßt sind. Die Nutzung der Auditierung als Mittel zur Qualitätssicherung zeigt dann den Weg für ein erfolgversprechendes logistikbezogenes Qualitätsmanagement an der Schnittstelle zwischen Lieferant und Abnehmer auf.

Beim Aufbau von Beziehungen mit Modullieferanten kommt der Qualitätssicherung logistischer Kenngrößen wegen des hohen Wertes der angelieferten Positionen eine große Bedeutung zu. Das Bestreben, die Bestände auf hoher Wertschöpfungsstufe so gering wie möglich zu halten, führt zu einer engen logistischen Kopplung zwischen Lieferant und Abnehmer nach dem Modell der produktionssynchronen Beschaffung. Die ständige Überwachung mit Hilfe von Zuverlässigkeitskennzahlen und die Integration logistischer Parameter in die Auditierungsinstrumentarien sowie der gemeinsame Aufbau logistischer Material- und Informationsflußsysteme sichert die Erfüllung der logistikbezogenen Qualitätsziele. Einen generellen Überblick über die Möglichkeiten des Einsatzes von Methoden der präventiven Qualitätssicherung zur Optimierung logistischer Prozesse an der Zulieferer-Abnehmer-Schnittstelle gibt Abb. 3-21.

3.3.3 Informationsqualität in der Abnehmer-Lieferanten-Beziehung

Von wesentlicher Bedeutung zur Verbesserung der Logistikqualität ist neben der Ausgestaltung der Materialflußprozesse die Sicherung der Informationsqualität an der Schnittstelle zwischen Abnehmer und Zulieferer. In der Literatur wird der Versuch gemacht, mit unterschiedlichen Ansätzen über die Aufstellung von Katalogen der Teilqualitäten von Informationen und deren Hierarchisierung zu einer Operationalisierung des komplexen Feldes der Informationsqualität zu kommen. So lassen sich die verschiedenen Ansätze der Qualitätsbeurteilung von

Beschaffungslogistik

Methodeneinsatz \ Lieferantentyp	Teilefertiger	Produktionsspezialist	Entwicklungspartner	Wertschöpfungspartner
QFD	nicht geeignet	geeignet	sehr gut geeignet	sehr gut geeignet
FMEA	geeignet (Prozeß-FMEA)	geeignet (Prozeß-FMEA)	sehr gut geeignet	sehr gut geeignet
Auditierung	bedingt geeignet	geeignet	sehr gut geeignet	sehr gut geeignet
7 QS-Werkzeuge (in Problemlösungsgruppen)	sehr gut geeignet	sehr gut geeignet	sehr gut geeignet	sehr gut geeignet

Abb. 3-21: Methodeneignung in Abhängigkeit vom Lieferantentyp

Informationen anhand von 11 Merkmalen systematisieren (vgl. Hauke 1984; Augustin 1990). Im einzelnen werden die und Qualitätsmerkmale der zeitlichen Adäquanz, des Raumbedarfs Ortes der Verfügbarkeit, der Genauigkeit und Vollständigkeit, der objektiven Richtigkeit, des Vorhersagebezugs, der Allgemeingültigkeit, der Seltenheit, der sachbezogenen Relevanz, der personenbezogenen Relevanz, der empfängerbezogenen Adäquanz (Sprachebene) und der Verfügungsmacht über eine Information angeführt.

Hieraus wird deutlich, daß Informationsqualität in ihrer Beurteilung an dem Beitrag einer Information zu messen ist, den diese Information zur Erfüllung gesamtheitlicher, über den unmittelbaren Verwendungszweck hinausweisender Systemziele besitzt. Die Operationalisierung dieses Qualitätskriteriums hängt von einer Fülle von Eigenschaften der Information ab, die in ihrer Bedeutung offensichtlich stark vom Betrachtungszusammenhang bestimmt werden. Ein Ansatz zur Beurteilung der Qualität von Informationsprozessen in der Lieferanten-Abnehmer-Beziehung muß darauf Rücksicht nehmen. Die Erscheinungsformen von Informationen sind auch in Zusammenhang mit der Lieferanten-Abnehmer-Beziehung so heterogen, daß die Bildung von

Teilqualitäten entweder nur einen Ausschnitt beschreibt oder so abstrakt ist, daß keine konkreten Handlungsoptionen aus einer darauf aufbauenden Betrachtung abgeleitet werden können. Deshalb wird vorgeschlagen, die Informationsbeziehung am konkreten Fall zu betrachten und die Anforderungen des Empfängers (Zulieferer, Abnehmer) hinsichtlich

- Inhalt,
- Zeitpunkt,
- Übersichtlichkeit und
- Vollständigkeit

aufzunehmen und umzusetzen. Kataloge von Teilqualitäten der Information können dabei als Checklisten zusätzlich Unterstützung bieten.

Zur Sicherstellung einer engen, an den Materialfluß gekoppelten Kommunikation muß ein System zur Datenübertragung geschaffen werden, das neben Informationen über Abrufmengen und Termine auch in der Lage ist, Qualitätsdaten wie Prüfpläne und -berichte, SPC-Auswertungen, Auditergebnisse und vor allem Fehler-Schnellinformationen zu übertragen. Zur Realisierung eines anforderungsgerechten Informationsflusses stehen zwei grundsätzliche Möglichkeiten offen: zum einen die Nutzung eines gemeinsamen Informationssystems, zum anderen die Anwendung eines allgemein zugänglichen Informationsmediums oder. die Schaffung einer einheitlichen Schnittstelle. Die erste Möglichkeit scheitert oft an der mangelnden Kompatibilität oder den hohen Investitionskosten in ein spezielles PPS-System. Darüber hinaus verlieren die Systempartner durch diese Fixierung ihre Flexibilität in bezug auf Datenkopplungen mit Dritten. Einen anderen Weg zeigen Systeme zur Gestaltung einheitlicher Schnittstellen für unterschiedliche Systemwelten wie beispielsweise das in der Automobilindustrie angewendete EDIFACT auf. Die Schaffung von Standardschnittstellen zwischen Herstellern und ihren Lieferanten erhält die innerbetriebliche Flexibilität bezüglich der Ausgestaltung des EDV-Systems, ohne auf die angesprochenen Vorteile einer Datenintegration verzichten zu müssen.

Mit die wichtigste Komponente in der Betrachtung der Informationsqualität zwischen Abnehmer und Zulieferer stellt die Qualität der vom

Beschaffungslogistik

Abnehmer an den Lieferanten übermittelten Bedarfsdaten dar. Informationsmängel in den von der Disposition des Abnehmers an den Lieferanten übermittelten Daten führen zu falschen Handlungen, Sonderaktionen, Fehlteilen, Überbeständen, etc. und haben damit direkte Kostenwirkung. Die Dispositionsdaten basieren maßgeblich auf Informationen aus der Produktionsplanung, d.h. auf Informationsprozessen, die den Leistungserstellungsprozeß vorbereiten und begleiten. Da die Planungsdaten auf einem gegebenen Produktionsprogramm und -system beruhen, berühren sie die materielle Komponente kaum. In der betrieblichen Praxis entstehen erhebliche Ineffizienzen durch die komplexen Informationsstrukturen, die aus der Überlagerung von Innovations-, Änderungs- und Planungsprozessen resultieren. Der Planungsprozeß geht entweder von einer Absatzerwartung oder konkreten Kundenaufträgen an verkaufsfähigen Produkten aus und hat die Aufgabe, diese Eingangsinformation den betrieblichen und externen Kapazitätseinheiten als Vorgaben zuzuordnen. Resultat des Planungsprozesses sind Vorgaben nach Art, Termin und Mengen an zu produzierenden Einheiten in Form von Aufträgen oder an die Disposition in Form von Bedarfen. Die Disposition hat die Aufgabe, die Realisierung aller die Zulieferer betreffenden Vorgaben umzusetzen. Es werden Bedarfsvorschauen erstellt und Bestellabrufe ausgelöst und überwacht.

Sind die Vorgaben fehlerhaft, so führt auch ihre Erfüllung zu einer minderen Qualität. Unter Übertragung der Terminologie aus der Betrachtung qualitätsbezogener Kosten sind damit interne Abweichungskosten der Logistik verbunden, wenn es gelingt, die mangelnde Logistikqualität noch innerhalb der Zulieferer-Abnehmer-Strecke durch Eiltransporte oder Sonderaktionen zu kompensieren, deren Kosten der Abnehmer zu tragen hat. Externe Abweichungskosten fallen an, wenn dies nicht mehr möglich ist und die Kundenwünsche, z.B. aufgrund einer akuten Fehlteilsituation, nicht mehr erfüllt werden können. Sind die Vorgaben aus dem Planungs- und Dispositionsprozeß richtig, also zur Erfüllung der Kundenwünsche geeignet, und der Lieferant hält sie nicht ein, entsteht ebenfalls mindere Logistikqualität mit den gleichen Folgen. Eine Qualitätssicherung des Planungsprozesses bezieht sich daher auf die Qualität der Bedarfsvorgaben für Zulieferungen. Sie hat sicherzustellen, daß diese mit den Kundenanforderungen übereinstimmen. Eine Qualitätssicherung der Disposition muß sicherstellen, daß fehlerfreie Vorgaben auch zu fehlerfreier Logistikleistung führen.

Durch die Kombination beider Strategien können die Abweichungskosten der Logistik gesenkt und der Erfüllungsgrad der Kundenwünsche verbessert werden.

3.3.4 Wirkungsanalyse

Insbesondere bei der Wirkungsbetrachtung zeigt sich, wie stark Produkt- und Logistikqualität miteinander verknüpft sind. Eine schlechte Produktqualität kann zu Fehlteilen und damit zu Störungen im Logistiksystem führen. Umgekehrt kann die Qualität von Zulieferteilen durch einen unzureichenden Logistikprozeß negativ beeinflußt werden, indem z.B. Transportschäden an den gelieferten Waren auftreten. Aufgrund dieser Interdependenz ist eine exakte Trennung und Zuordnung von Wirkungen auf Produkt- und Logistikqualität nicht immer überschneidungsfrei möglich, was eine selektive Einbeziehung von Aspekten der Produktqualitätssicherung in der Zulieferer-Abnehmer-Beziehung notwendig macht.

Bei der Analyse der wirtschaftlichen Wirkungen verschiedener Ausgestaltungsformen der Zulieferer-Abnehmer-Beziehung ist zu untersuchen, wie sich die diskutierten Zusammenarbeitsformen auf die Informations- und Kommunikationsumfänge zwischen Abnehmer und Zulieferer und die Gestaltung der Materialflußbeziehungen auswirken. Die materialflußbezogenen Kosten sinken durch eine verringerte Anzahl von Transporten bei insgesamt weniger Zulieferern, den Wegfall von Lagerstufen und doppelten Verpackungsaktivitäten sowie die Reduktion von Umschlagsprozessen durch Integration der Materialflußsysteme. Die Wirkungen veränderter Informationsbeziehungen lassen sich mit dem Transaktionskostenansatz beurteilen. Transaktionskosten sind die Summe aus Aufwendungen für Anbahnung und Vereinbarung sowie aus Kosten der Anpassung und Kontrolle (vgl. Picot/Dietl 1990). Sie sind für verschiedene Leistungsarten und Abwicklungsformen unterschiedlich hoch und hängen damit von den Eigenschaften der zu liefernden Leistung und der gewählten Einbindungsform des Zulieferers ab. Kosten der Anbahnung resultieren aus der Suche eines geeigneten Zulieferers, der Kontaktaufnahme und der Abgabe eines Angebots. Vereinbarungsbezogene Kosten beinhalten alle Vorgänge vom Beginn der Verhandlungen über den Vertragsabschluß bis hin zu gemeinsamen F&E- und Qualitätssicherungsaktivitäten und Vorgaben

Beschaffungslogistik

beim Entwicklungs- und Wertschöpfungspartner. Kosten der Anpassung entstehen insbesondere durch Lieferabrufe sowie das Management von Änderungen in Menge, Termin, Variante und Spezifikation, also die Anpassung der Lieferungen an den aktuellen Bedarf. Kontrollkosten sind Kosten, die bei Prüfungen von Erstmustern, Endprüfungen beim Zulieferer, Wareneingangsprüfungen und Auditierungen entstehen.

In Abbildung 3-22 sind die verschiedenen Informationsflüsse und die damit verbundenen Kosten erfaßt und danach unterschieden, ob sie einmalige Vorgänge sind (versunkene Transaktionskosten) oder regelmäßig wiederkehren (laufende Transaktionskosten). Wandelt sich

Kostenart \ Charakteristik	einmalig	regelmäßig	Entwicklung bei steigendem Kooperationsgrad
Anbahnungskosten			
Suche	●		↗
Kontaktaufnahme	●		↗
Anfrage/Angebot	●		↗
Vereinbarungskosten			
Verhandlungen	●		↗
Vertragsabschluß	●		↗
Vorgaben	●		↗
gemeinsame F&E- und QS-Aktivitäten	●		↗
Anpassungskosten			
Abruf und Bestätigung		●	↘
Datenaktualisierung		●	↘
Kontrollkosten			
Audit		●	↗
Erstmusterprüfung	●		⇒
Wareneingang-/Endprüfung		●	↘
Reklamationen		●	↘

Abb. 3-22:   Informationsumfänge und Transaktionskosten

die Form der Zusammenarbeit zwischen Abnehmer und Zulieferer von einem niedrigen Kooperationsgrad, was für den Typ des Teilefertigers gilt, hin zu einem hohen Maß an Kooperation, was im Fall des Modullieferanten als Entwicklungs- und Wertschöpfungspartner zutrifft, so verändern sich damit auch die Informations- und Kommunikationsumfänge je Zulieferer. Bei den Anbahnungsinformationen ist mit zunehmendem Kooperationsgrad ein Anstieg der Informations- und

Kommunikationsumfänge zu verzeichnen, da größere Anstrengungen bei der Suche und Kontaktaufnahme erforderlich sind, um sicherzustellen, daß der adäquate Vertragspartner ausgewählt wird. Zusätzlich müssen größere Datenumfänge, die die Produktspezifikation betreffen, beim Angebot ausgetauscht werden.

Vereinbarungsbezogene Informationsumfänge steigen ebenfalls an, da mit zunehmender Produktkomplexität umfangreichere Verhandlungen nötig sind und zudem entweder gemeinsame Qualitätssicherungs- und F&E-Aktivitäten, wie partnerschaftliche Durchführung einer FMEA, stattfinden oder mehr Vorgaben bei der Zusammenarbeit mit Entwicklungs- und Wertschöpfungspartnern transferiert werden. Die Vertragsgestaltung ist beim Entwicklungspartner komplexer, da in der Regel langfristige Verträge angestrebt werden und mehr Vertragsinhalte abgehandelt werden müssen (Know-how-Schutz des Zulieferers, gemeinsame Abschöpfung von Rationalisierungspotentialen). Bei den anpassungsbezogenen Informationen an den aktuellen Bedarf bezüglich Lieferzeit und -menge sowie Zulieferteiländerungen ist ein starker Rückgang zu verzeichnen, da die Anbindung des Zulieferers über Datenfernübertragungssysteme beim Entwicklungs- und Wertschöpfungspartner stärker ausgeprägt ist. Der Umfang von kontrollbezogenen Informationsumfängen sinkt mit höherem Kooperationsgrad je Zulieferer, da das Absinken von Reklamationen und Wareneingangs- und Endprüfungen den Anstieg von mit der Auditierung verbundenen Informationsströmen überkompensiert. Die Auditierung wirkt positiv auf das Qualitätsniveau des Zulieferers und ermöglicht dadurch eine Reduktion der Prüfnotwendigkeit. Insgesamt zeigt die Gegenüberstellung der Entwicklung der einzelnen Transaktionskostenarten je Zulieferer bei steigendem Kooperationsgrad, daß der Anstieg der Anbahnungs- und Vereinbarungskosten vom Rückgang der Anpassungs- und Kontrollkosten mehr als ausgeglichen wird (vgl. Abb. 3-23).

Entwicklungs- und Wertschöpfungspartnerschaften weisen also bezüglich der Transaktionskosten gegenüber den Teilefertigern einen erheblichen Vorteil auf. Ursächlich hierfür ist vor allem der Rückgang der qualitätsbezogenen Kosten je Zulieferer. Qualitätsbezogene Kosten in der Zulieferbeziehung ergeben sich aus den Kosten der Abweichung, welche die gesamten bei Prüfungen anfallenden Kosten und

Beschaffungslogistik

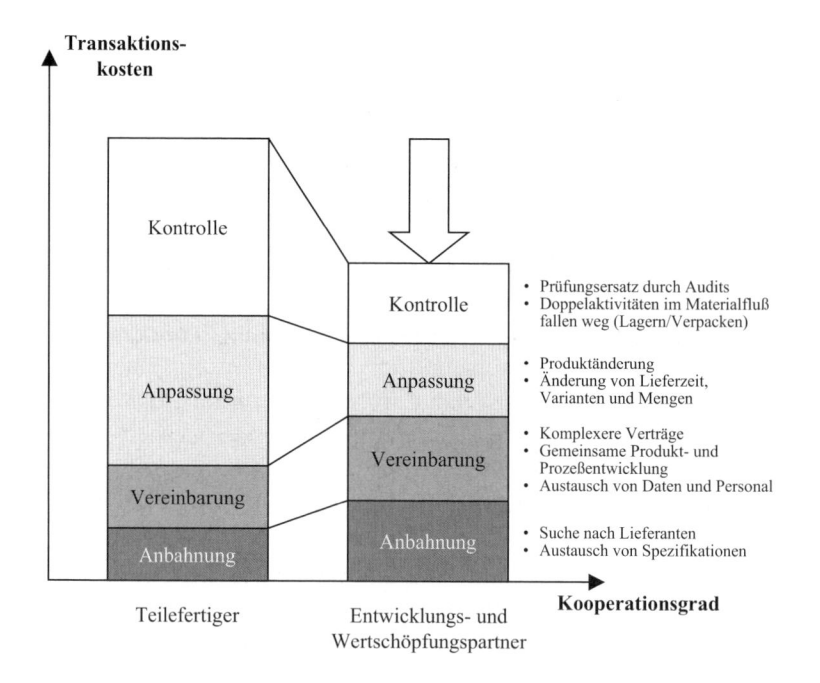

Abb. 3-23: Transaktionskosten in Abhängigkeit vom Kooperationsgrad

alle Fehlerkosten umfassen, und aus den Kosten der Übereinstimmung, die infolge präventiver Maßnahmen der Qualitätssicherung entstehen (vgl. Wildemann 1995b). Beim Teilefertiger spielt die Prävention im Rahmen der Qualitätssicherung eine untergeordnete Rolle, die Qualität der Zulieferteile soll durch Kontrollen beim Zulieferer und/oder Abnehmer sichergestellt werden. Im Gegensatz dazu wird der Entwicklungs- und Wertschöpfungspartner bereits in der Entwicklungs- und Konstruktionsphase qualitätssichernd tätig, so daß durch präventive Aktivitäten die Prüfnotwendigkeit und die Fehlerhäufigkeit gesenkt werden. Die Änderung der Qualitätssicherungsstrategie weg von der Prüfung hin zur Prävention führt zu einem Anstieg der Übereinstimmungskosten, der vom Rückgang der Abweichungskosten überkompensiert wird, womit geringere qualitätsbezogene Kosten bei der Zusammenarbeit mit Entwicklungs- und Wertschöpfungspartnern anfallen. Der Rückgang von Transaktionskosten und qualitätsbezogenen Kosten in Abhängigkeit vom Kooperationsgrad ist nicht nur je Zulieferer zu verzeichnen, sondern auch bei einer

Gesamtbetrachtung aller Zulieferer in bezug auf einen Abnehmer. Die Kooperation mit Modullieferanten im Sinne von Entwicklungs- und Wertschöpfungspartnern führt zu einer Reduktion der Gesamtzahl der Lieferanten, so daß die Anbahnungs-, Vereinbarungs-, Anpassungs- und Kontrollkosten um so stärker absinken, je weiter diesem Trend der Zusammenarbeit gefolgt wird. Zusätzliche Kostenvorteile bei der Kooperation von Abnehmer und Entwicklungs- und Wertschöpfungspartner eröffnen sich durch einen gemeinsamen Einkauf, da die Beschaffungsaktivitäten besser abgestimmt werden können und die Marktmacht zunimmt.

Neben den Auswirkungen auf die Kosten sind die leistungsbezogenen Konsequenzen neuer Partnerschaftsformen in der Zulieferindustrie zu untersuchen. Der verbesserte Informationsaustausch zwischen Abnehmer und Zulieferer im Falle des Entwicklungs- und Wertschöpfungspartners hat positive Auswirkungen hinsichtlich der Überwindung der Informationsasymmetrie, die zu Unsicherheit des einen Partners bezüglich des Verhaltens des anderen Partners führt. Die Unsicherheit des Abnehmers resultiert aus der mangelnden Kenntnis über die Leistungsfähigkeit des Zulieferers. So trägt der Abnehmer das Risiko eines Verlustes an Kunden, der letztlich auf mangelnde Qualität der Zulieferteile oder die Nichteinhaltung von Terminen infolge logistischer Probleme beim Lieferanten zurückzuführen ist. Die Unsicherheit des Zulieferers beruht auf der Ungewißheit bezüglich der Forderungen des Abnehmers und seiner Bereitschaft, die Zulieferbeziehung aufrechtzuerhalten. Ein verbesserter Informationsaustausch in der Anbahnungs- und Vereinbarungsphase sowie durch Auditierungen in der laufenden Beziehung bietet die Möglichkeit, die Verhaltensunsicherheit und die damit verbundenen Risiken zu verringern. Der Zulieferer kann eine Vertrauensposition beim Abnehmer aufbauen, die auf umfassender Information über die eigene Leistungsfähigkeit in Entwicklung und Qualitätssicherung basiert. Der Abnehmer kann die Leistungsfähigkeit des Zulieferers besser einschätzen und nutzen und über gemeinsame Aktivitäten in der Entwicklung und Qualitätssicherung das Leistungsniveau des Zulieferers konkret beeinflussen. Die Überwindung der Informationsasymmetrie bei der Zusammenarbeit mit Entwicklungs- und Wertschöpfungspartnern bringt strategische Vorteile für Abnehmer und Zulieferer. Für den Entwicklungs- und Wertschöpfungspartner ergeben sich Wettbewerbsvorteile durch eine

Beschaffungslogistik

im Vergleich zu seinen Konkurrenten bessere Position dem Abnehmer gegenüber. Er kann durch seine gesteigerte Leistungsfähigkeit Marktzugangsbeschränkungen aufbauen, was zu langfristigen Lieferverträgen und Zusatzaufträgen führt, die wiederum positive Auswirkungen auf die Auslastung und damit die Rentabilität des Zulieferers haben.

3.3.5 Fallstudie: Fehlteilmanagement

In dem betrachteten Unternehmen der Telekommunikationsindustrie führte ein häufiges Auftreten von Fehlteilen permanent zu Sonderaktionen in der Beschaffung und zu Störungen in der Produktion. War der Einkauf nicht in der Lage, fehlende Teile rechtzeitig herbeizuschaffen, wurden die angearbeiteten Aufträge abgebrochen und andere Aufträge vorgezogen. Dies führte zu hoher Kapitalbindung in den Umlaufbeständen und zu häufigen Verschiebungen der Auslieferstermine mit Auswirkungen auf die Kundenzufriedenheit. Eine Materialverfügbarkeitsprüfung vor Einlastung der Aufträge in die Fertigung erfolgte nicht. Ein mangelhaftes Bestandscontrolling der Umlaufbestände verschärfte die Situation zusätzlich. Die Ursachen der Fehlteile konnten von den Verantwortlichen nur vermutet werden. Das Ziel der Qualitätssicherung der logistischen Prozesse bestand somit in einer Erhöhung der Versorgungssicherheit und des Materialverfügbarkeitsgrads, der Optimierung der Bestandsstruktur über alle Stufen der logistischen Kette und der Verbesserung der Instrumente der Bestandskontrolle und -verantwortung.

Zur Identifikation und Gewichtung der Ursachen für Fehlteile wurde ein Ishikawa-Diagramm und eine FMEA erstellt, zwei Methoden, die bislang überwiegend im Bereich der Qualitätssicherung eingesetzt wurden und mit deren Hilfe nun die Schwachstellenanalyse logistischer Prozesse durchgeführt wurde. Zu Beginn der Analyse wurden von einem interdisziplinären Team in Form eines Brainstormings Fehlteilursachen identifiziert und in einem Katalog festgehalten. Durch die Befragung von Spezialisten wurde dieser Katalog verifiziert und erweitert. In einer weiteren Teamsitzung erfolgte die Strukturierung der Fehlteilursachen mit Hilfe eines Ishikawa-Diagramms.

Beschaffungslogistik

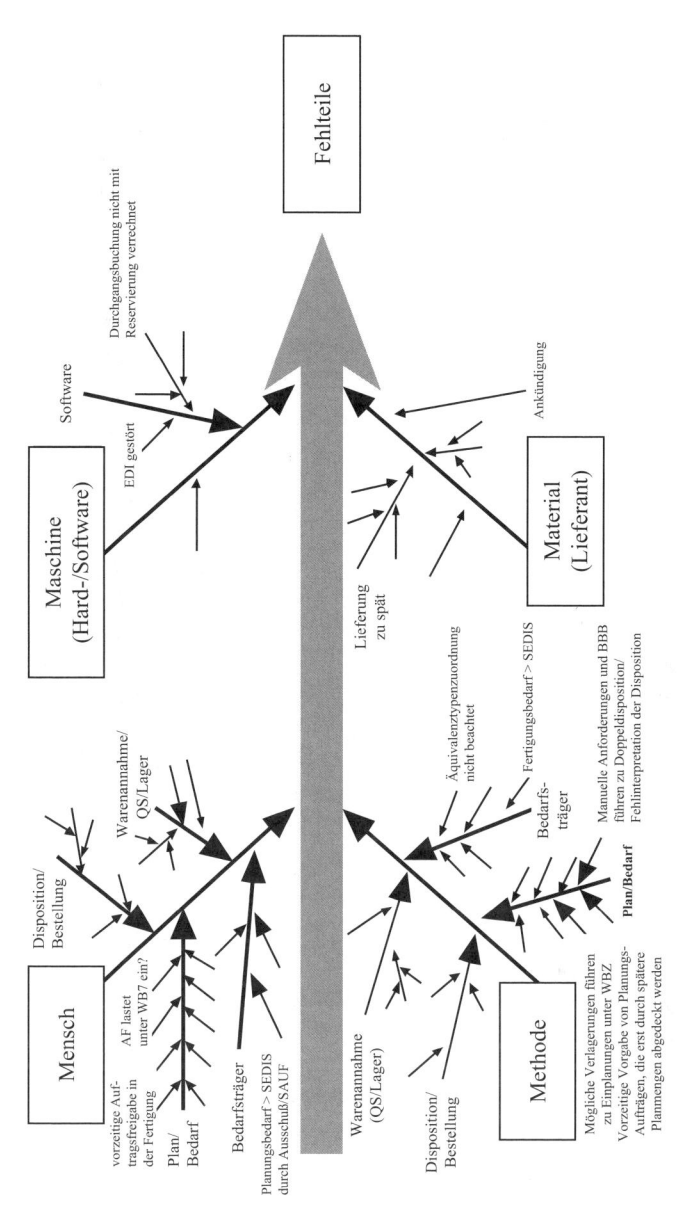

Abb. 3-24: Ursache-Wirkungs-Diagramm zur Fehlteilanalyse

Dazu wurden die einzelnen Ursachen den vier Haupteinflußgrößen Mensch, Methode, Material und Hard-/Software (von Lieferanten) zugeordnet. Parallel dazu erfolgte eine Aufnahme der Auftretenshäu-

Beschaffungslogistik

figkeit von bestimmten Fehlteilursachen. Die Auftretenshäufigkeit schlägt sich im Ishikawa-Diagramm durch die unterschiedliche Dicke der Pfeile nieder (vgl. Abb. 3-24). In einem weiteren Schritt führte das Team eine FMEA durch. Die Teammitglieder wurden von einem Fachmann in der Durchführung der Methode geschult. Das Team isolierte 25 Prozeßschritte, die im weiteren analysiert wurden. Bei der Analyse und der Ermittlung der Risikoprioritätszahlen stellte sich als Vorteil heraus, daß ein Ishikawa-Diagramm bereits erstellt worden war und das Problembewußtsein im Team daher entsprechend hoch war. Mit Hilfe der FMEA wurden fünf Hauptfehlteilverursacher identifiziert (vgl. Abb. 3-25).

Die Erkenntnisse aus der FMEA führten zur Einführung einer Materialverfügbarkeitsprüfung mit der Konsequenz, Aufträge, für die nicht alle Teile verfügbar sind, nicht in die Fertigung einzulasten. Weiterhin wurde ein Terminfindungsbaustein in der EDV implementiert mit dem Ziel, einen realistischen Ausliefertermin für jeden Auftrag zu finden.

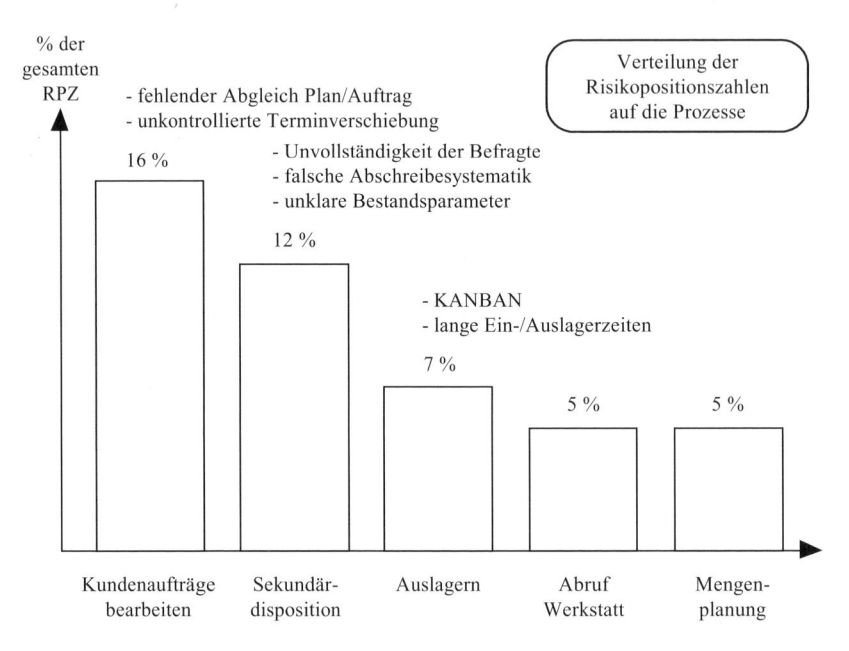

Abb. 3-25: Ergebnisübersicht Fehlteil-FMEA

Mit Hilfe dieses Programms können Aufträge, die zu Auslieferterminverschiebungen bei bereits in der Fertigung befindlichen Aufträgen führen, identifiziert und in der Regel zurückgehalten werden. Eine weitere wichtige Maßnahme bestand in der Einführung eines standardisierten Prozesses zur Beseitigung von Fehlteilen, der mit allen Beteiligten abgesprochen wurde und eine deutliche Verbesserung der Situation erbrachte. Ein solcher Ablauf wäre aus der Null-Fehler-Philosophie heraus nicht wünschenswert, da er ein Verständnis zugrunde legt, das das Auftreten von Fehlteilen als unvermeidbar ansieht. Die Diskussion um den zufälligen, unvermeidbaren Fehler und die Abkehr vom deterministischen Bild der Produktionsplanung und -steuerung zeigt die Fehleinschätzung dieses Grundverständnisses auf und rechtfertigt einen Standardablauf zur Fehlteilbeseitigung auch unter der Maßgabe einer weitestmöglichen Vermeidung von Fehlteilen. Flankierend wurden Maßnahmen zur Beschleunigung des Materialflusses ergriffen, die ein schnelleres Durchschleusen von dringend in der Fertigung benötigtem Material ermöglichen.

4 Produktionslogistik

4.1 Logistikgerechte Produktionsstrukturen

Die organisatorische Gestaltung der Produktion orientierte sich in der Vergangenheit an der Produktivität. Aktionsparameter dieser Strategie waren Löhne und Zinsen für das eingesetzte Kapital sowie eine effiziente Arbeitsteilung mit dem Ziel einer Automatisierung repetitiver Tätigkeiten. Organisatorische Veränderungen erfolgten, um die Produktivität des einzelnen Arbeitsplatzes zu erhöhen. Der dadurch erzielte Produktivitätsfortschritt wurde durch eine überproportionale Zunahme indirekter Tätigkeiten erkauft, um die umfangreichen Koordinations- und Steuerungsaktivitäten erfüllen zu können. Das Dilemma "Produktivität versus Flexibilität" wurde zugunsten der Produktivität aufgelöst. Eine solche Strategie, die auf einer möglichst vollkommenen Abkopplung der Fertigung von marktseitigen Einflüssen beruht, war so lange erfolgreich, wie sich die Produktionsprogramme der Unternehmen aus standardisierten Produkten bei gleichzeitig langen Produktlebenszyklen zusammensetzten. In dem Maße aber, wo sich die Unternehmen einer immer dynamischeren Umwelt gegenüberstehen, führt dieses Modell der organisatorischen Gestaltung jedoch zu einem "Organisationsversagen", das sich in mangelnder Effizienz, langen Durchlauf- und Lieferzeiten, zu hohen Gemeinkosten, schlechten Qualitäten und durch wenig menschengerechte Arbeitsplätze manifestiert. Zur zentralen Koordination der vielen Schnittstellen eines solchen komplexen Systems werden Planungs-, Steuerungs-, Informations-, und Kontrollsysteme eingesetzt. Dadurch wird jedoch Eigenkomplexität erzeugt; das Verhalten der Organisationsmitglieder wird von den eigentlichen Zielen und Aufgaben der Wertschöpfung abgelenkt; es besteht eine Tendenz zur Bürokratisierung. In einem von Marktsättigung und dem daraus resultierenden Zwang zu größerer Produktvielfalt und kleineren Losgrößen charakterisierten Wettbewerbsumfeld sehen sich die Unternehmen mit einer doppelten Komplexitätsfalle konfrontiert. Zum einen läßt eine turbulente Umwelt Ungewißheit, Undurchschaubarkeit und Überraschung zu einem konstitutiven Element für jedes Unternehmen werden. Zum anderen gilt es nicht mehr, das Unternehmen als starres, hierarchiegeprägtes Gebilde aufzufassen, sondern als offenes soziales System, das sich als Verbund

Produktionslogistik

unterschiedlicher Erwartungen, Ziele und Handlungsmuster zu entwickeln hat. Im Mittelpunkt der Fabrikgestaltung darf nicht mehr nur der Koordinationsaspekt stehen, sondern es muß gleichzeitig der Verhaltensaspekt bei der organisatorischen Gestaltung berücksichtigt werden. Dabei gewinnt die Implementierung von Marktdruck als Instrument zur Verhaltensbeeinflussung in der Fertigung zunehmend an Bedeutung. Die Einführung interner Kunden-Lieferanten-Beziehungen soll die fehlende intrinsische Motivation durch die extrinsische Motivation "Marktdruck" ersetzen. Deshalb werden zunehmend Strategien priorisiert, die die Schaffung schlanker und effizienter Fabrikstrukturen als aktive Gestaltungsaufgabe auffassen. So sollen Wettbewerbsvorteile erreicht werden. Im Mittelpunkt steht die Implementierung einer doppelten organisatorischen Lernfähigkeit. Einerseits muß das Unternehmen in die Lage versetzt werden, Veränderungen seiner Umwelt rechtzeitig wahrzunehmen und in interne Ziele und Maßnahmenbündel umzuwandeln, andererseits ist die Aktivierung aller internen Handlungspotentiale erforderlich, um einen permanenten Verbesserungsprozeß einzuleiten. Es gilt Strukturen zu implementieren, die eine stetige Steigerung von Produktivität und Qualität durch Verbesserung der Fertigungsprozesse ermöglichen. Hieraus resultiert eine Abkehr von der Strategie des sukzessiven Anpassens der Fabrikstrukturen an eine sich verändernde Umwelt. Notwendig ist eine vorausschauende Reorganisation, die die Identifizierung, Formulierung und Durchsetzung zukunftsweisender Strategien ermöglicht und die Umsetzung in kundenrelevante Produkt-, Produktions- und Logistikmerkmale unterstützt. Aktionsparameter dieser Strategie sind die Erfolgsfaktoren Zeit, Qualität und Flexibilität im Hinblick auf die Erfüllung der Kundenwünsche. Logistikgerechte Fabrikstrukturen erfordern somit die Schaffung von zeitsensiblen flexiblen Organisationsstrukturen, die darüber hinaus Wege zur Mobilisierung der Mitarbeiter aufzeigen sowie die Kundenorientierung als Wettbewerbsstrategie mittels eines ganzheitlichen prozeßorientierten Ansatzes umsetzen.

Eine logistikgerechte Fabrik ist gekennzeichnet durch die Elemente der

- Kundenperspektive,
- Wertschöpfungsperspektive,
- Prozeßperspektive,

Produktionslogistik

- Zeitperspektive,
- Innovationsperspektive,
- Qualitätsperspektive und
- Mitarbeiterperspektive.

Die Individualisierung der Kundenwünsche erfordert eine Perspektive, die den Kunden als Quelle der Wertschöpfung betrachtet. Notwendig ist die Reorganisation der gesamten Wertschöpfungskette, ausgehend vom Ergebnis, und die Ausrichtung auf die spezifischen Anforderungen eines gegebenen Produkt- und Wettbewerbsumfelds. Reverse Engineering heißt hier, den Produktionsprozeß vom Markt her zu entwickeln. Für die organisatorische Gestaltung bedeutet dies die Abkehr von Funktionen und die Betonung von Produkten und Zielen bei gleichzeitiger Übertragung von ganzheitlichen Aufgaben, Kompetenzen und Verantwortlichkeiten. Dabei zielt die Wertschöpfungsperspektive auf eine Erhöhung der Effizienz aller Prozesse durch die Beseitigung von Verschwendung jedweder Art. Verschwendung ist in diesem Sinne alles, wofür der Kunde nicht bereit ist zu zahlen. Die Betonung der Wertschöpfungsperspektive durch die produkt- und kundenbezogene Ausrichtung der Wertschöpfungskette führt in ihrer Konsequenz zu einer marktnahen und prozeßorientierten Ausrichtung sämtlicher Aktivitäten eines Unternehmens. Somit steht die Orientierung an Geschäftsprozessen zur marktnahen und kostengünstigen Erfüllung aller zur Leistungserstellung notwendigen Funktionen im Mittelpunkt der organisatorischen Gestaltungsproblematik. Dabei tritt der Faktor Zeit als Indikator für die Anpassungsfähigkeit und -geschwindigkeit gleichrangig neben die am Markt relevanten Erfolgsfaktoren Produktivität, Kosten und Qualität. Zeit wird zum Schlüsselfaktor für die Gewinnung von Marktanteilen, Kapitalbindung in der logistischen Kette, Geschwindigkeit und Flexibilität bei der Umsetzung von Kundenwünschen in marktfähige Produkte und zeitgerechte Kundenbelieferung. Neben der Reaktion auf eine sich verändernde Umwelt eröffnet vor allem die Fähigkeit zum vorausschauenden Agieren Wettbewerbsvorteile. Die Fähigkeit, Veränderungen und Marktchancen rechtzeitig wahrzunehmen und schnell innerhalb der Organisation umzusetzen, wird als organisationales Lernen bezeichnet. Organisationales Lernen kennzeichnet die Problemlösungsfähigkeit von Unternehmen und erfordert insbesondere die Multifunktionalität der Mitarbeiter sowie das aktive Mitgestalten der Abläufe durch die Mit-

Produktionslogistik

arbeiter aller Hierarchieebenen. Es sind Maßnahmen einzuleiten, die einen ständigen Lernprozeß initiieren und fördern. Ziel ist die Schaffung einer lernenden Organisation, die in der Lage ist, sich schneller an marktseitige Veränderungen anzupassen und konsequent neues Wissen sowohl im Sinne der Produktinnovation als auch im Sinne der ständigen Verbesserung des Leistungserstellungsprozesses zu erzeugen, in der gesamten Organisation zu verbreiten und in neue Produkte und Technologien umzusetzen. Die Fokussierung der Innovationsperspektive erfordert somit neben einer Wissen erzeugenden Organisation vor allem die Verankerung einer bereichsübergreifenden, ganzheitlichen und auf den Prozeß ausgerichteten Denk- und Handlungsweise aller Mitarbeiter durch job rotation einerseits und durch ein offenes Kommunikations- und Informationssystem andererseits. Im Mittelpunkt der Qualitätsperspektive stehen zwei Dimensionen: einerseits die Sicherstellung der kundengerechten Entwicklung und Produktion mit dem Ziel, betriebliche Leistungen konsequent an Kundenanforderungen auszurichten. Andererseits ist der optimale Abgleich von Kundenanforderungen und Produktmerkmalen unter dem Aspekt der Wirtschaftlichkeit erforderlich. Diese Sichtweise deckt sich mit der herstellerorientierten Qualitätsperspektive, die das Ziel einer möglichst kostengünstigen Übereinstimmung von Anforderungen und Produkteigenschaften beinhaltet. Die zweite Dimension der Qualitätssicherung kann somit als das Erreichen eines Kostenoptimums bei Erfüllung der Kundenanforderungen aufgefaßt werden. Das Optimum stellt sich unter Minimierung der Abweichungskosten, die für Nacharbeit, Ausschuß oder Garantie- und Gewährleistungsansprüche anfallen, ein. Im Mittelpunkt der Mitarbeiterperspektive steht der Mensch mit seiner vielfältigen Problemlösungsfähigkeit. Ganzheitliche Aufgabenzuordnung, Aufgabenvielfalt sowie Kooperations- und Lernmöglichkeit bilden den Handlungsrahmen für die Schaffung mitarbeiterorientierter Organisationskonzepte. Dies führt weg von der horizontalen und vertikalen Arbeitsteilung hin zur Bildung teamorientierter Organisationsformen und der Bildung kleiner autonomer Einheiten. Abbildung 4-1 zeigt die Elemente logistikgerechter Fabrikstrukturen.

Für eine logistikgerechte Fabrikgestaltung lassen sich drei wesentliche Gestaltungsprinzipien ableiten. Logistikgerechte Fabrikstrukturen sind

Produktionslogistik

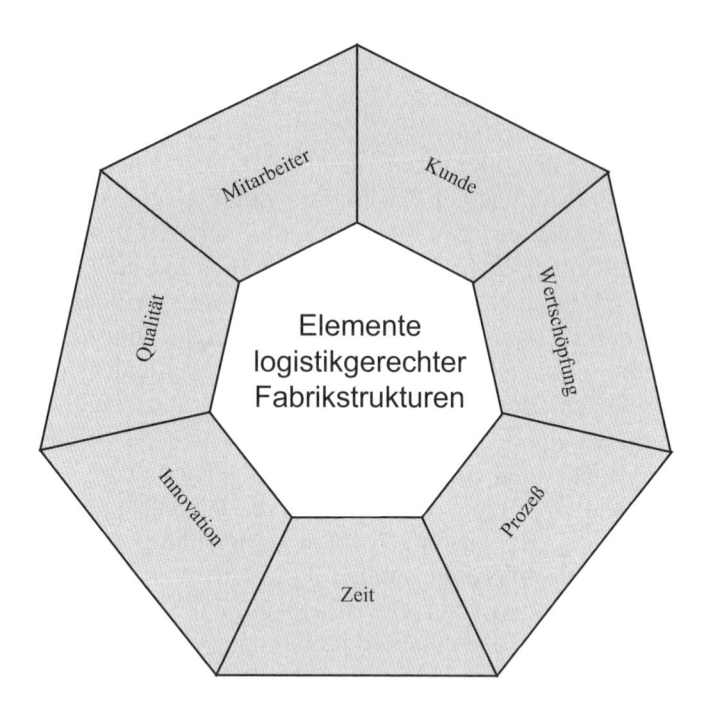

Abb. 4-1: Perspektiven logistikgerechter Fabrikstrukturen

gekennzeichnet durch Modularität sowie Team- oder Gruppenarbeit in der gesamten Innovations- und Wertschöpfungskette.

Das Leitmotiv für eine logistikgerechte Fabrikgestaltung ist die Vereinigung der Kosten- und Produktivitätsvorteile der Fließfertigung mit der hohen Flexibilität der Werkstattfertigung. Ziel ist eine weitgehende Entflechtung der Kapazitäten, welche durch eine bewußte Gliederung nach Produkt und Technologie angestrebt wird. Die daraus entstehenden "Fabriken in der Fabrik" beinhalten insofern Potentiale für Wettbewerbsvorteile, als sie ihre Ressourcen in Form von Potentialfaktoren auf eine spezifische Produktionsaufgabe konzentrieren, wie sie sich aus dem strategischen Gesamtkonzept des Unternehmens und seinen Marketingzielen ergibt (vgl. Wildemann 1997b). Solche Fertigungssegmente werden als produktorientierte Organisationseinheiten der Produktion zusammengefaßt, die mehrere Stufen der logistischen Kette eines Produkts umfassen und mit denen eine spezifische Wettbewerbsstrategie verfolgt wird. Darüber hinaus zeichnen sich Fertigungssegmente auch durch die Integration von fertigungsnahen indirekten Funktionen aus. Fertigungssegmente lassen sich durch fünf Definitionsmerkmale charakterisieren:

➢ Markt- und Zielausrichtung: Fertigungssegmente zielen auf eine Bildung von Produkt-/Markt-/Produktionskombinationen ab. Es sollen nicht mehr alle Produkte eines Unternehmens mit ihren in der Regel unterschiedlichen wettbewerbsstrategischen Schwerpunkten durch ein und dieselbe Fertigung laufen. Es werden Fertigungsbereiche gebildet, die auf spezifische Wettbewerbsstrategien ausgerichtet sind. Während die Verfolgung einer Strategie der Kostenführerschaft in der Regel durch spezialisierte Fertigungseinrichtungen, wie den Aufbau von Rennerlinien unterstützt werden kann, stehen bei Verfolgung einer Differenzierungsstrategie eher höchste Qualität oder kurze Durchlaufzeiten im Vordergrund. Dies führt zu der Notwendigkeit, hochflexible Fertigungssegmente aufzubauen. Es ist kein konstituierendes Merkmal von Fertigungssegmenten, daß die in den Segmenten gefertigten Produkte an Endkunden geliefert werden müssen. Möglich ist auch die Lieferung an weiterverarbeitende Kunden, die auch im eigenen Unternehmen angesiedelt sein können. Als Beispiel für derartige Fertigungssegmente können Komponentenwerke von Automobilherstellern angeführt werden.

➢ Produktorientierung: Unabdingbare Voraussetzung für die Schaffung produktorientierter Fertigungssegmente ist ein heterogenes Leistungsprogramm. Die Betonung der Prozeßdimension mit der Priorisierung der Durchlaufzeit gegenüber anderen fertigungswirtschaftlichen Zielen, wie die Kapazitätsauslastung, erfordert eine weitgehende Autarkie der Segmente. Dies bedeutet, daß zwischen den Segmenten nur wenig Leistungsverflechtungen bestehen sollen. Neben den Interdependenzen im Leistungserstellungsprozeß wird die Möglichkeit zur Produktorientierung von Fertigungssegmenten auch von benötigten unternehmerischen Fähigkeiten bestimmt. Je stärker die Anforderungen an die Sachkenntnisse und Führungsqualitäten zwischen den Produktbereichen differieren, desto erfolgreicher und sinnvoller ist die Produktorientierung.

➢ Mehrere Stufen der logistischen Kette: Fertigungssegmente umfassen mehrere Stufen der logistischen Kette. In der Maximalausprägung würden diese die Integration aller unternehmensinternen Wertschöpfungsstufen für ein Produkt beinhalten. Mit diesem Definitionsmerkmal lassen sich Fertigungssegmente von Fertigungszellen, flexiblen Fertigungssystemen und Fertigungsinseln abgrenzen. Diese Konzepte beinhalten in der Regel nur eine Stufe der logistischen Kette eines Produktes.

➢ Übertragung indirekter Funktionen: Durch die Übertragung von indirekten fertigungsnahen Tätigkeiten auf Fertigungsmitarbeiter sowie die Integration planender und dispositiver Aufgaben in das Segment wird eine Reduzierung koordinationsrelevanter Schnittstellen, eine ganzheitliche Verantwortung vor Ort und die Neuregelung der Arbeitsabläufe auf der Basis einer kritischen Analyse der operationalen Zusammenhänge angestrebt. Leitmotiv für die Neuregelung der Arbeitsabläufe ist die Prozeßorientierung, die auf der Erkenntnis beruht, daß nur eine bereichsübergreifende und damit gesamtheitliche Sichtweise und Verantwortungsübertragung die Effizienz eines Prozesses steigern kann.

➢ Kosten- und Ergebnisverantwortung: Die Fertigungssegmentierung geht mit der Einführung marktwirtschaftlicher Prinzipien innerhalb eines Unternehmens und der damit verbundenen unmittelbaren Implementierung von Marktdruck in der Organisation einher. Dies verlangt, daß möglichst viele Aktivitäten im Unternehmen unmittelbar mit marktlichen Aktivitäten konfrontiert werden müssen. Da, wo kein unmittelbarer Zugang zum externen Markt besteht, sind marktbezogene Vergleichsmöglichkeiten zu schaffen, die unternehmerisches Denken und Handeln fördern (vgl. Frese 1994). Konstitutives Merkmal eines Fertigungssegments ist die Kosten- und Ergebnisverantwortung, die in zwei Ausprägungen auftreten kann: Erstellt das Segment verkaufsfähige Produkte, die jedoch nur innerbetrieblich Verwendung finden, so liegt aufgrund des höheren Integrationsgrades eine umfassende Kostenverantwortung vor. In diesem Fall wird das Segment in der Form des Cost-Centers geführt. Das Cost-Center-Konzept ist als organisatorisches Steuerungsprinzip aufzufassen, durch das Organisationseinheiten, die aufgaben-, kompetenz- und verantwortungsmäßig eindeutig abgegrenzt sind, nach unternehmerischen Prinzipien geführt werden können. Voraussetzung für die Ausgestaltung eines Segments als Cost-Center und die Förderung von unternehmerischem Verhalten ist neben einer eindeutig definierten Abgrenzung des Cost-Centers eine exakt definierte Leistungs- und Zielvereinbarung, die der Cost-Center-Leiter eigenverantwortlich zu erfüllen hat. Dafür benötigt er weitestgehende Entscheidungskompetenz über die zur Leistungserstellung erforderlichen Ressourcen. Die Übertragung von Kostenverantwortung setzt die Möglichkeit zur Beeinflussung aller relevanten Kosten voraus. Dies erfordert zum einen, daß alle relevanten Kosten entweder durch organisatorische Integration ins Segment oder durch eine Neudefinition der Entscheidungskompetenz für den Cost-Center-Leiter beeinflußbar werden. Ziel ist die Herstellung einer Kongruenz von Kostenbeeinflußbarkeit und Verantwortung. Die Realisierung des Cost-Center-Prinzips erfordert die Integration aller kerngeschäftsrelevanten Funktionen in das Segment und die Beeinflußbarkeit kostenbestimmender Funktionen. Verfügt das Segment über Zugang zum externen Absatzmarkt, so liegt über die Kostenverantwortung hinaus die Möglichkeit der Zuweisung einer umfassenden Ergebnisverantwortung vor. In diesem Fall wird ein Fertigungssegment als Profit-Center ausgestaltet. Ein Profit-Center stellt eine Einheit eines Unternehmens dar, die nach dem Objektprinzip gebildet wurde und deren Verant-

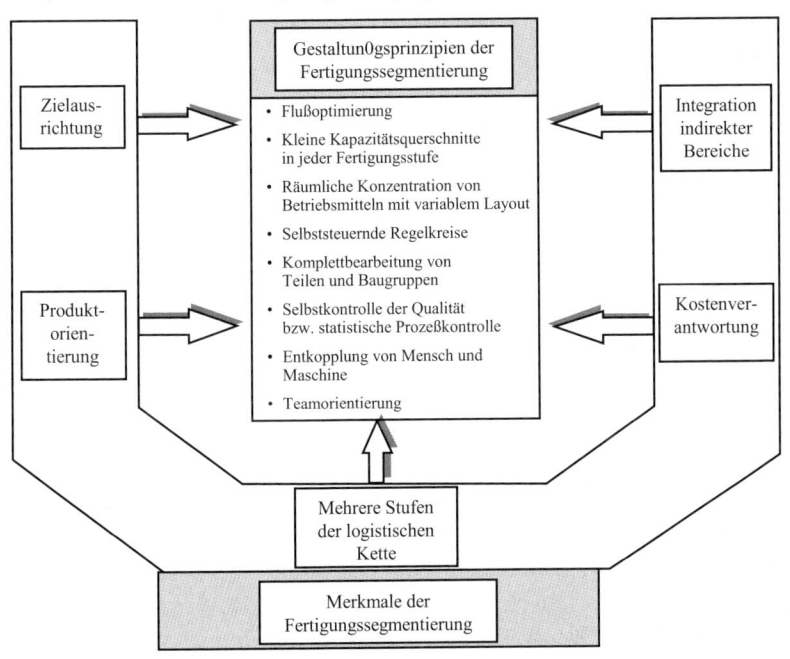

Abb. 4-2: Merkmale und Prinzipien der Fertigungssegmentierung

wortlichkeit sich am Erfolg orientiert. Eine auf den Prinzipien der Fertigungssegmentierung basierende Profit-Center-Organisation führt aufgrund der weitgehenden Autarkie und Autonomie zur Vermeidung abstimmungs- und damit zeitintensiver Interdependenzen.

Beim Aufbau von Fertigungssegmenten sind verschiedene, sich gegenseitig ergänzende Gestaltungsprinzipien anzuwenden (vgl. Abb. 4-2).

➢ Flußoptimierung: Die Optimierung des Materialflusses stellt das wesentlichste Gestaltungsprinzip der Fertigungssegmentierung dar. Bei hinreichender Kapazitätsauslastung handelt es sich hierbei um die kostengünstigste Organisationsform der Fertigung. Aus der Perspektive der Logistik ist hier vor allem die Reduzierung der Durchlaufzeiten aufgrund verringerter Übergangszeiten zwischen den einzelnen Kapazitätseinheiten hervorzuheben. Dies geht mit einer Kostensenkung aufgrund reduzierter Bestände und geringerer Aufwendungen für die Informationsbeschaffung zur Koordination der betrieblichen Leistungserstellung einher. Die zentrale Steuerung der Fertigung wird zugunsten von Gruppenkonzepten aufgegeben.

➢ Kleine Kapazitätsquerschnitte: Kleine Kapazitätsquerschnitte dienen dazu, die Produktorientierung der Fertigungssegmente und eine geringere Entfernung zwischen den benötigten Kapazitätseinheiten herbeizuführen. Kleine Kapazitätsquerschnitte ermöglichen eine Spezialisierung der einzelnen Segmente und damit die Realisierung von Kostendegressionseffekten. Ferner reduzieren sie das Belegungsrisiko der Anlagen, da die bei Beschäftigungsrisiko im Einsatz verbleibenden Anlagen weiterhin im optimalen Bereich arbeiten.

➢ Räumliche Konzentration von Betriebsmitteln: Die mit der Fertigungssegmentierung verbundene ablauforientierte räumliche Konzentration von Betriebsmitteln bei variablem Layout beinhaltet die Verkürzung der Wege für Material und Informationen. Dies schafft die entscheidenden Voraussetzungen für einen schnellen und möglichst störungsfreien Durchfluß. Die bei einer Betriebsmittelanordnung nach dem Werkstattprinzip häufig notwendige explizite Steuerung der Transportaktivitäten entfällt nahezu völlig, wenn die traditionelle Bring-Pflicht durch die Implementierung einer Hol-Pflicht abgelöst wird. Die enge räumliche Anordnung der Maschinen ermöglicht ferner einen engen optischen und/oder akustischen Kontakt zwischen den Mitarbeitern, was die Abstimmung der Mitarbeiter untereinander erleichtert. Ferner besteht die Möglichkeit gegenseitiger Unterstützung oder eines Arbeitsplatzwechsels zur kurzfristigen Beseitigung von Engpässen. Voraussetzung für eine räumliche Konzentration der Betriebsmittel ist aber ein variables Layout, wodurch eine Kapazitätsabstimmung ermöglicht wird, so daß wiederum eine Anlage für einen kurzen Zeitraum in den Fertigungsablauf integriert werden kann. Wird die Anlage nicht mehr benötigt, so kann sie wieder aus dem Segment herausgelöst werden. Das Prinzip der räumlichen Konzentration der Betriebsmittel läßt sich verwirklichen, wenn die Maschinen entlang eines Transportmittels, z.B. einer Schiebebahn, U-förmig oder linear angeordnet werden.

➢ Selbststeuernde Regelkreise: Die Flußoptimierung erlaubt die Installierung von Steuerungskonzepten, die eine Vereinfachung der Informationsübermittlung und Koordination innerhalb der Segmente ermöglichen. Zur Sicherstellung der Ablauf- und damit Prozeßsicherheit ist die Vorgabe von strikt einzuhaltenden Regeln und Standards notwendig. Dies erlaubt die Entlastung übergeordneter Steuerungsinstanzen und die autonome Bestimmung des Zeitpunkts der Bedarfsermittlung durch die verbrauchende Stelle. Das Prinzip der selbststeuernden Regelkreise beruht auf der Implementierung des Hol-Prinzips. Zwischen zwei unabhängigen Bedarfseinheiten herrscht Hol-Pflicht, wenn die im Ablauf nachgelagerte Einheit ihren individuellen Bedarf der vorgelagerten Einheit meldet. Die Eigenverantwortlichkeit der Mitarbeiter erstreckt sich auf die Einhaltung der vorgegebenen Qualitätsstandards. Grundsätzlich gilt, daß nur Gut-teile an die nachgeordnete Stelle weitergegeben werden dürfen. Über die Qualitätsverantwortung hinaus erstreckt sich die Zuständigkeit der Werker auch auf die Einhaltung der vorgegebenen Mengen. Die Gestaltung der selbststeuernden Regelkreise kann über Karten (sog. KANBANs), Behälter, akustische Signale oder elektronische Medien erfolgen. Die Implementierung selbststeuernder Regelkreise und die Definition von Standards und Regeln ermöglicht nicht nur die Reduzierung der Planungs- und Steuerungskosten, sondern erhöht vor allem die Transparenz der betrieblichen Abläufe.

Produktionslogistik

➢ Komplettbearbeitung von Teilen und Baugruppen: Primäres Ziel der Komplettbearbeitung von Teilen und Baugruppen in einem Fertigungssegment ist die Reduzierung der Übergangs- und Liegezeiten der Werkstücke vor und nach jeder Bearbeitung. Diese nicht wertschöpfenden Leerzeiten weisen in der Regel den höchsten Anteil an der Durchlaufzeit auf. Konsequenterweise ist es das primäre Ziel einer logistikgerechten Fabrikgestaltung, diese Leerzeiten zu verringern. Die Komplettbearbeitung ermöglicht ferner die Reduzierung des Gesamtsteuerungsaufwands, da Dispositions- und Steuerungsaufgaben für Material und Werkzeuge von Mitarbeitern in einem Fertigungssegment durchgeführt werden können. Durch die Eigenverantwortlichkeit der Gruppenmitglieder für die komplette Bearbeitung eines Teilespektrums können diese für das Gesamtergebnis verantwortlich gemacht werden. Die Selbstkontrolle der Mitarbeiter verhindert die "versteckte" Weitergabe von Fehlern, was sich positiv auf die Anhebung des Qualitätsstandards auswirkt.

➢ Qualitätssicherung durch Selbstkontrolle der Qualität: Das Prinzip der Qualitätssicherung durch Selbstkontrolle basiert genau wie die Komplettbearbeitung auf der Eigenverantwortlichkeit der Mitarbeiter in den Fertigungssegmenten. Die Selbstkontrolle verringert die Anzahl unterschiedlicher Prüfstellen, denn eine zusätzliche Qualitätsprüfung durch spezialisiertes Personal entfällt. Dies trägt neben einer Verringerung der Prüfkosten auch zu einer Senkung der Transportaufwendungen bei und fördert somit die mit der Fertigungssegmentierung priorisierte Reduzierung der Durchlaufzeit.

➢ Entkopplung von Mensch und Maschine: Zunehmende Automatisierung führt - relativ wie absolut gesehen - zu einem höheren Kapitalanteil an den Herstellkosten. Die Folge ist eine steigende Fixkostenbelastung. Die Produktivitätsverbesserung der Anlagen wächst im allgemeinen unterproportional zu den Kapitalkosten. Ein Kompensationseffekt ergibt sich bei den variablen Kosten, indem entweder der Personaleinsatz verringert oder die Nutzungszeit der Anlagen erhöht werden kann. Der Mensch verliert als ablaufbestimmender Leistungsträger an Bedeutung. Die Folge ist eine sachliche und zeitliche Entkopplung von Mensch und Maschine. Die Entkopplung schafft die Voraussetzungen zur Integration von indirekten Tätigkeiten in ein Segment, wie z.B. Qualitätssicherungsaufgaben, Materialbereitstellung sowie Wartung und Instandhaltung. Zur Humanisierung der Arbeitsplätze trägt auch die Freistellung der Mitarbeiter für dispositive Tätigkeiten bei.

➢ Teamorientierung: Die gemeinsame Verantwortung in einem Segment, das Arbeitsergebnis in der richtigen Menge, zur richtigen Zeit, am richtigen Ort und in der richtigen Qualität bereitzustellen, setzt die Förderung der Teamorientierung voraus. Eine in diesem Sinne verstandene Team- oder Gruppenorganisation führt zur Bildung von Gruppen mit ganzheitlicher Produkt- und Prozeßverantwortung. Dies geht mit einer Ausweitung des Entscheidungskompetenzinhalts und -spielraums der Gruppenmitglieder einher. Jedes Team stellt einen Regelkreis dar, in dem die gestellte Aufgabe eigenverantwortlich gelöst wird. Neben der Erfüllung der Arbeitsgruppe fungiert ein Team als Problemlösungsgruppe, indem Problemfelder aufgedeckt, visualisiert und einer Lösung, ggf. auch mit Hilfe von Servicebereichen, zugeführt werden. Die Teams sind im Sinne von internen Kunden-Lieferanten-Beziehungen in die gesamte Fertigungsorganisation eingebunden. Dies verhindert eine Addition von Fehlern über den gesamten Fertigungsprozeß, da jedes Team aufgrund seiner gesamtheitlichen Verantwortung für das erzeugte Teilespektrum nur an der Lieferung von einwandfreien Teilen interessiert ist. Neben diesen primär betriebswirtschaftlichen Aspekten, die im Ergebnis die Wettbewerbsfähigkeit steigern, rücken durch die Erhöhung der Arbeitszufriedenheit der Mitarbeiter sowie durch die Eigenverantwortung und Identifikation mit Arbeitsinhalt und -bereich, auch soziale Ziele in das Blickfeld der Betrachtung.

➢ Segmentierung indirekter Bereiche: Das Konzept der Fertigungssegmentierung stellt überwiegend auf die Segmentierung des Fertigungsbereichs und fertigungsnaher Funktionen ab. Erst die ergänzende Segmentierung indirekter Bereiche, das heißt die Segmentierung von Planungs- und Logistikfunktionen, schafft die den Anforderungen logistikgerechter Fabrikgestaltung entsprechende Aufgabenzuordnung. Fertigungssegmente und indirekte Segmente werden zu einem Segment höherer Ordnung, einem Leistungs-Center, zusammengefaßt. Um die durchgängige zielgerechte Ausrichtung der gesamten Wertschöpfungskette auf ein Produkt/Marktsegment zu realisieren, muß das Aufgaben- und Autonomiefeld eines Leistungs-Centers alle wesentlichen zur Leistungserstellung notwendigen Funktionen beinhalten. Dies erfordert die Einbeziehung sämtlicher indirekter Bereiche in die Restrukturierungsmaßnahmen. Wesentliches Gestaltungsprinzip für die Bildung indirekter Segmente ist die Prozeßorganisation. Die Bildung indirekter Segmente läßt sich auf der Basis eines Geschäftsprozeßmodells der Auftragsabwicklung ableiten. Dabei läßt sich der Prozeß der Auftragsabwicklung in eine betriebswirtschaftlich-administrative Auftragsabwicklungskette und in eine technische Auftragsabwicklungskette unterteilen. Aufbauend auf dieser Unterscheidung lassen sich die dispositive und materielle Logistikkette sowie die Produktentstehungskette voneinander abgrenzen. Als Produktentstehungs- oder Innovationskette werden die technischen Aufgaben der Auftragsabwicklung bezeichnet. Das Aufgabenspektrum umfaßt den gesamten Entwicklungsprozeß, der mit dem Produktentwurf beginnt und sich bis zum Produktanlauf in der Fertigung hinzieht. Die betriebswirtschaftlich-administrative Auftragsabwicklungskette, oder kurz die Logistikkette, beginnt mit dem Auftragseingang und endet mit der Vertragserfüllung gegenüber dem Kunden. Als materielle Logistikkette wird der Materialfluß bezeichnet, der sich vom Lieferanten durch das Unternehmen bis zum Kunden hinzieht. Die materielle Logistikkette beinhaltet somit die Gesamtheit aller Realisationsaufgaben. Im einzelnen sind dies der Wareneingang, das Lagerwesen, das Transportwesen, die Fertigungsbereiche sowie der Warenausgang. Parallel zum Materialfluß verläuft in der logistischen Kette der Informationsfluß. Als dispositive Logistikkette wird die Gesamtheit aller Aktivitäten, die zur Planung, Veranlassung, Überwachung und Sicherung der Realisationsaufgaben erforderlich sind, bezeichnet. Diese Prozeßkette umfaßt die Auftragsbearbeitung, die Produktionssteuerung und die Versandabwicklung. Die Segmentbildung in den indirekten Bereichen erfolgt analog zu den Gestaltungsprinzipien in der Fertigung. Unter indirekten Segmenten werden prozeßorientierte Organisationseinheiten verstanden, die eine abgrenzbare Prozeßkette ganzheitlich und eigenverantwortlich bearbeiten. Darüber hinaus sind auch die indirekten Segmente auf ihre spezifische Zielsituation ausgerichtet, stehen zu den sie umgebenden Subsystemen in einem Kunden-Lieferanten-Verhältnis und sind für die von ihnen erstellten Leistungen ergebnisverantwortlich. In indirekten Bereichen sind einerseits Logistiksegmente und andererseits Planungssegmente zu unterscheiden. Ein Logistiksegment kann als ein indirektes Segment, das die

Produktionslogistik

Auftragsabwicklung entlang der logistischen Kette eines Produkt-Marktsegments eigenständig und verantwortlich wahrnimmt, definiert werden. Aufgabe des Logistiksegments ist es, den Material- und Warenfluß sowie den zugehörigen Informationsfluß zu gestalten, zu steuern und zu kontrollieren. In das Logistiksegment werden diejenigen indirekten Aufgaben der Logistikkette integriert, die für die ganzheitliche Abwicklung der Aufträge vom Auftragseingang über die Beschaffung bis zur Ablieferung des Produkts an den Kunden benötigt werden. Die Bildung von Planungssegmenten für die Produktentstehungskette erfolgt unter der Zielsetzung, durch eine Integration der für die Produktentstehung relevanten Aufgaben, die wesentlichen Schwachstellen, die auf einer strikten organisatorischen Trennung der unterschiedlichen Fachabteilungen und einer sequentiellen Abarbeitung des Innovationsablaufs beruhen, zu beseitigen. Ein Planungssegment läßt sich als ein indirektes Segment definieren, das die Auftragsabwicklung entlang der Innovationskette eines Produkt-Markt-Segments wahrnimmt. Aufgabe des Planungssegments ist die Entwicklung eines Produktes von der Produktidee bis zur Fertigungsreife sowie die technische Betreuung des Produkts während der Fertigung. Demnach sind die Teilaufgaben Entwicklung, Konstruktion, technische Arbeitsplanung und Qualitätswesen in das Segment zu integrieren. Abbildung 4-3 faßt eine mögliche Aufgabenverteilung zwischen Leistungs-Center und Service-Center zusammen.

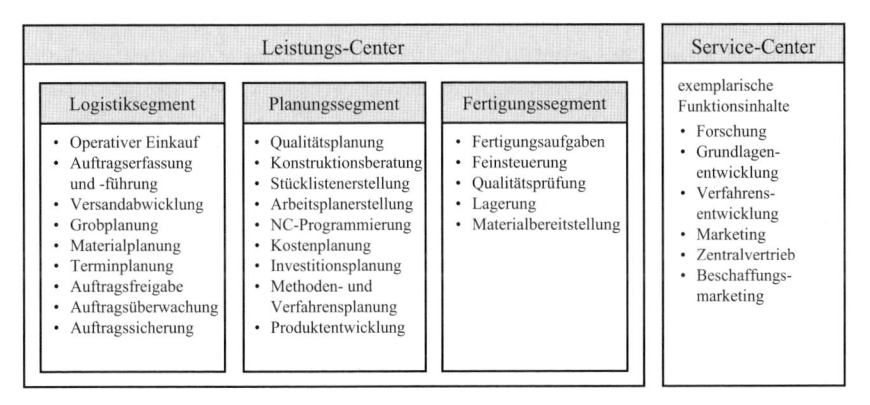

Leistungs-Center			Service-Center
			exemplarische Funktionsinhalte
Logistiksegment	Planungssegment	Fertigungssegment	
• Operativer Einkauf • Auftragserfassung und -führung • Versandabwicklung • Grobplanung • Materialplanung • Terminplanung • Auftragsfreigabe • Auftragsüberwachung • Auftragssicherung	• Qualitätsplanung • Konstruktionsberatung • Stücklistenerstellung • Arbeitsplanerstellung • NC-Programmierung • Kostenplanung • Investitionsplanung • Methoden- und Verfahrensplanung • Produktentwicklung	• Fertigungsaufgaben • Feinsteuerung • Qualitätsprüfung • Lagerung • Materialbereitstellung	• Forschung • Grundlagenentwicklung • Verfahrensentwicklung • Marketing • Zentralvertrieb • Beschaffungsmarketing

Abb. 4-3: Aufgabenverteilung zwischen Leistungs-Center und Service-Center

Unabhängig von der Bildung indirekter Segmente, deren Integration in Leistungs-Center und einer Aufgabenzuordnung, die auf die Vermeidung strategisch sensitiver Schnittstellen ausgerichtet ist, kann die Bündelung von Dienstleistungsfunktionen in sogenannte Service-Center notwendig werden. Ursache hierfür sind eine wirtschaftlich nicht akzeptable Aufspaltung von Ressourcenpotentialen, angestrebte Synergieeffekte sowie Strategie- und Koordinationsgesichtspunkte. Die Ausgestaltung der Schnittstelle zwischen Leistungs-Center und Service-Center ist durch den Aufbau einer internen Kunden-Lieferanten-Beziehung gekennzeichnet. Unternehmerisches Verhalten ist zum einen durch die Einführung von an Marktpreisen orientierten Verrechnungspreisen zu fördern. Zum anderen hat der Leistungsempfänger die Wahl zwischen Inanspruchnahme des Service-Centers oder dem Bezug der Leistung vom externen Markt.

4.2 Steuerungskonzepte

Gegenstand der Steuerungskonzepte ist die zeitliche und mengenmäßige Ordnung der Produktion zur Sicherstellung eines wirtschaftlichen Produktionsvollzugs. Dies geschieht unter Beachtung der verfügbaren Kapazitäten. Damit sind die Steuerungssysteme ein Instrument zur effizienten Durchführung der Auftragsabwicklung und ordnen sich in das logistische Zielsystem ein. Zur Durchführung der Planungs- und Steuerungsfunktionen werden Modelle formuliert, mit denen die reale Produktionswelt darzustellen versucht wird. Aufgabe ist aus betriebswirtschaftlicher Sicht insbesondere die Minimierung der entscheidungsrelevanten Kosten wie beispielsweise der Produktions-, Transport- und Lagerkosten bei vorgegebener Lieferbereitschaft und vorgegebenem Zeitraum. Da die Abbildung am Modell aufgrund der Vielzahl der entscheidungsrelevanten Variablen mathematisch exakt nicht lösbar erscheint, werden in der Praxis zeitliche Ersatzziele herangezogen. Diese sind beispielsweise

- Maximierung der Kapazitätsauslastung,
- Minimierung der Durchlaufzeiten,
- Maximierung der Termintreue und
- Minimierung der Bestände.

Produktionslogistik

Durch den Wandel vom Verkäufer- zum Käufermarkt haben sich in der Vergangenheit wesentliche Verschiebungen in der Bedeutung der oben genannten Teilziele ergeben. Die Bedeutung der Wettbewerbsfaktoren Lieferzeit und Termintreue ist stark gestiegen. Der stärkere Konkurrenz- und Wettbewerbsdruck zwingt dazu, stärker auf individuelle Kundenwünsche einzugehen. Die Unternehmen reagierten mit der Diversifizierung der Produkte und damit steigenden Variantenzahlen. Dieser marktgetriebene Bedeutungswandel rückt die logistischen und zeitwirtschaftlichen Aspekte in den Vordergrund.

Zur Bewältigung der Planungs-, Koordinations- und Kontrollaufgaben innerhalb der logistischen Kette wurden die aufgeführten Steuerungskonzepte definiert (vgl. Abb. 4-4):

- MRP-System,
- Fortschrittszahlensystem,
- belastungsorientierte Auftragsfreigabe,
- Engpaßsteuerung (OPT) und
- KANBAN.

Mit diesen Konzepten sind effiziente, auf die entsprechenden Betriebsbedingungen angepaßte und im Einzelfall abgestimmte Lösungen zu gestalten. Da der Steuerungs- und Planungsbedarf und der Informationsbedarf vom vorliegenden Materialfluß eines Produktionsbereiches abhängt, ist es keine Seltenheit, daß verschiedenen Produktionsbereichen unterschiedliche Steuerungskonzepte zugrunde gelegt werden, um die logistischen Ziele zu erreichen. Dieser Trend wird verstärkt durch modulare Gestaltungsprinzipien wie der Fertigungssegmentierung von Produktionsbereichen.

Durch die auf die Produktion wirkenden veränderten Markt- und Wettbewerbsbedingungen wurde die Abkehr von tayloristischen Arbeitssystemen und damit der Abbau übertriebener Arbeitsteilung eingeleitet. Mit den materialflußnahen Reorganisationskonzepten geht die Integration und die Übertragung indirekter Funktionen auf die direkten Fertigungsmitarbeiter einher. Das bedeutet, daß auch die Informationslogistik mit veränderten Rahmenbedingungen konfrontiert wird und insbesondere hinsichtlich des veränderten Zielsystems und der

Produktionslogistik

Wirtschaftlichkeit angepaßt werden muß. Daher bedarf es angepaßter Methoden der Ablaufsteuerung (vgl. Abb. 4-5).

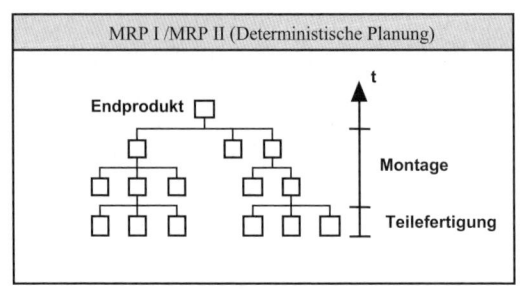

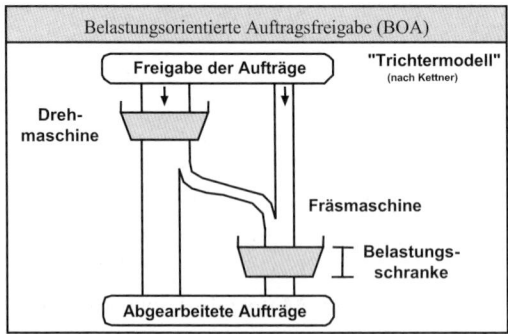

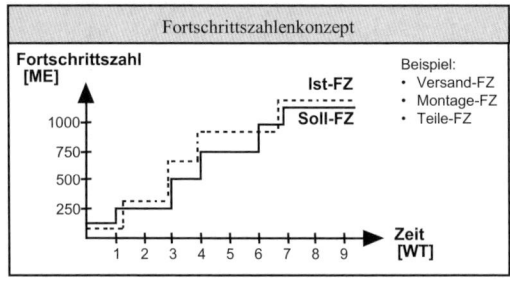

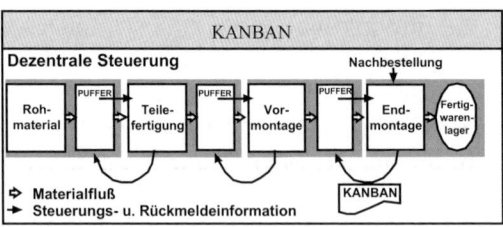

Abb. 4-4: Übersicht über die Steuerungskonzepte

Produktionslogistik

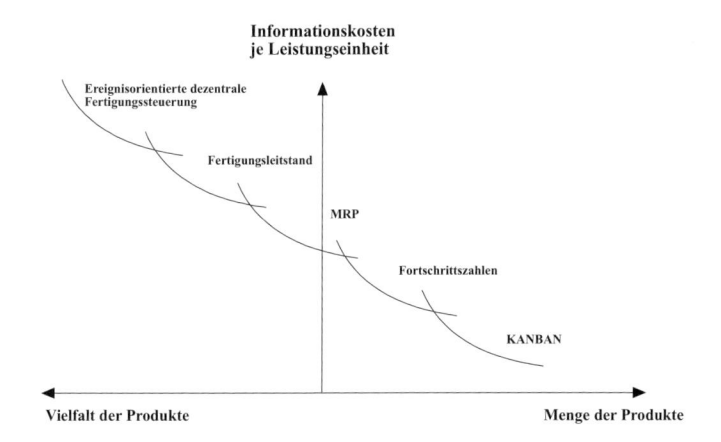

Abb. 4-5: Angepaßte Methoden der Ablaufsteuerung

4.2.1 Materials Requirement Planning

Das Materials Requirement Planning-Modell (MRP) wurde in den 70er Jahren in der USA entwickelt. Es stellte das erste System dar, welches den Materialbedarf bedarfsorientiert disponierte. Vorher wurden nur verbrauchsorientierte Materialdispositionsverfahren wie das Bestellpunktverfahren angewandt. Kern dieser Steuerungskonzeption ist die auf der Stücklistenauflösung basierende Materialbedarfsplanung. Mit der Stücklistenauflösung werden über alle Stufen der Produktstruktur die Bedarfsmengen ermittelt und über die Vorlaufzeit mit Terminen versehen. Daran schließt sich die Kapazitätsbedarfsrechnung (CRP = Capacity Requirement Planning) an. Arbeitspläne enthalten den zu einer zu fertigenden oder montierenden Teil-Baugruppe benötigten Kapazitätsbedarf. Die Arbeitspläne werden dann für die eingelasteten Fertigungsaufträge über der Zeitachse auf die Betriebsmittel eingelastet (vgl. Abb. 4-6). Materialbedarf und Kapazitätsbedarf werden sukzessive geplant.

Das MRP II-Modell (Manufacturing Resource Planning) legt einen umfassenderen Ansatz als das MRP-Modell zugrunde, indem die Planungs- und Steuerungsproblematik über die gesamte logistische Kette betrachtet wird (vgl. Abb. 4-7). Im MRP II-Modell wird die Materialbedarfsplanung um weitere hierarchische Elemente von der strategi-

Produktionslogistik

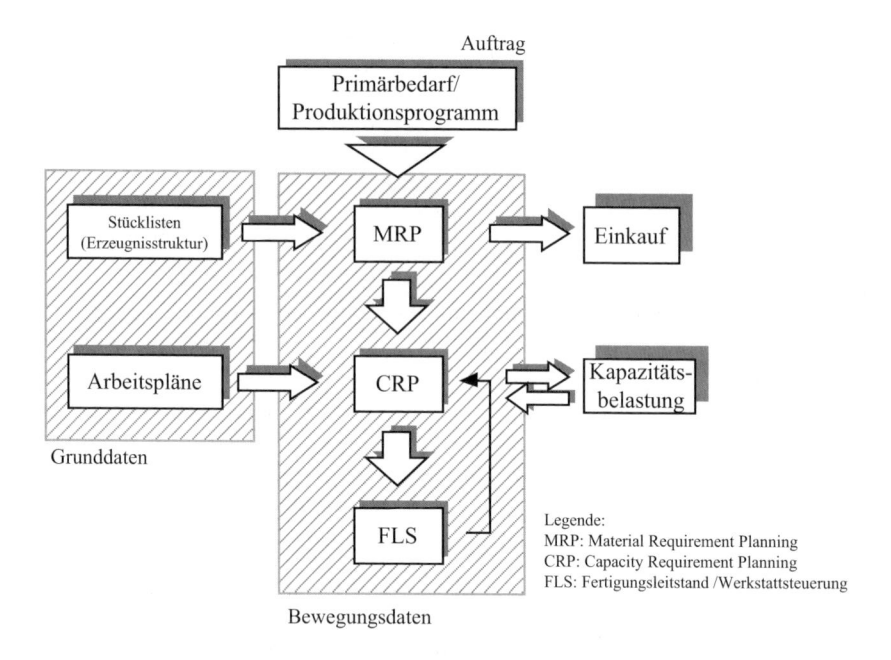

Abb. 4-6: Schemadarstellung MRP

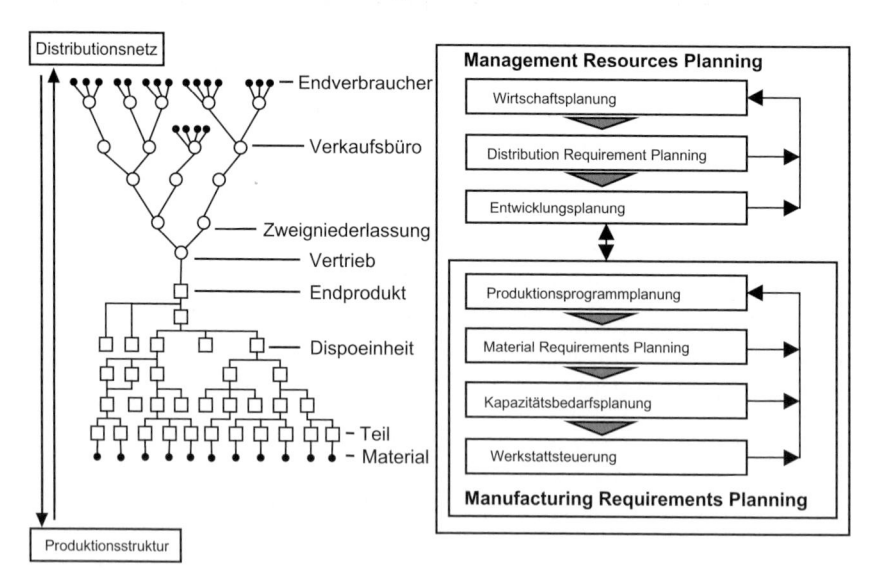

Abb. 4-7: MRP II-Konzept

Produktionslogistik

schen Planung und der Vertriebsplanung über die Erstellung von Masterplänen (Grobplanung) bis hin zum Produktionsplan erweitert, um eine Durchgängigkeit vom Markt zur Produktion zu schaffen.

4.2.2 Fortschrittszahlen

Beim Fortschrittszahlenkonzept wird der Bedarf einer Planperiode kumuliert und zeitbezogen dargestellt. In einem Koordinatensystem sind über der Zeitachse die Bedarfsmengen je Teil oder Baugruppe zu summieren. Es entsteht die Soll-Kurve hinsichtlich Zeit und Menge. Die gefertigten Mengen (Ist-Kurve) werden nun gleichfalls in dieses Koordinatensystem eingetragen. Übersteigt bei einem Vergleich der Verlauf der Ist-Kurve die Soll-Kurve, so liegt ein Vorlauf oder eine Überdeckung vor, unterhalb der Kurve liegt ein Rückstand vor. Der horizontale Abstand zwischen Soll- und Ist-Verlauf macht eine Aussage über die potentielle Reichweite (zeitlicher Puffer) (vgl. Abb. 4-8). Gegenwärtig findet das Fortschrittszahlenkonzept hauptsächlich in der Automobilindustrie unter wachsender Einbeziehung der Zulieferer Anwendung. Der Eignungs- und Einsatzbereich der Fort-

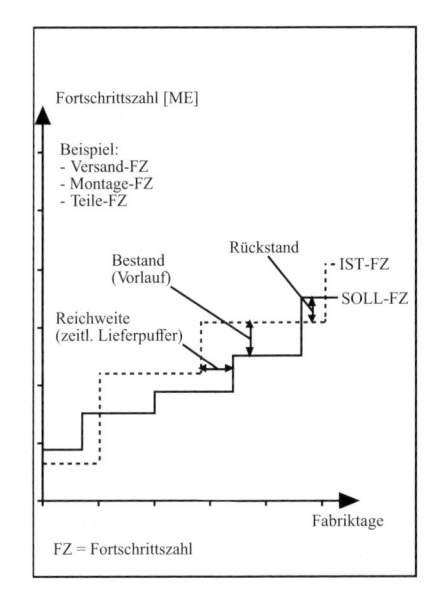

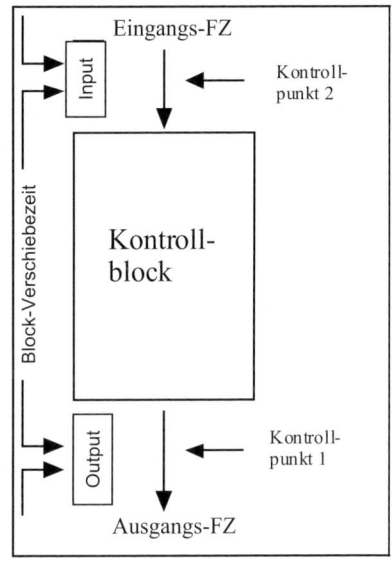

Abb. 4-8: Das Fortschrittszahlenkonzept

schrittszahlensystematik erstreckt sich über die Linien- und Fließfertigung bei Serienfertigung.

Wesentliche Voraussetzungen für den Einsatz der Fortschrittszahlen in einem Produktionsbetrieb sind dabei

- die Prognostizierbarkeit des Bruttobedarfs und eine gewisse Gleichmäßigkeit des Bedarfs, und damit auch der Bedarfsdeckung sowie
- die Unterteilbarkeit des Produktionsbetriebs in Kontrollblöcke, die jeweils mit einer Eingangs- und Ausgangsfortschrittszahl überwacht werden. Ein Kontrollblock darf dabei nicht wahllos definiert werden, sondern muß die organisatorischen Strukturen widerspiegeln.

Durch eine hierarchische Strukturierung der Kontrollblöcke können weitgehend autonome Subsysteme entstehen, die über Vorgabewerte gesteuert werden. Fortschrittszahlen ermöglichen in sehr einfacher Weise die Zusammenfassung einzelner Schritte der logistischen Kette und führen so zu einem verringerten Steuerungsaufwand. Eine Nettobedarfsermittlung wie bei dem MRP-Konzept ist bei der Fortschrittszahlenkonzeption nicht erforderlich. Durch die Steuerung eines Kontrollbereichs über die Fortschrittszahlen werden Auftragsplanung, Durchlaufterminierung, kurzfristiger Kapazitätsabgleich und die Feinterminierung auf die dezentrale Ebene verlagert.

4.2.3 Belastungsorientierte Auftragsfreigabe

Die Produktion eines Unternehmens ist, über den gesamten Ablauf gesehen, kein deterministischer sondern ein stochastischer Prozeß. Bei Rechner-Simulationen von Produktionsabläufen läßt sich feststellen, daß durch ein geringfügiges Absenken der Kapazitätsauslastung eine überproportionale Bestandsreduzierung sowie eine Durchlaufzeitverkürzung auftritt. Hieran orientiert sich das Konzept der belastungsorientierten Auftragsfreigabe (vgl. Wiendahl 1987). Die einzelnen Kapazitätseinheiten lassen sich als Trichter auffassen, durch den - entsprechend dem Ablaufplan - das Material fließen muß (vgl. Abb. 4-9). Die Füllhöhe des Trichters signalisiert den an dieser Stelle vorhandenen Arbeitsvorrat. Es handelt sich dabei um den Bestand an Material. Die Dispositionsregel lautet: Erst wenn eine dieser Kapazitätseinheiten leerzulaufen droht, wird ein neuer Auftrag für die Fertigung freigegeben. Durch die Vermeidung der bei konventionellen Systemen auftretenden Überplanung von Kapazitäten verringern sich der Materialbestand im Betrieb und die Durchlaufzeit. Die sonst üblichen Warteschlangen innerhalb der Werkstatt stauen sich nicht physisch in Form "angearbeiteter" Aufträge vor den einzelnen Anlagen, sondern liegen als zu disponierender Auftragsbe stand vor, der möglichst spät freizugeben ist. Hierdurch wird eine schnellere Zuordnung und spätere Einplanung von Teilen und Aggregaten zu Kundenaufträgen möglich. Die nach der Auftragsfreigabe abgegebenen Termine sind sicherer.

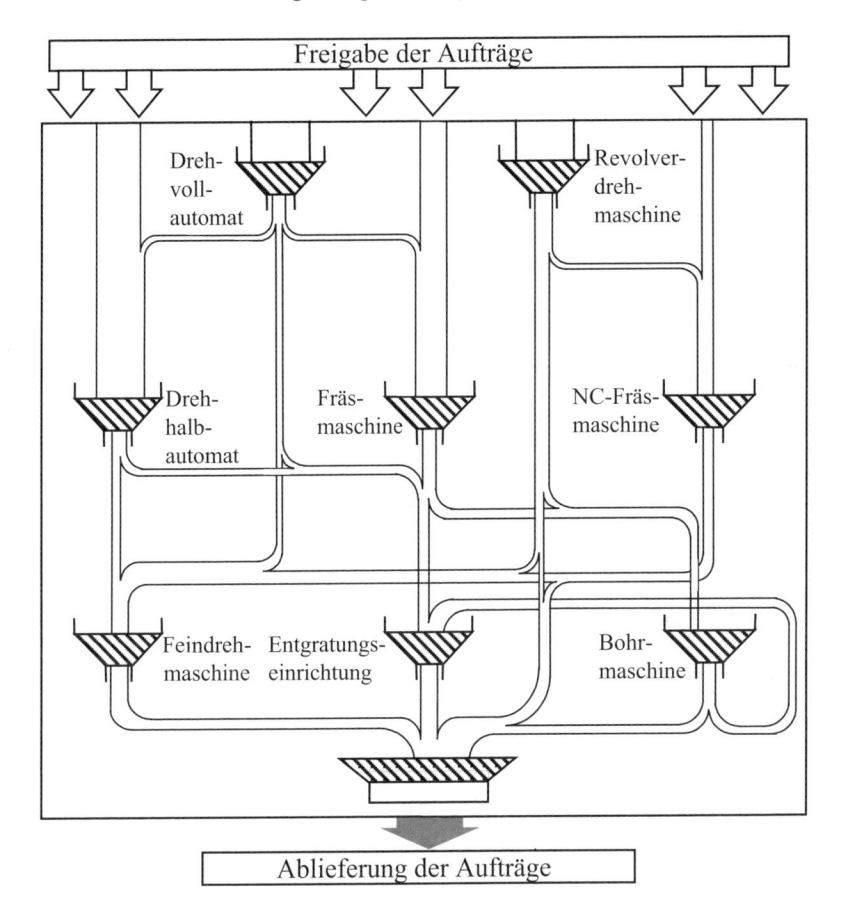

Abb. 4-9: Das Trichtermodell der belastungsorientierten Auftragsfreigabe

Produktionslogistik

Insbesondere im Falle einer hohen Mehrfachverwendbarkeit bestimmter Materialien eröffnet das späte Fixieren des Verwendungszwecks einen weiten Handlungsspielraum zur kurzfristigen Reaktion auf Markterfordernisse oder Störungen im Produktionsprozeß, ohne daß damit eine Ausweitung des Umlaufvermögens verbunden ist. Nach der Dispositionsregel der belastungsorientierten Auftragsfreigabe entsteht eine Nachfrage nach Fertigungsaufträgen in der Produktion (Sog-Wirkung). Auch kann das Umdisponieren von Aufträgen in der Fertigung reduziert werden. Diese Effekte scheinen der Gesetzmäßigkeit, daß sich durch Druckerhöhung in einem System verbundener Röhren der Durchsatz erhöht, zu widersprechen. Die Maxime, jeden Auftrag sofort nach Eingang in die Fertigung zu schleusen in der Hoffnung, daß sich damit der Durchsatz und die Produktivität erhöht, hat immer nur einen auf das Ziel der Maximierung der Kapazitätsauslastung bezogenen Erfolg. Daneben ist diese Maxime mit einem erhöhten Steuerungs- und Handlingaufwand verbunden. Zur Unterstützung der Produktionssteuerung durch die belastungsorientierte Auftragsfreigabe liegen bereits Programmpakete vor. Auch ist es möglich, das Grundprinzip durch Zusatzprogrammierung in bestehende Modularprogramme zu integrieren.

4.2.4 Engpaßsteuerung

Eine praktische Umsetzung der Engpaßsteuerung liegt mit dem sogenannten OPT System (Optimized Production Technology) vor. Dabei werden nicht Teil- oder Einzelmaßnahmen betrachtet, sondern die Betriebsleistung insgesamt. Die Höhe des Materialdurchsatzes innerhalb der Produktion wird durch die Engpaßaggregate bestimmt. Folglich liegt hier die kritische Stelle, an der sich bei der Einplanung der Aufträge die längste Warteschlange bildet. Engpässe bestimmen somit die Durchsatzmenge für die folgenden Kapazitätseinheiten. Das OPT-Modell geht davon aus, daß nicht die Kapazitätsauslastung abzugleichen ist, sondern der Fertigungsfluß. Dahinter steht die Annahme, daß die Engpaßkapazitäten sowohl für die Durchlaufzeiten als auch für die Bestände die wesentlichen Bestimmungsfaktoren bilden. Weitere OPT-Regeln sind:

1. Den Fertigungsfluß, nicht die Kapazität abgleichen.

2. Der Nutzungsgrad einer Nicht-Engpaßkapazität wird nicht durch diese Kapazität bestimmt, sondern durch irgendeine andere Begrenzung im Gesamtablauf.
3. Bereitstellung und Nutzung einer Kapazität sind nicht gleichbedeutend.
4. Eine in einem Engpaß verlorene Stunde ist eine für das gesamte System verlorene Stunde.
5. Eine Stunde, die da gewonnen wurde, wo kein Engpaß auftrat, ist weiter nichts als ein Wunder.
6. Engpässe bestimmen sowohl den Durchlauf als auch die Bestände.
7. Das Transportlos soll nicht gleich dem Verarbeitungslos sein und darf das in vielen Fällen auch nicht.
8. Das in Bearbeitung befindliche Los muß variabel und nicht fest bestimmt sein.
9. Wenn Pläne aufgestellt werden, sind alle Voraussetzungen gleichzeitig zu überprüfen. Durchlaufzeiten sind das Ergebnis eines Planes und können nicht im voraus festgelegt werden.
10. Die Summe der Einzeloptima ist nicht gleich dem Gesamt-Optimum.

Die Konzentration der Planungsaktivitäten auf die häufig wechselnden Engpässe ist eine bereits sehr alte Forderung. Neu ist die Idee, durch Simulation festgestellte Engpässe als Ausgangspunkte für die Gestaltung von Planungs- und Steuerungskonzepten zu wählen (vgl. Fox 1983). Nur diese Engpässe und die ihnen nachgelagerten Bereiche sollten zentral gesteuert werden. Im Gegensatz zu MRP-Systemen verlangt das OPT-Konzept eine erhöhte Datengenauigkeit, um die Engpässe entsprechend auszulasten, die die höchste Ergebnisrelevanz des gesamten Systems aufweisen. Die aufgrund aufwendiger Rechenverfahren nur zentral durchführbare Engpaßsteuerung liefert Prämissen für die dezentrale Steuerung der den Engpässen vorgelagerten Bereiche. Es wird der jeweilige Engpaß als Fixpunkt genommen, wobei für die nachgelagerten Produktionsbereiche vorwärts und für die vorgelagerten rückwärts terminiert wird (vgl. Abb. 4-10). Die zu terminierenden Kapazitäten weisen aufgrund der Engpaßprämisse ein ausreichendes Kapazitätsangebot auf, wodurch der sonst übliche Kapazi-

Produktionslogistik

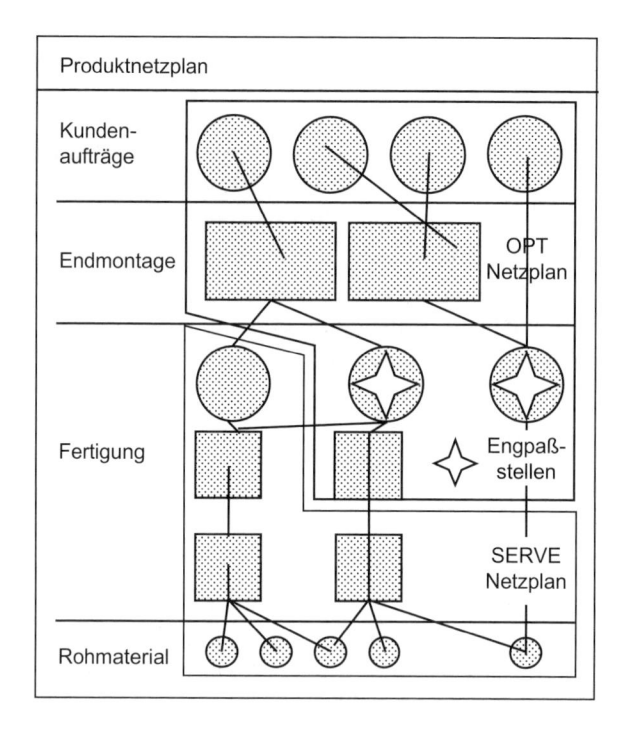

Abb. 4-10: Engpaßsteuerung

tätsausgleich entfällt. Durch gezielte Aktivitäten zur Angleichung der Engpässe läßt sich die Gesamtleistung erhöhen (vgl. Zimmermann 1988).

Ist die lokale Lage der Engpässe planbar, wird empfohlen, diese an den Anfang und nicht an das Ende der logistischen Kette zu legen, um so ein mögliches Vollaufen der logistischen Kette mit Material zu vermeiden. Mit OPT wird eine simultane Planung von Material und Kapazitäten erreicht. Der bisher nicht vollständig offengelegte OPT-Algorithmus steht einer weiteren Verbreitung und Diskussion bisher im Wege, so daß die Diskussion um die Engpaßsteuerung mit OPT bisher nur eine Randdiskussion blieb.

4.2.5 KANBAN

Die Umsetzung der am Ablauf orientierten Planungskonzeption in organisatorische Regelungen kann durch KANBAN-Prinzipien erreicht werden (vgl. Wildemann 1995a). Ziel ist es, zentral den Rahmen abzustecken, in dem revolvierende Prozesse bei dezentraler Planung und Steuerung zur Steigerung der Reaktionsschnelligkeit und Aufwandreduzierung ablaufen können. Der für die Produktion notwendige Informationsfluß wird eng mit dem gegenläufigen Materialfluß verknüpft und bewegt sich auf der gleichen Ebene (vgl. Abb. 4-11). Es werden sogenannte selbststeuernde produkt- wie verfahrensbezogene Regelkreise gebildet. Die Forderung nach einer verbrauchsgesteuerten Produktion läßt sich durch das selbständige Ordern von Teilen durch die einzelnen Verbraucher (Stellen) erreichen. Gleichzeitig erfolgt die Umkehr des Bring- in ein Holprinzip durch den potentiellen Verbraucher. Da der Bedarf in diesem System über die Nachproduktion (möglichst in konstanten Losgrößen zur Ergänzung des nahezu konstanten Umlaufbestands in der logistischen Kette) abgedeckt wird, ist die Einführung von EDV-geführten Bevorratungsebenen (Lager) zu Beginn und am Ende der Produktionskette erforderlich. Der Produktionsauftrag wird von der verbrauchenden an die produzierende Stelle gege-

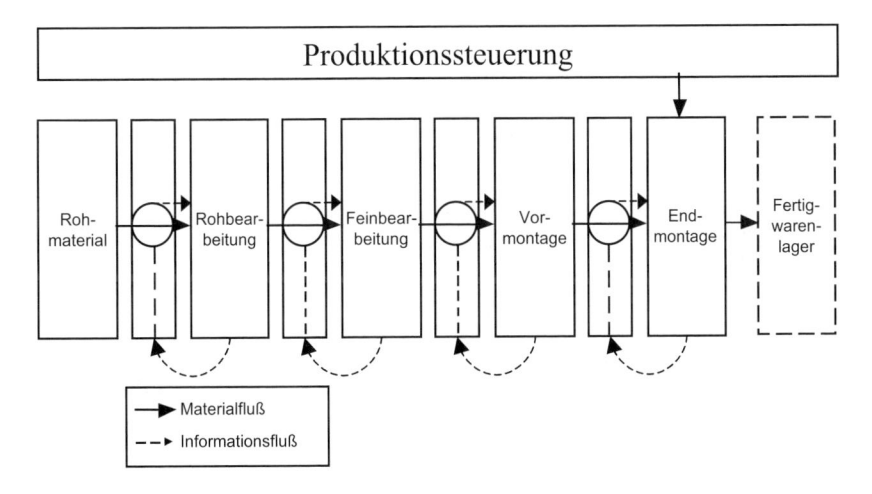

Abb. 4-11: Das KANBAN-Regelkreissystem

ben. Dies kann mit einem Beleg (KANBAN-Karte), einem elektronischen Medium oder durch Kopplung der Information an Behälter (Zwei- oder Drei-Behälter-System) erfolgen.

Die Einführung des Holsystems erfordert eine detaillierte Planung der organisatorisch zu verbindenden Kapazitätseinheiten (nicht mehr als zehn), eine Gestaltung dezentraler, im Fertigungsbereich angeordneter, physisch begrenzter Pufferlager, einen flexiblen Personaleinsatz zur Anpassung an Beschäftigungsschwankungen und die Einhaltung von Verhaltensregeln durch die Mitarbeiter. Diese Regeln verpflichten den Verbraucher, seinen Abruf bei der ihn versorgenden Materialquelle auf die gerade benötigte Menge zu beschränken, und verlangen vom Erzeuger, nur bei einer Bedarfsmeldung qualitativ einwandfreie Leistungsergebnisse exakt in der angeforderten Quantität bereitzustellen. Eine EDV-Unterstützung ist bei der Auswahl geeigneter Produkte, deren Ablaufsequenz, Zuordnung zu Betriebsmitteln, der Bestimmung der Produktreihenfolge der Bearbeitung (Standardlosgrößen, Tagesverbrauch) und der Festlegung der KANBAN-Kartenzahl (Werkstattbestand) sinnvoll. Der Anstoß zur Fertigung erfolgt durch einen Kundenauftrag oder nach Produktionsprogramm. Produktionsaufträge, durch eine zentrale Steuerungsstelle freigegeben, sind nicht erforderlich.

4.3 Entstörmanagement

Die Aufgabe der Steuerungskonzepte besteht darin, den Ablauf in der Fertigung so zu planen und zu lenken, daß eine bestmögliche Erfüllung der Kundenanforderungen hinsichtlich Termintreue, Mengentreue sowie Lieferzeit und -flexibilität gewährleistet wird. Gleichzeitig gilt es, die Wirtschaftlichkeit der Leistungserstellung zu unterstützen, indem für eine angemessene Auslastung der Produktionsfaktoren bei möglichst geringen zeit- und mengenmäßigen Sicherheitspuffern gesorgt wird. Treten im Rahmen der Produktionsdurchführung Störungen auf, so ergibt sich eine unmittelbare Gefährdung der aufgestellten Produktionspläne. Ein korrigierendes Eingreifen ist deshalb erforderlich. Den Ausgangspunkt bildet die Erkenntnis, daß die Steuerungskonzepte als zentrale Regelungsinstanz des Wertschöpfungsprozesses nicht in der Lage sind, im Störungsfall eine effektive und effiziente Annäherung der Ist-Werte an die Plan-Werte sicherzustellen. Vorgeschlagen wird ein Paradigmawechsel, der die lange Zeit verfolgte Planungsflexibilisierung als reaktive Antwort auf die Stochastik in Produktionssystemen zugunsten einer Entstörung der Durchführungsprozesse ablöst. Hierfür ergibt sich die Notwendigkeit, eine umfassende Entstörkonzeption zu erarbeiten, die Störpotentiale aus den verschiedenen Funktionsbereichen des Unternehmens berücksichtigt. Vorhandene Ansätze zur Störungsbekämpfung beschränken sich in aller Regel auf Einzelelemente des Wertschöpfungsprozesses, so zum Beispiel die Instandhaltung auf Anlagen oder die Qualitätssicherung auf Materialien und Produkte. In diesen Ansätzen werden Störungen aus der eingeschränkten Perspektive der jeweiligen Unternehmensfunktion isoliert bekämpft.

Auf Störungen kann reagiert werden, indem der Verlauf der Ist-Werte zu stabilisieren ist, oder indem Störungen präventiv bekämpft werden. Letztlich geht es bei der Ausgestaltung des Strategiemixes um eine Optimierung des Verhältnisses von Planung und Durchführung (vgl. Ellinger/Wildemann 1985) sowie Stabilisierung und Flexibilisierung (vgl. Gutenberg 1983). In der Praxis gelingt es häufig nur durch Neu- und Umplanungen, den Einfluß von Störungen auszugleichen. Die Revision der Durchlaufterminierung und Belegungsplanung als Antwort auf Anlagenausfälle oder Fehlteile ist hierfür ein Beispiel. Störungen werden dabei nicht direkt und systematisch bekämpft, sondern durch eine Flexibilisierung der kurzfristigen Steuerung kompensiert. Die Umplanungsflexibilität gilt entsprechend dieser Grundorientierung als Leistungsindikator unterschiedlicher PPS-Konzepte. Unterstellt man jedoch eine optimale Ursprungsplanung, so führt eine störungsbedingte Planungsrevision regelmäßig zu Leistungsverlusten und somit zur Herabsetzung der Wirtschaftlichkeit. Diese wird im Regelfall nicht quantifiziert. Hintergrund hierfür ist die mangelnde betriebswirtschaftliche Orientierung der Steuerungskonzepte, die sich häufig auf eine reine Plausibilitätsprüfung bei Neu- und Umplanungen beschränkt. Die Vielzahl unterschiedlicher Leitstandskonzepte spiegelt diesen Flexibilisierungsansatz wider. Der Einsatz von Expertensystemen und Simulationsprogrammen soll in diesen Konzepten für eine Effizienzerhöhung sorgen (vgl. Mertens 1990). Flexibilität ist ohne Zweifel dann erforderlich, wenn marktseitige Differenzierungspotentiale erschlossen werden können, die den Kundennutzen mehren. Eine flexible Zulieferung als Antwort auf kurzfristige Bestelländerungen ist elementarer Wettbewerbsfaktor in den meisten Branchen. Gleiches gilt für eine kostensenkende Flexibilitätserhöhung im Fertigungsbereich, beispielsweise in Form des flexiblen Rüstens. Flexibilitätspotentiale, die jedoch nur dem Ausgleich interner Störungen dienen, sind als Verschwendung aufzufassen. Sie führen im Gegenteil dazu, daß die Prozesse im Unternehmen nicht grundlegend verbessert werden, sondern Störanfälligkeiten konserviert werden und eine Spirale wechselseitiger Exkulpationen zwischen Steuerungssystemen und Fertigung installiert wird. Ein Abbau von Planungsflexibilität im kurzfristigen Bereich, und somit eine Steigerung des Problemlösungsdrucks, erscheint vor diesem Hintergrund angezeigt. Mit zunehmender Dynamisierung und Komplexität der industriellen Leistungserstellung ist damit zu rechnen, daß die Störanfälligkeit weiter ansteigt und der Flexibilisierungsansatz an seine Grenzen stößt. Folgende Gründe sind hierfür maßgeblich:

- weitreichender Abbau von störungskompensierenden Puffern im Rahmen von Just-In-Time-Strategien und damit die Erhöhung des Kopplungsgrades der Prozesse,
- wachsende Komplexität von Produkten und Fertigungsverfahren und
- häufige Neuproduktanläufe und Konstruktionsänderungen.

Parallel zur Störanfälligkeit wächst die wirtschaftliche Bedeutung von Störungen. Störungsbedingte Verzögerungen bei der Neuprodukteinführung verlängern die Amortisationszeit bei ohnehin verkürzten Produktlebenszyklen. Ein störungsbedingter Stillstand in der Fertigung führt bei hohen Kapitalintensitäten zu steigenden Opportunitätskosten. Eine alternative Auslastung der Produktionsmittel ist häufig nicht möglich, da die Freiheitsgrade der Reihenfolgeplanung durch einen verminderten Werkstattbestand herabgesetzt sind.

Der Anstoß für eine grundsätzliche Überprüfung des Steuerungskonzepts resultiert aus der Erkenntnis, daß die Prozesse in japanischen Produktionssystemen trotz konsequent abgebauter Sicherheiten stabiler verlaufen als in westlichen Systemen und zudem weniger Lenkungsaktivitäten erforderlich sind, um diese Stabilität aufrechtzuerhalten. Als entscheidender Faktor für dieses Ergebnis wird die konsequente Fehler- und Störungsorientierung der Lean Production angesehen (vgl. Womack/Jones/Roos 1991), die es ermöglicht, auf Sicherheiten eines tayloristischen Fabrikmanagements zu verzichten. In japanischen Produktionskonzepten hat nicht die Planungsrevision, sondern die Verteidigung der Ursprungsplanung höchste Priorität. In diesem Zusammenhang ist auch das Anhalten der Montagebänder bei Auftreten von Abweichungen einzuordnen. Hierbei wird eine ursächliche Fehlerbeseitigung betrieben und auf eine Umplanung der Bandbelegung verzichtet. Mit einer Determinierung der Prozesse wird gleichzeitig die Basis für den Einsatz der fast vergessenen, analytischen Verfahren zur Ablaufplanung geschaffen. Der geringe Stellenwert einer institutionalisierten Steuerung in der japanischen Betriebspraxis ist neben der Störungsorientierung auch durch eine Organisationsstruktur zu erklären, welche dispositive Aufgaben weitgehend auf den direkten Bereich und die dort tätigen Arbeitsgruppen überträgt. Für westliche Produktionssysteme stellt sich vor diesem Hintergrund die Frage, ob die komplexen Lenkungs- und Informationskonzepte überhaupt notwendig sind, oder lediglich strukturelle Mängel der Produktionssysteme verdecken und dabei sogar konservieren. Denn in erster Linie zielt das Steuerungskonzept darauf ab, die Komplexität und Unzulänglichkeiten der betrieblichen Abläufe durch ebenso komplexe Systeme zu beherrschen, anstatt die Komplexität generell zu vermindern und Unternehmensprozesse sicherer zu machen. Das Selbstverständnis der Steuerung hat sich in Unternehmen vor diesem Hintergrund oftmals zu einer Nachbesserungsstelle mit Reparaturverhalten entwickelt. Es ist fraglich, ob diese Haltung bei wachsenden Störeinflüssen aufrechterhalten werden kann. Vielmehr ist die Frage zu stellen, ob durch eine Ergänzung der Steuerung um ein Entstörmanagement eine nachhaltige Prozeßverbesserung und damit eine Stabilisierung der Leistungserstellung erreicht werden kann.

Zur Analyse des Störungsgeschehens wurde eine empirische Untersuchung von 20 Unternehmen aus den Branchen Automobilbau und -zulieferung, chemische Industrie, Elektroindustrie, Maschinen- und Anlagenbau, Eisen-, Blech- und Metallverarbeitung sowie optische Industrie durchgeführt. Zur Informationsgewinnung wurden persönliche Interviews mit den für den Produktionsbereich verantwortlichen Führungskräften durchgeführt, wobei ein standardisierter Fragebogen eingesetzt wurde. Die Zielsetzung der Erhebung bestand im Ableiten von Trendaussagen hinsichtlich des Störungsgeschehens, die einen

Produktionslogistik

Orientierungsrahmen für die Konzeption des Entstörmanagements setzen sollten. Die Unternehmen wurden zunächst befragt, welche Basisstrategien zur Leistungsverbesserung in der Vergangenheit verfolgt wurden und welche zukünftig geplant sind. Insgesamt wurden zwanzig Strategien zur Auswahl gestellt.

ERKENNTNIS I: Klassische Steuerungsziele wie Bestandssenkung und Durchlaufzeitverkürzung werden verstärkt außerhalb der Steuerungskonzepte in eigenständigen Programmen verfolgt.

Verkörperte die Optimierung der Steuerung mit 12 Nennungen in der Vergangenheit die am häufigsten verfolgte Basisstrategie, so ist sie mit momentan 6 Nennungen in ihrer Bedeutung deutlich gesunken. Dies bedeutet allerdings nicht, daß die Steuerungsproblematik als gelöst angesehen werden kann. Die mit 16 Nennungen zur Zeit am häufigsten genannte Basisstrategie ist die Bestandssenkung. Platz zwei nehmen Programme zur Verminderung der Durchlaufzeit ein. Die steigende Bedeutung dieser klassischen Steuerungsziele läßt darauf schließen, daß die gesetzten Ziele nicht befriedigend erfüllt wurden.

ERKENNTNIS II: Strategien zur Komplexitätsverringerung ersetzen Strategien zur Komplexitätsbeherrschung.

Eine wesentliche Zielsetzung bestand in der Vergangenheit in der Beherrschung der Produktionskomplexität. Diese sollte durch Investitionen in die Steuerungskonzepte und eine erhöhte EDV-Durchdringung erreicht werden. In gleichem Maße, wie diese Strategien an Bedeutung verloren haben, zeichnet sich nunmehr ein wachsender Trend zur generellen Verringerung der Komplexität ab. Der Lenkungsbedarf des Produktionssystems wird dabei durch strukturelle Eingriffe herabgesetzt. Mehr als die Hälfte der Unternehmen vereinfacht zur Zeit den Materialfluß. Auch die Reduzierung der Fertigungstiefe, die mit 9 Nennungen intensiv betrieben wird, ist als Mittel zur Komplexitätsverringerung anzusehen. Die wachsende Bedeutung eines systematischen Variantenmanagements (8 Nennungen) schließt sich logisch daran an.

ERKENNTNIS III: Unternehmen betreiben vermehrt eine organisatorisch-funktionale Integration zu Lasten einer Datenintegration.

Produktionslogistik

In der Vergangenheit verfolgte ein Viertel der befragten Unternehmen CIM-Strategien. Gegenwärtig nennt nur noch ein Unternehmen CIM als Basisstrategie. Setzt man dieser Entwicklung die angestrebte Veränderung der Arbeitsorganisation und die Programme der kontinuierlichen Verbesserung entgegen, kann gefolgert werden, daß die angestrebte Integration nunmehr in erster Linie auf organisatorischem Wege erreicht werden soll. Die lange Zeit verfolgte Datenintegration innerhalb des CIM-Konzepts wird durch eine Organisationsintegration ergänzt und teilweise ersetzt. Arbeitsorganisatorische Veränderungen im Rahmen der Gruppenarbeit sowie Bestrebungen zur Abflachung und Dezentralisierung der Aufbauorganisation verändern dabei das betriebliche Gefüge hinsichtlich Aufgaben, Kompetenz und Verantwortung. Zur Prüfung dieser Vermutung wurden die Unternehmen befragt, in welchem Maße und mit welchem Schwerpunkt eine Dezentralisierung von Einzelfunktionen stattfindet. Ein wesentliches Integrationsfeld bildet die Qualitätssicherung. Ein Drittel der Unternehmen hat die Qualitätssicherung ganz in die Fertigung integriert. In mehr als einem weiteren Drittel wurde sie teilweise integriert. Platz zwei hinsichtlich der Integrationshäufigkeit nimmt mit 10 Nennungen die Instandhaltung ein. Ein weiteres Integrationsfeld bildet die Fertigungssteuerung, die fast von der Hälfte der Unternehmen in die Fertigung integriert wurde.

4.3.1 Bedeutung des Störungsphänomens

Für die Definition eines Entstörmanagements ist es von Bedeutung, wo die Quelle des Störungseinflusses angesiedelt ist. Hierbei gilt es zu klären, ob Störungen von den Absatzmärkten beispielsweise in Form eines sprunghaften Auftragsverhaltens der Kunden ausgehen oder ob die Störungen intern verursacht werden. Störungen aus der Unternehmensumwelt können häufig nicht ursachenorientiert bekämpft werden. Lediglich wirkungsbezogene und reaktive Maßnahmen, wie der Aufbau von Sicherheitsbeständen und Zeitpuffern oder die Flexibilisierung der Planung, sind in diesem Falle möglich. Die unternehmensinternen Störungen wurden danach differenziert, ob sie vom Fertigungsbereich oder von indirekten Unternehmensbereichen zu verantworten sind. Ergebnis der Befragung ist, daß lediglich ein Viertel der Störungen im unternehmensexternen Bereich entstehen und somit drei Viertel der Störungen als intern verursacht angesehen werden können (vgl.

Produktionslogistik

Abb. 4-12). Von den unternehmensinternen Störungen sind 46% wiederum durch die Fertigung zu verantworten. Für das Entstörmanagement ergibt sich hieraus, daß sich Strategien und Maßnahmen zur

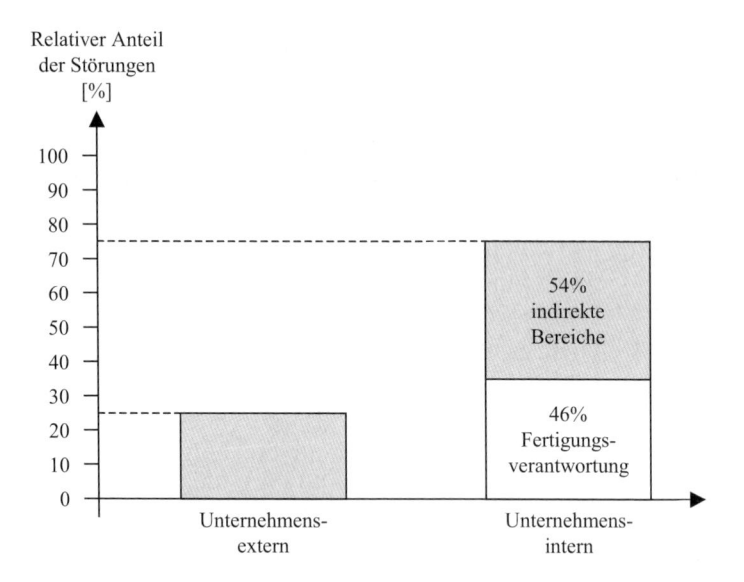

Abb. 4-12: Verursachungsort der Störungen

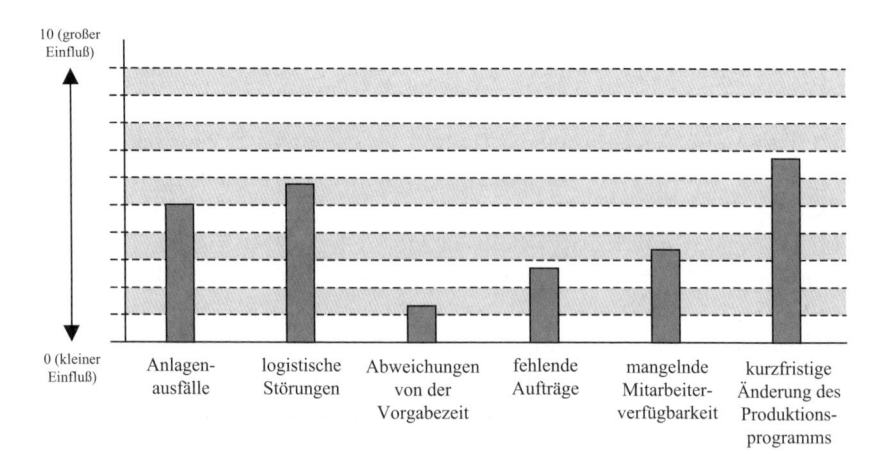

Abb. 4-13: Ursachen nicht genutzter Kapazität in der Fertigung

Entstörung der betrieblichen Prozesse primär auf die interne Struktur und Lenkung des Unternehmens richten müssen. Hier ist sowohl das Störpotential als auch die Beeinflussungsmöglichkeit hoch.

Zur Identifikation der Störungsursachen wurden die Experten unter anderem gefragt, durch welche Faktoren Kapazitätsverluste in der Fertigung zu erklären sind (vgl. Abb. 4-13). In den befragten Unternehmen resultiert durch kurzfristige Änderungen des Produktionsprogramms der größte Kapazitätsverlust. Durch kurzfristige Änderungen des Produktionsprogramms wird zwar die Auslastung der Produktionsanlagen sichergestellt, jedoch entsteht ein beträchtlicher Kapazitätsverlust, da der Anteil der Hauptzeiten vermindert wird. Es treten vielmehr zusätzliche Rüst- und Bereitstellungszeiten auf. Die Auslastungsmaximierung im Sinne der Vermeidung von Leerzeiten kann vor diesem Hintergrund zwar als notwendige Bedingung für eine wirtschaftliche Anlagennutzung angesehen werden, jedoch tritt die hinreichende Bedingung hinzu, daß die entsprechende Belegungszeit möglichst effektiv genutzt wird. Neben dem Kapazitätsverlust durch kurzfristige Änderungen des Produktionsprogramms sehen die Befragten in logistischen Störungen den zweitwichtigsten Einflußfaktor. Anlagenausfälle, auf die man sich in der herkömmlichen, technisch orientierten Störungsbekämpfung konzentriert, folgen erst an dritter Stelle. Für das Entstörmanagement ergibt sich daraus, daß eine Vermeidung von Umplanungen äußerste Priorität hat und anstelle einer Planungsflexibilisierung eine Prozeßsicherung erfolgen muß.

Zur Abschätzung der Störanfälligkeit des Fertigungsbereichs sollten die Fertigungsverantwortlichen angeben, wie groß der Anteil von Störungen ist, der zu einer Leistungsverminderung der Fertigung führt. Ziel war es, festzustellen, wie robust die Fertigungssysteme auf Störungseinflüsse reagieren. Das Ergebnis der Befragung zeigt Häufungen in der Klasse < 20% (7 Nennungen) sowie in der Klasse von 60-80% (8 Nennungen). Die Häufigkeitsverteilung läßt den Schluß zu, daß es zwei Grundtypen von Unternehmen hinsichtlich der Störanfälligkeit gibt. Beide Typen wurden mit den beschriebenen Strategien in Beziehung gesetzt. Das Ergebnis war, daß die Optimierungsanstrengungen bezüglich der PPS keinen Einfluß auf die Störanfälligkeit haben. Als entscheidender Einflußfaktor wurde vielmehr die Durchführung von Programmen zur Bestandssenkung und Durchlaufzeitreduzierung ermittelt. Alle Unternehmen mit einer geringen Störanfälligkeit haben in der Vergangenheit entsprechende Strategien verfolgt. Bei den Unternehmen mit einer hohen Störanfälligkeit lag der Anteil nur bei einem Drittel. Es bestätigt sich damit die auf den ersten Blick widersprüchliche Aussage, daß der Abbau von Sicherheiten zu einer Verminderung der Störanfälligkeit führt. Die Erklärung hierfür ist, daß es den störungsrobusten Unternehmen offensichtlich gelungen ist, wirkungsorientierte Sicherungsmaßnahmen in Form von Zeit-, Material- und Kapazitätspuffern durch eine ursächliche Problemlösung zu ersetzen, die eine nachhaltige Entstörung bewirkt.

4.3.2 Strategien der Entstörung

Mit der Definition von Basisstrategien wird sichergestellt, daß die Störungsbekämpfung im Unternehmen einer geplanten und vereinheitlichten Systematik unterliegt und Inkompatibilitäten von Einzelmaßnahmen der unterschiedlichen Bereiche vermieden werden. Optimierungskriterium bei der Definition und Auswahl von Entstörstrategien ist die Minimierung des Störungsschadens. Dieser resultiert aus der Störungsfrequenz als Mengenkomponente und den Störungskosten als Wertkomponente.

➢ Verminderung der Störungsfrequenz: Das Ziel einer Verminderung der Störungsfrequenz besteht darin, das Eintreten eines Störfalls zu vermeiden. Dies setzt voraus, daß Ressourcen, die bisher zur Störungsbekämpfung nach Störungseintritt eingesetzt wurden, gezielt zur präventiven Entstörung genutzt werden. Die damit einhergehende Ressourcenverlagerung von der Störungsreaktion zur präventiven Aktion beruht auf der Erkenntnis, daß die Störungskosten einen exponentiellen Verlauf nach Störungseintritt aufweisen. Bei einer konstanten Störungswahrscheinlichkeit entscheidet die Häufigkeit der Prozeßausführung darüber, wie oft eine Störung auftritt. Eine rein an der Prozeßhäufigkeit orientierte Bekämpfungsstrategie umfaßt folgende Handlungsoptionen:

- Verzicht auf den gestörten Prozeß,
- Verminderung der Durchführungshäufigkeit sowie
- Schaffung von repetitiven Prozessen, wenn mit Lerneffekten gerechnet werden kann.

Der Verzicht auf einen gestörten Prozeß kann in dreifacher Weise erfolgen. Zum einen ist es möglich, den gestörten Prozeß durch einen Alternativprozeß zu substituieren. Des weiteren ist zu überprüfen, ob eine Fremdvergabe des Prozesses möglich und wirtschaftlich sinnvoll ist. Darüber hinaus ergibt sich aus dem Einbezug der Störungskosten in die Programmplanung häufig eine Veränderung der deckungsbeitragsmaximalen Programmstruktur, die einen Prozeßverzicht beinhalten kann. Als zweite Handlungsalternative neben dem Prozeßverzicht kommt eine gezielte Reduzierung der Durchführungshäufigkeit in Betracht. Die Reduzierung kann durch eine Steigerung des Volumens je Prozeßdurchlauf erreicht werden. Ist die Anlaufphase einer bestimmten Fertigungsanlage störanfällig, so wird man versuchen, die Anzahl der Anlaufphasen durch eine Erhöhung der Bearbeitungslosgröße zu vermindern. Die Erhöhung des Prozeßvolumens steht jedoch häufig in konfliktärer Beziehung zu weiteren Zielgrößen des Prozesses wie Beständen oder Durchlaufzeiten. Die Steigerung der Prozeßhäufigkeit ist als dritte Handlungsoption dann zu erwägen, wenn ein Zusammenhang zwischen der Störanfälligkeit des Prozesses und seiner Durchführungshäufigkeit besteht. In Analogie zum Erfahrungskurventheorem kann davon ausgegangen werden, daß die Prozeßwiederholung zu einer Verminderung der personalbedingten Störungshäufigkeit führt. Durch die häufige Wiederholung des Prozesses werden Ursache-Wirkungszusammenhänge von Störungen transparent. Die betriebliche Aufgaben- und Prozeßstruktur ist deshalb so einzurichten, daß eine kontinuierliche Prozeßwiederholung gewährleistet wird. Die Zusammenfassung ähnlicher Arbeitsvorgangsfolgen in Fertigungssegmenten unterstützt eine solche Prozeßstruktur.

Die Verminderung der Störungswahrscheinlichkeit bildet einen zweiten Hebel zur Erhöhung der Prozeßsicherheit. Ansatzpunkte hierfür bestehen in einer wirkungsorientierten Abpufferung des Fertigungssystems oder in einer ursächlichen Störungsbeseitigung. Erster Schritt hierfür ist eine strikte Trennung von Störungsursachen und -wirkungen. In der Literatur existiert eine Anzahl von Störungskatalogen. Allen Katalogen ist jedoch gemein, daß sie eine Unterscheidung von Ursachen und Wirkungen nicht vorsehen. Ursachenorientierte Strategien setzen die Identifikation der finalen Ursache innerhalb einer mehr oder weniger langen und komplexen Ursache-Wirkungskette voraus. Die Analyse dieser Kette ist Voraussetzung für eine rationale Maßnahmenauswahl. Hierbei ergibt sich ein Wirtschaftlichkeitsproblem, da im Vorfeld der Informations- und Analysebedarf nicht genau abzuschätzen ist. In Abbildung 4-14 sind die Vor und Nachteile von wirkungs- und ursachenbezogenen Strategien aufgeführt.

➢ Verminderung der Störungskosten: Durch die Erhöhung der Prozeßsicherheit gelingt es nur selten, eine gänzlich störungsfreie Produktion zu erreichen. Konsequenz daraus ist, daß eine Strategie für den eingetretenen Störfall zu entwickeln ist. Optimierungskalkül sind dabei die nach dem Störungseintritt entstehenden Störungskosten. Jede störungsbedingte Um- und Neuplanung verursacht Prozeßkosten im administrativen Bereich, die sich über veränderte Zeit- und Terminraster häufig bis zum Zulieferer fortpflanzen. Gestaltungsfelder zur Verminderung der Störungskosten liegen im organisatorischen, personellen und technischen Bereich. Zwei Grundprinzipien bestimmen die organisatorischen Maßnahmen zur Erhöhung der Entstöreffizienz. Zum einen ist durch eine Zusammenfassung der Entstörkompetenz aus den unterschiedlichen Fachabteilungen eine integrative Strategieplanung und Maßnahmenkoordinierung anzustreben. Zum anderen ist die Durchführung der Entstörung möglichst dezentral durch die betroffenen Bereiche abzuwickeln. Durch die Bildung bereichsübergreifender Teams bei der Planung der Entstörpolitik werden vormals isoliert betrachtete Problemstellungen der technischen, organisatorischen und personellen Störungsdimension in einen Gesamtzusammenhang gestellt. Die Funktionsspezialisierung, beispielsweise im Rahmen der Instandhaltung oder Qualitätssicherung, wird durch eine Gesamtsicherungsstrategie ersetzt. Das zweite zentrale Element der organisatorischen Maßnahmen zur Erhöhung der Entstöreffizienz ist eine weitgehende Dezentralisierung von Regelungs- und Entstörkompetenz. Ziel ist die Bildung kurzer Regelschleifen innerhalb der Fertigung, die eine schnelle Reaktion auf Störungen ermöglichen und auf diese Weise Totzeiten im Produktionssystem reduzieren. Fachkräfte wie Elektriker, Schlosser oder Disponenten, die zuvor zentralisiert für eine Entstörung zu sorgen hatten, sind den einzelnen Erhöhung des Abstimmungsaufwands und der Entwicklung von suboptimalen, bereichsbezogenen Lösungen. Um den Handlungsrahmen innerhalb der Bereiche einzuschränken und eine Kompatibilität der Einzelmaßnahmen sicherzustellen, sind vordefinierte Standards für Entstörmaßnah-

Produktionslogistik

	Vorteil	**Nachteil**
Ursachenbezogene Strategie	• einmaliger Aufwand • komplette Störungsbeseitigung • Vermeidung von Folgestörungen • Lerneffekte der Mitarbeiter • Optimierung zukünftiger Planungen durch Ursachenprävention • positiver Einfluß auf die Erfolgsfaktoren	• große Anzahl möglicher Einzelursachen • teilweise hoher Analyseaufwand • häufig ungeeignet zur kurzfristigen Entstörung • Ursachen teilweise nicht beeinflußbar • Verlust von Entstör-Know-how in den betroffenen Bereichen

Wirkungsbezogene Strategie	• einfache und schnell Realisierbarkeit
	• geringer Analyseaufwand
	• geringes Know-how erforderlich
	• große Anzahl von möglichen Methoden:
	  - Zeitpuffer
	  - Mengenpuffer
	  - Kapazitätspuffer
	  - Flexibilisierung
	  - Simulation
		• dauerhafter Charakter (Fixkosten) mit großem Pflegeaufwand
		• Tendenz zur Verharrung (z.B. Materialpuffer)
		• geringer Wirkungsgrad bei wechselnden Produktionsbedingungen
		• keine grundlegende Verbesserung des Produktionssystems
		• Erhöhung der Steuerungskomplexität
		• nachteilige Wirkung auf die Wettbewerbfaktoren

Abb. 4-14: Vor- und Nachteile ursachen- und wirkungsbezogener Entstörstrategien

men zu entwickeln. Beispielsweise ist festzulegen, welche Einzelmaßnahmen im Falle des Auftretens eines Fehlteiles zu treffen sind. Das Verhalten der Subsysteme innerhalb der Fertigung wird durch die Standards weitgehend determiniert und somit eine hohe Planungsgüte innerhalb des Steuerungssystems ermöglicht.

Produktionslogistik

Personelle Maßnahmen zur Erhöhung der Entstöreffizienz richten sich in erster Linie auf eine Sensibilisierung der Mitarbeiter gegenüber Störungen. Insbesondere sorgen Prozeßkostendaten für eine erhöhte Sensibilisierung der Mitarbeiter. Weitere personelle Maßnahmen betreffen die Mitarbeiterauswahl und -qualifikation für das dezentrale Entstörkonzept. Die Mitarbeiter müssen entsprechend den definierten Standards in die Lage versetzt werden, eine weitgehend autonome Entstörung durchzuführen. Hierfür sind einfache Methoden zur Analyse von Störungssituationen zu schulen. Im Einzelfall ist zu prüfen, ob ein gezielter Aufbau von quantitativen und qualitativen Überkapazitäten im Bereich des Entstörpersonals sinnvoll ist.

Neben technischen Maßnahmen der Instandhaltung, wie beispielsweise eine Verschleißminderung von Anlagenkomponenten, sind für die Entstöreffizienz insbesondere technische Maßnahmen zur Verminderung der Melde- und Diagnosezeiten von Bedeutung. Kennzeichen japanischer Entstörkonzepte ist die Darstellung des Störungsgeschehens auf sogenannten "Andons". Hierbei handelt es sich um optische Signalanlagen, die an der Hallendecke angebracht werden und von jedem Fertigungsbereich zu beobachten sind. Aufgabe der Signallampen ist die Visualisierung von Unterbrechungen im Materialfluß. Auf diese Weise sind für alle Mitarbeiter Unregelmäßigkeiten in vor- und nachgelagerten Bereichen transparent. Entsprechende Anpassungsmaßnahmen können dezentral getroffen werden. Ein weiterer Vorteil der Störungstafeln besteht in einer Effektivitätserhöhung des Entstörpersonals. In Abbildung 4-15 werden die vorgestellten Maßnahmenkategorien zusammengefaßt und mit Einzelbeispielen erläutert.

➢ Einbettung des Entstörmanagements in das Steuerungskonzept: Kristallisationskern für eine Integration des Entstörmanagements in das Steuerungskonzept ist der Entstörleitstand. Mit der Zuordnung der Entstöraufgabe und -kompetenz auf segment- oder modulbezogene Entstörleitstände wird die Verantwortung für die Störungsbekämpfung im Unternehmen eindeutig definiert. Voraussetzung dafür sind organisatorische Veränderungen wie die Verlagerung operativer Entstöraufgaben in den Fertigungsbereich und die Zusammenfassung der Entstörplanung und -koordinierung aus den Bereichen der Qualitätssiche-

Produktionslogistik

Maßnahmenkategorie		Beispiele für Einzelmaßnahmen	
Störungs-frequenz	Prozeßverzicht	• Prozeßsubstitution (Verfahren, Werkstoffe) • Fremdvergabe von Prozessen • Konstruktive Änderungen	• Modifizierung des Produktionsprogramms nach Erhebung von Störungskosten
	Verminderung der Durchführungs-häufigkeit	• Volumensteigerung des Prozeßdurchlaufes durch: - Zusammenfassen von Bedarfen - Losgrößenerhöhung - Ausdehnung von Wartungsintervallen	
	Schaffung repetitiver Prozesse	• Standardisierung von Prozessen • Lossplittung	• Verringerung der Arbeitinhalte in kurzen Regelschleifen
	Ursachebezogene Maßnahmen	• Ermittlung der finalen Ursache • Änderungsmanagement • Variantenmanagement	• Fertigungsgerechte Konstruktion • Fehlteilvermeidung • Behälterkreisläufe
	Wirkungsbezogene Maßnahmen	• Erhöhung des Werkstattbestandes • Erhöhung von Bearbeitungs- und Übergangszeiten • Installation von Ausweichanlagen • Mehrfache Werkzeugsätze • Einsatz von Springern	• Flexibilisierung des Mitarbeitereinsatzes • Nacharbeit • Aufstockung des Entstörpersonals • Intensitätsmäßige und zeitliche Anpassung
Entstör-effizienz	Störungskostenrechnung	• Definition von Störungen als Kostentreiber • Optimierung des störungsbedingten Ressourceneinsatzes	• Erfolgscontrolling der Entstörung • Modifizierung der Kalkulation
	Entstörstandards	• Informationspflichten • Abarbeitungsreihenfolge • Definition von Verantwortlichkeiten	• Festlegung anzuwendender Hilfsmittel und Methoden • Controllinggrößen
	Personelle Maßnahmen	• Methodenschulung • Qualifizierung • Sensibilisierung durch Visualisierung von Störungskosten	• Aufbau qualitativer und quantitativer Überkapazitäten
	Organisatorische Maßnahmen	• Bildung crossfunktionaler Entstörteams • Segmentierung der Entstörkapazität • Aufbau eines Entstörleiststands	• Dezentrale Regelungs- und Entstörkompetenz • Aufbau einer Störungshistorie • Schichtübergreifende Entstörung • Störungstypspezifische Entstörbaukästen
	Technische Maßnahmen	• Signaltafel (Andons) • Personenrufgeräte • Diagnosesysteme	

Abb. 4-15: Maßnahmen des Entstörmanagements

rung, Instandhaltung und Logistik in den Entstörleitstand. Insofernerstreckt sich die Einführung eines Entstörmanagements nicht nur auf die Definition von Strategien und Maßnahmen, sondern erfordert eine konsequente Organisationsentwicklung. Wenn es im Regelkreisbereich der Fertigung nicht gelingt, die Störung autonom auszuregeln, so ist es Aufgabe des Entstörleitstandes, weitergehende Hilfe bereitzustellen. Der Entstörleitstand fungiert auf diese Weise als Filter gegenüber der Produktionsplanung. Aufgabe des Entstörleitstandes ist die zentrale Erfassung und Analyse von Störungen innerhalb der logistischen Kette. Nach der Festlegung des optimalen Eingriffsortes werden auf der Basis vordefinierter Eingriffsstrategien Entstörmaßnahmen angestoßen, koordiniert und überwacht. Die Erhaltung der Ursprungsplanung hat dabei oberste Priorität. Durch eine schnelle Entstörung ist die Abweichung von Ist- und Sollwerten zu minimieren. Intensitätsmäßige Anpassungsmaßnahmen sorgen nach abgeschlossener Entstörung für eine Rückführung der Ist-Werte in das definierte Toleranzband. Sind die getroffenen Maßnahmen nicht ausreichend, so sind zeitliche Anpassungsmaßnahmen durchzuführen. Eine Flexibilisierung von Arbeits- und Betriebszeiten ist hierfür Voraussetzung. Auch ein "Einfrieren" der Planung im kurzfristigen Bereich von 3 bis 4 Arbeitstagen ist hilfreich. Die Detailplanung dieses Zeitfensters erfolgt mit den Methoden und Hilfsmitteln vorhandener Leitstandskonzepte, jedoch mit dem Unterschied, daß das Planungsergebnis fixiert wird. Für das Produktionscontrolling ergibt sich daraus, daß neben Beständen, Auslastung, Durchlaufzeit und Termintreue die Umplanungshäufigkeit als eigenständige Zielgröße zu definieren ist. Durch die damit verbundene Reduktion von Planungs- und Steuerungsaktivitäten zugunsten einer prozeßbezogenen Störungsbekämpfung wird der Leitstand zum Entstörleitstand. Für zeitlich nachgelagerte Planungsfenster sind durch die zentrale Steuerung robuste Eckdaten festzulegen, deren Detaillierung mit wachsendem Planungshorizont abnimmt. Zielsetzung dabei ist eine Stabilisierung der Produktionsplanung auf Basis einer Vergröberung des Planungsablaufs.

4.4 Organisatorische Gestaltung der Auftragsabwicklung

Die in der Vergangenheit erfolgreich angewandte Strategie der getrennten Optimierung einzelner Fachbereiche, wie Vertrieb, Konstruktion, Produktion und Materialwirtschaft mit ihren vielfältigen Schnittstellenbeziehungen erreicht nur selten die gewünschten Ziele einer kundenorientierten Auftragsabwicklung. Erfolgsfaktoren einer

Produktionslogistik

kundenorientierten Auftragsabwicklung sind Kommunikation, Kongruenz von Verantwortung und Beeinflußbarkeit, Prozeßverantwortung, Erfolgskontrolle und Qualitätsorientierung in Geschäftsprozessen. Die Analyse von Auftragsabwicklungsprozessen in vielen Unternehmen unterschiedlicher Branchen weist ein einheitliches Bild von Schwachstellen auf (vgl. Abb. 4-16):

➢ Arbeitsteilung und sequentielle Abläufe: Die innerbetriebliche Arbeitsteilung ist vielfach durch Funktionsspezialisierung gekennzeichnet. Abteilungsschnittstellen bedeuten Unterbrechungen des Bearbeitungsflusses. Die Folge sind Reibungsverluste aufgrund von Doppelarbeit, Liege- und Transportzeiten. Durch den Wechsel des Bearbeiters fallen geistige Rüstzeiten zur Einarbeitung, Nachfragen zur Beschaffung nicht oder nur unzureichend dokumentierter Informationen sowie Prozeßschleifen an. Die Folge ist ein hoher Formalisierungsgrad mit einer aufwendigen Organisation der Abläufe. Die Situation wird verschärft durch Medienbrüche aufgrund unterschiedlicher DV-Systeme oder manueller Teilschritte. Mit hoher Arbeitsteilung geht die sequentielle Abarbeitung der Vorgänge einher. Die Parallelisierung sequentiell ablaufender Prozesse erschließt bereits ohne signifikante Veränderung der Prozeßschritte Potentiale zur Verkürzung der Durchlaufzeit.

Durchlaufzeit	Wertschöpfung	Mitarbeiter	festgelegte Produktkosten
60%	75%	50%	90%
• 60% der Gesamtauftragsdurchlaufzeit werden von den indirekten Bereichen beansprucht.	• Bis zu 75% der Wertschöpfung sind Gemeinkosten, verursacht und entstanden in indirekten Bereichen.	• In Industrieunternehmen sind bis zu 50% der Beschäftigten in indirekten Bereichen tätig.	• Bis zu 90% der Produktkosten werden durch Entscheidungen in indirekten Bereichen festgelegt.

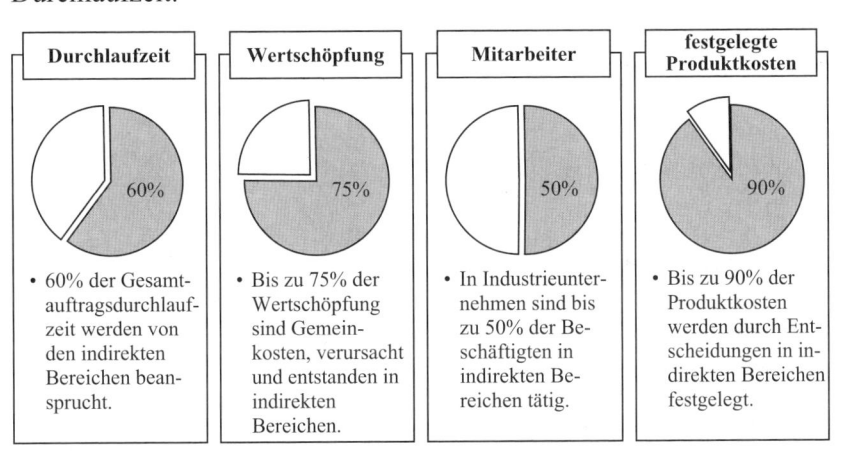

Abb. 4-16: Ausgangssituation in indirekten Bereichen

Produktionslogistik

➢ Funktionale Verantwortungsbereiche: Die Ausrichtung der Prozesse an der Organisationsstruktur führt zu funktionalen Verantwortungsbereichen im Unternehmen. Ausgeprägte Bereichsegoismen, gegenseitige Schuldzuweisungen und eigenständige Kommunikationswelten sind das Ergebnis einer mangelnden Ausrichtung der Organisation am Prozeß und vor allem am Kunden.

➢ Fehlendes Prozeßcontrolling: In den meisten Unternehmen ist die Planung, Kontrolle und Steuerung des Auftragsdurchlaufs auf die Fertigung beschränkt. Kapazitätsplanung, Auftragsfortschrittskontrolle, Identifikation von Zeittreibern in der Prozeßkette sowie Analysen zeitlicher Abweichungen sind, wenn überhaupt, nur ansatzweise vorhanden. Signifikante Verkürzungen der Durchlaufzeit und Transparenz über den Auftragsstatus erfordern die Implementierung eines systematischen und methodischen Prozeßcontrollings in den indirekten Geschäftsprozessen der Auftragsabwicklung.

➢ Intransparente Kostenumlagen: Analog zur Entwicklung fällt in der Auftragsabwicklung nur ein geringer Teil der Kosten an; ein Großteil der Kosten wird aber dort beeinflußt. In den allerwenigsten Fällen werden diese Kosten verursachungsgerecht zugeordnet. Die kostenverursachenden Stellen müssen lediglich die direkten Kosten verantworten. Mehrkosten, die aufgrund fehlerhafter oder unvollständiger Informationen entstehen, werden nicht angelastet. Fehlerkosten aufgrund unklarer Informationen, Kosten für Anpassungskonstruktionen aufgrund mangelnder Standardisierung und Kapitalkosten für Liegezeiten nach Fertigungsende sind Kosten ineffizienter Auftragsabwicklungsprozesse, deren verursachungsgerechte Zuordnung den Rationalisierungsdruck auf die Auftragsabwicklung erhöht.

Für die organisatorische Gestaltung bedeuten die Defizite traditioneller Organisationsformen in der Auftragsabwicklung die Abkehr von Funktionen und die Betonung von Prozessen und Zielen bei gleichzeitiger Übertragung von ganzheitlichen Aufgaben, Kompetenzen und Verantwortlichkeiten. Hieraus ergibt sich die Forderung nach einer prozeßorientierten Gestaltung der Auftragsabwicklung.

4.4.1 Gestaltungsobjekte

Die Auftragsabwicklung beinhaltet die Übermittlung und datenmäßige Bearbeitung sowie Kontrolle der Aufträge vom Zeitpunkt des Auftragseingangs vom Kunden bis zur Ankunft der Sendungsdokumente und Rechnungen beim Kunden. Vorgeschaltet ist die Phase der Angebotsbearbeitung. Die Auseinandersetzung mit organisatorischen Gestaltungskonzepten der Auftragsabwicklung erfordert die Identifikation und die Analyse der relevanten Teilprozesse und Zeitstrecken. Die für die organisatorische Gestaltung der Auftragsabwicklung relevanten Teilprozesse sind der Innovationsprozeß, der Logistikprozeß, der Fertigungsprozeß sowie die Kundenauftragsbearbeitung.

Die Innovationsprozeßkette umfaßt die für Produkt- und Prozeßinnovationen erforderlichen Aktivitäten der Bereiche Marketing, Entwicklung, Konstruktion sowie Prototypenentwicklung und Vorserienbau. Ebenfalls sind markt- und technikinduzierte Änderungsprozesse Bestandteil des Innovationsprozesses. Mit der Integration der Arbeitsplanung in den Innovationsprozeß ist die Schnittstelle zur Produktion definiert, was eine parallele anstatt einer sequentiellen Prozeßabwicklung erleichtert. Die Schnittstelle zur absatzwirtschaftlichen Sphäre des Unternehmens wird durch die Integration der Marketingaktivitäten in den Innovationsprozeß sichergestellt. Das Marketing ist als Brücke zum Kunden Bestandteil des Innovationsprozesses und fördert so die Erfolgswirksamkeit von Entwicklungsprojekten. Der Innovationsprozeß umfaßt damit die Zeitspanne zwischen Produktidee und der Markteinführung. Der Aufgabenbereich der Entwicklung umfaßt zum einen die Aufgabe, durch systematische Anwendung und Auswertung von Grundlagenwissen und technischer Erfahrung zu neuen marktreifen Produkten zu gelangen (Neuentwicklung oder Weiterentwicklung). Zum anderen sind vorhandene Produkte im Verlaufe ihres Lebenszyklus kontinuierlich zu verbessern (Anpaßentwicklung). Nach den Phasen im Entwicklungsablauf lassen sich die Teilprozesse der Entwicklung in Planungs-, Konzeptions-, Entwurfs- und Ausarbeitungsprozesse gliedern. Die Entwicklungsaktivitäten beginnen mit der Planungsphase. Der Anstoß hierzu erfolgt bei Serienprodukten durch Marktbeobachtung und -analyse von Kundenbedürfnissen, bei kundenspezifischen Erzeugnissen liegen hingegen konkrete Kundenbedürfnisse vor, die im Zuge der Planungsphase zu konkretisieren sind. In der Konzeptionsphase wird der Entwicklungsauftrag einer genaueren Klärung hinsichtlich der gewünschten Funktionserfüllung, der Kosten- und Terminanforderungen unterzogen. Ergebnis dieser Aktivitäten ist die Erstellung eines Pflichtenhefts, in dem die Funktionen des Produkts und dessen Randbedingungen festgeschrieben sind. Basierend auf dem Pflichtenheft wird die Gesamtfunktion des Produkts in Teilfunktionen zerlegt, um Lösungsprinzipien für die Teilfunktionen abzuleiten. Durch Kombination der einzelnen Lösungsprinzipien entstehen unterschiedliche Konzeptvarianten, aus denen aufgrund einer technischen und wirtschaftlichen Bewertung die Optimallösung auszuwählen ist. In der Entwurfsphase werden die ausgewählten Lösungsvorschläge einer detaillierteren Gestaltung unterzogen. Hierzu werden die Entwürfe für die einzelnen Bauteile erstellt sowie einer technisch-wirtschaftlichen Bewertung und Optimierung unterzogen. Für die ausgewählten Entwurfsvarianten wird abschließend ein maßstabsgerechter Entwurf erarbeitet. Zum Abschluß der Entwicklungsarbeit wird der ausgewählte Entwurf detailliert, indem die einzelnen Komponenten des Produktentwurfs hinsichtlich ihres Betriebsverhaltens, ihrer Sicherheit und ihrer Wirtschaftlichkeit analysiert und optimiert werden. Als Ergebnis entstehen Zeichnungen, Konstruktionsstücklisten und Anweisungen, die die Entwicklungsarbeit dokumentieren und die an die Arbeitsplanung weitergegeben werden. Die Arbeitsplanung umfaßt nach AWF und REFA "alle einmalig auftretenden Planungsmaßnahmen, welche unter ständiger Berücksichtigung der Wirtschaftlichkeit die fertigungsgerechte Herstellung eines Erzeugnisses sichern" (AWF/REFA). In der Arbeitsplanung wird festgelegt, welche Teile und Baugruppen gefertigt werden. Ferner wird der Produktionsprozeß im Detail geplant. Die Aktivitäten der Arbeitsplanung beginnen mit der Stücklistenauflösung, in der die Ergebnisse der Produktentwicklung in Form von Zeichnungen und Konstruktionsstücklisten auf die Bedürfnisse der Fertigung übertragen werden. Zentrale Aufgabe der Arbeitsplanung ist die Erstellung der Arbeitspläne. Im Arbeitsplan wird die logische und wirtschaftliche Reihenfolge der Arbeitsoperationen festgelegt, die zur Fertigung des Endprodukts aus den Einsatzstoffen erforderlich sind. Unter Berücksichtigung der Faktorkosten sind die Ausgangsstoffe festzulegen, die wirtschaftlichste Arbeitsvorgangsfolge zu bestimmen, Ausführungszeiten je Arbeitsgang zu ermitteln, die benötigten Fertigungsmittel zuzuordnen und die Prüfpläne zu erstellen. Wird die Bearbeitung des

Produktionslogistik

Werkstückes auf einer nummerisch gesteuerten Fertigungseinrichtung vorgenommen, so ist zusätzlich ein NC-Programm zu erstellen. Soweit die benötigten Fertigungs- und Prüfmittel nicht vorhanden sind, ist eine Betriebsmittelplanung und -konstruktion vorzunehmen. Im Rahmen der Planungsvorbereitung wird auf die Aktivitäten in der Entwicklung Einfluß genommen, um frühzeitig auf eine fertigungsgerechte Produktgestaltung hinzuwirken.

Der Produktionsprozeß wird hier aufgrund seiner Bedeutung als eigentlicher Ort der Wertschöpfung als eigenständiger Geschäftsprozeß aufgefaßt. Die Produktionsprozeßkette umfaßt die Zeitspanne zwischen der Bereitstellung aller für die Produktion notwendigen Materialien bis zur Ablieferung des Fertigteils. Nach REFA sind die Zeitstrecken der Ausführung, des Rüstens und verschiedener Wartezeitanteile Bestandteil des Produktionsprozesses. Prozesse im Bereich der Produktion betreffen Bearbeitungs- und Montagevorgänge. Bei Bearbeitungsprozessen kann zwischen kontinuierlichen Fließprozessen (beispielsweise Walzen) und periodischen Stückprozessen unterschieden werden. Montageprozesse umfassen alle zusammenstellenden, -bauenden, -fügenden, -aufbauenden und -stellenden Aktivitäten. Bei beiden Subprozessen handelt es sich also um die Transformation materieller Objekte durch schrittweise Veränderung der Form oder Stoffeigenschaften von einem Rohzustand in einen Fertigzustand. Häufig sind qualitätssichernde, instandhaltende und logistische Tätigkeiten wie Materialversorgung und -bereitstellung, die indirekt zur Produktrealisierung beitragen, in den Produktionsprozeß integriert.

Dem Materialfluß entgegengerichtet, vorgeschaltet oder ihn parallel begleitend fließt der Informationsfluß des Logistikprozesses. Es bietet sich an, die Aktivitäten der Beschaffungs-, Produktions-, und Distributionslogistik in einen unternehmensübergreifenden Logistikprozeß zusammenzufassen, um dessen Charakter als betriebliche Querschnittsfunktion hervorzuheben. Die Beschaffunsprozeßkette mit ihren zwischenbetrieblichen Informations- und Materialflüssen umfaßt die Zeitstrecke der Informationsdurchlaufzeit zwischen Abnehmer und Lieferant sowie die Wiederbeschaffungszeit. Hauptaufgaben in der Beschaffungsprozeßkette sind die Planung, Steuerung und Überwachung der Transport- und Lagerprozesse, die Festlegung geeigneter Versorgungsstrategien und die Unterstützung des Einkaufs bei der

Wahrnehmung strategischer Einkaufsfunktionen, wie Lieferantenauswahl und -bewertung. Die Materialdisposition als Schwerpunkt der operativen Beschaffung umfaßt alle Aktivitäten, die der Feststellung des Bedarfs an Kaufteilen nach Art, Menge und Zeitpunkt dienen und zur Umsetzung in Bestellmengen und -termine einschließlich Abruf beim Lieferanten erforderlich sind. Die Lieferantenbewertung als primär strategische Einkaufsfunktion zielt auf eine systematische Informationsbeschaffung und -auswertung über die Lieferzuverlässigkeit von neuen oder bereits ausgewählten Lieferanten.

Die Subprozesse der Produktionslogistik laufen parallel zur Produktionsprozeßkette ab. Sie umfaßt die Gesamtheit aller Aktivitäten, die zur Planung, Veranlassung, Überwachung und Sicherung der Produktionsprozesse erforderlich sind. Wesentliche Aufgaben innerhalb der Produktionslogistik sind die Produktionsplanung und -steuerung, die sich als zeitlich kapazitätsmäßige Planungsprozesse in die Bereiche Grob-, Mittel- und Feinplanung aufteilen, um die Materialflüsse vom Rohmateriallager über die verschiedenen Stufen des Produktionsprozesses bis zum Fertigwarenlager zu koordinieren. Sie umfassen die Subprozesse Mengen- und Terminplanung, Auftragssteuerung und Datenverwaltung. Die Aufgaben der Grobplanung unterscheiden sich nach der Art der Auftragsauslösung. Bei einer prognoseorientierten Fertigung wird basierend auf dem Absatzplan unter Beachtung fertigungswirtschaftlicher Zielgrößen ein Produktionsprogramm festgelegt, welches die zu produzierenden Erzeugnistypen und -mengen für den Planungszeitraum enthält. Bei einer kundenorientierten Fertigung besteht das Produktionsprogramm dagegen aus konkreten Kundenaufträgen, die grob auf die Fertigungskapazitäten zu verplanen sind. Die mittelfristige Planung umfaßt die Material-, Termin- und Kapazitätsdisposition. Die Materialdisposition hat eine mengen- und termingerechte Bereitstellung der Materialien zu gewährleisten. In der sich anschließenden Termindisposition werden die Aufträge unter Berücksichtigung von vorgesehenen Übergangs- und Pufferzeiten sowie den zeitlichen Abhängigkeiten der einzelnen Teilaufträge aber ohne Berücksichtigung von Kapazitätsrestriktionen eingeplant. Kapazitätsrestrikionen werden erst in der folgenden Feinplanung berücksichtigt, indem ein Belastungsabgleich zwischen Kapazitätsangebot und Kapazitätsbedarf herbeigeführt wird. Die mittelfristige Terminplanung bezieht sich dabei noch auf relativ grob abgegrenzte Kapazitätsgruppen.

Die Detaillierung dieser Vorgaben auf Arbeitsplätze ist Gegenstand der Feinplanung. Die Arbeitsverteilung als Schnittstelle zwischen Planungs- und Realisationsprozessen hat die Ausführung der geplanten Aufträge zum geplanten Termin zu veranlassen. Zum geplanten Termin ist ein Auftrag freizugeben, wenn alle Materialien verfügbar sind und die kapazitätsmäßige Abarbeitung sichergestellt ist. In der sich anschließenden Feinplanung werden die einzelnen Arbeitsvorgänge eines Auftrags den Arbeitsplätzen zugeordnet, und es wird die Reihenfolge der Abarbeitung festgelegt. Nach Veranlassung der Realisationsprozesse beginnt die Überwachungsphase, in der die planmäßige Abarbeitung der Aufträge durch Soll-/Ist-Vergleich erfaßt wird. Hierfür ist ein Rückfluß von Informationen aus der Fertigung an die Produktionsplanung und -steuerung notwendig. Direkt an die Fertigstellung der Produkte schließt sich die Distributionslogistik an. Sie ist spiegelbildlich zur Beschaffung zu sehen und enthält die Materialfluß- und Informationsprozesse zwischen Unternehmen und Kunden.

Die Kundenauftragsbearbeitung umfaßt die administrative Trennung der Anfragebearbeitung, Angebotserstellung und Kundenauftragsbearbeitung. Die Unterscheidung zwischen Logistikprozeß und Auftragsabwicklungsprozeß erfolgt dahingehend, daß im Logistikprozeß die produktionsnahen indirekten Prozesse zusammengefaßt werden, während die Schnittstelle zum Kunden durch den Auftragsabwicklungsprozeß repräsentiert wird. Unabhängig von Produktionstyp, Organisationstyp der Fertigung und des Produktspektrums lassen sich die Kernaufgaben der Auftragsabwicklung anhand des Informationsflusses darstellen. Die Auftragsbearbeitung umfaßt die Veranlassung, Überwachung und Sicherung aller nachfolgenden Auftragsabwicklungsaktivitäten und endet mit der Fakturierung und Auslieferung der bestellten Produkte an den Kunden. Aufträge können vom Kunden per Postbrief, Telefax, Telefon oder elektronischer Datenübermittlung eingehen. Der Auftragsabwicklungsprozeß wird durch den Eingang eines Kundenauftrags ausgelöst. Nach Eingang eines Kundenauftrags ist dieser zunächst zu erfassen und einer kaufmännischen und technischen Auftragsprüfung und zu unterziehen. Bonitätsprüfung des Auftraggebers und zeitliche sowie kapazitätsmäßige Realisierbarkeit des Auftrags sind Gegenstand der kaufmännischen Auftragsprüfung. Je nach Übermittlungsweg und Formalisierungsgrad kann der Auftragserfassungsaufwand starken Schwankungen unterliegen. Die technische

Auftragsklärung ist bei kundenspezifischen Produkten durchzuführen und umfaßt eine Klärung des Kundenwunsches auf prinzipielle Realisierbarkeit. In dieser Phase ist bei kundenspezifischen Produkten eine intensive Zusammenarbeit von Vertrieb, Konstruktion, Arbeitsvorbereitung und kaufmännischer Auftragsbearbeitung erforderlich. An die Auftragserfassung schließt sich die Auftragsführung an, bei der der Auftrag in interne Aufträge umgesetzt wird. Liegt eine prognoseorientierte Fertigung vor, so wird der Auftrag zunächst in eine Primärbedarfsanforderung umgesetzt. Bei einer Fertigung nach Kundenauftrag, werden aus den Kundenaufträgen zunächst Primärbedarfe generiert, die in die Produktionsplanung eingehen. Bei kundenindividueller Produktion werden Konstruktionsaufträge zur Realisierung des Kundenwunsches erstellt. Die Gesamtheit dieser internen Aufträge wird einer Auftragsverwaltung unterstellt, die die interne Durchsetzung der Aufträge veranlaßt, überwacht und die korrekte Erfüllung des Kundenauftrags sicherstellt. Die Auftragsbearbeitung endet mit der Versandabwicklung und der Fakturierung.

Die Organisation der Auftragsabwicklung, das heißt die Zuordnung von Aufgaben zu organisatorischen Einheiten, die Ausgestaltung der Schnittstellen sowie die Regelungs- und Koordinationsmechanismen, werden von Produktionstyp, Auftragstyp, Organisationstyp der Fertigung, Produktionsprogramm und Produktstruktur beeinflußt. Bei der Großserienfertigung für einen anonymen Markt (Typ A) ist der Innovationsprozeß durch einen einmaligen Durchlauf für Standarderzeugnisse gekennzeichnet (vgl. Abb. 4-17). Die Funktionen der Auftragsabwicklung umfassen die Auftragserfassung, Lieferterminterminplanung, Fakturierung und Versandabwicklung. Hohe Koordinationsanforderungen bestehen zwischen Fertigungs-, Logistik- und Auftragsabwicklungsprozeß. Bei der Einzelfertigung (Typ C) sind Innovations-, Fertigungs- und Logistikprozeß als Teile der damit übergeordneten Auftragsabwicklung anzusehen. Die Auftragsabwicklung wird vom Kunden angestoßen, und es werden Produkte nach Kundenspezifikationen konstruiert und gefertigt, so daß neben der Transformation mengen- und wertbezogener Daten auch die technische Umsetzung der Kundenwünsche im Auftragsabwicklungsprozeß stattfindet. Die organisatorische Herausforderung für die Herausforderung für die or-

Produktionslogistik

```
Auftragsabwicklungsprozeß
Produkt A, B, C
```

```
Auftragsabwick-          Auftragsabwick-          Auftragsabwick-
lungsprozeß              lungsprozeß              lungsprozeß
Produkt A                Produkt B                Produkt C
```

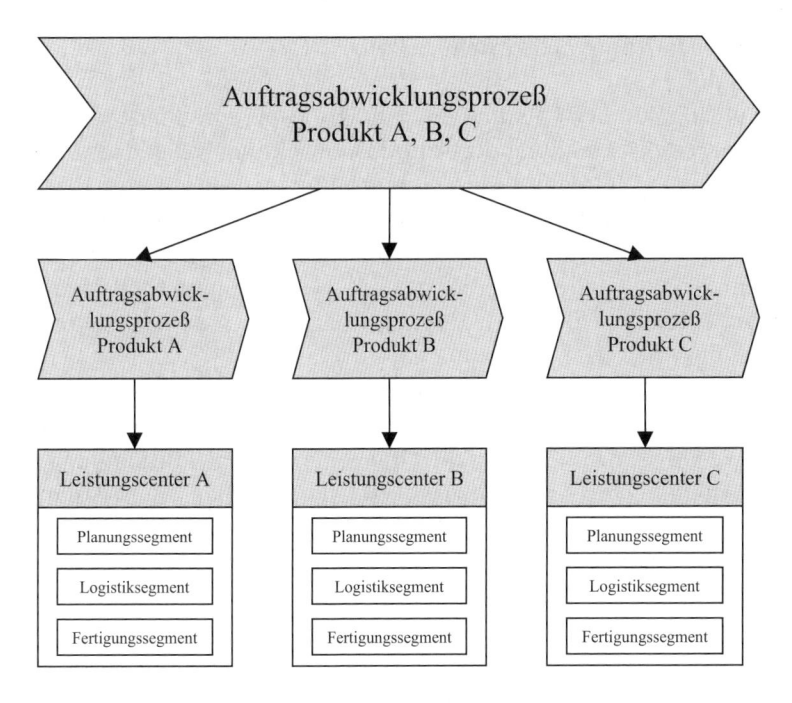

Leistungscenter A	Leistungscenter B	Leistungscenter C
Planungssegment	Planungssegment	Planungssegment
Logistiksegment	Logistiksegment	Logistiksegment
Fertigungssegment	Fertigungssegment	Fertigungssegment

Abb. 4-17: Segmentierung des Auftragsabwicklungsprozesses

ganisatorische Gestaltung besteht hier in der Integration aller zur Abwicklung des Kundenauftrages notwendigen Funktonen. Besonders erfolgversprechend im Hinblick auf die Reduzierung koordinationsintensiver Schnittstellen ist die Zusammenfassung der Auftragskonstruktion und des Vertriebsinnendienstes in einer organisatorischen Einheit. Zwischen den Typen A und C besteht eine Mischform (Typ B). Die Funktionen der Auftragsabwicklung ähneln der von Typ A. Der wesentliche Unterschied besteht aber darin, daß aufgrund auftragsbezogener Fertigungsanteile die Fertigungssteuerung unmittelbar in die Auftragsabwicklung eingebunden ist. Hier werden im Rahmen der Fertigung kleiner und mittlerer Serien neben fertig konstruierten Varianten auch kundenspezifische Produkte auftragsbezogen hergestellt. Dies erfordert eine enge Kopplung zwischen Kundenauftragsabwicklungs- und Innovationsprozeß bei der Vorbereitung der technischen Bearbeitung eingegangener Kundenaufträge.

4.4.2 Gestaltungsprinzipien

Ausgangspunkt zur Ableitung einer funktionsübergreifenden und prozeßorientierten Gestaltung der Auftragsabwicklung bildet das Konzept der Modularen Organisation. Ausgehend von den Merkmalen der Segmentierung in indirekten Bereichen, sind für die Reorganisation der Auftragsabwicklung sich wechselseitig ergänzende Gestaltungsprinzipien anzuwenden. Hierbei handelt es sich um die Stellschrauben zur Realisierung schlanker und an Geschäftsprozessen orientierter Organisationsstrukturen.

> Konzentration auf die Wertschöpfung: Die effiziente Gestaltung von Geschäftsprozessen erfordert die weitestgehende Beseitigung von Schnittstellen zwischen organisatorischen Einheiten. Dies setzt die Beseitigung aller Aktivitäten voraus, die keine oder im Vergleich zum Aufwand nur eine sehr geringe Wertschöpfung für den Kunden liefern. Die Fokussierung der Wertschöpfung rückt den Nutzen einer Aktivität für den internen und externen Kunden in den Mittelpunkt wertanalytischer Betrachtungen. Die Implementierung einer internen Kunden-Lieferanten-Beziehung hat die kundenorientierte Gestaltung der Geschäftsprozesse durch Erhöhung der Transparenz von Kundenanforderungen zum Gegenstand. Empirische Untersuchungen offenbaren Informationsdefizite über die Kundenumwelt, über die Probleme des Kunden sowie dessen konkrete Wünsche. Durch den Einsatz von Visualisierungs- und Auditierungskonzepten ist das Prinzip des internen Kunden im Geschäftsprozeß zu implementieren. Visualisierung und Auditierung sind Instrumente, die eine dezentrale Steuerung und Kontrolle der Leistungserstellung und Problemlösung in den Segmenten ermöglichen.

> Durchgängige Prozeßorganisation und -verantwortung: Prozeßorganisation bedeutet die Ausrichtung der Organisation an der Reihenfolge der natürlichen Arbeitsoperationen. Zur Institutionalisierung der Geschäftsprozeßidee im Unternehmen ist es notwendig, die Verantwortung für Geschäftsprozesse einem Aufgabenträger zu übertragen. Für die Koordination der Leistungserstellung sind Prozeßverantwortliche festzulegen. Die Entscheidungskompetenzen sind so zu formulieren, daß die Verantwortlichen der Geschäftsprozesse von Eingriffen Dritter, die keinerlei Ergebnisverantwortung für den Geschäftsprozeß

besitzen, befreit werden. Dies geht mit einem konsequenten Abbau nicht wertschöpfender Bürokratie im Unternehmen einher. Durchgängige Prozeßverantwortung erfordert die Bestimmung des abteilungs- und bereichsübergreifenden Ausmaßes von Verantwortung eines Prozeßverantwortlichen für die Gestaltung und den Ablauf des Geschäftsprozesses. Mit der Institutionalisierung des Prozeßverantwortlichen wird die Prozeßverantwortung als zusätzliche Verantwortungsdimension im Unternehmen eingeführt.

➢ Vorgangsorientierte Bearbeitung: Während die Umsetzung von Lean Management-Prinzipien in der Fertigung, wie Gruppenarbeit und Fertigungssegmentierung in der Fertigung zu Quantensprüngen bei der Reduzierung der Durchlaufzeiten und zu teilweise dramatischen Produktivitätssteigerungen geführt haben, sind in indirekten Bereichen nach wie vor Produktivitätsdefizite und lange Durchlaufzeiten festzustellen. So zeigen empirische Untersuchungen ein Verhältnis von 1:16 bis 1:20 zwischen wertschöpfungsrelevanten Bearbeitungszeiten und der gesamten Durchlaufzeit für die administrativen Geschäftsprozesse. Der hohe Anteil der nicht wertschöpfenden Aktivitäten ist auf eine hohe Anzahl von Schnittstellen zurückzuführen. Dies führt zu Transportzeiten, die für die Weiterleitung eines Vorganges von Sachbearbeiter zu Sachbearbeiter benötigt werden, und zu Wartezeiten vor und nach diesen Transporten. Der Anteil der eigentlichen Bearbeitungszeit ist dann vergleichsweise gering. Das Prinzip der vorgangsorientierten Bearbeitung bezieht sich auf die Gestaltungsoptionen für Geschäftsprozesse, die sich aus einer ganzheitlichen Aufgabenzuordnung zur Vermeidung von Schnittstellen im Prozeß ergeben. Sind die notwendigen Prozeßschritte durch Beschränkung auf wertschöpfungsrelevante Aktivitäten auf ein Minimum reduziert, so läßt sich durch horizontale Aufgabenerweiterung die Zahl der für die Abwicklung eines Geschäftsprozesses erforderlichen Personen weiter reduzieren. Hier ist die Identifizierung aller Funktionen eines Geschäftsprozesses notwendig sowie deren schnittstellenfreie Übertragung auf organisatorische Einheiten. Die ganzheitliche Aufgabenübertragung erfordert eine Zusammenfassung von Stellen, eine Verlagerung von Verantwortung und Entscheidungskompetenz sowie der Aufgaben, die Durchführung der Aufgaben dort, wo es aus aufgabenlogischer Sicht sinnvoll ist, und die Abkehr von der Mißtrauensorganisation durch weitgehende Selbstkontrolle.

Zur Realisierung einer durchgängigen Prozeßgestaltung ist zunächst die Wiederherstellung der natürlichen Reihenfolge der Prozeßschritte notwendig. Die Durchgängigkeit der Geschäftsprozesse erfordert die Definition von Prozeßvarianten. Grundidee ist hier, daß für jede Prozeßvariante der bestmögliche Ablauf festgelegt wird. Auf diese Weise gelingt die Vermeidung zeit- und abstimmungsintensiver Ausnahmeregelungen. Die Analyse von Auftragsabwicklungsprozessen in Unternehmen zeigt, daß sich die Prozeßgestaltung vielfach am kompliziertesten Fall ausrichtet, um alle Prozeßvarianten abdecken zu können. Zur Erschließung von Zeit- und Produktivitätspotentialen ist deshalb die Bildung von Prozeßtypen sinnvoll. Eine Segmentierung der Prozeßtypen nach der Komplexität ermöglicht die reibungslose und beschleunigte Abwicklung einfacher Auftragstypen. Dies können beispielsweise Aufträge sein, die ohne konstruktiven Aufwand bearbeitet werden können. Abbildung 4-18 stellt exemplarisch die Bildung von Auftragstypen in einem Unternehmen der Automobilzulieferindustrie dar. Einfache Auftragstypen werden bewußt auf die Überholspur gesetzt, um zügig und mit geringem Aufwand abgewickelt zu werden. Sonderfälle mit hohem konstruktivem Aufwand und mehreren Genehmigungsläufen durch den Kunden stellen einen Auftragstyp dar, der den gesamten Prozeß durchläuft. Rationalisierungspotentiale liegen hier in der Möglichkeit zur unterbrechungsfreien Bearbeitung komplexer Aufträge, da geistige Rüstzeiten aufgrund des verminderten Störeffekts durch einfache Aufträge entfallen. Die ganzheitliche Vorgangsbearbeitung führt dazu, daß sich die Mitarbeiter mit den Problemen ihrer Kunden identifizieren und Interesse haben, diese schnell und umfassend zu lösen. Auf diese Weise wird nachhaltig die Motivation gesteigert und ein Beitrag zur Selbstverwirklichung und zur Förderung des ganzheitlichen Denkens geleistet. Abbildung 4-19 faßt die Leitlinien der Prozeßoptimierung zusammen.

➢ Dezentralisierung von Entscheidungen: Die Flexibilität und Entscheidungsfähigkeit der Organisation wird durch die Befolgung des Leitsatzes: "So viel dezentrale Einheiten wie möglich und so wenig Zentralismus wie nötig" sichergestellt. Mit dem Gestaltungsprinzip Dezentralisierung von Entscheidungen wird das Ausmaß der hierarchischen Gliederung im Unternehmen variiert. Flache Hierarchien führen zur Erweiterung des Entscheidungs- und Koordinationsspiel-

Produktionslogistik

Auftragstypen

Typ 1
- Produkte mit komplett eingepflegten Daten (Idealfall, Ziel
- Wiederholauftrag neueren Datums

Typ 2
- Produkte ohne gültige Stückliste für Standardteile
- Wiederholauftrag mit Detailänderungen

Typ 3
- Produkte Typ 2 ohne Zusammenbauzeichnung
- Wiederholauftrag ohne gültige Stückliste

Auftragstypologisierung

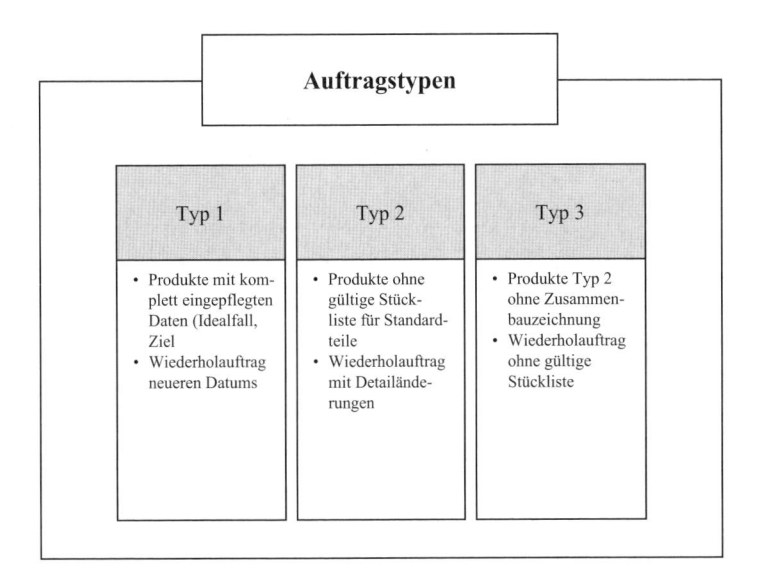

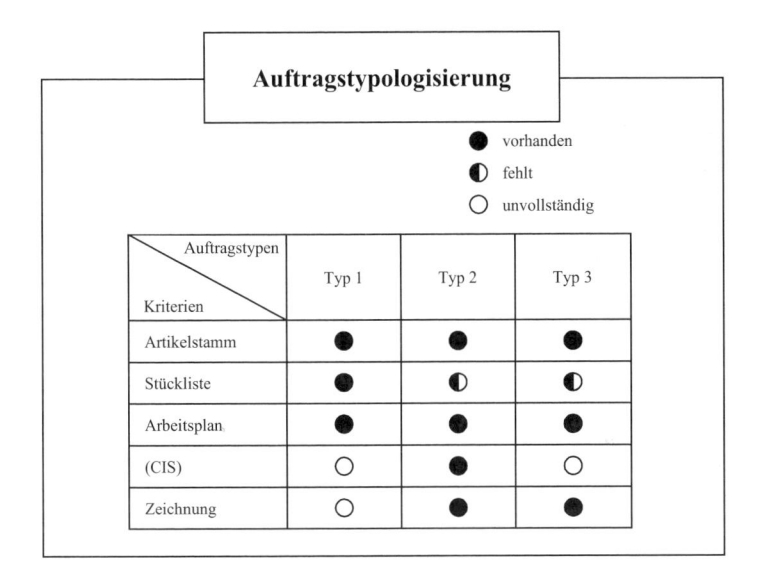

● vorhanden
◐ fehlt
○ unvollständig

Kriterien \ Auftragstypen	Typ 1	Typ 2	Typ 3
Artikelstamm	●	●	●
Stückliste	●	◐	◐
Arbeitsplan	●	●	●
(CIS)	○	●	○
Zeichnung	○	●	●

Abb. 4-18: Bildung von Auftragstypen nach der Komplexität

raums eines jeden Mitarbeiters. Hier sind Können, Wollen und Dürfen der Mitarbeiter gefordert. Können wird vom Qualifikationsprofil und

Produktionslogistik

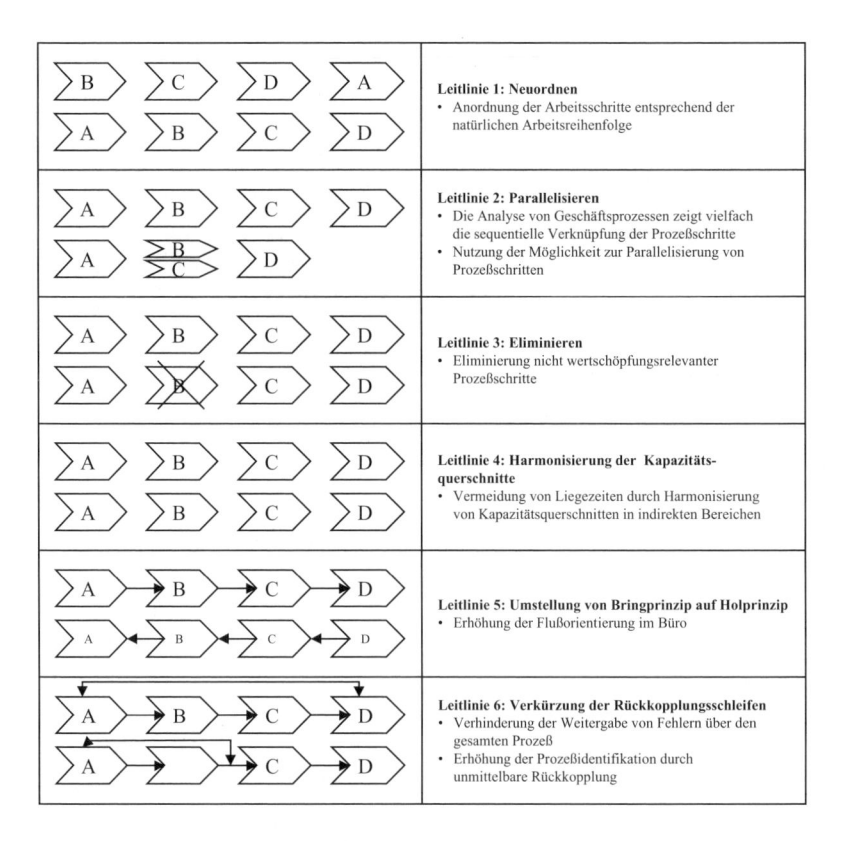

Diagramm	Beschreibung
B→C→D→A / A→B→C→D	**Leitlinie 1: Neuordnen** • Anordnung der Arbeitsschritte entsprechend der natürlichen Arbeitsreihenfolge
A→B→C→D / A→B/C→D	**Leitlinie 2: Parallelisieren** • Die Analyse von Geschäftsprozessen zeigt vielfach die sequentielle Verknüpfung der Prozeßschritte • Nutzung der Möglichkeit zur Parallelisierung von Prozeßschritten
A→B→C→D / A→B̶→C→D	**Leitlinie 3: Eliminieren** • Eliminierung nicht wertschöpfungsrelevanter Prozeßschritte
A→B→C→D / A→B→C→D	**Leitlinie 4: Harmonisierung der Kapazitätsquerschnitte** • Vermeidung von Liegezeiten durch Harmonisierung von Kapazitätsquerschnitten in indirekten Bereichen
A→B→C→D / A←B←C←D	**Leitlinie 5: Umstellung von Bringprinzip auf Holprinzip** • Erhöhung der Flußorientierung im Büro
A→B→C→D (mit Rückkopplung)	**Leitlinie 6: Verkürzung der Rückkopplungsschleifen** • Verhinderung der Weitergabe von Fehlern über den gesamten Prozeß • Erhöhung der Prozeßidentifikation durch unmittelbare Rückkopplung

Abb. 4-19: Leitlinien zur Prozeßoptimierung

von der Leistungsfähigkeit der Mitarbeiter bestimmt. Wollen ist von der Leistungsbereitschaft und von der Motivation abhängig. Dürfen setzt ein gewandeltes Führungsverständnis voraus. Den Mitarbeitern muß die Kompetenz gegeben werden, eigene Vorstellungen direkt umzusetzen. Der Abbau von Hierarchieebenen ist kein Selbstzweck, sondern die Konsequenz aus der prozeßgerechten Gestaltung des Unternehmens. Grundprinzip einer an Geschäftsprozessen orientierten Organisationsgestaltung ist die konsequente Dezentralisierung von Verantwortung bei problemorientierter Zusammensetzung von Aufgabenträgern, die zugleich Entscheidungsträger auf operativer Ebene sind.

➢ Teamorganisation und Selbststeuerung: Leitidee zur Neugestaltung der Prozesse sind eigenverantwortliche und selbstorganisierte

Teams. In Teams vollzieht sich zum einen das Redesign der Kernprozesse und zum anderen der operative Ablauf der Geschäftsprozesse. Die Implementierung einer Teamorganisation heißt mehr als die Einführung von Arbeitsgruppen. Teams sind Systeme mit einer Eigendynamik im Gesamtsystem des Unternehmens. Im Gegensatz zu Arbeitsgruppen, die vorbestimmte Aufgaben bearbeiten, suchen sich Teams ihre Aufgaben oft selbst. Systematische Teamentwicklung heißt, Hilfestellung zum Zusammenwachsen und zum gemeinsamen Lernen zu geben sowie die Teammitglieder zur kritischen Selbstreflexion anzuleiten. Hierzu ist die Förderung außerbetrieblicher Aktivitäten über die Arbeitszeit hinaus genauso wichtig wie die ganzheitliche Aufgabenübertragung in der Anfangsphase der Teamentwicklung. Ziel ist die Gestaltung von schnittstellenfreien und damit durchgängigen Prozessen durch Reintegration von Einzelaufgaben in ganzheitliche Prozesse. Voraussetzung für die Implementierung einer Teamorganisation ist, daß der Mitarbeiter in der Lage ist, Konflikte im Team produktiv zu lösen und seine Position in der Gruppe überzeugend zu vertreten. Die Schnittstellenkompetenz manifestiert sich zum einen in der Fähigkeit, als Integrator zwischen Bereichen zu agieren, und zum anderen darin, die Arbeit in der Organisation völlig neu zu gestalten. Dies verlangt die Fähigkeit zum kreativen Redesign der Kernprozesse, die Beschleunigung des Wandels auch gegen Widerstände und letztlich in besonderem Maße die Teamarbeit mit Kollegen aus anderen Bereichen. Für Funktionen in den Kernprozessen sind unternehmens- und bereichsspezifische Anforderungsprofile an die Ausprägung der Mitarbeiterqualifikation zu definieren. Eine systematische Personalauditierung in Form von Interviews, Rollenspielen oder auch Benchmarkingvergleichen stellt die Identifizierung von Qualifikationsdefiziten durch Soll-/Ist-Vergleiche sicher und ermöglicht so die individuelle Ausarbeitung von Schulungsprogrammen für die Mitarbeiter. An die Stelle des in vielen Unternehmen herrschenden Prinzips der "Qualifikation mit der Gießkanne" tritt die Erarbeitung individueller Personalentwicklungsprogramme. Die Schlüsselqualifikationen einer Schnittstellenkompetenz sind durch ein systematisches Teamcoaching zu verbessern.

➢ Flexibler Personaleinsatz: Die Umgestaltung des Unternehmens im Sinne einer Prozeßorientierung mit Teamorganisation setzt hinreichend qualifizierte und motivierte Mitarbeiter voraus, die diesen grundlegenden Wertewandel mittragen. Die Gestaltung der Geschäftsprozesse stellt aufgrund der strukturellen und arbeitsorganisatorischen Veränderungen neue Anforderungen an die Qualifikation und Motivation der Mitarbeiter. Für die Prozeßorientierung in der Organisation ist insbesondere die Multifunktionalität der Mitarbeiter sowie das Mitgestalten der Abläufe durch die Mitarbeiter aller Hierarchieebenen notwendig. Durch flankierende Maßnahmen zur Qualifikation der Mitarbeiter muß die Lernbereitschaft und Lerneffizienz aller Mitarbeiter im Sinne eines Double Loop Learnings erhöht werden. Es sind Maßnahmen einzuleiten, die einen ständigen Lernprozeß initiieren und fördern mit dem Ziel, eine lernende Organisation zu schaffen, die in der Lage ist, sich schneller an marktseitige Veränderungen anzupassen.

➤ Räumliche Integration der Aufgabenträger: In Analogie zur räumlichen und organisatorischen Verkettung der Betriebsmittel in der Fertigung zielt das Gestaltungsprinzip der räumlichen Integration der Aufgabenträger auf eine "Verkettung der Schreibtische". Ausgehend von der Erkenntnis, daß signifikante Reduzierungen der Durchlaufzeiten in indirekten Geschäftsprozessen nur möglich sind, wenn es gelingt, die nicht wertschöpfungsrelevanten Liege- und Transportzeiten zu reduzieren, soll durch die räumliche Nähe der Aufgabenträger eine Flußoptimierung der Büroprozesse erreicht werden. Die Möglichkeit zur unmittelbaren Rückkopplung durch kleine Regelkreise, die mit einer Reduzierung der geistigen Rüstzeiten einhergeht, führt zur Vermeidung von Verzögerungen bei der Bearbeitung. Der permanente Wandel im Umfeld der Unternehmen stellt hohe Anforderungen an die Anpassungsfähigkeit und -geschwindigkeit der Organisation. Ein variables Bürolayout ermöglicht die rasche Entstehung zeitlicher befristeter Segmente und Projektgruppen im Unternehmen. Abbildung 4-20 stellt das Layout eines Auftragsabwicklungssegments in einem Unternehmen der Automobilindustrie vor.

➤ Integrierte Informationslogistik: Aus der Perspektive der Geschäftsprozeßorganisation ist zunächst eine informationelle Verknüpfung der autonomen Segmente erforderlich, um der zunehmenden Bedeutung marktlicher Koordinationsmechanismen zwischen den Segmenten gerecht zu werden. Bei Marktmechanismen erfolgt die Koor-

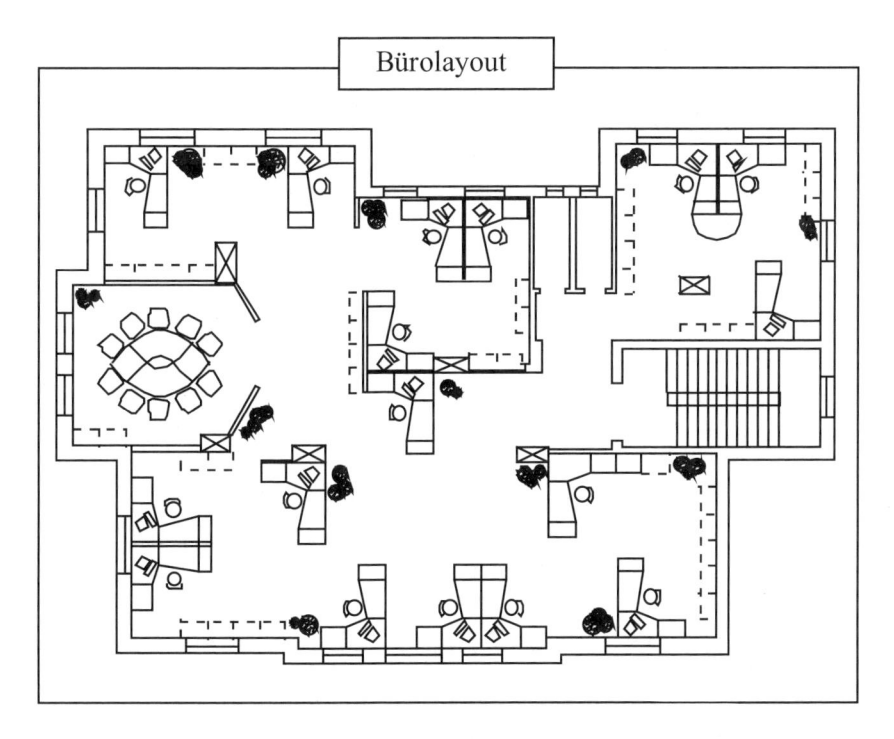

Abb. 4-20: Beispiel für ein Bürolayout im Auftragsabwicklungssegment

dination zwischen den Informationssystemen unterschiedlicher Segmente nicht durch langfristige und dauerhafte Implementierung, sondern kurzfristig und nur bei Bedarf.

Die Neugestaltung strategisch relevanter Kernprozesse wird durch völlig neue Anwendungsformen der Informationstechnologie unterstützt. So zeigen empirische Studien, daß Verbesserung und Redesign von Kernprozessen ein Verbesserungspotential von 5-15% aufweisen. Der kombinierte Einsatz von Prozeßredesign und innovativer Informationstechnologie führt zu Verbesserungen in einer Größenordnung von 15-50%. Ziel zukunftsweisender informationstechnischer Werkzeuge ist die Unterstützung von Arbeitsgruppen, die sich aus Mitarbeitern verschiedener Abteilungen zusammensetzen und zeitlich befristet ein Projekt bearbeiten. Damit wurden traditionelle Sichtweisen, wie "erst soll der Prozeß gestaltet werden, bevor der Einsatz der Informationstechnologie erfolgt" oder "die Technologie unterstützt die

Implementierung von Prozessen", verdrängt. Hier ist der Einsatz von Workflow-Systemen erforderlich, um eine teilautomatisierte Steuerung von Arbeitsflüssen sicherzustellen. Ein solches System zur Unterstützung der Informationslogistik versorgt jeden Arbeitsplatz mit den zur Bearbeitung notwendigen und relevanten Informationen.

4.4.3 Auftragszentrum

Ein organisatorischer Ansatz, den Prozeß der Auftragsabwicklung stärker in den Mittelpunkt der organisatorischen Gestaltung zu stellen, ist das Konzept des Auftragszentrums. Grundlegender Ansatz ist die Institutionalisierung einer bereichsübergreifenden Koordinationsinstanz für die Auftragsabwicklungsfunktionen im Unternehmen. Diese kann permanent oder als Klärungsteam Problemfälle der Auftragsabwicklung behandeln. Das Konzept des Auftragszentrums verfolgt das Ziel einer Bündelung der Auftragsabwicklung für das gesamte Unternehmen. Durch die Einrichtung einer zentralen Koordinationsinstanz für alle an der Auftragsabwicklung beteiligten Stellen und Abteilungen werden abstimmungsintensive Schnittstellen vermieden, die als Ursache für lange Durchlaufzeiten und ungenügende Kapazitätsnutzung anzusehen sind. Dabei sollte insbesondere den aus dem Bereichsdenken entstehenden Zielkonflikten des Vertriebs und der Produktion durch eine neutrale Koordinationsinstanz Rechnung getragen werden. Die Zusammenfassung aller für den Auftragsdurchlauf relevanten Planungs- und Steuerungsfunktionen in ein Auftragszentrum schafft eine Klammerfunktion zwischen Markt und Unternehmen, die den Informationsfluß kanalisiert und koordiniert. Durch die Wahrnehmung der Koordinationsaufgaben und der terminlichen Überwachung der Auftragsabwicklung bildet das Auftragszentrum die Schnittstelle zwischen Unternehmen und Kunde. Die Eingliederung des Auftragszentrums in die Aufbauorganisation erfolgt als eigenständige Linienfunktion in die bestehende Aufbauorganisation. Die in das Auftragszentrum integrierten Funktionen sind zwar räumlich integriert, bleiben aber ihren Funktionsbereichen unterstellt. Dies erhöht die Akzeptanz und Unabhängigkeit im Unternehmen. Der Abbau organisatorischer Schnittstellen in einem Auftragszentrum führt zu einer deutlich verbesserten Kommunikation und erhöhten Transparenz des Auftragsfortschritts. Die Definition von Ansprechpartnern für den Kunden trägt zu einer deutlichen Verbesserung der Kundenorientierung bei. Die Kanalisierung und Koordination des Informations- und Materialflusses stellt somit einen ersten Ansatz zur Verbesserung der Auftragsabwicklung dar. Die Produktivitätseffekte sind aufgrund der verbleibenden Schnittstellen und des geringen Integrationsgrades eher gering. Zunehmende Größe und Kundenindividualität erfordern einerseits, dem Segmentierungsgedanken stärker Rechnung zu tragen, und andererseits die Integration aller zur Auftragsabwicklung notwendigen Funktionen. Erst die Konzentration aller für die Abwicklung des Kundenauftrages relevanten Funktionen ermöglicht die umfassende Übertragung von Prozeß- und Ergebnisverantwortung. Hier rückt die Integration aller Aufgaben der kaufmännischen und technischen Abwicklung in den Mittelpunkt.

Kundenindividuelle Lösungen, geringer Standardisierungsgrad und vielfältige Kundenkontakte von der Angebotsbearbeitung bis zur Vertragserfüllung gegenüber dem Kunden erfordern organisatorische Lösungskonzepte, die über Koordination und Kanalisierung von Informationen hinausgehen. In der Praxis haben sich Auftragsabwicklungssegmente bewährt, die auf die Integration aller zur Auftragsabwicklung notwendigen Funktionen in einen Bereich zielen. Dem Prozeßgedanken wird durch die Integration von Vertriebs-, kaufmännischen Abwicklungs-, Beschaffungs-, Planungs-, Dispositions-, Steuerungs- und Konstruktionsaufgaben in einem Bereich Rechnung getragen. Die Vertriebsfunktionen beinhalten die Wahrnehmung der Angebotsabwicklung, den Kontakt zu Außendienstmitarbeitern und die ständige Auskunftsfähigkeit gegenüber dem Kunden. Die Abwicklungsfunktion im Auftragszentrum stellt die kaufmännische Auftragsbearbeitung sicher. Die eingehenden Aufträge werden entgegengenommen und einer kaufmännischen und technischen Klärung unterzogen. Mit der Abwicklung des Auftrags wird ein kaufmännischer Sachbearbeiter beauftragt, dem die Prozeßverantwortung für den Auftrag zu übertragen ist. Die Planungsfunktion des Segments umfaßt das Produktionsvolumen, Bestände, Kapazitäten, Durchlaufzeiten und Kosten. Die Disposition beinhaltet den Abgleich von benötigten und vorhandenen Teilen, Materialien und Komponenten. Bestellungen bei Lieferanten werden dezentral abgerufen, da operative Beschaffungsfunktionen in das Segment zu integrieren sind. Die Koordination der Schnittstelle zum Fertigungsprozeß wird durch die Durchführung der Arbeitsvorbereitung im Segment sichergestellt. Abbildung 4-21 faßt exemplarische Funktionen von Auftragsabwicklungssegmenten zusammen.

Die Einführung von Auftragsabwicklungssegmenten setzt über die Funktionszuordnung hinaus die Erfüllung personeller und organisatorischer Gestaltungsaufgaben voraus. Die Implementierung von Auftragsabwicklungssegmenten geht mit der Einführung von Gruppenarbeit in indirekten Bereichen einher. Bei der Einführung von Gruppenarbeit in indirekten Bereichen sind weitergehende Voraussetzungen als in der Fertigung zu erfüllen.

Hier ist zu berücksichtigen, daß die seit jeher auf das Individuum ausgerichteten Tätigkeitsinhalte in indirekten Bereichen mentale Hindernisse darstellen, die zu überwinden sind. Nur wenn sich die Aufgabenträger in einem Segment einem gemeinsamen und ehrgeizig formulierten Ziel verpflichtet fühlen, gelingt der mit der Einführung von Gruppenarbeit beabsichtigte Abbau von Bereichsegoismen. Ansonsten werden Bereichsegoismen zwischen den Schreibtischen aufgebaut. Gemeinsame Ziele sind in diesem Zusammenhang zum einen die Erfüllung der Arbeitsaufgabe, zum anderen aus der Unternehmensstrategie abgeleitete Ziele, wie Null-Fehler-Qualität und Termin- und Kostenziele. Analog zur Fertigung ist der Gruppe ein Höchstmaß an Autonomie hinsichtlich der Gestaltung der Prozesse einzuräumen. Dies beinhaltet auch Freiräume zur kontinuierlichen Prozeßverbesserung. Ähnlich wie in der Fertigung ist das Problemlösungsverhalten zu schulen und die Selbstorganisation der Problemlösungsgruppen sowie die Umsetzung der Ergebnisse sicherzustellen. Auch das Gehaltssystem ist auf die Förderung der mit der Einführung von Gruppenarbeit beabsichtigten Ziele auszurichten. Prämien für die Erreichung bestimmter Ziele sind ein entscheidender Faktor bei der Implementierung von Teamstrukturen in der Auftragsabwicklung. Die mit der Prozeßorientierung einhergehende ganzheitliche Aufgabenübertragung erfordert nicht mehr den Funktionsspezialisten, sondern den multifunktional qualifizierten Generalisten. Teamarbeit, Übernahme von Verantwortung, unternehmerisches Denken und Überwindung von Bereichsegoismen können nicht verordnet werden, sondern müssen verstanden, akzeptiert und von den Mitarbeitern gelebt werden.

Produktionslogistik

Planung	Kunden-Auftragsbearbeitung	Disposition und Steuerung

• AE-Planung/Umsatzplanung
• Liefermengenplanung
• Produktionsprogrammplanung (einschließlich Kapazitätsplanung)
• Bestandsplanung
• Durchlaufzeitenplanung
• Berichterstattung und Analyse
• Umsetzen, Konkretisieren der Werks-/Betriebsziele
• Unterstützung der Werks-/AZ-Leitung
	administrative Auftragsbearbeitung
	• Auftragsbearbeitung
	• Angebotsbearbeitung
	• formale Bearbeitung
	• Schlüsselung
	• Bewertung
	• Erfassung
	• Auftragsbestätigung
	• Auftragsbestandsführung
	• Auftragsüberwachung
	• Versandanstoß (-einleitung)
	technische Auftragsbearbeitung
	• technische Klarstellung
	• Erstellung auftragsabhängiger Fertigungsunterlagen
	  - Stücklisten
	  - Zeichnungen
	  - Schaltpläne
	  - Fertigungspläne
	• auftragsabhängige Konstruktion
		Mengen- und Terminfestlegung
		• Bedarfsermittlung (FE, UE, Material)
		• Terminierung (Einplanung)
		• Bestandsführung/-überwachung
		• Produktan- und -auslaufsteuerung
		• Pflege dispositiver Daten
		• Steuerung (Auftragseingang bis Auslieferung)
		• Betriebsauftragsverwaltung
		• Reihenfolgeplanung
		• Belegerstellung
		• Bestellanstoß
		• Betriebsauftragsvorgabe
		• Bereitstellung
		• Terminüberwachung

Organisation	Beschaffung/Materialwirtschaft	Sonstige
Schnittstellenkoordination • Koordinierung • Verfahrensentwicklung Interne AZ-Organisation • Arbeitsanweisungen • Abläufe • Schulung	Einkauf • Beschaffung • Terminverfolgung Warenannahme • Wareneingangserfassung • Mengenprüfung • Rückwarenabwicklung Lager • Ein- und Auslagerung • Lagerplatzverwaltung • Fehlteilverwaltung • Kommissionierung Versand • Versanddisposition • Versandabwicklung • Frachtberechnung	• Angebotsbearbeitung • Rückwarenabwicklung • Ersatzteilabwicklung • Reparaturen

Abb. 4-21:   Funktionen der Auftragsabwicklung

Bürokratische Denkweisen und hohe Verharrungstendenzen sind dabei genau so zu überwinden, wie hierarchieorientiertes Einzelkämpfertum und unterentwickeltes Qualitätsdenken. Dies rückt den Menschen als Kunden, Lieferanten und Mitarbeiter in den Mittelpunkt des organisatorischen Wandels und verdeutlicht die Handlungsbedarfe, die bei der Identifizierung von Schulungsbedarfen und der Organisation der ständigen Qualifizierung entstehen. An die Stelle der einmal erworbenen "Ausbildung fürs Leben" muß das lebenslange Lernen treten. Dieser Forderung tragen traditionelle Personalbereiche, die schwerpunktmäßig auf die Personalverwaltung ausgerichtet sind, nur unzureichend Rechnung. Die Geschwindigkeit des Wandels erfordert einerseits innovative Konzepte zur ständigen Weiterqualifikation und andererseits neue Formen für die Organisation der unternehmensinternen und -übergreifenden Personalentwicklung. Im Mittelpunkt der Qualifikationsmaßnahmen steht die gleichzeitige Beschleunigung des individuellen und des organisatorischen Lernens durch Erhöhung der sozialen Kompetenz, der Entwicklung interdisziplinärer Fähigkeiten, der stetigen Aktualisierung der Fachkompetenz und der Entwicklung von Schnittstellenkompetenz. Der Qualifikationsstand der Gruppe ist mit Hilfe einer Qualifikationsmatrix ständig zu visualisieren. Die durchzuführenden Qualifikations- und Personalentwicklungsmaßnahmen sind in einem Ausbildungsplan festzuhalten. Zur Erzielung optimaler Kommunikationsstrukturen im Segment sollten die Gruppen eine Größe von 10 Mitarbeitern nicht überschreiten. Voraussetzung zur Einführung der Gruppenarbeit ist das Vorhandensein einer geeigneten Informations- und Kommunikationstechnologie. Komplexe Sachverhalte erfordern die Verfügbarkeit aller zur Bearbeitung notwendigen Informationen an einem Arbeitsplatz.

Zunehmende Unternehmensgröße und Heterogenität des Produktspektrums erfordern die Bildung mehrerer Auftragsabwicklungssegmente, die nebeneinander existieren. Die eindeutige Zuordnung der Aufträge zu den Auftragsabwicklungssegmenten setzt eine Segmentierung der Auftragsabwicklungsprozesse im Unternehmen voraus. Typische Segmentierungskriterien sind Produkte/Produktgruppen, Regionen, Anwendungsbereiche/Geschäftsfelder oder die Komplexität des Auftrags. Die konsequente Segmentierung der Auftragsabwicklung durch die Bildung von Auftragsabwicklungssegmenten erfordert die Segmentierung der Fertigung. Andernfalls konkurrieren die Auftragsabwicklungssegmente um knappe Fertigungskapazitäten, was zu neuen Schnittstellenproblemen führt. Fertigungssegment und Auftragsabwicklungssegment bilden ein Leistungs-Center, das als Cost- oder Profit-Center geführt werden kann.

Funktionsintegration, Einführung von Gruppenarbeit und Segmentierung verändern Hierarchie und Kompetenzen im Unternehmen. Dies impliziert weitreichende Veränderungen der Organisationsstruktur.

Produktionslogistik

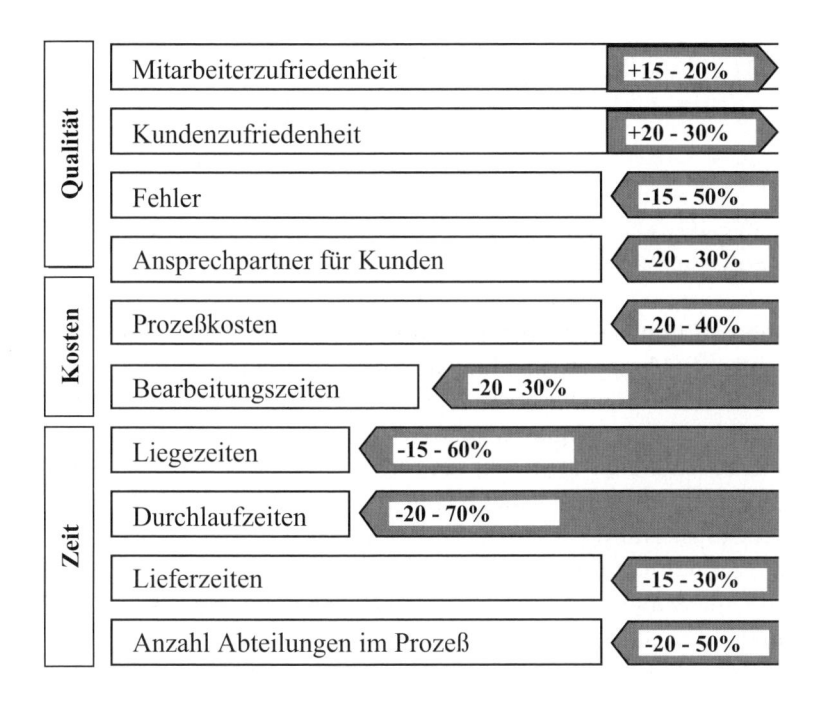

Qualität	Mitarbeiterzufriedenheit	+15 - 20%
	Kundenzufriedenheit	+20 - 30%
	Fehler	-15 - 50%
	Ansprechpartner für Kunden	-20 - 30%
Kosten	Prozeßkosten	-20 - 40%
	Bearbeitungszeiten	-20 - 30%
Zeit	Liegezeiten	-15 - 60%
	Durchlaufzeiten	-20 - 70%
	Lieferzeiten	-15 - 30%
	Anzahl Abteilungen im Prozeß	-20 - 50%

Abb. 4-22: Betriebswirtschaftliche Wirkungen einer teamorientierten Auftragsabwicklung

Derartige Veränderungen sind nur dann erfolgreich, wenn sie von der Unternehmensleitung initiiert und gefördert werden. Führungskräfte und Mitarbeiter sind in Workshops und Seminaren auf die Veränderungen vorzubereiten. Der Betriebsrat ist frühzeitig in die Ziele, Vorgehensweisen und mitarbeiterbezogenen Konsequenzen einzubeziehen. Die Mitarbeiter sind von Anfang an in die Konzepterarbeitung zu integrieren. Abbildung 4-22 faßt die betriebswirtschaftlichen Wirkungen der Bildung von Auftragsabwicklungssegmenten zusammen.

5 Distributionslogistik

5.1 Ziele und Strategien

Anhand der Porterschen (1989) Wettbewerbsstrategien lassen sich mögliche Strategien für die Distribution ableiten:

➢ Segmentierungsstrategie: Der Anbieter versucht, den Markt in verschiedene Käufergruppen zu segmentieren, die sich voneinander durch spezifische Kriterien unterscheiden. Mögliche Segmentierungskriterien können der geographische Ort der Käufer oder kaufverhaltensbezogene Kriterien sein. Die Segmentierung sollte jedoch nicht nur allein auf der Abnehmerseite erfolgen, sondern auch die Institutionen der Distribution betreffen. Deren Segmentierung erfolgt nach Kriterien, die den Erfolg des Distributionskanals und die Position des Herstellers im Kanal erheblich beeinflussen. Mögliche Kriterien sind der Standort, der Jahresumsatz sowie die Übernahme von Distributionsprozessen. Durch die Segmentierung der an der Distribution beteiligten Institutionen und der Endabnehmer werden die Voraussetzungen für die optimale Wahl des Distributionskanals und der Institutionen geschaffen (vgl. Specht 1988, S. 144).

➢ Selektions- und Differenzierungsstrategie: Das Unternehmen bestimmt die Absatzkanäle, die Zahl und Art der Absatzmittler und trifft Entscheidungen über deren Einbeziehung in die Prozesse der Distributionslogistik. Die Wahl des richtigen Distributionskanals ist von hoher Bedeutung, da innerhalb dieses die Marketing- und Logistikaktivitäten in Kundentransaktionen münden. Die Endprodukte eines Herstellers können ohne Zwischenstufen oder aber über mehrere Zwischenstufen zum Endabnehmer gelangen. Welche Wahl für den Distributionskanal die jeweils günstigste ist, hängt von mehreren Faktoren ab. Verderbliche Güter verlangen nach kurzen Absatzwegen. Darüber hinaus haben Zahl, Größe und geographische Konzentration der Kunden sowie gesetzliche Vorschriften Einfluß auf die Gestaltung der Absatzkanäle. Der Verkauf von hochwertigen Produkten in Discountläden kann sich beispielsweise als negativ erweisen, wenn es dadurch zu Imageverlusten kommt. Die Auswahl eines geeigneten Absatzmittlers für die Distribution der Produkte zum Endabnehmer richtet sich da-

Distributionslogistik

nach, ob er die von ihm geforderten Distributionsleistungen in ausreichendem Maße erbringen kann. Der Hersteller kann darüber hinaus für einen bestimmten Zielmarkt einen spezifischen Absatzmittler einsetzen. Weitere Differenzierungsmöglichkeiten erwachsen aus unterschiedlichen Produkten, Preisen, Zahlungsbedingungen, Lieferbedingungen und Kommunikationsbeziehungen. Die Wahl einer exklusiven Distribution bietet sich für Kleider bestimmter Modeschöpfer, teure Kosmetika und andere Exklusivprodukte an.

➢ Stabilisierungsstrategie: Ziel ist ein auf lange Sicht hin stabilisiertes Distributionssystem, das die Unternehmensziele realisiert und den Erfolg des Unternehmens sichert. Durch vertraglich eingebundene Vertriebssysteme wird die Kontrollierbarkeit der Distributionsleistungen erhöht sowie stabile Preise, Qualität und Service der Absatzmittler gewährleistet. Zwei Grundkonzepte sind das Push- und das Pull-Konzept. Mit Hilfe des Push-Konzepts wird versucht, durch geeignete Anreize die Zwischenstufen des Distributionskanals zu veranlassen, die nachfolgenden Stufen zum Kauf der Produkte zu stimulieren. Das Pull-Konzept initiiert auf der Endverbraucherseite durch Marketing-Maßnahmen einen Nachfragesog, der die Absatzmittler dazu zwingen soll, die geforderten Produkte in ihr Sortiment aufzunehmen.

➢ Rationalisierungsstrategie: Das gewählte Distributionssystem muß ständig an die veränderten Umweltbedingungen oder an die veränderten Zielvorstellungen des Unternehmens angepaßt werden, damit die Distributionsstrukturen auch weiterhin eine hohe Effektivität und Effizienz besitzen. Der Prozeß der Auswahl und Umsetzung einer Alternative, die bei verändertem Entscheidungsumfeld eine optimale Zielerreichung ermöglicht, ist Inhalt einer solchen Strategie. Ein wichtiges Ziel des Distributionsmanagements ist, die Logistikleistungen (Lieferservice, Transport) zu minimalen Kosten anzubieten. EDV-gesteuerte Lagersysteme und neue Transporttechniken können hierzu einen Beitrag leisten.

➢ Imagebildungsstrategie: Der Name des Unternehmens oder der Markenname müssen im Gedächtnis des Kunden positiv präsent sein. Allerdings garantieren nicht alle Distributionskanäle, daß der Name des Herstellers oder des Produkts gleichermaßen transparent wird. Die Wahl der Einzelhandelsgeschäfte kann die Kenntnis über einen Produktnamen auch unvorteilhaft erscheinen lassen. Im Gegensatz zur Imitationsstrategie sollte grundsätzlich versucht werden, eine psychologische Distanz zum Angebot der Konkurrenten zu erreichen.

➢ Internationalisierungsstrategie: In einzelnen Ländern wurden verschiedene Distributionssysteme entwickelt. Das Distributionssystem der Japaner zeichnet sich durch eine relativ tief gegliederte Kette von Groß- und Einzelhandelsunternehmen aus, während die vertikale Struktur des Handels in Deutschland meist nur wenige Stufen aufweist. Der Hersteller sollte bei der Wahl seines Distributionssystems die nationalen Unterschiede im Bereich der Distribution berücksichtigen (vgl. Specht 1988, S. 149). Unternehmen, die weltweit agieren, können sich wesentliche Wettbewerbsvorteile hierdurch verschaffen: Erzielen und Ausnutzung von Economies of Scale und Betreiben von Hedging-Geschäften zur Risikoabsicherung.

5.2 Gestaltungsparameter

Als Gestaltungsparameter sind zum einen die Distributionstechnologien und zum anderen das Logistikpersonal zu nennen. Die Logistiktechnologien beinhalten alle zur Durchführung der Logistikaufgaben eingesetzten Mittel, Methoden und Verfahren. Mit Hilfe der Logistiktechnologien lassen sich Produktivität, Qualität und Flexibilität der Logistikleistungen erhöhen. Um einen besseren Einblick in die Vielfältigkeit der Distributionstechnologien zu gewinnen, empfiehlt sich die Einteilung in die Bereiche Lager-, Kommissionier- und Transporttechniken sowie Informations- und Kommunikationstechniken.

➢ Lager- und Kommissioniertechniken: Das Lagerhaus besteht aus drei Einzelbereichen: Wareneingang, Lagerung und Kommissionierung und Warenausgang. Im Wareneingang werden die Güter für die Lagerung vorbereitet. Vom Wareneingang gelangen die Güter in das Einheitenlager oder direkt in das Kommissionierlager. Das Einheitenlager dient im wesentlichen der Zeitüberbrückung, so daß die Verweildauer der Güter dort relativ lange und Bewegungsvorgänge zweitrangig sind. Dieser Lagerbereich kann daher sehr gut automatisiert und unter optimaler Raumnutzung betrieben werden. Das Kommissionierlager dient nur zur Lagerung kleiner Mengen für kurze Zeit. Die Waren werden dort auftragsbezogen zusammengestellt und zum

Verpackungsbereich transportiert. Dort wird die Ware versandfertig gemacht und verläßt über den Warenausgang das Lagerhaus (vgl. Pfohl 1996, S. 123ff.). In der Praxis kommen verschiedene Lagersysteme zum Einsatz: Häufig vertreten sind Hochregallager mit hoher Automatisierung, Umlaufregallager, Blockregallager, Bodenlager und Verschieberegallager. Bei Hochregallagern ist ein Direktzugriff zu jeder Palette möglich, wobei die Paletten automatisch aufgenommen und abgegeben werden. Kompaktlagersysteme wie Umlaufregallager, Verschieberegallager und Tunnellager, erzielen zwar höhere Raumnutzungsgrade, müssen dabei aber auf den Direktzugriff teilweise verzichten. Grundsätzlich versuchen alle Lagersysteme, eine vorgegebene Umschlagleistung bei möglichst geringen Kosten zu erreichen. Die Lagerorte der Artikel hängen von der jeweiligen Entnahmehäufigkeit ab. Werden einzelne Artikel oft benötigt, so empfiehlt sich eine Lagerung in der Nähe des Versandplatzes.

Ähnliche Rationalisierungserfolge durch eine Automatisierung der Prozesse sind im Kommissionierbereich bisher nicht zu verzeichnen. So gehört dieser Bereich immer noch zu den personalintensivsten Bereichen des Unternehmens. Erste Maßnahmen der Automation lassen sich jedoch auch hier wiederfinden: Beleglose Kommissioniersysteme, automatisierte Kleinteilekommissionierung, Behälterkommissioniersysteme und Kommissionierroboter bieten Möglichkeiten, manuelle Tätigkeiten überflüssig zu machen. Die Eignung der verschiedenen Techniken hängt von der Artikelstruktur, der Auftragsstruktur, den Leistungsanforderungen und anderen Faktoren ab.

➢ Transporttechniken: Der Einsatz der innerhalb des Lagerbereichs eingesetzten Fördermittel hängt sowohl von der Produktart und ihrer Umschlaghäufigkeit als auch vom gewählten Lagersystem ab. Mögliche Fördermittel sind Rollbahnen, Förderbänder, Deckenförderer, Gabelstapler, Kommissioniergeräte und Regalförderfahrzeuge. Zum einfachen Transport von Gütern innerhalb und außerhalb von Lagern werden Ladehilfsmittel eingesetzt. Der außerbetriebliche Transport der kommissionierten Artikel zu den Endabnehmern erfolgt über die verschiedenen Verkehrsträger Bahn, Schiff, Lkw und Flugzeug. Welcher Verkehrsträger im einzelnen gewählt werden sollte, hängt von der Beantwortung folgender Fragen ab:

Distributionslogistik

- Erfüllt der Verkehrsträger die an ihn gestellten Anforderungen bezüglich Lieferservice?
- Wie hoch sind die anfallenden Transportkosten bei der verlangten Logistikleistung?
- Können Nachfrageschwankungen bedient werden, ohne daß die Transportkosten sich überproportional erhöhen?
- Welches ist der kürzeste Transportweg oder welcher Verkehrsträger ermöglicht eine Belieferung entlang der optimalen Route?
- Wie kann das Verkehrsmittel beladen werden, wo liegt bei gegebenen Kosten seine Transportleistung?

➢ Informations- und Kommunikationstechniken: Neben den Transport- und den Lager- und Kommissioniertechniken stellen Informations- und Kommunikationstechniken (IuK) wichtige logistische Potentialfaktoren dar. Ferner hat sich gerade die Logistik in den letzten Jahren zum größten Anwender von IuK-Techniken entwickelt. Zielsetzung der Informationssysteme ist ein schnelles Erfassen, Speichern und Verarbeiten von Informationen. Dabei soll ein unmittelbarer interaktiver Datenaustausch zwischen Zulieferer und Hersteller sowie zwischen Abnehmer und Hersteller hergestellt werden. Durch den Einsatz von IuK-Techniken mit Schnittstellenfunktionen kann der Bereich der Distribution mit den anderen Bereichen des Unternehmens und dem übergeordneten Logistikinformationssystem verbunden werden. Die distributionslogistischen Subsysteme wie Lagerhaltung, Transport, Versand und Auftragsabwicklung können ebenfalls über Schnittstellen datentechnisch integriert werden. Aufgrund der zahlreichen Einsatzbereiche von IuK-Techniken können die folgenden Beispiele nur einen Überblick verschaffen: Informationssysteme für Transport und Versand unterstützen die Auswahl der Transportmittel, geben Hilfestellung bei der Auftragseingabe, bei der Erstellung der Transportdokumente und der Auftragsverrechnung. So können Auftragsfrequenz und Transportkosten optimiert werden. Im Lagerbereich werden durch Einsatz von Rechnern optimale Lagerplätze und die Bewegung der Güter auf einer optimierten Wegroute bestimmt. Barcodeleser ermöglichen am Wareneingang die produktspezifische Zuordnung von Informationen. Auch im Bereich der Kundenkommunikation kann per EDI die Lieferung der Ware, die Rechnungsstellung und vieles mehr in wesentlich kürzerer Zeit durchgeführt werden (vgl. Bowersox 1992, S. 29).

Trotz der vielfältigen Möglichkeiten, die sich durch den Einsatz von IuK-Techniken ergeben, muß auch auf damit verbundene Gefahren hingewiesen werden. EDV-Systeme können zu einer Überversorgung mit Informationen führen, so daß die Informationen aufgrund von Zeitrestriktionen nicht vollständig verarbeitet werden können oder relevante Informationen verloren gehen. Weitere Probleme sind die Gewährleistung der Datenvertraulichkeit und Sicherheit sowie die fehlende Kompatibilität vieler Systeme. Zudem ist es fraglich, ob den Ansprüchen des Kunden Rechnung getragen wird, wenn er seine Ware vielleicht etwas schneller bekommt, dafür aber wesentliche Elemente der Kommunikation verlorengehen.

5.3 Prozesse

Logistiksysteme dienen grundsätzlich der räumlichen und zeitlichen Gütertransformation. Um einen Güterfluß zwischen Quelle und Senke zu initiieren, ist der Austausch von Informationen notwendig. Sie lösen den Güterfluß vorauseilend aus, begleiten ihn erläuternd und folgen ihm bestätigend oder nicht bestätigend nach. Darüber hinaus muß die Distributionslogistik aber auch Managementaufgaben erfüllen. Distributionslogistikprozesse lassen sich daher in Primär- und Sekundärprozesse klassifizieren, wobei die Primärprozesse die Planung, Steuerung und Überwachung der Material- und Informationsflüsse und die Sekundärprozesse die Managementaufgaben betreffen (vgl. Pfohl 1996, S. 9).

Zur Erfüllung der räumlich-zeitlichen Veränderung von Gütern bedarf es der physischen Kernprozesse der Distributionslogistik wie Transport-, Umschlag- und Lagerprozesse. Verpackungs-, Handhabungs-, Kommissionier- und Signierungsprozesse stellen dabei unterstützende Prozesse der Distributionslogistik dar und dienen nicht ausschließlich der Distribution. Beispielsweise kann das Verpacken der Ware neben der Vereinfachung des Transports oder der Lagerung auch für Marketingzwecke eingesetzt werden. Sofern die Fertigwaren nicht direkt zum Kunden transportiert werden, müssen sie zumindest einmal eingelagert werden. Um einen reibungslosen Ablauf der einzelnen Teilprozesse zu gewährleisten, muß jede Quelle und Senke von Güterflüssen über ausreichende Informationen verfügen. Informationsflußprozesse im Rahmen der Distributionslogistik können dabei Prozesse zur

Planung, Disposition, Steuerung und Kundenauftragsbearbeitung umfassen.

Die Sekundärprozesse dienen der langfristig und strategisch ausgerichteten Verbesserung der Kernprozesse. Das Distributionscontrolling ist ein wesentlicher Baustein dieser Sekundärprozesse. Das Controlling in der Distributionslogistik dient unter anderem zur Planung und Kontrolle der Distributionskosten und -leistungen. Weitere Elemente sind das Distributionslogistikmanagement und die F&E in der Distributionslogistik. Die distributionslogistischen Prozesse wie

- die Absatzplanung, Disposition und Bedarfsmeldung,
- die Auftragsabwicklung,
- die Lagerung,
- die Kommissionierung und Verpackung sowie
- die Transportplanung und der Versand

sind Untersuchungsgegenstand in den folgenden Abschnitten.

5.3.1 Absatzplanung, Disposition und Bedarfsmeldung

Die Grundvoraussetzung zur Planung und Ausgestaltung der Distributionslogistik sind Informationen über die zu verteilenden Produkte, deren Mengen, die Verteilung der Anbieter und Abnehmer und die zeitliche Verteilung der Materialflüsse. Diese Informationen werden im Rahmen der lang- und kurzfristigen Absatzplanung des Marketingbereichs erstellt (vgl. Meffert 1991, S. 217). Zu den Aufgaben der Distributionspolitik als ein Instrument des Marketing-Mix zählt neben der Bestimmung der Absatzwege die Festlegung über die Ausgestaltung des logistischen Systems der Distribution. Aufgabe der Distributionslogistik im Rahmen der Absatzplanung ist die Planung und Gestaltung der physischen und informatorischen Systeme. Damit verbunden sind Investitionsentscheidungen über Informations-, Lager- und Transporteinrichtungen. Durch die Disposition und Bedarfsmeldung an Produktion und Beschaffung liefert die Distributionslogistik einen Input für die kurzfristige Absatzplanung. Die Bedarfsmeldung der Distributionslogistik betrifft Fertigerzeugnisse und Ersatzteile, die nach Abgleich mit den im Distributionskanal befindlichen Beständen als Nettobedarfe weitergeleitet werden. Diese lösen am Anfang der distributionslogistischen Kette entweder Aufträge an die unternehmenseigene Produktion oder Bestellaufträge an Fremdlieferanten aus. Innerhalb des Verteilungssystems werden durch die Bedarfsmeldungen Nachlieferungsaufträge an die vorgelagerten Stufen (Lager) ausgelöst. Die informatorische Abwicklung wird durch die Auftragsabwicklung gewährleistet. Neben der Auslösung von Aufträgen dienen die Informationsflüsse der Absatzplanung zur Erstellung von Prognosen über die zukünftige Marktentwicklung. Die Informationen der Disposition und Bedarfsmeldung dienen damit anderen organisatorischen Bereichen als Input zur Aufgabenbearbeitung.

5.3.2 Auftragsabwicklung

Die für die Distribution bedeutsamen Informationen lassen sich in drei Gruppen gliedern. Die erste Gruppe sind Informationen über Bedarfe, insbesondere über Mengen, deren Zusammensetzung und die Bedarfszeitpunkte. Diese Informationen eilen dem Güterfluß voraus und sollen die an der Durchführung der Warenverteilung beteiligten Stellen informieren, damit die erforderlichen Planungs- und Steuerungsaufgaben eingeleitet werden können. Für die Planung und Steuerung wird auf Informationen über Art, Mengen und Kosten der im System befindlichen Bestände, Fertigungszahlen und Transportkennzahlen zurückgegriffen. Die zweite Gruppe bilden die den physischen Güterfluß begleitenden Informationen. Diese sollen die Ausführung der operativen Transport-, Umschlags- und Lagertätigkeiten unterstützen. Dazu gehören die Versand-, Zoll- und Speditionspapiere. Zu den begleitenden Informationen gehören auch die Rückmeldungen über den Bearbeitungsstand des Auftrages. Die dem Güterfluß zeitlich nachlaufenden Daten fallen primär in dem Bereich der kaufmännischen Rechnungslegung an den Kunden an. Die bei der Auftragsabwicklung anfallenden Aufgaben sind

- Auftragsübermittlung,
- Aufbereitung und Umsetzung,
- Zusammenstellung,
- Versand und
- Fakturierung.

Distributionslogistik

Die notwendigen Aufwände und Zeitbedarfe zur Auftragsübermittlung und -aufbereitung hängen wesentlich von der Art der Übermittlung ab. Anzustreben ist die DV-Verbindung mit den Kunden, wie dies im Fall von Just-In-Time Lieferbeziehungen standardmäßig der Fall ist. Ein weiterer Vorteil bei dieser Übermittlungsart liegt neben der Eingrenzung der Belegflut darin, daß damit die Verantwortung für die inhaltlich richtige Eingabe zum Kunden verlagert wird. Die enge Verknüpfung, die eine Offenlegung der Arbeitsabläufe und Datenbestände zur Folge hat, schränkt allerdings die Autonomie der beteiligten Partner ein und lohnt sich nur bei intensiven Austauschbeziehungen. Im Rahmen der Aufbereitung muß der Auftrag um interne Informationen ergänzt werden. Zusätzlich werden die für den Kunden gültigen Preise und Liefermodalitäten festgelegt und gegebenenfalls eine Bonitätsprüfung durchgeführt. Nach positiver Prüfung wird der Güterfluß durch Lager und Transportaufträge oder in Form von Aufträgen an die Produktionsplanung angestoßen. Parallel dazu wird eine Auftragsbestätigung an den Kunden gegeben und die für die Bearbeitung erforderlichen Bearbeitungs- und Lieferpapiere erstellt. Nach einer positiven Verfügbarkeitsprüfung werden Auslagerungs- und Kommissionieraufträge an das Lagerwesen gegeben. Für die Transportdurchführung stehen alternative Transportmittel und Transportwege zur Verfügung, für die die jeweiligen Begleitpapiere durch die Auftragsabwicklung erstellt und zugeordnet werden müssen. Die Fakturierung (Rechnungslegung) bildet den Abschluß der Auftragsabwicklung. Weitere nachlaufende Funktionen ergeben sich im Fall der Reklamations-, Retouren- und Leergutabwicklung.

5.3.3 Lagerhaltung

Der direkte Weg vom Produzenten zum Abnehmer führt zur Vermeidung zusätzlicher logistischer Prozesse für Umschlag und Auftragsabwicklung. Nachteilig ist der für die zeitliche und mengenmäßige Synchronisation von Abgabe und Annahme erforderliche hohe Planungs- und Abstimmungsaufwand. Bei großen Entfernungen erhöht sich außerdem die Reaktionszeit zur Deckung der Marktbedarfe. Als Alternative bietet sich deshalb die indirekte Verbindung von Güterabgabe und Marktentnahme an. Die indirekte Verbindung, die durch Punkte zur Bündelung (Zusammenfassung zu größeren Transportlosen) und Auflösung (Verteilung auf kleinere Transportlose) unterbrochen wird, ist dann sinnvoll, wenn dadurch Kostendegressionsvorteile bis oder ab der Unterbrechung genutzt werden können. Die Bündelung führt einerseits zu einer Reduzierung der Transportstückkosten, erhöht aber gegenläufig die Kosten der Lagerhaltung und Auftragsabwicklung. Der Vorteil des für die Bündelung und Auflösung genutzten Umschlaglagers liegt in der Reduzierung der Anzahl der Verbindungen zwischen Quelle und Senke. So reduziert sich bei zehn Liefer- und fünfzig Empfangspunkten die Anzahl der Verbindungen von $10 \cdot 50 = 500$ für die direkte Verbindung auf $10 + 50 = 60$ für die Verbindung über ein Umschlaglager. Aufgrund des nicht nur mengenmäßig sondern auch zeitlich schwankenden Bedarfs und der an den Gegebenheiten der Produktion orientierten losweisen Herstellung ist neben der Mengenanpassung durch Umschlag eine Lagerung zum Zeitausgleich erforderlich. Mit der Bestandshaltung können außerdem Störungen der Produktion gegen den Markt abgepuffert und dadurch ein gleichmäßiger Lieferservice gewährleistet werden. In Zeiten steigender Absatzpreise können spekulative Gründe für eine Lagerhaltung sprechen. Der Prozeß der Lagerung kann definiert werden als die gewollte, zielgerichtete Überbrückung von Zeitparitäten von Objektfaktoren. Von Produktionsvorgängen unterscheidet sich die Lagerung dadurch, daß die Eigenschaften der Objektfaktoren im Lagerungsprozeß keinen oder allenfalls unwesentlichen Veränderungen unterliegen dürfen. Die gelagerten Bestände haben Ausgleichs-, Sicherungs- und Spekulationsfunktionen. Da diese Bestände Kosten durch Kapitalbindung verursachen, ist es Aufgabe der Distributionslogistik, ein Optimum zwischen Bestandshöhe und Lieferservice zu finden. Dazu müssen die Fragen beantwortet werden:

- Was soll gelagert werden?
- Wieviel soll gelagert werden?
- Wo soll gelagert werden?
- Wie soll gelagert werden?

Die Frage, was gelagert werden soll, ist abhängig von den durch die Absatzplanung festgelegten Rahmendaten für das Sortiment und den jeweils geplanten Absatzmengen. Da insbesondere bei sehr inhomogenen Absatzprogrammen unterschiedliche Anforderungen bezüglich technischer Lageranforderungen, möglicher Lagerdauer und umzusetzender Mengen bestehen, ist es notwendig, die zu verteilenden Erzeugnisse nach entsprechenden Kriterien zu gliedern und für jede Gruppe spezielle Verteilungswege festzulegen. Im Rahmen dieser Gruppenbildung muß auch eine Festlegung darüber getroffen werden, wieviel gelagert werden soll. Dazu muß die Höhe der normalen Bestände und die Höhe der Sicherheitsbestände bestimmt werden. Bei der Dimensionierung der normalen Bestände tritt das Problem der Festlegung einer optimalen Bestellmenge auf. Dabei wird versucht, den klassischen Zielkonflikt zwischen der Höhe des durch die Bestände gebundenen Kapitals und den fixen Kosten je Bestellung zu lösen. Neben der optimalen Bestellmenge muß der Zeitpunkt der Bestellauslösung (Bestellpunktverfahren) oder der Bestellrhythmus (Bestellrhythmusverfahren) festgelegt werden. Die Höhe der im System zu haltenden Sicherheitsbestände ist abhängig von

- der Länge der Wiederbeschaffungszeit,
- der Prognosequalität, bezogen auf Bedarfsmengen und Beschaffungszeiten,
- der Lieferbereitschaft der vorgelagerten Stufen und
- der Anzahl der Lager.

Der Sicherheitsbestand auf Basis der Wiederbeschaffungszeit ist abhängig von der durchschnittlich erwarteten Nachfrage und der maximal erwarteten Nachfrage pro Periode und muß so hoch sein, daß die Differenz zwischen beiden Nachfragen abgedeckt werden kann. Aufgabe der Distributionslogistik ist es, durch eine Reduktion der Wiederbeschaffungszeit eine Senkung der Sicherheitsbestände, und damit der Lieferbereitschaftskosten zu erreichen. Da es gegenläufig zur Kostensenkung durch den erhöhten Aufwand für Kommunikations- und Transportmittel zu einem Kostenanstieg kommt, ist eine Verkürzung der Wiederbeschaffungszeit immer nur dann von Vorteil, wenn das Ansteigen dieser Kosten durch die Verringerung der mit dem Sicherheitsbestand verbundenen Lagerhaltungskosten mehr als ausgeglichen wird. Die Genauigkeit der prognostizierten Wahrscheinlichkeitsverteilung der Nachfrage hat ebenfalls Einfluß auf die Höhe der Sicherheitsbestände. Je genauer die Nachfrageprognose ist, desto geringer muß der Sicherheitsbestand sein, um einen bestimmten Lieferservice zu gewährleisten. Die Höhe der Gesamtsicherheitsbestände im Distributionssystem ist außerdem abhängig von der Lageranzahl auf

Distributionslogistik

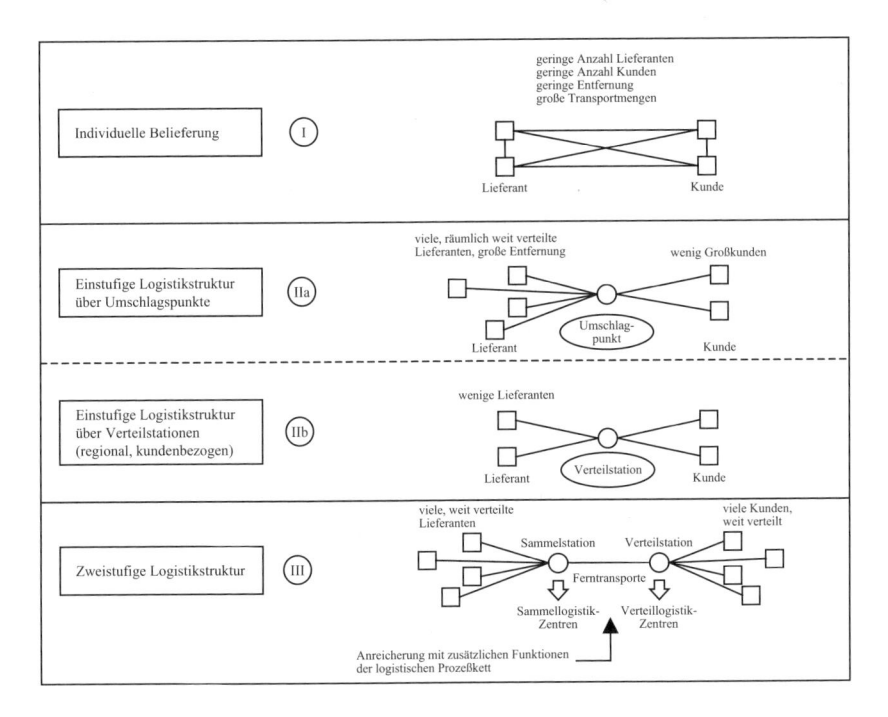

Abb. 5-1: Alternative Logistikstrukturen

einer Stufe des Warenverteilungssystems. Werden mehrere kleine Absatzlager statt eines Zentrallagers zur Befriedigung der Nachfrage unterhalten, so ist die Summe der Sicherheitsbestände in den kleinen Absatzlagern höher als der Sicherheitsbestand im Zentrallager. Durch die Distributionslogistik muß deshalb festgelegt werden, wie der Verteilungsprozeß zu strukturieren ist und wo die einzelnen Lager geographisch anzuordnen sind. Alternative direkte und indirekte mehrstufige Logistikstrukturen zeigt Abbildung 5-1. Die Anzahl der hintereinandergeschalteten Lagerstufen wird auch als vertikale Struktur des Distributionsprozesses bezeichnet. Die vertikale Struktur beschreibt die einzelnen Lagerstufen, die in Werks-, Zentral-, Regional- und Auslieferungslager gegliedert werden können. Werks- oder auch Fertigwarenlager sind räumlich bei einer Produktionsstätte angesiedelt und enthalten nur das am Ort produzierte Warensortiment, dessen jeweiligen Fertigungsausstoß sie meist zum kurzfristigen Mengenausgleich aufnehmen. Zentrallager, die aufgrund des hohen Investitionsbedarfs mengenmäßig begrenzt sind, sind den Werkslagern nachgeordnet. Ihre

Distributionslogistik

Funktion besteht darin, die Bestände der nachgeordneten Lagerstufen oder des Handels möglichst nachzufüllen. Regionallager halten in der Regel nur Teile des Sortiments vor. Ihre Aufgabe besteht in der Pufferung von Beständen zur Versorgung verschiedener regionaler Verkaufsgebiete. Die unterste Ebene bilden die Auslieferungslager, die dezentral in den einzelnen Verkaufsgebieten liegen. Ihre Aufgabe besteht in der Kommissionierung der von den Abnehmern georderten Mengen und deren Bereitstellung zur Kundenbelieferung. Dieser Lagertyp enthält die regional absatzstarken Produkte. Eine Strukturierung in alle vier genannten Stufen ist nur selten anzutreffen. Die Anzahl gleicher Lager auf einer Stufe ist die horizontale Struktur. Die damit verbundene Frage nach zentralen oder dezentralen Beständen ist der klassische Konflikt von Auslieferungskosten versus Lagerkosten. Je größer die Anzahl der Lager pro Stufe, desto geringer ist der Umsatz je Lager. Die Kosten dezentraler Lager sind sehr hoch aufgrund der höheren Belieferungskosten pro Stück durch geringe Beschaffungsvolumina und damit negative Größendegressionseffekte. Zusätzlich erhöhen sich die Lagerhausstückkosten durch geringe Automatisierung, niedrigere Arbeitskräftespezialisierung sowie durch sich summierende Sicherheitsbestände in mehreren dezentralen Lagern. Demgegenüber sinkt die durchschnittliche Entfernung zwischen Kunde und Lager, wodurch niedrigere Auslieferungskosten pro Stück entstehen. Die Einflußgrößen für die Entscheidung der zentralen oder dezentralen Lagerung zeigt Abbildung 5-2. Bezogen auf die Lagerhaltung besteht die Hauptaufgabe der Distributionslogistik darin, die horizontale und vertikale Lager- und Bestandsstruktur so zu gestalten, daß ein Optimum zwischen Bestandshöhe und Lieferservice erreicht wird. Der Aufbau der Lager- und Logistikstruktur ist abhängig von

- der Anzahl und Entfernung der Lieferanten,
- der Anzahl und Entfernung der Kunden und
- den zu transportierenden Mengen.

Neben der Strukturierung des Distributionssystems muß die Lagertechnik festgelegt werden.

Einflußgröße	Zentrallager	Dezentrale Lager
Sortiment	breit	schmal
Lieferzeit	länger	kurz, stundengenau
Werte der Produkte	teure Produkte	billige Produkte
Konzentration der Produktion	eine Quelle	mehrere Quellen
Kundenstruktur	homogene Kundenstruktur/wenige Großkunden	inhomogenen Kundenstruktur/viele kleine Kunden
Spezifische Lageranforderungen (z.B. Temperatur)	vorhanden	nicht vorhanden

Abb. 5-2: Einflußgrößen für zentrale/dezentrale Lager

5.3.4 Kommissionierung und Verpackung

Im Lagerbereich werden die Produkte verschiedener Lieferanten und Produzenten für mehrere Kunden gelagert. Die Erzeugnisse werden in entsprechenden Gebinden angeliefert und frei, chaotisch oder sortimentsweise eingelagert. Demgegenüber bestehen die einzelnen Kundenaufträge aus mehreren unterschiedlichen Positionen mit variierenden Mengeneinheiten. Es ist notwendig, Teilmengen der einzelnen gelagerten Erzeugnisse zu entnehmen und diese jedem Kundenauftrag zuzuordnen. Dieser Vorgang wird als Kommissionierung bezeichnet und beinhaltet die Zusammenstellung bestimmter Teilmengen (Artikel) aus einer bereitgestellten Gesamtmenge (Sortiment) aufgrund von Bedarfsinformationen. Dabei erfolgt die Umwandlung von einem lagerspezifischen in einen verbrauchsspezifischen Zustand. Im engeren Sinne wird unter Kommissionierung die Zusammenstellung von Gütern nach vorgegebenen Aufträgen verstanden. Um die Qualität der Kommissionierleistung trotz der monotonen, körperlich belastenden Arbeit zu sichern, sind Kontrollverfahren wie das Wiegen von fertig zusammengestellten Aufträgen oder der Einsatz von Barcodesystemen

Distributionslogistik

erforderlich. Nach Abschluß der Kommissionierung muß der fertige Kundenauftrag verpackt werden. Zur Vermeidung von Umpackvorgängen und zur Reduzierung der Anzahl der Verpackungsgrößen sollte bei der Distribution auf Standard- oder Normkartons zurückgegriffen werden.

5.3.5 Transport und Versand

Die Raumüberbrückung durch Transport ist eine weitere Aufgabe der Distributionslogistik. Unter Transport wird die zielgerichtete Überwindung vorliegender Raumdisparitäten von Erzeugnissen verstanden, wobei die Erzeugnisse keinen oder allenfalls unwesentlichen Veränderungen ihrer Eigenschaften unterliegen dürfen. Die Transportaufgabe läßt sich in die Transportvorbereitung, Beladung, Transportdurchführung, Entladung und Transportnachbereitung untergliedern. Bei der Bewältigung der Transportaufgabe sind folgende Fragen zu beantworten:

- Was soll transportiert werden?
- Womit soll transportiert werden?
- Wie oft soll transportiert werden?
- Wer soll die Transporte durchführen?

Bei der Distributionslogistik steht die Betrachtung des außerbetrieblichen Transportes im Vordergrund. Bei der Frage, was transportiert werden soll, geht es um Gewichte, Volumen, Warenart, Verpackungsart, Kundenvorschriften, Ländervorschriften und Gefahrgutvorschriften. Diese Eigenschaften haben neben der räumlichen Entfernung Einfluß auf die Auswahl des geeigneten Transportmittels. Bei inhomogenen Erzeugnisspektren besteht die Notwendigkeit, verschiedene Transportmittel und -wege zu nutzen. Bei der Auswahl eines Transportmittels spielen Kosten- und Leistungskriterien eine Rolle. Zu den Kostenkriterien gehören die Frachtkosten, Transportnebenkosten, Handlingkosten und sonstige Logistikkosten. Leistungskriterien sind Transportzeit, Transportfrequenz, technische Eignung des Transportsystems, Vernetzungsfähigkeit, Flexibilität, Anfangs- und Endpunkte des Transportsystems und dessen Zuverlässigkeit. Als Transportsysteme oder Verkehrsträger stehen für die Distribution der:

Distributionslogistik

Transport	Vorteile	Nachteile
Straßen-gütertransport	- Zeit- und Kostenersparnis im Nah- und Flächenverkehr - Flexible Fahrplan-Gestaltung - Eignung für spezifische Ladegüter - Anpassungsfähig bei Annahmezeiten	- Keine zeitgenauen Fahrpläne - Witterungsabhängigkeit - Abhängigkeit von Verkehrsstörungen - Begrenzte Ladefähigkeit - Ausschluß gewisser Gefahrgüter
Schienenverkehr	- Größere Einzelladegewichte als beim LKW - Exakte Fahrpläne - Weitgehend störungsfrei - Gefahrgüter zulässig	- Privates Schienennetz/ Gleisanschlüsse oder Einsatz sog. Straßenroller erforderlich - Zusatzkosten bei Anmietung von Spezialwagen
Binnenschiffahrts-gütertransport	- Große Einzelladegewichte - Große Laderäume - Angebot von Spezialschiffen - günstige Beförderungskosten	- Eingeschränktes Streckennetz - Ohne eigene Anlegestelle erhöhte Kosten durch sog. gebrochenen Verkehr - Abhängigkeit vom Wasserstand sowie von Eisgang und Nebel
Schiffahrts-gütertransport	- Große Einzelladegewichte - Große Laderäume - Angebot von Spezialschiffen	- Abhängigkeit von Sturm, Eisgang und Nebel - Im Linienverkehr Abhängigkeit von festen Routen (anders bei Charterung von Schiffen)
Luftfrachttransport	- Hohe Transportgeschwindigkeit - Wegfall seemäßiger Verpackung	- Hohe Transportkosten - Witterung
Kombinierter Verkehr	- Nutzung der spezifischen Vorzüge der in einer Transportkette beteiligten Verkehrsmittel	- Zeitverbrauch durch die Umschlagvorgänge - Bindung an Fahrpläne - Wartezeiten an den Umschlagbahnhöfen

Abb. 5-3: Vor- und Nachteile alternativer Verkehrsarten

Distributionslogistik

- Straßenverkehr,
- Schienenverkehr,
- Schiffsverkehr,
- Luftverkehr und der
- kombinierte Verkehr.

zur Verfügung. Der Güterfluß im Distributionsprozeß ist außer bei der direkten Verbindung von Produzent und Abnehmer ein mehrgliedriger Prozeß. Dabei lassen sich drei typische Phasen unterscheiden. In der ersten Phase findet eine Konzentration von mehreren Lieferpunkten zu einem Sammelpunkt statt. Diese Phase der Kette liegt häufig im Nahverkehrsbereich und wird als Flächenverkehr bezeichnet. In der zweiten Stufe wird von einem Sammelpunkt zu einem Verteilpunkt geliefert. Dabei müssen meist größere Entfernungen überwunden werden. Diese Prozeßphase stellt einen Fernverkehrstransport dar und wird als Streckenverkehr bezeichnet. Die Verteilung der Waren an die Kunden läuft dann in der dritten Phase wieder im Flächenverkehr ab. Die Eignung der verschiedenen Verkehrsträger läßt sich aus den in Abbildung 5-3 zusammengestellten Vor- und Nachteilen ableiten. Neben der Auswahl des geeigneten Verkehrssystems müssen speziell im Flächenverkehr die optimalen Touren bestimmt werden. Zur Lösung dieses operativen Problems der Abwicklung von Transporten stehen verschiedene Modelle des Operation Research zur Verfügung. Verbunden mit der Frage, wer die Transportdurchführung übernehmen soll, ist die generelle Frage über den Aufbau und Betrieb eines eigenen Fuhrparks oder die Fremdvergabe dieser Leistung.

5.4 Modelle der Distributionslogistik

Zur Lösung der Aufgaben der Distributionslogistik bedarf es Modelle, die

- die Strukturierung von Transport- und Lagerprozessen,
- die Optimierung von Transporten,
- die Koordination von Eigen- oder Fremdleistung und
- die Erstellung von Kosten- und Leistungsbilanzen

beinhalten.

Bei Analyse der in der Praxis realisierten Lösungen ist feststellbar, daß eine Optimierung erst durch Kombination und Abstimmung dieser einzelne Teilbereiche betreffenden Konzepte erreicht wird.

5.4.1 Strukturierung von Transport- und Lagerprozessen

Für die Strukturierung der Distributionslogistik sind drei Ansätze der Strukturierung zu unterscheiden:

- die Trennung des Gesamtsortiments in Gruppen,
- die gruppenspezifische Festlegung der Logistikstruktur,
- die Entscheidung, auf welcher Stufe welche Bestände gelagert werden und
- die Strukturierung der Bestände innerhalb der Lager.

Bei breiten Sortimenten ist es zur Optimierung der distributionslogistischen Leistungen erforderlich, sortimentsspezifische Strategien zu entwickeln. Warenhausunternehmen entwickeln für die verschiedenen Sortimentsbereiche getrennte Logistiksysteme; Logistikdienstleister legen sich durch die Gründung von spezialisierten Tochterunternehmen auf einzelne Branchen fest. Für die Untergliederung von Sortimenten gibt es eine Vielzahl von Kriterien, die eine Aufteilung des Gesamtspektrums begründen. Dazu gehören

- Umsatzverläufe (zeitlich schwankend - stetig),
- Haltbarkeit (verderblich - haltbar),
- Lieferanten (wechselnd - gleichbleibend, regional - international),
- Artikel (gleichbleibend - modisch variabel),
- gesetzliche Anforderungen (speziell - allgemein) und
- Volumen (großvolumige Produkte - Kleinteile).

Welche Merkmale in welchen Ausprägungen eine Trennung des Sortiments begründen, muß im Einzelfall entschieden werden. Bei der Entscheidung müssen die durch die Aufteilung erhofften Vorteile und Kosteneinsparungen den dadurch möglicherweise entstehenden Zusatzaufwänden gegenübergestellt werden. Ein Beispiel für die Aufteilung der zu verteilenden Erzeugnisse sind die Sortimentsbereiche Stapel, Mode, Lebensmittel und Großstücke eines Warenhausunternehmens mit Vollsortiment. Unter Stapel werden in dem Fall alle Artikel verstanden, die immer wieder unverändert und vom gleichen Lieferanten nachgekauft werden und über einen längeren Zeitraum im Sortiment sind. Dazu gehören alle Hartwaren sowie unbedeutende Bereiche des Textilsortiments. Der Bereich Mode ist durch einen ständigen saisonalen Wechsel der Artikel gekennzeichnet. Die Artikel werden häufig nur in einer Auflage auf Basis vorliegender Kundenaufträge produziert und direkt ausgeliefert. Ein Großteil der Lebensmittel gehört eigentlich zum Bereich Stapel (Konserven, Spirituosen). Aufgrund der hohen Mengen, Gewichte und kurzen Lieferzeitanforderungen der Filialen wird dieser Bereich aber gesondert betrachtet. Zu den Großstücken zählen Einbauküchen, Möbel, Elektrogroßgeräte oder Fahrräder. Typenvielfalt, Volumen, besondere Transportanforderungen (Auslieferung zum Kunden) und besondere Kundendienstleistungen (Montage beim Kunden) begründen für diese Produkte eine eigenständige Lösung. Nach der Bildung von Sortimentsbereichen müssen die sortimentspezifischen Logistikstrukturen bestimmt werden. Einflußgrößen für die Gestaltung der vertikalen Struktur sind die Anzahl der Lieferanten und Kunden, deren Entfernung sowie die zu transportierenden Mengen. Die individuelle Belieferung bietet sich besonders bei einer geringen Anzahl Lieferanten und Kunden, geringen Entfernungen und großen Transportmengen an. Ein Beispiel für diese Art der Auslieferung sind Investitionsgüter wie Werkzeugmaschinen, die direkt per Lkw vom Produzenten an den Endkunden ausgeliefert werden. Die andere Extremform, die zweistufige Logistikstruktur, ist dann geeignet, wenn sich Kostenvorteile durch die Sammlung der Erzeugnisse vieler geographisch weit verteilter Lieferanten, gebündelten Ferntransport und abschließende Verteilung auf viele weit verteilte Kunden erreichen lassen. Spezielle im Zusammenhang mit der vertikalen Struktur genannte Lösungen zur Optimierung der Sammel-, Umschlags- und Verteilprozesse sind die Konzepte (vgl. Abb. 5-4):

1. das externe Lagerkonzept,
2. das Transshipmentkonzept,
3. das Rendez-Vous-System,
4. das Gebietsspediteurkonzept und
5. die Güterverkehrszentren.

Diese Konzepte werden anhand von Fallstudien diskutiert.

Distributionslogistik

> Externes Lagerkonzept: Die Produkte der Vereinigte Papierwerke AG werden durch externe Gesellschaften vertrieben. Für die regionalen Auslieferlager setzt die Vereinigte Papierwerke AG pro Region einen Logistikdienstleister ein. Dieser muß ein Auslieferungslager mit Gleisanschluß zur Verfügung stellen. Das Auslieferungslager enthält das volle Sortiment der Produkte für die zugewiesene Region. Ein Logistikdienstleister der Vereinigte Papierwerke AG ist die Abfertigungsspedition Noris GmbH. Sie ist für mehrere Auslieferungslager, unter anderem für die Lager in Neuss, Köln und Dortmund zuständig. Die Transporte von den Werkslagern der Vereinigte Papierwerke AG zu den Auslieferungslagern werden ebenfalls von der Noris GmbH durchgeführt. Ein weiteres Beispiel für die Fremdvergabe der Warenverteilung auf einen externen Spediteur ist bei Kraft Jacobs Suchard vorzufinden. Das Unternehmen hat die Fiege-Gruppe mit dieser Aufgabe beauftragt. Von einem neu errichteten Warendienstleistungszentrum aus wird ganz Deutschland mit der "süßen

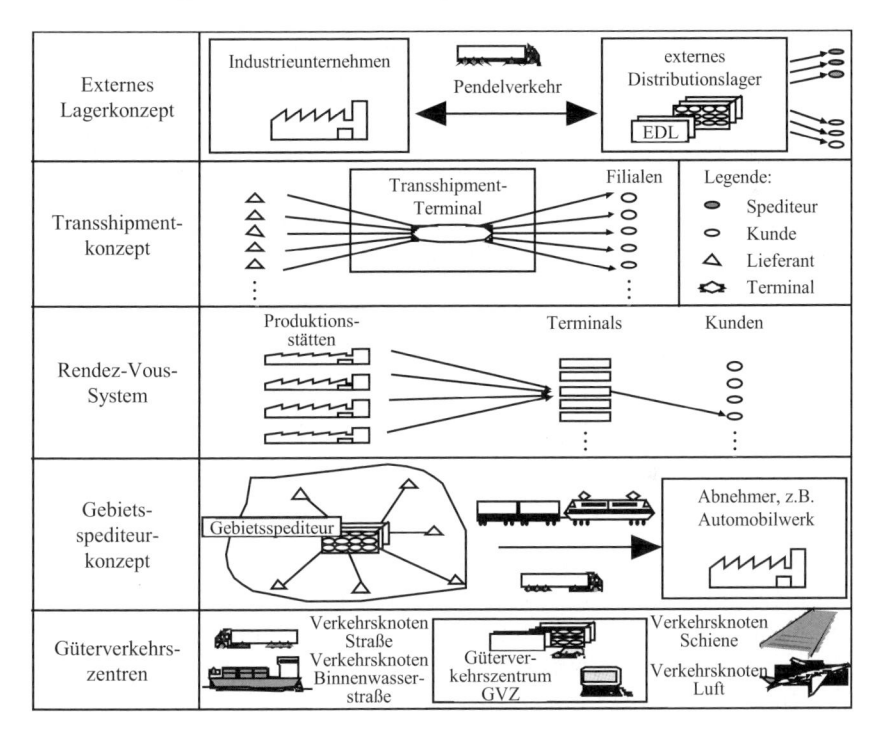

Abb. 5-4:   Lager- und Transportstrategien der Distributionslogistik

Distributionslogistik

Ware" beliefert. Fiege ist für die Distribution ab Wareneingang in das Warendienstleistungszentrum zuständig. Die Ware muß eingelagert, kommissioniert, bereitgestellt, verladen und schließlich an die Kunden verteilt werden. Die Rhenus AG konzentriert sich in zunehmendem Maße auf logistische Dienstleistungen. Sie hat in Velten ein großes Logistikzentrum aufgebaut, das von Handel, Industrie und öffentlicher Hand gleichermaßen genutzt werden kann. Derzeit ist die Rhenus AG für das gesamte Fertigwarenlager des Berliner Tetra Pak-Werkes zuständig. Bei der Gestaltung des Logistikzentrums wurde auf eine günstige Verkehrsanbindung und auf moderne Technik in der Datenverarbeitung und Kommunikation geachtet. So konnte man den organisatorischen und steuerungstechnischen Anforderungen gerecht werden. Auch in den USA ist das externe Lagerkonzept sehr oft anzutreffen. DCI trägt die Verantwortung für ein modernes Distributionslager der Lever Brothers in Columbus. Ein weiteres Beispiel ist die Zusammenarbeit zwischen NYK Line und Pioneer Electronic.

> Transshipmentkonzept: Ein großer Konzern der Konsumgüterbranche, die Procter & Gamble GmbH Deutschland, setzt bei der Distribution im Produktsektor Papier auf das Transshipmentkonzept. Das Distributionssystem des Produktsektors Papier in Deutschland basiert auf einem zweistufigen Lagersystem. Die erste Stufe besteht aus den zwei Zentrallagern in Euskirchen und in Crailsheim, die jeweils die vollständige Sortimentsbreite vorhalten. Diese wird durch Umfuhren zwischen den beiden Lagern gewährleistet. Von den Zentrallagern aus werden durch externe Spediteure 22 Umschlagpunkte in Deutschland beliefert. Procter & Gamble hat dazu Deutschland in einzelne Gebiete aufgeteilt, für die jeweils ein Spediteur verantwortlich ist. Je nach Lage der Gebiete beziehen die zugehörigen Umschlagpunkte ihre Ware von dem Zentrallager in Euskirchen oder in Crailsheim. In den Transshipment-Terminals werden die Sammelaufträge der Verteilerkunden entsprechend den einzelnen Kundenaufträgen kommissioniert. Anschließend legt der Spediteur eine Auslieferungsroute fest und liefert die Ware an die Kunden aus. Kunden, die in einer Lieferung Waren über 1,5t erhalten, werden direkt von den Zentrallagern beliefert. Das Transshipment-Konzept findet bei Handelsunternehmen weite Verbreitung. Dabei fungiert der Transshipment-Terminal als Umschlag- und Sammelpunkt, von dem aus die Ware weiterverteilt wird. Co op Schleswig-Holstein, ein führender Lebensmittelhersteller, ist

für die Verteilung der angelieferten Lebensmittelprodukte an verschiedenste Kunden zuständig. Um eine zügige Belieferung der Kundschaft zu gewährleisten, ist ein neues Logistikzentrum in Güstrow aufgebaut und mit moderner Technik ausgestattet worden. Von diesem Terminal aus werden die verschiedenen Kunden des Einzelhandels beliefert. Neben dem Deutschen Paketdienst, der viele einzelne Lieferanten bedient und wieder an viele Kunden ausliefern muß, ist auch der Versandhausbereich mit ähnlichen Problemen konfrontiert. Die Kunden von Versandhäusern sind nicht sehr stark zu binden, da keine unternehmensspezifischen Produkte angeboten werden und der Kunde schnell und einfach ausweichen kann. Hochwertige kundenorientierte Dienstleistungen mit kürzestmöglichen Lieferzeiten stehen im Vordergrund.

> Rendez-Vous-System: Bei diesem System werden die verschiedenen Auftragspositionen der Kunden zuerst auf verschiedene Produktionsstandorte aufgeteilt. Nach Fertigstellung und Versand zu einem Umschlagterminal faßt man die Teilaufträge zu einer geschlossenen zeitgleichen Lieferung zusammen und liefert sie an den Abnehmer aus. Die Hilti AG unterhält in Deutschland zwei Umschlagplätze, die von den Produktionsstätten beliefert werden. Von dort aus werden die Güter auftragsspezifisch zusammengestellt und an die verschiedenen Regionallager in Europa ausgeliefert. Ein weiterer Anwender des Rendez-Vous-Systems ist die Cerberus AG. Sie betreibt zwei Produktionsstätten in der Schweiz, die den zentralen Umschlagterminal in Volketswil beliefern.

> Gebietsspediteurkonzept: Der Transport kleiner Ladungen durch nicht ausgelastete Verkehrsträger ist häufig ein großes Problem für die Spediteure. Sie haben in einem solchen Fall Schwierigkeiten, den Frachttransport zu einem realistischen Preis anbieten zu können. Neben der Festlegung von Mindestmengen kann der Einsatz des Gebietskonzepts zur Lösung dieses Problems beitragen. Ziel des Konzepts ist es, Produkte mehrerer Lieferanten aus einer definierten Region zusammenzufassen und als Komplettladung über eine große Distanz zum Abnehmer zu transportieren. Seinen Hauptanwendungsbereich findet das Gebietskonzept in Ballungsgebieten, denn gerade dort können Liefermengen von mehreren Lieferanten zusammengefaßt werden. Vorteilhaft ist neben einer verbesserten Auslastung der Ver-

kehrsträger die Reduktion der Transportkosten. In der Automobilindustrie werden die Teile mehrerer Zulieferer von Gebietsspediteuren in Zulieferzentren gesammelt und mit Spezialzügen der Bundesbahn an die Automobilwerke geliefert. APC in Amerika sammelt die Komponenten mehrerer Zulieferer in der Region um Woodhaven in Michigan und versorgt anschließend eine Autofabrik von Ford in Mexiko. Zusätzlich stellt APC vor der Rückfahrt nach Michigan aus der Maquiladora-Region diverse Produkte zusammen und liefert diese an einen Abnehmer nach Woodhaven in Michigan. So können die eingesetzten Verkehrsträger optimal ausgelastet, die Kosten gering gehalten und die Umwelt geschont werden.

➢ Güterverkehrszentren: Sie liegen an Verkehrsknotenpunkten, um einen optimalen Anschluß an die verschiedenen Verkehrsträger wie Bahn, Schiff, Zug, Lkw und Flugzeug zu gewährleisten. Anlaß dazu ist der zunehmende Verkehr und die räumlich erweiterten Wertschöpfungsketten. Ziel der Güterverkehrszentren ist die Güterver- und -entsorgung der Unternehmen, ebenso der Bewohner von Ballungs- und Wirtschaftsräumen in Europa. Sie befinden sich zumeist in Randlagen von Ballungsräumen und ziehen andere Unternehmen und Gewerbetreibende an. Ein Beispiel für ein Güterverkehrszentrum findet man in Vieselbach unweit von Erfurt. Dort steht auf einer Fläche von einer Million Quadratmetern eine Umschlaganlage für den kombinierten Verkehr, ein Frachtzentrum und ein Service-Center. Darüber hinaus sollen Banken und andere Dienstleister, Gastronomie- und Freizeiteinrichtungen und natürlich auch produzierende Unternehmen angesiedelt werden. Das Güterverkehrszentrum ist direkt an die Bahn und die Autobahn angebunden. Eine Modernisierung der Bahnstrecken von Nord nach Süd und von Ost nach West ist geplant, so daß das Güterverkehrszentrum langfristig an einem Autobahnkreuz sowie an einem ICE-Kreuz liegen wird. Dadurch können die Güter schnell und umweltfreundlich verteilt werden. Weiter besteht eine Flugzeuganbindung über den Flughafen Erfurt. Ein wesentliches Ziel dieses Güterverkehrszentrums ist eine Verlagerung des Gütertransports auf die Schiene. Für hochentwickelte Wirtschaftsräume wie das Ruhrgebiet als größter Ballungsraum Europas ist der Aufbau dieser Zentren ungleich schwieriger. Die notwendigen Entwicklungsflächen sind nicht gegeben, vorhandene logistische Einrichtungen umzusiedeln ist sehr teuer, und eventuelle Fördermittel werden unter Vernachlässigung anderer Projekte fokussiert. Zudem kann Konkurrenz zu bereits vorhandenen Anlagen auftreten und eine hohe lokale Verkehrsbelastung zu Akzeptanzproblemen bei der Bevölkerung führen. In der Region Duisburg/Niederrhein wird derzeit ein Konzept für ein Güterverkehrszentrum entwickelt. Die Anlagen des Güterverkehrszentrums sind zwar dezentral angeordnet, sollen aber informationstechnisch, infrastrukturell und organisatorisch so vernetzt werden, daß die Logistikqualität erhöht, die Kosten reduziert und die Umwelt entlastet werden kann. Wesentliche Voraussetzung für ein Funktionieren dieses Güterverkehrszentrums ist die durchgängige informationstechnische Vernetzung entlang der Transportkette. Jeder Transportvorgang eines Produktes muß auf der Datenautobahn mitverfolgt werden können. Verbesserte Disposition und der Wegfall der manuellen Eingabe der Transportpapiere sind die Folge.

Bedingt durch abnehmende Fertigungstiefe, Zunahme der Varianten und noch anhaltendes Wirtschaftswachstum kommt es zu einem ständigen Anwachsen des Güterverkehrs. Die Güterverkehrszentren sollen versuchen, Transporte im Fernverkehr zu bündeln, die Kapazitätsauslastung im Nahverkehr zu verbessern und die Attraktivität von Bahn und Schiff zu erhöhen. Die Ergebnisse der Untersuchung verschiedener Güterverkehrszentren zeigen, daß sie die in sie gesetzten Erwartungen erfüllen können, sofern sie eine ausreichende Attraktivität aufweisen und Kristallisationspunkte für die City-Logistik bilden. Allerdings wird nur ein Teil des Güterverkehrs optimiert.

Entwicklungstrends in der Wahl eines bestimmten Distributionskanals lassen sich nur schwer ausmachen, da jedes mögliche Konzept situativ für ein Unternehmen die beste Wahl sein kann. Handelsunternehmen, die von sehr vielen Zulieferern Ware erhalten, werden vorwiegend auf das Transshipmentkonzept zurückgreifen. Die Automobilindustrie, die auf die Komponenten vieler Lieferanten angewiesen ist, versucht mit Hilfe des Gebietsspediteurkonzepts Waren einer Region zu bündeln und als Sammellieferung zustellen zu lassen. Unternehmen, die mehrere Produktionsstätten für unterschiedliche Produkte unterhalten und deren Kundschaft Aufträge erteilt, die in verschiedenen Produktionsstätten bearbeitet werden müssen, werden das Rendez-Vous-System bevorzugen. Dennoch scheinen das externe Lagerkonzept und die Güterverkehrszentren auf dem Vormarsch zu sein. Das externe Lagerkonzept kann einen Outsourcing-Prozeß der Logistik in Gang setzten. Das Unternehmen könnte sich auf seine Kernkompetenzen konzentrieren und die Distribution einem Spezialisten überlassen. Der Begriff Güterverkehrszentrum ist bedingt durch die zunehmenden Verkehrsprobleme im Güterverkehr in Mode gekommen. Durch den Aufbau weiterer Güterverkehrszentren könnte die Verlagerung von Güterflüssen auf umweltfreundlichere Verkehrsträger beschleunigt werden. Zudem gelten sie als konstituierende Elemente, um in Europa anforderungsgerechte Güterverkehrssysteme aufzubauen.

Bei der Auswahl der optimalen Lagerstruktur ist grundsätzlich zwischen einer dezentralen und zentralen Warenverteilung zu unterscheiden. Eine Maximierung des Lieferservice bedeutet eine große Anzahl von Regionallagern, damit die Kunden trotz zunehmender Verkehrsdichte weiterhin in kurzen Lieferzeiten bedient werden können. Andererseits führt eine große Zahl von Regionallagern zu stark ansteigenden Kapitalbindungskosten, zu Problemen in der Ablauforganisation und zu einem wenig effizienten Personal- und Technologieeinsatz. Zudem fehlen oft genau die Produkte im Regionallager, die der Kunde gerade wünscht. Es handelt sich demnach um ein Optimierungsproblem. Um die sinnvollste Lösung für ein Unternehmen zu finden, muß die Unternehmenspolitik in bezug auf die gewünschten Lieferzeiten und die geforderte Warenverfügbarkeit festgelegt werden. Setzt das Unternehmen seine höchsten Prioritäten auf eine Minimierung der Transportkosten und auf kürzeste Lieferzeiten, ist eine dezentrale Lösung am wahrscheinlichsten. Ziel der Optimierung ist es, die Variante zu finden, die die geforderten Serviceanforderungen erfüllt und die geringsten Kosten verursacht. Dabei müssen die Kostenblöcke Transport, Personal, Gebäude und Ausstattung Berücksichtigung finden.

Die Hilti AG führte eine Optimierungsrechnung durch, in der die zukünftige Kunden-, Absatz- und Lieferstruktur Berücksichtigung fand. Eine zunehmende Zahl von Lagern führte nur zu gering fallenden Transportkosten, aber zu einem progressiven Anstieg der Lager- und Bestandskosten. Die kostengünstigste Variante wäre ein Zentrallager in Frankfurt gewesen. Bedingt durch die immer größere Bedeutung des Lieferservice entschied man sich für die Einrichtung mehrerer Regionallager in Europa. Denn bei nur einem Zentrallager wären die Lieferungen in unakzeptablen Zeiten abgewickelt worden. Von einem zentralen Distributionszentrum aus wird die Versorgung der Autohändler mit Ersatzteilen von Toyota durchgeführt. Das Toyota-Distributionszentrum im belgischen Diest wird unter anderem mit Teilen und Komponenten zahlreicher europäischer Zulieferer versorgt. Nach kurzer Lagerung im Distributionszentrum gelangt die Ware ohne weitere Zwischenlager an die verschiedenen Händler in Europa. Die Varta AG ist zur Anwendung des zentralen Warenverteilungskonzepts übergegangen. Früher unterhielt die Varta AG 15 dezentrale Auslieferungslager. Dabei traten zunehmend Probleme bei der Kommissionierung auf. Die zu verarbeitenden Aufträge nahmen zu, die auftragsbezogenen Stückzahlen ab, und die geforderten Lieferzeiten verkürzten sich zunehmend. Jetzt betreibt sie in Ellwangen ein zentrales Logistikzentrum, von dem aus die Kunden in ganz Europa und Übersee mit allen Typen von Gerätebatterien aus den verschiedenen Produktionsstätten beliefert werden. Dies war jedoch nur möglich durch den Einsatz automatisierter Lager- und Fördertechnik sowie eines modernen EDV-Systems, das eine beleglose Kommissionierung ermöglicht. Die Anzahl der dezentralen Auslieferungslager wurde stark reduziert. Erfolge dieser Umstrukturierungsmaßnahmen waren eine rationellere und schnellere Auftragsabwicklung und eine verbesserte Kostenkontrolle. Ein einstufiges Distributionssystem mit Werkslagern betreibt die Thorn Lighting Group. Jede Produktionsstätte stellt nur eine Produktlinie her. Die Produkte werden direkt von den Werkslagern der jeweiligen Produktionsstätte aus an die Kunden ausgeliefert. Die Thorn-Licht GmbH mit Sitz in Arnsberg/Neheim versorgt Österreich, Holland, Schweiz und den osteuropäischen Raum mit den gewünschten Leuchtern und Strahlern. Esselte Meto, der weltweit größte Hersteller und Anbieter von Produkten zur Unterstützung des Handels hat ein zentrales Distributionszentrum in Heppenheim errichtet, das die Bestände von sechs deutschen Lagern zusammenfaßt. Kennzeichnend für dieses Warenverteilzentrum ist die Konzentration der Bestände und eine grenzüberschreitende Direktbelieferung der Kundschaft. Bestände, Handlungsvorgänge, Personal- und Sachkosten konnten insgesamt reduziert und der Lieferservice verbessert werden. Wichtige Charakteristika eines Warenverteilzentrums sind hochmoderne Kommissioniersysteme mit paralleler Teilauftragsbearbeitung und intelligenten Sortensteuerungen. Die Ressourcensteuerung wird von komplexen Steuerungs- und Informationssystemen ausgeführt. Ein weiteres Beispiel für den Übergang zum zentralen Warenverteilkonzept und den

Distributionslogistik

massiven Abbau von Außenlagern liefert die Porst AG. Das Distributionszentrum der Porst AG ist jetzt allein für die Verteilung der Waren an die Kunden zuständig. Alle Außenlager sind aufgelöst worden. Im Bereich der Automobilindustrie setzt man ebenfalls auf eine Reduktion der Regionallager bei zunehmender Zentralisierung. Die Opel AG hat ihr Logistiknetzwerk für Ersatzteile in Europa neu strukturiert. Bedingt durch die ständig steigenden Serviceerwartungen, durch Rationalisierungsaktivitäten in der Produktion und Veränderungen auf den Materialbeschaffungsmärkten ist eine Optimierung der Logistikkette erforderlich geworden. Die Lagerstandorte sind bei zunehmender Zentralisierung auf wenige Zentral- und Regionallager zurückgeführt worden. Um diesen Abbau zu ermöglichen, wurden die verbleibenden Lagerstandorte mit neuester Lagertechnologie, modernen Informationssystemen und Lager- und Bestandssteuerungssystemen ausgestattet. Die Ware wird von den Zentrallagern teilweise direkt, teilweise über Regionallager an die Händler ausgeliefert.

Der Trend in der Gestaltung der Distributionsstruktur geht zu einer zunehmenden Zentralisierung, begleitet von einem Abbau der Lagerstufen sowie der Anzahl der Lager insgesamt. Die Anzahl der Außenlager wird deutlich reduziert, man versucht sogar, völlig auf sie zu verzichten. Für diese Entwicklung werden von den Unternehmen mehrere Gründe genannt: Im Vordergrund steht die Möglichkeit zur massiven Einsparung von Kosten durch reduzierten Personalbestand, reduzierte (Sicherheits-)Bestände, reduzierte Lagerflächen, effektivere Nutzung der Lagereinrichtungen, Verteilung der Kosten auf einen höheren Durchsatz und aufgrund von Synergieeffekten durch Vermeidung unnötiger Duplizität. Diesen Kosteneinsparungspotentialen stehen höhere Transportkosten und die Gefahr eines verschlechterten Kundenservice gegenüber. Die Unternehmen glauben aber, daß sie die Qualität des Kundenservice durch den Einsatz moderner Informations- und Kommunikationstechniken sowie automatisierter Lager- und Fördertechniken zumindest aufrechterhalten können.

Die Öffnung der innereuropäischen Grenzen hat einen zusätzlichen positiven Effekt auf die Zentralisierungsbestrebungen. Die Grenzübertrittszeiten der Waren sind deutlich zurückgegangen und eine kalkulierbarere Größe geworden. Durch den Wegfall einer oder mehrerer Distributionsstufen müssen allerdings im verbleibenden Zentrallager mehr Kundenbestellungen abgewickelt werden. Die Anforderungen an die Leistungsfähigkeit dieser Distributionszentren werden sich durch den Zentralisierungsprozeß weiter erhöhen und hohe Investitionen erforderlich machen.

5.4.2 Transportoptimierungsmodelle

Abhängig von den Strukturen des jeweiligen Distributionskonzeptes müssen Transporte abgewickelt werden. Im Flächenverkehr werden diese Transporte aufgrund der guten Netzbildungsfähigkeit vorzugsweise mit dem Lkw durchgeführt. Bei der Planung der von den Fahrzeugen durchzuführenden Touren treten drei typische Fragestellungen auf:

- Welcher ist der Transportplan, der zu minimalen Transportkosten die Bedarfe mehrerer Senken durch das Angebot mehrerer Quellen abdeckt (Klassisches Transportproblem)?
- Welcher ist der optimale Transportplan für ein Transportmittel, das ausgehend von einer Quelle mehrere Senken beliefert und danach wieder zum Ausgangspunkt zurückfahren muß (Travelling-Salesman-Problem)?
- Wie kann der Bedarf mehrerer Senken mit mehreren Transportmitteln gedeckt werden, die nach den Touren ebenfalls zum Ausgangspunkt zurückkehren müssen (Tourenplanung)?

Zur Lösung dieser Fragestellungen werden Transportmodelle entwickelt. Da die Ermittlung der tatsächlichen Entfernung zwischen zwei Punkten sehr aufwendig ist, wird in den Modellen mit der Luftlinienentfernung zwischen den Koordinaten der Punkte (euklidischer Abstand) gerechnet und die Annahme getroffen, daß der Abstand proportional zur tatsächlichen Entfernung ist. Die Entfernung d_j zwischen zwei Standorten läßt sich demnach mit folgender Formel berechnen:

$$d_j = \sqrt{(x - x_j)^2 + (y - y_j)^2}$$

Beim klassischen Transportproblem, nach dem Verfasser eines 1941 erschienenen Artikels auch Hitchcock-Problem genannt, sind die Standorte der Anbieter A_i (i=1,...,m) mit einem Angebot von a_i Mengeneinheiten eines Gutes und der Nachfrager B_j (j=1,...,n) mit einer

Distributionslogistik

Nachfrage von b_j Mengeneinheiten (ME) bekannt. Gesamtangebot und Gesamtbedarf sind gleich hoch. Die Kosten für den Transport einer Mengeneinheit von A_i nach B_j sind ebenfalls gegeben und betragen c_{ij} Geldeinheiten (GE). Ziel ist es, alle Bedarfe zu decken und dabei die Gesamttransportkosten zu minimieren. Dazu muß die Anzahl der vom Anbieter A_i zum Nachfrager B_j zu transportierenden Einheiten x_{ij} festgelegt werden. Die mathematische Formulierung des Problems lautet

$$\text{Minimiere} \quad Z(x) = \sum_{i=1}^{m} \sum_{j=1}^{n} c_{ij} \cdot x_{ij}$$

unter den Nebenbedingungen

$$\sum_{j=1}^{n} x_{ij} = a_i \quad \text{für } i=1,...,m$$

$$\sum_{i=1}^{m} x_{ij} = b_j \quad \text{für } j=1,...,n$$

$$X \geq 0 \quad \text{für alle i und j}$$

Das klassische Transportproblem läßt sich mit Hilfe spezieller linearer Optimierungsverfahren lösen. Dazu wird in einem ersten Schritt durch ein Eröffnungsverfahren (Nordwest-Ecken-Regel, Spaltenminimum-Methode, Vogelsche Approximationsmethode) eine zulässige, im allgemeinen aber nicht optimale Basislösung gefunden. Diese wird im zweiten Schritt mit Hilfe von Optimierungsverfahren (Stepping-Stone-Methode, Modifizierte Distributionsmethode) in eine optimale Lösung überführt (vgl. Domschke 1989, S. 70ff.; Isermann 1993, Sp. 4204ff.).

Das Travelling-Salesman-Problem ist ein klassisches Reihenfolgeproblem. Im Gegensatz zu anderen Reihenfolgeproblemen kann der ausliefernde Lkw die Reihenfolge der Abarbeitung seiner Kunden frei wählen. Jeder Kunde muß genau einmal angefahren werden, Paralleltätigkeiten sind nicht zulässig, und die letzte Tätigkeit bildet die Rückkehr zum Standort. Als Optimierungskriterium kommen der zurückgelegte Weg, die aufgewendete Zeit oder die Kosten in Frage. Eine Tour beschreibt die Knoten, die auf einer bei dem Depot beginnenden und beim Depot endenden Fahrt bedient werden sollen. Zur Lösung dieses Problems bieten sich die Voll- oder die Teil-Enumeration an. Das Aufsuchen der optimalen Reihenfolge mit Hilfe der Voll-Enumeration ist bei größeren Touren aufgrund des hohen Rechenaufwandes nur noch mit EDV-Unterstützung möglich. Um den Rechenaufwand bei umfangreicheren Problemen zu reduzieren, wurden die Entscheidungsbaumverfahren entwickelt. Der Grundgedanke bei den Entscheidungsbaumverfahren liegt darin, daß frühzeitig als suboptimal erkennbare Reihenfolgen nicht weiter betrachtet werden. Bei den Teil-Enumerationsverfahren mit Hilfe eines Entscheidungsbaumes kann die Lösung durch die begrenzte Enumeration, die dynamische Planungsrechnung oder das Verfahren des Branching and Bounding ermittelt werden.

Im Gegensatz zu dem Travelling-Salesman-Problem geht die Tourenplanung davon aus, daß die Summe der auszuliefernden Transportobjekte die Kapazität Q eines Transportmittels überschreiten oder die Zeitrestriktionen T den Einsatz mehrerer Transportmittel erforderlich machen. Ein Tourenplan besteht demnach aus mehreren Einzeltouren. Bekannt sind auch bei diesem Problem die Standorte und die Bedarfsmengen der Senken. Der Ort, an dem die Fahrten starten und enden, wird als Depot bezeichnet. Als Optimierungskriterium kommen wieder der zurückgelegte Weg, die aufgewandte Zeit oder die Kosten in Frage. In jedem Standard-Tourenproblem sind zwei Teilprobleme miteinander verwoben. Einerseits liegt ein Zuordnungsproblem von Kunden zu Touren vor, andererseits muß die kürzeste Rundreise für jede Tour ermittelt werden (Routing-Problem). Die zur Lösung einsetzbaren exakten Verfahren der Tourenplanung haben aufgrund ihres hohen Rechenaufwands bisher nur eine sehr geringe Bedeutung erlangt. Die heuristischen Verfahren unterscheiden sich in der Art der Lösung des Zuordnungs- und Routing-Problems. Unterschieden wird in Verfahren, die beide Probleme nacheinander lösen (Sukzessiv-Verfahren), und Verfahren, die die Lösung parallel bearbeiten (Parallelverfahren). Das bekannteste Sukzessiv-Verfahren ist der Sweep-Algorithmus, dagegen zählt das Saving-Verfahren zu den Parallelverfahren.

5.4.3 Koordination von Eigen- und Fremdleistungen

Da die Distribution zunehmende Bedeutung für die Wettbewerbsfähigkeit eines Unternehmens gewinnt, stellt sich die Frage, ob die Unternehmen die Warenverteilung zukünftig zu ihrer Kernkompetenz zählen sollen. Will das Unternehmen die Warenverteilung selbst durchführen, muß es diesen Bereich entsprechend den zunehmenden Marktanforderungen ausbauen. Dazu gehört neben der Verbesserung des physischen Verteilungssystems der Aufbau von Informationssystemen und die Investition in qualifizierte Logistikfachkräfte. Als Alternative zur Eigenleistung bietet sich die komplette oder teilweise Vergabe des Verteilungsprozesses mit den dazugehörenden Funktionen an einen externen Dienstleister an. Dabei ist zu beachten, daß die Fremdvergabe von Distributionsaufgaben, genau wie die Fremdvergabe von Produktionsumfängen, mittelfristig kaum rückgängig zu machen ist. Da diese strategische Entscheidung die Identität des Unternehmens berührt, dürfen nicht allein Kostenvergleiche als Grundlage für den Entscheidungsprozeß dienen, sondern das Leistungsangebot und die Leistungsfähigkeit der Dienstleister muß bewertet werden.

Bei der Analyse des Leistungsangebots der Logistikdienstleister zeigt sich ein deutlicher Trend zur Erweiterung des Angebotsspektrums. Während in der Vergangenheit primär Transporte abgewickelt wurden, werden inzwischen von verschiedenen Anbietern neben dem Warenhandling auch Informations- und Finanzdienstleistungen angeboten. Diese Strategie unterstützt die Dienstleister intern durch die Ausbildung einzelner Geschäftsfelder und einer damit verbundenen Umstrukturierung der internen Unternehmensorganisation. Parallel zur Ausrichtung auf einzelne Branchen werden komplexe integrierte Dienstleistungspakete in den Bereichen Modifikation (auch Endmontage), Kundendienst, Regalservice und Factoring angeboten. Zu den Gründen der Kunden für eine Fremdvergabe logistischer Leistungen zählen neben der Kostensenkung die verringerte Ressourcenbindung, die Erhöhung der Flexibilität, das externe Logistik-Know-how, die Verbesserung des Servicegrades und die Qualitätsverbesserung. Als Entscheidungsfaktoren für eine Make-or-Buy-Entscheidung im Bereich Distribution lassen sich aufführen:

- die durch die Distributionslogistik zu lösenden Aufgabenumfänge,

Distributionslogistik

- die zeitlichen und räumlichen Bedarfs- und Volumenverläufe,
- die Bedeutung der Distribution für die Wettbewerbsposition des Unternehmens,
- die Höhe der bei der Verteilung anfallenden Kosten,
- die Art und der Umfang der Angebote von externen Dienstleistern und
- die Möglichkeiten der vertraglichen Bindung und Absicherung.

Ein Hersteller von Investitionsgütern, der nur wenige Anlagen verteilt, wird sich kein eigenes Warenverteilsystem mit dezentralen Lagern und einem eigenen Fuhrpark halten, so daß die Entscheidung bezüglich der physischen Distribution lediglich Kaufen heißen kann. Das Erstellen der für den Transport erforderlichen Papiere, die Bestandsführung, die Bestell- und Auftragsabwicklung lassen sich dagegen bei derartig kleinen Volumen ausschließlich durch hausinterne Mitarbeiter erledigen. Die Distribution in Eigenleistung bietet sich dann an, wenn das durchschnittliche Verteilungsvolumen ausreicht, um in einen kostenminimalen Bereich zu kommen und nur geringe Auslastungsschwankungen vorliegen. Sind außerdem die Rücktouren mit Rückladungen (Rohstoffe, Verpackungsmaterial) ausgelastet, ist auch von Speditionen keine nennenswerte Verbesserung zu erwarten. Das Erreichen der kritischen Größe kann durch ein Angebot der eigenen Kapazität auf dem Markt erreicht werden. Damit begibt sich das Unternehmen aber zunehmend in einen nicht bekannten Markt und läuft Gefahr, die eigenen Wettbewerber als Kunden gewinnen zu müssen. Bei Unternehmen mit starken saisonalen Bedarfen besteht die Notwendigkeit zum Aufbau von Lagerkapazitäten für den Ausgleich der häufig schon mehrere Monate vorher begonnenen Produktion. Entsprechend unregelmäßig ausgelastet ist der zugehörige Fuhrpark. Findet sich ein Logistikpartner, der die Bedarfe mehrerer Kunden gegeneinander ausgleichen kann, bietet sich die Fremdvergabe an. Neben den Mengenaspekten hat die zeitliche Bedarfsstruktur Einfluß auf die Make-or-Buy-Entscheidung. Bei Produkten, deren Bedarf in einem zeitlich sehr engen Rahmen anfällt oder deren Verteilung kurzfristig und flexibel geschehen muß, ist es ratsamer, sich auf ein eigenes Distributionssystem zu stützen. Ein Beispiel für eine derartige Konstellation könnte eine Druckerei sein, die häufig unter extremem Zeitdruck Beilagen für Zeitungen herstellt. Da mit einer verspäteten Anlieferung erhebliche Folgekosten verbunden sein können, sollte der Zugang zu logistischen

Distributionslogistik

Dienstleistungen über den eigenen Werkverkehr abgesichert werden. Dadurch kann das Unternehmen auch bei überraschend auftretenden Engpaßsituationen entsprechend reagieren. Die vertikale Integration der Distribution in die Wertschöpfung ist auch für solche Unternehmen wichtig, die sich ansonsten nicht von ihren Wettbewerbern unterscheiden. Die Distribution wird damit Bestandteil des Kerngeschäfts, und eine Fremdvergabe muß geprüft werden, da die Markteintrittsbarrieren in die Branche durch den Aufbau eigener logistischer Kompetenz erhöht werden. Die Kosten der Verteilung stellen die wichtigste Einflußgröße für die Fremdvergabeentscheidung dar. Neben der erhofften Stückkostenreduzierung kommt es bei der Fremdvergabe zu einer Umwandlung fixer in variable Kosten. Diese Flexibilisierung fixer Kosten bietet die Möglichkeit, daß dadurch frei werdende Investitionsmittel in anderen Bereichen eingesetzt werden. Ein Outsourcing kann unter diesem Aspekt auch dann begründet werden, wenn die laufenden Kosten gegen eine Fremdvergabe sprechen.

Der Kostenunterschied zwischen Eigen- und Fremdleistung hängt wesentlich vom Grad der möglichen Spezialisierung ab. Dieser ist beim logistischen Dienstleister tendenziell höher, da die Warenverteilung das geschäftliche Kernfeld ist und durch Auslastungsoptimierung zwischen verschiedenen Kunden eine Kostendegression erreicht wird. Zusätzlich muß sich der Dienstleister ständig gegen die Konkurrenz durchsetzen und ist dadurch zur ständigen kostensenkenden Optimierung seiner Prozesse und Anlagen gezwungen. Da die Distribution beim produzierenden Unternehmen nicht zum Kerngeschäft zählt, wird diesem Teil des Geschäfts weniger Aufmerksamkeit geschenkt. Dieser mangelnde Wettbewerbsdruck führt nicht selten zu einer reduzierten Qualität und zu steigenden Kosten. Die detaillierte Ermittlung und Zuordnung der eigenen Distributionskosten ist schwierig und abhängig von der Qualität des Rechnungswesens. Zusätzlich muß der Umfang der bei der Entscheidung miteinzubeziehenden Fix- und Gemeinkosten festgelegt werden. Make-or-Buy-Entscheidungen sollten nicht ausschließlich auf Basis von Grenzkosten durchgeführt werden. Neben der Kostenreduktion sind noch die durch die Fremdvergabe entstehenden Zusatzkosten für die Transaktion zu beachten. Dazu zählen die Kosten der Informationsbeschaffung, Angebotsbewertung, Vertragsverhandlungen, Rechnungsprüfung und Reklamationsbearbeitung. Bei längerfristigen Verträgen verlieren diese Kosten allerdings an Bedeutung. Die Höhe der Kosten des Tagesgeschäfts hängen von der Optimierung der Schnittstellen zum Dienstleister ab und werden weniger durch die Fremdvergabeentscheidung festgelegt. Im Gegensatz zu den internen Kosten lassen sich die von den logistischen Dienstleistern angebotenen Preise durch eine sorgfältig formulierte Ausschreibung begrenzen. Der Dienstleister hat dabei das Problem, daß ihm die abzuwickelnden Arbeitsabläufe nicht durchgehend bekannt sind. Neben der Formulierung der Ausschreibung kommt der Festlegung der vertraglichen Vereinbarungen für komplexe logistische Leistungspakete ein hoher Stellenwert zu. Aufgrund der engen Verknüpfung mit dem Dienstleister muß ein Kompromiß zwischen niedrigem Preis und einer auf gemeinsame Optimierung ausgerichteten Wertschöpfungspartnerschaft gefunden werden.

Um die Vor- und Nachteile des Eigen- oder Fremdbezugs teilweise zu relativieren, bietet sich die Strategie des Make-and-Buy an. So könnte die Grundlast durch eigene Kapazitäten gesichert werden, während die Spitzenlasten durch externe Partner abgedeckt werden. Wettbewerb kann auch dadurch erzeugt werden, daß mehrere Partner verschiedene regional abgegrenzte Bereiche bearbeiten und damit regelmäßig Kostenvergleiche möglich sind. Eine weitere Variante ist die Ausgliederung des eigenen Distributionsbereichs in ein Tochterunternehmen. Dieses Unternehmen muß sich dem Druck des Marktes stellen, was auch zu niedrigeren Kosten für die Leistungen des eigenen Unternehmens führt. Die Know-how-Ausstattung des Unternehmens kann erhöht werden, indem logistische Dienstleister für eine Beteiligung gewonnen werden. Die Ausführungen zeigen die Komplexität der Make-or-Buy-Entscheidung im Bereich der Distributionslogistik auf. Die relative Vorteilhaftigkeit der Varianten muß situationsabhängig geprüft werden und im Falle der Entscheidung für eine Fremdvergabe mit vertraglichen Vereinbarungen hinterlegt werden.

5.5 Das Konzept "Efficient Consumer Response"

Herstellern, Logistikdienstleistern und Händlern eröffnen sich durch die enge Zusammenarbeit entlang der gesamten Wertschöpfungskette strategische Wettbewerbsvorteile. Hier setzt das Konzept zunächst bei der Optimierung des Distributionskanals an und reduziert nichtwertschöpfende Systemkosten. Zusätzlich ist über ein verbessertes

Verständnis und eine effiziente Befriedigung der Kundenwünsche die Nachfrageseite zu optimieren. Das ECR-Konzept liefert dazu einen unternehmensübergreifenden prozeßorientierten Ansatz mit den Betrachtungsfeldern Materialfluß, dem zugehörigen Informationsfluß sowie dem begleitenden Marketing (vgl. Tietz 1995, S. 529).

Das ECR-Konzept fordert eine tiefgreifende Restrukturierung in Form einer branchenübergreifenden Optimierung der Wertschöpfungskette. Es verbindet nicht Logistik, Produktentwicklung und Marketing, sondern integriert alle Beteiligten vom Hersteller bis zum Händler zu einer strategischen Einheit. Bisher verfolgte jedes Unternehmen individuelle Optimierungsziele und maximierte seine Einzelinteressen. Industrie und Handel versuchten, die Wertschöpfungskette in ihrem Bereich isoliert zu verbessern. Daraus resultierten Systembrüche sowohl im Material- als auch im Informationsfluß. Die Effizienzbemühungen der Unternehmen beschränkten sich vielmehr darauf, sich gegenseitig möglichst hohe Konditionen- und Leistungsanforderungen abzuringen. Das Resultat dieser Verhandlungen hing im wesentlichen von der Markenattraktivität des Lieferanten bzw. der Einkaufsmacht des Händlers ab. Anstelle derartiger Verhaltensmuster propagiert das ECR-Konzept mit Kooperationsstrategien die konsequente Neugestaltung der Beziehungen in Richtung Wertschöpfungspartnerschaft (vgl. Abb. 5-5). Der Wertschöpfungsprozeß in seiner Gesamtheit wird zum Optimierungsgegenstand und führt über eine branchenübergreifende Analyse und Identifikation der inhärenten Systembrüche zu signifikanten Prozeßverbesserungen. Zusätzlich beinhaltet das im Rahmen des ECR-Konzepts propagierte Partnerring auch eine intensive Zusammenarbeit bei der Produktentwicklung und im Marketing.

Um sich auf diese enge Zusammenarbeit einzulassen, müssen sich die beteiligten Unternehmen sicher sein können, daß der Partner die erhaltenen sensiblen Informationen nicht gegen sie verwendet und so lange kooperiert, bis sich die getätigten Investitionen rentiert haben. Das Partnering erfordert den Aufbau von Vertrauen, die Bereitschaft zur konstruktiven Konfliktlösung. Unter den Beteiligten muß Einvernehmen herrschen, daß eine langfristige Bindung angestrebt wird. Somit sind die Erfolgsfaktoren des ECR-Konzepts Investitionsbereitschaft, uneingeschränkte Datenweitergabe, Veränderungsbereitschaft der eigenen Organisation bzw. Prozesse, Zuverlässigkeit und Vertrau-

Distributionslogistik

en in die Ehrlichkeit des Partners in hohem Maße von der Beziehungsqualität in der Kooperation abhängig (vgl. Abb. 5-6). Zudem zeigte die bisherige Erfahrung, daß nicht alle Handelsbeziehungen für die Einführung des ECR-Konzepts geeignet sind. Güter mit Produkteigenschaften wie hoher Umschlagshäufigkeit, geringer Haltbarkeit, hohem Wert, kontinuierlicher Verfügbarkeit und Nachfrage sowie hoher Substituierbarkeit sind zu präferieren.

Ist-Situation: Systembrüche im Waren- und Informationsfluß

Informationsfluß nur jeweils zwischen benachbarten Beteiligten

Hersteller — Logistik — Handel — Konsument

langsamer, unterbrochener Warenfluß

ECR-Konzept: ganzheitlich optimierte Wertschöpfungskette

verzögerungsfreier, papierloser Informationsfluß

Hersteller — Logistik — Handel — Konsument

schneller, kontinuierlicher Warenfluß

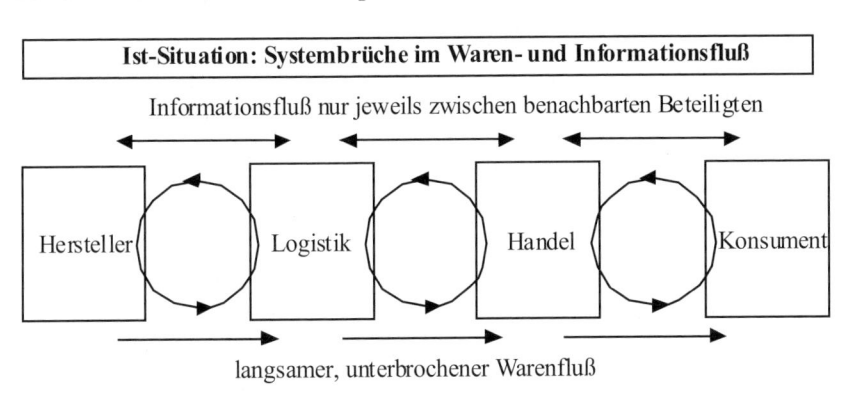

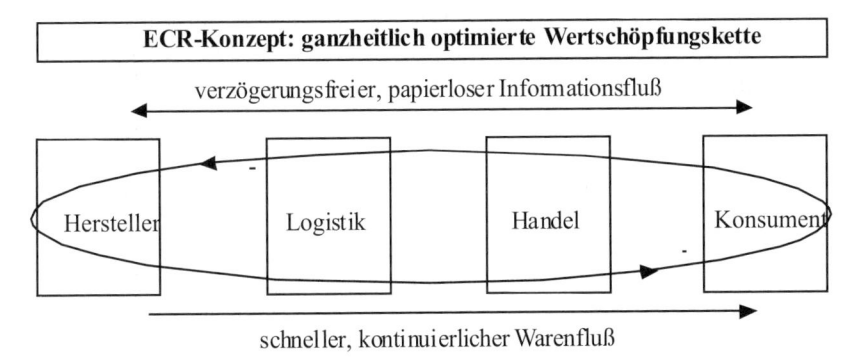

Abb. 5-5: Das Konzept der "Efficient Consumer Response"

Abschließend lassen sich die wesentlichen Kennzeichen des ECR-Konzepts in drei Kernaussagen zusammenfassen:

- Wertschöpfung als Teamleistung: Jedes Teammitglied muß Verständnis für die Wertschöpfung in ihrer Gesamtheit entwickeln und sich für die Funktionsfähigkeit des gesamten Netzwerkes verant-

Distributionslogistik

wortlich fühlen. Zuvor sind Feindbilder abzubauen und Vertrauen zu schaffen.
- Effizienz des Gesamtsystems: Innerhalb der Kooperation ist nach optimalen Lösungen zu suchen. Desinformation ist durch umfassende Information der Partner zu substituieren.
- Der Kunde als Bezugspunkt: Sämtliche Aktivitäten im ECR-Konzept richten sich an den Bedürfnissen des Kunden aus, die durch die kooperierenden Unternehmen gemeinsam zu identifizieren und effizient zu erfüllen sind. Indem diese Konsumentenbedürfnisse die Produkte durch die Wertschöpfungskette "ziehen", bestimmen sie Art und Menge der Güterproduktion.

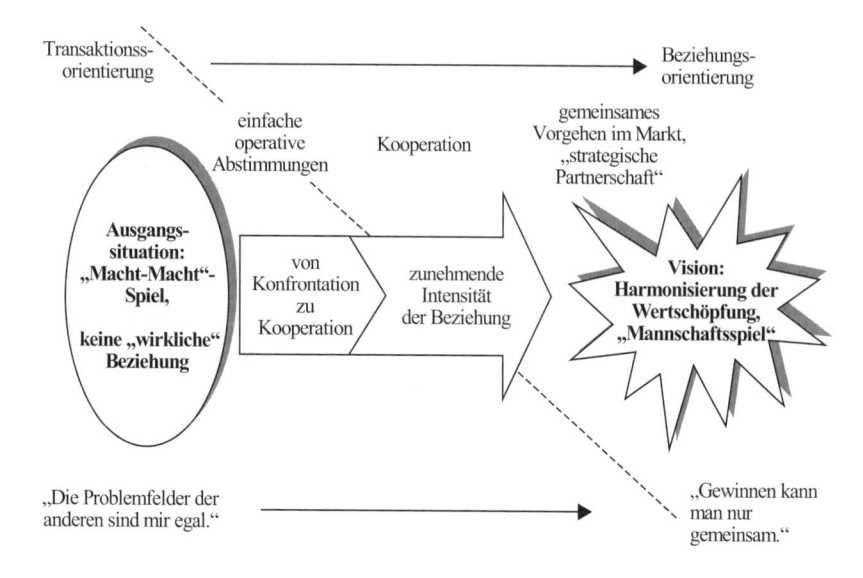

Abb. 5-6: Harmonisierung der Wertschöpfung

Die Entwicklung des ECR-Konzepts beruht schließlich auf einer konsequenten Umsetzung der Prozeßorientierung. Ausgehend von der Überwindung eines isolierten, funktionsorientierten Ansatzes innerhalb der Unternehmen, bedarf es zur effizienten Gestaltung der gesamten Wertschöpfungskette der Überwindung des an den jeweiligen Unternehmensgrenzen orientierten Denkens. Somit werden bisherige unternehmensinterne Konzepte durch das ECR-Konzept wirksam erweitert.

5.5.1 Ziele und Strategien

Eine effiziente Gestaltung und Steuerung von Wertschöpfungsketten bedarf stets konkreter Zielvorgaben, die richtungweisend den Optimierungsprozeß begleiten und in einer zukünftigen Realisierungsstufe zu erreichen sind. Ausgehend von Zielen erfolgt die Generierung und Beurteilung von alternativen Ansätzen zur Prozeßgestaltung. Als Zielkomponenten zur groben Beschreibung des ECR-Konzepts können

- Leistungsziele,
- Kostenziele und
- Rentabilitätsziele

dienen, die sich den beiden strategischen Stoßrichtungen innerhalb des Konzeptes recht eindeutig zuordnen lassen. Der logistische Optimierungsansatz mit Schwerpunkt auf den Material- und Informationsflüssen entlang der Wertschöpfungskette zwischen Industrie und Handel wird dabei im wesentlichen durch Leistungs- und Kostenziele determiniert, der andere marketinggeprägte Optimierungsansatz verfolgt über die Erhöhung des Filialertrages und die Realisierung neuer Wachstumspotentiale eher Rentabilitätsziele. Die genannten Zielkomponenten sind in bezug auf das ECR-Konzept keinesfalls unabhängig voneinander, sondern weisen untereinander komplementäre, konkurrierende und indifferente Beziehungen auf. Um die Potentiale des ECR-Konzepts zu verdeutlichen, werden die Zielkomponenten des Zielsystems im folgenden weiter präzisiert und auf operationalisierbare Subziele heruntergebrochen.

Betrachtet werden zunächst die Zielkomponenten in Verbindung mit logistischen Prozeßverbesserungen, also logistische Leistungs- und Kostenziele. Trotz der Dominanz der kostenorientierten Sichtweise und einer vielfach möglichen Überführung von Leistungszielen in Kostenziele sollen zunächst die originären Leistungsziele dargestellt werden. Dazu gehört die verbesserte Sicherstellung der Verfügbarkeit logistischer Objekte und Ressourcen. Auf der Objektebene bedeutet das eine deutlich höhere Güterverfügbarkeit in der Filiale und das Vermeiden von Präsenzlücken sowie einen Quantensprung bei der Informationsverfügbarkeit für alle Kooperationspartner der Wertschöpfungskette. Für die Ressourcen wird ebenfalls eine bessere Auslastung vorgesehen, die über bedarfsgerechte Steuerungsmechanismen aus der erweiterten Informationsverfügbarkeit resultiert. Weitere durch das ECR-Konzept beeinflußbare Leistungsziele wie der Grad der Verfügbarkeit logistischer Objekte und Ressourcen spiegeln sich in den Leistungselementen Flexibilität und Zeit wider. Konkrete aus der Flexibilität abgeleitete Ziele sind die schnellere Reaktion auf Kundenwünsche durch Produktionsprogrammänderungen und eine effizientere Entstörung bei Fehlern innerhalb des Distributionskanals. Die Zeitziele lassen sich durch erhebliche Reduzierungen bei Informationsdurchlaufzeiten vom Point of Sales (POS) zu den Kooperationspartnern bei Wiederbeschaffungszeiten bzw. Lieferzeiten der Güter konkretisieren. Die Betrachtung der Leistungsziele soll mit der logistischen Prozeßqualität abgeschlossen werden, die sich durch Verbesserung der Subziele Mengen- und Termintreue sowie Lieferqualität innerhalb der betrachteten Wertschöpfungskette darstellen läßt. Hierunter fällt ebenfalls die deutliche Qualitätssteigerung bei den Informationsflüssen, indem beispielsweise Schnittstellen mit erneuter Dateneingabe bzw. Papier als Informationsträger zu eliminieren sind.

Von besonderem Interesse sind gerade die mit der Umsetzung des ECR-Konzepts verbundenen logistischen Kostenziele, da sie in der Regel direkt bilanzwirksam sind und so die Wettbewerbsposition der einzelnen Kooperationspartner nachhaltig unterstützen. Wesentliche Einsparungsmöglichkeiten zeichnen sich für die Kosten der Bevorratungsprozesse ab, indem durch die deutliche Reduzierung der Lagerbestände die entsprechenden Kapitalbindungskosten entfallen. Die Kosten der physischen Materialflußprozesse werden ebenfalls als Folge von Bündelungen und Änderungen des Distributionskonzeptes vermindert. Der direkte Datenabgriff vom POS und die anschließende automatische Weiterverarbeitung zu Informations- und Steuerungszwecken läßt auch bei den Kosten des Informationsflusses, der Aufwände für Planung, Disposition und Steuerung beinhaltet, wesentliche Einsparungen erwarten. Gleiches gilt für die Kosten logistischer Managementprozesse, da der entsprechende Input kostenlos durch die automatische Datenerfassung zur Auftragsabwicklung und Prozeßsteuerung zur Verfügung steht. Zusätzlich können Kostenreduktionen durch verbesserte Prozeßsicherheit erwartet werden, die vielfach auf Einsparungen beruhen, die sich durch die monetäre Bewertung der bereits diskutierten Leistungsziele erschließen.

Distributionslogistik

Der zweite marketinggeprägte Optimierungsansatz im Rahmen des ECR-Konzepts verfolgt hauptsächlich Rentabilitätsziele. Durch die verbesserte Datensammlung und -auswertung der Nachfragedaten der Konsumenten auf Einzelhandelsfilialebene wird ein verbessertes Mikromarketing und -merchandising möglich, also die verkaufsstellenbezogene Nutzung von Marktbearbeitungsmaßnahmen. Das daraus erhöhte Umsatzvolumen führt zu einer Verbesserung der Umsatzrentabilität. Zusätzlich sind auch weitere positive Auswirkungen auf die zuvor dargestellten logistischen Leistungs- und Kostenziele zu erwarten.

Das ECR-Konzept läßt sich entsprechend der strategischen Stoßrichtungen in die beiden Aufgabenfelder "Supply-Chain-Management" und "Category Management" unterteilen, die schließlich in insgesamt sechs Basisstrategien zur Realisierung des ECR-Konzepts münden (vgl. Abb. 5-7). Zur Unterstützung dieser Strategien ist der offene Informations- und Datenaustausch mit Hilfe modernster Technologien (Electronic Data Interchange) sicherzustellen, denn die betrachteten Distributionssysteme werden erst dann die signifikanten Effizienzsteigerungen erreichen, wenn die Durchgängigkeit der branchenübergreifenden Informationsinfrastruktur entlang der gesamtem Wertschöpfungskette vorliegt.

Im folgenden werden die Basisstrategien zur Implementierung des ECR-Konzepts vorgestellt, beginnend mit denen des Supply-Chain-Managements. Unter diese übergeordnete Strategie fallen drei Ansätze in Verbindung mit logistischen Optimierungen der Waren- und Informationsflüsse entlang der Wertschöpfungskette. Die erste Basisstrategie, die "effiziente operative Logistik", umfaßt logistische Prozeßverbesserungen durch die branchenübergreifende Zusammenarbeit, ohne jedoch analytische Verkaufsdaten vom POS auszutauschen. Die zugehörigen Ziele liegen in einer besseren Abstimmung der bisher autarken Systeme entlang der Wertschöpfungskette, die vielfach durch einfache Vereinbarungen oder Absprachen zwischen den Kooperationspartnern erreicht werden können. Die "effiziente Administration" stellt eine weitere Basisstrategie dar und beinhaltet die schnellere, sicherere und kostengünstigere Abwicklung der den Warenfluß begleitenden In-

Distributionslogistik

```
┌─────────────────────────────┬─────────────────────────────┐
│   Supply Chain Management   │    Category Management      │
├─────────────────────────────┼─────────────────────────────┤
│   Effiziente Administration │  Effiziente Verkaufs-       │
│                             │  förderung                  │
│ • Computergestütztes        │ • Optimierung von           │
│   Bestellwesen              │   Handelspromotionen        │
│ • papierloser               │ • Reaktion auf              │
│   Informationsfluß          │   Verbraucherverhalten      │
├─────────────────────────────┼─────────────────────────────┤
│ Effiziente operative        │ Effiziente Sortiments-      │
│ Logistik                    │ gestaltung                  │
│ • Lager- und LKW-Pooling    │ • Bestandsoptimierung       │
│ • Zentrallager              │ • Regaloptimierung          │
│ • Standardisierung          │                             │
├─────────────────────────────┼─────────────────────────────┤
│ Effiziente Lagernach-       │ Effiziente Produkt-         │
│ schubversorgung             │ entwicklung                 │
│ • automatische Bestellungs- │ • Produktentwicklung        │
│   auslösung durch Bewegungs-│ • Einführungsaktivitäten    │
│   daten aus der Wertschöp-  │                             │
│   fungskette                │                             │
└─────────────────────────────┴─────────────────────────────┘
          Elektronic Data Interchange (EDI)
```
Hersteller → ← Industrie

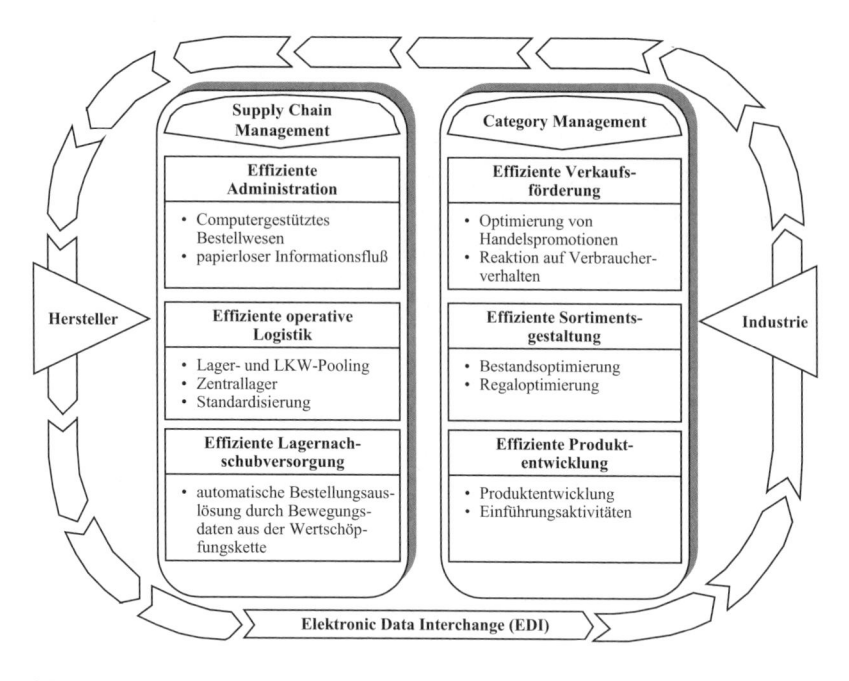

Abb. 5-7: 6 Basisstrategien im ECR-Konzept

formations- und Geldflüsse. Hierunter fällt ebenfalls die Substitution des papiergestützten Informationsaustausches durch den Einsatz von EDI. Die letzte der logistischen Basisstrategien, die "effiziente Lagernachschubversorgung" (continuous/efficient replenishment), steht für vollkommen neue Logistiksysteme in der Branche und bedingt die nachhaltige Veränderung der gesamten logistischen Versorgungskette. Im Mittelpunkt dieser Strategie steht eine automatisierte Produktionssteuerung und Nachschubversorgung der Wertschöpfungskette mit signifikanten Änderungen der Prozeßverantwortung.

Die andere übergeordnete Strategie im ECR-Konzept, das Category Management, umfaßt die Realisierung neuer Wachstumspotentiale durch die Effizienzsteigerung von Marketingaktivitäten. Die drei abgeleiteten Basisstrategien streben eine Erhöhung von Umsätzen und Erträgen über eine Optimierung der Werbemaßnahmen, des Warensortiments und der Produkte an. Die "effiziente Sortimentsgestaltung" (efficient store assortment) als erste Basisstrategie innerhalb des Category Managements zielt auf die Zusammensetzung der Warengruppen, die Preisstruktur und die unter Profitabilitätsaspekten optimale Nutzung der Verkaufsflächen. Die "effiziente Verkaufsförderung" (efficient promotion) strebt ein koordiniertes Zusammenwirken der am Wertschöpfungsprozeß beteiligten Partner an, indem Werbemaßnahmen der Konsumgüterindustrie mit dem Handel abgestimmt und entsprechende Verkaufsförderungen durch gezielte Warenversorgung unterstützt werden. Im Rahmen dieser Basisstrategie kann über die Analyse von POS-Daten die Wirksamkeit von Werbeaktivitäten beurteilt und gegebenenfalls eine Korrektur durchgeführt werden. Die letzte Basisstrategie, die effiziente Produktentwicklung, impliziert über gemeinsames Vorgehen von Industrie und Handel die verbesserte Marktinterpretation und Umsetzung von Kundenwünschen. Darunter fallen auch geeignete Einführungsstrategien des Handels für Neuprodukte zur Senkung der "Flop-Rate".

Die vollständige Gestaltung einer Wertschöpfungskette gemäß dem ECR-Konzept mit Realisierung der zuvor dargestellten sechs Basisstrategien wird auf eine Zeitdauer von fünf Jahren geschätzt. Die Radikalität des Konzeptes mit den zugehörigen tiefgreifenden Änderungen und der permanente Zwang der Unternehmen, kurzfristige Erfolge auszuweisen, legt ein selektives Vorgehen bei der Umsetzung des ECR-Konzepts nahe. Mögliche Auswahlkriterien für geeignete Pilotprojekte sind schnelle Realisierbarkeit und signifikante Prozeßverbesserungen. Folglich wird zunächst mit der Einführung von einfacher umzusetzenden Basisstrategien des Supply-Chain-Managements begonnen, weil hier sowohl der Komplexitätsgrad als auch die Kooperationsanforderungen niedriger einzustufen sind als bei den übrigen Basisstrategien.

5.5.2 Prozesse

Die Erschließung von erheblichen, bisher weitgehend ungenutzten Potentialen durch Industrie und Handel mit Verfolgung des ECR-Konzepts bedingt auch die tiefgreifende Neugestaltung der entsprechenden Prozesse des Distributionskanals. Darunter fallen einerseits die physischen Prozesse des Materialflusses und andererseits die informatorischen Prozesse der Auftragsabwicklung sowie der Marketingaktivitäten. Diese Prozeßveränderungen können nur in Verbindung mit grundlegenden Anpassungen der organisatorischen und per-

Distributionslogistik

sonellen Strukturen vollzogen werden und stellen neuartige strategische Anforderungen an die Informationsinfrastruktur sowohl innerhalb der Unternehmen als auch zwischen Partnerunternehmen. Die Informationsverarbeitung und entscheidungsunterstützende Systeme erlangen mit fortschreitender Umsetzung des ECR-Konzepts immer höhere Bedeutung. Mit ihrer Aufgabe, den Kooperationspartnern eines Distributionskanals die für sie relevanten Informationen schnellstmöglich und in geeignetem Aufbereitungsgrad zu liefern, bestimmen sie letztendlich über die Wettbewerbsfähigkeit des Systems. Zwingende Voraussetzung für eine erfolgreiche Realisierung des ECR-Konzepts ist folglich die Bereitstellung einer durchgängigen Informationsinfrastruktur bei allen Kooperationspartnern, die eine effiziente und unbeschränkte Nutzung aller relevanten Daten und Informationen zuläßt.

Neben der Schaffung dieser Informationsinfrastruktur als wesentlichem Werkzeug stehen die angesprochenen Prozeßveränderungen im Mittelpunkt des ECR-Gedankens. Vorgestellt werden zunächst die Soll-Prozesse aus dem Themenbereich des Supply-Chain-Managements, und zwar die physischen Prozesse. Ein Ansatz basiert auf Logistik-Pooling unter den Kooperationspartnern einer Wertschöpfungskette. Dazu wird der Lkw-Einsatz und in selteneren Fällen auch die Lagernutzung unternehmensübergreifend geplant und optimiert. Der physische Warenfluß kann dabei wahlweise durch Lkws des Herstellers, eines Logistikdienstleisters oder des Handels im Rahmen einer gemeinsamen Transportplanung erfolgen, welche zu einer Reduzierung der benötigten Transportkapazitäten durch bessere Auslastung bzw. Reduzierung von Leerfahrten oder sogar zu einer Verringerung der Gesamtlageranzahl führen kann.

Die Alternative zur bisherigen Organisation der Distribution, bei der die Industrie umfangreiche Lagerbestände vorhält und in eigener Verantwortung die Filialen des Handels beliefert, eröffnet sich durch den Übergang zu Zentrallagerlösungen in der Wertschöpfungskette. Die Industrie beliefert, möglicherweise sogar ohne Nutzung eigener Lager, direkt nur wenige oder ein zentrales Distributionslager. Diese Bündelung der Warenströme läßt eine bessere Kontrolle und Vorteile bei Kosten- und Leistungszielen erwarten. Für die Industrie ergeben sich mehrere Prozeßverbesserungen wie die Vermeidung von Kleinsendungen durch Lieferungen an Verteilzentren, Lieferung von sortenreinen Paletten anstelle von Mischpaletten, bessere Auslastung der Transportkapazitäten sowie Bündelung der Bestellungen ohne Außendienstmitarbeitereinsatz in den Filialen.

Weitere Prozeßverbesserungen basieren auf einer integrierten, wertschöpfungsstufenübergreifenden Optimierung der Warenbestände. Gegenwärtig werden an verschiedenen Stellen im Distributionskanal in unkontrollierter Weise Waren vorgehalten, und trotzdem sind Fehlbestände nicht zu verhindern. Über eine verbesserte Nachschubversorgung können die Warenverfügbarkeit erhöht und gleichzeitig durch Informations-, Vertrauens- und Leistungsdefizite bedingte Sicherheitsbestände vermieden werden. Voraussetzungen für derartige Bestandssenkungen ergeben sich aus Informationen über die Lieferfähigkeit der Industrie, über Lagerorte und Bestandsmengen in der Wertschöpfungskette sowie die Bedarfe der Filialen. Diese Aufzählung verdeutlicht anschaulich die Notwendigkeit einer leistungsfähigen Informationsinfrastruktur und die enge Verzahnung der physischen mit den informatorischen Prozessen. Cross Docking als effiziente Nachschubtechnik basiert ebenfalls auf präziser Steuerung und reduziert drastisch die Bestände im Distributionslager, indem An- und Ausliefer-Lkw zeitlich abgestimmt am Lager andocken und die Ware nicht mehr eingelagert, sondern nur umkommissioniert und sofort auf den Ausliefer-Lkw aufgeladen wird.

Die prozessuale Umsetzung der bereits vorgestellten Basisstrategien kann nicht eindeutig zugeordnet werden, der Übergang von "effizienter operativer Logistik" zu "effizienter Lagernachschubversorgung" ist vielmehr fließend. Ausgangspunkt für "Continuous Replenishment-Programme" (CRP) war die Erkenntnis, welche signifikanten Auswirkungen die blockweise diskontinuierliche Bestellung und Auslieferung von Waren auf die Kosten in Form von Lagerbeständen und Durchlaufzeiten hervorruft. Die Umorientierung auf möglichst kontinuierliche Nachlieferungen war damit vorgezeichnet. Kernelemente dieser Strategie sind die Konzentration der Lagerfunktionen auf die Distributionszentren des Handels bei gleichzeitiger Verlagerung der Logistikverantwortung zum Hersteller. Für die Praxis folgt daraus die Bewirtschaftung der Bestände durch den Hersteller im Distributionslager des Handels. Voraussetzungen dafür sind unter idealtypischen

Annahmen die Information an den Lieferanten, in welcher Filiale aller Handelsunternehmen im gesamten Liefergebiet welche Menge seines Produkts verkauft worden ist. Weiterhin kennt er den Bestand seines Artikels in den Filialen und in allen vorgelagerten Zentrallagern des Handels sowie die offenen Bestellungen der Zentrallager. Aufgrund dieser Eingangsdaten kann der Hersteller dann mit entsprechenden intelligenten EDV-Systemen genau seine Produktion und die Belieferung der Zentrallager planen.

Der dargestellte Prozeß, in dem die Industrie den Materialfluß bis zum Zentrallager steuert, sie für die Bestandshöhen im Handelszentrallager verantwortlich ist und in dem der Handel die Waren mit Abgang aus dem Zentrallager kauft, entspricht dem aktuellen ECR-Verständnis. Unberücksichtigt bleibt dabei zunächst die Betrachtung des Zentrallagers als reine Durchgangsstation der Waren. Als Folge dieser Sichtweise hat der Handel erkannt, daß er die Ware nicht mehr so früh wie bisher zu kaufen braucht und seine gewaltigen Zentrallager deutlich kleiner sein könnten. Um jedoch ohne derartige Änderungen an den Effizienzgewinnen partizipieren zu können, konfrontiert der Handel die Hersteller nun mit Forderungen nach einer Logistik- bzw. ECR-Vergütung (vgl. Breitner 1996, S. 13). Andere Visionen der Prozeßgestaltung wie die Steuerung der Warenflüsse bis in die Handelsfiliale durch die Hersteller bzw. der komplette Warenfluß ab Werk in Verantwortung des Handels werden gegenwärtig nicht weiter verfolgt.

Die aktuellen Informations- und Kommunikationstechnologien ermöglichen in Verbindung mit der kooperativen Zusammenarbeit der Partnerunternehmen deutliche Verbesserungen bei Kosten- und Zeitzielen im Informationsfluß. Der papiergestützte Informationsaustausch wird durch den Einsatz von EDI substituiert und bisher manuell ausgeführte Tätigkeiten wie die Bestellerfassung lassen sich elektronisieren. Diese Daten werden dann durchgängig genutzt, personalintensive Mehrfacherfassungen mit den inhärenten Fehlerquellen entfallen. Sie können direkt in das Warenwirtschaftssystem des Herstellers übernommen und zu Lieferscheinen, Kommissionieraufträgen und schließlich zu Rechnungen transformiert werden. Für den informatorischen Prozeß bedeutet das als Optimalzustand, daß dem Hersteller die Bewegungsdaten des Händlers zur Verfügung gestellt werden. Informationen aus Scannerkassen in den Filialen und über die Bestands-

Distributionslogistik

entwicklung aus den Distributionslagern werden direkt über EDI in ein mit den Handel abgestimmtes Bedarfsprognosemodell eingespeist, das aufgrund der Erfahrungswerte der Vergangenheit zusätzlich noch die erwarteten Lagerausgänge der nächsten Stunden berücksichtigt und daraus den Bedarf zum Ankunftszeitpunkt der Lieferung ermittelt. Die Bestellauslösung erfolgt automatisch und löst den Prozeß der Auftragsabwicklung beim Hersteller aus. Ordersätze zur Warenbestellung, die jetzt noch Mitarbeiter in der Filiale oder Außendienstmitarbeiter des Herstellers mit der Hand ausfüllen oder in ein Penbook eingeben, entfallen dann als Aktivitäten im Prozeß. Der Handel erhält nur noch einen Lieferavis und kontrolliert in regelmäßigen Abständen die Bestandshöhen sowie die Lieferbereitschaft. Die anschließende Rechnungslegung und -begleichung erfolgen auf Basis der vorhandenen Daten bargeldlos über das EDV-System. Reklamationen und unberechtigte Abzüge an der Rechnung sowie damit verbundener Zusatzaufwand entfallen. Als Voraussetzung ist die Optimierung der Struktur des Konditionensystems notwendig, die jedoch nur in enger Abstimmung mit der Marketing- und Vertriebsstrategie durchzuführen ist. Ein neuartiges Konditionensystem muß eine einfache und transparente Struktur aufweisen und soll derart genutzt werden, daß Fehlinterpretationen bezüglich der Konditionenansprüche auszuschließen sind. Damit können einige der heute am informatorischen Prozeß beteiligten Mitarbeiter, die mit der Kontrolle von Wareneingängen und Servicequalitäten beschäftigt sind oder auf Warenlieferungen warten, Rechnungen kontrollieren und Differenzbeträge nachfordern, anderen wertschöpfenden Tätigkeiten zugeführt werden.

Nach dieser Darstellung von möglichen Prozeßveränderungen unter der übergeordneten Strategie des Supply-Chain-Managements werden im folgenden Änderungen im Themenbereich des Category Managements beschrieben. Die Basisstrategie "effiziente Verkaufsförderung" nutzt für ihre Zielsetzung die bereits zuvor erläuterten neuen informatorischen und physischen Prozesse, wobei der Schwerpunkt wie bei den anderen marketinggeprägten Basisstrategien des Category Managements auf den Informationsflüssen liegt. Die Promotion eines Artikels unter Nutzung der nach dem ECR-Konzept gestalteten Prozesse kann folgendermaßen ablaufen: Nach Abstimmung der Promotion zwischen Hersteller und Handel können Kollisionen mit anderen verkaufsfördernden Maßnahmen vermieden werden. Auf Basis der ge-

Distributionslogistik

meinsam geplanten Verkaufszahlen im Rahmen der Promotion werden auch Zweitplazierungen und fallweise Regalplatzerweiterungen in den Filialen vereinbart mit dem Ziel einer Steigerung der Warengruppenrentabilität. Die Planung und Durchführung der Promotion bauen auf den detaillierten Verkaufszahlen des Handels auf und erlauben über die Analyse der aktuellen Verkaufsentwicklung kurzfristige Korrekturmöglichkeiten an der Promotion bzw. dem zugrunde liegenden Marketingkonzept.

Die beiden anderen Basisstrategien des Category Managements, die "effiziente Sortimentsgestaltung" und die "effiziente Produktentwicklung" bauen ebenfalls auf die informatorischen Prozesse auf. Aus einer frühzeitigen gemeinsamen Abstimmung zwischen den Kooperationspartnern und der Auswertung der Verkaufsdaten aus dem Informationssystem resultieren Optimierungen an Produkten und Sortimentsstrukturen, die in den nachfolgenden operativen Material- und Informationsflüssen zu einer effizienteren Prozeßabwicklung führen.

Die vom ECR-Konzept gelenkte Neugestaltung der Steuerungsphilosophie muß sich auch organisatorisch in Prozessen und Verantwortungen widerspiegeln. Daher folgen aus der konsequenten Umsetzung und Weiterentwicklung des Konzepts noch größere Prozeßveränderungen, als die bisher dargestellten, die tiefgreifend die organisatorischen Strukturen der betrachteten Branche in Frage stellen. Geht es zunächst nur um die Verwirklichung eines reibungslosen Waren- und Informationsflusses vor dem Hintergrund des Systemdenkens und nicht um das isolierte Optimieren von einzelnen Teilprozessen, so ist zu erwarten, daß im Zuge dieser Neugestaltung der Logistiksysteme nicht jeder Hersteller mit jedem Handelspartner die Geschäftsprozesse neu definiert, sondern daß bilateral und selektiv die neuen Regeln festgelegt werden. Der umfangreiche Veränderungen nach sich ziehende Ansatz des Systemlieferanten in der Konsumgüterindustrie basiert dagegen auf einer Ausrichtung auf die Kernkompetenzen und leitet das Outsourcen von ganzen Teilprozessen wie Fuhrparkleistungen, Merchandising oder Rechenzentrum ein. Neue Leistungs- und Systemangebote, die sich von den aktuellen stark unterscheiden, werden sich zügig durchsetzen, denn nur die Systemführerschaft eines Unternehmens in einer Warenkategorie führt zur Realisierung wettbewerbssichernder Größeneffekte. Die bereits angesprochene Idee der

Neuordnung der Organisation nach Güterkategorien zeichnet sich nicht nur ab, sondern ist teilweise schon in organisatorischen Konzepten des Handels realisiert. Die bisherige Trennung zwischen Marketing und Produktentwicklung einerseits und dem Vertrieb andererseits wird durch Schaffung eines Warengruppenmanagers (category manager) mit vollständiger Geschäftsverantwortung für eine Warengruppe aufgehoben.

5.5.3 Betriebswirtschaftliche Wirkungen

Jedes neue betriebswirtschaftliche Konzept wird zur Bewertung seiner Leistungsfähigkeit auf die mit der Realisierung des entsprechenden Ansatzes verbundenen möglichen Potentiale hin abgeschätzt. Anwender erhalten so eine erste Entscheidungshilfe zur grundsätzlichen Annahme bzw. Ablehnung des entsprechenden Konzepts. Diese Wertung orientiert sich an dem innerhalb des Konzepts aufgestellten Zielsystem, indem die einzelnen Ziele wenn möglich nicht nur qualitativ, sondern auch quantitativ in ihrer Ausprägung beschrieben werden. Natürlich sind diese Aussagen zunächst noch sehr vage und indifferent, doch können durch Abschätzungen sowie aus Erfahrungen mit Pilotanwendungen des neuen Konzeptes schon in der Größenordnung recht präzise Angaben bezüglich der betriebswirtschaftlichen Wirkungen prognostiziert werden.

Ausgelöst durch Berichte über bemerkenswerte Einsparungspotentiale des ECR-Konzepts in den Vereinigten Staaten wurde für Europa die Studie "Die Zusammenarbeit zwischen Hersteller und Handel in der Versorgungskette" im Auftrag der Coca Cola Retail Research Group Europe erstellt. Dieser Bericht weist insgesamt Verbesserungspotentiale mit Einführung des ECR-Konzepts zwischen 2,9 und 3,9% aus, Kosteneinsparungen von 2,0 bis 2,5% und einen Mehrumsatz von 0,8 bis 1,4%. In jedem europäischen Land sind nach Schätzung der Studie 5-15 Handelsunternehmen und 200-300 Lieferanten in der Lage und bereit, entsprechende ECR-Projekte durchzuführen. Für den Standort Deutschland wird ein Gesamtpotential von 3,4% (3,91 Mrd. EUR), bezogen auf den Umsatz des Lebensmittelhandels, ausgewiesen, das sich aus 2,5% (2,88 Mrd. EUR) im Bereich Supply-Chain-Management und aus 0,9% (1,04 Mrd. EUR) des Category Managements zusammensetzt. Die ausgewiesenen Einsparungspotentiale lassen sich zu

Distributionslogistik

40% auf den Hersteller und zu 60% auf den Handel verteilen. Abweichungen ergeben sich im Einzelfall in Abhängigkeit von der durchgeführten ECR-Basisstrategie und der vorliegenden Sortimentscharakteristik. Um die Tragweite des ECR-Konzepts für die potentiellen Anwender herauszustellen, bietet sich der Vergleich mit der Gewinnspanne des Einzelhandels in Mitteleuropa an, der häufig unter 1% liegt.

Andere Studien, die europäische Anwendungen des ECR-Konzepts analysieren, weisen ebenfalls beachtliche Potentiale aus:

- Reduzierung der Bestandshöhen im Distributionszentrum von über 40%,
- optimierte Nutzung der Transportkapazitäten um bis zu 20%,
- Reduzierung der Durchlaufzeiten von 50-80%,
- Reduzierung der Prozeßkosten um bis zu 50% und
- Erhöhung der Produktverfügbarkeit am POS um 2-5%.

Als Fallbeispiel soll an dieser Stelle noch eine der ersten konkreten ECR-Umsetzungen in Europa vorgestellt werden. Einsatzort ist der Markt für Verlagserzeugnisse in Großbritannien, der sich mit permanenten kurzfristigen Preisänderungen und einer großen Titelvielfalt durch ungewöhnlich hohe Absatzdynamik auszeichnet. Diese Rahmenbedingungen ließen kaum Absatzprognosen zu, was zu erhöhten Remittendenquoten und erhöhten Fehlbeständen führte. An den Verkaufsorten erfolgten außerdem häufig Kassierfehler, weil nicht mit dem aktuellen Preis abgerechnet wurde. Ausgehend von John Menziens, dem zweitgrößten Großhändler für Verlagserzeugnisse in Großbritannien, wurden an den Verkaufsorten Scannerkassen aufgestellt. Durch diese aktuelle Rückmeldung der Verkaufszahlen vom POS konnten Verlagshäuser und Großhandel die Absatzplanung optimieren. Doch auch für den Einzelhändler ergaben sich Vorteile: durch das Scannen der EAN-Codes entfällt die Preiseingabe an der Kasse, durch DFÜ werden stets die aktuellen Preise ausgewiesen, und der Einzelhändler kann auf Basis der Verkaufsdaten sein Sortiment optimieren, um Out of Stock-Situationen zu verringern. Diese Maßnahmen führten zu Umsatzsteigerungen von bis zu 35% durch Sortimentsoptimierung und weniger Fehlbestände. Zusammen mit Senkungen der Inventurdifferenzen und niedrigeren Kapitalbindungskosten konnten Ertragssteigerungen erzielt werden, die einer Verbesserung der Bruttohandelsspanne um 2% entsprechen. Derartige Prognosen und Erfolgsmeldungen bewegen ständig mehr Unternehmen aus Industrie, Logistik und Handel, sich mit dem ECR-Konzept auseinanderzusetzen.

5.6 Bewertung der Distributionsleistung

Zur Bewertung des distributionslogistischen Prozesses sind Meßgrößen und Indikatoren notwendig, die Aussagen über die Leistungsfähigkeit des gesamten Distributionssystems liefern. Ein dafür geeignetes Mittel sind Kennzahlen und Kennzahlensysteme. Die für diesen Unternehmensbereich wesentlichen Kennzahlen sind

- der Lieferbereitschaftsgrad,
- die Reichweite,
- die Fehllieferungs- und Verzugsquote,
- die Lieferflexibilität,
- der Lagerauslastungsgrad,
- der Anteil der Bestände am Umsatz und
- der Anteil der Logistikkosten am Umsatz.

Für jede dieser Kennzahlen sowie für die als Meßgröße bedeutsame Lieferzeit ist eine Definition, eine Erläuterung und eine Darstellung der alternativen Bezugs- und Basisgrößen erforderlich. Die Lieferbereitschaft ist die zentrale Größe zur Bewertung eines Logistiksystems und wird durch den Lieferbereitschaftsgrad (auch Servicegrad) beschrieben.

Lieferbereitschaftsgrad
$\dfrac{\text{Wert der pünktlich ausgelieferten Aufträge [EUR]}}{\text{Gesamter Bestellwert der Aufträge [EUR]}} \cdot 100\%$

Der Lieferbereitschaftsgrad gibt an, welcher wert- oder mengenmäßige Anteil der ausgelieferten Aufträge termingerecht ausgeliefert wurde. Termingerecht ist ein Erzeugnis dann, wenn das jeweilige Produkt vollständig zum zugesagten Termin ausgeliefert wurde oder innerhalb der Zeitspanne, die vom Kunden als zeitlicher Verzug akzeptiert wurde.

Distributionslogistik

Die Kennzahl kann im Rahmen der Distributionslogistik auf Auftragsprodukte, Lagerprodukte und Ersatzteile bezogen werden. Der Lieferbereitschaftsgrad wird in Form des auf Fehlmengenereignisse bezogenen Servicegrades (Zeitperiode ohne Fehlmengen/Anzahl der betrachteten Perioden • 100%) als auch in Form des auf die Größe der Fehlmengen bezogenen Servicegrades (Ausgelieferte Menge pro Periode/Nachfragemenge in der Periode • 100%) ausgedrückt. Bei der Betrachtung der Zeiträume mit Fehlmengen bleiben die Höhe und die Struktur der aufgetretenen Fehlmengen unberücksichtigt. Bei neunzehn von zwanzig fehlmengenfreien Perioden ergibt die Maßzahl einen Wert von 95%. Die Periode mit Fehlmengen kann aber genau die umsatzstärkste Periode wie das Weihnachtsgeschäft gewesen sein, und es sind möglicherweise sehr viele Kunden mit kleinen Bedarfen davon betroffen gewesen. Der mengenbezogene Quotient weist ähnliche Nachteile auf, denn auch diese Kennzahl liefert keine Aussage über die Kundenstruktur der nicht bedienten Nachfrage. Außerdem bleibt bei der summarischen Betrachtung eines Sortiments die Bedeutung für den Umsatz unberücksichtigt. Bei einem hohen Produktpreis kann die nicht bediente Menge zwar klein sein, aber wertmäßig den wichtigsten Artikel im Sortiment darstellen.

Eine weitere Kennzahl der Logistik ist die Reichweite. Die Reichweite gibt die Zeitspanne an, für die die Lagerbestände bei einem durchschnittlichen oder geplanten Materialverbrauch pro Zeiteinheit ausreichen. Diese Kennzahl ist wichtig zur Abstimmung zwischen der Sicherstellung der Marktversorgung und der durch Lagerbestände verursachten Kapitalbindung. Neben der pauschalisierten Betrachtung der für die Bedienung der Kundenbedarfe bestimmten Lagerbestände kann die Kennzahl auch getrennt auf Halbfabrikate, Fertigprodukte oder Ersatzteile bezogen werden.

Reichweite
$\dfrac{\text{Lagerbestandswert am Stichtag [EUR]}}{\text{Durchschnittlicher Verbrauchswert pro Periode [EUR]}} \cdot 100\%$

Die Fehllieferungs- und Verzugsquote liefert eine Aussage für die Qualität des Distributionsprozesses.

Distributionslogistik

Fehllieferungs- und Verzugsquote
$\dfrac{\text{Zahl der nicht korrekten Lieferungen}}{\text{Gesamtzahl der Lieferungen}} \cdot 100\%$

Die Fehllieferungs- und Verzugsquote gibt den Anteil der nicht korrekt ausgelieferten Lieferungen an und ist ein Maß für die Versorgungssicherheit des Marktes und für die Qualität der Distributionsleistung. Als nicht korrekt gelten Lieferungen mit fehlerhaften/defekten Artikeln, Lieferungen mit falschen Artikeln, unvollständige Lieferungen, verfrühte und verspätete Lieferungen. Wird die Zahl der korrekt ausgeführten Lieferungen ins Verhältnis zur Gesamtzahl der Lieferungen gebracht, so spricht man von der Lieferzuverlässigkeit. Die Kennzahl kann getrennt auf Auftragsprodukte, Lagerprodukte oder Ersatzteile bezogen werden.

Eine Aussage über die Qualität des direkten Kundenservice kann die Ausprägung der Kennzahl Lieferflexibilität liefern.

Lieferflexibilität
$\dfrac{\text{Anzahl der erfüllten Sonderwünsche}}{\text{Anzahl der Sonderwünsche}} \cdot 100\%$

Die Lieferflexibilität beschreibt die Fähigkeit, auf besondere Kundenwünsche einzugehen. Dazu gehören Abnahmemengen, Zeitpunkt der Auftragserteilung, Art der Auftragsübermittlung, Art der Verpackung, die alternativen Transportvarianten und die Möglichkeit zur Lieferung auf Abruf. Diese Kennzahl läßt sich auf unterschiedliche Produktbereiche oder Absatzkanäle beziehen. Problematisch ist die Abgrenzung und insbesondere die Erfassung der Sonderwünsche.

Eine Kennzahl für den bei der Distribution auftretenden Lagerprozeß ist der Lagerauslastungsgrad.

Distributionslogistik

$$\boxed{\begin{array}{c}\text{Lagerauslastungsgrad}\\[4pt] \dfrac{\text{Durchschnittlich belegte Lagerfläche [m}^2\text{]}}{\text{Verfügbare Lagerfläche [m}^2\text{]}} \cdot 100\%\end{array}}$$

Der Auslastungsgrad ist ein Maß für die Kapazitätsauslastung der Lager und eignet sich für Wirtschaftlichkeitsanalysen im Lagerbereich. Die Kennzahl kann getrennt für die verschiedenen im Distributionsprozeß eingebundenen Lager oder Lagerstufen gebildet werden. Der absolute Wert für die Lagerbestandshöhe kann relativiert werden, indem das Verhältnis zum Umsatz gebildet wird. Die entsprechende Kennzahl ist der Anteil der Bestände am Umsatz.

$$\boxed{\begin{array}{c}\text{Anteil der Bestände am Umsatz}\\[4pt] \dfrac{\text{Bestände [EUR]}}{\text{Umsatz [EUR]}} \cdot 100\%\end{array}}$$

Die Kennzahl beschreibt den wertmäßigen Anteil der Bestände am Umsatz. Damit wird eine Aussage über die Bevorratungsintensität geliefert, die zur Messung und Analyse von Höhe und Zusammensetzung der Lagerbestände eingesetzt wird. Im Rahmen der Distributionslogistik sind die Bestände an Halbfabrikaten, Fertigprodukten und Ersatzteilen maßgebend.

Mit der zunehmenden Bedeutung der Logistik für den Unternehmenserfolg nehmen auch die damit verbundenen Kosten zu.

$$\boxed{\begin{array}{c}\text{Anteil der Logistikkosten am Umsatz}\\[4pt] \dfrac{\text{Logistikkosten [EUR]}}{\text{Umsatz [EUR]}} \cdot 100\%\end{array}}$$

Der Anteil der Logistikkosten am Umsatz ist deshalb eine wichtige Meßgröße. Für den Distributionsprozeß ist unter Logistikkosten die Summe aller an distributionslogistikrelevanten Kostenstellen anfallenden Kostenarten zu verstehen. Zu den Kostenstellen gehören die Bereiche Fertigwaren, Kommissionierung, Verpackung, Versand, außerbetrieblicher Transport und Auftragsabwicklung. Kostenarten sind Personalkosten, Betriebsmittelkosten, Raumkosten, Abschreibungen, Zinsen auf Einrichtungen und Lagerbestände, Steuern, Gebühren und Versicherungen. Beim Einsatz der Kennzahl für den zwischenbetrieblichen Vergleich müssen die betrachteten Kosten und die bei der Errechnung eingesetzten Kostenrechnungssysteme analysiert werden, um Fehlinterpretationen zu vermeiden.

Die Lieferzeit ist die Zeit zwischen der Auftragserteilung des Kunden und dem Zeitpunkt der Verfügbarkeit der Ware beim Kunden. Bei vorrätigen Waren setzt sich die Lieferzeit aus der Auftragsbearbeitungszeit, der Zeit für die Kommissionierung, Verpackung, Verladung und den Transport zusammen. Bei nicht vorrätigen Produkten erhöht sich die Zeit im Extremfall um die Beschaffungszeit der Einsatzstoffe und die Fertigungs- und Montagezeit. Kurze Lieferzeiten ermöglichen eine Senkung der Lagerbestände beim Kunden und eine kurzfristige Disposition.

Zusätzlich können speziell auf die distributionslogistischen Teilbereiche bezogene Kennzahlen und absolute Meßgrößen in der betrieblichen Praxis eingesetzt werden. Dazu gehören

- die Anzahl der Bestellungen pro Monat,
- die Anzahl der Positionen pro Auftrag,
- der durchschnittliche Wert der Bestellung,
- die durchschnittlichen Kosten pro Bestellung,
- der Lagerhaltungskostensatz,
- die Lagerkapazität,
- die durchschnittliche Anzahl der Kommissionieraufträge je Kommissionierer,
- die durchschnittliche Anzahl der Positionen je Kommissionierauftrag,
- die durchschnittliche Kommissionierzeit je Auftrag,
- die durchschnittlichen Kosten pro Kommissionierauftrag,
- die Transportkosten je Tonnenkilometer,
- die Transportkosten je Sendung und
- der Anteil der Personalkosten an den Logistikkosten.

Die für die jeweils verfolgte Zielsetzung geeigneten Kennzahlen müssen ausgewählt und in einem Meßkonzept aggregiert werden. Voraussetzung für den Aufbau von Meßkonzepten ist die Kenntnis der unternehmensspezifischen Erfolgsfaktoren. Diese können in verschiedenen Unternehmen der gleichen Branche unterschiedlich sein. Bei einem Anbieter mit hochpreisigen Produkten erwarten die Kunden hohe Qualität der Lieferungen, also eine niedrige Fehllieferungs- oder Verzugsquote. Die Lieferzeit ist in diesem Fall von untergeordneter Bedeutung. Von einem anderen Unternehmen werden dagegen aufgrund der Niedrigpreise kurze Lieferzeiten gefordert. Das Problem bei der Festlegung der Erfolgsfaktoren besteht darin, daß diese meist nicht hinreichend bekannt sind. Der erste Schritt zum Aufbau von Konzepten zur Messung der distributionslogistischen Leistungen ist deshalb eine Erfolgsfaktorenanalyse. Aus der Analyse lassen sich die bestimmenden Meßgrößen und deren Gewichtung ableiten. Zur Durchführung einer Erfolgsfaktorenanalyse hat sich folgendes Vorgehen als geeignet erwiesen: Grundsätzlich muß die Analyse aus Kundensicht erfolgen. Dies ist bei der Distributionslogistik um so bedeutsamer, als die Distributionsleistung direkt dem Kunden zukommt und von diesem entsprechend wahrgenommen wird. In der Praxis erweisen sich die Größen Qualität, Preis, Zeit und Service als kritische Erfolgsfaktoren. Da diese Größen einen sehr hohen Abstraktionsgrad aufweisen und sich aus mehreren Einflußgrößen zusammensetzen, sind diese zur verbesserten Handhabbarkeit in Teilerfolgsfaktoren zu untergliedern. Die Größe Zeit kann für die Distributionslogistik in die Lieferzeit, Zeit für die Auftragsbearbeitung und Zeit zur Klärung von Fehllieferungen untergliedert werden. Unter Service lassen sich das Eingehen auf Sonderwünsche, die Abwicklung von Sonderaufgaben (wie Fakturierung) und die Art der kaufmännischen Auftragsabwicklung nennen. Im Anschluß an die Identifizierung ist die Bedeutung der Erfolgsfaktoren aus Kundensicht zu ermitteln und der jeweilige Ist-Zustand dem des besten Wettbewerbers entsprechend gegenüberzustellen. Danach ist die Bedeutungsentwicklung in den nächsten Jahren abzuschätzen. Zur Ermittlung der strategischen Bedeutung aus Kundensicht werden die Werte der heutigen Bedeutung, der Bedeutungsentwicklung sowie der Differenz aus Soll- und Ist-Position gegenüber dem besten Wettbewerber addiert. Aus der dadurch gebildeten Rangreihe der kritischen Erfolgsfaktoren können die für die Distributionslogistik zu messenden Größen und Kennzahlen abgeleitet werden. Zur Messung der Zielerreichung und zur Analyse von Soll-Ist-Abweichungen muß die anzustrebende Zielgröße wertmäßig dimensioniert werden. Ein Verfahren zur Bestimmung der anzustrebenden Ausprägung ist das Verfahren des Benchmarking. Benchmarking kann definiert werden als kontinuierlicher und systematischer Prozeß zur Ermittlung von herausragenden Methoden und Aktivitäten, die eine Bestleistung ermöglichen. Diese Bestleistung kann sich auf Produkterstellung, Prozeßbeherrschung, Dienstleistungsangebot oder Methodeneinsatz beziehen. Bei dem Verfahren werden Kompetenzunternehmen analysiert und die Ausprägung bestimmter Meßgrößen mit denen des eigenen Unternehmens verglichen. Dieses Verfahren der Analyse von anderen Industriezweigen bietet die Möglichkeit, potentielle neue Wege zur Stärkung der eigenen Position aufzuzeigen. Die Analyse wird von einem interdisziplinären Team durchgeführt, dessen Aufgabe im Vergleich des eigenen Unternehmens mit solchen, die eine Aktivität ausgezeichnet beherrschen, besteht. Aus der Gegenüberstellung sollen marktorientierte und realistische Zielvorgaben für das eigene Unternehmen ermittelt sowie Wege zur Erreichung der Ziele aufgezeigt werden. Ein Erfolg wird durch die ständige Auseinandersetzung mit Zielen, die vom jeweils Besten vorgegeben werden, erreicht. Zudem können Vorgänge auf operativer Ebene, die normalerweise in der strategischen Wettbewerbsanalyse unberücksichtigt bleiben, durch den Vergleich mit Optimallösungen im Mittelpunkt der Betrachtung stehen. Benchmarking sollte sich aber nicht auf statische Analysebetrachtungen beschränken, sondern muß als kontinuierlicher Regelprozeß installiert werden. Nach mehrmaligem Durchlaufen des Benchmark-Prozesses werden die kritischen Kenngrößen bestimmter Prozeßtypen herausgefiltert. Entscheidend für den Erfolg des Benchmarkings ist letztlich die Kreativität, vorhandene Problemstellungen zu reflektieren und daraus Maßnahmen abzuleiten sowie die Bereitschaft, Vergleiche mit anderen Bereichen oder Unternehmen vorzunehmen. Benchmarking kann sowohl als Instrument zur Entwicklung von Strategien als auch zur Vorgabe langfristiger Zielgrößen dienen. Anzustreben ist die durchgängige Verwendung der ermittelten Zielgrößen als Regelparameter. Nach der Festlegung der relevanten Erfolgsfaktoren, der Ableitung der diese Faktoren beschreibenden Kennzahlen und der Dimensionierung der Zielwerte durch Benchmarking kann ein geeignetes Kennzahlsystem zur Messung der Zielerreichung aufgebaut werden.

6 Entsorgungslogistik

6.1 Ziele und Strategien

Der Stellenwert der Entsorgungslogistik innerhalb und zwischen den Unternehmen hat sich aufgrund der verschärften Umweltschutzgesetze in den vergangenen Jahren stark gewandelt. Erstreckte sich zunächst die Betrachtung auf einzelne Unternehmensbereiche, in denen eine eingehende Diskussion mit neuen Formen der Entsorgung durch auftretende Sachzwänge wie Umweltschutzauflagen und dadurch steigenden Entsorgungskosten notwendig wurde, etablierte sich dann eine innerbetriebliche Entsorgungslogistik als bereichsübergreifende Querschnittsfunktion. Nun ist zu erkennen, daß mit der Realisierung der Kreislaufwirtschaft und der damit verbundenen Rücknahmepflicht von Produktions-, Distributions- und Konsumtionsrückständen der nächste Schritt notwendig wird, die Dimension der Entsorgungslogistik über die einzelnen Unternehmen hinaus auszudehnen. Vor dem Hintergrund des knapper werdenden Deponieraumes in Deutschland, ausgelasteter Kapazitäten vorhandener Verbrennungsanlagen und einer zunehmend restriktiveren Gesetzeslage ist mit drastisch steigenden Entsorgungskosten zu rechnen. Zudem steigen die Anforderungen an die Qualität der Entsorgung, welche sich in ihrer Konsequenz in aufwendigeren und damit kostenintensiveren Entsorgungsverfahren niederschlagen. Der Logistikaufwand, der aus der für eine effiziente Entsorgung notwendigen getrennten Erfassung der Rückstände und weiteren entsorgungslogistischen Prozessen resultiert, wird steigen. Mit den traditionellen Ansätzen der Entsorgung kann dieser Entwicklung nicht mehr erfolgreich begegnet werden. Vielmehr ist es notwendig, ein integriertes und ganzheitliches Entsorgungskonzept zu entwickeln und zu realisieren, das den von der Gesellschaft gesetzten Zielen einer ökonomischen und ökologischen Kreislaufwirtschaft gerecht wird. Die traditionelle Betrachtungsweise der physischen Logistikprozesse im Unternehmen mit ihrer Unterteilung in Beschaffung, Produktion und Distribution greift hier zu kurz. Die Güterflüsse werden bei dieser Sichtweise sowohl auf der Inputseite als auch auf der Outputseite nur bezogen auf das zu erfüllende Sachziel erfaßt. Rückstände, die bei der Erfüllung dieser gegebenen Sachziele anfallen, werden vernachlässigt. Für die notwendige ganzheitliche Betrachtung ist die betriebliche

Wertschöpfungskette demnach um die nachgeschaltete Prozeßkette der Entsorgung zu ergänzen.

Betrachtungsfeld der Entsorgung sind sämtliche Rückstände von der Quelle ihrer Entstehung im Produktions-, Distributions- und Konsumtionsprozeß bis zu ihrer Senke. Die Übertragung der Logistikkonzeption auf diese Rückstände stellt das Aufgabenfeld der Entsorgungslogistik dar. Dabei sind die zugehörigen logistischen Prozesse so miteinander zu verknüpfen, daß weitestgehend geschlossene Kreislaufsysteme entstehen. Der Grad der Geschlossenheit solcher Stoffkreisläufe ist abhängig vom Anteil der Produktions-, Distributions- und Konsumtionsrückstände, die direkt oder nach entsprechender Aufbereitung wieder als Sekundärrohstoffe verwendet werden. Eine vollständige Geschlossenheit ist dabei sowohl aus technischen als auch aus energetischen und ökonomischen Gründen nicht zu erreichen. Ziel ist es, einen sowohl ökonomisch als auch ökologisch effizienten Rückstandsfluß zu erreichen. Die ökonomischen Ziele sind gekennzeichnet durch die Kosten- und Leistungsziele sowie die Rentabilitätsziele des entsorgungslogistischen Systems. Empirische Befunde zeigen, daß die Entsorgungslogistikkosten branchenübergreifend einen Anteil zwischen 5-15% an den gesamten Logistikkosten haben (vgl. Wildemann 1997a, S. 55). Ferner rechnen die Unternehmen mit einer geringfügigen Steigerung des Anteils der Entsorgungslogistikkosten an den Logistikkosten. Maßgeblichen Anteil haben dabei die Unternehmen der Elektro- und Elektronikindustrie (vgl. Abb. 6-1). Dabei umfassen die Entsorgungslogistikkosten auf Grundlage der logistischen Einsatzfaktoren die Kosten des physischen Rückstandsflusses, die Kosten der Auftragsabwicklung in der Entsorgungslogistik und der Entsorgungsplanung und -steuerung sowie der logistischen Managementprozesse. Durch die Internalisierung der Entsorgungskosten muß auch diese Kostenart zukünftig in die Kostenrechnungssysteme integriert werden und beeinflußt somit das Ziel der Gewinnmaximierung. Exzellente Logistikleistungen ermöglichen ebenfalls eine Differenzierung gegenüber dem Wettbewerb. Eine hohe Wirtschaftlichkeit kann erreicht werden, wenn die entsorgungslogistischen Abläufe so gestaltet werden, daß sie dem Unternehmen heute und zukünftig die Sicherung von Wettbewerbsvorteilen ermöglichen. Die Rentabilität der Entsorgung als weitere Komponente der ökonomischen Zieldimension kann durch die Hebung entsprechender Rationalisierungspotentiale

Entsorgungslogistik

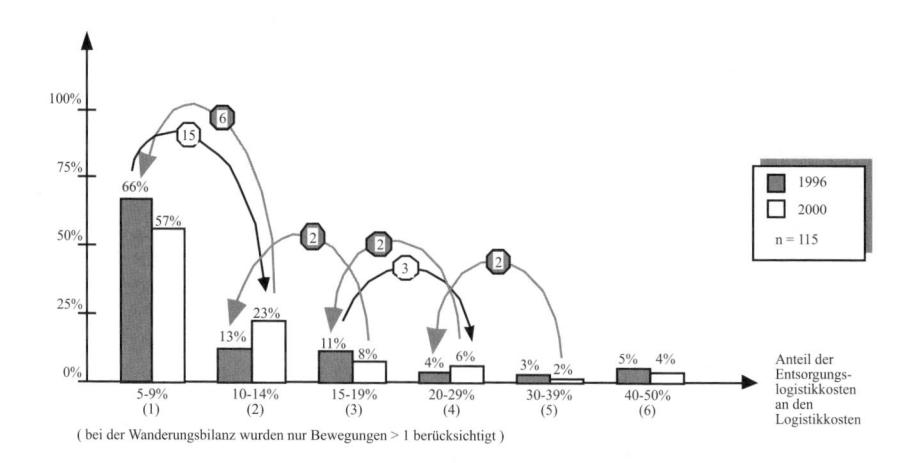

Abb. 6-1: Wanderungsbilanz der Entsorgungslogistikkosten

verbessert werden. Die Anwendung moderner Technologien zur Verringerung des heute noch sehr hohen Anteils manueller Tätigkeiten im Entsorgungsprozeß eröffnet hier Möglichkeiten.

Als Grundlage der ökologischen Ziele können die Zielsetzungen aufgeführt werden, die durch die gesetzlichen Bestimmungen vorgegeben werden. Das Gesetz (§§ 1a, 2 AbfG, § 4 Abs. 1 KrW-/AbfG) sieht eine Prioritätenfolge der Rückstandsbehandlung vor (vgl. Abb. 6-2),

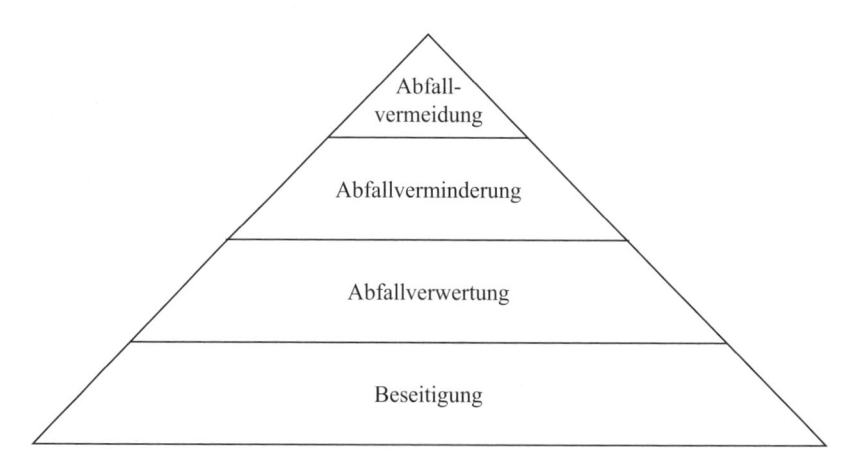

Abb. 6-2: Abfallwirtschaftliche Zielhierarchie

aus der die ökologischen Ziele für die Entsorgung und damit die Entsorgungslogistik abgeleitet werden können. Zur Realisierung des Vermeidungs- und Verringerungsgebots kann die Entsorgungslogistik keinen direkten Beitrag leisten, da sie sich mit der Behandlung schon entstandener Rückstände beschäftigt. An den sich an die Prioritätenfolge anschließenden Stufen der Rückstandsbehandlung stehen die Verwendung, Verwertung und Beseitigung. Für die Realisierung der Teilziele der Verwendung und Verwertung müssen neben den verfahrenstechnischen verstärkt logistische Konzepte entwickelt werden, die eine kreislauforientierte Entsorgung von Rückständen gewährleisten. Sofern dies im eigenen Unternehmen nicht möglich ist, sind Kooperationen mit Rückstandsmittlern zu schließen, die die Rückstände einer Verwendung oder Verwertung zuführen. Erst an letzter Stelle steht die ordnungsgemäße Beseitigung von Rückständen. Beim Vollzug entsorgungslogistischer Prozesse müssen ökologische Aspekte berücksichtigt werden. Betroffen sind dabei insbesondere die Lagerung, der Transport, der Umschlag und die Verpackung von Rückständen.

Zur Realisierung von Kostensenkungs- und Differenzierungspotentialen bedarf es der Formulierung kreislaufwirtschaftsgerechter Entsorgungslogistikstrategien, die zum einen den Entsorgungsservice und zum anderen die organisatorische Gestaltung betreffen. In Anlehnung an den Versorgungsservice impliziert der Entsorgungsservice eine Differenzierung der angebotenen entsorgungslogistischen Leistungen hinsichtlich der Entsorgungszeit, der Entsorgungszuverlässigkeit, der Entsorgungsbeschaffenheit und der Entsorgungsflexibilität. Während sich die Entsorgungszeit und -zuverlässigkeit sowohl in ihrer Ausprägung als auch in ihrer Bedeutung mit der versorgungsorientierten Lieferzeit bzw. -zuverlässigkeit vergleichen lassen, umschreibt die Entsorgungsbeschaffenheit neben den Eigenschaften der Rückstände die Genauigkeit und Sicherheit der Durchführung entsorgungslogistischer Prozesse. Die Flexibilität des Entsorgungsservice hingegen bezieht sich auf die Fähigkeit der Erfüllung kurzfristig veränderter Bedarfsanforderungen an den Rückstandsquellen und -senken sowie auf die Anpassungsfähigkeit des entsorgungslogistischen Konzepts an veränderte entsorgungslogistische Leistungsgrößen. Herausragende nachkaufwirksame Bedeutung für die Neugewinnung von Kunden auf gesättigten Märkten hat in Zukunft die Redistribution von Konsumtionsrückständen. Generelle Zielsetzung des Nachkaufmarketings ist ein auf die Erzeugung von Kundenzufriedenheit und Kundenbindung ausgerichtetes kundenorientiertes Handeln der Unternehmen innerhalb der Nachkaufphase. Im Bereich redistributiver Nachkaufleistungen können zusätzliche Umsatz- und Gewinnpotentiale genutzt werden. Vor allem freiwillige entsorgungslogistische Leistungen reduzieren die Entsorgungsmühen und -kosten der Kunden und leisten damit einen Beitrag zur Differenzierung gegenüber dem Wettbewerb. Zur Realisierung der eingeschlagenen Strategie dient das physische entsorgungslogistische System, das sich an den räumlichen, zeitlichen, art- und mengenmäßigen Ausprägungsformen der Rückstandsentstehung sowie an der Lage der einzubeziehenden Marktteilnehmer zu orientieren hat.

Kooperationen im Entsorgungsbereich zur Kostenminimierung und zur Verbesserung des Entsorgungsservice werden im Rahmen des KrW-/AbfG ausdrücklich vorgesehen. Empirische Untersuchungen zeigen, daß insbesondere Kooperationen zwischen den Produzenten und dem Handel hohe Synergiepotentiale ergeben. Die komplexe Aufgabenstellung der Entsorgungslogistik, das benötigte Spezialwissen in allen Bereichen sowie die notwendige Koordination der vielfältigen Austauschbeziehungen lassen regionale Netzwerke gerade für den Aufbau von Kreislaufsystemen als geeignete Organisationsform erscheinen. Die Vorteile liegen in der Verknüpfung von Sammelnetzen, verbunden mit einer Verbesserung des Entsorgungsservice, einer Verstetigung und verbesserten Möglichkeit zur Bündelung der Rückstandsflüsse. Voraussetzung für die Bildung entsorgungslogistischer Netzwerke ist einerseits die Übereinstimmung potentieller Partner hinsichtlich der anfallenden Rückstandsmengen, der bereitzustellenden Infrastruktur und der möglichen Wiedereinsatzmengen.

Eine weitere Strategie zur organisatorischen Gestaltung der Entsorgungslogistik stellt die Bildung branchenübergreifender Behälter-Poolstrukturen dar. Die Unternehmen erhalten hierbei über ein flächendeckendes Depotnetz standardisierte Ladungsträger, die nach deren Einsatz von den Pool-Betreibern zurückgenommen werden. Für die Teilnahme kleiner und mittelständischer Unternehmen an einem Behälter-Pool spricht insbesondere, daß bei unternehmensspezifischen Insellösungen der Aufbau einer eigenen Rückführlogistik und der benötigten Dienstleistungen kostenmäßig zumeist nicht tragbar und verkehrstechnisch aufgrund umfangreicher Leerguttransporte nicht sinnvoll ist. Die unternehmensübergreifende gemeinsame Nutzung bestehender Pool-Organisationen und der Systemleistungen in Pool-Systemen wie der Bestandsüberwachung, der Materialflußsteuerung, der Kostenrechnung, der Rückführung, der Aufbereitung und der Instandhaltung, der Sortierung gebrauchter Ladungsträger oder deren Lagerung bewirkt zusätzliche Kostendegressionseffekte. Die Nutzungsrate der Ladungsträger erhöht sich bei den Pool-Teilnehmern, da die Behälter nur bei Bedarf angefordert werden und eine Vorratshaltung entfallen kann. Somit werden Leerkapazitäten eingespart, und Flächen können anderweitig genutzt werden.

6.2 Prozesse

Innerhalb der Entsorgung lassen sich technische Prozesse wie das Recycling und logistische Prozesse identifizieren. Mit der Redistribution von Rückständen werden Raumüberwindungs-, Zeitausgleichs- und Ordnungsleistungen, also logistische Leistungen, notwendig. In diesem Zusammenhang sind als physische logistische Prozesse das Sammeln, Sortieren, Transportieren und Umschlagen anzuführen. Den Wiedereinsatzprozessen, die Konzepte und Techniken für eine erneute Verwendung oder Verwertung der Rückstände umfassen, sind Aufbereitungsprozesse wie das Demontieren vorzuschalten, um die ökonomische und ökologische Effizienz dieser Prozesse zu erhöhen. Zwischen den einzelnen Prozessen existieren Substitutionsbeziehungen derart, daß logistische Prozesse Aufbereitungs- und Wiedereinsatzprozesse ersetzen können und umgekehrt. Die informatorischen Logistikprozesse müssen hingegen als Bindeglied die Koordination der technischen und logistischen Prozesse sicherstellen. Zur eingehenderen Analyse können Entsorgungsprozesse mit Hilfe eines Modells beschrieben werden (vgl. Abb. 6-3). Den Input des Modells stellen die für die Transformation zu Beginn oder während des ablaufenden Prozesses von außen zugeführten Rückstandsobjekte dar. Darüber hinaus bilden die Dimensionen der Rückstände hinsichtlich quantitativer, qualitativer, räumlicher und zeitlicher Art und die rückstandsspezifischen Eigenschaften wie die chemisch-physikalischen Eigenschaften, das spezifische Gewicht, die Gefährlichkeit, die Rückstandsstruktur, die

Entsorgungslogistik

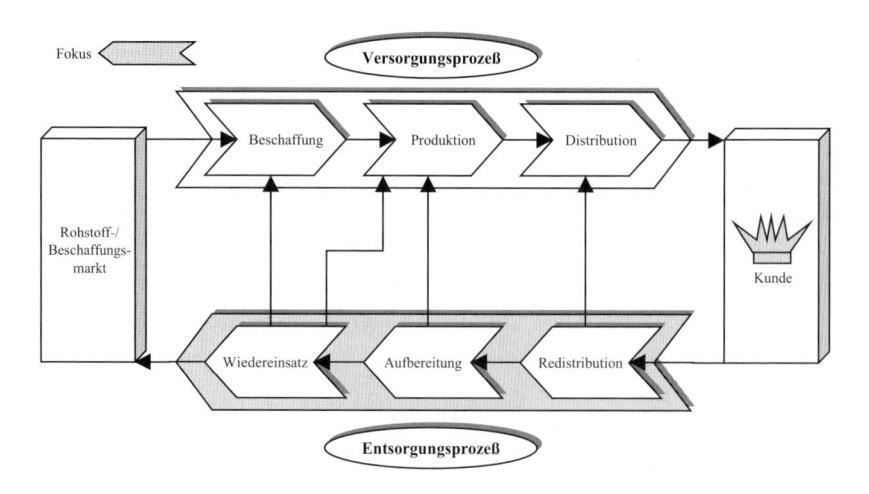

Abb. 6-3: Das Prozeßmodell der Entsorgung

Rückstandssensibilität und der Wert der Wertstoffe weitere die Entsorgungsprozesse determinierende Inputfaktoren. Die Rückstandstransformationen hinsichtlich der aufgezeigten Rückstandsdimensionen werden durch die physischen und informatorischen Prozesse des entsorgungslogistischen Systems vollzogen. Während Zeitänderungen mit Lagerprozessen und Raumänderungen mit Transportprozessen verknüpft sind, werden Mengenänderungen durch Umschlagprozesse und Sortenänderungen durch Sammel- oder Sortierprozesse bewirkt. Planerische, dispositive und steuerungstechnische Prozesse zielen auf eine Rückstandstransformation hinsichtlich einer Zeit-, Mengen- und Sortenänderung ab. Die Auftragsabwicklungsprozesse transformieren schließlich den Rückstand. Die Output-Objekte des Modells sind die aus der Transformation resultierenden und nach außen abgegebenen Objekte, die entweder unmittelbar den Verfügungsbereich des Systems verlassen, am Ende des Prozesses zur Verfügung stehen oder im Versorgungsprozeß als Sekundärprodukte und -rohstoffe wieder eingesetzt werden. Die Rückstände charakterisieren sich folglich durch eine veränderte chemisch-physikalische Zusammensetzung, die sich in einer Art- und Mengenveränderung sowie einer Anzahl getrennter Stoffgemische und zerlegter Teile und Produkte ausdrücken kann. Im einzelnen sind folgende Prozesse zu analysieren:

➢ Lagerprozesse: Die Lagerung der Rückstände hat mehrere Funktionen zu erfüllen. Zunächst können durch eine Lagerung sowohl zeitliche als auch räumliche Disparitäten ausgeglichen werden, wenn zu verschiedenen Zeiten anfallende Rückstände gemeinsam zu entsorgen sind, um die Wirtschaftlichkeit der Entsorgungsanlagen zu erhöhen. Des weiteren dienen Lagerprozesse dazu, wirtschaftliche Einheiten zusammenzustellen, die der folgenden Stufe des Entsorgungsprozesses zugeführt werden können. Dominiert wird die Lagerhaltung damit von der Vorgabe, ausreichende Lagerkapazitäten auf jeder Lagerstufe für die in einem bestimmten Zeitintervall anfallenden Rückstände bereitzustellen. In Anlehnung an die Versorgungslogistik stehen für die Bedarfsermittlung des benötigten Lagerraums mit der deterministischen und der stochastischen Bedarfsermittlung sowie der subjektiven Schätzung drei bekannte Methoden zur Verfügung, die in Abhängigkeit der Relation zwischen Entsorgungsprogramm und Rückstandsanfall zum Einsatz kommen. Die Lagerbauform wird im wesentlichen durch die wahrzunehmende Sicherungsfunktion bestimmt, um mögliche Interdependenzen zwischen der Umwelt und den gelagerten Rückständen zu vermeiden. Getrennte Lagerzonen sind zusätzlich vorzusehen, wenn Sicherheitsaspekte oder andere Entsorgungskriterien dies erfordern.

➢ Transportprozesse: Der Transport übernimmt die Beförderungsfunktion der Rückstände und sorgt für den in der Entsorgung bestehenden räumlichen Überbrückungsbedarf. Dabei ergeben sich Schnittstellen zu anderen entsorgungslogistischen Prozessen, da diese meist an unterschiedlichen Orten durchgeführt werden und auch innerhalb dieser Transportprozesse anfallen. Neben der Funktion der Raumüberwindung kommt den Transportprozessen von Rückständen eine Servicefunktion zu, die sich in der zeitgenauen Versorgung der Entsorgungsanlagen und der pünktlichen Bedienung der Rückstandserzeuger manifestiert. Neben der Lösung des Tourenplanungsproblems in der Gestaltung eines Direkt-, Stern- oder Ringverkehrs wird grundsätzlich bei der Steuerung des Transports zwischen Bring- und Hol-Systemen unterschieden (vgl. Abb. 6-4). Bei Bring-Systemen sorgt der Kunde für den Transport der Rückstände zu den Sammelstellen. Hol-Systeme sehen vor, daß Sammelfahrzeuge die Standorte der Rückstandsquellen anfahren und dort die Rückstände aufnehmen.

Entsorgungslogistik

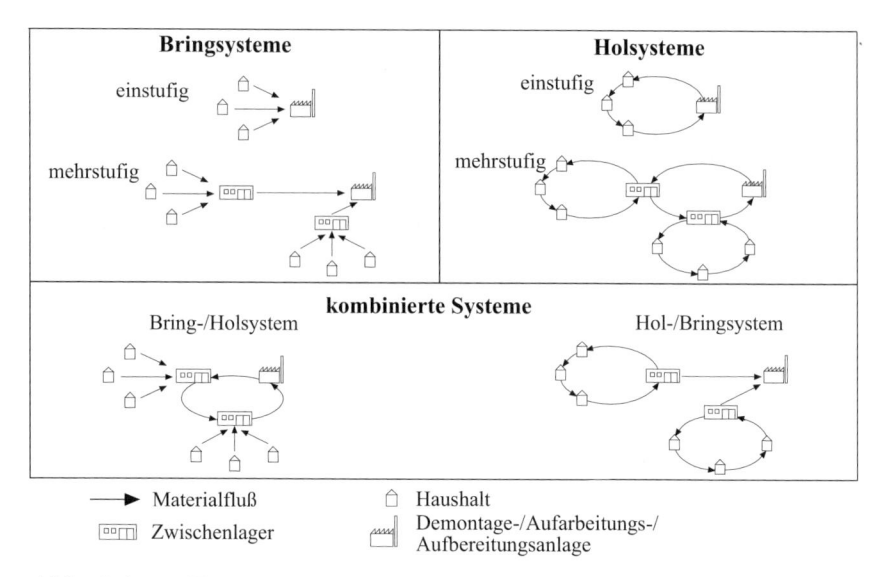

Abb. 6-4: Transportsteuerungen

Sowohl Bring- als auch Hol-Systeme können einstufig oder mehrstufig sein. Mit mehrstufigen Redistributionssystemen lassen sich auch kombinierte Konzepte entwickeln, die die Vorteile von Bring- und Hol-Systemen vereinigen. Darüber hinaus ist das Gefährdungspotential des jeweiligen Rückstands zu beachten. Gesetzliche Bestimmungen reglementieren in weiten Bereichen die Transportprozesse.

➢ Umschlagprozesse: Das Umschlagen umfaßt alle Teilprozesse, die eine Änderung der Menge zur Folge haben. Dies sind das Zusammenfassen und Auflösen von Rückständen beim Ver-, Um- oder Entladen. Ferner beinhaltet das Umschlagen auch den Wechsel des Transportmittels oder der Entsorgungsanlage. Nach der Kontinuität des Umschlagmitteleinsatzes lassen sich stetige und unstetige Umschlagmittel unterscheiden, die beim Umfüllen der Rückstände aus einem Behälter heraus (Umleerverfahren) sowie beim Umsetzen der Behälter (Wechselverfahren) zum Einsatz kommen. Nicht nur aus Kostengründen, sondern auch aus risikobezogenen Überlegungen empfiehlt es sich, die entsorgungslogistischen Umschlagprozesse zu minimieren. Durch Verwendung beispielsweise standardisierter oder genormter Sicherheitsbehälter kann das Gefährdungspotential ex ante reduziert werden.

➢ Sammel- und Sortierprozesse: Das Sammeln und Sortieren sind typische entsorgungslogistische Prozesse, zu denen sich kein entsprechendes Pendant in der Versorgungslogistik findet. Kernaspekt des Sammelns ist die materialflußtechnische Erfassung der einzusammelnden Rückstände an dafür spezifizierten Übergabeorten. In diesem Zusammenhang kann auch die Zusammenfassung der Rückstände zu geeigneten Transporteinheiten erfolgen. Wesentliche Einflußkriterien der Sammlung von Rückständen lassen sich aus deren Anfallstruktur ableiten, die sich durch die Kriterien Anfallmenge je Anfallstelle, Anfallrhythmus und stoffliche Zusammensetzung definieren läßt. Mit der Festlegung des Sammelprinzips ist daher die Frage zu beantworten, ob sofort ein Sammelzyklus ausgelöst oder die Sammlung unabhängig vom Zeitpunkt der Rückstandsentstehung regelmäßig oder unregelmäßig angestoßen wird. Häufig geht mit der räumlich-zeitlichen Erfassung der Rückstandsmengen eine Sortierung einher. Unter das Sortieren fällt nicht nur die Herbeiführung sondern auch die Aufrechterhaltung der für viele Recyclingprozesse erforderlichen Sortenreinheit bei den Rückständen. Sammlung und Sortierung bereiten somit die Einspeisung der Rückstände in die Materialflußsysteme vor und führen zu einer Erhöhung der Sortenreinheit der Rückstände. Häufig werden diese Vorgänge zusammengefaßt, indem eine Sammlung mit vor- oder nachgelagerter Sortierung vollzogen wird.

➢ Auftragsabwicklung: Neben den physischen Entsorgungslogistikprozessen ergeben sich auch informatorische Prozesse. Sie werden benötigt, um einen rückstandsbezogenen Informationsfluß zu realisieren, in dem die Informationen über Ort, Art, Umfang und Beschaffenheit der anfallenden Rückstände sowie die damit korrespondierenden Möglichkeiten des Wiedereinsatzes beschafft und weitergegeben werden. Maßgeblichen Einfluß auf die logistische Leistungsfähigkeit haben in diesem Zusammenhang Umweltinformationssysteme und EDV-gestützte Entsorgungsplanungs- und -steuerungssysteme. Für Produktionsrückstände existieren vielfach Umweltinformationssysteme, die den Rückstandsproduzenten vorstellen und die Kontaktaufnahme ermöglichen. Neben den Abfallbörsen des DIHT und des VCI sind hier verschiedene öffentliche und private Datenbanken zu nennen. Die Aufbereitungs- und Verwerterbetriebe benötigen zur Inputsicherung ihrer Entsorgungsanlagen logistische und qualitätsbezogene Angaben über den zu behandelnden Rückstand. Informationstechnologien in der

Entsorgungslogistik

Entsorgunslogistik sollen einen unmittelbaren Datenaustausch zwischen den an der Entsorgung beteiligten Marktteilnehmern gewährleisten. Weitere Einsatzmöglichkeiten stellen die Erfassung, Übermittlung, Speicherung, Verarbeitung und Verwertung der zur entsorgungslogistischen Auftragsabwicklung erforderlichen Rückstandsdatenflüsse dar. Besonderes Augenmerk ist hierbei auf die im Unterschied zur Versorgungslogistik zahlreichen rechtlichen Vorgaben zu richten, die auf Rechtsverordnungen zu Kennzeichnungspflichten von Rückständen zurückgehen. Dies betrifft einerseits die Einholung von Genehmigungen und Begleitscheinen sowie andererseits die Weiterreichung von Entsorgungsnachweisen. Zentrales Element dieser Auftragsabwicklung stellen hierbei die in Aufbereiter- und Verwerterbetrieben eingesetzten Entsorgungsplanungs- und Steuerungssysteme dar, wobei hier vorhandene Informationssysteme, nicht zuletzt PPS-Systeme, genutzt werden.

6.3 Kreislauforientierte Entsorgungssysteme

Die Investitionen, die ein Unternehmen vornehmen muß, um ein sowohl kundenorientiertes als auch ökonomisch und ökologisch effizientes logistisches und verfahrenstechnisches Entsorgungskonzept zu entwickeln, übersteigen nicht selten die Kapitalressourcen vor allem kleiner und mittelständischer Unternehmen. Die damit einhergehende Fokussierung knapper Know-how-, Personal-, Sachmittel- und Finanzressourcen auf ausgewählte Kernfelder erfordert eine Ausdehnung der Kooperationen zwischen den verschiedenen an der Versorgungslogistik beteiligten Marktteilnehmern wie Zulieferern, Herstellern und Absatzmittlern entlang eines um den Entsorgungszyklus erweiterten Produktlebenszyklus. Darüber hinaus sind logistische Allianzen zu Unternehmen, die sich auf die Prozesse der Entsorgung spezialisiert haben wie (Entsorgungs-)Logistikdienstleister und Verwerterbetriebe, aufzubauen. Leistungsfähige Entsorgungssysteme sind, neben dem unabdingbaren Rückgriff auf spezialisierte Entsorgungsunternehmen, nur durch eine Zusammenarbeit zwischen Produzenten, Konsumenten und Handel aufzubauen.

Maßnahmen zur Entsorgung von Produktionsrückständen sind innerhalb der Unternehmen weit verbreitet. So werden Rückstände in der metallverarbeitenden Industrie wie Blechschnitte oder Metallspäne schon seit langem in den Materialkreislauf zurückgeführt. Rückstände, die nicht in den innerbetrieblichen Materialkreislauf integriert werden können, werden an Verwerterbetriebe oder an branchenfremde Unternehmen als potentielle Rückstandsabnehmer weitergegeben. Mit diesen Unternehmen schließen sich die Rückstände abgebenden Unternehmen zu einem Verbundsystem zusammen. Bei dieser zwischenbetrieblichen Entsorgung werden Produktionsrückstände aus dem Produktionsprozeß eines Unternehmens (Rückstandsquelle) in einen Produktionsprozeß eines anderen (Rückstandssenke) überführt. Ein Unternehmen kann an mehreren Kreisläufen beteiligt sein, woraus sich Verbundsysteme bilden. Entsorger, Verwerter oder Rückstandsmittler übernehmen entsorgungslogistische Prozesse, die von den beteiligten Unternehmen nicht durchgeführt werden können oder die sie nicht realisieren wollen. Die Entsorger können dabei auf ihrer In- und Outputseite mit mehreren Unternehmen in Beziehung stehen. Mischformen beider Kooperationsformen sind denkbar. Im Gegensatz dazu ist unter Berücksichtigung der Erweiterung des Objektbereichs der Entsorgungslogistik um die Konsumtionsrückstände zu konstatieren, daß hinsichtlich einer Entsorgung von Konsumtionsrückständen innerhalb von Netzwerken bislang nur einzelne Projekte existieren. So diskutieren führende Hersteller von Elektrowerkzeugen und deren Absatzmittler über die Entsorgungslogistik und die möglichst vollständige Wiederverwertung ihrer Altprodukte. In der Automobil- und Automobilzulieferindustrie dokumentieren Pilotprojekte wie das PRAVDA-Projekt, EURHEKAR, NEUROBOT und der Initiativkreis Ruhrgebiet Verwaltungs-GmbH, ARiV - Automobil-Recycling im Verbund, den Trend zur Materialflußgestaltung in Entsorgungsnetzwerken. Die im Entstehen begriffenen kreislauforientierten Entsorgungssysteme lassen sich durch Netze beschreiben, deren Knoten infrastrukturelle Einheiten bilden, in denen Redistributions-, Aufbereitungs- und Wiedereinsatzprozesse erbracht werden. An den Knoten werden die Rückstände vorübergehend gespeichert oder auf einen anderen durch das Netzwerk führenden Weg übergeleitet. Bei der Gestaltung der Entsorgungsnetzwerke interessieren insbesondere die Anzahl, die räumliche Lage, der Aufgabenumfang sowie die organisatorische Trägerschaft der Knoten (vgl. Ihde/Dutz 1993, S. 198). Die verschiedenen Knotenverbindungen (Kanten) zeigen dabei die Transportprozesse, wie Rückstände durch das Netzwerk bewegt werden können, und repräsentieren die Stärke und zeitliche Verteilung des streckenspezifischen Transportaufkommens. Ausgehend vom Netzwerkgedanken lassen sich zudem als Grundstrukturen einstufige, mehrstufige und kombinierte Systeme unterscheiden.

6.3.1 Redistributionssysteme

Die Konzepte der Redistribution lassen sich mit der Distribution vergleichen. Die wahrzunehmenden Funktionen von Distributionssystemen können auf Redistributionssysteme transferiert werden. Der Unterschied zur Distribution besteht darin, daß der Hersteller bei der Redistribution keinen direkten Einfluß nehmen kann, sondern auf die Unterstützung durch die Konsumenten angewiesen ist, um die im KrW-/AbfG festgesetzten Quoten der Wiederverwertung zu erreichen. Mit der Redistribution der Konsumtionsrückstände wird die logistische Kette zum logistischen Kreislauf geschlossen. Eine ökonomisch und ökologisch effiziente Redistributionslogistik sichert den Input der Entsorgungsanlagen und ist eine wesentliche Voraussetzung zur Realisierung einer Kreislaufwirtschaft. Sie ist verantwortlich für den Materialfluß von den Rückstandsquellen zu den Aufbereiter- oder Verwerterbetrieben. Neben einer räumlich-zeitlichen Gütertransformation erfolgt eine Transformation hinsichtlich der Gütermengen und -sorten. Einerseits werden die Rückstände gleicher Art oder gleichen Typs zu größeren Einheiten zusammengefaßt, womit sich der Aufwand in Hinblick auf die weitere Behandlung verringert. Andererseits finden Zwischenlagerungen zum Ausgleich von Mengenschwankungen statt, um eine durchgehend hohe kapazitive Auslastung der maschinellen und personellen Ressourcen in den Entsorgungsprozessen zu gewährleisten. Für den Konsumtionsrückstand kommen als Quelle die Konsumenten in Betracht. Die Senken der Redistribution liegen bei den Aufbereiter- und Verwerterbetrieben sowie bei den Produzenten, die die Rückstände im Sinne einer Kreislaufwirtschaft entsorgen. Die Wahl der Senke hängt von den Behandlungsvorgängen im Rahmen der Entsorgung ab. Sofern eine Aufbereitung notwendig ist, kann sie einerseits von einem spezialisierten Betrieb vorgenommen werden. Andererseits kann dieser Prozeß vom Verwerterbetrieb sowie von den Produzenten selbst durchgeführt werden. Zudem besteht die Möglichkeit, daß der Konsumtionsrückstand direkt einem Wiedereinsatz zugeführt wird. Bei der Durchführung der Redistributionsprozesse sind verschiedene Alternativen bezüglich der beteiligten Marktteilnehmer denkbar: In Betracht kommen Absatzmittler, die bereits an der Distribution beteiligt waren, oder Rückstandsmittler, die sich ausschließlich mit der Redistribution von Rückständen beschäftigen. Auf entsorgungslogistische Prozesse spezialisierte Logistikdienstleister können ebenfalls mit den Prozessen der Redistribution beauftragt werden. Es ist außerdem möglich, daß keine Mittler beteiligt sind, wenn die Rückstandsverursacher und Rückstandsverwender die Redistribution selbst durchführen. Ein solches Redistributionssystem wird auch als direkte Redistribution bezeichnet. Die Redistribution kann in verschiedenen Kanälen erfolgen. Vorstellbar ist die Nutzung bestehender Distributionskanäle. Daneben kann die Redistribution in eigenständigen Redistributionskanälen erfolgen, die neu institutionalisiert werden. Bei der Kombination beider Möglichkeiten erhält man vielfältige Mischformen. Eigenständige Redistributionssysteme können für einzelne Produkte eines Herstellers, z.B. Fernsehgeräte, aufgebaut werden. Eine Erweiterung dieses Konzepts stellt die Ausdehnung der Redistribution auf das gesamte Produktionsprogramm eines Produzenten dar. In diesem Fall werden alle Produkte eines Produzenten, etwa Fernsehgeräte, Videorecorder und -kameras, innerhalb eines Redistributionssystems zurückgeführt. Alternativ hierzu kann die Redistribution gleichartige Produkte verschiedener Produzenten betreffen, z.B. die Videorecorder mehrerer Produzenten. In einer weiteren Ausbaustufe können die Produkte einer Branche in den logistischen Kreislauf zurückgeführt werden. Im Extremfall wird innerhalb eines Redistributionssystems eine sehr große Anzahl an Produkten zurückgenommen (vergleichbar mit der derzeitigen Hausmüllabfuhr), was in der Realität mit einer hohen Komplexität der logistischen Prozesse verbunden ist.

Aus der Sicht der Verbraucher bieten sich Redistributionssysteme an, die die Möglichkeit bieten, den anfallenden Konsumtionsrückstand bei der gleichen Institution wieder abzugeben, bei der das Produkt erworben wurde. Die Rückgabestellen sind bei dieser Lösung in der Regel die Absatzmittler, im Fall der direkten Redistribution sind es die Produzenten selbst. So erfolgt bei Siemens Nixdorf bereits seit zehn Jahren eine Rücknahme ausgedienter EDV-Systeme und -komponenten über die Verkaufsstellen. Die Voraussetzungen für die Nutzung der Distributionskanäle zur Redistribution müssen vom Produzenten geschaffen werden. Die Anpassung an die Erfordernisse der Redistribution kann unter Umständen hohe Investitionen verursachen, wenn an den Transport-, Hilfs- und Fördermitteln sowie Lagersystemen zur Realisierung der physischen redistributiven Prozesse Veränderungen vorgenommen werden müssen. Außerdem erhöhen sich die Transaktionskosten, da ein zusätzlicher Informationsfluß entlang der Redistribution gestaltet werden muß. Generell kann nicht davon ausgegangen werden, daß die Distributionskanäle für die Redistribution geeignet sind, da die Anforderungen unterschiedlich sind. Bei der Distribution zählen kurze Lieferzeiten und ein hoher Versorgungsservicegrad, die in der Redistribution weder notwendig noch aufgrund der niedrigen Wertschöpfung finanziell gerechtfertigt sind. Auch rechtliche, organisatorische oder hygienische Beschränkungen können der Nutzung der Distributionskanäle entgegenstehen. Dennoch ist diese Alternative in Betracht zu ziehen, wenn eine eigene Absatzorganisation bereits besteht. Insbesondere in der Investitionsgüterindustrie ist die Anzahl der Kunden überschaubar, so daß die Auswirkungen einer Erweiterung der distributionsspezifischen Infrastruktur auf redistributive Prozesse in Grenzen gehalten werden können. Häufig handelt es sich jedoch heute noch um mehrstufige Distributionssysteme, an deren Senken des Güterflusses die Absatzmittler im direkten Kontakt mit den Konsumenten stehen. Ein vom Hersteller initiiertes einstufiges Redistributionssystem ist in diesem Fall mit unverhältnismäßig hohen Investitionen verbunden, um ein ubiquitäres Sammel- oder Holsystem zu installieren.

In den Verordnungen, die die Ziele des Krw-/AbfG auf einzelne Branchen übertragen, ist die Mitarbeit der Absatzmittler bei der Redistribution vorgesehen, wenn diese bei der Distribution beteiligt waren. Dennoch sind Widerstände seitens der Absatzmittler gegen die Erweiterung der betrieblichen Aufgaben um Sammel- und Annahmefunktionen zu erwarten, da vor dem Hintergrund der Heterogenität hinsichtlich Betriebsformen, -größe, räumlicher Lage, finanzieller und personeller Ausstattung hier in sehr unterschiedlichem Maße Belastungen auftreten. Ein zentrales Problem stellt dabei der Flächenbedarf dar, um die notwendigen Annahme- und Lageraktivitäten wahrnehmen zu können. Des weiteren erhöht sich der Personal- und Sachaufwand, um die zusätzlichen Redistributionsprozesse auszuführen. Insgesamt ist davon auszugehen, daß bei dieser Lösung kleinere Betriebe vor größeren Hindernissen stehen. Eine Alternative bei der Gestaltung des Redistributionssystems stellt die Involvierung von Rückstandsmittlern dar. Aufgrund ihrer Spezialisierung und der damit verbundenen guten verfahrenstechnischen, logistischen und personellen Ausstattung besitzen sie die besseren Voraussetzungen, um die Prozesse der Sammlung, Trennung und Sortierung sowie Lagerung wahrzunehmen. Mit der recyclinggerechten Verbringung der Altautokomponenten sind von BMW beispielsweise die hierauf spezialisierten Transportunternehmen CCR, B2P und RENZ Systems beauftragt. Für die Verbraucher ist dieses Modell jedoch mit Nachteilen verbunden. Einerseits wird in der Regel von den Rückstandsmittlern ein Bring-System praktiziert, andererseits sind nur wenige aufgrund ihrer derzeitig geringen Standortdichte in der Lage, eine flächendeckende Redistribution zu realisieren. Es ist zu erwarten, daß sich branchenspezifische Redistributionssysteme entwickeln, welche beide Modelle miteinander kombinieren. Für die Mitwirkung der Absatzmittler läßt sich das Argument anführen, daß sich diese durch die vorhandene intensive Beziehung zu den Konsumenten gut in das System integrieren lassen, was eine Grundvoraussetzung für den Erfolg eines Redistributionssystems darstellt. Dennoch muß neben den Absatzmittlern eine weitere Alternative angeboten werden, wie sie die Redistribution über Rückstandsmittler darstellt. Durch Kooperationen zwischen Produzenten, Absatzmittlern und Rückstandsmittlern werden Netzwerke gebildet, in welchen die beteiligten Unternehmen die einzelnen Prozesse innerhalb eines Redistributionssystems entsprechend den betrieblichen Voraussetzungen untereinander verteilen. Zusätzlich zu den beteiligten Marktteilnehmern können Logistikdienstleister in das Netzwerk aufgenommen werden, welche die Durchführung der logistischen Prozesse übernehmen. Durch diese Integration kann von den beteiligten Netzwerkunternehmen auf die Spezialisierung und das damit verbundene Know-how bezüglich der logistischen Prozesse zurückgegriffen werden.

6.3.2 Aufbereitungssysteme

Je nach Ausgestaltung des Redistributionssystems kommen als Quelle der Aufbereitungsobjekte alle Marktteilnehmer in Betracht, die an der Redistribution beteiligt sind und die Konsumtionsrückstände einer Aufbereitung zuführen. Die Senken der aufzubereitenden Objekte sind einerseits Verwerterbetriebe, die einen weiteren Behandlungsvorgang der Rückstände vollziehen. Weiterhin können die Produzenten selbst die Verwertung durchführen oder die Objekte in ihre Materialkreisläufe zurückführen. Schließlich kommt als Senke der Sekundärrohstoff- und -produktmarkt in Frage, auf dem die Objekte für einen Wiedereinsatz gehandelt werden. Eine Möglichkeit zur Realisierung der Aufbereitung stellt die Errichtung von Aufbereitungsanlagen beim Produzenten dar. In Umkehrung des Montageprozesses durchläuft das Produkt einen Aufbereitungsprozeß, der es in die ursprünglichen Baugruppen und -teile aufgliedert. Der Einsatzort der Aufbereitung innerhalb des Unternehmens kann sich an beliebiger Stelle befinden. Idealerweise erfolgt die Aufbereitung parallel zur Montage, so daß die gewonnenen Baugruppen und -teile an vorgegebener Stelle in den laufenden Produktionsprozeß wieder einfließen können. Bei der Zusammenlegung von Montage und Aufbereitung innerhalb eines Unternehmens kann es zu einer sinnvollen Symbiose zwischen beiden Prozessen kommen.

Häufig besitzt nur das einzelne Unternehmen das entsprechende Know-how, sein Produkt wieder mit hoher Effizienz aufzubereiten. Bei Fremdorganisationen ist dies nur mit einem entsprechenden Know-how-Transfer möglich, dem Unternehmensinteressen entgegenstehen können. Zudem ist zwischen der Aufbereitung und den für die Produktplanung verantwortlichen Unternehmensbereichen ein optimaler Informationsaustausch möglich, der für eine zukünftig aufbereitungsgerechte Entwicklung, Konstruktion und Montage erforderlich ist. Eine andere Möglichkeit zur Realisierung der Aufbereitung besteht in der Übertragung der damit verbundenen Prozesse auf Aufbereiter- und Verwerterbetriebe. Nach erfolgter Redistribution gelangen die Rückstände zu diesen Unternehmen und werden dort aufbereitet. Der Output in Form von Baugruppen, -teilen und Sekundärrohstoffen wird dann wieder an das beauftragende oder andere Unternehmen abgegeben. Bei der Zuordnung der Redistributionsobjekte zu den einzelnen aufbereitenden Unternehmen sind vielfältige Kombinationsmöglichkeiten denkbar. Bei der produzentenbezogenen Aufbereitung werden alle Erzeugnisse eines Produzenten zerlegt und die gewonnenen Bauteile an den Produzenten oder andere potentielle Abnehmer weitergegeben. In jedem Fall ist darauf zu achten, daß der nötige Transfer von Know-how zur Aufbereitung und eine Rückkopplung zu einer besseren, aufbereitungsgerechten Konstruktion in ausreichendem Maße stattfindet. Viele der angesprochenen Nachteile werden durch eine produkt- oder typenbezogene Aufbereitung durch spezialisierte Aufbereiter- oder Verwerterbetriebe aufgehoben. Gleichartige Konsumtionsrückstände verschiedener Produzenten wie Fernsehgeräte, Monitore oder Kühlschränke werden zusammengefaßt und im Unternehmen einer Aufbereitung unterzogen.

Mit diesem Modell ist allerdings ein höherer logistischer Aufwand verbunden, da die Anzahl der notwendigen Beziehungen zwischen den Aufbereiterbetrieben und den Produzenten größer ist als bei anderen Modellen. Zur Bewältigung dieses Problems können spezialisierte Logistikdienstleister in die Umsetzung miteinbezogen werden. Des weiteren ist sicherzustellen, daß die gewonnenen Erfahrungen in der Aufbereitung an die Entwicklungs- und Konstruktionsbereiche der Produzenten weitergegeben werden. In Bereichen der Investitionsgüterindustrie können die beiden ersten Modelle durchaus eine in Erwägung zu ziehende Möglichkeit zur Realisierung der Aufbereitung darstellen. Es ist aber insgesamt davon auszugehen, daß im Bereich der Industrie die Nachteile einer unternehmensinternen Aufbereitung überwiegen und sich das Modell einer produktbezogenen Aufbereitung durchsetzen wird.

6.3.3 Wiedereinsatzsysteme

Beim Wiedereinsatz von Wertstoffen können als Quelle alle Marktteilnehmer auftreten, die zuvor an der Redistribution oder der Aufbereitung beteiligt waren. Als Senken des Outputs kommen Produzenten und Absatzmittler in Frage sowie Sekundärmärkte, auf denen die Baugruppen, -teile und Wertstoffe abgesetzt werden. Der Wiedereinsatz wird entweder von spezialisierten Verwerterbetrieben oder den Produzenten durchgeführt. Unterschiede ergeben sich durch den Ort und Prozeß des Wiedereinsatzes, den die Senke des Rückstandflusses darstellt. Idealerweise liegt diese in der unternehmensinternen Quelle des Güterversorgungsflusses, womit der Kreislauf geschlossen wird. Daneben kommen andere Unternehmen und Absatzmärkte in Betracht. Die Formen des Wiedereinsatzes sind eng mit der Verwertungsart verbunden, wobei ein Wiedereinsatz auf höchster Wertschöpfungsstufe anzustreben ist, wie er im KrW-/AbfG vorgesehen ist. Bei der Art der Verwertung lassen sich drei Typen unterscheiden: Bei der stofflichen Verwertung wird an der physikalischen Beschaffenheit des Objektes nichts verändert. Eine stoffliche Verwertung auf niedrigster Wertschöpfungsstufe stellt z.B. das Einschmelzen von Altaluminium dar, um neue Aluminium-Halbzeuge herzustellen. Die thermische Verwertung bedeutet die Verbrennung der Rückstände in Abfallverbrennungsanlagen, um den Energiegehalt zu nutzen. Eine Überführung in andere Stoffe wird mit der chemischen Verwertung erreicht, wie beispielsweise die Gewinnung von Erdöl aus Kunststoffrückständen durch Pyrolyse zeigt. Für die Realisierung des Wiedereinsatzes sind die gleichen Ausprägungsformen wie in der Aufbereitung möglich. Durch die Ähnlichkeit der Strukturen bietet es sich an, die Aufbereitung und den Wiedereinsatz in einen Prozeß zu integrieren, wodurch Synergieeffekte genutzt werden können.

6.4 Behälterkreisläufe als gestaltendes Element von Entsorgungssystemen

Güter und Rückstände werden in Behältern in zunehmender Frequenz zwischen den in abgestimmten Versorgungs- und Entsorgungsprozessen verknüpften Unternehmen transportiert. Behälter stellen somit wesentliche Gestaltungselemente im Materialfluß dar. Nicht zuletzt aufgrund der Verpackungsverordnung und der erhöhten Relevanz von ökologischen Interessen in der öffentlichen Diskussion gewinnt jedoch die Gestaltung von Behältersystemen zunehmend an Aktualität. Ist eine Vermeidungsstrategie nicht praktikabel ("Der beste Behälter ist kein Behälter"), so sind Behälter in Materialfluß und Informationssysteme so zu integrieren, daß die Durchgängigkeit über die gesamte logistische Kette hinweg sichergestellt ist (vgl. Wildemann 1995c). Empirische Untersuchungen zeigen, daß in vielen Unternehmen der Materialfluß durch eine Behältervielfalt und -heterogenität geprägt ist und daher Handlungsbedarf mit dem Ziel der Behälterkompatibilität mit Materialflußsubsystemen und mit den eingesetzten Informationssystemen, der Behälterstandardisierung sowie der Durchgängigkeit im Materialfluß besteht. Behältersysteme wurden in der Vergangenheit, ähnlich den einzelnen Materialflußsubsystemen, funktionsbezogen analysiert, gestaltet und optimiert. Beschränkte sich die Betrachtung in der Regel auf den zwischenbetrieblichen Logistikkreislauf zwischen dem Warenausgang des Lieferanten und dem Wareneingang des Industrieunternehmens, so wird heute zunehmend eine systemorientierte, übergreifende logistische Sichtweise verfolgt, die weit in die innerbetrieblichen Bereiche des Industrieunternehmens oder sogar bis zum Konsumenten reicht. Im Mittelpunkt der Analyse zur Gestaltung von Behälterkreislaufsystemen stehen folgende Fragestellungen:

- Qualitative Behälterauswahl und -gestaltung: Wie muß ein logistisch optimaler Behälter gestaltet sein?
- Quantitative Behälterdeterminierung: Welche Behälterfüllmengen sind vorzusehen und welche Behälteranzahl ist im Behälterkreislaufsystem erforderlich?
- Zeitliche und organisatorische Behältereinbindung: Wie lassen sich die Systembehälter sinnvoll in Just-In-Time-Konzepte integrieren?
- Umfeldbedingungen von Behältersystemen: Welche umfeldbezogenen Einflußgrößen wirken auf Behältersysteme und zu welchen Gestaltungsempfehlungen führen sie?
- Kostenanalyse von Behälterkreislaufsystemen: Welche Kosten entstehen bei der Einrichtung von Behälterkreislaufsystemen und welche Rationalisierungspotentiale lassen sich realisieren?
- Ökologische Betrachtung von Behältersystemen: Welche ökologischen Aspekte sind bei der Implementierung von Behältersystemen zu berücksichtigen?

6.4.1 Gestaltungsparameter von Behältern

Basierend auf Auswertungen von Anwendungsberichten lassen sich die logistischen Behälterfunktionen und eine Zuordnung charakteristischer Behälterattribute zu den Behälterfunktionen ableiten (vgl. Abb. 6-5). Die empirische Analyse hinsichtlich der Bedeutung von logistischen Behälterfunktionen in der Praxis weist als wichtigste Behälterfunktion die Qualitätssicherungsfunktion aus. Die Aufgabe der Qualitätssicherungsfunktion besteht darin, das Packgut nach seiner Herstellung im Zustand seines höchsten Wertes aufzunehmen und es bei minimalem Kosteneinsatz so zu schützen, daß es beim Verwender funktionsfähig ankommt und unter Beibehaltung der Funktionsfähigkeit gelagert wird. Der Verpackungsschutz des Gutes erstreckt sich nicht nur auf qualitative, sondern auch auf quantitative Verluste. Hierbei geht es vor allem darum, daß der Behälter den Diebstahl der verpackten Güter möglichst verhindert. Über den Schutz des Packguts hinaus umfaßt die Schutzfunktion des Behälters auch den Schutz der

Entsorgungslogistik

Behälterauswahl- und Behältergestaltungskriterien	Logistische Behälterfunktionen
Haltbarkeit/Lebensdauer	Qualitätssicherungsfunktion
Stabilität	
ESD-Schutz/Schutz gegen elektrostatische Aufladung	
schlechte Entflammbarkeit	
Gewicht	Handlingsfunktion
Tragfähigkeit	
Standfestigkeit/Stapel- und Lagerfähigkeit	Lagerungs- bzw. Bereitstellungsfunktion
Produktionslosgröße	
räumliche Gegebenheiten (Lagerraum, Transportwege)	
handlingsgerechte Behältergestaltung	Transportfunktion
Transparenz	
Pflegeleichtigkeit	
ergonomische Ausgestaltung	Kommissionierfunktion
arbeitssicherheitsgerechte Behältergestaltung	
Abmessung	
Transportfähigkeit/transportmittelgerechte Gestaltung	Organisation-/ Informationsfunktion
Modularität (modulare Unterteilung u. Kombinierbarkeit)	
Zusammenklappbarkeit/Zerlegbarkeit	
Stapelbarkeit	Umweltschutzfunktion
flexible Unterteilbarkeit	
Codierbarkeit	
zeitliche Mehrfachverwendbarkeit („Mehrwegbehälter")	Integrationsfunktion
Recycling-Freundlichkeit	
funktionale Mehrfachverwendbarkeit	

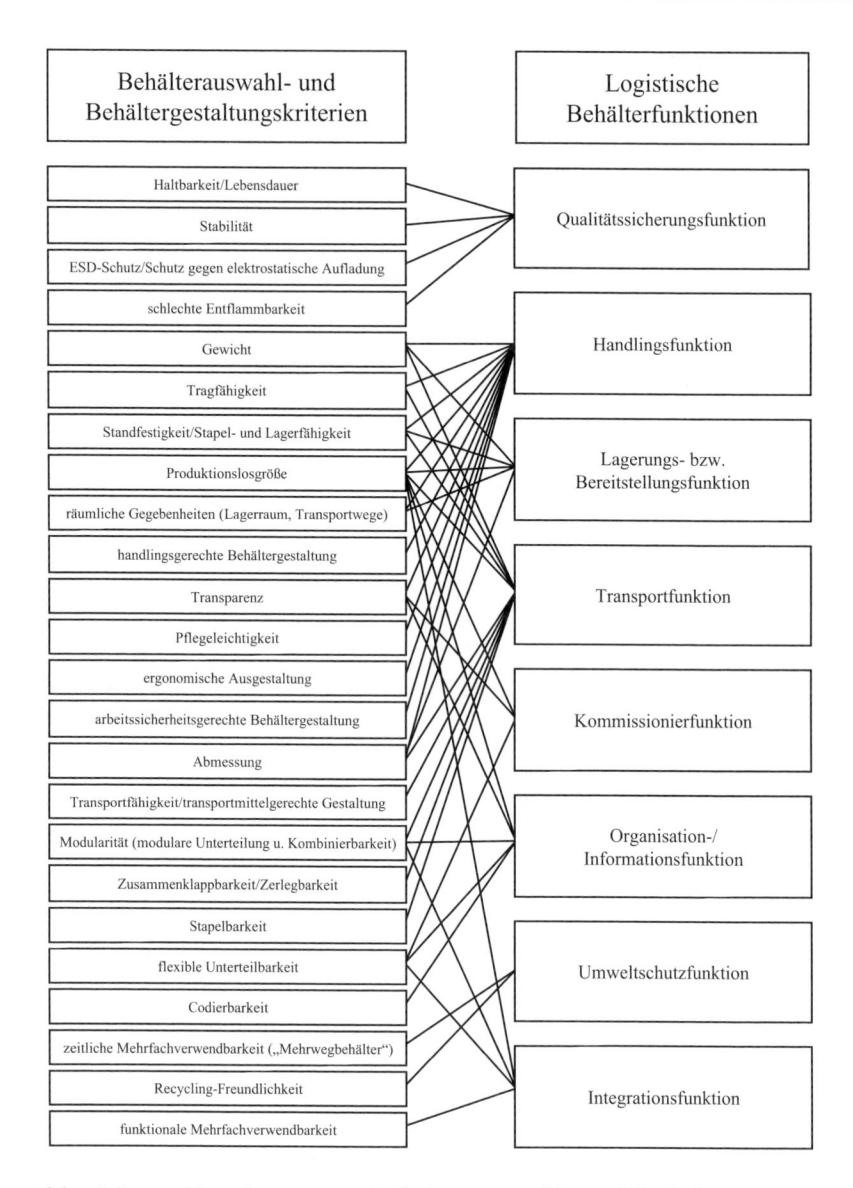

Abb. 6-5: Zuordnung von Behälterauswahl- und Behältergestaltungskriterien zu logistischen Behälterfunktionen

Umwelt vor Schäden, die durch ein unverpacktes Produkt ausgelöst werden könnten. Darüber hinaus hat der Behälter die Aufgabe, die mit der Manipulation des Packgutes beschäftigten Mitarbeiter zu schützen.

Einen wesentlichen Aspekt der Lagerungsfunktion von Behältern stellt die Forderung nach rationeller Lagermöglichkeit des Packmittelvorrates in leerem Zustand wie etwa durch faltbare Behälterlösungen dar. Durch die Erfüllung der Transportfunktion soll der Transport eines Gutes erleichtert oder das Packgut mittels Behältnis erst transportfähig gemacht werden. Die Handling- und Manipulationsfunktion des Behälters ermöglichen das Zusammenfassen von Packgütern und vereinfachen deren Handhabung beim Umschlag. Die Informationsfunktion des Behälters ist für den materialflußbegleitenden Auftragsabwicklungsprozeß von ausschlaggebender Bedeutung. Der Behälter stellt einen Informationsträger dar: Behältnisse können durch Farbe, Aufdruck, Etikett oder Code gekennzeichnet werden, so daß die Identifizierung der verpackten Produkte vereinfacht wird. Dies führte in den betrachteten Unternehmen im Durchschnitt zu einer Reduzierung des Aufwands an Begleitpapieren. Die Integrationsfunktion von Behältern bezieht sich auf deren Modularität und funktionale Mehrfachverwendbarkeit in durchgängigen Transportketten. Die Erfüllung der Kommissionierfunktion unterstützt das Just-In-Time-Konzept in mehrfacher Hinsicht: Alle Teile, die für ein Produkt erforderlich sind, werden in einem einzigen Behälter untergebracht. Dadurch wird das Prinzip der Komplettbearbeitung von Baugruppen und Produkten unterstützt. Die transparente Behältergestaltung gewährleistet, daß nur vollständige Kommissionen in die Fertigung gegeben werden. Die Umweltschutzfunktion gewinnt in der heutigen Zeit insbesondere vor dem Hintergrund der Verpackungsverordnung zunehmend an Bedeutung. Sie umfaßt Aspekte wie die Wiederverwendung, die Recyclingfähigkeit oder auch die möglichst einfache und umweltschonende Entsorgung gebrauchter Behälter. Durch die Antizipation ökologischer Aspekte bereits in der Phase der Behälterplanung lassen sich entsprechend den Aussagen der befragten Unternehmen 40-50% der Entsorgungskosten reduzieren (vgl. Wildemann 1995c).

Die Analyse von Behälterfunktionen dient als Grundlage zur Simulation von Behälterkreislaufsystemen und kann zugleich als Parameter für die Behälterauswahl herangezogen werden. Somit können die systemoptimalen Umlaufbehälter für einen effizienten Ablauf des Materialflusses vom Lieferanten bis zum Kunden ermittelt werden. Eine große Bedeutung kommt in diesem Zusammenhang der Modularisierung der Systembehälter zu. Die Bildung von modularen logistischen Ein-

Entsorgungslogistik

heiten bildet eine wesentliche Grundlage für den Aufbau rationeller Transportketten (vgl. Pfohl 1996). Logistische Einheiten entstehen durch die Zusammenfassung von Gütern zu in Form und Abmessung standardisierten Einheiten. Das Ziel des logistikgerechten Materialflusses und der Minimierung der Handhabungsvorgänge innerhalb der Transportkette wird dann approximiert, wenn für die Behältereinheiten folgender Grundsatz realisiert werden kann:

Ladeeinheit = Produktionseinheit,
= Behältereinheit,
= Lagereinheit,
= Bestelleinheit,
= Verkaufseinheit,
= Transporteinheit.

Die Identität dieser Einheiten in logistischen Systemen stellt den Idealfall dar. Dieses Optimum kann nur in seltenen Fällen erzielt werden. Die Packstück- und Ladeeinheitenbildung muß vielfältige Tätigkeitsbereiche abdecken. Sie sollte einerseits die Realisierung eines logistikgerechten Material- und Informationsflusses innerhalb der Transportkette unterstützen und andererseits vorhandene Rationalisierungspotentiale konsequent ausschöpfen (vgl. Jünemann 1989).

6.4.2 Behälterkonzepte

Analog zu Produkten kann ein Lebenszykluskonzept für Behälter entwickelt werden (vgl. Abb. 6-6). Der Behälterlebenszyklus läßt sich in sieben Phasen unterteilen, wobei die Initiierungsphase die erste Stufe darstellt. In dieser Phase wird die logistische Kette einer wertanalytischen Betrachtung unterworfen. Ziel hierbei ist die Eliminierung nicht-wertschöpfender Tätigkeiten, wie dies beispielsweise Behälterwechsel und die daraus hervorgehenden Umpackarbeiten darstellen. Neben der Definition von Zielgrößen ist eine grobe Abgrenzung der zukünftigen Aufgaben des Behälters Bestandteil dieser ersten Phase. In der zweiten Phase, der Konzeptionsphase, erfolgt eine Detaillierung der Aufgaben. Es wird ein Anforderungsprofil definiert, welches die von dem Behälter zu erfüllenden Funktionen beschreibt.

Lebenszyklusphasen	Gestaltungsanforderungen für Behälter
I Initiierungsphase	• wertanalytische Betrachtung der logistischen Kette • Eliminierung nicht-wertschöpfender Aktivitäten • Definition von Zielgrößen • Abgrenzung der Aufgaben an den Behälterkreislauf
II Konzeptionsphase	• Detaillierung der Aufgabenstellung • Durchführbarkeitsstudien • Erarbeitung eines Anforderungsprofils
III Design- und Konstruktionsphase	• Auswahl von Werkstoffen • Dimensionierung • Ausgestaltung
IV Herstellungsphase	• Umsetzung des konstruktiv vorgegebenen Fertigungsprozesses
V Test- und Einführungsphase	• Herstellung und Überprüfung der internen und externen Betriebsbereitschaft • Aufbau der Funktionen
VI Nutzungsphase	• Inbetriebnahme und Nutzung der Systembehälter
VII Auslaufphase	• Stillegung/zukünftige Wiederverwendung • unmittelbare Weiterverwendung in einem anderen Bereich oder Anwendungsgebiet • Aufbereitung • Recycling • Entsorgung

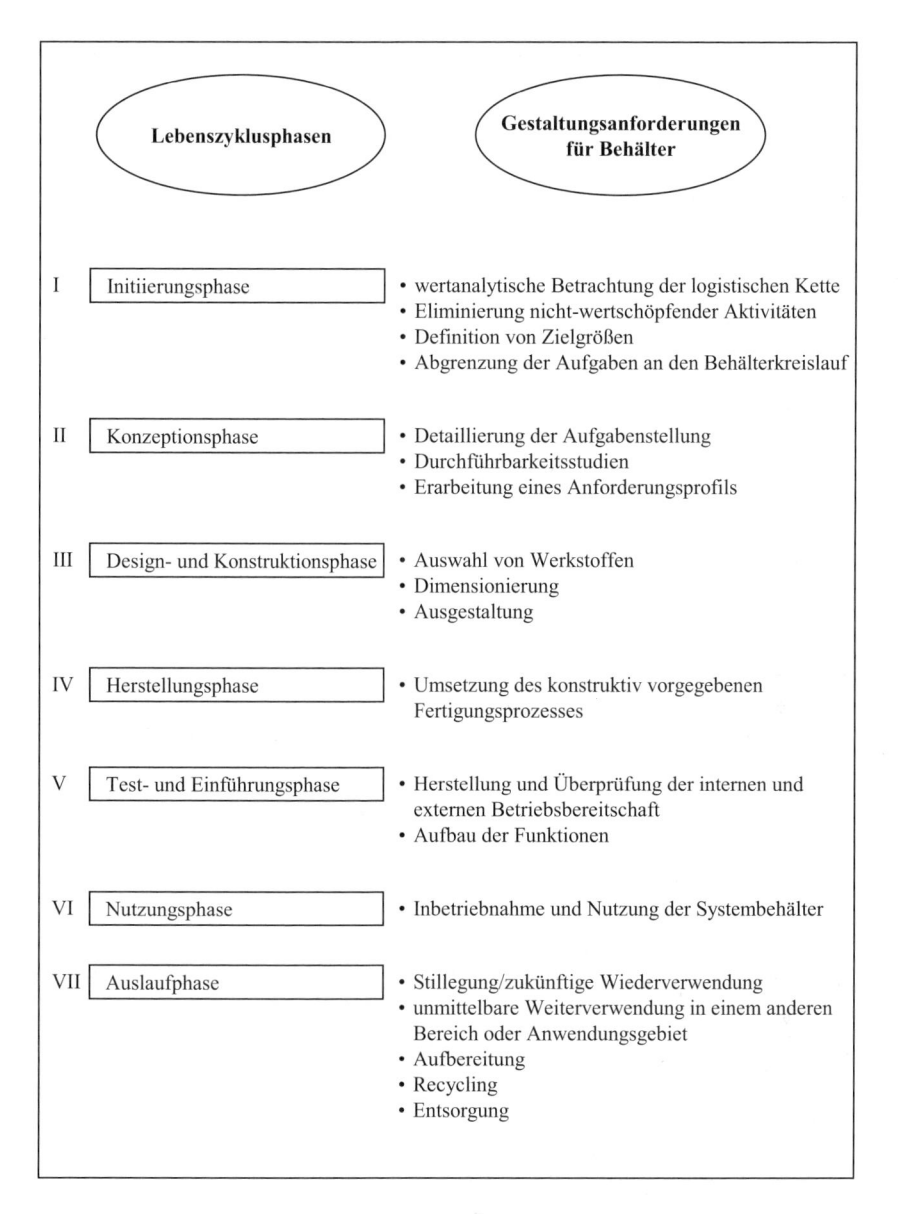

Abb. 6-6: Lebenszyklus eines Behälters

Des weiteren werden Durchführbarkeitsstudien erforderlich, wobei überprüft wird, ob die Behälter den Anforderungen gerecht werden können. Die technische Überarbeitung der gewünschten Behälter erfolgt in der Design- und Konstruktionsphase: Über die Auswahl von Werkstoffen für die Behälter hinaus wird hierbei deren detaillierte Dimensionierung und Ausgestaltung festgelegt. In der sich daran anschließenden Herstellungsphase erfolgt die Umsetzung des konstruktiv vorgesehenen Fertigungsplanes. Die produzierten Behälter, welche nun mit den gewünschten Merkmalen ausgestattet sind, können dann in der Einführungsphase erstmalig in Betrieb genommen werden. Diese Phase dient der Herstellung und Überprüfung der Betriebsbereitschaft der Behälter. Nach einer möglichst langen Nutzungsdauer (Betriebsphase) setzt schließlich die Auslaufphase ein. In dieser Phase wird die Entscheidung darüber getroffen, einen Behälter zu recyceln, zu entsorgen, ihn - falls noch Funktionsfähigkeit besteht - nach entsprechenden Aufbereitungsprozessen erneut zu verwenden oder das Behältnis in einem anderen Bereich oder Anwendungsgebiet einzusetzen (vgl. Wildemann 1995c).

Weiterhin lassen sich unterschiedliche Materialflußdurchdringungsgrade von Behältern zum einen aus Lieferanten-, zum anderen aus Kundensicht differenzieren (vgl. Abb. 6-7). Mit Hilfe dieser Kenngrößen wird ermittelt, an welcher Stelle im Materialfluß der Übergang von Lieferanten- oder Kundenbehältern auf unternehmensinterne Behälter erfolgt. Den größten Materialflußdurchdringungsgrad besitzen Behälter, die unternehmensübergreifend standardisiert sind und folglich über Pool-Systeme entsprechend organisatorisch eingebunden werden können. Ausgehend von der Zielsetzung der schnittstellenübergreifenden Materialflußintegration durch Just-In-Time-Konzepte sind einerseits möglichst hohe Materialflußdurchdringungsgrade der Umlaufbehälter anzustreben. Andererseits ist die Ausgestaltung der durch den Materialflußdurchdringungsgrad angezeigten Schnittstellen infrastrukturell und organisatorisch besonders sorgfältig zu konzipieren. Im Zusammenhang mit der Realisierung von Just-In-Time-Konzepten sind zwei Tendenzen bei der praktischen Umsetzung der Prinzipien und der effizienten Behältersystematik erkennbar:

- durchgängige Verwendung von Standardbehältern oder zumindest Verschiebung der Schnittstelle für den Behälterwechsel in das Industrieunternehmen,
- Kombination von Kreisläufen für leere und volle Behälter, zumeist unter Einbeziehung von Speditionskonzepten.

Entsorgungslogistik

Durch die Bestimmung von Materialflußdurchdringungsgraden werden bereits wesentliche Hinweise für die Determinierung von durchgängigen Behälterkreislaufkonzepten gegeben (vgl. Wildemann 1995c).

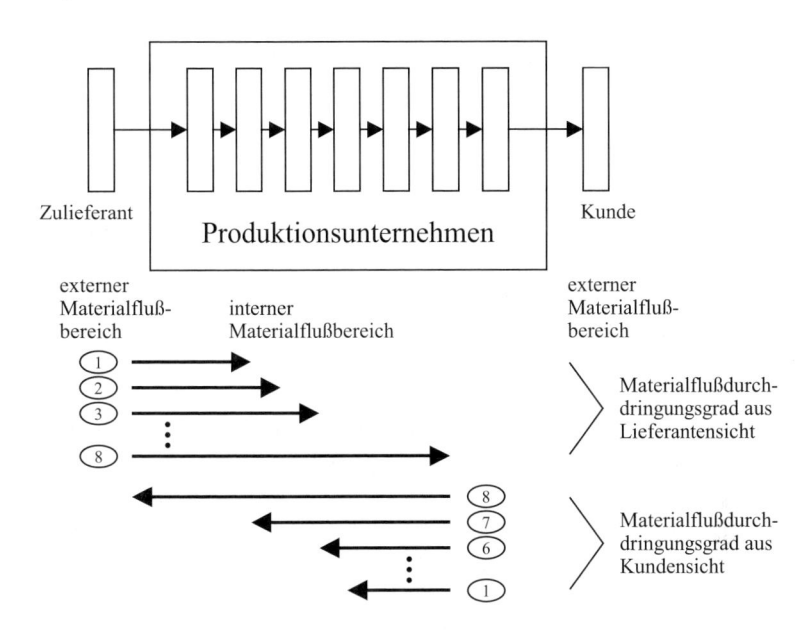

Abb. 6-7: Materialflußdurchdringungsgrade von Behältern

6.4.3 Behälterkreislaufsysteme

Behälterkreislaufsysteme bilden integrierte Produktions-, Transport-, Lager- und Behältersysteme mit Leergutrückführung. Form und Art der Umlaufbehälter stellen das Ergebnis einer den Anforderungen entsprechenden typenspezifischen Behälterentwicklung dar. Behälter sind derart in möglichst durchgängige Kreislaufsysteme zu integrieren, daß ein transparenter und effizienter Materialfluß gewährleistet werden kann. Mehrwegsysteme basieren auf Quelle-Senke-Beziehungen, wobei folgende Fragestellungen virulent sind:

- örtliche Anordnung der jeweils betrachteten Quelle und Senke,

- Anzahl der materialfluß- und informationsbezogenen Schnittstellen sowie systemtechnische Ausgestaltungsmöglichkeiten dieser Schnittstellen,
- organisatorische und zeitliche Abstimmungsmöglichkeiten zwischen Quelle und Senke sowie
- Koordination mehrstufiger vermaschter Regelkreise durch Layout-Gestaltung, systemtechnische und ablauforganisatorische Lösungen.

Behälterkreislaufsysteme können auf verschiedenen Stufen implementiert werden. Denkbar sind Mehrwegsysteme innerhalb von Produktionsabschnitten, Produktionshallen oder über die ganze Produktion hinweg und immer komplexer werdend bis zum idealen, dem maximalen Behälterkreislaufsystem. Hierbei fließen standardisierte Umlaufbehälter über alle Stufen entlang der logistischen Kette vom Lieferanten über Produktion und Montage beim Industrieunternehmen, Lager und Transport zum Endabnehmer. Partiallösungen des Behälterkreislaufsystems sind in vielen Variationen realisierbar und sinnvoll. Vielversprechendes Beispiel bildet ein Mehrwegsystem mit Einbeziehung der Stufen der Wertschöpfungskette des Lieferanten sowie der Fertigung und Montage beim Abnehmerunternehmen. In der Automobilindustrie lassen sich hierzu zahlreiche Anwendungsfälle anführen.

➢ Determinanten von Behälterkreislaufsystemen: Die wesentlichen Merkmale von Behälterkreislaufsystemen sind

- EDV-gestützte Steuerung,
- Einsatz standardisierter, logistikgerechter Umlaufbehälter,
- Leerbehälterdisposition sowie die
- Kooperation aller Partner in der Transportkette.

Zur Sicherstellung eines effizienten Ablaufes ist es erforderlich, den Material- und Behälterfluß im Mehrwegsystem ständig zu überwachen. Hierfür wird der Materialfluß parallel durch den Informationsfluß überlagert. Die Überwachung und Steuerung der Umlaufbehälter übernimmt ein Zentralrechner. Dieser verwaltet sowohl die Bestandsdaten als auch die Bewegungsdaten der Behältnisse. Jeder am Kreislauf Beteiligte ist mit einem Terminal oder PC per DFÜ angeschlossen. Somit wird ein Informationsaustausch jederzeit ermöglicht. Vor allem bildet die Steuerung des Leergutes die wesentliche Aufgabe des Rechners. Beim Behälterkreislaufsystem entsteht durch den Rücktransport des Leergutes an den Lieferanten zur Wiederverwendung, zum Recycling oder zur Entsorgung der Umlaufbehälter zusätzlicher Aufwand. Der Fluß des Leergutes muß daher permanent gesteuert und überwacht werden. Eine wirtschaftlich effiziente Leergutüberwachung und -disposition regelt den optimalen Einsatz von Leergut unter Berücksichtigung der Material-, Produktions- und Informationsflüsse. Ziel des Überwachungssystems ist somit die Reduzierung der Kapitalbindung durch ungenutztes Leergut und der Kosten, die durch Belegung des Lagerraumes entstehen. Durch den Einsatz zerlegbarer Umlaufbehälter können das Leervolumen und die Kosten für den Rücktransport stark reduziert werden. Behälter dieser Art bedürfen jedoch zusätzlichen Handlingaufwand für die Demontage und die sich anschließende Montage. Eine intensive Zusammenarbeit zwischen den Vertragspartnern im Mehrwegsystem trägt wesentlich zur Gestaltung kostengünstiger, leistungsfähiger und umweltfreundlicher Behälterkreislaufsysteme bei. Die Implementierung eines effizienten Behälterkreislaufes bedingt die Kooperation aller Partner des Kreislaufsystems. Produzent und Abnehmer müssen sich darüber verständigen, daß ausschließlich die vertraglich festgelegten standardisierten Systembehälter Verwendung finden. In gemeinsamer Absprache müssen Organisationsregeln des Kreislaufs geplant und vereinbart werden. Ein intensiver Informationsaustausch zwischen den Vertragspartnern erleichtert die Steuerung und Überwachung der Pool-Behälter.

➢ Bewertung von Behältersystemen: In den vergangenen Jahren war ein starker Trend zu Einweg- und Wegwerfbehältnissen erkennbar. Dieser Trend hatte seine Ursache darin, daß die Anforderungen und Kosten für Verwaltung, Leergutrücktransport, Reinigung und Reparatur bei Mehrwegbehältern ständig stiegen, während bei Einwegbehältnissen durch verbesserte Produktionsmethoden gleichbleibende oder sogar fallende Kosten zu verzeichnen waren. Hinzu kam, daß die Kosten für den Mehranfall von Verpackungsmüll und sonstige Folgekosten bei Einwegbehältern nicht oder in nur ungenügendem Maße Berücksichtigung fanden. Da in der Zukunft insbesondere mit stark steigenden Entsorgungskosten zu rechnen ist, stellt man in der Praxis nicht zuletzt auch aufgrund des gewachsenen Umweltbewußtseins der Verbraucher sowie der Verpackungsverordnung mit der Verpflichtung zur Rücknahme gebrauchter Behälter eine wachsende Tendenz zur

Verwendung von Mehrwegbehältern fest. Mehrwegsysteme erfüllen im Gegensatz zu Einwegsystemen ihre Funktion in der Transportkette vom Produzenten bis zum Konsumenten mehrfach.

Die Kernfrage bei der Planung von Mehrwegsystemen, oder wenn vorhandene Behältersysteme ersetzt werden sollen, lautet: "Wieviel darf ein Behälter und die Implementierung eines Behälterkreislaufsystems kosten?" Ziel der Analyse der Kostenwirkungen ist es, die betriebswirtschaftlichen Wirkungen von Behälterkreislaufsystemen zu ermitteln. Betriebswirtschaftlich gesehen, ist man versucht, die Behälterkosten zu minimieren, wobei das Behältersystem nur soviel kosten sollte, wie die Funktionen, die es zu erfüllen hat, dem Verwender wert sind. Der Idealfall, nämlich daß keine Behälterkosten anfallen, ist immer dann gegeben, wenn ein Produkt ohne Behältnis transportiert werden kann. Die wesentlichen Kostenarten, die es im Zusammenhang mit der Auswahl von Behältersystemen zu analysieren gilt, bilden neben den Material-, Verwaltungs- und Transportkosten die Aufbereitungs-, Recycling- und Entsorgungskosten. Der Übergang von linearen Einwegsystemen, die nach einmaliger Verwendung deponiert oder zu Müllverbrennungsanlagen befördert werden, zu zyklischen Einwegsystemen, die nach einmaliger Verwendung verwertet (rezykliert) werden und zu Mehrwegbehältnissen ist zumeist nicht nur ökologisch sondern auch ökonomisch sinnvoll. Die Kosten für die Entsorgung oder das Recycling bemessen sich an dem administrativen Aufwand, an den Transferkosten zu den jeweiligen Recycling- und Entsorgungsunternehmen sowie an den Kosten der Verwertungs- und Beseitigungsprozesse selbst. Während lineare Systeme ausschließlich Entsorgungskosten verursachen, wirkt sich die Verwendung zyklischer Einwegsysteme insbesondere auf die Recyclingkosten negativ aus. Mehrwegsysteme können demgegenüber nach gewissen Aufbereitungsprozessen wie Reparatur, Reinigung und Funktionskontrolle wiederverwendet werden. Einen weiteren behältnisrelevanten Kostenblock bilden die Folgekosten. Diese umfassen die Kosten für Neuanlieferungen, Nachbesserungen und Lieferverzug. Sie sind auf der Basis von Erfahrungswerten in der Kostenrechnung zu berücksichtigen. Ihr Betrag ist um so höher, je weniger die Behälter den gestellten Anforderungen von Packgut, Umsystem und Nutzer gerecht werden. Die Auswahl von qualitativ höherwertigen und in der Regel teureren

Mehrwegbehältern kann durch entsprechend geringere Folgekosten kompensiert werden (vgl. Wildemann 1995c).

Durch die Installierung von Behälterkreislaufsystemen ergeben sich darüber hinaus Einsparungen aufgrund der Standardisierung von Behältern und der Reduzierung von Lagerzeiten im Rahmen einer Just-In-Time-Produktion. Das in den Beständen gebundene Kapital kann drastisch gesenkt und anderen Verwendungszwecken zugeführt werden. Raumkosten entstehen einerseits durch die Lagerung leerer oder gefüllter Behälter an den dafür vorgesehenen Puffer- und Lagerorten, andererseits durch die Bevorratung leerer Behälter, die für den Rücktransport zum Hersteller oder Wiederverwender vorgesehen sind. Der Einsatz von standardisierten Behältern im Rahmen eines Mehrwegsystems ermöglicht eine durchgängige Transportkette. Ohne Umpackvorgänge können Teile über mehrere Stufen der logistischen Kette transportiert und bereitgestellt werden. Die Standardisierung ermöglicht somit eine Rationalisierung der Transport-, Lager- und Handling-Technik. Die Einführung von Behälterkreislaufsystemen bewirkt eine Bestandsoptimierung auf den betroffenen Fertigungs- und Lagerstufen. Dieser Effekt ist unmittelbar auf die Festlegung des Behälterfüllgrades und der Anzahl der sich im Umlauf befindlichen Kreislaufbehälter zurückzuführen. Dadurch lassen sich aufgrund der erlangten Transparenz Mindest- und Höchstbestände festlegen. Zwischen diesen beiden Grenzwerten kann der Mitarbeiter frei disponieren. Die Optimierung des Umlaufbestandes führt gleichzeitig zu einer Verkürzung der Durchlaufzeiten im Unternehmen. Kurze Durchlaufzeiten ermöglichen eine Reduktion der Lieferzeiten, ohne zusätzliche Fertigwarenbestände aufzubauen. Mit dem Behälter als Referenzeinheit kann automatisch eine Einigung auf Dispositions-, Abruf-, Produktions- oder Liefermenge entsprechend einer Behälterfüllmenge oder deren Vielfachem erfolgen. Dadurch entfällt der Abstimmungsaufwand zwischen den unterschiedlichen Bereichen im Unternehmen. Die Reduzierung der Behälterkomplexität auf wenige standardisierte Varianten bewirkt zugleich eine Verringerung des Verwaltungsaufwands bei den Partnern im Behälterkreislaufsystem. Weitere Vorteile von Mehrwegsystemen liegen in der Einsparung knapper Einsatzstoffe, der Reduzierung des Energieverbrauchs, in geringeren Recycling- und Entsorgungskosten sowie in der Reduzierung schädigender Umweltbelastungen aufgrund der Verringerung von Deponie- und Müllverbrennungsaktivitäten. Nicht immer sind jedoch Mehrweg- den Einwegbehältnissen vorzuziehen. Es ist durchaus denkbar, daß Einwegsysteme bei einer Gesamtberachtung im speziellen Fall als wirtschaftlicher und sogar als umweltfreundlicher eingestuft werden können als konkurrierende Mehrwegbehältersysteme. So sind beispielsweise die Aufwendungen für die Reinigung gebrauchter Umlaufbehälter nicht immer ökonomisch sinnvoll oder häufig in ökologischer Hinsicht bedenklich.

6.4.4 Ökologie und Verpackung

Trotz vieler technischer Ansätze, industrielle Prozesse zu verbessern, Nebenprodukte zu verwerten oder zu recyceln und die Abfallmenge zu verringern oder idealerweise ganz zu vermeiden, fallen auch in absehbarer Zukunft noch beachtliche Mengen an Abfall an. Vor diesem Hintergrund ist schon bei der Verpackungsplanung darauf zu achten, den Verpackungsaufwand zu reduzieren und weitgehend recycelbare Materialien einzusetzen. Beim innerbetrieblichen Transport läßt sich beispielsweise dadurch der Verpackungsaufwand vermeiden, indem auf bereits vorhandene Packmittel und Transporthilfsmittel zurückgegriffen wird. Ebenso kann durch Implementierung innovativer Fertigungsabläufe wie KANBAN-Systeme oder produktionssynchroner Materialbereitstellungsstrategien seitens der Zulieferer ein Großteil von Behältnissen überflüssig werden. Aufgrund der vertraglichen Vereinbarung zur ausschließlichen Verwendung standardisierter Mehrwegbehälter kann auf eine gesonderte Verpackung zur Lagerung gänzlich verzichtet werden und innerbetriebliche Transportaufgaben fallen nur noch im Rahmen der Fertigung an. Durch eine gezielte Verpackungsplanung unter Berücksichtigung ökologischer Aspekte kann der Verpackungsaufwand auch beim Endverbraucher stark reduziert werden. Dies wird durch die Verwendung von Mehrwegverpackungen unterstützt. Die Prävention ist der Nachsorge vorzuziehen (vgl. Pfohl 1996). Die Forderung lautet daher, nicht erst die Verpackungen herzustellen und in den Verkehr zu bringen, um dann nach Lösungen der Entsorgung zu suchen, sondern bereits zum Entstehungszeitpunkt der Verpackungen deren Vermeidbarkeit, Recyclingfähigkeit oder Entsorgungsfreundlichkeit zu prüfen und zu antizipieren. Aufbauend auf dieser systemorientierten Betrachtungsweise muß aufgezeigt werden, in welchen Bereichen auf Verpackungen verzichtet oder der Aufwand reduziert werden kann. Weiterhin sind Lösungen zur Entsorgung unvermeidbarer Verpackungen zu antizipieren, wobei das Recycling gebrauchter Verpackungen gegenüber der Entsorgung zu präferieren ist. Recycling gilt heute als die Leitidee zur Lösung der Rohstoff-, Abfall- und Entsorgungsprobleme. Es ist jedoch zu beachten, daß mit dem Problemlösungsansatz des Recyclings die Frage nach der Notwendigkeit von Verpackungen und Verpackungsweisen verdrängt wird. Das Recycling von Verpackungen ist als eine Technik der Nachsorge ("end-of-the-pipe") zu sehen. Hierbei findet die Prävention, also die Berücksichtigung der Verpackungsvermeidung im Planungs- und Herstellungszeitraum der Behältnisse, zu geringe Berücksichtigung. Die Verbrennung oder Deponierung sollte als ultimative Lösungsalternative angesehen werden. Der Wegfall von Verpackungen durch entsprechende Innovationen läßt die Verpackungskosten auf Null sinken. Ein geringerer Einsatz von Verpackungen bewirkt eine Reduzierung der Beschaffungs- oder Herstellungskosten. Darüber hinaus senkt die Rückführung gebrauchter Verpackungen in den Kreislauf als Sekundärrohstoff erheblich die Materialkosten für die Primärrohstoffe.

Aus ökologischer und aus ökonomischer Sicht ist es sinnvoll, Verpackungen wegzulassen, zu reduzieren oder zu recyceln und den Wechsel von Einweg- auf Mehrwegsysteme zu forcieren. Durch Volumen- und Gewichtsreduzierung der Verpackungen werden Transportaufgaben mit weniger Aufwand erfüllt. Den eingesparten Transportkosten stehen jedoch Zusatzkosten für den Rücktransport des Leergutes gegenüber. Diese lassen sich durch eine angepaßte Logistikstruktur mit entsprechend ausgestalteten Redistributionssystemen oder durch den Anschluß an Pool-Systeme verringern. Insgesamt kann eine Kosteneinsparung durch die konsequente Ausnutzung von Potentialen zur Verpackungsreduzierung sowie die Implementierung von Mehrwegsystemen erwartet werden. Hinzu kommen Erlöse und Vorteile, die durch den Verkauf oder die Verwendung von Sekundärrohstoffen realisiert werden können.

6.5 Bewertung der Entsorgungsleistung

Das den Kosten der Entsorgungslogistik innerhalb der Logistikbilanz gegenübergestellte entsorgungslogistische Leistungsbündel bezieht sich auf die anforderungsgerechte Abnahme der Rückstände an den Quellen und eine art-, mengen-, raum- und zeitgenaue Zuführung der gewonnenen Wertstoffe an den Senken. Gemäß dem logistischen Gestaltungsprinzip der Gesamtkostenbetrachtung müssen dabei alle entsorgungsbezogenen Prozeßkosten ermittelt werden, um eine Aussage dahingehend zu treffen, ob die Wirtschaftlichkeit des Prozesses gegeben ist. Einen geeigneten Ansatz zur Operationalisierung der Logistikleistungen in der Entsorgung stellt die Unterteilung in drei aufeinander aufbauende Ebenen dar, denen Zielgrößen zugeordnet werden können. Die erste Ebene betrifft die Sicherstellung der Verfügbarkeit der Entsorgungsobjekte und logistischer Informationen sowie der qualitativen und quantitativen Technologie- und Personalauslastung. Die zweite Leistungsebene beschreibt das Leistungsvermögen des Entsorgungslogistiksystems, auf aktuelle und potentielle Veränderungen kurzfristig reagieren zu können. Die dritte Leistungsebene wird durch die logistische Prozeßqualität beschrieben. Als Zielgrößen können die Qualität entsorgungslogistischer Prozesse und Aktivitäten sowie die Qualität von Informationen herangezogen werden. Da Logistikleistungen in der Entsorgung den Charakter von Dienstleistungen haben, ist die Qualität dieser Prozesse gleichbedeutend mit der Qualität der Logistikleistung.

Während die Erfassungs- und Sortierquote das unmittelbare Ergebnis entsorgungslogistischer Leistungen messen, bilden die Aufbereitungs-, Verwendungs- und Verwertungsquote mittelbar das daraus resultierende Wirkungs- oder Verwendungspotential ab. In der Praxis herrscht nur geringe Übereinstimmung in bezug auf die inhaltliche Bedeutung, Abgrenzung und Verwendung dieser Quoten. Als Grundwerte im Nenner werden sowohl die gesammelten oder die potentiell bei den Rückstandsquellen vorhandenen Rückstandsmengen verwendet. Die Erfassungsquote bezeichnet das prozentuale Gewichtsverhältnis zwischen einer im Rahmen der Sammlung teilweise getrennt erfaßten Rückstandsmenge und dem potentiell vorhandenen Entsorgungsvolumen. Während bei der ungetrennten Sammlung lediglich die eingesammelte Gesamtmenge als Erfassungsquote ausgewiesen wird, kann im Rahmen der getrennten Sammlung diese bezogen auf die jeweiligen Zielfraktionen ermittelt werden.

$$\text{Erfassungsquote} = \frac{\text{Erfaßte Stoffmenge}_s}{\text{Potentiell bei Abfallerzeugern vorhandene Stoffmenge}_s}$$

Die Sortierquote bezieht sich primär auf die nachträgliche Sortierung in bezug auf die erfaßte Rückstandsmenge. Sie beschreibt demnach die Relation zwischen der sortiert vorliegenden Rückstandsmenge und der insgesamt erfaßten Menge des heterogenen Rückstandsgemisches.

$$\text{Sortierquote} = \frac{\text{Sortenreine Stoffmenge}_s}{\text{Erfaßte Stoffmenge}_s}$$

Die Aufbereitungsquote ist dann relevant, wenn sortenreine Rückstandsmengen vor ihrer Verwendung oder ihrer Verwertung einer Aufbereitung (z.B. Trennen, Demontage und Umwandeln) zu unterziehen sind. Sofern keine ausreichenden Behandlungskapazitäten zur Verfügung stehen oder keine Aussicht auf ein späteres Recycling sowie eine Vermarktung besteht, wird nur ein Teil der sortierten Menge einer Behandlung zugeführt.

$$\text{Aufbereitungsquote} = \frac{\text{Der (stofflichen) Behandlung zugeführte Stoffmenge}_s}{\text{Sortenreine Stoffmenge}_s}$$

Die Verwendungs- und die Verwertungsquote betreffen schließlich die am Markt abgesetzten Recyclingprodukte oder die Sekundärrohstoffmenge, bezogen auf die aufbereitende Stoffmenge. Die Nichtberücksichtigung sortenreiner Rückstände, die zwar aufbereitet wurden, für die aber kein Markt existiert und die demzufolge beseitigt werden müssen, zieht eine von der Aufbereitungsquote abweichende Verwendungsquote nach sich.

Entsorgungslogistik

$$\text{Verwertungsquote} = \frac{\text{Am Markt abgesetzte Sekundärrohstoffmenge s}}{\text{Der (stofflichen) Behandlung zugeführte Stoffmenge s}}$$

Die verbleibende Reststoffmenge wird der Beseitigung zugeführt. In den letzten Jahren sind vom Gesetzgeber Vorgaben zur Höhe der jeweiligen Entsorgungsquoten getätigt worden, die für die Unternehmen als Zielgrößen zu interpretieren sind, nach denen sie ihre Entsorgungsprozesse auszurichten haben. Eine Differenzierung der entsorgungslogistischen Leistungen gegenüber dem Wettbewerb kann mit Hilfe der innerhalb der Entsorgungsservicestrategie definierten Kennzahlen erfolgen. So umfaßt die Entsorgungszeit die Zeitdauer, die benötigt wird, um die Behälter zu entleeren und die mengenmäßig zusammengefaßten Inhalte zu den Rückstandssenken zu transportieren. Die Entsorgungszuverlässigkeit stellt den Erfüllungsgrad der Einhaltungen vereinbarter oder garantierter Entsorgungszeiten dem Erwartungswert gegenüber. Die Entsorgungsgenauigkeit vergleicht die Ergebnisse oder Wirkungen der erbrachten Rückstandstransformationen mit dem Bedarfsprofil des Leistungempfängers. Die Entsorgungsflexibilität nimmt einerseits Bezug auf die Fähigkeit, besonderen Bedarfsprofilen zu entsprechen. Andererseits macht sie eine Aussage darüber, inwieweit das entsorgungslogistische System in der Lage ist, auf veränderte Rahmenbedingungen zu reagieren. Bei der Gegenüberstellung der Kosten ist zu berücksichtigen, daß mit Hilfe dieser zusätzlichen Dienstleistungen eine verstärkte Kundenbindung und damit eine positive Auswirkung auf das Folgegeschäft erzielt werden kann. So kann es durchaus sinnvoll sein, selbst zunächst unwirtschaftlich zu bewertende Entsorgungsprozesse durchzuführen, wenn dadurch ein zusätzliches Umsatzwachstum, bezogen auf die Neuprodukte, prognostiziert werden kann. Dies trifft insbesondere auf gesättigten Märkten zu, wo durch derartige Maßnahmen versucht wird, den Kunden langfristig an das Unternehmen zu binden oder zusätzliche Umsatzbeiträge durch Kundenabwanderungen vom Wettbewerber beim Produktkauf zu ermöglichen. Beispielhaft sind hier die Bestrebungen der Automobilindustrie zu nennen, die durch ihre Zahlungen für Altfahrzeuge den Absatz der Neufahrzeuge erhöhen möchte. Auch die

Elektro- und Elektronikindustrie versucht, mit ähnlichen Instrumenten die Kunden zum Neukauf eines Produktes zu bewegen.

7 Methoden zur Rationalisierung logistischer Prozesse

Die Anlässe zur Rationalisierung logistischer Prozesse sind vor allem Störungen, Unzulänglichkeiten und kritische Ereigniskonstellationen. Empirische Untersuchungen zeigen, daß bei den auslösenden Faktoren die Erhöhung des Kundennutzens, veränderte Marktbedingungen, Ineffizienzen des logistischen Systems, die Komplexität der Organisation und der Kostendruck dominieren (vgl. Abb. 7-1). Externe und interne Impulse sind dabei nicht voneinander zu trennen, da sowohl inner- als auch außerbetrieblich ein Überdenken logistischer Prozesse und Strukturen initiiert wird.

Im Gegensatz zu den vielschichtigen Anlässen findet die strategische Neuorientierung der Wertschöpfungskette nach Just-In-Time Gesichtspunkten ihre Entsprechung in verschiedenen Formalzielen. So wird mit der Neuausrichtung logistischer Prozesse vordergründig eine Durchlaufzeitenreduzierung sowie eine Bestandssenkung beabsichtigt. In Reihenfolge der Zielhierarchie werden mit überdurchschnittlicher Bedeutung außerdem als Ziele die Verbesserung des logistischen Leistungsprofils, die Steigerung der Flexibilität, die Verbesserung der Transparenz betrieblicher Abläufe, das Ausschöpfen von Kostensenkungspotentialen in den physischen und informatorischen Logistikprozessen, die Steigerung der Kapitalproduktivität, die Verbesserung der Koordination von funktions- und unternehmensübergreifenden Schnittstellen, die Erhöhung der Mitarbeitermotivation sowie die Steigerung der Produktqualität verfolgt. Es zeigt sich, daß die Unternehmen bestrebt sind, entweder ein höheres logistisches Leistungsniveau bei gleichbleibendem Ressourceneinsatz zu erreichen oder eine Leistungskonstanz bei Kostenreduzierung anzustreben (vgl. Abb. 7-2). Die angestrebten Ziele müssen dabei den nachfolgenden Ansprüchen genügen:

➢ Zielausrichtung: Die präzise Formulierung von Zielen ist um so bedeutender, je komplexer das betrachtete Logistiksystem und je innovativer die möglichen Lösungsansätze sind. Es ist davon auszugehen, daß die vorliegenden Ziele zu einer Inkonsistenz zwischen wirt-

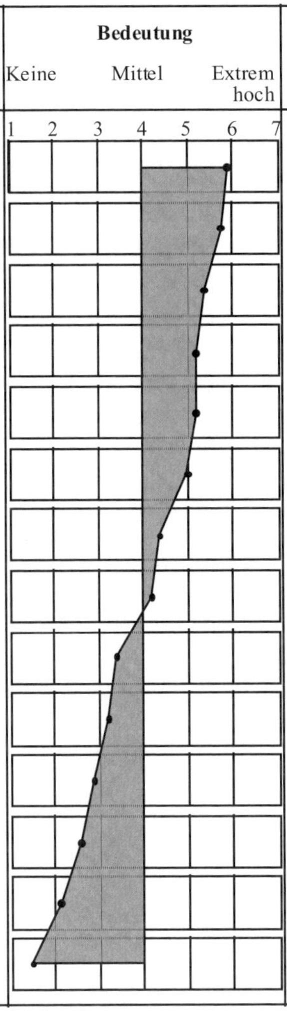

Methoden zur Rationalisierung

Anlässe	Bedeutung			MW	STD
	Keine	Mittel	Extrem hoch		
Erhöhung des Kundennutzens				5,9	0,89
Änderung der Marktverhältnisse				5,7	0,68
Ineffizienzen des logistischen Systems				5,4	1,32
Komplexität der Organisation				5,2	1,35
Kostendruck				5,2	1,16
Neuausrichtung der Unternehmensstrategie				5,0	1,31
Starkes Unternehmenswachstum				4,4	1,71
Änderung des Produktionsprogramms				4,2	1,57
Neustrukturierung der Konkurrenz				3,4	1,83
Mangelnde Motivation der Mitarbeiter				3,2	1,72
Verschlechterung der Ertragslage				2,9	1,76
Anregungen von Kunden				2,6	1,81
Reorganisation in anderen Werken				2,1	1,68
Anregungen von Lieferanten				1,5	0,96

n=34

Abb. 7-1: Anlässe der Rationalisierung logistischer Prozesse

schaftlicher und unternehmenszielbezogener Bewertung führen. Insbesondere im Bereich logistischer Ziele sind vielfach Defizite bei der Bildung abgestimmter Ziele und geeigneter Zielgewichtungen zu verzeichnen. Weiterhin stellt sich das Problem, in der Zielsetzung Verhaltenseinflüsse zu berücksichtigen. Eine hohe Motivation der Mitar-

Methoden zur Rationalisierung

Zieldimension	Bedeutung			MW	STD
	Bedeutungslos Mittel Extrem hoch				
	1 2 3 4 5 6 7				
Durchlaufzeitreduzierung				6,6	0,61
Bestandsabbau				6,2	0,55
Verbesserung des logistischen Leistungsprofils				6,0	0,94
Flexibilitätserhöhung				5,9	0,67
Erhöhung der Transparenz				5,8	0,88
Kostenreduzierung				5,7	1,02
Produktivitätssteigerung				5,4	1,07
Verbesserung der Koordination				5,4	1,07
Steigerung der Mitarbeitermotivation				5,2	0,78
Erhöhung der Produktqualität				5,1	1,34

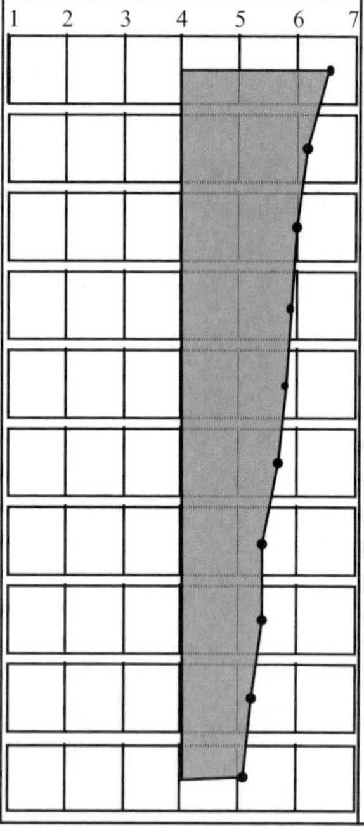

n=34

Abb. 7-2: Ziele der Rationalisierung logistischer Prozesse

beiter und organisatorische Lernprozesse sind hierbei erfolgsentscheidend. Die gewählten Zielkriterien müssen dies unterstützen, eine Beschränkung auf Kosten- und Leistungsdimensionen reicht nicht aus. Ein weiteres Problem ist die geeignete Gewichtung von Teilzielen. Eine unangemessene, hohe Gewichtung besser quantifizierbarer oder sicher erreichbarer Ziele ist zu vermeiden. Empirische Untersuchungen bestätigen in diesem Zusammenhang, daß Ziele in der Regel an quantifizierbaren Größen ausgerichtet werden, während Qualitätsziele mit geringerer Intensität verfolgt werden. Im Sinne einer evolutorischen Systemveränderung und eines permanenten Lernprozesses ist außerdem eine Zielanpassung nicht nur sinnvoll, sondern auch wünschenswert.

Methoden zur Rationalisierung

➢ Strategiebezug: Die Verbindung von operativer Effizienzsteigerung und dem Potential übergeordneter Markt- und Unternehmensziele stellt das Kernproblem bei der Ermittlung von Wirkungspotentialen dar. Traditionelle Wirtschaftlichkeitsanalysen, deren Betrachtung primär auf Kosteneffekte gerichtet ist, haben sich gegenüber marktbezogenen Wirkungen als weitgehend inadäquat erwiesen. So ermöglicht eine Verkürzung von Durchlaufzeiten und eine erhöhte Automatisierung zwar eine höhere Produktionsmenge, die jedoch am Markt auch abgesetzt werden muß. Die Ermittlung von Wettbewerbswirkungen setzt profunde Markt- und Wettbewerbskenntnisse voraus. Empirische Untersuchungen belegen, daß aus marktlicher Sicht sinnvolle Maßnahmen auch durchgeführt werden, wenn aus logistischen Leistungssteigerungen Differenzierungspotentiale erwachsen.

➢ Operationalisierung: Bei der Operationalisierung von Erfolgsgrößen fehlen neben geeigneten Instrumenten zur Leistungsbewertung aussagefähige Referenzgrößen. Insbesondere die Aussagen der Kosten- und Leistungsrechnung ermöglichen eine auf logistische Handlungsparameter Bezug nehmende Bewertung nur begrenzt. So wird der durch logistische Maßnahmen zu beeinflussende Faktor Durchlauf- und Lieferzeit nicht hinreichend berücksichtigt. Auch bedarf es einer geeigneten Operationalisierung von unmittelbar wettbewerbsrelevanten Faktoren wie Flexibilität und Kundenzufriedenheit. Die simultane Betrachtung von Ursachen und potentiellen Nutzeneffekten erfordert eine an der logistischen Kette orientierte, durchgängige Sichtweise für monetär quantifizierbare sowie qualitative Wirkungen. Auf jeder Ebene von Teilleistungen sind Kenngrößen zu definieren, die in Abhängigkeit ihrer hierarchischen Einordnung zu spezifizieren sind. Um Doppelbewertungen zu vermeiden, müssen Leistungs- und Kostenwirkungen verknüpft werden.

➢ Objektivität: Über die Ermittlung von Veränderungen in bestimmten Wirkungsdimensionen hinaus stellt sich die Frage nach einem geeigneten Referenzobjekt als objektivem Bewertungsmaßstab. Ein Referenzvergleich ermöglicht es, Verbesserungen zu lokalisieren. Die hieraus resultierende zweistufige Vorgehensweise erfordert zunächst die Ermittlung der durch die erkennbaren Schwachstellen hervorgerufenen Wirkungen auf die zentralen Erfolgsfaktoren. Darüber hinaus ist es erforderlich, Maßnahmen zu definieren und eine Prognose der durch kontinuierliche Verbesserungsmaßnahmen erzielbaren Wirkungen im Sinne der Bewertung eines zu erwartenden Systemzustands vorzunehmen. Bei einem ausschließlichen Vergleich mit den direkten Wettbewerbern als Referenzobjekt besteht das Problem, Leistungslücken in ihrer absoluten Höhe zu interpretieren, da unter Umständen in der gesamten Branche wenig geeignete Methoden eingesetzt werden. Abhilfe schafft hier der Vergleich von Prozessen und den eingesetzten Methoden gegenüber Unternehmen, die als "Erster" in einer bestimmten Disziplin angesehen werden.

Methoden zur Rationalisierung der physischen logistischen Prozesse sind darauf ausgerichtet, gemäß den Leitprinzipien der Logistik einen störungsfreien, bestands- und stillstandsarmen Güter- oder Rückstandsfluß über die gesamte Wertschöpfungskette einschließlich der Rückführung von den Kunden über die eigene Produktion bis hin zu den Kunden und zurück zu realisieren. Eine wichtige Voraussetzung hierfür stellt die Beschleunigung der Materialdurchlaufzeit dar, die nach Gutenberg (1983, S. 216) dann erreicht ist, "... wenn die Liege- und Wartezeiten gleich Null sind bzw. sich dem unter gegebenen betrieblichen Verhältnissen erzielbaren Minimum nähern." Die den Informationsfluß betreffenden Rationalisierungsmaßnahmen umfassen das zum Materialfluß komplementäre, prozessuale Aktivitätenbündel der Planung, Disposition und Steuerung. Im Mittelpunkt steht die Absicht, Bestände und nicht wertschöpfende Vorgänge in der logistischen Kette durch eine effizientere Nutzung von Informationen zu substituieren. Basierend auf dem Prozeßbenchmarking zur Zielformulierung von Rationalisierungsmaßnahmen werden daher einerseits Methoden vorgestellt, die das Komplexitätsmanagement in logistischen Prozessen, die Potentialerschließung im Einkauf, die Bestands- und Durchlaufzeitenreduzierung sowie die Qualitätssicherung logistischer Prozesse betreffen. Darüber hinaus werden Meßkonzepte vorgestellt, die die Wirksamkeit der Rationalisierungsmaßnahmen operationalisieren.

Mit den Methoden soll einer prozeßorientierten Strategie zur Produktivitätssteigerung gefolgt werden, die gegenüber einer mengenorientierten Strategie durch eine Optimierung der Prozesse, eine kontinuierliche Verbesserung sowie eine aktive Strategie zur Erreichung von

Methoden zur Rationalisierung

Mengenorientierte Strategie	Strategie I	$\frac{\text{Output}}{\text{Input} \downarrow}$ = Produktivität ↑		Merkmale: • Vernachlässigung des Prozesses • Befristete Einzelprogramme • Orientierung an Markt- und Konjunkturzyklen
	Strategie II	$\frac{\text{Output} }{\text{Input} \uparrow}$ = Produktivität ↑		• Anpassungswiderstände • Parameterveränderung
Prozeßorientierte Strategie	Strategie III Verbesserung der Prozesse → Erlangen von Wettbewerbsvorteilen → Output-Erhöhung → (Kreislauf)			• Optimierung der Prozesse • Kontinuierliche Verbesserung • Aktive Strategie zur Erreichung von Wettbewerbsvorteilen • Methoden- und Strukturänderung

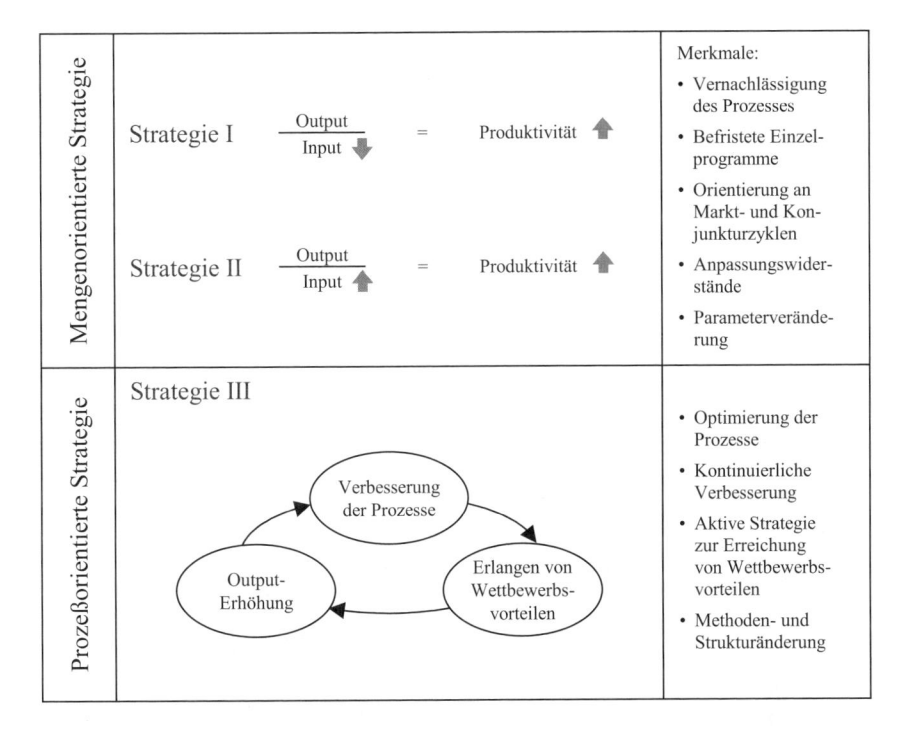

Abb. 7-3: Basisstrategien zur Produktivitätssteigerung

Wettbewerbsvorteilen gekennzeichnet wird (vgl. Abb. 7-3). Durch eine kontinuierliche Verbesserung der Logistikprozesse werden die marktrelevanten Erfolgsfaktoren positiv beeinflußt, so daß zusätzliche Beschäftigung geschaffen und damit eine Produktivitätserhöhung verwirklicht wird. Entsprechend einer verstärkten Marktsicht der Produktivität im Sinne eines Reverse Engineering (vgl. Wildemann 1997b) kann diese als effektive und effiziente Erfüllung von Marktanforderungen innerhalb der Prozeßketten aufgefaßt werden. Künftige Marktanforderungen werden direkt in der Zielplanung einzelner Prozeßketten berücksichtigt, so daß über eine Verbesserung der strategischen Erfolgsfaktoren eine Output-Steigerung realisierbar wird.

Ausgangspunkt zur Analyse der Produktivität im Materialfluß sind die materialflußbezogenen Kundenanforderungen. Diese Anforderungen bestehen in einer mengen-, termin- und variantentreuen Belieferung der internen und externen Kunden mit den vereinbarten Produkten. Inputfaktoren für den physischen logistischen Prozeß sind der Materi-

Methoden zur Rationalisierung

albestand, die Transport- und Lagerflächen, die Transport- und Dispositionskapazität zur Lenkung des Materials sowie Behälter und Verpackungen. Als Prozeßgrößen im Materialfluß sind der Nutzungsgrad der Anlagen und der Flußgrad der Aufträge relevant. Eine wesentliche Kennzahl für den Output dieses Prozesses stellt der Lieferservicegrad dar. Empirische Untersuchungen zeigen, daß in den meisten Unternehmen der Hebel zur Verbesserung der Materialflußproduktivität in einer Reduzierung des Inputs liegt. Hierdurch wird die Input-Output-Relation nicht nur auf der Inputseite verbessert, sondern es ergibt sich in einer zweiten Hebelwirkung auch eine Verbesserung des Outputs. Dies erfordert konkret eine Reduzierung der Bestände, eine Verkleinerung der Flächen, eine Verringerung des Transportaufkommens, eine Reduzierung der Behälter und der Lenkungsaktivitäten. Die Freiheitsgrade im Materialfluß werden dadurch bewußt herabgesetzt und der Problemlösungsdruck gesteigert. Abbildung 7-4 verdeutlicht, daß ausgehend von einem stark verringertem Input-Niveau durch eine graduelle Senkung des Inputs gemäß dem Prinzip der kontinuierlichen Verbesserung eine Problemlösungsspirale angestoßen wird. Die Pro-

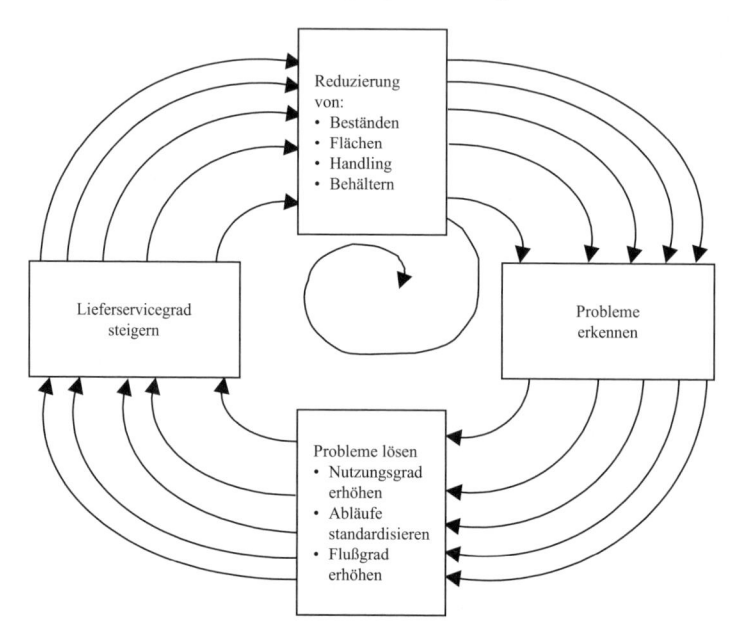

Abb. 7-4: Verbesserungsspirale in den physischen Logistikprozessen

Methoden zur Rationalisierung

zeßgrößen bilden den Transmissionsriemen der Verbesserungsaktivitäten hinsichtlich des Lieferservicegrades. Der Flußgrad, definiert als Verhältnis aus der kürzest möglichen Durchlaufzeit zur realisierten Durchlaufzeit, zeigt bei niedriger Ausprägung Probleme im Materialfluß. Der Standardisierungsgrad ist ein Indikator für Ordnung und Disziplin innerhalb des Materialflusses.

Produktivität in informatorischen Logistikprozessen ist im Gegensatz zu der in physischen Logistikprozessen nicht eindeutig bestimmt. Beide Prozesse haben sich direkt an den kritischen Erfolgsfaktoren des Marktes auszurichten. In Hinblick auf eine eindeutige Definition müssen jedoch Output und Input näher untersucht werden. Aufgabe der informatorischen Prozesse ist die Koordination der horizontalen Geschäftsprozesse im Unternehmen. Inputfaktoren dieser Logistikprozesse sind Informationen, Bearbeitungs- und Durchlaufzeiten sowie das eingesetzte Kapital, verkörpert durch Einrichtungen zur Bürokommunikation. Die Hebelwirkung für eine kontinuierliche Produktivitätssteigerung der informatorischen Logistikprozesse liegt in der Verkürzung der Bearbeitungs- und Durchlaufzeiten sowie in der Reduzierung der Informationen. Zeitverkürzungen in Logistikprozessen setzen eine wertanalytische Betrachtung der Prozeßzeiten voraus. Die sich aus den marktbezogenen Erfolgsfaktoren als Output und Zielgrößen ableitende Wertanalyse beantwortet dabei die Frage, welche Zeitanteile einen positiven Einfluß auf die Faktoren besitzen, oder ob auf einzelne prozessuale logistische Aktivitäten verzichtet werden kann und ob alternative, effizientere Verfahren zu deren Beschleunigung eingesetzt werden können. Neben der wertanalytischen Betrachtung von prozessualen Aktivitäten innerhalb einer gegebenen Prozeßstruktur entlang den Phasen der logistischen Kette bietet die evolutionäre Weiterentwicklung der Gesamtstruktur in der Beschaffung, Produktion, Distribution und Entsorgung weitere Ansatzpunkte zur Produktivitätssteigerung und kontinuierlichen Zeitverkürzung, ausgehend von einem Abbau der Informationshindernisse (vgl. Abb. 7-5). So werden gerade dann Fehler offensichtlich, wenn der Informationspegel innerhalb der Organisation durch eine zeitliche Begrenzung von Abstimmungsgesprächen, die Verminderung des Speicherplatzes in Datenbanken oder die Reduzierung von Endgeräten in der Bürokommunikation gesenkt wird. Auch hier entsteht auf diese Weise ein Problemlösungsdruck, der zu einer ständigen Verbesserung der Prozesse führt.

Methoden zur Rationalisierung

Darüber hinaus ziehen ebenfalls Methoden der präventiven Qualitätssicherung eine Produktivitätssteigerung in logistischen Prozessen nach sich. Die präventive Vermeidung von Fehlern und Änderungen in den Prozessen reduziert Folgeaktivitäten, die nicht leistungswirksam sind, sondern nur eine Erhöhung der Kosten auf der Aktivseite der Logistikbilanz zur Folge haben. Diese Erkenntnis zeigt sich nicht nur in den direkten Bereichen, wo Nacharbeit, eine erneute Materialbereitstellung und zusätzliche Steuerungsaktivitäten vermieden werden, sondern auch in den indirekten Bereichen. Dort entfallen zusätzliche Bestellungen in der Beschaffung, oder Auftragspapiere müssen nicht erneut bearbeitet werden. Die Prävention verkörpert damit die gedankliche Vorwegnahme eines potentiellen Fehlers mit dem Ziel, Fehler frühzeitig vor deren Auftreten zu bekämpfen. Dieses Prinzip führt zu einer Minimierung des Inputs bei der Bekämpfung unvermeidlicher Fehler. Die effiziente Fehlerbekämpfung wird im Rahmen des kontinuierlichen Verbesserungsprozesses zum wichtigsten Prinzip. Das Ausmaß der Produktivitätssteigerung durch eine präventive Qualitätssicherung

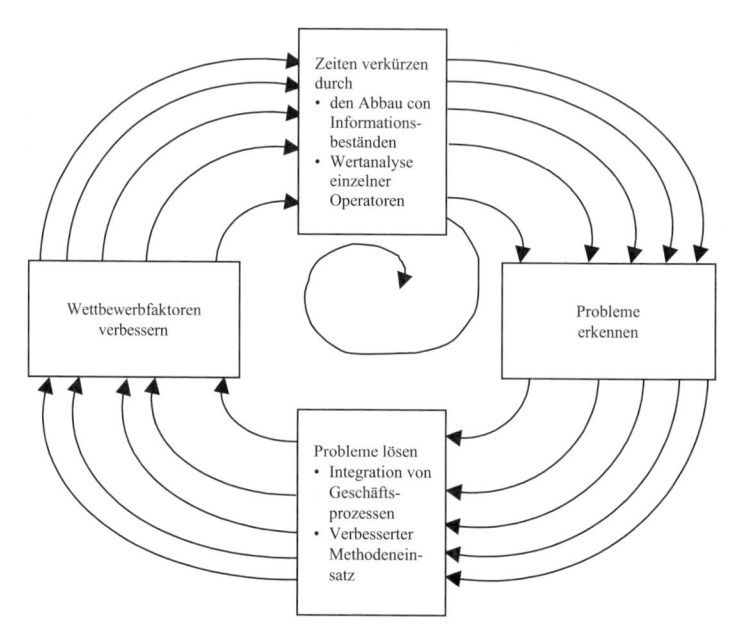

Abb. 7-5: Verbesserungsspirale in den informatorischen Logistikprozessen

Methoden zur Rationalisierung

logistischer Prozesse kann in diesem Zusammenhang mit dem Mengengerüst der vermiedenen Fehlerfolgekosten quantifiziert werden.

Zwischen den einzelnen Methoden zur Rationalisierung logistischer Prozesse lassen sich zahlreiche Wechselbeziehungen aufzeigen, die sowohl das Verhältnis zwischen den Maßnahmen und deren Wirkungen als auch deren Beziehungen untereinander betreffen. Häufig sind für die Umsetzung logistischer Wettbewerbsstrategien und das Erreichen daraus resultierender Zielgrößen mehrere Maßnahmen verantwortlich, die entweder gleichzeitig oder sequentiell umgesetzt werden müssen. So können Materialbestände erst dann erfolgswirksam abgebaut werden, wenn ein Maßnahmenbündel, das sich aus der Verringerung von Dispositionsstufen, der Reduzierung von Losgrößen und Durchlaufzeiten, der Einführung einer produktionssynchronen Anlieferung von Eigen- und Fremdbezugsteilen, der Neuordnung der Planungsmethodik und der Restrukturierung der Steuerungssystematik zusammensetzen kann, realisiert wird. Statt eindimensionaler müssen folglich mehrdimensionale Erklärungsmuster für die Identifizierung und Lösung herangezogen werden. Aufgrund der Maßnahmen und Wirkungsvernetzung ist der Erfolg der Rationalisierung als Ganzes und nicht allein aus den Produktivitätssteigerungen aggregierter Einzelmaßnahmen zu bewerten.

Ferner lassen sich zwischen den verschiedenen Wirkungsdimensionen Wechselbeziehungen aufzeigen. So bestehen positive Beziehungen zwischen den Durchlaufzeiten einerseits und der Bestandshöhe, den logistischen Leistungen und Kosten, der Rentabilität und den Wettbewerbswirkungen andererseits. Negative Abhängigkeiten lassen sich jedoch für das Verhältnis von Bestandshöhe zu Produktivität und Bestandsumfang zu Rentabilität definieren. Die zentrale Bedeutung des Faktors Zeit für die Logistik und die Ergebniswirksamkeit der Neuausrichtung der Logistikkette wird damit sehr deutlich. Kurze Durchlaufzeiten schaffen die Voraussetzung für schnelle Rückkopplungen zwischen den Beteiligten und unterstützen die Bestrebungen zur Steigerung der Mitarbeiterproduktivität, indem sie einen verzögerungsfreien Arbeitsfortschritt mit straffen Terminvorgaben sicherstellen. Mit zeitbezogenen oder auch qualitätsbezogenen Wirkungen ergeben sich jedoch nicht automatisch Kostensenkungseffekte. Es reicht folglich nicht aus, systembezogene Wirkungspotentiale mit der Zielgröße

Methoden zur Rationalisierung

Wirtschaftlichkeit zu ermitteln. Nicht nur diese, sondern auch deren Einflußgrößen sind als Gestaltungsfeld von Ursache und Effizienzwirkung aufzuzeigen. Dies sind beispielsweise kosten- und durchlaufzeitenbeeinflussende Faktoren, Störungen oder Ursachen für Qualitätsmängel. In einer Wirkungspotentialanalyse sind daher primär zunächst die Bezugsgrößen zu analysieren und die Auswirkungen auf die Wirtschaftlichkeit zu betrachten.

7.1 Prozeßbenchmarking

Weltweit streben die Unternehmen einen höhere Wettbewerbsfähigkeit an. Eine Positionsbestimmung erfolgt in der Regel einer Orientierung am besten Mitwettbewerber. Die Konzentration auf die aktuelle Konkurrenzsituation am Markt, die im Rahmen der Wettbewerbsanalyse erfolgt, führt dazu, daß lediglich der bearbeitete Markt und die Faktoren betrachtet werden, in denen eine bessere oder schlechtere Bewertung der Konkurrenten vorliegt. Die Leistungsfähigkeit von Unternehmen in anderen Industriezweigen oder Marktsegmenten wird dabei außer acht gelassen. Gemessen wird, was man selbst und andere erreicht haben, nicht aber, was man erreichen könnte. Die quantitative Darstellung strategischer Lücken berücksichtigt weder die Ursachen für Leistungsunterschiede, noch werden konkrete Möglichkeiten der Beeinflussung, etwa durch Investitionen oder Reorganisationsmaßnahmen, aufgezeigt. Wirkungszusammenhänge zwischen strukturellen Unternehmensmerkmalen, eingesetzten Methoden, Schnelligkeit in der Umsetzung von Vorgaben und der Erfüllung von Erfolgsfaktoren müssen transparent werden, um sicherzustellen, daß aus Konkurrenzvergleichen zielführende Maßnahmen abgeleitet werden können. Amerikanische Automobilkonzerne sind zum Beispiel preislich und qualitativ gegenüber japanischen Herstellern konkurrenzfähig, jedoch sorgen die Faktoren Einführungszeit, Variantenflexibilität und kurze Modellzyklen für Disparitäten. Die isolierte Wertung einzelner Positionsunterschiede bietet hier noch keinen ausreichenden Erklärungszusammenhang. In globalen Märkten wird die Zielsetzung nicht lauten, verglichen mit lokalen Wettbewerbern relative Vorteile aufzuweisen, sondern über das Potential für absolute Vorsprünge zu verfügen. Daher wird eine auf mehr oder weniger gleichartig strukturierte Unternehmen gerichtete Betrachtungsweise in Form von Wettbewerbsanalysen in Zukunft nicht mehr ausreichen. Im Vordergrund wird nicht

Methoden zur Rationalisierung

allein das Ziel stehen, ein Produkt schneller, flexibler oder qualitativ besser zu niedrigeren Kosten zu fertigen, sondern über ein schnelleres, rationelleres und flexibleres Wertschöpfungssystem zu verfügen, um ein aktuelles und kurzfristig variierbares Leistungsprogramm am Markt anbieten zu können.

Um die Defizite der Wettbewerbsanalyse zu umgehen, wird immer häufiger vorgeschlagen, Leistungsvergleiche branchenübergreifend und mit stärker operativer Ausrichtung vorzunehmen. Hierfür wird in zunehmenden Maße das Instrument des Benchmarking herangezogen. Dies bedeutet, unabhängig von Märkten, Produkten und lokalen Gesichtspunkten einen Vergleich mit dem besten Leistungsersteller eines Prozesses oder einer bestimmten Aufgabe anzustreben (vgl. Abb. 7-6). Benchmarking kann definiert werden, als kontinuierlicher und systematischer Prozeß der Ermittlung und des Vergleichs von herausragenden Methoden und Aktivitäten, die eine Bestleistung ermöglichen. Der Vergleich sollte dabei jeweils mit dem "Klassenbesten" stattfinden,

WETTBEWERBSANALYSE	BENCHMARKING
Positionierung gegenüber der Konkurrenz in der eigenen Branche	Leistungsfähigkeit in anderen Industriezweigen bei der Erfüllung ähnlicher Aufgaben
Erreichte Position von eigenem Unternehmen und der Konkurrenz	Potentielle Wege zur radikalen Änderung der Wettbewerbskräfte
	Erreichbare Positionen
Beurteilung vieler Merkmale (auch Organisation, Produktionsstrategie, DV-Technik)	Kausalanalytische Untersuchungen (Merkmale vs. Erfüllungsgrad der Erfolgsfaktoren)
Erfolgsfaktoren von heute und deren voraussichtliche Entwicklung	Grundsätzlich veränderte Erfolgsfaktoren von morgen

Abb. 7-6: Benchmarking als Weiterentwicklung der Wettbewerbsanalyse

wobei hierbei dasjenige Unternehmen zu verstehen ist, welches die zu untersuchende Methode oder den Prozeß herausragend beherrscht und als Meßlatte dient. Ziel des Benchmarking ist es, selbst zu den "Besten der Besten" zu gehören. Im Gegensatz zur Konkurrenzanalyse oder dem Reverse Engineering, welche die einzelnen Komponenten und Funktionen eines Konkurrenzproduktes vergleichen, erfolgt beim Benchmarking ein Vergleich betrieblicher Leistungen oder von Prozessen mit Konkurrenten, aber auch mit Nichtkonkurrenten, aus der gleichen oder einer anderen Branche. Zwei Aspekte stehen dabei im Vordergrund: Der Meß- und Positionierungsaspekt und der Lernaspekt. Während hinter dem Meß- und Positionierungsaspekt das Identifizieren von Leistungslükken im Vergleich zu Anderen im Vordergrund steht, verbirgt sich hinter dem Lernaspekt das Ziel, eine herausragende Vorgehensweise zur Beherrschung eines Prozesses im eigenen Unternehmen zu implementieren. Diese Bestleistung kann sich auf Produkterstellung, Prozeßbeherrschung, Dienstleistungsangebot oder Methodeneinsatz beziehen. Wesentliche Ziele von Benchmarkvergleichen sind (vgl. Boxwell 1994; Zairi 1994)

- Beurteilung der eigenen Leistungsfähigkeit,
- Erkennen von Unterschieden in relevanten Faktoren,
- Auffinden neuer Lösungsmöglichkeiten,
- Formulierung anspruchsvoller Leistungsziele,
- Identifikation bestehender Schwachstellen und Ermittlung von Optimierungsmöglichkeiten,
- Quantifizierung anhand aussagefähiger Vergleichsgrößen,
- Erzielen von Quantensprüngen in der Leistungsfähigkeit,
- strategische Neuorientierung,
- Überzeugung von Kritikern im eigenen Unternehmen,
- Formulierung anspruchsvoller und realistischer Leistungsziele und
- Definition robuster Schritte zur Leistungsverbesserung.

Durch Benchmarking soll es möglich werden, das organisationsbezogene Wissen um leistungsfähige Methoden und Strategien zu erweitern und aus Analogieschlüssen geeignete Maßnahmen für das eigene Unternehmen zu entwickeln. Zentrales Prinzip im Benchmarking ist der auf Analogien basierende Vergleich (vgl. Karlöf/Östblom 1994). Einzelne Merkmale wie interne Unternehmensprozesse und -strukturen, Technologien oder Kundenanforderungen bis hin zu verfolgten Strategien müssen Analogien zu den Merkmalen im Vergleichsunternehmen aufweisen. Die erfolgsbestimmenden Faktoren werden unter

Methoden zur Rationalisierung

Berücksichtigung der Kontextfaktoren auf die Situation des eigenen Unternehmen übertragen. Auswahlkriterien für Vergleichsunternehmen sind beispielsweise, ob Unternehmen auf weitgehend gleiche Ressourcen zugreifen, vergleichbare Standortfaktoren aufweisen und über ähnliche Organisationsformen und Kostenstrukturen verfügen. Weiterhin können branchenfremde Unternehmen, die vergleichbare Technologien einsetzen und in ihrer Technologiestrategie Übereinstimmungen aufweisen, als Vergleichsobjekt interessant sein. Folgende Fragestellungen können auch bei sehr unterschiedlich strukturierten Unternehmen wichtige Anstöße zur Verhaltensänderung geben:

- Wie wird eine bestimmte strategische Stoßrichtung?
- Welche Aktivitäten und Werkzeuge werden hierzu eingesetzt?
- Welcher Zeitplan liegt zugrunde?
- Welche Ergebnisse werden erreicht?

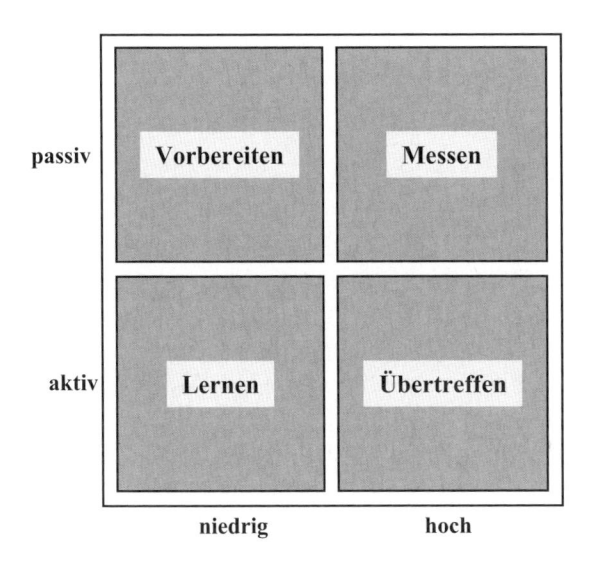

	niedrig	hoch
passiv	Vorbereiten	Messen
aktiv	Lernen	Übertreffen

Abb. 7-7: Kernaktivitäten des Benchmarking

Die Anregungsfunktion von Benchmarking beschränkt sich nicht allein auf weitreichende, strukturelle Veränderungen. Es ist durch Detailanalysen und Betriebsbesichtigungen wie durch den offenen Informationsaustausch damit zu rechnen, daß auch kleinere Verbesserungsmöglichkeiten erkannt werden.

Methoden zur Rationalisierung

Eine derartige Leistungsbestimmung geht über einen reinen Ergebnisvergleich hinaus. Insbesondere der Aspekt, Neuerungen zu entdecken, Innovationsmöglichkeiten zu erforschen und die Wirkungen von innovativen Konzepten in völlig anderen Branchen zu analysieren, soll zur Verwirklichung organisatorischen Lernens beitragen. Die Motivation zu derartigen Vergleichen liegt für diejenigen Unternehmen, die bereits Bestleistungen in bestimmten Bereichen erzielen konnten, beispielsweise im Aufbau eines Benchmarking-Netzwerks, im Prestigedenken oder im Sinne eines "quid pro quo" des gegenseitigen Informationsaustausches. Der Erfolg von Benchmarking-Programmen hängt in der Praxis maßgeblich von dem simultanen Zusammenspiel der vier Elemente Recherchieren, Messen, Lernen und Übertreffen (vgl. Abb. 7-7) ab. Die Aktivitäten lassen sich durch den Aktivitätsgrad und den Komplexitätspgrad der Aufgabe voneinander abgrenzen. Erst mit der Erfüllung der Lernfunktion wird Benchmarking zu einer Art Lernhilfe, mit der immer aufs Neue Lernprozesse angestoßen werden. Diese Aktivitäten dominieren im Rahmen einer systematischen Durchführung von Benchmarking-Projekten den Benchmarking-Prozeß.

7.1.1 Meßkonzept

Für den Prozeßvergleich müssen Meßgrößen definiert werden, die Sachverhalte und Zusammenhänge auf einem metrischen Skalenniveau messen können und das Beurteilungsvermögen und die Entscheidungsfähigkeit des Entscheiders erhöhen. Nicht zuletzt muß ihre Erhebung wirtschaftlich vertretbar sein. Die Meßgrößen sollten aus den Zielen der jeweiligen Logistikprozesse abgeleitet werden. Die Zieldimensionen Kosten, Qualität und Zeit nehmen dabei eine dominierende Rolle ein. Auf der Basis der Zieldimensionen können beispielsweise Meßgrößen wie Kosten der Logistik am Umsatz, Kosten der Logistik an den Gesamtkosten, Anteil der Personalkosten an den Logistikkosten, Lieferbereitschaftsgrad, Lieferqualität, Durchlauf- und Lieferzeiten definiert werden. Zielsetzung ist dabei nicht, komplexe Prozesse verbal zu beschreiben, sondern diese Prozesse anhand weniger erfolgsbestimmender Größen zu charakterisieren. Sinnvollerweise geschieht dies im Rahmen eines prozeßorientierten Betrachtungsmodells. Für einen Prozeß sind Input und Output zu definieren. Outputgrößen sind dabei in Form von Kennzahlen, basierend auf Kosten-,

Zeit- und Qualitätsgrößen, relativ problemlos darzustellen. Beispielsweise läßt sich der Logistikprozeß anhand bestimmter Kenngrößen beschreiben (vgl. Abb. 7-8).

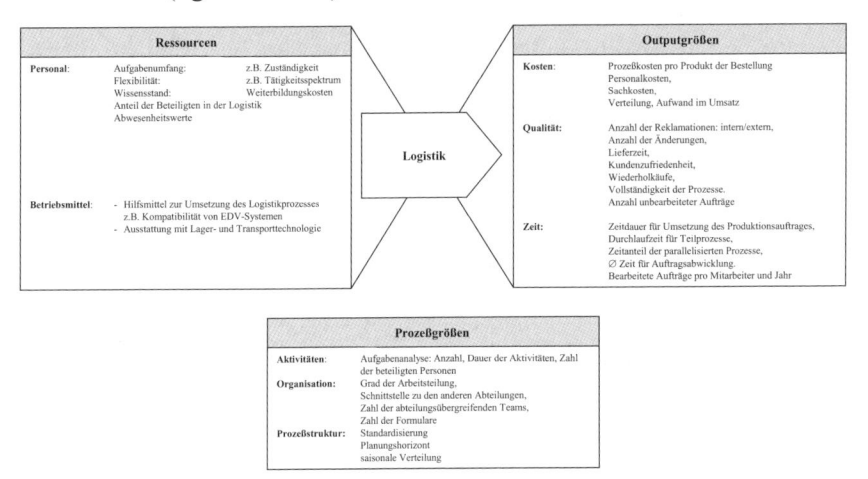

Ressourcen		
Personal:	Aufgabenumfang:	z.B. Zuständigkeit
	Flexibilität:	z.B. Tätigkeitsspektrum
	Wissensstand:	Weiterbildungskosten
	Anteil der Beteiligten in der Logistik	
	Abwesenheitswerte	
Betriebsmittel:	- Hilfsmittel zur Umsetzung des Logistikprozesses	
	z.B. Kompatibilität von EDV-Systemen	
	- Ausstattung mit Lager- und Transporttechnologie	

Logistik

Outputgrößen	
Kosten:	Prozeßkosten pro Produkt der Bestellung, Personalkosten, Sachkosten, Verteilung, Aufwand im Umsatz
Qualität:	Anzahl der Reklamationen: intern/extern, Anzahl der Änderungen, Lieferzeit, Kundenzufriedenheit, Wiederholkäufe, Vollständigkeit der Prozesse, Anzahl unbearbeiteter Aufträge
Zeit:	Zeitdauer für Umsetzung des Produktionsauftrages, Durchlaufzeit für Teilprozesse, Zeitanteil der parallelisierten Prozesse, Ø Zeit für Auftragsabwicklung, Bearbeitete Aufträge pro Mitarbeiter und Jahr

Prozeßgrößen	
Aktivitäten:	Aufgabenanalyse: Anzahl, Dauer der Aktivitäten, Zahl der beteiligten Personen
Organisation:	Grad der Arbeitsteilung, Schnittstelle zu den anderen Abteilungen, Zahl der abteilungsübergreifenden Teams, Zahl der Formulare
Prozeßstruktur:	Standardisierung, Planungshorizont, saisonale Verteilung

Abb. 7-8: Meßgrößen in der Logistik

Generell können Kostengrößen als Verhältniszahlen wie totale Prozeßkosten pro Output- oder Zeiteinheit sowie pro Anzahl Transaktionen definiert werden. Diese Größen dienen der Gütebestimmung eines Prozesses. Die Inputgrößen sind mehr beschreibender Natur und sollen darstellen, wie die Leistung eines Prozesses zustande kommt. Aus Ressourcensicht sind es die Merkmale Personal, Maschinen/Anlagen, DV-Technik, Informationen, Material, Finanzen und Organisation, mit denen Prozeßketten beschrieben werden können. Darüber hinaus müssen prozeßspezifische Merkmale aufgenommen werden, um Organisation, Aufbau und die zeitlichen Abläufe und Aktivitäten innerhalb der Geschäftsprozesse wiedergeben zu können. Dabei sind Zahl, Art und Abfolge einzelner Aktivitäten, Verbindungen zu anderen Prozeßketten, Koordination zwischen Produkterstellung und Prozeßablauf sowie physische Prozeßmerkmale relevant. Der Vorteil einer derartigen prozeßorientierten Betrachtung ist in der simultanen Bewertung mittels verschiedener Größen zu sehen. Anhand welcher Größen die sich Leistungsfähigkeit eines Logistikprozesses charakterisieren läßt, ist abhängig von Anforderungen an den Prozeß im Vorfeld festzulegen. Nach Ermittlung von Benchmarks für den Vergleich der Logistik,

Methoden zur Rationalisierung

die Ermittlung der auf die Ausprägung der einzelnen Kennzahlen wirkenden Einflußgrößen sowie die Bildung von Richtwerten für diese Kennzahlen unter Berücksichtigung der jeweils prozeßspezifischen Merkmale kann ein Leistungsprofil für einen Logistikprozeß abgeleitet werden. Die Abbildung 7-9 zeigt ein solches Leistungsprofil für einen exemplarischen Logistikprozeß. Hierbei findet ein Vergleich der Ist-Ausprägung mit dem Benchmark-Niveau statt (vgl. Sander/ Brockmann 1995).

Meßgröße	Relativer Grad der Zielerreichung bezogen auf das Benchmark-Niveau (=100 %)				
	20 %	40 %	60 %	80 %	100 %
Lieferbereitschaftsgrad Fertigfabrikate					
Lieferbereitschaftsgrad Ersatzteile					
Lieferbereitschaftsgrad Roh-, Hilfs- und Betriebsstoffe					
Lieferbereitschaftsgrad Halbfabrikate					
Reichweite Fertigfabrikate					
Reichweite Ersatzteile					
Reichweite Halbfabrikate					
Reichweite Roh-, Hilfs- und Betriebsstoffe					
Fehllieferungs- und Verzugsquote Kunden					
Fehllieferungs- und Verzugsquote Lieferanten					
Lieferverzugsquote					
Auslastungsgrad Produktionsmittel					
Auslastungsgrad Läger					
Anteil der Vorräte am Umsatz					
Anteil der Vorräte an Fertigfabrikaten am Umsatz					
Anteil der Vorräte an Halbfabrikaten am Umsatz					
Anteil der Vorräte an RHB-Stoffen am Umsatz					
Anteil der Logistikkosten am Umsatz					

Abb. 7-9: Leistungsprofil Logistik-Meßgrößen

Dabei sollte der Vergleich nicht auf den gesamten Logistikprozeß bezogen werden, sondern differenziert nach Beschaffungs-, Produktions-, Distributions- und Entsorgungslogistik. Der Hintergrund einer solchen Betrachtung ist in der Abbildung 7-10 dargestellt. Auf der Basis der Logistikteilprozesse im eigenen Unternehmen, erfolgt ein Vergleich des Leistungsprofils mit dem Unternehmen, daß den Best practice für den jeweiligen Teilprozeß momentan realisiert. Der Idealprozeß setzt sich aus den Teilprozessen der Best practice Benchmarkpartner zusammen, sofern das eigene Unternehmen nicht selbsteinen Teillogistikprozeß herausragend beherrscht. Die durchgängige Gestaltung des Material- und Informationsflusses muß gewährleistet sein. Die Aufteilung der Logistik in Beschaffungs-, Produktions-, Distribu-

Methoden zur Rationalisierung

tions- und Entsorgungslogistikprozesse kann noch weiter in einzelne Teilprozesse wie Materialbereitstellung, Wareneingang, Einlagerung, Disposition, Kommissionierung, Bestandsermittlung, Auftragsverfolgung, Verpackung, Transport und Leergutverwaltung aufgeschlüsselt werden.

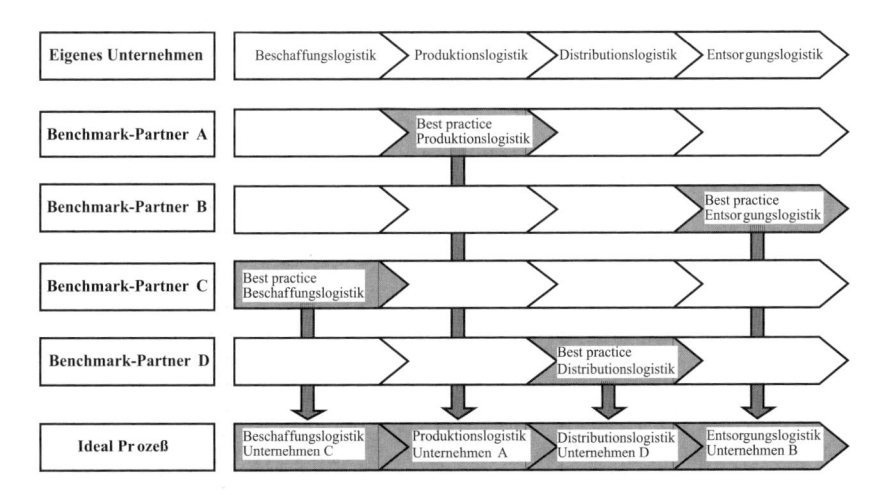

Abb. 7-10: Prozeßsynthese mittels Prozeßbenchmarking

Das Benchmarking von Teilprozeßabschnitten der Logistik erfordert die Definition von teilprozeßbezogenen Kennzahlen, auf welchen der Vergleich zum Best Performer basiert. Die Abbildung 7-11 zeigt typische Kennzahlen, anhand welcher die einzelnen Logistikprozeßabschnitte charakterisiert werden können.

Durch Benchmarking kann erst dann ein Effekt erzielt werden, wenn die Übertragung einer sich in der Realität erfolgreich erwiesen Lösung auf das Unternehmen gelingt. Dies wird umso schwieriger sein, je unterschiedlicher die einzelnen Prozeßbausteine hinsichtlich ihrer Ausprägung in Bezug auf die Stellung in der gesamten Wertschöpfungskette, der Fertigungstiefe, der eingesetzten Ressourcen oder dem zugrunde gelegten Mengengerüst sind. Zu der generellen Problematik der Vergleichbarkeit und Übertragbarkeit zwischen Benchmarking

Methoden zur Rationalisierung

Beschaffungslogistik	Produktionslogistik	Distributionslogistik	Entsorgungslogistik
• Einkaufskosten je Bestellung	• Durchschnittlicher Lager - bestand	• Abwicklungskosten pro Auftrag	• Anteil Entsorgungskosten am Umsatz
• Einkaufskosten je 1.000 DM Beschaffungsvolumen	• Durchschnittlicher Lager - reichweite	• Anteil Distributionskosten am Umsatz	• Anzahl Lagerstufen
• Anteil Rahmenverträge	• Wiederbeschaffungszeiten	• Anteil Direktlieferungen	• Entsorgungskosten pro Produkteinheit
• Anzahl Lieferanten je Materialgruppe	• Durchlaufzeiten	• Anzahl Lagerstufen	• Recyclinganteil pro Produktgruppe
• Anzahl Mitarbeiter im Einkauf pro Lieferant	• Bearbeitungszeiten	• Anteil Rücklieferungen	- Erfassungsquote - Sortierquote
• Global Sourcing-Anteil	• Lieferpünktlichkeit in %	• Anteil Früh-und Spätlieferungen	- Aufbereitungsquote - Verwertungsquote
	• Anzahl Prozeßschritte pro Endprodukt	• Anteil Reklamationen	
	• Anzahl Transportspiele pro Behälter	• Lieferbereitschaftsgrad	

Abb. 7-11:   Kennzahlen Logistikprozesse

Partnern tritt die gegenseitige Kompatibilität der Prozeßbausteine hinzu. Die Synthese eines vollständig neuen Logistikprozesses auf Basis einer feineren Detaillierung der Teilprozesse von Vergleichsunternehmen verstärkt die geschilderte Problematik. Benchmarking kann sich nicht auf statische Analysebetrachtungen von Kenngrößen beschränken, sondern muß als kontinuierlicher Prozeß durchlaufen werden. Je nach Branche sind die Zielgrößen und die absolute Höhe dieser Größen unterschiedlich. Zwar sind die Wettbewerbskräfte in unterschiedlichen Märkten oder bei Verbrauchs- und Investitionsgüterunternehmen in der Regel inkompatibel, branchenübergreifende Lerneffekte sind jedoch bei Produktions- und Logistik-strategien oder Engineering-Methoden erzielbar. Letztlich ist die Krea-tivität, vorhandene Problemstellungen bezogen auf die eigene Situation zu reflektieren und daraus Maßnahmen abzuleiten, sowie die Bereit-schaft, Vergleiche mit anderen Industriezweigen vorzunehmen, für den Erfolg des Benchmarking entscheidend. Benchmarking kann sowohl bei der Umsetzung vorgegebener Strategien als operatives Instrument wie auch als Instrument zur Entwicklung von Strategien und Vorgabe langfristiger Zielgrößen dienen. Anzustreben ist die durchgängige Verwendung der ermittelten Zielgrößen als Regelparameter und Zielgröße im Controlling.

7.1.2 Benchmarking-Prozeß

Der Benchmarking-Prozeß kann unterteilt werden in Initiierungs-, Planungs-, Analyse-, Konzept- und Umsetzungsphase. In der Planungsphase soll das Untersuchungsobjekt und sollen die Vergleichsunternehmen ausgewählt, die angestrebten Ziele formuliert und die Analyseverfahren definiert werden. Benchmarking wird in der Regel von funktionsübergreifenden Teams durchgeführt. Die wesentlichen Daten im eigenen Unternehmen können bereits in der Planungsphase erfaßt werden. Die Analysephase beinhaltet eine detaillierte Datensammlung auf Basis von Fragenkatalogen im eigenen und Vergleichsunternehmen, die Bestimmung von Leistungslücken und die Ableitung zukünftiger Leistungsstandards. Wesentlich ist hierbei eine Projektion der Leistungswerte in die Zukunft. Eine Integrations- oder Konzeptphase umfaßt die Aktivitäten, Benchmarking-Ergebnisse mit betroffenen Bereichen zu kommunizieren, Akzeptanz für notwendige Maßnahmen sichern und Leistungsziele festzulegen. In der Umsetzungsphase werden Aktionspläne zur Leistungssteigerung entwickelt, die Maßnahmen umgesetzt und die Fortschritte überwacht, wobei es zu einer Korrektur der Leistungsziele kommen kann (vgl. Abb. 7-12)

Benchmarking zielt jedoch nicht auf eindimensionale Funktionsoptimierung ab. Nicht die Verbesserung von Funktionen steht im Mittelpunkt, sondern die ständige Auseinandersetzung mit Zielen, die vom jeweils Besten vorgegeben werden. Dazu müssen verschiedene Branchenführer auch aus entfernten Industriezweigen untersucht werden. Es stehen dabei nicht mehr abstrakte Ziele, sondern die Aktivitäten, um strategische Lücken zu schließen, im Vordergrund. Insbesondere bei Aktivitäten wie der Einführung neuer Technologien oder umfassenden Reorganisationsmaßnahmen ist diese branchenübergreifende Betrachtung erforderlich, um den aktuellen Entwicklungsstand zu erfassen und erfolgreiche Einführungsstrategien für das eigene Unternehmen adaptieren zu können. Die daraus resultierende, oft weltweite Suche nach Kompetenz und Führerschaft kann bereits wesentliche Impulse und Anstoßpunkte für Verbesserungen geben, die unabhängig von der Branche für die Beherrschung und Optimierung von Geschäftsprozessen bedeutsam sind. Auch Servicefunktionen oder organisatorische Regelungen und Strukturen kommen als Vergleichsob-

Methoden zur Rationalisierung

Planung
- Benchmarking-Objekt
- Benchmarking-Partner
- Benchmarking-Team
- Beurteilungsgrößen
- Methoden

Umsetzung
- Aktionsplan
- Datensammlung
- Implementierung
- Erfolgsprüfung
- Neudefinition von Leistungszielen
- Neudefinition von Benchmarking-Aktivitäten

PHASEN IM BENCHMARKING PROZESS

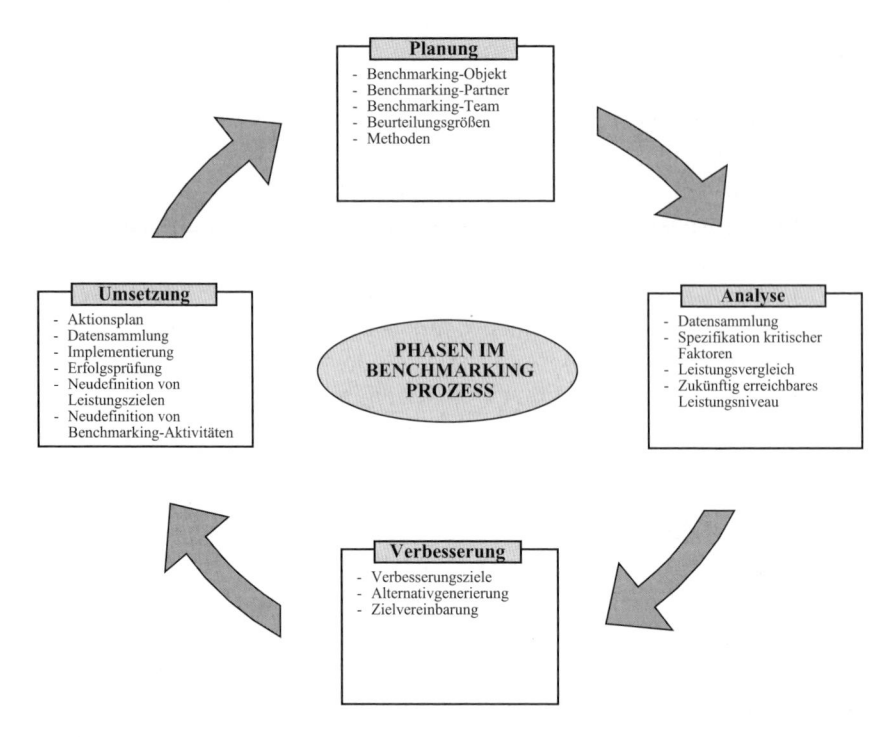

Analyse
- Datensammlung
- Spezifikation kritischer Faktoren
- Leistungsvergleich
- Zukünftig erreichbares Leistungsniveau

Verbesserung
- Verbesserungsziele
- Alternativgenerierung
- Zielvereinbarung

Abb. 7-12: Benchmarking-Prozeß

jekte in Frage. Zudem können Vorgänge auf operativer Ebene, die normalerweise in der strategischen Wettbewerbsanalyse kaum berücksichtigt werden, durch den Vergleich mit Optimallösungen im Mittelpunkt der Betrachtung stehen. Für verschiedene Linienfunktio nen können jeweils Benchmarks gesetzt werden, die aus dem Vergleich einzelner Prozesse resultieren. Die Distanz zur strategischen Planung in der operativen Ebene wird damit verringert. In die Analyse und den Vergleich von Geschäftsprozessen werden im Gegensatz zur Wettbewerbsanalyse die Funktionsträger mit einbezogen. Damit kann Benchmarking auch eine Motivationsfunktion ausüben und Antrieb zur kontinuierlichen Verbesserung geben.

Der Vergleich kann intern, auf Konkurrenten, Unternehmen der gleichen oder ähnlichen Branche oder branchenunabhängig ausgerichtet sein. Beim internen Benchmarking findet ein Vergleich zwischen einzelnen Teilbereichen des eigenen Unternehmens statt. Beispiele hierfür sind der Vergleich unterschiedlicher Sparten, einzelner Werke oder verschiedener Distributionslager eines Unternehmens. "Competitive Benchmarking" erweitert die konventionelle Wettbewerbsanalyse um eine stärker ursachenorientierte Betrachtung. "Functional Benchmarking" bezieht sich auf spezielle betriebliche Funktionen wie beispielsweise Logistik, wobei eine Übertragbarkeit der Ergebnisse dadurch gewährleistet werden soll, daß die Aufgabenstellung des Untersuchungsbereichs auf ähnliche Anforderungen ausgerichtet ist. "Generic Benchmarking" bezeichnet den Vergleich von Prozessen, Methoden und Techniken unabhängig von der Branche und Funktion. Hierbei wird das größte Potential darin gesehen, optimale Gestaltungsmöglichkeiten zu identifizieren und auf das eigene Unternehmen zu übertragen. Generic Benchmarking ist in der Lage, durch branchenfremden Vergleich die möglichen Quantensprünge im Leistungsvermögen durch entsprechende Zielsetzung zu ermöglichen (vgl. Camp 1989). Zum Teil wird ein sequentieller Durchlauf der möglichen Benchmark-Typen vorgeschlagen, um Lernfortschritte in bezug auf die Methodenanwendung zu erzielen. Während strategisches Benchmarking sich auf den Zusammenhang zwischen Marktstrategien und den dadurch erzielten Erfolgen bezieht, ist operatives Benchmarking auf den Vergleich von Funktionen oder Prozessen gerichtet. Vergleiche können primär auf Kosten der untersuchten Funktionen und Prozesse ausgerichtet sein, wobei als Ziel eine Produktivitätssteigerung oder Kostensenkung gilt. Weiterhin können Vergleiche mit dem Ziel vorgenommen werden, die Qualität, Service, Produktmerkmale, Logistikleistung und Image zu verbessern und den Kundennutzen zu erhöhen. Das traditionelle Benchmarking basiert auf dem Vergleich des eigenen Unternehmens mit demjenigen Unternehmen, daß bezogen auf das Vergleichsobjekt, einen Spitzenstellung einnimmt. Beim bilateralen Benchmarking vereinbaren Unternehmen im festgelegten Umfang Unternehmensdaten gegenseitig auszutauschen, um im Sinne eines gegenseitigen Benchmarking voneinander zu lernen. Dies setzt gegenseitiges Vertrauen und eine neutrale Koordinationsstelle voraus. Der Vorteil des bilateralen Benchmarking ist darin zu sehen, daß die Informationsbeschaffung und die Vergleichbarkeit der Meßgrößen sichergestellt ist. Der vereinbarte Informationsaustausch zwingt auch dazu, die Daten in der gewünschten Detaillierung zu erheben. Häufig durchlaufen die Unternehmen bei der Informationsbeschaffung und Aggregation der gewünschten Daten einen Lernprozeß, der unabhängig von dem Benchmarking, weitere Verbesserungspotentiale identifiziert. Die gegenseitige Abhängigkeit zur erfolgreichen Abwicklung beschleunigt den gesamten Benchmarkingablauf. Als nachteilig erweist sich die Tatsache, daß die Benchmark-Aktivitäten auf ein bis drei Unternehmen konzentriert werden, die nicht notwendigerweise für die ausgewählten Vergleichsobjekte Bestleister darstellen. Benchmark-Vergleiche können sich auch auf indirekte Bereiche beziehen. Ziel ist, zentrale Erfolgsquellen und Gestaltungsansätze für effiziente Organisationsformen aufzuzeigen. Es ergibt sich ein Entwicklungsverlauf von der Konkurrenzprodukt- und Wettbewerberanalyse über das operative Benchmarking von Prozessen hin zum strategischen Benchmarking beziehungsweise globalen Benchmarking, bei dem auch Umweltfaktoren und gesamte Wertschöpfungssysteme untersucht werden (vgl. Abb. 7-13).

Für die Ermittlung von Verbesserungspotentialen durch Prozeßbenchmarking sind folgende Voraussetzungen zu erfüllen:

(1) In dem Vergleichsunternehmen müssen signifikante Prozeßverbesserungen vorliegen oder geplant sein. Die Aussagefähigkeit des Vergleichs wird deutlich erhöht, wenn nicht stationäre Prozeßzustände, sondern erreichte Verbesserungen und die Wirksamkeit von Optimierungsmaßnahmen mit einbezogen werden. Auch geplante Prozeßoptimierungen sind als Vergleichsobjekt denkbar, wenngleich der Haupteffekt bei Benchmarking in der Übertragung einer sich in der Realität als erfolgreich erwiesenen Lösung gesehen wird.

(2) Es muß ein Nachweis der Wirkungen in Form eindeutiger Ursache-Wirkungsketten von Prozeßverbesserungen möglich sein. Dies kann durch einen Zeitvergleich auf quantitativer Ebene mittels Kennzahlen erfolgen, qualitativ können subjektive Einschätzungen, etwa auf Basis von Mitarbeiter- oder Expertenbefragungen herangezogen werden. Ein wesentliches Kriterium ist dabei die Beschränkung auf eindeutig beschreibbare Effekte. Zugunsten einer einzelfallbezogenen Untersuchung wird auf verallgemeinernde Ursache-Wirkungs-Beziehungen verzichtet.

(3) Die Prozesse müssen vergleichbar sein. Dies erfordert, strukturelle Ähnlichkeiten zu identifizieren. Die Analyse von Ähnlichkeitsbeziehungen erfolgt in der Regel nicht in Form analytischer Querschnitts-

Methoden zur Rationalisierung

untersuchungen, sondern durch Plausibilitätsüberlegungen und Vergleiche von einzelfallspezifischen Faktoren im Einzelfall. Ähnlichkeiten können je nach Optimierungsmaßnahmen für die betrachteten Prozesse in Prozeßaufgaben, Prozeßinputs, Prozeßstrukturen und erreichten Prozeßergebnissen liegen.

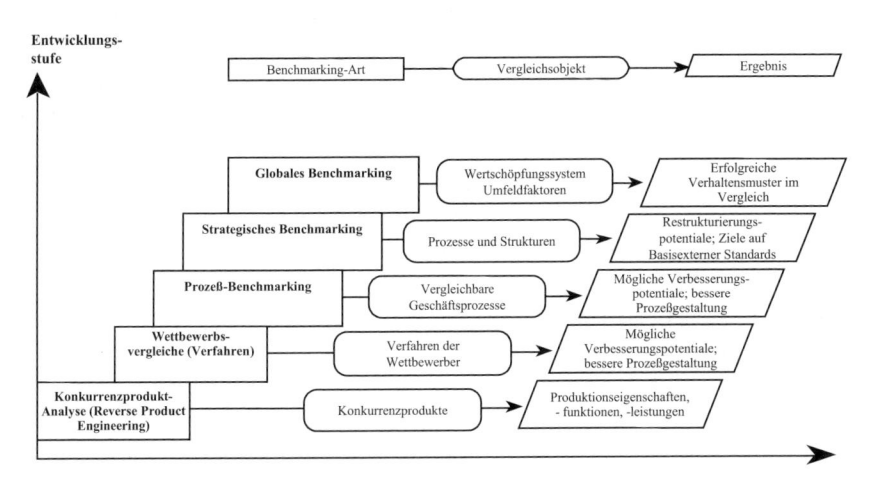

Entwicklungsstufe	Benchmarking-Art	Vergleichsobjekt	Ergebnis
	Globales Benchmarking	Wertschöpfungssystem Umfeldfaktoren	Erfolgreiche Verhaltensmuster im Vergleich
	Strategisches Benchmarking	Prozesse und Strukturen	Restrukturierungspotentiale; Ziele auf Basis externer Standards
	Prozeß-Benchmarking	Vergleichbare Geschäftsprozesse	Mögliche Verbesserungspotentiale; bessere Prozeßgestaltung
	Wettbewerbsvergleiche (Verfahren)	Verfahren der Wettbewerber	Mögliche Verbesserungspotentiale; bessere Prozeßgestaltung
Konkurrenzprodukt-Analyse (Reverse Product Engineering)		Konkurrenzprodukte	Produktionseigenschaften, -funktionen, -leistungen

Abb. 7-13: Benchmarking-Entwicklungsstufen

(4) Von entscheidender Bedeutung ist die Übertragbarkeit von Gestaltungsmerkmalen der Vergleichsprozesse. Die Einzelmaßnahmen und ihre Kombination aus den idealtypischen Prozessen werden bezüglich der inhaltlichen und zeitlichen Realisierbarkeit bewertet, indem die Transformation der vorliegenden Ausgangssituation in idealtypische Prozesse planerisch vollzogen wird. Dabei sind auch soziale Faktoren wie Ausbildungsstand der Mitarbeiter und etwaige Innovationshemmnisse einzubeziehen.

Anschließend erfolgt die Konzeptplanung und die Ermittlung von Wirkungspotentialen. Bei geringen Genauigkeitsanforderungen ist es ausreichend, zunächst Abschätzungen auf Basis subjektiver Urteile und Machbarkeitsüberlegungen für realistisch zu erwartende Ziele vorzunehmen. Um Schätzfehler zu verringern, ist es sinnvoll, die entscheidenden, leistungsbestimmenden Faktoren des Vergleichsprozesses und des Ausgangszustands zu identifizieren. Für die Ermittlung von Kostenwirkungen bietet es sich an, die kostenbeeinflussenden

Methoden zur Rationalisierung

Faktoren in Form von Kostentreibern zu identifizieren. Den in Prozessen ablaufenden Aktivitäten sind die verursachten Kosten gegenüberzustellen und die tatsächlich kostenbestimmenden Vorgänge zu ermitteln. In Analogie dazu lassen sich ebenfalls durchlaufzeitbestimmende Faktoren ermitteln. Dabei sind Hilfstechniken aus der Prozeßanalyse wie etwa die Netzplantechnik oder Warteschlangentheorie einzusetzen. Für logistische Prozesse können Durchlaufanalysen und Betriebskennlinien eingesetzt werden, um Bestandssenkungseffekte und Durchlaufzeitreduzierungen ermitteln zu können. Hilfreich ist zudem die Definition von Teilqualitäten auf Prozeßebene und die Definition qualitätsbezogener Kennzahlen. Auch bezüglich der Prozeßqualität lassen sich kausale Wirkungszusammenhänge und die wesentlichen qualitätsbestimmenden Faktoren identifizieren.

7.1.3 Prozeßbenchmarking zur Potentialermittlung von Logistikprozessen

In der Regel werden beim Benchmarking drei Datentypen zum Vergleich herangezogen: Finanz- und Kostendaten, Produktdaten sowie Prozeß- und Ablaufdaten. Die Aufgabe besteht darin, die wesentlichen Aspekte zu filtern, die sich für einen branchenübergreifenden Vergleich eignen, und die aktuelle Bestmarke festzulegen. Als Bezugsbasis der Kennzahlenermittlung kann die Stellung des Unternehmens in der Wertschöpfungskette, der eigene Anteil an der Gesamtwertschöpfung, oder die Anforderungen an externe Lieferquellen und die Anforderungen der eigenen Kunden dienen. Eine bedeutende Art des Benchmarking ist der Vergleich bestimmter Aktivitätsfolgen in Form von Geschäftsprozessen. Die entscheidenden Bereiche und Geschäftsprozesse, für die sich ein derartiger Vergleich lohnt, können Produktions-, Verkaufs-, Service-, Marketing-, F&E- oder Beschaffungsprozesse und ebenso übergreifende Prozesse wie Logistik, Unternehmensplanung, Controlling oder Finanzierung sein. Dabei sind einzelne Prozeßabschnitte hinsichtlich ihrer Effizienz und Effektivität Gegenstand der Untersuchung (vgl. Harrington 1991). Bezogen auf das Benchmarking von Logistikprozessen gehört hierzu:

1. Herausarbeitung des charakterisierenden und differenzierenden Attribute des Prozesses,

2. Darlegung der Struktur; Abbildung des Ist-Prozeßablaufs sowie des Material- und Informationsflusses,
3. Ermittlung der beteiligten Abteilungen und deren Teilaktivitäten im Rahmen des Prozesses,
4. Analyse von Reglementierungen und deren Einhaltung bezogen auf den Prozeß,
5. Input-/Outputanalyse bezogen auf die Teilprozesse,
6. Analyse der Durchgängigkeit des Tooleinsatzes, insbesondere der DV,
7. Herausarbeitung der Probleme und Schwachstellen des Prozesses und ihrer Ursachen sowie der Relation zwischen diesen,
8. Quantifizierung von Zeit-, Kosten- und Qualitätsparametern bezogen auf die Teilaktivitäten und den Gesamtprozeß und
9. Quantifizierung von Fehlern und deren Wirkungen bezogen auf den Gesamtprozeß.

Die durchgängige Untersuchung von operativen Abläufen bietet die Möglichkeit, nicht nur Effizienzunterschiede in Prozessen zu analysieren, sondern auch ihre Effektivität in Form des Beitrags zum Unternehmenserfolg und zur Erfüllung von Kundenanforderungen zu beurteilen. Eine wesentliche Voraussetzung dafür ist die Sicherstellung der Vergleichbarkeit sowohl der betrieblichen Abläufe zwischen branchenfremden Unternehmen als auch der Übertragbarkeit von möglichen Leistungsverbesserungen. Für die Bestimmung der Vergleichbarkeit von Prozessen sind verschiedene Kriterien denkbar:

- Art der in dem Prozeß verarbeiteten materiellen und immateriellen Objekte,
- Aufgabentyp,
- Prozeßstruktur als Gliederung der einzelnen Arbeitsschritte
- Zusammensetzung der Inputfaktoren,
- Anforderungsprofil an den Prozeßoutput,
- typische Schwachstellen der Prozesse und
- Prozeßverhalten bei Änderung der Inputs oder der Anforderungen.

Um die Vergleichbarkeit herstellen zu können, ist es erforderlich, detaillierte Analysen zur Prozeßstrukturierung und -beschreibung vorzunehmen. Die hierfür einzusetzenden Methoden sind in erster Linie Ablauf- und Prozeßanalysen, die im Rahmen des Prozeß- und Qualitätsmanagements entwickelt wurden. Bei der Beschaffungslogistik sind die Kennzahlen Einkaufskosten je Bestellung bzw. Einkaufskosten je 500 EUR Beschaffungsvolumen eng verknüpft mit dem Anteil der Rahmenverträge. Eine hohe Rahmenvertragsquote (Benchmark > 90%) ermöglicht eine dezentrale Bestellabwicklung aus den Produktionseinheiten heraus, insbesondere dann, wenn damit ein abgestimmtes Logistik-Konzept (z.B. produktionssynchrone Beschaffung) verbunden ist, der strategische Einkauf kann sich auf die originären Aufgaben der Beschaffungsmarktforschung, Lieferantenauswahl und -bewertung sowie den Vertragsverhandlungen konzentrieren. Sie ermöglicht einen striktere Trennung zwischen operativen und strategischen Einkaufsaufgaben bzw. eine ausgeprägtere Dezentralisierung der Einkaufsaufgaben in die Wertschöpfungsprozesse. Bei dem Vergleich der Einkaufskosten je Bestellung ist zu berücksichtigen, welche Aufgaben in den Prozeß der Bestellabwicklung integriert sind. Ist die Qualitätssicherung/Wareneingangskontrolle in den Beschaffungsprozeß integriert, kann sich beim Vergleich der Kennzahlen ein verzerrtes Bild ergeben. Hieraus wird wiederum die Notwendigkeit des prozeßbezogenen Benchmarkvergleichs deutlich. Eine hohe Anzahl Lieferanten je Materialgruppe identifiziert die grundsätzliche Möglichkeit, die Anzahl der Sourcing-Quellen zu reduzieren, um Einkaufsvolumina zu bündeln und somit Skaleneffekte zu realisieren. Der Global-Sourcing Anteil am Einkaufsvolumen läßt Rückschlüsse auf den Grad der Erschließung globaler Einkaufspotentiale zu. Beim Benchmarking zur Produktionslogistik können die klassischen logistischen Kennzahlen wie durchschnittlicher Lagerbestand, Lagerreichweite und Wiederbeschaffungszeiten Ansätze zur Reduzierung des Lagerbestandes zwischen den einzelnen Wertschöpfungsstufen aufzeigen. Neben dem gebundenen Kapital in Lagerbeständen, den daraus resultierenden Opportunitätskosten der Lagerhaltung sind noch die logistischen Kosten für die Ein- und Auslagerung bzw. Bestandsführung und Lagerung zu berücksichtigen. Die tatsächlichen Logistikkosten für Bestände sind mit 10-15% des Bestandswertes anzusetzen. Sehr hohe (>99%) und relativ niedrige (<95%) Lieferpünktlichkeiten können auf unterschiedlichsten Ursachen beruhen. Nicht selten wird eine hohe Lieferpünktlichkeit durch hohe Bestände erkauft. Geringe Lieferpünktlichkeiten weisen auf Prozeßunsicherheiten und -diskontinuitäten hin. Die Durchlaufzeiten in Wertschöpfungsprozessen sind die Effizienzmeßzahlen, an denen teilprozeßbezogenen Verbesserungspotentiale identi-

Methoden zur Rationalisierung

fiziert werden können. Die Reduzierung der Durchlaufzeit ist eng an die Reduzierung der erforderlichen Bestände gekoppelt. Kann beispielsweise die Durchlaufzeit zur Versandbereitstellung in einem Versandlager von 3 auf 2 Tage reduziert werden, sind durchschnittlich nur noch 2/3 der ursprünglichen Bestände im Versandlager erforderlich. Eng gekoppelt an die Durchlaufzeit ist der Zeitanteil der wertschöpfenden Aktivitäten in einem Wertschöpfungsprozeß. Die wertschöpfenden Zeitanteile an der Gesamtdurchlaufzeit betragen häufig nicht einmal 5%. Durch Reduzieren oder Beschleunigen der erforderlichen Prozeßschritte und Transportspiele können die wertschöpfenden Zeitanteile gesteigert werden. Erst im idealen Fließprozeß mit der Losgröße eins entspricht die Bearbeitungszeit der Durchlaufzeit. Bei dem Vergleich von logistischen Kennzahlen in der Distribution, muß analog zur Beschaffungslogistik eine Abgrenzung der zur Distribution zuzurechnenden Prozeßschritte erfolgen. Ist die Qualitätssicherung/ Warenendkontrolle oder die Reklamationsbearbeitung mit in den Distributionsprozeß integriert, ergeben sich nur bedingt vergleichbare Prozeßkostensätze für die Abwicklung eines Auftrages. Der Anteil der Distributionskosten am Umsatz ist vor dem Hintergrund der Produkt- und Kundenstruktur zu vergleichen. Der Anteil Direktlieferungen und Anzahl der Lagerstufen im Distributionsnetz korrespondiert über die Anzahl der Transportspiele und -wege auf Basis der regionalen Verteilung der Kunden. Eine hohe Anzahl regionaler Distributionslager (n>20) deutet auf die Möglichkeit hin, die Zahl der Standorte auf wenige Logistikdrehscheiben (n=6-10) zu reduzieren. In der Ersatzteillogistik beispielsweise, zeichnet sich bei international tätigen Unternehmen der Trend zur Konzentration der Distribution auf wenige europaweite Standorte ab. Ein hoher Anteil an Reklamationen oder Rücklieferungen (>1%) deutet auf Prozeßunsicherheiten in der Distribution oder im Produktionsprozeß hin. Auch der Anteil an Früh- oder Spätlieferungen (>1%) identifiziert Ineffizienzen im Distributionsprozeß oder in vorgelagerten Prozeßabschnitten. Der damit eng verknüpfte Lieferbereitschaftsgrad liegt im Best practice bei nahezu 100%. Der Lieferbereitschaftsgrad ist nicht ausschließlich durch die Distribution determiniert, vielfach akkumulieren sich die vorgelagerten internen Terminüberschreitungen zur Distribution hin, die dann als Auffangbecken der Terminabweichungen fungiert. Für den Vergleich von prozeßbezogenen Kennzahlen in der Entsorgungslogistik können grundsätzlich analoge Schlußfolgerungen zu den vorgelagerten Logistikprozessen gezogen werden. Der Anteil der Entsorgungslogistikkosten an den gesamten Logistikkosten nimmt mit zunehmender rechtlichen Rahmenbedingungen und Regulierung zu. Die Produktverantwortung von Herstellern und Absatzmittlern ist in den vergangenen Jahren stetig gewachsen. Aus der Sicht der Unternehmen ist der Mehraufwand nur bedingt auf den Endverbraucher abwälzbar. Derzeit betragen die Entsorgungslogistikkosten an den gesamten Logistikkosten ca. 10%, wobei der Anteil branchenspezifisch ist. Insbesondere in der Nahrungs- und Genußmittelindustrie und in der Kunstoffindustrie liegt der Anteil bei etwa 12-14%. Aufgrund der gespiegelten Quellen-Senken Struktur, müssen innerhalb der Entsorgungslogistik spezifische Lager (Produktionsrückstände, Sekundärrohstoffe, Umschlagslager) eingerichtet werden. Auf der Basis des Recyclinganteils pro Produktgruppe und den Kennzahlen entsorgungslogistischer Leistungen wie Erfassungsquote, Sortierquote, Aufbereitungsquote und Verwertungsquote ergeben sich die Material- und Informationsflüsse für die Dimensionierung der Entsorgungslogistik. Die entsorgungslogistischen Leistungen bilden damit eine Grundlage für den Vergleich der Logistikstruktur (Anzahl Lagerstufen, Bestandshöhe, Umschlagshäufigkeit, Anzahl Transportspiele, Behälterkonzepte).

7.1.4 Empirische Befunde

Eine empirische Untersuchung von 41 Reorganisationen in Unternehmen zeigt, daß bislang Benchmarking permanent nur in 17% der befragten Unternehmen vorgenommen wird, während 39% der Unternehmen regelmäßige Durchführung von Benchmark-Vergleichen betreiben (Abb. 7-14): Allerdings ist ein knappes Drittel der Unternehmen nicht in Benchmark-Vergleiche involviert. Die relativ geringe Einsatzhäufigkeit ist darauf zurückzuführen, daß Probleme in der Informationsbeschaffung und der Vergleichbarkeit von Leistungsgrößen und Kennzahlen gesehen werden, die den Nutzen von Benchmark-Vergleichen beeinträchtigen. Zudem sind vor allem kleinere Unternehmen aus Wettbewerbsgründen in der Veröffentlichung und Weitergabe von Informationen zurückhaltend. Eine nicht ausreichend spezifizierte Ermittlung von Grunddaten und Verzerrungseffekten, etwa durch unterschiedliche Beschäftigungsgrade, Auftragstypen oder unklar definierte Kennzahlen sind weitere potentielle Ursachen für den restriktiven Einsatz des Instruments.

Methoden zur Rationalisierung

Als Bezugsobjekte stehen bei drei Viertel der befragten Unternehmen Produkte im Vordergrund. Der Vergleich von Prozessen wird in mehr als zwei Drittel der Unternehmen als sinnvoll erachtet. Von deutlich geringerer Relevanz ist das Benchmarking von Technologien und Methoden. Die hohe Bedeutung der produktbezogenen Benchmark-

Zielgrößen in Benchmark-Vergleichen	Kosten	78,0%
	Qualität	73,2%
	Kundenzufriedenheit	65,9%
	Zeit/Flexibilität	51,2%

Vergleichspartner	direkte Konkurrenten	70,7%
	branchenintern/Wettbewerber	39,0%
	branchenexterne Unternehmen	51,2%
	Kunden	26,7%
	Lieferanten	24,4%
	unternehmensintern	22,0%

Anwendungs-häufigkeit des Benchmarking	permanent	17,1%
	häufig	22,0%
	nie	31,7%
	Durchführung geplant	12,2%

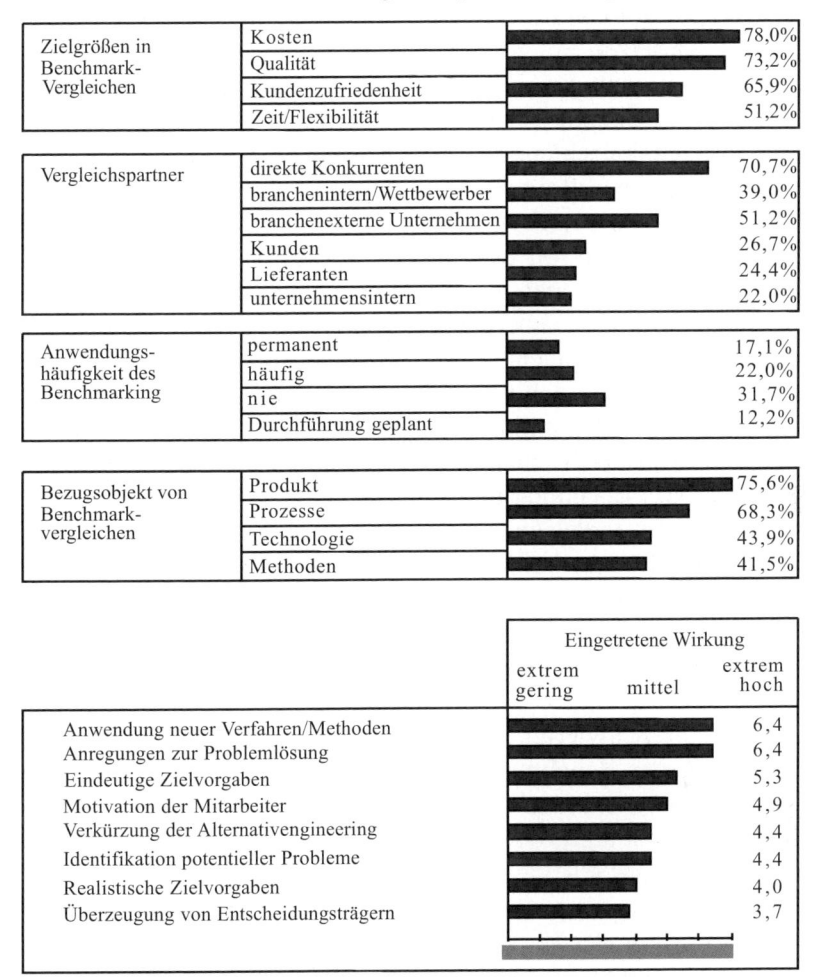

Bezugsobjekt von Benchmark-vergleichen	Produkt	75,6%
	Prozesse	68,3%
	Technologie	43,9%
	Methoden	41,5%

	Eingetretene Wirkung (extrem gering – mittel – extrem hoch)
Anwendung neuer Verfahren/Methoden	6,4
Anregungen zur Problemlösung	6,4
Eindeutige Zielvorgaben	5,3
Motivation der Mitarbeiter	4,9
Verkürzung der Alternativengineering	4,4
Identifikation potentieller Probleme	4,4
Realistische Zielvorgaben	4,0
Überzeugung von Entscheidungsträgern	3,7

Abb. 7-14: Anwendung und Wirkungen des Benchmarking (n=41)

Vergleiche läßt darauf schließen, daß das traditionelle Instrument der Konkurrenzproduktanalyse nunmehr als Benchmarking weitergeführt wird. Es ist unzweifelhaft, daß der Vergleich von Konkurrenzproduk-

Methoden zur Rationalisierung

ten, beispielsweise als Eingangsinformation für das Quality Function Deployment (QFD) wesentliche Anregungen für Verbesserungsbedarf und Optimierungsmöglichkeiten liefert. Sprunghafte Leistungsverbesserungen und Anregungen für innovative Problemlösungen lassen sich daraus allerdings nur eingeschränkt und mit geringem Nutzen ableiten, wenn Wettbewerber Erfolgsfaktoren bereits in konkrete Produktmerkmale umsetzen konnten. Eine stark wettbewerbsbezogene Ausrichtung zeigt sich bei der Untersuchung der einbezogenen Vergleichspartner. Über 70% der Unternehmen beziehen ihre Vergleiche auf direkte Konkurrenten. Nur knapp mehr als die Hälfte der Unternehmen gewinnen Informationen aus dem Vergleich mit branchenfremden Unternehmen. Hierfür können als Ursache Schwierigkeiten in der Vergleichbarkeit von Leistungsgrößen und wenig intensive Kontakte zu branchenfremden Unternehmen gelten, die eine Positionsbewertung erschweren. Als nützlich erweist sich in diesem Zusammenhang die Bildung branchenübergreifender Arbeitskreise, bei denen verbindliche Definitionen und eine einheitliche Systematik zugrundegelegt werden können und hilfreiche Kontakte als Basis eines offenen Informationsaustauschs entstehen. Defizite lassen sich zudem aus den im Rahmen des Benchmarking fokussierten Vergleichs- und Zielgrößen ersehen. Es findet eine eindeutige Ausrichtung auf Kosten und Qualität statt, die von drei Viertel der befragten Unternehmen als relevante Vergleichsgrößen herangezogen wurden. Nur in knapp über 50% der Unternehmen finden dagegen Zeit- und Flexibilitätsgrößen in nennenswertem Umfang Berücksichtigung.

Dies läßt auf Schwierigkeiten in der Durchführung aktivitäts- und prozeßbezogener Benchmark-Vergleiche schließen, die aus dem erheblich höheren Aufwand dieser Vergleichsform gegenüber einer lediglich auf Leistungsgrößen oder auf Produktmerkmale gerichteten Betrachtungsweise resultieren kann.

Die Untersuchung der Wirkungen aus Benchmark-Vergleichen zeigen, daß in erster Linie eine Anregung für neue Verfahren und Methoden resultiert. Von Bedeutung ist ferner die Ableitung eindeutiger Zielvorgaben und die Motivation der Mitarbeiter. Erstaunlich ist dagegen, daß die Ermittlung realistischer Zielvorgaben demgegenüber weniger eindeutig erreicht werden konnte. Dies läßt darauf schließen, daß aus den Vergleichen anspruchsvolle und eindeutige Ziele abgeleitet werden, die jedoch an umfassende Maßnahmen gebunden sind und daher nicht in jedem Fall als realisierbar angesehen werden. Dies kann auch mit Problemen in der Bestimmung der Bezugsbasis für Leistungsziele zusammenhängen. Nur mittlere Bedeutung kommt der Überzeugung von Entscheidungsträgern als Folge von Benchmark-Vergleichen zu, was darauf schließen läßt, daß Benchmarking eher top-down eingeführt wird, also mit dem Ziel einer Motivation und Leistungserhöhung der Mitarbeiter und weniger einer Überzeugung der Führungskräfte für Innovations- und Veränderungsbedarf.

Obwohl Benchmarking-Erfahrungen auf breiter Basis bislang im europäischen Raum nicht vorliegen, ist der Ansatz für die Identifikation potentieller Verbesserungsmöglichkeiten und das Infragestellen bestehender Strukturen als Voraussetzung für Innovationen als hilfreich einzustufen. Zu berücksichtigen ist allerdings, daß auf Basis rudimentärer Kennzahlenvergleiche alleine keine Bestleistungen identifiziert werden können. Vorherrschende Zielsetzung der Benchmarking-Aktivitäten vornehmlich in den USA ist, nichtfinanzielle Kenngrößen meist branchenbezogen zu vergleichen, einen Optimalwert in Form der "best practice" anzugeben und die Kennzahlen ähnlich der PIMS-Studie in Datenbanken zu verwalten (vgl. Abb. 7-15). Erforderlich wäre jedoch, diese Bestleistungen anhand empirischer Längsschnittanalysen zu vergleichen und Einflußfaktoren auf die Leistung auszuweisen. Dabei kommen Zeitvergleiche ebenso wie komparativ-statische, branchenübergreifende Analysen in Betracht. Zudem darf angesichts der starken Leistungsfokussierung des Ansatzes nicht die Bedeutung erfolgsbestimmender Faktoren wie Motivation der Mitarbeiter, Qualifikation des Managements, Image oder Führungsstil unterschätzt werden. Dies ist insbesondere dann problematisch, wenn nur Teilbereiche der Leistungserstellung untersucht werden und der Vergleich sich lediglich auf den Austausch von Daten erstreckt, was jedoch nicht der eigentliche Zweck des Benchmarking ist. Neben der Leistungsmessung sind Befragungen und subjektive Einschätzungen einzubeziehen und eine eindeutige Ursachenermittlung für die identifizierten Leistungsunterschiede vorzunehmen. Unabhängig von Benchmark-Vergleichen ist das Entdecken alternativer und effizienterer Lösungen zu forcieren, insbesondere in technischen Bereichen ist eine Analyse realisierter Lösungen in anderen Unternehmen als Quelle für Innovationen nicht ausreichend.

Methoden zur Rationalisierung

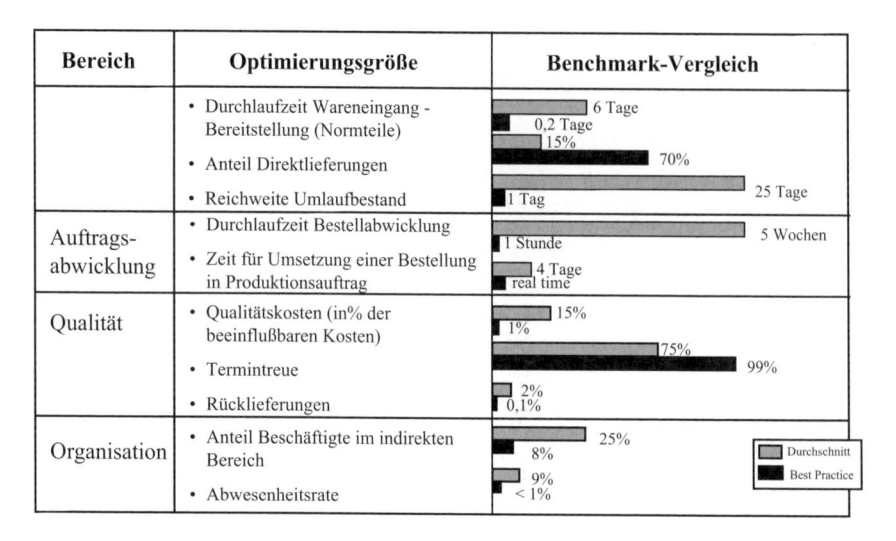

Bereich	Optimierungsgröße	Benchmark-Vergleich
	• Durchlaufzeit Wareneingang - Bereitstellung (Normteile) • Anteil Direktlieferungen • Reichweite Umlaufbestand	6 Tage / 0,2 Tage 15% / 70% 1 Tag / 25 Tage
Auftrags- abwicklung	• Durchlaufzeit Bestellabwicklung • Zeit für Umsetzung einer Bestellung in Produktionsauftrag	5 Wochen / 1 Stunde 4 Tage / real time
Qualität	• Qualitätskosten (in% der beeinflußbaren Kosten) • Termintreue • Rücklieferungen	15% / 1% 75% / 99% 2% / 0,1%
Organisation	• Anteil Beschäftigte im indirekten Bereich • Abwesenheitsrate	25% / 8% 9% / <1%

Durchschnitt / Best Practice

Abb. 7-15: Fallbeispiel: Benchmarking von Automobilzulieferern

Dynamische Märkte sind durch ständige Produkt- und Verfahrensinnovationen gekennzeichnet. Deshalb ist das Benchmarking kein einmaliger Prozeß, sondern muß fortlaufend durchgeführt werden. Gegenwärtige Spitzenleistungen werden schnell zum Standard. Insgesamt stellt das Benchmarking einen mehrstufiger Prozeß dar, in dem ausgehend von Marktgegebenheiten, eingesetzten Technologien und vorhandenen Prozessen im Unternehmen zunächst Ziele in den Dimensionen Kosten, Zeit und Qualität festgelegt werden. Diesen Zielen werden systematisch unternehmensspezifische Gegebenheiten und erreichbare Standards von Vergleichsunternehmen oder Prozessen gegenübergestellt und deren Abläufe und Aktivitäten einer kritischen Beurteilung unterzogen. Aus dieser prozeßorientierten Betrachtung resultieren Meß- und Steuerungsgrößen für die Umgestaltung und Verbesserung der eigenen Wertschöpfungs- und Logistikaktivitäten, die letztlich zur Erreichung marktkonformer Ziele beitragen und damit eine Voraussetzung für nachhaltige eine Ergebnisverbesserung bilden.

7.2 Konzepte zur Potentialerschließung im Einkauf

Die steigende Bedeutung des Einkaufs für die langfristige Wettbewerbsfähigkeit von Unternehmen verlangt nach einem neuen Verständnis der Einkaufsaufgaben. Die größte Hebelwirkung ist in der Gestaltung der Zulieferer-Abnehmer-Beziehung zu erwarten, die mit einer Reorganisation der Geschäftsprozesse zwischen Abnehmern und Lieferanten verbunden ist. Um das daraus resultierende Potential in allen Bereichen der Zusammenarbeit zwischen Abnehmern und Lieferanten zu identifizieren und zielgerichtet auszuschöpfen, sind die Formen der Abnehmer-Lieferanten-Beziehung zu typologisieren. Über verschiedene Geschäftsprozesse hinweg sind Einkaufspotentiale unter dem Fokus der Erfolgsfaktoren Produktivität, Zeit und Qualität zu erschließen. Als Gestaltungsfelder zur Ausschöpfung von Rationalisierungspotentialen stehen innerhalb dieser Prozeßketten die Bereiche Logistik, Qualitätssicherung, Forschung und Entwicklung sowie die Produktion im Vordergrund. Entsprechend den Normstrategien Effiziente Beschaffung, Sicherstellung der Verfügbarkeit, Nutzung des Marktpotentials und Aufbau partnerschaftlicher Zusammenarbeit sind je Gestaltungsfeld differenzierte Verhaltensweisen anzuwenden. Ziel ist es, für unterschiedliche Teile- und Lieferantengruppen die jeweils effizienteste Zusammenarbeitsstruktur einzusetzen. Hierzu findet in der Beschaffungspraxis eine Vielzahl von Konzepten mit unterschiedlich hohen Kooperationsgraden Anwendung, die in Abhängigkeit von den jeweiligen Merkmalen der Beschaffungsobjekte und -märkte eine Verbesserung der Einkaufssituation bewirken.

Der partnerschaftlichen Zusammenarbeit mit Lieferanten wird ein besonderer Stellenwert beigemessen. Da Produkte und maschinelle Einrichtungen immer ähnlicher werden, ist eine Konzentration auf schwer imitierbare Strukturen in der Innovations-, Wertschöpfungs- und Beschaffungskette erforderlich. Im Qualitäts-, Zeit- und Kostenwettbewerb hat nur derjenige Vorteile, der seine Ziele nicht nur besser, sondern auch schneller erreicht als der Mitwettbewerber. Die Voraussetzung zur Erreichung dieser Ziele besteht in einer intensiveren Nutzung des Lieferanten-Know-hows. Nur durch die langfristige Ausrichtung der Strukturen an dem Prinzip der partnerschaftlichen Zusammenarbeit, das explizit eine gemeinschaftliche Übernahme von Chancen und Risiken vorsieht, kann eine unternehmensübergreifende Optimierung

Methoden zur Rationalisierung

vorgenommen werden. So zeigen empirische Studien, daß durch Kooperationen mit Lieferanten große Rationalisierungspotentiale bezüglich der Materialkosten, aber auch signifikante Zeitverkürzungen und Qualitätsverbesserungen erzielt werden können (vgl. Wildemann 1997d, S. 36ff.; Monszka 1991, S. 4ff.). Eine Einengung auf preisorientierte Kriterien, wie sie in traditionellen Einkaufsstrukturen noch häufig anzutreffen ist, führt lediglich zu Suboptima, da nicht die relevanten Zeit-, Qualitäts- und Kostengrößen in den unterschiedlichen Bereichen erfaßt werden können. Der Aufbau partnerschaftlicher Kooperationsstrukturen zielt dagegen nicht auf ein kurzfristiges Ausnutzen von Preisvorteilen, sondern tauscht die kurzfristigen Vorteile, die der Wettbewerb auf den Beschaffungsmärkten bietet, gegen die längerfristigen Vorteile einer vertrauensvollen Zusammenarbeit ein. Partnerschaftliche Zusammenarbeit setzt aber nicht die Dominanz des Preiskalküls im Einkauf außer Kraft. Vielmehr findet eine produktlebenszyklusbezogene Vorverlagerung des Wettbewerbs der Lieferanten in die Konzept- und Entwicklungsphase statt. In den folgenden Abschnitten werden verschiedene Methoden zur Identifikation und Erschließung von Rationalisierungspotentialen in der Abnehmer-Lieferanten-Beziehung dargestellt und hinsichtlich ihrer Erfolgswirksamkeit diskutiert.

7.2.1 Identifikation von Einkaufspotentialen mit Hilfe der Lieferantenbewertung

Den Ausgangspunkt der Identifikation von Rationalisierungspotentialen im Einkauf bildet die Einkaufspreisanalyse durch die immanente Ermittlung kostengerechter, preisleistungsoptimaler Einkaufspreise. Sie geht damit über einen Angebotsvergleich hinaus und ermöglicht dem Einkäufer die Entscheidung für den preiswertesten und nicht für den billigsten Anbieter. Die Preisanalyse ist eine komplette Nachkalkulation unter Berücksichtigung der spezifischen Situation des Anbieters. Gleichzeitig gibt sie Auskunft über die Kostenstruktur und die Kostenangemessenheit von Angebotspreisen, indem sie zu einem Kostenrichtwert führt, der als maximale Preisobergrenze angesehen werden kann. Vergleichbar der Idee einer Nutzwertanalyse wird eine Grobabschätzung des Einkaufspreises ersetzt durch eine kostenartenweise Einzelabschätzung der Faktorkosten. Obwohl das Ergebnis der Einkaufspreisanalyse immer eine Schätzung bleibt, zeichnet sie sich

Methoden zur Rationalisierung

durch eine wesentlich gesteigerte Genauigkeit aus. Durchgeführt wird die Preisanalyse sowohl vor wie auch während einer Geschäftsbeziehung zu einem Lieferanten. Sie dient als Argumentationsgrundlage in Preisverhandlungen und hilft Rationalisierungspotentiale beim Lieferanten aufzudecken. Die eigentliche Preisanalyse ist eindimensional auf den Produktpreis ausgerichtet, verknüpft wird sie oft mit einer intensiven Beschaffungsmarktforschung. Die Preisanalyse ist geeignet zur kurzfristigen Realisierung von Einkaufspotentialen. Durch die ausschließliche Preis- und Produktorientierung ist eine umfassende Ermittlung von Rationalisierungspotentialen insbesondere innerhalb des Wertschöpfungsprozesses der Lieferanten nur in Verbindung mit anderen Methoden möglich.

Methoden der Lieferantenbewertung ermöglichen die Identifikation von Rationalisierungspotentialen in einer über die Produktebene der Preisanalyse hinausgehenden Perspektive (vgl. Wildemann 1997d). Die Lieferantenbewertung läßt sich definieren als die planmäßige und systematische Sammlung und Gewinnung, Auswahl, Aufbereitung und Beurteilung von Informationen zur Auswahl neuer und zur Kontrolle bereits bekannter Lieferanten. Im Unterschied zur Beschaffungsmarktforschung liegen bei der Lieferantenbewertung bereits vorvertragsähnliche Absprachen zwischen Abnehmer und Lieferant vor. Die Bewertung soll der Ordnung der Versorgungsalternativen dienen. In der Vergangenheit stand dabei im Mittelpunkt der Betrachtung die Beurteilung der Produktqualität im Sinne einer Adäquanz zum Verwendungszweck sowie die Logistikleistung des Zulieferers. Heute umfassen Lieferantenbewertungen die Beurteilung der aktuellen und potentiellen Leistungsfähigkeit des Zulieferunternehmens als Gesamtsystem. Zukünftig wird der Einsatz der Lieferantenbewertung als Instrument zur Potentialidentifikation und als Hilfsmittel zum Aufbau und zur Pflege von Lieferantenbeziehungen an Bedeutung gewinnen. Lieferantenbewertungen können dafür auf vier Abstraktionsebenen erfolgen (vgl. van Weele 1994):

- Produkt-Ebene: Diese Ebene bezieht sich auf die Einrichtung und Verbesserung der Produktqualität, so werden Wareneingangskontrollen und Qualitätsprüfungen durchgeführt und die gewonnenen Informationen als Konformitätskennzahlen abgelegt.

Methoden zur Rationalisierung

- Prozeß-Ebene: Nicht das Produkt sondern der Produktionsprozeß wird durchleuchtet. Die dahinterstehende Idee ist, daß die Qualität des Produkts verknüpft ist mit dem Produktionsprozeß des Lieferanten. Wird der Produktionsprozeß mit Hilfe eines durchgängigen Qualitätssicherungsverfahrens überwacht, wird auch das Produkt den Qualitätsstandards entsprechen. Bei diesem Ansatz ist der Entwicklungsstand und Zustand der Betriebsausstattung sowie das Qualitätsüberwachungssystem Gegenstand der Betrachtung.
- Qualitätssicherungssystem-Ebene: Überprüfung der Vorgehensweisen, wie Qualitätsüberprüfungen geplant und aktualisiert werden. So werden nicht nur die bestehenden Regeln und ihre Einhaltung überprüft, sondern es wird die gesamte Qualitätsorganisation mit der Fragestellung untersucht, wie das Zulieferunternehmen zu seinen QS-Regeln gelangt und wie es deren Einhaltung sicherstellt.
- Unternehmensebene: Auf dieser höchsten Ebene der Überprüfung werden nicht nur qualitative Aspekte überprüft, sondern finanzielle Gesichtspunkte und die Eignung des Managements sind Untersuchungsgegenstand. Das Abnehmerunternehmen möchte einen Eindruck gewinnen, wie wettbewerbsfähig der Lieferant zukünftig sein wird.

Um einen Überblick über die Vielzahl der verwendeten Bewertungen zu gewinnen, empfiehlt sich die Systematisierung nach der Art der gewählten Vorgehensweise in der Lieferantenbewertung und der verwendeten Kriterien in der Lieferantenbewertung. Verschiedene Vorgehensweisen von Lieferantenbewertungen ergeben sich zunächst dadurch, wo und von wem die Informationsgewinnung durchgeführt wird. Abbildung 7-16 zeigt die Einordnung verschiedener Verfahren in eine Matrix gemäß dieser Systematik. Abnehmer führen Eigenerhebungen durch, um ein Höchstmaß an Informationen über den Lieferanten zu gewinnen, insbesondere in qualitativer Hinsicht. Das Abnehmerunternehmen besitzt vollständige Transparenz hinsichtlich der Vorgehensweise der Informationserhebung und erkennt die genutzten Informationsquellen. Selbstdokumentationen von Lieferanten werden von Abnehmern häufig in der Phase der Kontaktaufnahme mit Lieferanten zur Erhebung grundsätzlicher Unternehmensdaten verlangt. In diesem Frühstadium steht eine breite Befragung bei geringem Aufwand seitens des Abnehmers im Vordergrund des Interesses des Ab-

Methoden zur Rationalisierung

Verantwortlich für Informationserhebung			
Lieferant	Selbsteinschätzung im Rahmen von Insourcing-Konzepten	Selbstauskünfte Mitteilung von Veränderungsraten	
Dritter	—	Zertifizierungen Qualitätsauszeichnungen und -preise Benchmarking	
Abnehmer	Wareneingangskontrollen Stichproben am Montageband Konzeptwettbewerb	Auditierungen	
	beim Abnehmer	beim Lieferanten	Ort der Informationserhebung

Abb. 7-16: Verantwortung und Ort der Informationserhebung für ausgewählte Lieferantenbewertungen

nehmers. Eine Informationserhebung durch Dritte, wie beispielsweise durch autorisierte Zertifizierer, erfolgt vielfach, um die Kosten einer Bewertung zu senken oder um die Ergebnisse einer Auditierung mehreren Abnehmern eines Lieferanten zur Verfügung zu stellen. Ein Beispiel ist die Zertifizierung nach ISO 9000ff. Vorgehensweisen der Lieferantenbewertung können ebenfalls nach den Ausprägungen einmaliger oder repetitiver Durchführung unterschieden werden. Die einmalige Durchführung bedeutet, daß ein Verfahren nur zum Auftakt einer Geschäftsbeziehung verwendet wird (Selbstauskunft des Lieferanten auf globalem Niveau) oder bei Produktneuanläufen Verwendung findet (Konzeptwettbewerbe). Verfahren der repetitiven Durchführung sind im Laufe einer Geschäftsbeziehung mehrfach verwendete Verfahren. Dabei kann es sich um Wareneingangskontrollen aber auch um Auditierungen handeln.

Die im Rahmen von Lieferantenbewertungen verwendeten Bewertungskriterien ermöglichen ebenfalls eine Systematisierung (vgl. Wildemann 1997d). Grundsätzlich beruht die Auswahl der Kriterien auf der Zielsetzung, solche Lieferantencharakteristika zu identifizieren, die es dem Entscheidungsträger ermöglichen, das Potential eines in Frage stehenden Zulieferers zur erfolgreichen Zusammenarbeit abzuschätzen. Die Auswahl dieser Kriterien wird vorgenommen nach Empfehlungen von Verbänden, aus theoretischen Erkenntnissen und

Methoden zur Rationalisierung

individueller Intuition oder aus Resultaten eigener empirischer Untersuchungen (vgl. Hubmann/Barth 1990). Denkbare Kriterien sind

- Mengenmerkmale,
- Qualitätsmerkmale,
- Zeitmerkmale,
- Ortsmerkmale,
- Lieferungsmerkmale,
- Entgeltmerkmale,
- Servicemerkmale,
- Informationsmerkmale,
- Markt- und Unternehmensmerkmale.

Die Auswahl oder Bewertung eines Lieferanten wird folglich unter Berücksichtigung mehrerer Merkmale getroffen. So gilt es beispielsweise die Zuverlässigkeit der Lieferpünktlichkeit mit einer Zuverlässigkeit hinsichtlich Produktqualität und Leistungsentgelt abzuwägen.

Die Kriterien, nach denen die Lieferanten durch die Abnehmer ausgewählt werden, können als Wettbewerbsfaktoren der Lieferanten interpretiert werden (vgl. Abb. 7-17) (vgl. Wildemann 1993). Vor diesem Hintergrund nimmt Koppelmann eine Unterteilung der Verfahren in quantitative und qualitative Verfahren vor. Die quantitative Bewertung berücksichtigt operationalisierbare Charakteristika des Lieferanten. Erhoben werden Leistungsdaten des Lieferanten (beispielsweise Lieferservicegrad, Kosten der Lieferantenleistung, Qualität der Lieferantenleistung) und Rahmendaten des Lieferanten (beispielsweise Eigenkapitalquote, Cash-flow oder Umsatzrendite). Folgende Ansätze können unterschieden werden: Kennzahlen und Kennzahlensysteme, die Ermittlung von Leistungsindizes sowie Kostenvergleiche. Die qualitative Bewertung ermöglicht auch die Beachtung von nur schwer operationalisierbaren Merkmalen wie Erfahrung, Flexibilität oder Ruf des Lieferanten. Die Identifikation der Rationalisierungspotentiale wird bei diesen Verfahren der Lieferantenbewertung durch einen Vergleich der Lieferanten untereinander oder durch eine Gegenüberstellung mit Sollvorgaben vorgenommen. Die Differenz zwischen Ist-Wert und Soll-Wert quantifiziert das Verbesserungspotential (vgl. Wildemann 1997d).

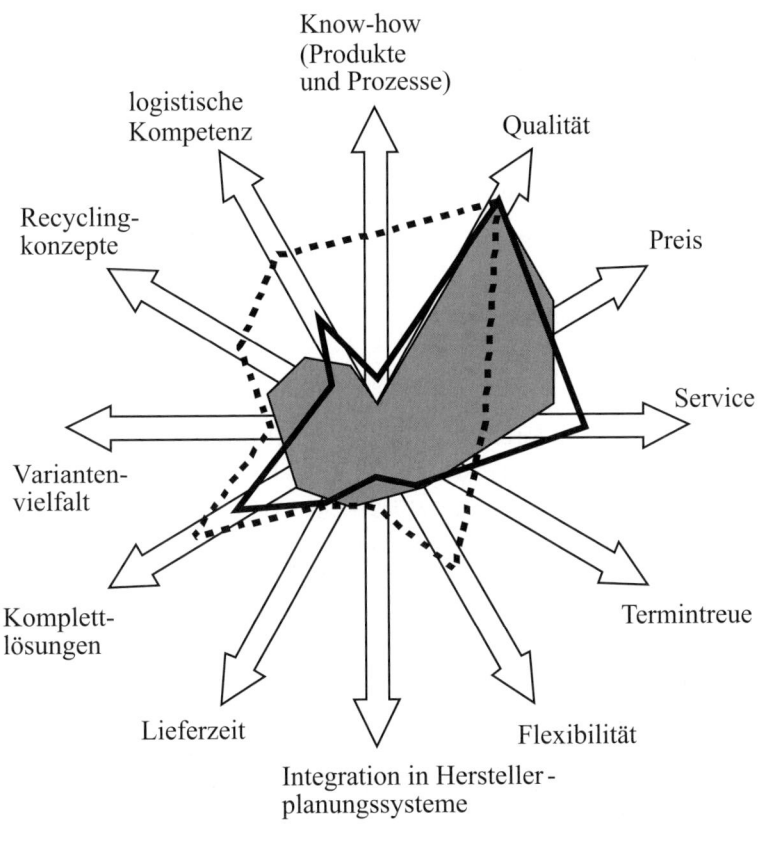

Methoden zur Rationalisierung

Abb. 7-17: Veränderung der Wettbewerbsfaktoren für Zulieferanten

Die traditionellen Ansätze der Lieferantenbewertung werden durch die Auditierung erweitert. Die Auditierung dient als unabhängiges, systematisches Instrument der Beurteilung der Wirksamkeit von Qualitätssicherungssystemen von Lieferanten und der Qualitätsnachweisführung sowie ebenfalls der Identifikation von Rationalisierungspotentialen. Das Systemaudit als umfassendste Auditierungsform ist eine Konformitätsprüfung, bei der das QS-System einer Prüfung unterzogen wird. Darüber hinaus umfaßt die Auditierung Informationen über

Methoden zur Rationalisierung

den Umfang der Eigenentwicklung, die Fertigungstiefe, die technische Ausstattung und die Organisation des Unternehmens. Anlässe für Lieferantenaudits sind die Auftragsneuvergabe im Sinne einer Erstbeurteilung, das Auftreten von Mängeln oder die Überwachung von Korrekturmaßnahmen als Nachbeurteilung sowie Wiederholungsbeurteilungen als Voraussetzung für eine Vertragsverlängerung.

Da Auditierungen für den Abnehmer mit einem sehr hohen Aufwand verbunden sind, den Aufbau von erheblichem Fachwissen über den Inhalt und die Art der Auditierungsvorgehensweise voraussetzen und die Lieferanten Auditierungen als Eingriff in ihre unternehmerische Unabhängigkeit einschätzen können, ist eine exakte Kenntnis dieser Methode von besonderer Bedeutung. Gleichzeitig sind Lieferantenauditierungen in der Praxis inzwischen üblich und ein wichtiges Instrument zur Koordination der Wertschöpfungsaktivitäten. Die am Ende einer Auditierung durch den Abnehmer übergebenen Maßnahmenkataloge quantifizieren Rationalisierungspotentiale, geben Hinweise auf Vorgehensweisen zu deren Realisierung und fixieren die Kriterien für Folgeauditierungen.

Die von den Abnehmern verfolgten Ziele der Auditierung wurden vom Verfasser in einer empirischen Analyse bei 22 Unternehmen ermittelt (vgl. Abb. 7-18). Als wichtigste Ziele kristallisieren sich die Überprüfung des Qualitätssicherungssystems, das Auslösen von Verbesserungsmaßnahmen und die Einflußnahme auf Qualitätssicherungsaktivitäten bei den Zulieferanten heraus. Betrachtet man die Zielerreichung, so ist festzustellen, daß sie durchweg als mittel bis hoch angesehen wird. Auffällig ist indes, daß der Überprüfung der Wirksamkeit des Qualitätssicherungssystems nur eine mittlere Zielerreichung zugesprochen wird. Offensichtlich wird von den Abnehmern erkannt, daß von Zulieferunternehmen nach Ankündigung einer Auditierung Aktivitäten unternommen werden, um den Anforderungen zu entsprechen, diese Aktivitäten jedoch später nicht beibehalten werden. Dies kann im Rahmen einer Auditierung nur eingeschränkt festgestellt werden.

Methoden zur Rationalisierung

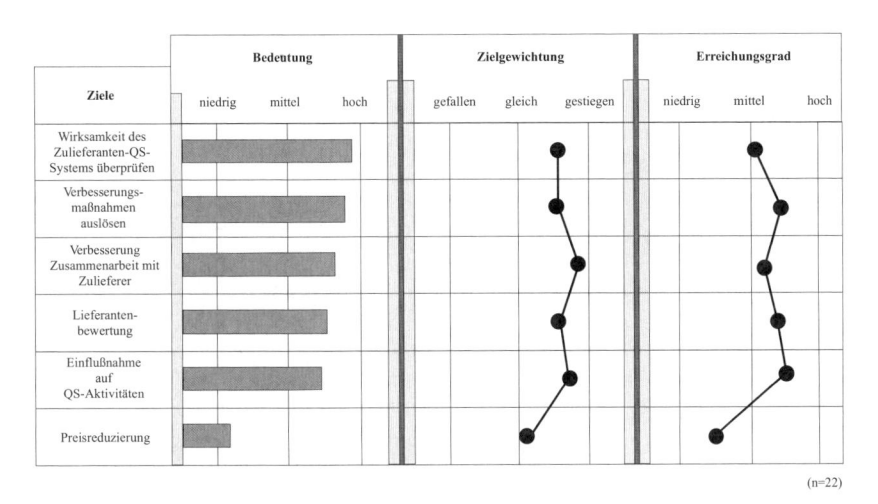

Abb. 7-18: Ziele der externen Auditierung

Die Abnehmer verwenden zur Erstellung ihres Fragenkataloges verschiedene Systeme als Basis. Es wird vor allem auf das Normensystem DIN/ISO 9000-9004, die Ford-Richtlinie Q 101 und die Richtlinie des VDA zum Qualitätssicherungssystem-Audit zurückgegriffen (vgl. Abb. 7-18). Diese Systeme werden jedoch in zwei Dritteln der Fälle kombiniert und um Zusatzfragen ergänzt, um Unternehmensbesonderheiten Rechnung zu tragen. Hier spiegelt sich die Problematik wider, die sich bei der Entscheidung zwischen einem standardisierten System und den damit verbundenen Vorteilen hinsichtlich Aufwand und Vergleichbarkeit und einem System, das auf Herstellerbesonderheiten bei Abnehmer und Zulieferer zugeschnitten ist, ergibt. Den Schwerpunkt in der Auditierung bilden Fragen zu Prüfvorgängen entlang der logistischen Kette, den dazu notwendigen Prüfmitteln, zur Qualitätsplanung, zur Materialhandhabung und zu Korrekturmaßnahmen bei aufgetretenen Mängeln (vgl. Abb. 7-19). Daraus läßt sich erkennen, daß eine präventive Qualitätssicherungsstrategie nicht im Mittelpunkt der Untersuchung steht. Sie wird häufig in den Fragenkomplex zur Qualitätsplanung integriert, obwohl dies ihrer Bedeutung nicht gerecht wird. Qualitätsverbesserungsprojekte, die Durchführung von internen Audits und Qualitätssicherungsmaßnahmen in der Entwicklung - wesentliche Bestandteile einer präventiven Strategie - sind nur selten Gegenstand der Befragung. Gleiches gilt für die qualitätsbezogenen

Methoden zur Rationalisierung

Bar chart (Systeme)

System	Prozent
Eigenes/Mischform	68,8
ISO 9000	47,1
VDA	18,8
Ford 101	6,3
Sonstige	31,6

Untersuchungsbereich — Fälle in Prozent (gesamt 42)

Untersuchungsbereich	Prozent
Qualitätsplanung	100
Eingangskontrolle/Zukaufteile	100
Qualitäts- und Prüfstatus	100
Materialhandhabung	95,2
Prüfmittelkontrolle	90,5
Kontrolle während der Fertigung	90,5
Korrekturmaßnahmen	85,7
Prüfmittelausstattung	80,9
Prüfverfahren und -anweisungen	80,9
Organisation der QS	76,2
Endkontrolle	76,2
Dokumentation	76,2
Verfahrenskontrolle	61,9
Ausbildung	52,4
Produktionsverfahren und -anweisungen	38,1
Interne Audits	38,1
Zutritt für den Abnehmer	28,6
Herstell-Normen	28,6
Stichprobenverfahren	23,8
QS in der Entwicklung	14,3
Qualitätsverbesserungsprojekte	14,3
Qualitätspolitik	4,8
Qualitätskosten	4,8

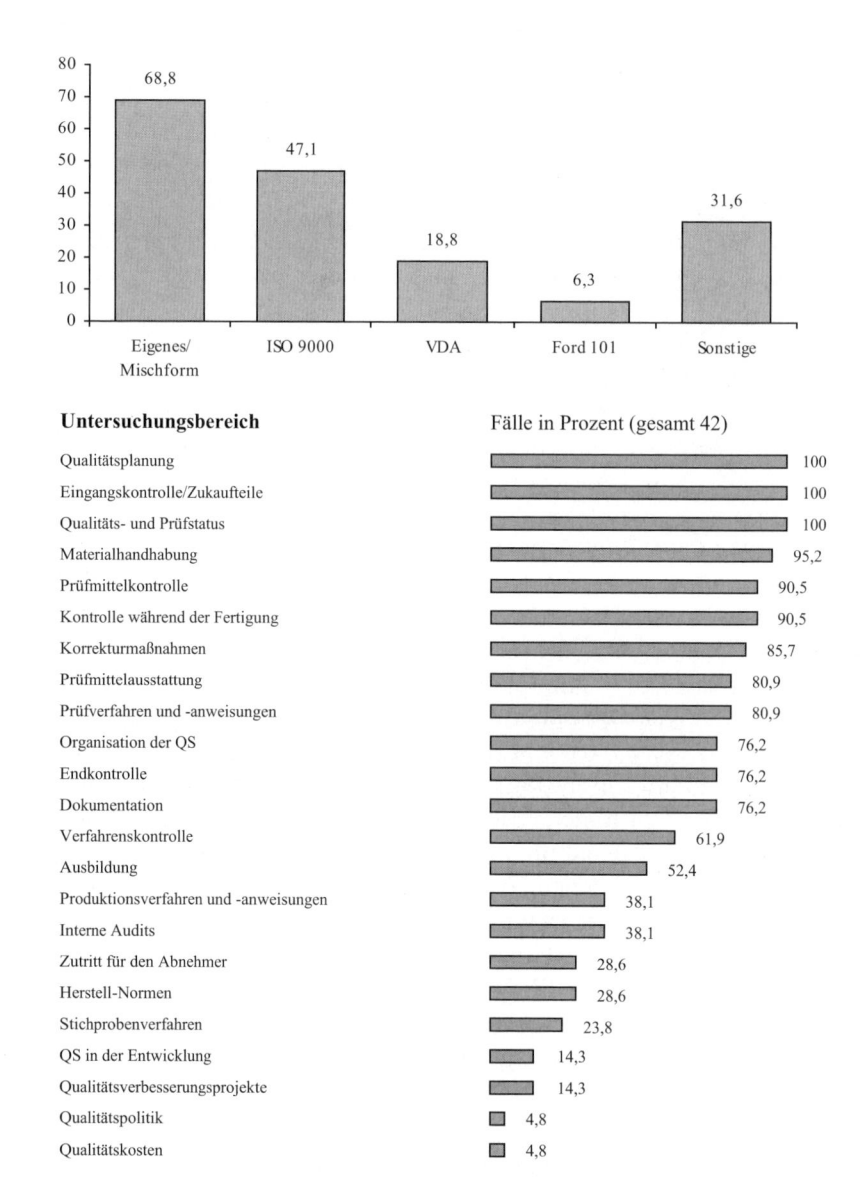

Abb. 7-19: Systeme und Untersuchungsbereiche der Lieferantenauditierung

Kosten des Zulieferanten, die erhebliche Einsparungspotentiale mit entsprechenden Konsequenzen für den Preis der Zulieferteile aufweisen können. Insgesamt ist ein Schwergewicht auf der technischen

Komponente der Zulieferqualität festzustellen. In der Vergangenheit waren dem Grad der Individualität der Auditierung kaum Grenzen gesetzt, nahezu alle Hersteller auditierten unabhängig voneinander nach teilweise individuellen Richtlinien. Der positiv zu bewertende Vorgang der Auditierung wird dann zum Problem, wenn der Lieferant mehrere auditierende Kunden hat, die noch dazu aus derselben Branche stammen. Der entstehende Audittourismus führt zum einen zu hohen kostenmäßigen Belastungen und stößt zum anderen bei einer Vielzahl von Lieferanten an die Grenzen der Umsetzbarkeit. Das grundsätzlich realisierbare Rationalisierungspotential wird dadurch gemindert. Ein Ansatz zur Reduzierung der Variabilität der Auditierung ist die Orientierung an Internationalen Normen oder Richtlinien von Verbänden wie dem VDA als Basis der Vereinheitlichung und der gegenseitigen Anerkennung der Auditierungsberichte. In der Automobilindustrie setzt sich die gegenseitige Anerkennung von Auditergebnissen - wenn sie nicht älter als sechs Monate sind und auf der VDA-Richtlinie basieren - zwar mittlerweile durch, jedoch haben nach Aussage des VDA-Initiativkreises erst wenige Hersteller die VDA-Vorgehensweise durchgängig angewandt und gegenseitig vollständig anerkannt. Die Erweiterung der gegenseitigen Anerkennung würde die Anzahl der durchgeführten Audits entscheidend verringern. Voraussetzung hierzu ist eine enge Kommunikation unter den betroffenen Herstellern, die bei der überschaubaren Anzahl von Automobilherstellern noch möglich erscheint, auf weniger konzentrierten Märkten wie der Elektroindustrie jedoch mit erheblichen Problemen verbunden ist. Kritiker weisen darüber hinaus auf die Gefahr hin, daß die Auditoren eines Unternehmens Einblicke in die Entwicklung und das Knowhow eines Konkurrenten bekommen könnten. Relativiert werden diese Befürchtungen jedoch durch die Zunahme von Kooperationen unter den Herstellern. Setzen sich die erwähnten Maßnahmen der Automobilindustrie wie gemeinsame Fahrzeugentwicklung oder der Austausch kompletter Antriebsaggregate durch, ist zu erwarten, daß gegenseitige Auditierungsergebnisse anerkannt werden.

Einen weiteren Ansatz zur Identifikation von Rationalisierungspotentialen durch die Bewertung von Lieferanten stellt die Zertifizierung dar. Die Verbreitung von Normen und Richtlinien zur Vereinheitlichung von Qualitätssicherungssystemen und deren Anwendung durch immer mehr Hersteller wirft die Frage nach der Notwendigkeit individueller Bewertungen auf. Ein Vergleich des Fragenkatalogs zur Systemauditierung nach VDA, DQS und TÜV-CERT zeigt eine inhaltliche Übereinstimmung von 80% der Fragen. An die Stelle der individuellen oder gegenseitigen Anerkennung von Auditierungsergebnissen kann die Zertifizierung durch eine neutrale Stelle treten. Die Aufgabe der Auditoren einer Zertifizierungsgesellschaft liegt nach der EN 45012 in der Zertifizierung der Konformität eines Qualitätssicherungssystems, das bedeutet: Die Zertifizierung ist "... eine Maßnahme durch einen unparteilichen Dritten, die aufzeigt, daß ein ordnungsgemäß bezeichnetes Erzeugnis, Verfahren oder eine ordnungsgemäß bezeichnete Dienstleistung in Übereinstimmung mit einer bestimmten Norm oder einem bestimmten anderen normativen Dokument besteht" (vgl. Abb. 7-20).

Die ökonomische Bedeutung zertifizierter Qualitätssicherungssysteme wird kontrovers diskutiert. Befürworter sehen die Vorteile der Einbeziehung externer, unabhängiger Instanzen zur Qualitätsnachweisführung in der Objektivierung der Beurteilungsverfahren und der Unterstützung der kontinuierlichen Verbesserung durch die ständige Durchführung von Revisionsaudits. Nach außen beinhalten Zertifikate ein erhebliches akquisitorisches Potential bei der Aufnahme von Geschäftsbeziehungen. Sie gewinnen in bezug auf die Produkthaftung und den Zugang zu internationalen Märkten an Bedeutung und helfen als vertrauensbildende Maßnahme, den herrschenden Audittourismus einzudämmen. Der Rückgriff auf Zertifikate verhindert den seitens der Zulieferer befürchteten Effekt des gläsernen Lieferanten und scheint das Kapazitätsproblem der Abnehmer bei der Auditierung einer Vielzahl Lieferanten zu lösen. Der Vorteil gegenüber der gegenseitigen Anerkennung von Auditierungsergebnissen liegt in der Reduzierung des Ressourcenaufwands im Vorfeld der Untersuchung und in einem geringeren Koordinationsaufwand unter den Herstellern, die sich lediglich auf eine gemeinsame Richtlinienbasis einigen müssen (vgl. Abb. 7-21).

Methoden zur Rationalisierung

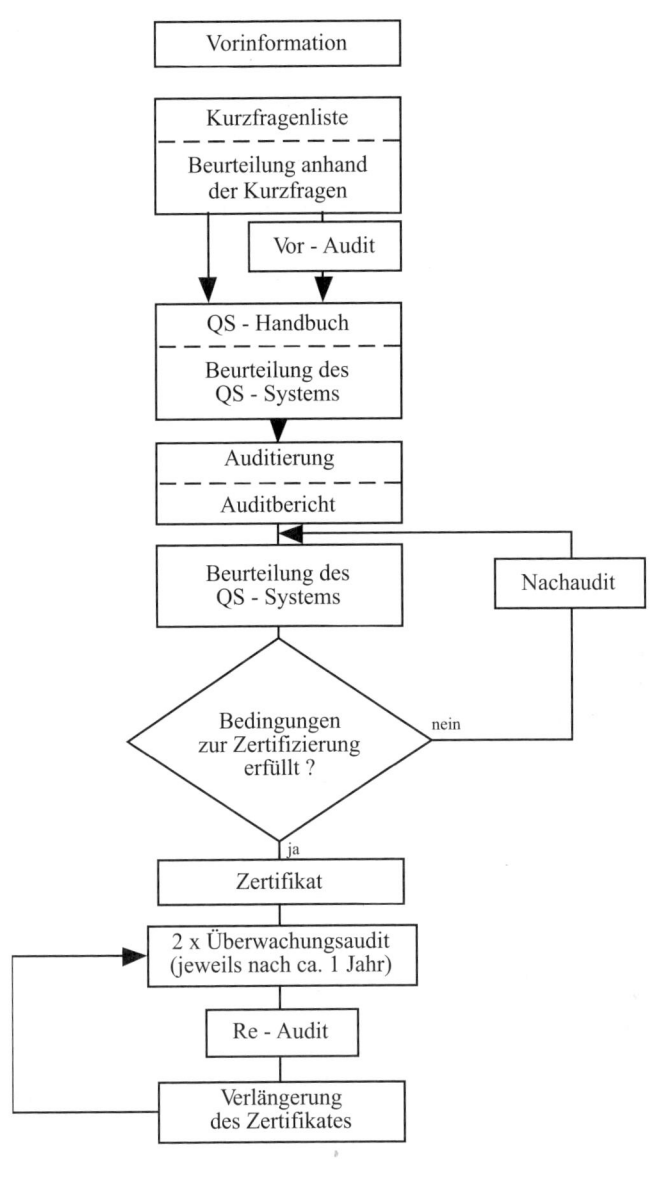

Abb. 7-20: Ablauf der Zertifizierung

Diesen Vorteilen ist entgegenzuhalten, daß die Zertifizierung aufgrund der bedingten Normbarkeit von Qualitätssicherungssystemen und des

Methoden zur Rationalisierung

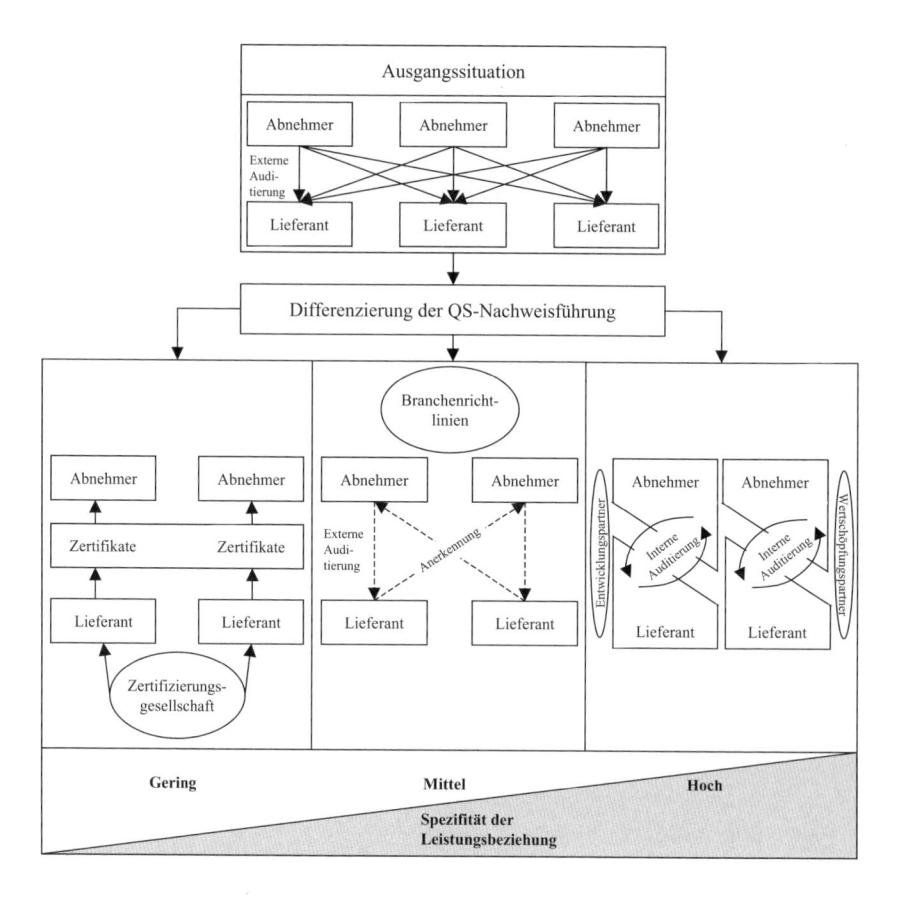

Abb. 7-21: Entwicklungslinien der Qualitätsnachweisführung

formalistischen Vorgehens zu inflexibel für die Anwendung in individuell ausgestalteten Zulieferer-Abnehmer-Beziehungen sei. Bestehende Unklarheiten der internationalen Anwendung und Geheimhaltungsgründe lassen das Instrument nur bedingt zur Vertrauensbildung und Senkung von Aufwendungen der Qualitätsnachweisführung geeignet erscheinen. Die mangelnde Wirksamkeit, so die Kritik, äußert sich in "Imagezertifikaten" und führt zu Doppelarbeit, wenn Abnehmer trotz bestehender Zertifikate an der individuellen Auditierung ihrer Lieferanten festhalten. Die Kosten der Erbringung des Qualitätsnachweises durch den Zulieferer werden im Vergleich zur individuellen Auditierung nicht verringert. Während die individuelle Auditierung abnehmerspezifische Einschränkungen des Teilspektrums oder

Methoden zur Rationalisierung

der betrachteten Funktionsbereiche zuläßt, erhebt die Zertifizierung den Anspruch einer unternehmensumfassenden Qualitätsnachweisführung. Von der Einführung bis zur erfolgreichen Zertifizierung eines Qualitätssicherungssystems sind etwa 2 Jahre zu veranschlagen, in denen Kosten von bis zu 1/2 Mio. EUR anfallen. Auf externe Unterstützung bei der Vorbereitung und Kosten des Zertifizierers entfallen etwa 25%. Das Ergebnis einer Befragung der Zulieferindustrie, nach der nur 43% der Unternehmen eine Reduzierung der firmenindividuellen Auditierungen erwarten, relativiert den Nutzen der Zertifizierung als Instrument zur Eindämmung des Audittourismus.

Zur Vereinfachung und Harmonisierung der Zertifizierungsbemühungen in Europa und zur Angleichung des bestehenden Verbreitungsniveaus wurde eine Kooperation der bedeutendsten Zertifizierungsorganisationen in Europa initiiert, das sogenannte EQ-Net (European Network for Quality System Assessment and Certification). Die beteiligten Zertifizierungsgesellschaften erkennen die vergebenen Zertifikate in vollem Umfang gegenseitig an und stellen mit dem Zertifikat die EQ-Net-Urkunde aus. Schwachstellen bestehen insgesamt in den international unterschiedlichen Interpretationen von Normen, Qualitätssystemen und Zertifikaten. Kooperationen zwischen den Zertifizierungsgesellschaften und deren Akkreditierungsstellen haben zwar zur Vereinheitlichung beigetragen, von einer durchgängigen Aussagefähigkeit auf internationaler Basis ist man trotz gemeinsamer Normenbasis, die sich lediglich auf globales Prüfen und Zertifizieren bezieht, noch weit entfernt. Beobachter befürchten darüber hinaus, daß im Schatten der Gestaltung des europäischen Binnenmarkts eine riesige unüberschaubare Bürokratie zur Koordination der Bemühungen um eine Vereinheitlichung der Vorgehensweise entsteht. Die Unternehmen laufen Gefahr, daß der vormalige Audittourismus sich in einen Eurotourismus im Bereich des Prüf-, Zertifizierungs- und Akkreditierungswesens wandelt.

Der Nachweis zertifizierter Qualitätssicherungssysteme beinhaltet für die Unternehmen ein wesentliches akquisitorisches Potential (vgl. Abb. 7-22). Für die an Endverbraucher liefernden Unternehmen ver-

Methoden zur Rationalisierung

Kriterien \ Bedeutung	trifft nicht zu 1 2 3	trifft voll zu 4 5
Förderung des Qualitätsbewußtseins		
Innerbetriebliche Verbesserungen (Produktqualität)		
Vermarktungsmöglichkeiten		
Differenzierung gegenüber der Konkurrenz		
Reduzierung der individuellen Auditierung		

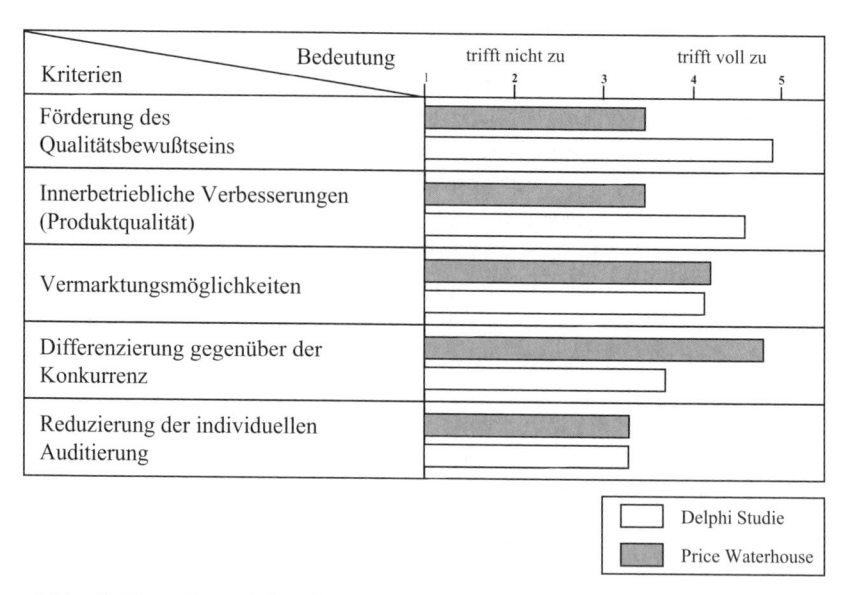

☐ Delphi Studie
■ Price Waterhouse

Abb. 7-22: Grund für die Auditierung und Zertifizierung von Qualitätssicherungssystemen

liert die Zertifizierung unter Umständen einen Großteil ihrer direkten Außenwirkung, weil den Verbrauchern das Know-how fehlt, um den Wert eines Zertifikates richtig einzuschätzen, und weil sie für homogene Konsumgüter, bei denen die Qualität über den Produktzusatznutzen empfunden wird, kein entscheidungsrelevantes Kaufkriterium darstellt. Indirekt wettbewerbswirksam sind Zertifikate insofern, als sie die Erlangung von Prüf- und Produktsicherheitszeichen erleichtern. Bei den in bezug auf die Produkthaftung kritischen Produkten sind die Hersteller jedoch rechtlich gezwungen, den Nachweis über ein funktionierendes Qualitätsmanagementsystem zu führen. Die Vermarktungsmöglichkeiten eines Zertifikats sind wesentlich von der Reputation, dem Bekanntheitsgrad und der internationalen Anerkennung der gewählten Zertifizierungsgesellschaft abhängig, wodurch die internationale Harmonisierung an Bedeutung gewinnt. Darüber hinaus ist der Wert der Zertifikate als Marketinginstrument im Zusammenhang mit der steigenden Bedeutung von Qualitätspreisen und kundenindividuellen Qualitätsauszeichnungen als Ausdruck der Qualitätsfähigkeit zu relativieren. Die Vergaberichtlinien für Qualitätspreise wie den Deming Prize, den Malcolm Baldridge National Quality Award oder den Europäischen Qualitätspreis orientieren sich an der Fähigkeit des Un-

Methoden zur Rationalisierung

ternehmens, herausragende Qualität und umfassenden Kundennutzen zu realisieren. Die Preisträger zählen zur internationalen Spitzengruppe, nicht nur in bezug auf ihr Qualitätssicherungssystem. Die Erfüllung der DIN-Anforderungen aus 9001 an das Qualitätssystem eines Unternehmens reicht zur Erreichung solcher Preise nicht aus, sie deckt lediglich 40% der möglichen Punktzahl der gestellten Anforderungen des Baldridge Awards ab. Im Vergleich zu den relevanten Kriterien der Qualitätspreise liegen die Schwerpunkte der DIN-Reihe noch immer im Bereich der Qualitätssicherung des Produkts. Die Qualität der strategischen Planung, des Führungsverhaltens, der nicht wertschöpfenden Prozesse und die Mitarbeiterorientierung des Qualitätssicherungssystems sind im Vergleich zu den Vergaberichtlinien deutlich unterrepräsentiert. Die Anforderungskataloge der Qualitätspreise bilden den Stand der Technik für ein Qualitätssicherungssystem der Spitzenklasse ab und bedürfen einer längerfristigen Vorbereitung von mehreren Jahren. Die Zertifizierung nach ISO 9000er Reihe kann aber die Grundlage für eine umfassende Qualitätsorientierung des Unternehmens sein, zumal die Vorbereitung und der Ablauf der eigentlichen Zertifizierung denen zur Erlangung eines Qualitätspreises sehr ähnlich sind.

Auf den ersten Blick besteht in der Automobilindustrie als in punkto Qualitätsmanagement innovativster Branche ein Zertifizierungsdefizit. Der geringe Anteil von 15% zertifizierter Unternehmen der Automobilbranche darf jedoch nicht unreflektiert als Nachholbedarf gegenüber den Branchen Maschinenbau (36%) Chemie (46%) und Elektroindustrie (43%) interpretiert werden. Vielmehr ist die Automobilindustrie anderen Branchen in der Zusammenarbeit mit ihren Lieferanten bereits einen Schritt voraus. Im Rahmen der Make-or-Buy-Diskussion um den Abbau der Fertigungstiefe laufen allein beim Automobilhersteller BMW derzeit 150 gemeinsame Entwicklungsprojekte mit Lieferanten. Die Qualitätssicherung solcher Leistungsbeziehungen geht über die Inhalte der Auditierung, wie sie in den Qualitätsnormen verankert ist, hinaus und umfaßt

- die Budgeteinhaltung und eine verursachungsgerechte Aufwandszuordnung des Rechnungswesens,
- ein anforderungsgerechtes Projektmanagement mit Meilensteinen und der Absicherung der terminlichen Einhaltung,

- die Anwendung präventiver Qualitätssicherungsmethoden in F&E, Logistik und administrativen Prozessen,
- die gemeinsame Durchführung von Wert- und Gemeinkostenwertanalysen,
- ein regelmäßiges Benchmarking ausgesuchter Geschäftsprozesse,
- die Beurteilung der Teamfähigkeit des Entwicklungspartners,
- Flexibilität von Arbeits- und Lohnform und
- technische Qualifikation, Know-how und die Kompatibilität zu eigenen Systemen.

Die Spezifität der Zusammenarbeit macht die Qualitätssicherung der gemeinsamen Prozesse durch eine branchenneutrale Zertifizierung nicht mehr möglich. Ford hat mit dem Programm des Supply Base Managements eine Vorgehensweise ins Leben gerufen, die inhaltlich über die schon umfangreiche Q101-Norm hinausgeht. Die Qualitätsnorm, nach der die Lieferanten nach wie vor auditiert und bewertet werden, erwies sich als nicht vielschichtig genug, um bei einem bestimmten Zukaufteil den besten Q1-Award Lieferanten herauszufiltern. Sie wurde daher um Total Quality Excellence Kriterien erweitert und bezieht sich nun unter dem Aspekt des Klassenbesten auf alle Produkte, Wertschöpfungs- und Dienstleistungprozesse. Die Klassifizierung erfolgt analog zur Q101-Norm durch ein interdisziplinäres Team von Ford-Mitarbeitern mindestens einmal pro Jahr. Ford hatte Ende 1993 nach eigenen Angaben keinen Lieferanten mehr, der nicht Q1-Award-Preisträger ist. Die Aufgabe der Zukunft ist es, diesen Q1-Award-Standard zeitgemäß und anforderungsgerecht weiterzuentwickeln.

Die Zertifizierungsgesellschaften mit ihrer heutigen, im Normenwesen verankerten Bürokratie, die sich durch internationale Zulassungen und Akkreditierung noch verstärkt, haben eine vergleichsweise geringe Chance, diese Entwicklung zeitgleich mitzuvollziehen. Die Bedeutung der Zertifikate ist damit in mehrfacher Hinsicht zu relativieren:

- Neben der Zertifizierung können branchenspezifische Vereinheitlichungen und die gegenseitige Anerkennung der Auditergebnisse ein Weg zur Reduzierung der Auditierungskosten sein, die den individuellen Bedürfnissen besser Rechnung tragen als das globale Konzept der Zertifizierung.

Methoden zur Rationalisierung

- Neben Zertifikaten stellen Qualitätspreise und Auszeichnungen eine zunehmend bedeutsame Vermarktungsmöglichkeit dar.
- In innovativen Zuliefer-Abnehmer-Beziehungen gehen die Anforderungen der gemeinsamen Qualitätssicherungsbemühungen über den Umfang genormter Qualitätsmanagementsysteme hinaus.
- Zertifizierte Qualitätssicherungssysteme sind aufgrund ihrer starken Technik- und Produktorientierung nur ein Schritt auf dem Weg zu einer umfassenden Qualitätsorientierung des Unternehmens.

Verfahren der Lieferantenbewertung in ihrer traditionellen Ausprägung als Kennzahlensysteme, Leistungsindizes, Kostenvergleiche, Checklistenverfahren, Profil- und Nutzwertanalysen sowie die Ausgestaltungsformen der Auditierung und Zertifizierung bieten dem Abnehmer durch die zusätzlichen Informationen die Ausgangsbasis zur Realisierung von Einkaufspotentialen. Entscheidungen im Einkauf können nur so gut sein wie die Informationen, auf die sie sich stützen.

7.2.2 Prozeßoptimierung zwischen Lieferant und Abnehmer

Der mit der Lieferantenbewertung ermöglichten Identifikation von Rationalisierungspotentialen im Einflußbereich des Lieferanten hat die Erschließung der Potentiale durch eine Prozeßoptimierung zwischen Abnehmer und Lieferant zu folgen. Dabei sind für eine umfassendere Erschließung Mitarbeiter aus den betroffenen Bereichen wie Produktion, Forschung und Entwicklung, Qualitätssicherung oder Logistik in zeitlich befristete, interdisziplinäre Projektteams einzubinden, deren Zielsetzung darin besteht, funktions- und bereichsorientierte Sichtweisen zu überwinden und durchgängige Geschäftsprozesse zu gestalten. In Hinblick auf den Prozeß der Beschaffungslogistik ist zu fordern, daß alle Abläufe von der Bedarfsentstehung in der Fertigung über die Bestellauslösung bis hin zur Anlieferung der Kaufteile am Verbauort des Abnehmers wertanalytisch untersucht werden. Zur Vermeidung von Verschwendung und Blindleistung in der logistischen Kette sind gemeinsam mit den Lieferanten durchgängige Qualitäts-, Verpackungs-, Transport- und Lagerstufenkonzepte zu erarbeiten und umzusetzen. Die Automobilindustrie bietet auch auf diesem Gebiet ein hervorragendes Lernbeispiel für andere Industrien. Sie ist besonders der japanischen Herausforderung ausgesetzt und hat sich intensiv mit der für asiatische Länder typischen Form der Ausgestaltung von Abnehmer-Lieferanten-Beziehungen auseinandergesetzt. Deshalb werden im folgenden die Programme der Automobilhersteller zur Erschließung von Einkaufspotentialen beschrieben.

Der Tatsache, daß Lieferantenbeziehungen systematisch auf Rationalisierungspotentiale hin zu untersuchen sind, tragen Automobilhersteller insofern Rechnung, als sie versuchen, ihre Beziehungen zu Lieferanten durch spezielle Lieferantenförderungsprogramme zu optimieren (vgl. Wildemann 1997d). Trotz unterschiedlicher Bezeichnungen der Vorgehensweisen wie KVP^2 (VW), PICOS (Opel), Drive for Leadership (Ford), POZ (BMW) oder TANDEM (Mercedes-Benz) verfolgen die Programme ähnliche Zielrichtungen (vgl. Abb. 7-23). Es gilt, Verschwendung über die gesamte Leistungskette vom Lieferanten über den Hersteller bis zum Kunden zu vermeiden. Die Programme der Automobilhersteller lassen sich nach ihrer zeitlichen Reihenfolge und inhaltlichen Zielsetzung in fünf Phasen untergliedern. In einer ersten Phase wurden Optimierungsansätze entwickelt, die eindimensional auf den Erfolgsfaktor Einkaufspreis ausgerichtet waren. Die Unternehmen versuchten, durch weltweite Beschaffungsmarktaktivitäten die jeweils günstigsten Anbieter für eine Produktgruppe zu ermitteln. Aufgrund der Tatsache, daß deutsche Hersteller Mitte der 80er Jahre nur niedrige Importquoten aufwiesen, stellte sich diese Vorgehensweise als ein wirksames Mittel zur kurzfristigen Erzielung von Einkaufspreisvorteilen heraus. Mercedes-Benz und andere Hersteller erhöhten ihren Importanteil durch weltweiten Einkauf in den Jahren von 1985-1991 von unter 8% auf über 13% am gesamten Bezugsvolumen. Als Ergebnis konnte im Durchschnitt eine Einsparung in Höhe von 10-15% des jeweiligen Einkaufspreises erzielt werden. Die weltweiten Beschaffungsmarktaktivitäten erfüllten jedoch noch eine weitere Funktion. Niedrigpreisangebote können den Unternehmen oftmals als Druckmittel dienen, um bei Lieferanten unter Androhung eines Lieferantenwechsels Preisreduzierungen einzufordern. Diese Managementstrategie der Abnehmer führte aber fast immer nur zu kurzfristigen Erfolgen. Leistung ausschließlich unter Androhung von Druck- und Sanktionsmaßnahmen zu verlangen, bewirkt eine Verschlechterung des Klimas zwischen Abnehmer und Lieferant und verhindert Kreativität, Innovationen und Kooperationswillen. Durch die Betonung des Faktors Einkaufspreis arbeiteten Lieferanten wie Abnehmer getrennt

Automobilhersteller	Programmbezeichnung	Vorgehensweise	Inhaltliche Schwerpunkte
• General Motors	PICOS	Gemeinsame Workshops, ergebnisorientierte Lieferantenprojekte	Vermeidung von Verschwendung: • Standardisierung von Abläufen, • Arbeitsplatzorganisation, • Mitarbeitereinbeziehung, • Qualitätsmangement und • Visualisierungstechniken
• Volkswagen	KVP/KVP²	Gemeinsame Workshops mit integriertem, ergebnisorientiertem Lieferantenprojekt	Erhöhung des Kundennutzens/ Vermeidung von Verschwendung: • Optimieren der Arbeitsmethoden, • Mitarbeitereinbeziehung und • Qualitätsmanagement
• Ford	Supplier/Ford Partnership	Staffelung verschiedener Workshop-Serien: • Bewußtseinsschulung, • Methodenschulung, • Lieferantenbefragung und ergebnisorientiertes • Lieferantenprojekt	• Kontinuierlicher Verbesserungsprozeß/Kaizen, • Wertgestaltung, • Wertanalyse, • Benchmarking, • Total Cost of Ownership (TCO)
• Mercedes-Benz	Tandem	• Themenbezogene Workshops • Ergebnisorientiertes Arbeitsprojekt mit Lieferanten, • Ideenbörse, • Patenschaft Einkauf-Lieferant und • Informationsschriften	• Kontinuierlicher Verbesserungsprozeß / Kaizen, • Optimierung der Arbeitsmethoden und • Qualitätsmanagement
• BMW	POZ	• Partnerschaft Einkauf-Lieferant • Lieferant fordert Optimierungsteam an • Bildung von gemeinsamen Optimierungsteams	• Optimierung der gesamten Prozeßkette des Lieferanten einschließlich der Schnittstellen zu BMW • Verbesserung der Mitarbeitermotivation • Steigerung der Eigenverantwortung • Bildung kundenorientierter Fertigungssegmente • Integration indirekter Bereiche

Abb. 7-23: Übersicht über die Programme der Automobilhersteller zur Optimierung der Abnehmer-Lieferanten-Beziehung

voneinander an einer Optimierung ihrer Kostenstrukturen. Eine durchgängige Gesamtkostenbetrachtung über die komplette Leistungskette von Abnehmer und Lieferant hinweg mit dem Ziel der Vermeidung von Verschwendung fand dabei nicht statt. Die Erfahrungskurven beider Parteien wurden nicht vereint, woraus redundante Kostenstrukturen resultierten.

In einer zweiten Phase wurden vor allem Lieferantenauditierungen forciert mit der Zielsetzung, Verschwendung zu identifizieren. Einkäufer gingen in die Fabrikhallen der Lieferanten und hielten anhand von Checklisten Verschwendungen in Form von Beständen, langen Durchlaufzeiten, hohen Ausschuß- und Nacharbeitsquoten oder nicht abgestimmten Kapazitäten fest. Die so ermittelte Verschwendung wurde quantifiziert, ein Einsparpotential ausgewiesen und dieser Betrag von den nächsten Lieferantenrechnungen abgezogen. Hilfestellungen für Lieferanten zur Erreichung der ermittelten Einsparpotentiale leisteten die Abnehmer selten. Bei den Automobilherstellern setzte sich jedoch die Erkenntnis durch, daß durch den klassischen Preis-

Methoden zur Rationalisierung

wettbewerb, dem Ausspielen von Lieferanten und durch Auditierungsmethoden keine erstklassigen Leistungen erreichbar sind. Zur weiteren Leistungsverbesserung war eine Neuorientierung in der Beziehung zum Lieferanten erforderlich. Eine Vorreiterrolle nahm dabei General Motors (GM) ein, die die dritte Phase einer Neuorientierung der Abnehmer-Lieferanten-Beziehung auslösten. GM versuchte mit Hilfe des PICOS-Konzepts (Purchased Input Concept Optimization with Suppliers), gemeinsam mit den Lieferanten Verschwendung über die gesamte Wertschöpfungskette vom Lieferanten bis zum Kunden nicht nur zu identifizieren, sondern auch zu eliminieren. GM war zu der Überzeugung gelangt, daß zur Erzielung eines Gesamtkostenminimums die Lieferanten einen wichtigen Erfolgsfaktor darstellen, sofern man eine enge, partnerschaftliche Beziehung zu ihnen aufgebaut hat. PICOS ist daher auch als ein Hilfsmittel der Hersteller anzusehen, ihre eigenen Kosten zu reduzieren. So gelang es GM als einzigem Automobilhersteller, von 1985 an die Preise für das Zukaufteilesortiment einer Fahrzeugreihe (Opel Kadett) kontinuierlich zu senken (vgl. Meinig 1991, S. 22ff.). Im Mittelpunkt steht dabei die Durchführung von Workshops in Zulieferunternehmen gemeinsam mit Mitarbeitern des Abnehmers. Im Gegensatz zu früheren Verhaltensweisen sollen Kostenreduzierungen durch Methodenschulungen erreicht und ein Prozeß der kontinuierlichen Verbesserung beim Lieferanten eingeleitet werden. Inhaltliche Maßnahmen zur Verschwendungsvermeidung bilden die Standardisierung von Abläufen, die Optimierung der Arbeitsplatzorganisation, die aktive Einbeziehung der Mitarbeiter in den Problemlösungsprozeß, Qualitätsmanagement und Visualisierungstechniken. Der Workshop beinhaltet jedoch auch die Umsetzung der erarbeiteten Konzepte in ausgewählten Fertigungsbereichen. Dies geschieht mit Unterstützung von Spezialisten. Verbesserungen beziehen sich schwerpunktmäßig auf Produktivitätserhöhungen, Bestandssenkungen und Verbesserungen der Materialbereitstellungskonzepte.

Die Erfolge, die GM mit dieser Vorgehensweise erzielte, veranlaßten in einer vierten Phase weitere Automobilhersteller dazu, ihre Beziehungen zu den Lieferanten zu überdenken. Volkswagen beispielsweise bedient sich dabei einer an das PICOS-Konzept angelehnten Vorgehensweise, dem KVP-Konzept (Kontinuierlicher Verbesserungsprozeß), welches in den Volkswagen-Werken intern wie auch extern bei den Zulieferunternehmen angewendet wird. KVP^2 ist dabei als Kombination aus schon bestehenden Methoden zur kontinuierlichen Verbesserung und KAIZEN-Ansätzen zu verstehen. Es werden KVP^2-Teams, bestehend aus VW-Spezialisten und Mitarbeitern des Lieferanten, gebildet, wobei großer Wert darauf gelegt wird, daß die beteiligten Mitarbeiter aus unterschiedlichen Funktionsbereichen und Hierarchieebenen stammen. Oberste Zielsetzung der Teamarbeit stellt auch hier die Erhöhung des Kundennutzens durch Vermeidung von Verschwendung und die Optimierung der Fertigungsprozesse und Arbeitsmethoden dar. Der Einsatzbereich der Teams ist auf einen bestimmten Fertigungsbereich begrenzt und umfaßt jeweils nur einen kleinen Bereich der Wertschöpfungskette. Eine kurze Ist-Analyse hält die relevanten Kennzahlen fest. Die gemeinsam erarbeiteten Verbesserungsmaßnahmen sind am Ende weitestgehend umzusetzen und zu messen. Ergebnisgrößen sind Verbesserungen der Qualität, Erhöhung der Produktivität, Reduzierung von Umlaufbeständen, Durchlaufzeiten und Flächen, wobei empirische Erfahrungen Einsparungen in Höhe von 20-50% der jeweiligen Bezugsgröße ausweisen.

Auch Mercedes hat seine Beziehungen zu den Lieferanten neu organisiert. TANDEM heißt das Kooperationsmodell und basiert auf drei Bausteinen: Veranstaltungen, Organisation und Information. Die Veranstaltungen gliedern sich dabei in regelmäßige Zusammenkünfte von Lieferanten anläßlich Produktpräsentationen, themenbezogenen Workshops sowie ergebnisorientierten Arbeitsprojekten mit jeweils einem Lieferanten. Der Baustein Organisation verschafft den Lieferanten über Patenschaften fest definierte Ansprechpartner im Einkauf. Der "Tandem Support" berät und unterstützt Zulieferunternehmen bei Mercedes-spezifischen Problemstellungen. Zudem besteht eine Ideenbörse für Verbesserungsvorschläge der Lieferanten. Eine Ergänzung findet die Vorgehensweise durch den Baustein Information, der Schriften zu lieferantenspezifischen Themenstellungen publiziert. BMW startete 1988 gemeinsam mit seinen Lieferanten ein Programm zur Effizienzsteigerung. POZ (Prozeßoptimierung Zulieferteile) ist der Name des Kooperationskonzepts, dessen Zielsetzung die Eliminierung von Doppel- oder Nacharbeiten über die gesamte Prozeßkette ist. Den Kern dieses Konzeptes stellt das ressort- und unternehmensübergreifende POZ-Team dar. Im Gegensatz zu den meisten anderen Automobilherstellern konstituiert sich dieses Projektteam nur auf Anforderung des Lieferanten. Das jeweilige Projektteam wird problemspezifisch

Methoden zur Rationalisierung

zusammengesetzt und hat die Aufgabe, nicht nur die Fertigung, sondern die gesamte Prozeßkette des Lieferanten mit seinen Schnittstellen zu BMW zu analysieren und zu optimieren. Zur erfolgreichen Durchführung eines POZ-Projekts sind in der Regel weniger als 10 Teamsitzungen erforderlich, wobei im Durchschnitt Kostensenkungen in Höhe von 20% erreicht und zwischen BMW und den Lieferanten aufgeteilt werden. Die Zusammenarbeit mit den Lieferanten beschränkt BMW nicht nur auf die Optimierung bestehender Zukaufteile. Erweitert wird das Partnerschaftskonzept um das 1990 gegründete NP-Projekt. In dem Projekt "Neue Programm- und Produktionsstrukturen" versucht BMW, Lieferanten schon in der Ideenphase der Produktentwicklung einzubinden und den Prozeß der kontinuierlichen Verbesserung in allen Funktionsbereichen zu institutionalisieren. Zur effizienten Vertretung der Lieferantenbelange sind, ebenso wie bei Mercedes, für jeden Lieferanten Patenschaften im Einkauf vergeben worden.

Eine modifizierte Vorgehensweise wählt Ford im Umgang mit seinen Lieferanten. Den Anfang bildet ein eintägiges Seminar, welches ausgewählten A-Lieferanten einen Überblick über die geplanten Aktivitäten vermitteln soll. Auf einer anschließenden halbtägigen Einweisungsveranstaltung sind Ford-Lieferanten-Teams zu bilden und inhaltlich auf ein folgendes viertägiges Trainingsseminar vorzubereiten. Zielsetzung dieser Seminare besteht darin, die Mitglieder der interdisziplinären Ford-Lieferanten-Teams mit den Grundlagen des kontinuierlichen Verbesserungs- und KAIZEN-Prozesses sowie der Wertgestaltung und -analyse vertraut zu machen. Die erworbenen Kenntnisse werden dann in 1 1/2-tägigen KAIZEN-Workshops in der Fertigung der Lieferanten umgesetzt. Nach etwa zwei Wochen schließt sich ein dreitägiger Workshop mit den Themenschwerpunkten Wertgestaltung und -analyse an. Den Abschluß bildet die Erarbeitung einer gemeinsamen Verpflichtungserklärung zur weitergehenden Wertsteigerung und Kostensenkung. Bilaterale Nachfolgetreffen zwischen Ford und den jeweiligen Lieferanten zur Fortschrittsüberwachung finden in größeren Zeitabständen statt. Ford plant die Kosten dieser zeit- und kostenintensiven Vorgehensweise unter den teilnehmenden Lieferanten aufzuteilen, wobei die Kosten zur Entwicklung des Programms von Ford allein getragen werden.

Methoden zur Rationalisierung

Während diese vierte Phase auf die Eliminierung von Verschwendung durch kontinuierliche Verbesserungsprozesse abzielte, stellen neuere Ansätze auf einen branchen- und länderübergreifenden Kennzahlenvergleich (Benchmarking) sowie tiefergreifende organisatorische Veränderungen ab. So führt beispielsweise Ford vergleichende Analysen aller A-Lieferanten durch. Hierzu ist von den Lieferanten ein Fragebogen auszufüllen, der relevante Kennzahlen aus den Bereichen Produktion, Entwicklung, Logistik, Qualität und Einkauf erfaßt. Diese werden in Relation zu branchenübergreifenden Bestwerten gesetzt, so daß einerseits die Lieferanten einen Eindruck über ihre Leistungsfähigkeit gewinnen und andererseits Ford einen Überblick über die Leistungsfähigkeit und Rationalisierungsreserven der Lieferanten erhält. Die Ermittlung der gesamten Einstandskosten (Total Cost of Ownership) stellt einen weiteren Ansatzpunkt dar. Ford versucht dabei gemeinsam mit den Lieferanten alle Kosten zu ermitteln, die bis zum Einbau eines Teiles beim Abnehmer anfallen. Dabei stehen nicht mehr nur die reinen Einkaufspreise, sondern die Ermittlung aller beschaffungsrelevanten Kostenstrukturen bei Abnehmer und Lieferant im Vordergrund.

In vielen Abnehmer-Lieferanten-Beziehungen sind die tatsächlich anfallenden Beschaffungskosten nicht vollständig bekannt. Daher versucht der Abnehmer, gemeinsam mit den Lieferanten in allen beschaffungsrelevanten Funktionsbereichen die Kosten zu ermitteln, die bis zum Einbau der Teile beim Abnehmer angefallen sind. Die relevanten Kostengrößen lassen sich in lieferanten- und abnehmerbezogene Kostengrößen differenzieren. Kosten des Lieferanten beziehen sich auf dessen Rohmaterial-, Verpackungs-, Lohn- und Fertigungsbetriebskosten, seine Kosten für Forschungs- und Entwicklungsaktivitäten, sonstige Gemeinkosten sowie einen angemessenen Gewinnaufschlag. Kostengrößen des Abnehmers stellen anteilige Produktentwicklungsaufwendungen, Beschaffungskosten, Qualitätssicherungsaktivitäten, Fracht- und Logistikkosten, Änderungs- und Garantiekosten sowie alle vom Abnehmer getragenen Werkzeugkosten dar (vgl. Abb. 7-24). Empirische Studien deuten dabei auf ein Kostenverhältnis von 80% zu 20% zwischen lieferer- und abnehmerbezogenen Kostengrößen hin. Diese Kosten bilden die Ausgangsbasis für die Festlegung der Einkaufspreise, die Abschätzung der Erfolgswirksamkeit von Rationalisierungsmaßnahmen und die Aufteilung von Rationalisierungsergebnissen. Ford beabsichtigt, den Lieferanten die Hälfte der ermittelten Einsparungen über die gesamte Lebensdauer der Kaufteile zugute kommen zu lassen.

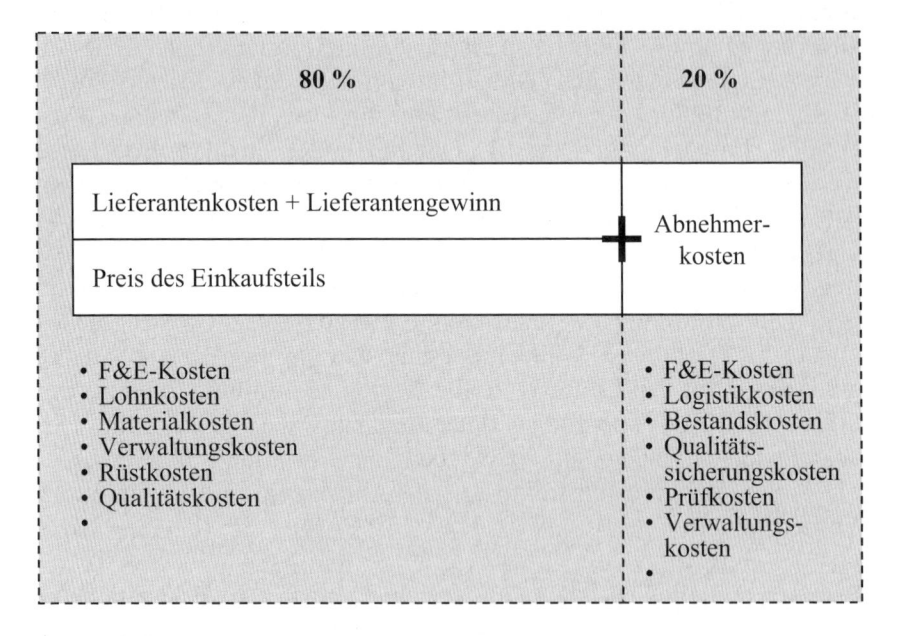

```
┌─────────────────────────────────────┬──────────────────────┐
│              80 %                   │         20 %         │
│                                     │                      │
│  ┌───────────────────────────────┐  │                      │
│  │ Lieferantenkosten + Lieferantengewinn │ Abnehmer-        │
│  ├───────────────────────────────┤  │ kosten               │
│  │ Preis des Einkaufsteils       │  │                      │
│  └───────────────────────────────┘  │                      │
│                                     │                      │
│  • F&E-Kosten                       │  • F&E-Kosten        │
│  • Lohnkosten                       │  • Logistikkosten    │
│  • Materialkosten                   │  • Bestandskosten    │
│  • Verwaltungskosten                │  • Qualitäts-        │
│  • Rüstkosten                       │    sicherungskosten  │
│  • Qualitätskosten                  │  • Prüfkosten        │
│  •                                  │  • Verwaltungs-      │
│                                     │    kosten            │
│                                     │  •                   │
└─────────────────────────────────────┴──────────────────────┘
```

Abb. 7-24:   Ermittlung der gesamten Einstandskosten

In den Materialkostensenkungsprogrammen der Automobilindustrie können folgende Gemeinsamkeiten identifiziert werden:

- Arbeit in gemischten Abnehmer-Zulieferer-Teams,
- Beteiligung mehrerer betrieblicher Funktionsbereiche seitens Abnehmer und Lieferant,
- Gestaltung der Zusammenarbeit Abnehmer-Lieferant auf Basis des Modells der Wertschöpfungskette,
- Fokussierung in der Analyse,
- Schwierigkeiten in der gemeinsamen Realisierung,
- Problematik der Mehrfachanwendung sowie
- Kostenreduzierung in der laufenden Serie.

Damit zielen die bestehenden Programme auf eine Kostenreduzierung in der laufenden Serie ab. Das größtmögliche Einsparpotential kann aber nur durch eine Einflußnahme zu Prozeßbeginn, also während der Ideenfindung, der Konzept- und der Serienentwicklung erzielt werden. Vor diesem Hintergrund werden zur Zeit die bestehenden Programme um die entwicklungsaktivitätenbezogene Komponente erweitert. Darüber hinaus werden der Auftragsabwicklungsprozeß und die Administration des Lieferanten bisher in den Programmen nicht berücksichtigt.

Seitens der Lieferanten erfüllen die Materialkostensenkungsprogramme nicht die in sie gesetzten Erwartungen. Im Rahmen einer bei 102 Lieferern der Automobilindustrie durchgeführten empirischen Studie wurde den Fragestellungen nachgegangen, was die Liefererprogramme wirklich leisten, wann sie versagen und wozu sie sich überhaupt eignen (vgl. Abb. 7-25). So treten bei vielen Programmen bereits in der Initiierungsphase Probleme auf, da nicht die richtigen Lieferanten als Partner ausgewählt werden. Unter der Vermutung der größten Einsparungspotentiale bei den umsatzstärksten Materialgruppen erfolgt eine Konzentration auf solche Lieferanten, die sich durch eine hohe Marktmacht auszeichnen und deshalb nur selten wirklich bereit sind, den Veränderungsprozeß mitzutragen. Es wird vom Abnehmerunternehmen zu wenig beachtet, daß auch mit umsatzschwächeren Lieferern, welche ein komplexes Produkt liefern, schnelle Projekterfolge und wichtige Erfahrungen zu realisieren sind. Bei vielen Programmen mangelt es auch an einer strategische Orientierung und einem langfristigen Controlling der initiierten Aktivitäten. Die Ergebnisse der Workshops unterstreichen den kurz- bis mittelfristigen Charakter der Konzepte. So stellen sich bei mehr als 35% der befragten Lieferanten sofortige Kostenreduzierungen ein, während Verbesserungen der Produktqualität in nur wenigen Fällen erreicht werden. Darüber hinaus werden viele der in den Workshops ausgewiesenen Potentiale lediglich aufgezeigt, eine spätere Realisierung und die zugesagte Unterstützung seitens der Abnehmer beim Lieferanten bleibt aus. Als besonders kritisch gilt die vielen Programmen zugrunde liegende undifferenzierte Behandlung aller Lieferanten. Es bleibt vielfach unbeachtet, daß spezifische betriebliche Erfordernisse und Rahmenbedingungen eine Anpassung der Programmaktivitäten erfordern (vgl. Wildemann 1997). Eine Möglichkeit, sich der Programme zu entziehen, besteht für die Lieferanten in der Regel nicht. Vielmehr führt die verweigerte Zusammenarbeit oder nicht fristgerechte Umsetzung beschlossener

Methoden zur Rationalisierung

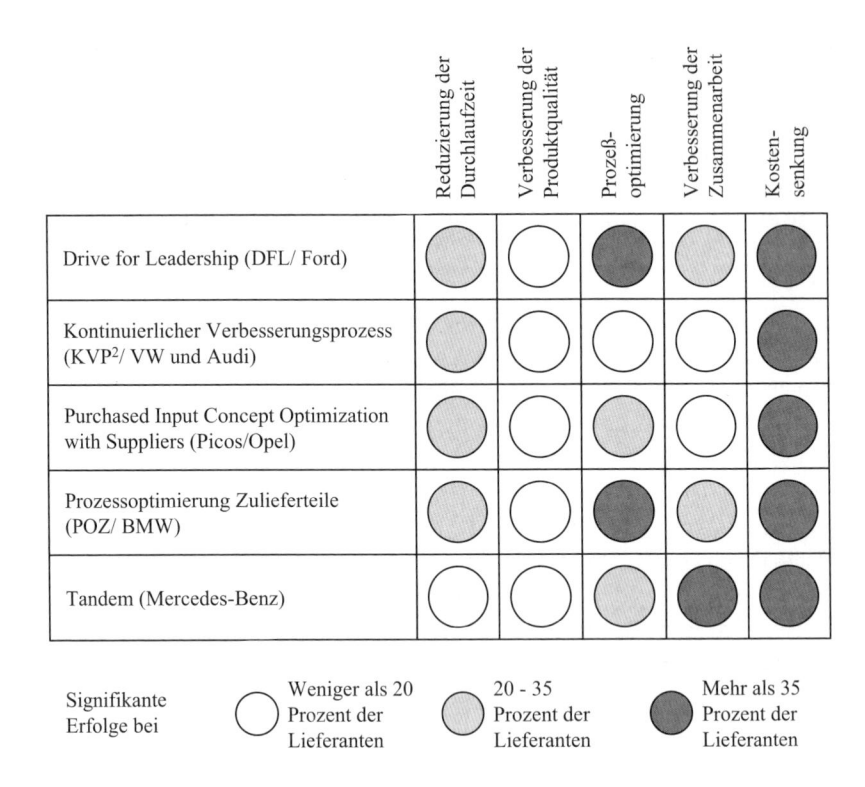

	Reduzierung der Durchlaufzeit	Verbesserung der Produktqualität	Prozeß-optimierung	Verbesserung der Zusammenarbeit	Kosten-senkung
Drive for Leadership (DFL/ Ford)	◐	○	●	◐	●
Kontinuierlicher Verbesserungsprozess (KVP²/ VW und Audi)	◐	○	◐	○	●
Purchased Input Concept Optimization with Suppliers (Picos/Opel)	◐	○	◐	○	●
Prozessoptimierung Zulieferteile (POZ/ BMW)	◐	○	●	◐	●
Tandem (Mercedes-Benz)	○	○	◐	●	●

Signifikante Erfolge bei ○ Weniger als 20 Prozent der Lieferanten ◐ 20 - 35 Prozent der Lieferanten ● Mehr als 35 Prozent der Lieferanten

Abb. 7-25: Bewertung der Lieferantenprogramme der Automobilhersteller

Maßnahmen dazu, daß der bestehende Liefervertrag zur Disposition gestellt wird. Die in Zusammenhang mit den Materialkostensenkungsprogrammen verwendete Formulierung der Partnerschaft kann vor diesem Hintergrund kaum als gleichberechtigte Partnerschaft bezeichnet werden. Es handelt sich vielmehr um eine Junior-Senior-Partner-Beziehung.

7.2.3 Gemeinsame wertanalytische und wertgestalterische Aktivitäten in der Abnehmer-Lieferanten-Beziehung

Der Aufbau einer wertschöpfenden Partnerschaft zwischen Abnehmer und Lieferant kann durch Zusammenarbeit unter Nutzung der Techniken der Wertgestaltung und Wertanalyse beschrieben werden. Die Unternehmen arbeiten gemeinsam daran, das Produkt, die Service-

Methoden zur Rationalisierung

leistung oder die Verfahrensentwicklung zu verbessern, indem gemeinsam Kosten reduziert und der Nutzen ausgebaut werden. Beide Partner profitieren vom erreichten Erfolg (vgl. Wolters 1995).

Wertanalyse: Nach DIN 69910 ist die Wertanalyse definiert als "ein System zum Lösen komplexer Probleme, die nicht oder nicht vollständig algorithmierbar sind". Hierzu wird ein interdisziplinäres und unternehmensübergreifendes Team gebildet, das ausgehend von einer Analyse der Haupt- und Nebenfunktionen unter Einsatz heuristischer Techniken geeignete Lösungsansätze zur Steigerung des Kosten-Nutzen-Verhältnisses von Produkten zu entwickeln hat. Die Vorgehensweise ist in sechs Stufen unterteilt:

1. Projektvorbereitung,
2. Analyse der Objektsituation,
3. Beschreibung des Sollzustandes,
4. Entwicklung von Lösungsideen,
5. Festlegung der Lösungen und
6. Umsetzung der Lösungen.

Durch die gemeinsame Wertanalysearbeit wird eine Know-how-Bündelung erreicht, so daß Lernkurveneffekte und Kostensenkungspotentiale identifiziert werden können. Aufgabe der Beschaffung im Rahmen der Wertanalyse ist die Identifikation geeigneter Lieferanten, sowie die Mitarbeit an Fragestellungen wie Überprüfung von Spezifikationen, Möglichkeiten zum Teiletausch, Standardisierung oder Festlegung von Toleranzen sowie die Substitution von Materialien. Als eine Fallstudie zur Wertanalyse mit Lieferanten kann ein Unternehmen der Automobil-Zulieferindustrie angeführt werden, das Achsen für Automobil- und Wohnwagenhersteller liefert. Das Kaufteilespektrum umfaßt im wesentlichen Radbremsen, Bleche, Achsrohre, Gummielemente, Seilzüge, Schmiedeteile, Drehteile und Fließpreßteile. Zu Beginn der Zusammenarbeit war die unternehmensspezifische Marktsituation charakterisiert durch einen starken Preisverfall, sinkende Stückzahlen, steigende Variantenzahlen und kürzer werdende Lieferzeitanforderungen. Im Mittelpunkt des Abnehmerinteresses stand die Erschließung von Einkaufspreisvorteilen. Radbremsen und Bowdenzüge zeichneten sich als Kaufteile mit einem hohen wertmäßigen Bezugsvolumen und einer mittleren technologischen Komple-

Methoden zur Rationalisierung

xität aus. Aufgrund der Tatsache, daß beiden Lieferanten eine hohe Kooperationsbereitschaft und ein hohes Entwicklungspotential unterstellt werden konnte, wurde der Aufbau partnerschaftlicher Zusammenarbeitsstrukturen mit diesen Lieferanten angestrebt. Zur kurzfristigen Realisierung von Rationalisierungspotentialen wurden bei beiden Lieferanten gemeinsame Wertanalyse-Teams gebildet. An den 14-tägig stattfindenden Teamsitzungen nahmen von Seiten des Abnehmers und der Lieferanten Mitarbeiter aus den Bereichen Einkauf, Qualitätssicherung, Forschung und Entwicklung sowie die Fertigungsleiter der Lieferanten teil. Im Wertanalyse-Team "Radbremse" wurden im wesentlichen folgende Maßnahmen erarbeitet:

- Werkstoffsubstitutionen (Einsatz anderer Stahlqualitäten und Sintermaterialien),
- Veränderung der Fertigungsverfahren (spanlose Bearbeitung) und
- gemeinsame Nutzung von Einkaufsquellen durch Bildung von Einkaufskooperationen.

Bei den wertanalytischen Untersuchungen am Bowdenzug konnten Einsparungen aufgrund

- des Entfalls eines kompletten Teiles durch eine konstruktive Anpassung durch den Abnehmer,
- Werkstoffsubstitutionen (Zinkdruckguß/Sintermetall anstelle Stahlmaterial),
- reduzierter Spezifikationsanforderungen des Abnehmers sowie
- Standardisierungsmaßnahmen (Vereinheitlichung der Materialdicke)

realisiert werden.

Zudem wurden beide Lieferanten in längerfristige Rahmenverträge eingebunden, so daß auch der Lieferant einen Anreiz zur gemeinsamen Optimierung der Kostenstrukturen erhielt. Als Ergebnis der wertanalytischen Aktivitäten an der Radbremse konnte eine 12%ige Reduzierung der Einkaufspreise erreicht werden. Die angefallenen Investitionen (Werkzeuganpassungen) wiesen dabei eine Amortisationsdauer von einer Woche auf. Als Ergebnis der wertanalytischen Aktivitäten für den Seilzug konnte eine Reduzierung der Einkaufspreise um 37%

Methoden zur Rationalisierung

erreicht werden. Die Amortisationsdauer für die erforderlichen Investitionen (Werkzeugkosten) betrugen durchschnittlich fünf Monate.

Lieferantenworkshops: Ein weiterer Optimierungsansatz besteht in der gemeinsamen Anwendung des GENESIS-Konzeptes mit Mitarbeitern des Lieferanten und des Abnehmers zur Erschließung von Einkaufspotentialen (vgl. Wildemann 1996). GENESIS (**G**rundlegende **E**ffektivitätsverbesserung **n**ach **e**iner **S**chulung **i**n **s**chlanker Produktion, Organisation und Beschaffung) ist ein praxiserprobtes Workshop-Konzept, bei dem Lösungsansätze, Methoden und standardisierte Vorgehensweisen zur Schaffung schlanker Strukturen vor Ort geboten werden. GENESIS bewirkt innerhalb von vier Tagen sofortige Produktivitätssteigerungen und stellt eine kurzfristig wirksame Einführungsstrategie von schlanken Strukturen und Geschäftsprozessen dar. Obwohl das GENESIS-Konzept aus Erfahrungen der Materialkostensenkungsprogramme der Automobilhersteller hervorgeht, kann es durch folgende Charakterisierung von den bezeichneten Programmen einerseits und der Wertanalyse andererseits abgegrenzt werden:

- Der produktbezogene Ansatz der Wertanalyse wird durch eine Prozeßbetrachtung ergänzt, die in einer schrittweisen Evaluierung der Aktivitäten hinsichtlich des originären Kundennutzens besteht.
- Durch die dem Workshop vorangehende intensive Methodenschulung sollen die Lieferanten in die Lage versetzt werden, selbständig einen kontinuierlichen Verbesserungsprozeß in ihren Unternehmen einzuführen und sich schnellstmöglich von der Begleitung des Abnehmers zu lösen.
- Die Optimierungsaktivitäten reduzieren sich nicht nur auf die Schnittstelle zwischen Abnehmer und Lieferant, sondern werden im Zulieferunternehmen dort positioniert, wo das größte Erfolgspotential zu erwarten ist.
- Die Themenstellungen gehen über eine Prozeßoptimierung in der Produktion oder Logistik innerhalb einer laufenden Serie hinaus und können die Entwicklung und Konstruktion, die Auftragsabwicklung sowie die Organisation und Administration umfassen.

Das Interesse des Abnehmers besteht nach wie vor in der Realisierung von Kostensenkungspotentialen. Der Hebel zur dauerhaften Realisierung dieser Potentiale besteht in der aktiven Hilfestellung des Abneh-

Methoden zur Rationalisierung

mers zur Bewältigung von Problemen und der Initiierung des kontinuierlichen Verbesserungsprozesses. Die Durchführung von Workshops mit Lieferanten bewirkt sofortige kurzfristig wirksame Produktivitätssteigerungen. Hauptzielsetzung der Workshops ist eine kundenorientierte Neuausrichtung einzelner Abschnitte der Wertschöpfungskette der Lieferanten und die Beseitigung jeglicher Verschwendung.

Das GENESIS-Konzept mit Lieferanten durchläuft mehrere Phasen und besitzt einen zweiteiligen Aufbau (vgl. Abb. 7-26). Den Auftakt bildet ein zweitägiger Schulungsworkshop mit Führungskräften und den zukünftigen Prozeßmoderatoren. Zweck dieser Veranstaltung ist die Vermittlung des Gedankenguts anhand von Vorträgen, Fallstudien und Gruppendiskussionen. Die Konzeptinhalte, wie Verschwendungsvermeidung, Arbeitsplatzorganisation, Standardisierung, Visualisierung, Wertgestaltung und Gruppenmoderation werden in Kurzvorträgen vorgestellt und diskutiert. Die Teilnahme an den Schulungsworkshops dient einerseits zur Information, andererseits zur Selbstverpflichtung eines jeden Teilnehmers, als Protagonist des organisatorischen Wandels im Unternehmen aktiv zu werden. Darüber hinaus trägt die Vermittlung und die Diskussion der Schulungsinhalte dazu bei, daß sich Verhaltens- sowie Identifikationsbarrieren abbauen lassen und die Veränderungsbereitschaft erhöht wird. Insofern beinhaltet das Schulungsprogramm sowohl eine verhaltensbezogene, als auch eine methoden- und aufgabenorientierte Komponente. Der zweite Teil umfaßt ein Vier-Tages-Programm mit ganztägigen Arbeitspaketen und ähnelt in seiner Strukturierung der Vorgehensweise in den Workshops der PICOS- oder KVP-Systematik. Untersuchungsbereich, Aufgaben- und Problemstellung werden im Vorfeld gemeinsam mit den Lieferanten konkretisiert. Am ersten Tag werden die Teilnehmer nochmals mit den Prinzipien und den Problemlösungsmethoden vertraut gemacht.

Danach erfolgt die Erhebung von Basisdaten für den abgegrenzten Fertigungsbereich sowie eine Betrachtung der Schnittstellen zu den vor- und nachgelagerten Leistungsbereichen. Schwachstellen werden herausgearbeitet und Verschwendung in den Prozessen identifiziert. Im Verlauf des zweiten Tages erfolgt eine Ursachenanalyse für die

Methoden zur Rationalisierung

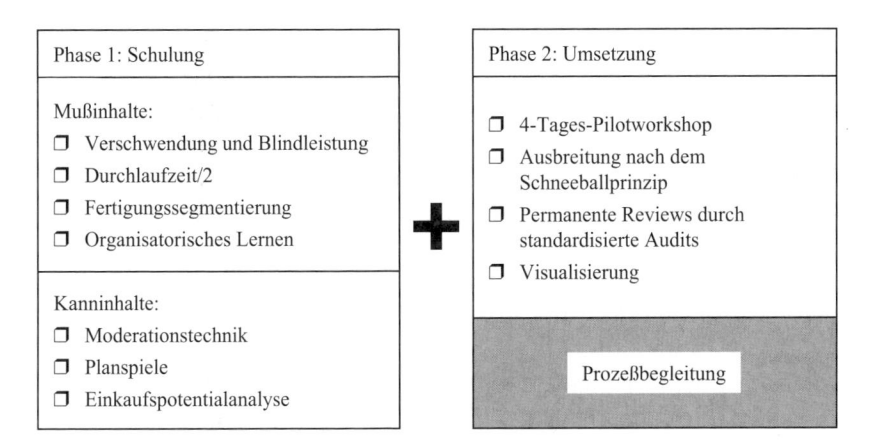

Phase 1: Schulung	Phase 2: Umsetzung
Mußinhalte: ❏ Verschwendung und Blindleistung ❏ Durchlaufzeit/2 ❏ Fertigungssegmentierung ❏ Organisatorisches Lernen **Kanninhalte:** ❏ Moderationstechnik ❏ Planspiele ❏ Einkaufspotentialanalyse	❏ 4-Tages-Pilotworkshop ❏ Ausbreitung nach dem Schneeballprinzip ❏ Permanente Reviews durch standardisierte Audits ❏ Visualisierung **Prozeßbegleitung**

Abb. 7-26: Aufbau von Workshops mit Lieferanten

erkannten Probleme, die Festlegung der Optimierungsstrategie sowie die Ableitung und Verabschiedung von Maßnahmenplänen. Diese enthalten einzelne Maßnahmenpakete, die die Problemursachen beseitigen. Der Schwerpunkt liegt auf sofort umsetzbaren Verbesserungsvorschlägen. Aber auch Maßnahmen, die einen größeren Umstellungsaufwand erfordern und daher erst im Anschluß an die Optimierungswoche realisiert werden können, werden ausgearbeitet. Bei diesen umfassenden Maßnahmen handelt es sich beispielsweise um Layoutveränderungen, die einen höheren Vorbereitungsbedarf erfordern und nicht innerhalb eines Tages durchzuführen sind. Wesentlich dabei ist, daß jeder Aktivität Verantwortlichkeiten und Termine zugeordnet werden. Am dritten Tag werden die sofort durchführbaren Maßnahmen in der Fertigung umgesetzt und die Ausarbeitung von umfangreicheren Verbesserungsvorschlägen weitergeführt. Am letzten Tag erfolgt die Wiederaufnahme der Produktion, die Dokumentation der im Verlauf der Veranstaltung erarbeiteten Analysen, Verbesserungsvorschläge und Einsparungspotentiale. Die Maßnahmenpläne, die Folgeaktivitäten sowie die erreichten und noch zu erwartenden Ergebnisse werden den Entscheidungsträgern präsentiert, die unmittelbar über die weitere Umsetzung entscheiden. Die Teilnehmer verpflichten sich, die verabschiedeten Maßnahmenpläne bis zu den festgesetzten Terminen umzusetzen. Einen Überblick über die Vorgehensweise gibt Abbildung 7-27. Zur Beschleunigung der einzelnen Arbeitsschritte liegt jeder Phase des Programms eine standardisierte Vorgehensweise zu-

Methoden zur Rationalisierung

grunde. Die Erhebung der Grunddaten, der Prozeß der Problemgewichtung, die Ursachenanalyse und die Lösungsentwicklung werden durch die Anwendung von spezifischen Methoden, Checklisten und Standardformularen unterstützt. Weiterhin erfolgt zu Beginn der Veranstaltung die Bildung von Arbeitsgruppen, die parallel unterschiedliche Analyseschwerpunkte bearbeiten und auch bei der Erarbeitung der Problemlösungen zusammenbleiben. Durch die Arbeitsteilung wird gewährleistet, daß die gesamte Untersuchungsbreite in der erforderlichen Tiefe abgedeckt wird.

Die Teilnehmer erlernen an konkreten Beispielen die Anwendung von Methoden zur Problemanalyse und -lösung und erhalten damit einen Nachweis für die Wirksamkeit der Methoden. Dadurch versetzt die Vorgehensweise die Mitarbeiter der Lieferanten in die Lage, die gewonnenen Erfahrungen in Folgeprojekten selbständig nach dem Schneeballprinzip auf andere Bereiche zu übertragen. Unterstützt wird der Prozeß durch die Visualisierung der Verbesserungsvorschläge, Maßnahmen und Ergebnisse für alle Mitarbeiter, damit von den Ergebnissen anderer Bereiche gelernt werden kann. Ein Erfolgscontrolling der Projekte erfolgt durch regelmäßige interne Auditierung oder auf Wunsch des Lieferanten durch Spezialisten des Abnehmers. Die Erfahrungen des Autors haben gezeigt, daß besonders positive Effekte bei der nachhaltigen Umsetzung der im Workshop verabschiedeten Maßnahmen zu erzielen sind, wenn die seitens des Abnehmers entsandten Auditoren zuvor am Workshop teilgenommen hatten und nicht aus dem Teilbereich des Einkaufs des Abnehmers stammen, der Preisgespräche mit den Lieferanten führt. Darüber hinaus sollten die Auditierungskriterien vom Lieferanten selbst definiert werden. Die gewählten Kriterien decken sich überwiegend mit den vom Abnehmer als sinnvoll erachteten Kriterien. Die Eigenbestimmung durch den Lieferanten verstärkt aber dessen Vertrauen in den Abnehmer. Die Teilnehmer des Workshops erhalten durch die Auditierung umgehend eine Rückkopplung über die erreichten Ergebnisse, was sich motivierend für weitere Aktivitäten auswirkt. Die gemeinsame Arbeit in Workshops löst das traditionelle Verhältnis zwischen Hersteller und Lieferant auf, bei dem sich beide Unternehmen unabhängig voneinander auf eigene Zielsetzungen konzentrieren, um kurzfristig Vorteile zu erringen. Promotoren des Methodentransfers bei Programmen mit Lie-

Methoden zur Rationalisierung

1. Tag	2. Tag	3. Tag	4. Tag
Einführung • Auftrag • Ziele • Terminrahmen Vorgehensweise • Prinzip • Ablaufplan • Formblätter, Instrumentarien Ist-Datenerfassung • Kostenstellenprofil • Anzahl Mitarbeiter • Stückzahlen • Qualität • Durchlaufzeit • Fläche/Layout • Bestände • ... Aufbereitung der Ist-Daten • Diagramm mit Verschwendung und Blindleistung (V&B) erstellen • Problemblätter ausfüllen • Alle V&B-Arbeitsfolgen sind potentielle Verbesserungspotentiale	Brainstorming/Ideenfindung zu jedem V&B-Punkt Bewertung Ideenfindung Prioritäten für die Umsetzung festlegen • kurzfristig (Tage) • mittelfristig (Wochen) • langfristig (Monate) Fertigungslayout überarbeiten Vorschläge den Mitarbeitern des untersuchten Bereiches vorstellen, Kritik und Ideen der Mitarbeiter aufnehmen	Kurzfristige Verbesserungen umsetzen Verantwortliche für weitere Verbesserungen bestimmen	Weitere Umsetzung und Verfeinerung der Lösungen Bewertung der Ergebnisse • Qualität • Produktivität • Umlaufbestand • Fläche • Durchlaufzeit Vorschläge und Ergebnisse aufbereiten Ergebnisse der Teams präsentieren (max. 30 Minuten pro Team)

Abb. 7-27:   Ablauf und Inhalte des 4-Tage-Workshops mit Lieferanten

feranten sind in erster Linie die Einkäufer, die die Schnittstelle zu den Zulieferunternehmen bilden. Es hat sich bewährt, mit Einkäufern zunächst einen Workshop in einem ausgewählten Fertigungsbereich oder Themenfeld der Auftragsabwicklung im eigenen Unternehmen durchzuführen. Sind die Vorgehensweise und Methoden erlernt, finden im zweiten Schritt Workshops bei strategisch wichtigen Zulieferunternehmen statt. Organisatorisches Lernen mit Hilfe solcher Workshops führt zu positiven betriebswirtschaftlichen Effekten, die sich in nachhaltigen Wettbewerbsvorteilen für Abnehmer und Lieferant niederschlagen. Die bessere Nutzung vorhandener Kapazitäten verkürzt Informations- und Materialdurchlaufzeiten sowie Liefer- und Bearbeitungszeiten in der Lieferanten-Abnehmer-Beziehung deutlich. Fallauswertungen zeigen, daß Zeiteinsparungspotentiale von 20 bis 80% durchaus realistisch sind. In direkten Bereichen der Lieferanten konnten Durchlaufzeiten und Bestände zwischen 20 und 92%, im Mittel um 40%, der Flächenbedarf um zwischen 20 und 50%, die Länge der Materialflußwege um 70%, Nacharbeit und Ausschuß um zwischen 10 und 48%, im Mittel um 27% gesenkt werden. Die Rüstzeiten können um durchschnittlich 40% reduziert werden. Die Qualitätswerte konnten um 40% verbessert werden. Im indirekten Bereich konnten Durchlaufzeiten zwischen 25 und 84% verkürzt werden und Bearbeitungszeiten um 12% reduziert werden. Die in Optimierungsaktivitäten weniger berücksichtigten Bereiche der Auftragsabwicklung und Administration weisen Potentiale in ähnlicher Größenordnung auf wie die direkten Bereiche. Vielfach können sie aber durch geringere Investitionen verwirklicht werden als die Verbesserungen in direkten Bereichen. Vielfach konnten Produktivitätssteigerungen von 20% beobachtet werden. Durch die laufende Verbesserung der Geschäftsprozesse werden die marktrelevanten Erfolgsfaktoren positiv beeinflußt, so daß unter Umständen sogar zusätzliche Beschäftigung geschaffen wird. Zusatzaufträge des Abnehmers, aber insbesondere die Verlagerung von Prozeßelementen, die zuvor beim Abnehmer durchgeführt wurden, sind in diesem Zusammenhang zu nennen. Erfolgreiche Lieferanten dehnen die Workshopaktivitäten nach dem Schneeballprinzip selbständig konsequent auf weitere Geschäftsprozesse aus und erzielen zusätzliche Produktivitätssteigerungen. Toyota hat zur systematischen Leistungsverbesserung der US-amerikanischen Zulieferunternehmen ihrer Transplants einen "Toyota Supplier Support Center (TSSC)" eingerichtet. In gemeinsamen Seminaren, Workshops und lieferantenindividuellen Projekten mit sechs- bis zwölfmonatiger Dauer werden Prozeßabläufe gemeinsam optimiert (vgl. Wolters 1995).

Kurze Entwicklungszeiten stellen heute einen maßgeblichen Entwicklungsfaktor dar. Sie können nur dann erreicht werden, wenn Lieferanten zu einem frühen Stadium der Planung und Entwicklung eingebunden werden und simultan mit ihnen gearbeitet wird. Die Lieferanten werden zu einer gemeinsamen Wertgestaltung mit den Abnehmern aufgerufen. Die Entwicklung eines neuen Produktes oder einer neuen Modellreihe und die damit verbundene Planung erfolgt daher nach einer Differenzierung in abgeschlossene Teilsysteme durch das Abnehmerunternehmen, durch Systemlieferanten in Eigenverantwortung oder in enger gegenseitiger Abstimmung. Voraussetzung für diese simultane Entwicklung ist, daß alle wesentlichen Entscheidungen zur Produktgestaltung und Fertigungstechnik bereits in der Phase der Konzeptfindung stattfinden und entsprechend vorzuverlagern sind. Die Hersteller sind deshalb gezwungen, sich zu einem sehr frühen Zeitpunkt mit den Lieferanten auseinanderzusetzen und langfristige Verträge abzuschließen. Ohne diese langfristigen Vereinbarungen wären die Lieferanten nicht in der Lage, die von ihnen erwarteten Vorleistungen zu bringen. So findet beispielsweise bei BMW bereits fünf

Jahre vor Serienbeginn einer neuen Modellreihe ein sogenannter Konzeptwettbewerb statt, zu dem geeignete Lieferanten weltweit eingeladen werden. Die Einladung zum Konzeptwettbewerb erfolgt durch den Versand von Anfrageunterlagen in Form eines Lastenheftes. Den potentiellen Lieferanten werden Funktionsbeschreibungen der gewünschten Module mitgeteilt. Dabei handelt es sich nicht um Bauteilbeschreibungen. Vom Lieferanten wird hier bewußt eine Entwicklungsleistung als Übertragung der Funktionsbeschreibung in eine Produktbeschreibung verlangt. Abgeleitet aus den am Markt voraussichtlich zu realisierenden Preisen und einer Modellrendite werden den Lieferanten weiterhin Zielkosten vorgegeben und gleichzeitig die gewünschte Qualität fixiert. Das Lastenheft enthält darüber hinaus Informationen zum zu erwartenden Mengengerüst (Jahresstückzahlen, erwarteter Produktlebenszyklus), zu Anforderungen an das Logistikkonzept des Lieferanten und stellt Gewährleistungsbedingungen auf. Im Verlauf des Konzeptwettbewerbs, der pro Modul nicht länger als drei bis vier Monate dauern sollte, erarbeiten Lieferanten erste Bauteilbeschreibungen, stellen die verwendeten Technologien dar und legen - sofern die Marktmacht der Abnehmer ihnen keinen anderen Ausweg läßt - die zu erwartenden Kostenstrukturen offen. Sie erarbeiten bereits Konzepte zur Versorgungs- und zur Produktionslogistik und stellen einen weiteren Terminplan zur Realisierung des Entwicklungsprojekts vor. Vielfach werden sogar die Projektmitglieder seitens des Lieferanten namentlich benannt und ihre Qualifikation dokumentiert. Durch Konzeptvorauswahl seitens des Abnehmerunternehmens nimmt die Zahl der noch am Wettbewerb teilnehmenden Lieferanten sukzessive ab. Lieferanten, die bis zur Endausscheidung vordringen können, investieren erheblichen Aufwand in die Entwicklung. Nicht immer werden sie dafür von ihrem potentiellen Abnehmer entschädigt. Das Ende des Konzeptwettbewerbs bildet eine Grundsatzentscheidung des Abnehmers über das technische Konzept und die Entscheidung für einen bestimmten Lieferanten. Eine beiderseitige Absichtserklärung zur Zusammenarbeit wird verfaßt. Die Lieferanten werden in Entwicklerlisten des Abnehmers eingetragen, in denen die verantwortlichen Mitarbeiter seitens des Abnehmers und des Lieferanten, die genauen Teilsystembezeichnungen und Schnittstellen zu anderen Teilsystemen genannt sind. Im Konzeptwettbewerb werden Eigenschaften des Lieferanten wie die Innovationskraft, die Fähigkeit zur Beherrschung vielschichtiger Prozesse, das Qualitätssicherungssystem, die

Flexibilität, die wirtschaftliche Stärke und die Bereitschaft des Lieferanten, eigene Abläufe, Prozesse und Systeme auf den Abnehmer abzustimmen, besonders berücksichtigt. Im Gegensatz zur Bewertung bei laufender Produktion kann der Abnehmer nicht die aktuelle Lieferleistung, bezogen auf ein bestimmtes Produkt (wie Lieferservicegrad und Qualität), bewerten, sondern führt eine Beurteilung auf Basis der genannten Hilfsgrößen, Erstmuster und seiner bisherigen Erfahrungen durch.

7.2.4 Verfahrensauswahl

Die Entscheidung, welche Form der Potentialerschließung Anwendung findet, sollte auf einer Abnehmer-Zulieferer-spezifischen Gegenüberstellung des zu erwartenden Nutzens und Aufwands geschehen. Die Kosten bei der Aufnahme der Beziehung steigen beim Einsatz präventiver Bewertungen wie der Auditierung an, da die intensive Informationsbeschaffung erhöhte Aufwendungen mit sich bringt. In der laufenden Beziehung verringert der Einsatz aber die Kontrollkosten, da eine präventive Qualitätssicherung beim Lieferanten forciert wird. Wenn sich der Abnehmer über die Qualitätsfähigkeit, Mengen- und Termintreue des Zulieferers sicher sein kann, entfällt die Notwendigkeit von zeit- und kostenintensiven Prüf- und Wareneingangsaktivitäten, es kann ohne zwischengeschaltete Prüfungen in das Lager oder die Produktion des Abnehmers geliefert werden. Insgesamt zeigt die Gegenüberstellung der Entwicklung der einzelnen Kostenarten je Zulieferer bei Einsatz von präventiven Lieferantenbewertungen wie Auditierungen und Konzeptwettbewerben, daß der Anstieg der Anbahnungskosten vom Rückgang der Kontrollkosten mehr als ausgeglichen wird. Der Umfang des Rationalisierungspotentials hängt von der Ausprägung der Abnehmer-Lieferanten-Beziehung ab. Je geringer die Spezifität des Zukaufteiles, die Unsicherheit über die Qualitätsfähigkeit des Lieferanten und der Einfluß rechtlicher Rahmenbedingungen und je größer die Stückzahlen sind, um so mehr an Kontrollkosten kann durch präventive Lieferantenbeurteilung eingespart werden.

Zusätzlich zur Kostensenkung sind die Leistungen der Lieferantenbewertung in einem veränderten Umfeld hervorzuheben. Die Entwicklung der Leistungsbeziehung hin zu Entwicklungs- und Wertschöpfungspartnerschaften führt über eine qualitative Verbesserung des

Leistungsangebots zu einer verminderten Bedeutung der materiellen Leistung und zu einer Höhergewichtung der Dienstleistung in den Bereichen Logistik und Entwicklung. Hier haben Zulieferer Vorteile, da sie diese Leistungen schneller und günstiger erbringen können, Leistungsgrößen also, die von Abnehmerseite zunehmend honoriert werden. Die Lieferantenbewertung muß auf die entstehende neue Art von Zuliefer-Abnehmer-Beziehungen angepaßt werden, um ein effizientes Schnittstellenmanagement zu ermöglichen. Die Nutzung der Lieferantenbewertung als Mittel zur Qualitätssicherung zeigt dann den Weg für ein erfolgversprechendes logistikbezogenes Qualitätsmanagement an der Schnittstelle zwischen Lieferant und Abnehmer auf. Den Vorteilen der Lieferantenbewertung stehen Aufwendungen bei der Durchführung entgegen. So wird beispielsweise die Höhe der Kosten einer Auditierung insbesondere bestimmt durch die Personalkosten für Auditoren, Vorbereitung und Abwicklung der Auditierung sowie Schulungskosten im Vorfeld. Hinzu kommen Reise- und Dienstleistungskosten in Form möglicher Honorare sowie Kosten der Dokumentation und Aufwendungen eingesetzter EDV. Die Anwendung des GENESIS-Konzepts mit Lieferanten erfolgt in Abnehmer-Lieferanten-Beziehungen, die mit Wertschöpfungspartnerschaft oder Entwicklungspartnerschaft beschrieben werden. Die in dieser Form eingebundenen Lieferanten sollten ein größeres Kostenbeeinflussungsvolumen besitzen, da der personelle Aufwand zur Implementierung des Konzepts auf seiten des Abnehmers mit mindestens 35 Manntagen je Lieferant projektiert werden kann.

Es läßt sich festhalten, daß für den Einkauf eine Reihe methodischer Ansätze existieren, um Potentiale in der Beschaffung zu erschließen. Umgekehrt leiten bereits viele Zulieferunternehmen Strategien einer Neupositionierung im Wettbewerb ein, um den Anforderungen der Abnehmer Rechnung tragen zu können. Mit partnerschaftlicher Zusammenarbeit und Kooperationen können beide Partner langfristig Wettbewerbsvorteile sichern.

7.3 Methoden zur Bestandsreduzierung

Die Vorratshaltung hat in der Bundesrepublik im letzten Jahrzehnt nicht nur zugenommen, sondern es ist auch die Rate der Vorratsveränderung gestiegen. So hat das volkswirtschaftliche Bestandsniveau seit

1987 jährlich um durchschnittlich 6 Mrd. EUR zugenommen. Diese Entwicklung wird durch das Anwachsen der Bestände in den Unternehmen verursacht. Derzeit binden diese etwa 34% des betrieblichen Umlaufvermögens, in vielen Unternehmen ist dieser Anteil weit höher. Bestände beeinflussen jedoch direkt den Unternehmenserfolg. Häufig wird als Maßstab für die Leistungsfähigkeit eines Unternehmens beispielsweise der Return on Investment (ROI) zugrunde gelegt, der sich aus den Komponenten Umsatzrendite (Verhältnis von Gewinn zu Umsatz) und Kapitalumschlag (Umsatz zu eingesetztem Kapital) zusammensetzt. Bestände als Teil des Umlaufvermögens mindern durch Zinsaufwendungen den Gewinn. Andererseits binden Bestände auch Kapital, das alternativ eingesetzt werden könnte. Die Rentabilität eines Unternehmens wird durch Vorratshaltung also in zweifacher Weise beeinflußt. Somit liegt hier ein geeigneter Hebel für die nachhaltige Beeinflussung des Unternehmenserfolges vor. Die Abhängigkeit des ROI vom Bestandsniveau ist in Abbildung 7-28 dargestellt. Es wird deutlich, daß Bestände sich in mehrfacher Weise nachhaltig auf die Produktivität eines Unternehmens auswirken. Studien belegen einen drastischen Produktivitätszuwachs nach einer signifikanten und strukturiert durchgeführten Bestandssenkung.

7.3.1 Bestände in der logistischen Kette

Unter Beständen versteht man Rohstoffe, halbfertige Erzeugnisse, Fertigwaren sowie Hilfs- und Betriebsstoffe, die nicht unmittelbar im Unternehmen verwendet oder verwertet werden und somit eine zeitliche oder räumliche Überbrückung zwischen Angebot und Nachfrage darstellen. Die Bestandshöhe in den einzelnen Elementen der Wert schöpfungskette resultiert aus einer Optimierung nach bestimmten bereichsspezifischen Kriterien und Anforderungen. Bestände erfüllen eine Risikofunktion, um Störungen im Prozeß abzufangen. Ungeplante Mehrbedarfe oder eine fehlende Kapazitätsanpassung werden über die Harmonisierungsfunktion ausgeglichen. Vorräte ermöglichen eine Sortierungsfunktion, indem sie Sortimente an Fertig- und Halbfertigwaren sowie Rohstoffen bereithalten. Gleichzeitig aber verursachen sie höhere Kosten und binden Kapital. Bestände sollen nach dieser Vorstellung zwar zum Erfolg des Unternehmens beitragen, konkurrieren aber dabei mit dem Ziel der Kostenminimierung und der betrieblichen Flexibilität. Diese Kriterien verhalten sich aber nicht nur mit dem konfliktär (vgl. Abb. 7-29, vgl. auch Eidenmüller 1994, S. 42). Es ist daher notwendig, bei der Bestandsoptimierung die gesamte logistische Kette zu betrachten. Dabei sind auch die Unternehmensbereiche einzubeziehen, die begleitende und unterstützende Funktionen in der Wertschöpfungskette ausüben, da sie wesentliche Impulse für die Beherrschung der Bestände geben können. So strebt beispielsweise die Entwicklung danach, Produkte bereitzustellen, die dem neuesten Stand der Technik entsprechen und die Kundenanforderungen erfüllen. Die daraus resultierende Vielfalt an Typen, Teilen und Varianten muß entsprechend auch in Form von Rohmaterialien, Zwischen- und Fertigprodukten bereitgestellt werden und führt somit zu einem überproportionalen Wachstum der Vorräte.

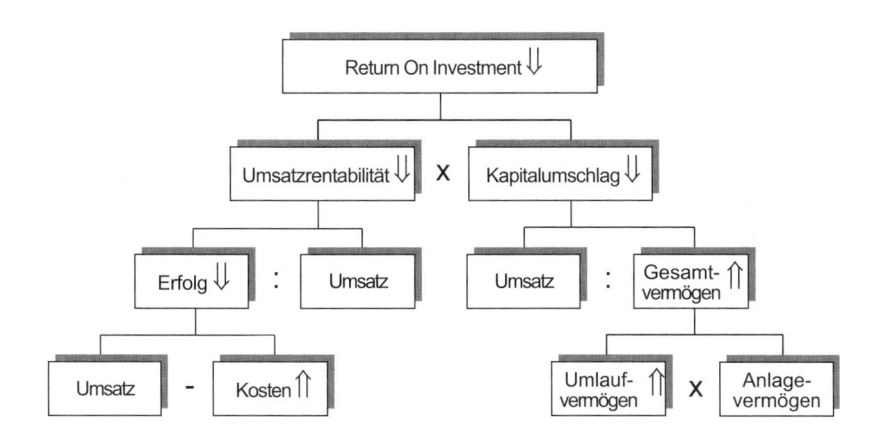

Abb. 7-28: Auswirkungen von Beständen auf den ROI

Ziel der Bestandsminimierung, sondern auch häufig untereinander Bestände und Vorratshaltung können an den Schnittstellen und innerhalb der einzelnen Elemente auftreten. Um alle Bestände zu erfassen, ist es erforderlich, sowohl die Bestände als auch die mit der Vorratshaltung verbundenen Ziele identifizieren und bewerten zu können. Dabei müssen neben dem unternehmensinternen Materialfluß auch die angrenzenden Ströme bei Lieferanten und Abnehmern und die Entsorgung berücksichtigt werden.

Methoden zur Rationalisierung

Konkurrierende Ziele		
Mehrmaliges Ändern	▷ ◁	Wenig Änderungen
Vielfalt an Typen und Teilen	▷ ◁	Standardisierung
Hohe Lieferbereitschaft	▷ ◁	Lange Lieferzeit
Variantenvielfalt	▷ ◁	Variantenbeschränkung
Abbau von Über-Kapazitäten	▷ ◁	Kapazitätsvorhalt
Große Puffer / Lose	▷ ◁	Kundenspezifische Fertigung
Große Bestellmengen	▷ ◁	Kleine Anlieferungsmengen
Terminsicherheiten vieler Lieferanten	▷ ◁	Kurze Wiederbeschaffungszeit

Abb. 7-29: Zielkonflikte im Bestandsmanagement

Die Bestände in den einzelnen Gliedern haben unterschiedliche Ursachen und Funktionen.

➢ Zulieferung und Beschaffung: Unternehmen verfolgen in der Regel das Ziel einer hohen Versorgungssicherheit und der Unabhängigkeit von Lieferanten und halten deshalb Bestände der benötigten Rohmaterialien vor. Das Ziel, möglichst günstige Konditionen bei der Beschaffung zu erzielen, führt zu großen Beschaffungsmengen. Die Zulieferer streben wiederum einen hohen Grad der Lieferbereitschaft an und halten aufgrund der möglichen Prognoseunsicherheiten der Bedarfe des Kunden ebenfalls Bestände ihrer Artikel. Dies führt zu einer doppelten Bestandsführung bei Lieferanten und Kunden.

➢ Produktion: Die Produktion strebt an, die zur Verfügung stehenden Anlagen möglichst gleichmäßig auszulasten und Stillstandszeiten zu vermeiden. Dies führt dazu, daß die als wirtschaftlich angesehenen Losgrößen einen höheren Wert annehmen, um Rüstzeiten zu

Methoden zur Rationalisierung

vermeiden. Während eine Anlage Teile einer Baugruppe bearbeitet, sammeln sich bis zum nächsten Umrüstvorgang in einem Puffer vor dieser Anlage Teile anderer Baugruppen, die ebenfalls auf dieser Anlage bearbeitet werden sollen. Die langen Bearbeitungszeiten der großen Lose führen somit zu einer Ausweitung der Bestände an Ware im Prozeß.

➢ Fertigwarenlager und Distribution: Die Bestandsführung im Fertigwarenlager ist gekennzeichnet durch die Einflußgrößen der schwankenden Kundenbedarfe bei gleichzeitigem Streben nach größtmöglicher Lieferfähigkeit. Um schwankende oder fehlerhafte Bedarfsprognosen auszugleichen und somit das Übersteigen der Nachfrage über das mögliche Angebot zu verhindern, werden Bestände auf Fertigwarenlager gelegt. Höhere Fertigwarenbestände können hier der Erreichung der Ziele wie Lieferpünktlichkeit, Lieferbereitschaft, Lieferzeit oder Verzugsquote dienen. Großen Einfluß auf die Höhe der Bestände hat dabei die Distributionsstruktur. Mehrstufige Distributionskanäle der Produzenten trennen Unternehmen von ihren Kunden. Auf jeder Lagerstufe müssen entsprechende Vorräte vorhanden sein, um die Bedarfe der nachfolgenden Lager kurzfristig befriedigen zu können. Dies führt zu einem exponentiell ansteigenden Wachstum der gesamten Bestandshöhe.

➢ Entsorgung: Die Sammlung, Aufbereitung und anschließende Wiederbereitstellung von Rückständen bedingt den Einsatz von räumlich und zeitlich ausgleichenden Funktionen. Insbesondere der zeitliche Ausgleich kann die Einrichtung von Lagern notwendig machen. Von besonderer Bedeutung ist die Unsicherheit hinsichtlich der Menge der Rückstände und des Zeitpunkts ihres Anfalls. Um Lager und Anlagen kontinuierlich und gleichmäßig auslasten zu können, werden höhere Bestände toleriert.

7.3.2 Instrumente zur Analyse von Beständen

Eine intensive Analyse der Bestandssituation unterstützt die Identifikation von Rationalisierungsschwerpunkten und ermöglicht ein strukturiertes Vorgehen. Als Analyseinstrumente dienen hierfür das Benchmarking, die ABC-Analyse, die XYZ-Analyse, die Wertzuwachsanalyse und der Vergleich von Wiederbeschaffungszeiten und

Methoden zur Rationalisierung

Bestandsreichweiten. Als Grundlage für ein Benchmarking der Situation hinsichtlich des Bestandsmanagements müssen Daten aus den Unternehmensbereichen erhoben werden. Dies können sein:

- Beschaffung:
  - Gesamtzahl der Artikel in der Beschaffung,
  - Anteil aktiver Artikel,
  - Anzahl tatsächlich vorhandener Artikel in Wareneingang und Lager,
  - Verbrauchsstetigkeit und Prognostizierbarkeit der Bedarfe,
  - durchschnittlicher Bedarf pro Artikel,
  - Reichweite der Bestände an Roh-, Hilfs- und Betriebsstoffen,
  - Verhältnis von Wiederbeschaffungszeit zu Reichweite je Artikel,
  - Anteil der Bestände je Artikel am Umsatz sowie
  - Anteil der Bestände je Artikel am Gesamtbestand.

- Produktion:
  - Anzahl der Schnittstellen im Materialfluß,
  - Anzahl der auf einer Anlage zu bearbeitenden Artikel,
  - Anzahl der geplanten und ungeplanten Puffer,
  - durchschnittliche Höhe der Bestände in den Puffern und den produktionsnahen Lagern,
  - Kapazität und Durchsatzleistung je Maschine bzw. Anlage,
  - Los- bzw. Chargengröße je Artikel und Maschine bzw. Anlage,
  - Durchlaufzeit, Bearbeitungszeit und Rüst-/Liegezeit je Produkt und Maschine sowie
  - Häufigkeit der Änderungen des Produktionsprogramms.

- Fertigwarenlager, Distribution:
  - Absatzstetigkeit und Prognostizierbarkeit der Bedarfe,
  - Anzahl der Stufen der Distributionskette,
  - Anzahl verschiedener Artikel je Lager und Lagerstufe,
  - Anzahl von Varianten je Artikel, Lager und Lagerstufe,
  - Höhe und Reichweite der Bestände in den Lagern,
  - Wiederbeschaffungszeiten je Artikel und Lagerstufe sowie
  - Bestände an Ware in Transport.

Methoden zur Rationalisierung

- Entsorgung:
  - Anzahl rückzuführender Artikel,
  - Anteil rückzuführender Artikel an der Gesamtartikelzahl,
  - Menge und Geschwindigkeit des Anfalls rückzuführender Produkte,
  - Prognostizierbarkeit des Anfalls nach Zeitpunkt und Menge,
  - Kapazität der Anlagen,
  - Anzahl der Puffer und Lager in der Rückführungskette,
  - durchschnittlicher Bestand je Lager sowie
  - Bestand an Ware in Transport.

- Entwicklung:
  - Anzahl aktiver Produkte,
  - Anzahl Varianten je Produkt,
  - Häufigkeit von Änderungsentwicklungen sowie
  - Änderungsrate der Kundenanforderungen.

Durch Vergleich der so gewonnenen Daten mit denen anderer Unternehmen können Maßnahmen abgeleitet werden, für die der größte Handlungsbedarf besteht.

Die ABC-Analyse dient dazu, innerhalb der abgeleiteten Untersuchungsfelder die Aktivitäten auf die Artikel und Produkte zu fokussieren, die die Zielerreichung maßgeblich beeinflussen. Bei der Bestandsanalyse zielt die ABC-Analyse darauf ab, die Artikel zu identifizieren, die den größten Anteil am Bestandswert einnehmen. Diese Artikel bieten über stundengenaue Bereitstellung und präzise Bestandsführung das größte Potential zu einer nachhaltigen Senkung der gebundenen Werte. Eine Fehleinschätzung des Bedarfes von nur 1% wirkt sich hier deutlich stärker auf das Ergebnis aus als eine Abweichung von 10% bei C-Teilen. Die Vorhersagegenauigkeit der Nachfrage nach den Produkten ist ein weiterer entscheidender Einflußfaktor für die Höhe der vorzuhaltenden Bestände. Mittels einer XYZ-Analyse wird das Produkt- und Teilespektrum nach der Stetigkeit des Verbrauchs gegliedert. Die Analyse beginnt dabei am Endprodukt, wobei rücklaufend jede Dispositionsstufe untersucht wird. Bei X-Gütern besteht eine hohe Vorhersagegenauigkeit, weshalb nur geringe Sicherheitsbestände benötigt werden. Bei Z-Gütern hingegen schwan-

Methoden zur Rationalisierung

ken die verbrauchten Mengen relativ stark, was bei der Dimensionierung der Sicherheitsbestände entsprechend zu berücksichtigen ist.

Bei der Wertzuwachsanalyse wird der Zuwachs der Wertschöpfung eines Produktes abgebildet. Die aus den Kalkulationsstücklisten und den Arbeitsplänen entnommenen Daten werden kumuliert über der Durchlaufzeit abgetragen (vgl. Abb. 7-30). So lassen sich Informationen über die Einrichtung von Bevorratungsebenen und die Variantendifferenzierung ableiten. Bevorratungsebenen sollten vor solchen Arbeitsschritten eingerichtet werden, in denen das Produkt einen hohen Anteil der Wertschöpfung erfährt. Verbunden mit der ABC- und XYZ-Analyse können ablauforganisatorische Hinweise für die Festlegung der Bevorratungsebenen (vgl. Abb. 7-31) und die Senkung der Bestände und Durchlaufzeiten gefunden werden.

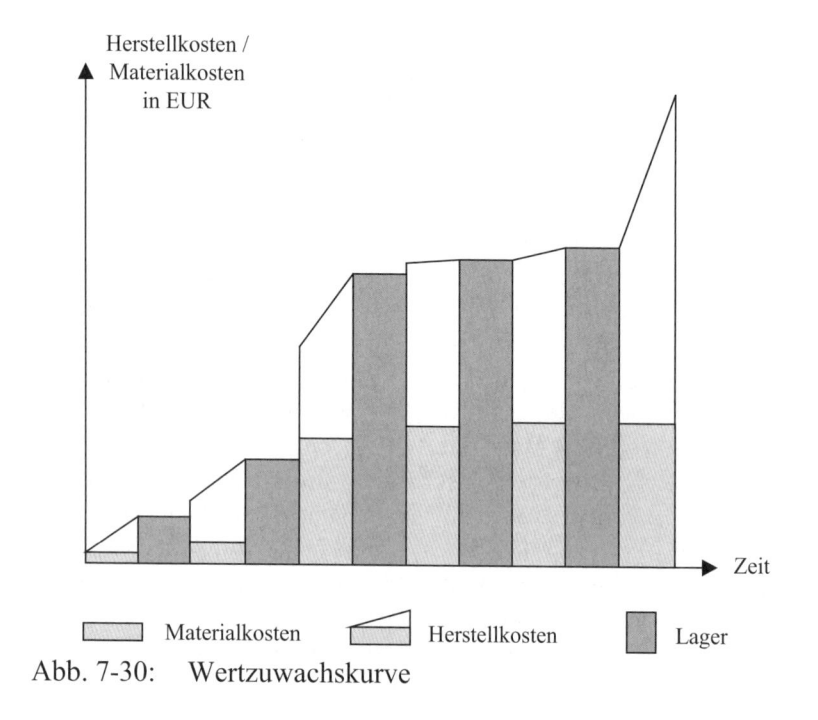

Abb. 7-30: Wertzuwachskurve

Methoden zur Rationalisierung

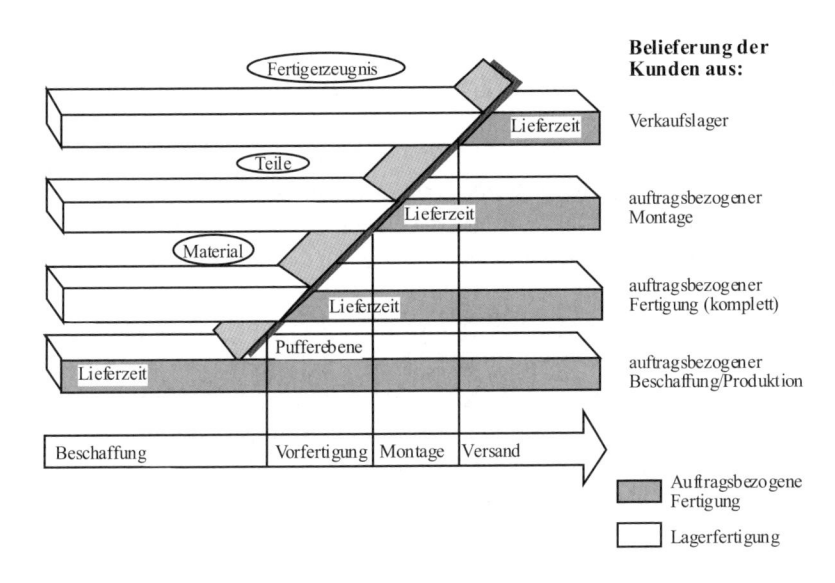

Abb. 7-31: Die Wahl der Bevorratungsebenen

7.3.3 Maßnahmen zur Reduzierung von Beständen

Die Ausrichtung des Bestandsmanagements folgt vier strategischen Leitlinien: Der ganzheitlichen Betrachtung der Wertschöpfungskette, der Realisierung von kurzen Durchlaufzeiten über der gesamten Wertschöpfungskette, einer produktivitäts- und liquiditätsorientierten Betrachtungsweise sowie der Reduzierung der Produktkomplexität. Die Reduktion von Durchlaufzeiten führt konsequent zur Senkung der Liege- Lagerzeiten der Rohstoffe, Halbfertigfabrikate und Fertigprodukte vor Fertigungsbeginn und zu kürzeren Produktions- und Nachlaufzeiten. Dies bedeutet, daß bei gleichem Output die Bestände kürzer in Puffern und Lagern liegen und damit auch die Kapitalbindung unmittelbar gesenkt wird. Von großer Bedeutung für eine Reduktion der Bestände ist das Bewußtsein, daß Bestände nicht notwendige Größen für die Erhaltung der betrieblichen Flexibilität und eine hohe Anlagenausnutzung sind, sondern letztendlich gespeicherte Kapazitäten darstellen. Die kundenorientierten Ziele von hoher Flexibilität und geringer Lieferzeit, also kurzer Durchlaufzeit, lassen sich durch eine Umschichtung von Umlauf- in Anlagevermögen erzielen. Das bei einer Bestandsreduzierung freigesetzte Kapital kann unmittelbar in neue Investitionen einfließen, um beispielsweise die Kapazitätsquerschnitte aneinander anzugleichen, um Liege- und Wartezeiten innerhalb der Prozesse zu vermeiden. Die Prioritäten, nach denen die Aufgabenfelder zur Bestandssenkung bearbeitet werden, richten sich nach den im Benchmarking identifizierten Potentialen. In diesen Gestaltungsfeldern erfolgt eine Optimierung der Bestände der Artikel und Produkte, die in der ABC- und XYZ-Analyse als maßgeblich erkannt wurden. Um nachhaltig eine Senkung der Bestände zu erreichen, sind folgende Maßnahmen durchzuführen:

Zu den Verfahren, Werkzeugen und Hilfsmitteln gehören die Verbesserung der Bedarfsprognose und die Flexibilisierung von Kapazitäten in Verbindung mit einer Optimierung der Los- und Chargengrößen. Eine Reduktion von Dispositions- und Entscheidungsstufen sowie der Senkung der Fertigungstiefe bewertet Bestandssenkungen. Die größte Zahl der Methoden wirkt direkt auf den Prozeß oder Materialfluß ein. Dies sind das Entfernen von Puffern, die Fertigungssegmentierung, verkürzte Dispositionszyklen, die Senkung von Rüstzeiten, die Einführung von KANBAN sowie die Erhöhung der Prozeßsicherheit. Weiterhin stehen begleitende Maßnahmen wie die Reduktion der Teile- und Variantenzahl sowie die Partnerschaft mit Lieferanten zur Verfügung.

- Verbesserung der Bedarfsprognoseverfahren: Eine prognostizierende Bedarfsermittlung ist immer dann erforderlich, wenn die vom Kunden geforderten Lieferzeiten kürzer sind als die internen Wiederbeschaffungszeiten. Um in solchen Fällen ständig lieferbereit zu sein, halten die Unternehmen Bestände vor, deren Höhe aus den geschätzten Bedarfen und Absatzmengen ermittelt wird. Das Verfahren der Bedarfsermittlung steht dabei im Spannungsfeld verschiedener Anforderungen. So soll für den Verkauf der Bedarfsermittlungshorizont möglichst kurz, für die Produktion möglichst lang sein. Die gewünschte Bedarfsauflösung ist in der Produktion deutlich tiefer, die Genauigkeit höher. Diese unscharfen Randbedingungen, die aus unterschiedlichen Zielsetzungen der Produktion und des Vertriebs hinsichtlich der Bedarfsermittlung resultieren, führen häufig zu einer Überdimensionierung der Vorräte.

Die Vorgehensweise bei der Ermittlung des optimalen Verfahrens zur Bestandsermittlung richtet sich nach der Art des Untersuchungsobjektes. Anhand der durchgeführten ABC-Analyse werden die Artikel und Waren identifiziert, die einen hohen Anteil am Gesamtbestandswert besitzen und somit das größte Optimierungspotential bieten (A- und B-Produkte). Die XYZ-Analyse dieser Produkte liefert eine Übersicht über die Verbrauchsstetigkeit und somit die Vorhersagegenauigkeit der Bedarfe. A- und B-Produkte mit hoher Verbrauchsstetigkeit (AX-, BX- und AY-Produkte) bieten gute Voraussetzungen für die Senkung der Bestände durch verbesserte Bedarfsermittlung. Die Wahl des Verfahrens richtet sich nach der Ausprägung bestimmter Randbedingungen. Bedarfsermittlungshorizonte, die länger sind als die geforderten Lieferzeiten, sprechen für ein deterministisches Verfahren, bei dem die Bedarfe erst nach Eingang des Auftrags ermittelt und die benötigten Rohstoffe beschafft werden. Dies empfiehlt sich insbesondere bei hochwertigen (A-)Gütern. Für Produkte mit kürzerer geforderter Lieferzeit ist eine prognostizierende Ermittlung mittels stochastischer Verfahren notwendig.

- Flexibilisierung der Kapazitäten und Optimierung von Los- und Chargengrößen: Häufig dient die Festlegung der Losgrößen lediglich der hohen Auslastung der zur Verfügung stehenden Kapazitäten. Die entscheidungsrelevanten Größen der Produktivität, der Flexibilität, der Durchlaufzeiten und somit nicht zuletzt auch der Bestände werden im allgemeinen vernachlässigt. Die Auswirkung einer Berücksichtigung dieser weiteren Parameter hat allerdings nachhaltige Auswirkungen auf den betrieblichen Erfolg. Gerade die Durchlaufzeiten und Bestände werden durch kleinere Los- und Chargengrößen deutlich verbessert. Ein unmittelbarer Zusammenhang zwischen Losgröße und Bestand an Ware in Arbeit ist unverkennbar: Bei ansonsten unveränderter Bearbeitungsgeschwindigkeit werden die Lose zügiger abgearbeitet, Liege- und Wartezeiten sinken, die Höhe der Kapitalbindung reduziert sich. Kleinere Fertigungslose, an die Bedarfe des (internen oder externen) Kunden angepaßt, passieren die Produktion in kürzerer Zeit, die weiterzugebenden Mengen im Materialfluß werden reduziert, so daß die Zwischenlagerung u.U. sogar ganz entfallen kann. Mit diesen Maßnahmen können die Bestände bis zu 50% gesenkt werden.

Methoden zur Rationalisierung

- Reduktion von Entscheidungs- und Dispositionsebenen: Eine hohe Anzahl von Entscheidungsebenen führt selbst bei einer niedrigen Fehlerrate zu einem exponentiellen Anwachsen fehlerhafter Handlungen. Die hohe Anzahl von Dispositionsstufen zwischen Vertrieb und Beschaffung, die jeweils mit einer Bestandshaltung verbunden sind, erhöhen die Ungenauigkeit des Dispositionsspielraumes auf den unteren Wertschöpfungsstufen. Meist werden diese Ungenauigkeiten durch erhöhte Sicherheitsbestände ausgeglichen. Das Verbessern der Rate fehlerhafter Entscheidungen hat nur marginale Effekte zur Folge. Das drastische Ansteigen der Fehler sowie der damit verbundenen Blindleistung und Verschwendung kann folglich ausschließlich durch eine Reduktion der Entscheidungs- und Dispositionsstufen verhindert werden, da auf diese Weise das exponentielle Wachstum unterbrochen wird.

- Reduktion der Fertigungstiefe: Das Ansteigen der Kundenanforderungen hat dazu geführt, daß Produkte eine Vielzahl von Funktionen erfüllen müssen. Diese Funktionen erfordern meist das Beherrschen anspruchsvoller Technologien oder die Herstellung komplexer integrierter Bauteile. Durch eine Reduktion der Eigenfertigungstiefe lassen sich Aktivitäten, die weder strategisch bedeutsam sind noch vollständig beherrscht werden, fremdvergeben. Dies hat unmittelbare Konsequenzen auf die Bestände, da alle für die ausgegliederten Prozesse benötigten Teile und Baugruppen aus dem Sortiment genommen werden können. Ferner steigt auch die Produktivität, da die Prozesse besser beherrscht werden, aber auch die Lieferfähigkeit und die produzierten Stückzahlen. Untersuchungen belegen, daß die Senkung des Bestandsniveaus durch eine sinnvolle Reduzierung der Fertigungstiefe zwischen 10% und 25% beträgt.

- Entfernen von Puffern: Die Aufgabe von Puffern besteht darin, bestimmte Elemente im Materialfluß voneinander zu entkoppeln. Sie beinhalten die Teile und Baugruppen, die auf der folgenden Anlage derzeitig nicht bearbeitet werden können. Puffer können prozeßnotwendig sein, um Ruhe- und Wartezeiten zu gewährleisten, beispielsweise für das Abkühlen nach einer Wärmebehandlung. Andere Puffer hingegen entstehen meist durch ungenügend abgestimmte Kapazitäten und unterbrechen den gleichmäßigen Materialfluß. Untersuchungen belegen regelmäßig, daß der Anteil der Liegezeit an der gesamten Durchlaufzeit eines Produktes weit über 85% liegt. Ein Entfernen der entsprechenden Puffer hat also nicht nur eine deutlich positive Auswirkung auf die Dauer der Kapitalbindung in Beständen, sondern bewirkt gleichzeitig auch eine nachhaltige Erhöhung der betrieblichen Flexibilität.

- Reduzierung von Lagerstufen: Eine hohe Anzahl von Lagerstufen, meist mit dem Ziel einer besseren Kundenorientierung eingerichtet, ist in der Produktion gleichbedeutend mit einer Mehrfachlagerung von Produkten auf unterschiedlichen Wertschöpfungsstufen. In der Distribution heißt dies, mehrere Lagerstufen in unterschiedlicher räumlicher Nähe zum Kunden einzurichten. Durch die Einzeloptimierung jeder Stufe und jedes Lagers für sich wird ein Gesamtoptimum in der Regel nicht erreicht. Konzepte zur Reduzierung von Lagerstufen müssen sich deshalb auf Produktionslager und Distributionsstruktur beziehen.

In der Produktion müssen Erzeugnisse auf möglichst niedriger Wertschöpfungsstufe gelagert werden. Eine Reduzierung der Fertigwarenbestände erhöht die Bestände an unfertigen Erzeugnissen nur unwesentlich. Strategien zur Neustrukturierung der Produktionslager sind hierbei die Reduktion der Durchlaufzeiten, die gezielte Bevorratung der Rohmaterialien und die Vorratshaltung unmittelbar vor dem Schritt mit der größten anteiligen Wertschöpfung. Das Ziel besteht darin, nur an den tatsächlich notwendigen Stellen innerhalb der Produktion Lager einzurichten. Gleiches gilt auch in der Distribution, wo bereits ein deutlicher Trend hin zu einstufigen Konzepten erkennbar ist.

- Reduzierung der Durchlaufzeiten: Eine Senkung der Durchlaufzeiten hat unmittelbare Auswirkungen auf die Dauer der Kapitalbindung und die Bestandshöhe. Werden Aufträge schneller abgearbeitet, so sinken die Bestände an Ware in Arbeit um den Anteil, um den die gesamte Durchlaufzeit verkürzt wurde. Dies ist zurückzuführen auf die Verringerung der Liege- und Lagerzeiten von Rohstoffen, Halbfertigfabrikaten und Fertigprodukten vor Produktionsbeginn und eine Reduzierung der Produktions- und Nachlaufzeiten.

Methoden zur Rationalisierung

- Fertigungssegmentierung: Verrichtungsorientierte Organisationsstrukturen in der Produktion führen zu komplexen Abläufen mit einer hohen Anzahl an Puffern, schlecht abgestimmten Kapazitäten und folglich hohen Beständen an Ware in Arbeit. Das Konzept der Fertigungssegmentierung löst diese Verflechtungen auf und überführt sie in effizient fließende Prozesse. Das Fließprinzip gilt als die kostengünstigste Organisation des Fertigungsprozesses. Ziel ist es, durch entsprechende Gestaltung der Fabrikstruktur die Vorteile der Fließfertigung auf die Losfertigung zu übertragen. Dabei werden kleine Fertigungseinheiten gebildet, die Teile, Baugruppen oder Produkte selbständig herstellen und bearbeiten können. Charakteristisch sind dabei die Markt- und Zielausrichtung der organisatorischen Einheiten, ein materialflußorientiertes Layout, die Entkopplung von Mensch und Maschine, Selbstkontrolle und die Einführung des Hol-Prinzips. Dies bedingt umfangreiche Reorganisationen der gesamten Produktionsstruktur, insbesondere in den Gebieten Fertigungsstruktur, PPS und Organisationsstruktur. Durch die Fertigungssegmentierung werden nicht-wertschöpfende Tätigkeiten eliminiert, sich kreuzende und überschneidende Materialflüsse mit entsprechendem Koordinationsaufwand und Informationsbedarf neu gestaltet und auf diese Weise die Termintreue und die Produktivität gesteigert sowie die Bestände um 40% gesenkt.

- Verkürzung der Dispositionszyklen: Unsicherheiten in der Disposition werden durch Sicherheitsbestände kompensiert. Eine wichtige Einflußgröße bei der Planung der Disposition und der Abrufe sind die Dispositionszyklen und -intervalle). Unsicherheiten in der Disposition können durch kurze Dispositionszyklen vermieden werden. Kurze Dispositionszyklen verbessern das Dispositionsergebnis, verringern die Auswirkungen kurzfristiger Änderungen, erhöhen die betriebliche Flexibilität, mindern die Auswirkungen ungenauer Bedarfsprognosen und Senken das Niveau der Bestände. Allein durch die Reduktion der Bestellzyklen wird bei unveränderten Randbedingungen unmittelbar die durchschnittliche Bestandshöhe gesenkt (vgl. Abb. 7-32). Die größere Sicherheit bezüglich der Bestandssituation ermöglicht des weiteren noch eine Minimierung der erforderlichen Sicherheitsbestände.

Methoden zur Rationalisierung

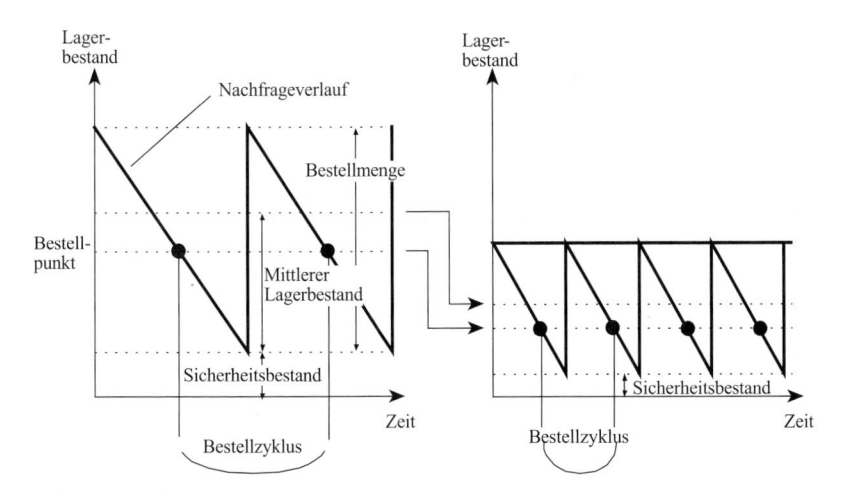

Abb. 7-32: Bestandssenkung durch verkürzte Dispositionszyklen

- Senkung von Rüstzeiten: Untersuchungen bestätigen, daß die arbeitsablaufbedingten Liegezeiten im Durchschnitt 85% an der gesamten Durchlaufzeit besitzen. Diese sind zu einem großen Anteil determiniert durch Rüstzeiten, die unproduktive Anlagenstillstände darstellen. Während dieses Stillstands bauen sich beispielsweise vor der Anlage Puffer in Form des als nächstes zu bearbeitenden Teils auf, und die Durchlaufzeit des jeweiligen Auftrages steigt. Eine Rüstzeitoptimierung durch zeitgleiches Vorbereiten der Anlage rechtzeitig vor Beendigung der Bearbeitung des vorangehen den Auftrags bewirkt eine Minimierung der Bestände an Ware den Auftrags bewirkt eine Minimierung der Bestände an Ware in Arbeit. Die Kapitalbindung sinkt, da vermeidbare Liege- und Wartezeiten entfallen. Dies ist jedoch nur möglich, wenn die Rüstzeiten bereits in der Produktionsplanung als Determinanten des Produktionsprozesses und der Bestandssituation erkannt werden und entsprechende Berücksichtigung finden, so daß eine rüstzeitoptimale Auftragsreihenfolge gefunden werden kann. Gleichzeitig steigt auch die Produktivität.

- Einführung von KANBAN: KANBAN ist eine Methode der Produktionssteuerung nach dem Holprinzip, die permanente Eingriffe einer zentralen Steuerung in den Produktionsablauf überflüssig macht und sich ausschließlich am Kundenbedarf orientiert. Es wird nur ein Teil produziert, wenn tatsächlich ein Bedarf vorliegt. Dabei wird die Fertigung der vorgelagerten Schritte nur angestoßen, wenn der definierte Puffer zwischen den jeweiligen Schritten nach Kundenbedarf verarbeitet wurde. Dies führt dazu, daß bei abgestimmten Kapazitäten keine undefinierten Puffer zwischen den einzelnen Fertigungsschritten auftreten können, da nur auf Bedarf eine vorher genau festgelegte Menge von Teilen oder Baugruppen gefertigt wird. Eine Ansammlung von Beständen vor einer Maschine mit geringerem Durchsatz ist somit nicht möglich. Dementsprechend deutlich sind auch die Bestandswirkungen der Einführung von KANBAN: Im Schnitt wird die Ware in Arbeit um 50% gesenkt.

- Erhöhung der Prozeßsicherheit: Die vielfach angestrebte Verkürzung der Durchlaufzeiten und das Entfernen von Puffern führen dazu, daß Störungen im Prozeß sich stärker bemerkbar machen und auch nachgelagerte Schritte beeinflussen können. Um dies zu verhindern, müssen gezielte Entstörmaßnahmen vorgesehen werden. Häufig sind die betroffenen Aufgabenträger bei der Ableitung einer effektiven und effizienten Reaktion auf Störungen überfordert und implementieren provisorische Lösungen, die keine dauerhafte Abhilfe leisten können. Die Einrichtung eines Entstörmanagements beinhaltet die Parallelisierung von Entstörprozessen, eine präventive Planung von Entstörstandards und eine dem kritischen Prozeßpfad entsprechende veränderte Ressourcenallokation. Auf diese Weise wird gewährleistet, daß Störungen sowohl präventiv vermieden als auch kurzfristig behoben und überbrückt werden können. Dies ermöglicht eine Reduktion der Sicherheitsbestände.

- Reduktion der Teile- und Variantenzahl: Die Entwicklung der Varianten- und Teilevielfalt ist durch eine überproportionale Steigerung im Vergleich zum Mengenwachstum gekennzeichnet. Die Folge sind drastische Anstiege der Kosten und Einbrüche der Gewinnspannen. Die meisten Varianten werden aus falsch verstandener Kundenorientierung heraus entwickelt. Die Kernproblematik der Variantenvielfalt besteht darin, daß ein großer Teil keinen signifikanten Beitrag zum Umsatz leistet, aber erhebliche Bestände bindet und logistische Kosten sowie Verwaltungsaufwand verursacht. Eine Standardisierung und drastische Senkung der Teilevielfalt ist deshalb dringend erforderlich. Die Einflußgrößen sind dabei die

Komplexitätsreduzierung, die Komplexitätsbeherrschung sowie die Komplexitätsvermeidung. Zur Reduzierung der Komplexität sind Untersuchungen über eine mögliche Reduzierung der Kundenbreite, der Programmbreite und der Halbzeug- oder Rohstoffvielfalt erforderlich. Zur Komplexitätsbeherrschung gehören die Elemente der Verschiebung des Variantenbestimmungspunktes in Richtung des Endes der Wertschöpfungskette, die Fertigungssegmentierung und das Simultaneous Engineering. Über QFD und eine Komplexitätskostenrechnung kann ein Ansteigen der Komplexität in Zukunft verhindert werden.

- Partnerschaft mit Lieferanten: Der Abbau von Beständen im Beschaffungsbereich eines Unternehmens führt ohne weitere Maßnahmen in der Regel zu einer Erhöhung der Bestände beim zuliefernden Unternehmen. Die dort auftretenden Anstiege der Kapitalbindungskosten, der benötigten Lagerflächen, des Handlingaufwandes und der Personalkosten werden kurz- bis mittelfristig über das Preisniveau an den Kunden weitergegeben, so daß das auslagernde Unternehmen keinen dauerhaften Nutzen aus seinen Bestrebungen ziehen kann. Deshalb ist es erforderlich, die betroffenen Lieferanten frühzeitig einzubeziehen und eine partnerschaftliche Zusammenarbeit aufzubauen. Es steht eine Vielzahl von Konzepten zur Verfügung, um diese Kooperation zu realisieren: Rahmenverträge, Produktionssynchrone Beschaffung, Continuous Replenishment, Direktanlieferung und Systembeschaffung. Alle Konzepte haben gemeinsam, daß durch eine Zusammenarbeit die Beziehungen zwischen den Beteiligten erweitert werden. Durch eine Abstimmung der Produktionspläne bis hin zu gemeinsamer Produktentwicklung, gemeinsamen Qualitätssicherungs- und Transportkonzepten lassen sich Reduzierungen des Bestandsniveaus, aber auch der Lager- und Bereitstellflächen sowie der Frachten und des Handling erzielen.

7.4 Durchlaufzeitreduzierung in logistischen Prozessen

Die Messung der Durchlaufzeit bedarf sowohl einer Definition des Prozesses oder Teilprozesses als auch einer genauen Bestimmung des Objekts (Los, einzelnes Teil, Angebot, Bestellung), das der Messung zugrunde gelegt wird. Durchlaufzeit wird als ein Maßstab für die Dauer zur Umwandlung eines Objekts in einem Prozeß verstanden. Der jeweilige Prozeßbeginn markiert den Anfang der Meßstrekke und die Fertigstellung des Produkts dessen Ende. Die Durchlaufzeit kann sich auf die Zeitstrecke von der Bereitstellung eines Rohlings bis zur Fertigstellung des Endprodukts beziehen oder auf die Zeitspanne zwischen Eingang eines Kundenauftrags und Entgegennahme der gewünschten Leistung durch den Kunden. Die Durchlaufzeit setzt sich zusammen aus Bearbeitungs-, Transport- und Liegezeiten. Die Zeitanteile lassen sich in wertschöpfende und nicht-wertschöpfende Zeiten, wie Rüstzeiten und Werkzeugwechsel, unterteilen. Bei Transport- und Liegezeiten handelt es sich in der Regel um nicht-wertschöpfende Zeiten, da sie keinen Mehrwert im Sinne eines zusätzlichen Kundennutzens erzeugen.

Die vom Unternehmen realisierte Durchlaufzeit wirkt sich direkt auf die Wettbewerbsparameter Zeit, Kosten und Qualität aus. Zeit entwickelt sich immer mehr zu einer Schlüsselgröße für die Gewinnung von Marktanteilen und damit zur schnellen Amortisation von Erschließungsaufwendungen jeder Art. Sie übt einen maßgeblichen Einfluß auf Höhe und Dauer der Kapitalbindung in der logistischen Kette aus. Weiterhin bilden kurze Durchlaufzeiten die Voraussetzung für eine schnelle Reaktionsfähigkeit von Unternehmen und ermöglichen somit eine schnelle und flexible Erfüllung von Kundenwünschen. Mit steigendem Zeitverbrauch geraten Unternehmen in eine Zeitfalle. Lange Durchlaufzeiten erfordern innerhalb der Wertschöpfungskette Prognosen zur Planung und Steuerung der Produktion. Diese Prognosen sind unter dynamischen Umwelteinflüssen, unabhängig vom gewählten Prognoseverfahren, um so ungenauer, je länger die Durchlaufzeit und damit die Prognosestrecke ist. Im Ergebnis führt diese Zeitfalle zu wachsenden Lager- und Sicherheitsbeständen einerseits, aber auch zu Fehlteilen und sinkendem Lieferservicegrad andererseits. Kürzere Zeitstrecken erhöhen die Prognosesicherheit und verringern den Prognoseaufwand. Sie ermöglichen eine höhere Transparenz bei der Auftragsverfolgung und ermöglichen eine einfachere Berücksichtigung von Änderungen, da der Auftragsbestand in der Fertigung bei niedriger Durchlaufzeit geringer ist und sich damit der Aufwand bei Änderungen reduziert. Kurze Durchlaufzeiten ermöglichen eine Verschiebung des internen Auftragsstarts nach hinten, wodurch ein Großteil der kundenbedingten Änderungen intern nicht kostenwirksam wird.

Methoden zur Rationalisierung

Auch die Liefertreue wird somit verbessert. Insgesamt ergibt sich sowohl ein reduzierter Bestand als auch eine reduzierte Kapitalbindungsdauer. Darüber hinaus sind Durchlaufzeiten eng mit der Qualität verbunden. Qualität ist heute nicht mehr nur auf bestimmte Eigenschaften des Produkts sondern vielmehr auch auf die Erwartungen des Kunden bezogen. Seine Anforderungen bezüglich Preis, Funktion und Zuverlässigkeit wurden um den richtigen Zeitpunkt, zu dem das Produkt verfügbar sein soll, erweitert. Hinzu kommt, daß kürzere Durchlaufzeiten positive Auswirkungen auf die Prozeßqualität haben, da Rückkopplungen kurzfristiger stattfinden und somit die Lernkurve steiler verläuft. Diese Aspekte beeinflussen nachhaltig die Wirtschaftlichkeit, Rentabilität und Leistungsfähigkeit einer Unternehmung (vgl. Abb. 7-33).

Zahlreiche Untersuchungen ergaben, daß der Anteil der Zeiten zur Erhöhung der Wertschöpfung und des Kundennutzens in der Praxis sowohl im Fertigungs- als auch im Verwaltungsbereich nur in einer Größenordnung von 1 bis 10% der Gesamtdurchlaufzeit liegt. Die nicht-wertschöpfenden Zeitanteile in Form von Liege- und Transportzeiten beanspruchen somit einen Anteil von etwa 90% der Durchlaufzeit und mehr (vgl. Abb. 7-34).

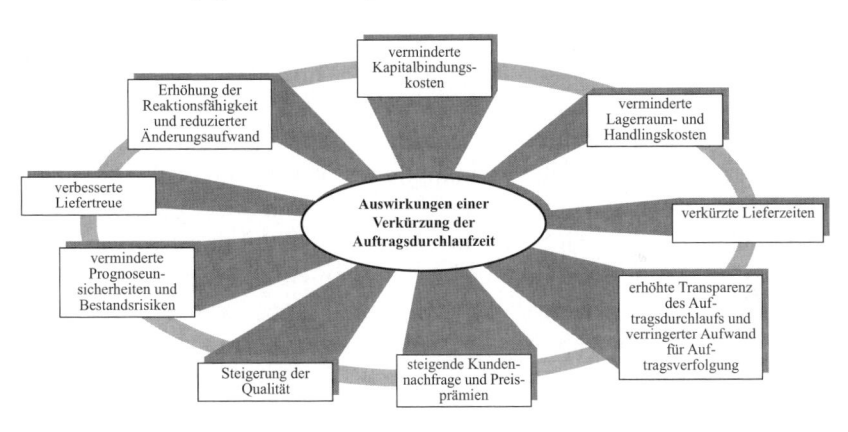

Abb. 7-33: Wirkungen einer Durchlaufzeitverkürzung

Methoden zur Rationalisierung

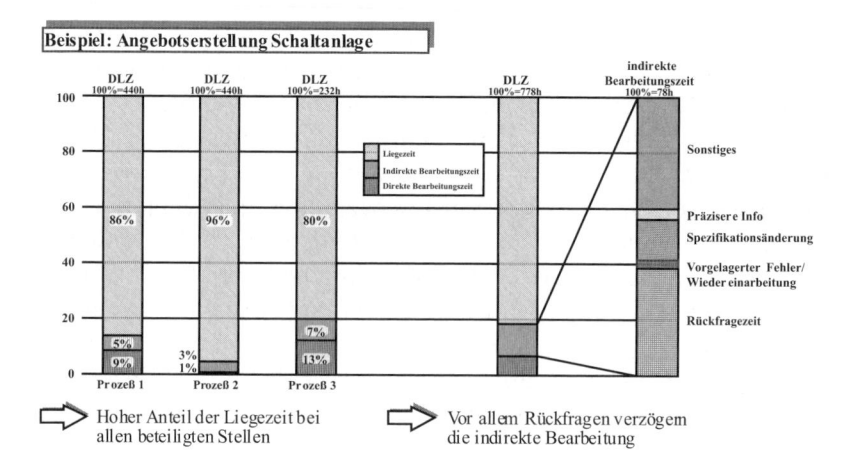

Abb. 7-34: Exemplarische Analyse der Durchlaufzeitbestandteile

Hieraus ergibt sich die wesentliche Leitlinie zur Durchlaufzeitverkürzung. Im Gegensatz zu den Ansätzen des Industrial Engineerings, das sich vor allem auf die direkten Arbeitsabläufe, und damit nur auf etwa 10% des Prozesses konzentriert, muß eine Betrachtung des gesamten Wertschöpfungsprozesses stattfinden. Ziel ist eine Vermeidung von nicht-wertschöpfenden Aktivitäten in allen Geschäftsprozessen und die Konzentration auf die Aktivitäten, die den Kundennutzen erhöhen. Hilfreich ist dabei eine wertanalytische Betrachtung der Geschäftsprozesse. Alle drei Zeitanteile (Bearbeitungs-, Transport- und Liegezeiten) stellen grundsätzlich Rationalisierungspotential dar. In der Produktion sind dabei die Bearbeitungszeiten häufig technologisch vorgegeben, während sich die anderen Zeitanteile durch organisatorische Maßnahmen in ihrer Höhe beeinflussen und unter Umständen sogar eliminieren lassen. Eine Beschleunigung von Geschäftsprozessen setzt also zunächst die Beantwortung der Frage voraus, welche Zeitanteile in dem betrachteten Geschäftsprozeß tatsächlich eine Wertschöpfung oder einen Kundennutzen bewirken und welche keinen Mehrwert für den Kunden erzeugen. Letztere gilt es unter dem Gesichtspunkt der Durchlaufzeitverkürzung zu vermeiden.

7.4.1 Durchlaufzeitanalyse

Eine Durchlaufzeitverkürzung setzt zunächst eine Analyse der Durchlaufzeit voraus. Ausgangspunkt dieser Analyse der Durchlauf-

Methoden zur Rationalisierung

zeit ist deren Erfassung. Dazu bieten sich verschiedene Möglichkeiten an. Aus technischer Sicht kann die Auswertung auf Basis der bestehenden Betriebsdatenerfassung (BDE) erfolgen. Problematisch ist, daß die Meßpunkte den zu untersuchenden Prozeß nicht unbedingt richtig eingrenzen. Eine Auswertung von Laufzetteln, Auftragsbegleitkarten, Selbstaufschreibung oder die explizite Messung sind weitere Möglichkeiten. Als problematisch erweist sich bei der Methode der Selbstaufschreibung eine eventuelle Manipulation der Daten. Die valideste Messung ist die explizite Erfassung anhand konkret definierter Meßpunkte. Allerdings können diese Messungen bei manueller Messung aus Gründen des hohen Aufwands in der Regel nur exemplarisch durchgeführt werden. Eine DV-technische Unterstützung und gegebenenfalls permanente Nachverfolgung ist deshalb anzustreben.

Je nach Detaillierungsgrad der erfaßten Daten lassen sich Kennzahlen bilden. Der Flußgrad, der Quotient aus Bearbeitungszeit und Durchlaufzeit, kann als Effizienzmaß für einen Prozeß gesehen werden. Ähnliche Aussagen lassen sich aus dem Liegezeit- und Transportzeitanteil der Durchlaufzeit ableiten. Eine Mittelwertbildung aus mehreren Messungen kann problematisch sein. Der Mittelwert einer Durchlaufzeit sagt noch nichts über ihre Variabilität oder Streuung aus. Prozesse mit demselben zeitlichen Mittelwert können hierin ein völlig unterschiedliches Verhalten aufweisen. Eine Möglichkeit, die Streuung der Durchlaufzeit zu ermitteln, ist das Histogramm. Im Rahmen dieser Methode werden die Häufigkeiten verschiedener Durchlaufzeiten ermittelt und graphisch als Säulendiagramm über der X-Achse abgetragen und dargestellt. Als Aussage ergibt sich, welcher Teilprozeß nicht unter Kontrolle ist und die Termintreue aufgrund seiner hohen Variabilität besonders gefährdet. Hochvariante Prozesse sind durch viele niedrige und verteilte Säulen, niedervariante durch wenige hohe und nah beieinander liegende Säulen charakterisiert. Eine andere Form der Darstellung von Variabilität ist die Kontrollkarte. Hier werden die Meßwerte in ein Koordinatensystem abgetragen, dessen horizontale Achse die Zeitpunkte der Messung und die vertikale den jeweiligen Meßwert der Durchlaufzeit abbildet. Der dynamische Verlauf, und damit auch trendförmige Veränderungen der Meßwerte, werden auf diese Weise transparent. Es empfiehlt sich, Ober- und Untergrenzen im Sinn von Warnpunkten anzugeben, deren Überschreitung eine detaillierte Ursachenanalyse auslöst. Liegezeiten kommen in der Fertigung durch Bestände zum Ausdruck. Eine Analyse der Bestandsstruktur ermöglicht somit das Erkennen von Durchlaufzeitpotentialen. Die Bestandsstruktur im Sinn des Anteils an Rohstoffen, Halbfertigwaren, Ware in Arbeit (Werkstattbestand) und Fertigwaren am Gesamtbestand verdeutlichen die Bestandssituation in der Fertigung. Die Bestandsreichweite, der Quotient aus durchschnittlichem Lagerbestand und durchschnittlichem Verbrauch pro Zeiteinheit, vermittelt einen Eindruck davon, ob ein bestimmter Bestand als hoch oder niedrig anzusehen ist. Die Umschlaghäufigkeit ergibt sich aus der reziproken Reichweite und hat letztlich eine vergleichbare Aussage. Durchlaufzeit ist eng an die Frage der Qualität gekoppelt. Hohe Qualität bedeutet wenig Nacharbeit und deshalb auch eine kurze Durchlaufzeit. Doppelarbeiten, also Schleifen im Prozeß, resultieren in der Regel aus Qualitätsproblemen. Ein Maß für die Qualität eines Prozesses ist der first-pass-yield. Er gibt an, wieviel Prozent des Outputs nach dem ersten Prozeßdurchlauf ohne Schleifen als "in Ordnung" anzusehen sind.

Eine Methode zur Analyse und zum Erkennen von Durchlaufzeitpotentialen in der Fertigung bildet das Instrument der Wertzuwachskurve. Sie stellt den Produktionswert (Herstellkosten) eines Produkts, also die Wertschöpfung, als Funktion der Durchlaufzeit dar. In ihrer ursprünglichen Form wird über der Zeitachse der Zuwachs an Herstellkosten aufgetragen. Ergänzend lassen sich auf der Zeitachse die einzelnen Prozeßschritte, in denen der Zeitverbrauch stattfindet, darstellen. Zeitineffiziente, also wenig oder nicht wertschöpfende Tätigkeiten, sind durch einen flachen oder horizontalen Verlauf gekennzeichnet und lassen sich auf diese Weise identifizieren. Senkrechte Sprünge geben zusätzlichen Materialeinsatz wieder (vgl. Abb. 7-35).

Mit den dargestellten Methoden und Kennzahlen lassen sich Ansatzpunkte zur Erschließung von Durchlaufzeitpotentialen lokalisieren und Zeitineffizienzen identifizieren. Eine Analyse der zugrunde liegenden Ursachen und Einflußgrößen ist mit Hilfe des Ursache-Wirkungs-Diagramms möglich. Es stellt ein wichtiges Instrument zur systematischen Erfassung von Ursachen dar (vgl. Abb. 7-36). Insbesondere für Gruppenarbeiten, etwa in Workshops, bietet sich ein gut strukturiertes Ursache-Wirkungs-Diagramm als hervorragende Grundlage zur Erarbeitung von Lösungsvorschlägen an.

Methoden zur Rationalisierung

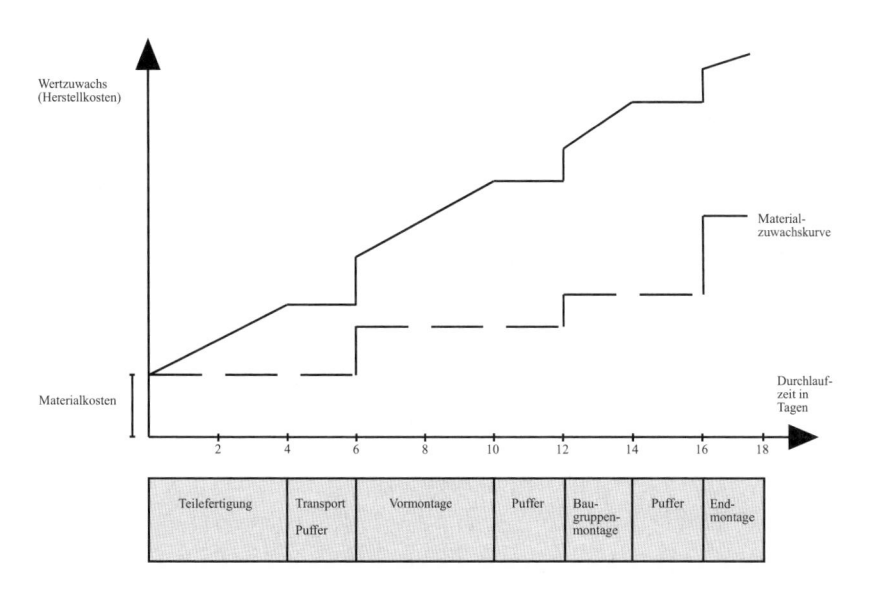

Abb. 7-35: Wert- und Materialzuwachskurve

Die jeweiligen Grundprobleme werden in einer hierarchischen Problemstruktur visualisiert. In der Abbildung werden beispielsweise die Ursachen für eine lange Durchlaufzeit in schlechte Steuerungsdaten aufgeschlüsselt, und diese wiederum in eine unklare Produktstrategie und zu viele Änderungen der Produkt- und Produktionsplanung. In analoger Weise lassen sich auch eine zu starke Funktionsorientierung des Unternehmens und daraus resultierende Probleme, wie verzerrter Ressourceneinsatz oder falsche und ungeeignete Meß- und Steuerungsgrößen transparent machen. Große Lose führen beispielsweise zu einer Verlängerung der Durchlaufzeit und darüber hinaus zu hoher Kapitalbindung und mangelnder Transparenz über den Bearbeitungsstatus in der Fertigung. Die Ursachen für große Losgrößen lassen sich mit Hilfe eines Ursache-Wirkungs-Diagramms schrittweise analysieren. Mögliche Ursachen können zu lange Rüstzeiten oder falsche Mitarbeitersteuerung durch einseitige Meßgrößen sein. Begegnet wird diesen Problemen häufig durch redundante Prozesse. Anstatt entsprechender Optimierung wird das Problem etwa durch den Einsatz von Ressourcen in Form von zusätzlichen Maschinen umgangen.

Methoden zur Rationalisierung

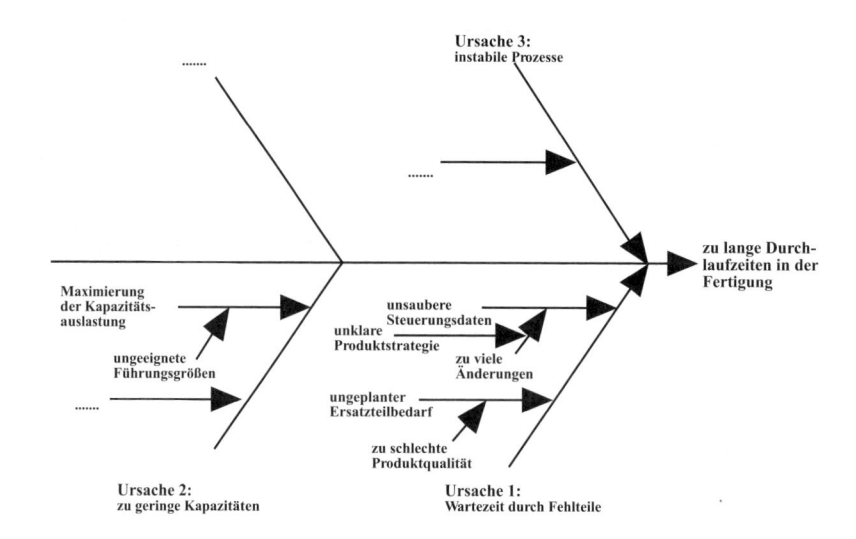

Abb. 7-36: Beispiel eines Ursache-Wirkungs-Diagramms

Ein weiteres Instrument zur Analyse von Durchlaufzeiten bildet die logistische Kette. Betrachtungsgegenstand der logistischen Kette ist der Materialfluß. Bei Anwendung der logistischen Kette werden zunächst alle zur Leistungserstellung notwendigen Aktivitäten gemäß dem realen Prozeßablauf aufgeführt. Danach wird für jeden einzelnen Arbeitsschritt des betrachteten Materialflusses die jeweilige Durchlauf- und Bearbeitungszeit ermittelt (vgl. Abb. 7-37). Bewertet man die Zeiten anschließend nach wertschöpfenden und nicht-wertschöpfenden Zeitanteilen, ergibt sich der Anteil an Wertschöpfung in dem betrachteten Prozeß. Die logistische Kette lenkt demnach den Blick insbesondere auf die nicht-wertschöpfenden Zeitanteile und die dafür verantwortlichen Ursachen. Solche Zeittreiber stellen häufig stark verrichtungsorientierte Organisationsformen und räumlich getrennte Bearbeitungsprozesse dar. Die damit einhergehende Entkopplung der Einzelschritte führt zur verstärkten Pufferbildung und zieht lange Transportwege nach sich. Die Bündelung von Einzelaufträgen zu Bearbeitungslosen, die zu Wartezeiten vor und hinter jeder Bearbeitungsstation führt, kann darüber hinaus eine Ursache von zeitlichen Verzögerungen im Materialfluß sein.

Methoden zur Rationalisierung

	WS	NWS	DLZ
Lager			480 min
Transport			10 min
Pufferlager			480 min
Transport			10 min
Puffer			120 min
Schleifen			100 min
Transport			20 min
Puffer			240 min
Fasen			100 min
Transport			10 min
Puffer			120 min
Rotieren			200 min
Transport			10 min
Puffer			120 min
Lackieren			60 min
Σ	460	1.620	2080 min
%	22%	78%	100 %

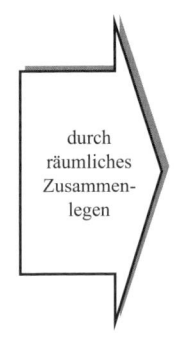

durch räumliches Zusammenlegen

	WS	NWS	DLZ
Lager			480 min
Transport			20 min
Schleifen			100 min
Fasen			100 min
Rotieren			200 min
Lackieren			60 min
Σ	460	500	960 min
%	51%	49%	100 %

Abb. 7-37: Beispiel einer logistischen Kette (IST und SOLL)

Auf Basis der Erkenntnisse aus der Analyse des Ist-Zustands wird ein optimierter Soll-Ablauf gestaltet. Oberste Zielsetzung bildet dabei die Reduktion und Eliminierung der nicht-wertschöpfenden Zeitanteile. Ansatzpunkte bilden hierfür beispielsweise die räumliche Zusammenfassung von Arbeitsschritten im Sinne einer Komplettbearbeitung, wodurch Liege- und Transportzeiten reduziert werden können. Gleichzeitig läßt sich dadurch eine Losbildung weitgehend vermeiden, da bei räumlicher Konzentration unter Umständen eine Flußfertigung erreicht werden kann.

In Analogie zur Analyse des Materialflusses lassen sich Informationsdurchlaufzeiten mit Hilfe der Prozeßanalyse betrachten. Basis der Prozeßanalyse ist eine Matrix, in die auf Zeilenebene die einzelnen Prozeßschritte und auf Spaltenebene die prozeßbeteiligten Stellen eingetragen werden. Durch Markierung und Verbindung der einzelnen Felder der Matrix läßt sich der Prozeß in seinem Ablauf visualisieren. Gleichzeitig werden dadurch die zeitkritischen Schnittstellen zwischen verschiedenen Abteilungen transparent. Eine zusätzliche Analyse der verwendeten Papiere und Formulare ermöglicht darüber hinaus das Erkennen von Medienbrüchen und weiteren Schwachstellen. Anschließend wird wie bei der logistischen Kette jeder Prozeßschritt mit Bearbeitungs- und Durchlaufzeiten versehen. In der Regel ergibt sich

Methoden zur Rationalisierung

im Vergleich zur logistische Kette ein noch schlechteres Verhältnis von Bearbeitungszeit zu Durchlaufzeit (zwischen 1 und 10%). Verantwortlich für diesen mangelnden Flußgrad ist häufig eine stark arbeitsteilige Vorgangsbearbeitung, die zu vielen Schnittstellen und damit einhergehend zu langen Liege- und Transportzeiten sowie zunehmenden Abstimmungsprozessen führt. Eine mangelnde Sachmittelausstattung, etwa ein fehlendes Faxgerät an einem bestimmten Ort, kann darüber hinaus zu unnötigen Liege- und Transportzeiten führen. Auf Basis dieser Analyse ist ein optimierter Soll-Prozeß zu entwickeln. Ansätze für einen optimierten Ablauf bildet beispielsweise der Verzicht auf überflüssige Aktivitäten oder die Zusammenfassung bisher getrennter Aufgaben zu einer Komplett- oder Teambearbeitung, um durchlaufzeitkritische Schnittstellen zu verringern.

7.4.2 Einflußgrößen

Auf Basis der Durchlaufzeiterfassung und -analyse sind für die betrieblichen Prozesse die Einflußgrößen der Durchlaufzeit und die Hindernisse eines flüssigen und kurzen Durchlaufs zu identifizieren. Innerhalb des Beschaffungsprozesses sind insbesondere folgende Hindernisse relevant. Es sind zunächst vielstufige Bestellprozesse zu nennen. Sie kommen oftmals dadurch zustande, daß Bestellungen nicht direkt von der Linie getätigt, sondern beispielsweise Verbräuche zunächst zentral gesammelt werden und anschließend in Losen an den Lieferanten weitergegeben werden. Des weiteren sind häufig unabgestimmte QS-Aktivitäten zwischen Lieferant und Abnehmer anzutreffen. Diese führen zu Doppelarbeiten bei der Überprüfung der gelieferten Teile. Die logistische Gleichbehandlung aller Kaufteile, beispielsweise ohne Berücksichtigung ihrer Wertigkeit, sowie ein mangelhafter Informationsfluß zwischen Abnehmer und Lieferant stellen weitere typische Hindernisse dar (vgl. Abb. 7-38).

Als weiterer betrieblicher Kernprozeß ist die Auftragsabwicklung zu sehen. Sie birgt häufig folgende Hindernisse: Eine mangelhafte interne Kunden-Lieferanten-Orientierung führt zu einer geringen Qualitätsorientierung ("Erprüfen statt Produzieren von Qualität"). Das Ergebnis ist Nacharbeit und entsprechende Verzögerung. Schlecht abgestimmte QS-Aktivitäten zwischen Produktion und Qualitätssicherung (z.B.

Methoden zur Rationalisierung

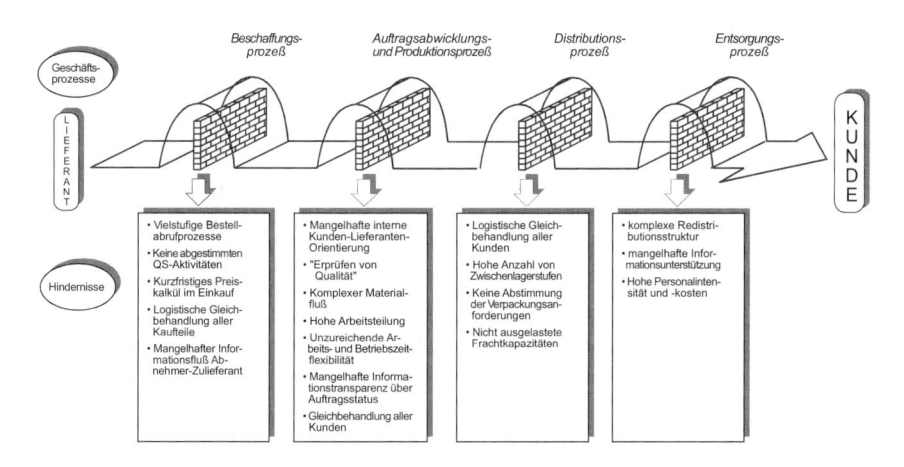

Abb. 7-38: Hindernisse in Geschäftsprozessen

unterschiedliche Prüfmittel) einerseits sowie Produktion und Konstruktion andererseits (z.B. übertrieben enge Toleranzen) führen zu einer geringen Prozeßsicherheit. Es resultieren Nacharbeiten, die teilweise nicht notwendig wären, und entsprechend vermeidbare Zeitverzögerungen. Komplexe Materialflüsse durch zu hohe Arbeitsteilung oder räumliche Trennung resultieren in einem hohen Transportzeit- und Liegezeitanteil und führen zu einem geringen Flußgrad. Unzureichende Arbeits- und Betriebszeitflexibilität führen zu Stillstandszeiten und verzögern den Durchlauf. Die gleiche Behandlung aller Kunden und Aufträge stellt ein weiteres Hindernis dar, denn Prozesse orientieren sich immer an der komplexesten Variante, um alle Möglichkeiten abzudecken. Einfachere Aufträge werden so un-nötig verzögert. Innerhalb des Produktionsprozesses sind zusätzlich technische Aspekte zu sehen. Durch schlechte und unzureichende Vorrichtungen oder mangelhafte Berücksichtigung von rüstzeitoptimalen Auftragsfolgen in der Feinplanung können zu lange Rüstzeiten entstehen. Betriebsmittelstörungen führen zu Stillstandszeiten, denen unter Umständen durch eine entsprechende Instandhaltungsstrategie (präventive versus reaktive Instandhaltung) vorgebeugt werden kann. Schlechte Koordination der Wartungs- und Reparaturaktivitäten führt bei funktionaler Trennung des Instandhaltungsbereichs unter Umständen zu Wartezeiten bei der Abwicklung durch unterschiedliche Gewerke. Unnötige Maschinenstillstände in der Produktion sind das Resultat. Mögliche

Hindernisse im Distributionsprozeß ergeben sich auch hier aus einer logistischen Gleichbehandlung aller Kunden. Undifferenzierte Distributionsstrukturen führen zu durchschnittlichen Lieferzeiten für alle Kunden, ohne Rücksicht auf die Wichtigkeit des einzelnen Kunden. Hinzu kommt eine mangelhafte Optimierung der Frachtkapazitäten, eine hohe Anzahl von Zwischenlager- und damit Handlingstufen sowie eine mangelhafte Abstimmung der Verpackungsanforderungen aus Produktion, Lagerung und Transport. Jeder dieser Punkte führt zu zusätzlichem Handlingaufwand und entsprechenden Zeitverzögerungen.

Dem Entsorgungsprozeß kommt aufgrund veränderter gesetzlicher Rahmenbedingungen und des gestiegenen Umweltbewußtseins der Konsumenten eine zunehmende Bedeutung zu. Grundsätzlich sind in Redistributionssystemen gleichermaßen wie in Distributionssystemen Probleme hinsichtlich der Distributionsstruktur zu finden. Als Hindernis ist hier zu sehen, daß der Hersteller zunächst keine Einflußmöglichkeit und Information über den Ursprung der Materialflüsse hat. Hinzu kommt, daß der Entsorgungsprozeß auch die Retrofertigung umfaßt, die heute aufgrund geringer Automation von hohen Personalkosten geprägt ist. Auch nehmen physikalisch-technische Probleme einen hohen Stellenwert ein, etwa im Bereich der Trennung von Verbundstoffen.

7.4.3 Konzepte zur Durchlaufzeitverkürzung

Nach Identifikation der Zeittreiber sind Maßnahmen und Konzepte zur Begrenzung der Zeittreiber zu entwickeln. Gefordert sind jedoch nicht einmalige Maßnahmen. Für eine systematische Durchlaufzeitverkürzung bedarf es vielmehr kontinuierlicher Verbesserungsanstrengungen. Es ist eine Verbesserungsspirale zu institutionalisieren. Ausgangspunkt bildet die Messung der Durchlaufzeit. Zeitpuffer verdecken mangelnde Prozeßqualität. Die Reduktion dieser Zeitpuffer führt dazu, daß Fehler transparent werden. Werden beispielsweise Zeitpuffer in Form einer Vielzahl von Kontrollen aus dem Prozeß herausgenommen, wächst bei unveränderter Prozeßdurchführung die Gefahr, daß mangelhafte Ergebnisse bis zum Kunden durchdringen. Gleichzeitig wird jedoch die fehlerhafte Prozeßabwicklung sichtbar, und Ansatzpunkte zur Prozeßverbesserung werden offensichtlich. Diese Hin-

Methoden zur Rationalisierung

dernisse sind im nächsten Schritt durch geeignete Konzepte zu beseitigen. Das erneute Messen der Durchlaufzeit stellt wiederum den Anfang der nächsten Verbesserungsspirale dar. Ein kontinuierlicher Verbesserungsprozeß wird in Gang gesetzt.

Konzepte zur Durchlaufzeitverkürzung können sich auf alle betrieblichen Kernprozesse beziehen. Kurze Beschaffungsdurchlaufzeiten dienen dazu, eine hohe Versorgungssicherheit in der logistischen Kette sicherzustellen. Hierzu ist ein intensiver Informationsaustausch mit den Lieferanten anzustreben. Dieser läßt sich durch eine mehrstufige Planungssystematik unterstützen, welche die Ebenen Rahmenvertrag, Rahmenauftrag und Lieferabruf beinhalten soll. Durch die Mehrstufigkeit wird eine höhere Transparenz des Planungsgeschehens erreicht. Die rollierende Vorausschau für Lieferanten erhöht die Transparenz und Planungssicherheit für den Lieferanten und führt zu einer Verbesserung der Versorgungssicherheit und der Auslastung auf Lieferantenseite mit entsprechender Kostendegression. Durch die rollierend überarbeiteten Rahmenaufträge können die sonst je Einzelauftrag erforderlichen Funktionen in der Beschaffungsabwicklung vermieden werden. Das Resultat ist die Verringerung der Beschaffungszeiten sowie der Beschaffungskosten.

Eine längerfristige partnerschaftliche Beziehung zu Lieferanten ermöglicht langfristige Rahmen- und Qualitätsverträge. Die Bildung cross-funktionaler Arbeitsteams bis hin zu gegenseitigen Auditierungen und dem Austausch von Mitarbeitern bietet umfangreiche Chancen, erfordert aber ein langfristiges Vertrauensverhältnis. Die Zusammenarbeit kann bis zur Entwicklung des Lieferanten zu einem Wertschöpfungspartner ausgebaut werden und in einer Modulbelieferung ihren Ausdruck finden. Das Ergebnis sind verkürzte Beschaffungszeiten, eine Reduktion der Materialkosten durch übergreifende Optimierung sowie eine höhere Identifikation mit dem gemeinsamen Problem und der Zusammenarbeit. Auch Direktabrufe aus der Fertigung sowie die Direktbelieferung von ausgewählten Kaufteilen direkt an den Verbauort bieten Möglichkeiten zur Reduzierung der Beschaffungszeiten und Handlingkosten, insbesondere durch Vermeidung interner Informationsdurchlaufzeiten. Die Dezentralisierung führt zu einer erhöhten Bestands- und Verbrauchstransparenz vor Ort sowie einer höheren Mitarbeitermotivation durch Ausweitung des Aufgabenumfangs. Klare Vertragsvereinbarungen helfen die QS-Maßnahmen zu koordinieren und ermöglichen durch bessere Abstimmung und Standards eine Reduktion von Zeiten und Kosten.

Ein reduzierter Zeitverbrauch im Produktionsprozeß läßt sich durch Fertigungssegmentierung realisieren. Das Konzept basiert auf der Erkenntnis, daß für Produktionseinheiten, die auf hohe Marktveränderungen reagieren müssen, andere Fertigungsstrategien zu wählen sind als für Bereiche, die sich einem kontinuierlichen Absatz großer und konstanter Mengen gegenübersehen. Die flußorientierte Gestaltung der Fertigungssegmente trägt zu einer Vereinfachung des Materialflusses und zu einer deutlichen Verringerung von Materialtransport und -handhabung bei. Die Bestände in der Fertigung sinken, Durchlaufzeiten werden verkürzt. Die räumliche Konzentration ermöglicht einen engen Kontakt (optisch und akustisch) zwischen den Mitarbeitern und erleichtert dadurch die Abstimmung und Koordination des Leistungsvollzugs, beispielsweise einen selbständigen Arbeitsplatzwechsel oder Unterstützung in Engpaßsituationen. Die Variabilität des Layouts ermöglicht eine einfachere Kapazitätsabstimmung und Flexibilität bei wechselndem Produktionsprogramm. Auf diese Weise können Flexibilität und kurze Übergangszeiten gleichzeitig realisiert werden. Auch das Prinzip der Komplettbearbeitung zielt auf eine weitgehende Reduzierung der Übergangs- und Liegezeiten ab, die natürlich nur mit einer entsprechend höheren Qualifikation der Segmentmitarbeiter erreicht werden kann.

Die intensive Nutzung der Zeit erfordert zunächst, die richtigen Dinge gleich beim ersten Mal richtig zu tun, so daß Fehler und somit Schleifen möglichst vermieden werden. Dies weist auf die Bedeutung der Qualität von Produkten als auch von Prozessen hin. Im Just-In-Time-Konzept ergibt sich die Bedeutung der Qualität zusätzlich aus der Tatsache, daß die im Umlauf befindlichen Bestände auf ein Minimum reduziert sind, mit einer entsprechend höheren Auffälligkeit betreffend Fehl- und Schlechtteile. Zentrale Qualitätssicherung entdeckt Fehler zu spät und führt deshalb zu hoher Nacharbeit und Zeitverlusten. Dezentrale Qualitätssicherung ermöglicht dagegen eine schnelle, da unmittelbare Fehlerbeseitigung und wirkt sich entsprechend positiv auf eine Reduktion der Durchlaufzeiten aus. Dieses integrierte Qualitätsmanagement kann mit unterschiedlichen Strategien erreicht werden:

Methoden zur Rationalisierung

Qualitätssicherung durch Automatisierung, durch Selbstkontrolle der Mitarbeiter, durch Konzentration auf die jeweiligen Prozeßparameter oder durch entsprechende Umfeldkontrolle zur Absicherung von reproduzierbaren Prozessen. Automatisierung bietet den Vorteil, oftmals monotone Kontrollen leichter, schneller, kostengünstiger und zuverlässiger ausführen zu können als der Mensch. Selbstkontrolle bezieht Mitarbeiter aller Hierarchiestufen mit ein. Sie ist mit dem Ziel möglichst geringer Qualitätskosten und der Vermeidung der Weitergabe fehlerhafter Produkte durchzuführen. Die Zeitersparnis durch weniger Nacharbeit ist augenscheinlich. Hinzu kommt der Wegfall von spezialisierten Stellen zur Qualitätskontrolle sowie der Transport zu und die Lagerung bei diesen Stellen. Die Prozeßkontrolle konzentriert sich nicht auf die Überprüfung der Produkte sondern auf den Prozeß selbst. Ziel ist also nicht das Entdecken fehlerhafter Teile, sondern bereits vorgelagert Störungen im Prozeß zu erkennen. Als Methode kommt die statistische Prozeßregelung (SPC = Statistical Process Control) zum Einsatz.

Weiterhin ergeben sich Erfahrungskurveneffekte, da die Anzahl der Lernvorgänge, die aus der Wiederholhäufigkeit eines Prozesses inklusive der Wechselvorgänge resultieren, durch die produktorientierte Organisation erhöht wird. Die Einrichtung selbststeuernder Regelkreise in Form eines Holprinzips mit kleinen Pufferlagern entlastet die zentrale Steuerung und ermöglicht die direkte und schnelle Regelung von Produktionsvorgängen. Dieser Segmentierungsgedanke läßt sich auch in indirekten Bereichen anwenden. Beispielsweise läßt sich in der Auftragsabwicklung eine Zusammenfassung von Tätigkeiten, und damit eine Komplettbearbeitung von Aufträgen in einem Team realisieren, was zur Verringerung der Schnittstellen und entsprechend zur Verkürzung der Durchlaufzeit führt. Bezogen auf die reinen Fertigungszeiten sind technische sowie zeitliche Intensivierungen möglich. Untersuchungen belegen, daß bis zu 30% der verfügbaren Anlagenkapazität durch Stillstandszeiten verschwendet werden. Organisatorische Maßnahmen wie Entstörmanagement, spezifische Pausen- und Schichtregelungen sowie Rüstmanagement können diese Stillstandszeiten halbieren. Ein Optimierung der Rüstvorgänge führt zu einer höheren Verfügbarkeit der Anlagen. Die Forderung zielt zum einen auf rüstzeitminimale Auftragsfolgen (Rüstmatrizen) in der Produktionsplanung sowie die Differenzierung der Rüstaufgaben in vorbereitende

Methoden zur Rationalisierung

Anteile, die schon bei laufender Maschine erfolgen können, und solche, die einen Stillstand der Maschine erfordern. Zeitlich vorzuziehen sind beispielsweise Tätigkeiten wie Bereitstellung von Werkzeugen, Vorrichtungen und Befestigungselementen. Auch technologische Unterstützung, etwa Schnellspannvorrichtungen, sind hier zu berücksichtigen und können einen wesentlichen Beitrag leisten.

Unter zeitlicher Intensivierung ist eine Ausweitung der Nutzungszeit zu verstehen. Sie setzt die Entkopplung von Arbeits- und Betriebszeiten sowie Modelle zur Arbeitszeitflexibilisierung voraus. Es wird eine Anpassung der Personalkapazität an die Nachfrage ermöglicht, die Betriebsmittelnutzung erhöht, und die Kapitalkosten werden entsprechend gesenkt. Für den einzelnen Mitarbeiter ergibt sich eine höhere Dispositionsfreiheit über die Verteilung und Dauer seiner Arbeitszeit.

Für den Bereich der Distribution gilt, daß traditionell ein Distributionskonzept gleichermaßen für die Belieferung aller Kunden angewendet wird. Die individuelle Direktbelieferung von A-Kunden führt zu einer entsprechenden Verkürzung der Lieferzeiten dieser Kunden und damit zu höherer Kundenzufriedenheit. Der Einsatz von Speditionskonzepten mit dem Verzicht auf Umschlaglager kann zu einer Reduzierung von Zwischenlagern und dadurch zu einer Reduzierung von Kosten und Zeiten führen. Eine Voraussetzung ist die räumliche Konzentration der Lieferanten, um die Transportzeiten und -wege zu minimieren. Weiteres Rationalisierungspotential ergibt sich aus der Optimierung der Verpackungsvorgänge mit dem Ziel der Durchgängigkeit der Verpackung vom Transport über die Lagerung bis hin zum Verkauf. Die Reduzierung von Umpackvorgängen ermöglicht folglich erhebliche Zeit- und Kosteneinsparungen.

Die bedarfsgerechte Entsorgung ist im wesentlichen auf die Unterstützung der Kunden angewiesen. Es ist durch den Aufbau eines geeigneten Informationssystems dafür Sorge zu tragen, daß der Hersteller in seiner Redistributionsaufgabe entsprechend unterstützt wird. Die jeweilige Logistikstruktur des Entsorgungssystems kann sich an den Gestaltungsempfehlungen für Distributionssysteme orientieren und gegebenenfalls das Distributionssystem für seine Zwecke nutzen. Hinsichtlich der derzeitigen technischen Probleme ist aufgrund der zunehmenden Bedeutung des Themas mit steigender Forschungs- und Entwicklungsintensität und entsprechenden Innovationen zu rechnen.

7.5 Qualitätssicherung logistischer Leistungen

Ebenso wie für Produkte können für logistische Leistungen Qualitätsmerkmale definiert werden, die zur Erfüllung der Kundenwünsche vorhanden sein müssen. Die Betrachtung von Logistikleistungen unter Qualitätsgesichtspunkten beschränkt sich dabei nicht nur auf eine Messung und Kontrolle einzelner Leistungsvorgänge, sondern ermöglicht die Bewertung ganzer Logistiksysteme. Darüber hinaus können zur Stabilisierung und Verbesserung von Logistikleistungen bewährte Methoden und Instrumente aus der Qualitätssicherung an diese spezifische Problematik adaptiert werden. Qualität ist als die "Abwesenheit von Fehlern" definiert. Der in der Qualitätssicherung verankerte Präventionsgedanke in Verbindung mit einer Ideologisierung des Qualitätsbegriffs führt zum sogenannten "Null-Fehler-Prinzip". Hierbei wird die These vertreten, daß erst bei einer Eliminierung aller Abweichungen vom Idealzustand über die gesamte Wertschöpfungskette dem Grundsatz der Wirtschaftlichkeit Rechnung getragen wird. Nicht die Fehlerentdeckung, sondern die Fehlervermeidung steht damit im Mittelpunkt der Betrachtung. Daraus kann für jeden am Wertschöpfungsprozeß Beteiligten die Zielsetzung abgeleitet werden, daß "keine Fehler angenommen, keine Fehler gemacht und keine Fehler weitergeleitet" werden dürfen, und daß "Fehler gesucht werden, bevor sie auftreten".

Die traditionellen Ansätze der Qualitätssicherung sind fast ausschließlich produktbezogen. Im Gegensatz zu den physisch erfaßbaren Eigenschaften von Produkten besitzen Logistikleistungen - ebenso wie Dienstleistungen - einen immateriellen Charakter. Sie stellen den Überbrückungsbedarf zwischen Produktions- und Konsumtionsprozessen materieller Güter sicher und nehmen eine Ordnungs-, Raumüberwindungs- und Zeitausgleichsfunktion wahr. Für die Formulierung einer umfassenden Qualitätssicherung logistischer Leistungen ist dieser eindimensionale Erklärungsansatz nicht ausreichend. Um gesamte Logistiksysteme einer Qualitätssicherung zugänglich zu machen, sind die Betrachtungsdimensionen Ressourcenverfügbarkeit, die Eigenschaften des Logistiksystems und die Phasen der Leistungserstellung einzubeziehen (vgl. Abb. 7-39).

			Eigenschaften des Logistiksystems		
			Flexibilität	Zuverlässigkeit	Leistungsstandards
Ressourcenverfügbarkeit	Ressourcenverfügbarkeit	Ressourcenverfügbarkeit			
		Zeit			
		Ort			
		Art			
		Menge			
		Zustand			

(Potentialqualität / Abwicklungsqualität / Ergebnisqualität)

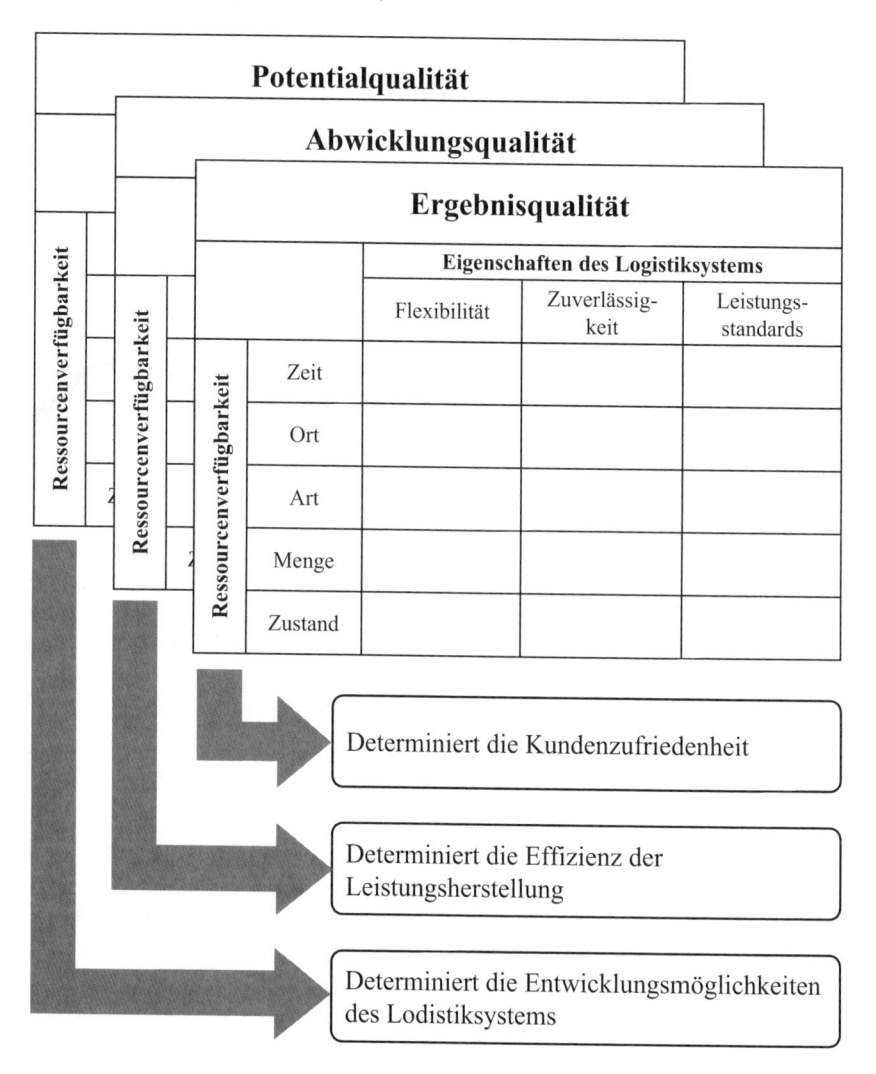

→ Determiniert die Kundenzufriedenheit

→ Determiniert die Effizienz der Leistungsherstellung

→ Determiniert die Entwicklungsmöglichkeiten des Lodistiksystems

Abb. 7-39: Einflußebenen der Qualität von Logistiksystemen

Für die Zufriedenheit des Kunden ist ausschließlich die Ebene der Ergebnisqualität relevant. Von der Qualität der Logistikleistung seines Lieferanten spürt der Endkunde sowohl die Erfüllung der Ressourcenverfügbarkeitskriterien "Zeit", "Ort", "Art", "Menge" und "Zustand" als auch die Fähigkeiten von dessen Logistiksystem hinsichtlich "Flexibilität", "Zuverlässigkeit" und "Leistungsstandard". Diese Ausprägungen sind für den Endkunden aber nur in ihrer Ergebnisqualität wahrnehmbar. Ob der Lieferant zur zuverlässigen und rechtzeitigen Anlieferung ständig Sonderfahrten organisieren muß, ist für ihn kaum erkennbar und auch nicht von Bedeutung. Demgegenüber sind in der Betrachtungsebene der Abwicklungsqualität gerade derartige Unzulänglichkeiten in der Leistungserstellung von besonderem Interesse. Hier wird für alle im Logistiksystem enthaltenen Wertschöpfungsstufen jeweils die Qualität der Logistikleistung bestimmt. Dadurch erscheinen auch die in der Ergebnisqualität nicht sichtbaren Ineffizienzen in einem der Logistikteilsysteme als schlechte Qualität der Logistikleistung. Damit wird durch die Abwicklungsqualität vor allem der Aufwand, der zur Erstellung logistischer Leistungen betrieben wird, quantifiziert und eine Effizienzbeurteilung von Logistiksystemen ermöglicht. Auf der Betrachtungsebene der Potentialqualität können schließlich Aussagen getroffen werden, inwieweit das jeweilige Logistiksystem in der Lage ist, mit sich verändernden Kundenanforderungen Schritt zu halten. Sie beschreibt das einem Logistiksystem inhärente Entwicklungspotential und ist damit insbesondere für strategische Überlegungen relevant. Die Potentialqualität ist dabei klar von der Flexibilität von Logistiksystemen zu differenzieren. Denn während die Flexibilität lediglich Variationsmöglichkeiten der Logistikleistung bei unveränderter Systemstruktur zum Ausdruck bringt, bildet die Potentialqualität die Möglichkeiten zur Systemevolution ab.

Auch wenn die Betrachtungsebenen der Ergebnis-, Abwicklungs- und Potentialqualität Interdependenzen aufweisen, so ergeben sich durch die Differenzierung abgegrenzte Handlungsfelder, die einen gezielten Einsatz von Qualitätssicherungsmethoden zur Verbesserung logistischer Leistungen erlauben. Für die Ebene der Ergebnisqualität sind vor allem Erfassungs- und Bewertungsinstrumente wesentlich, wohingegen in der Abwicklungs- und Potentialqualität neben der reinen Bewertungskomponente auch Methoden zur aktiven Beeinflussung und Verbesserung zum Tragen kommen.

7.5.1 Messung der Ergebnisqualität als Indikator der Kundenzufriedenheit

Zur Erfassung der Ergebnisqualität von Logistikleistungen eignen sich insbesondere Kundenreklamationsinformationen, Daten aus der Lieferantenbewertung des externen Kunden sowie Logistik-Kennzahlen an der Schnittstelle zum Kunden.

Bei der Analyse von Kundenreklamationen ist zu beachten, daß nur ein gewisser Anteil der unzufriedenen Kunden seine Unzufriedenheit dem Unternehmen mitteilt. Nach einer US-amerikanischen Untersuchung nehmen 90% der unzufriedenen Kunden von Dienstleistungsunternehmen nach ihren negativen Erfahrungen das Unternehmen nicht mehr in Anspruch, aber nur 4% artikulieren dies gegenüber dem Unternehmen in Form von Reklamationen. Der Aussagewert von Reklamationen ist wegen der mangelnden Präzision der Angaben für die unmittelbare Ableitung von Ansatzpunkten zur Verbesserung der Leistungsqualität oft gering, außerdem sind nicht alle Reklamationen sachlich begründet. Trotz dieser Einschränkungen kommt Reklamationen als Ausgangspunkt für eine Qualitätssicherung logistischer Leistungen eine erhebliche Bedeutung zu, da hier Informationen über eine Unzufriedenheit der Kunden vorliegen. Um diese Informationen erschließen und nutzen zu können, bedarf es eines Reklamationsmanagements mit dem Ziel, unzufriedene Kunden als Käufer zu erhalten und Umstände sowie Gründe der Reklamation dem Qualitätssicherungssystem verfügbar zu machen. Von besonderer Bedeutung ist dabei die vertiefte Analyse des Kundenproblems, das zur Reklamation geführt hat. Ein organisatorisches Problem für ein solches Reklamationsmanagement besteht darin, daß die Reklamationsabwicklung in vielen Unternehmen von einer relativ selbständigen Vertriebsorganisation wahrgenommen wird und dadurch der Informationsfluß zu den fehlerverursachenden Organisationseinheiten unzureichend ist. Dieses Defizit muß im Rahmen der Ausrichtung des Reklamationsmanagements beseitigt werden, die Einrichtung einer EDV-Unterstützung kann hier Vorteile bringen. Die Erkenntnis, daß nur ein geringer Teil der unzufriedenen Kunden sich dem Unternehmen gegenüber in Form von Reklamationen artikuliert, führt zu dem erweiterten Ansatz des "Migrationsmanagements", das sich nicht allein auf die Analyse von reklamierenden, sondern die Analyse des wesentlich größeren Kreises

Methoden zur Rationalisierung

der abwandernden Kunden stützt. Gelingt es, abwandernde Kunden, die nicht reklamieren, als solche zu identifizieren, so kann die Analyse der Abwanderungsgründe nach dem Muster des Reklamationsmanagements erfolgen. Sie liefert eine erheblich breitere Informationsbasis als ein Reklamationsmanagement und ist diesem, insbesondere bei Vorliegen niedriger Reklamationsraten, vorzuziehen.

In noch wesentlich strukturierterer Form können Informationen über die Ergebnisqualität von Logistikleistungen von größeren Abnehmern gewonnen werden, die über eine systematische Lieferantenbewertung verfügen. Während Reklamationen eher einen situativen Charakter aufweisen, erfolgt hier eine systematische und kontinuierliche Erfassung von Abweichungen der Logistikqualität vom Idealzustand. Daraus können umfassende Aussagen für die Dimensionen der Ressourcenverfügbarkeit gewonnen werden, da zumeist sowohl Zeit-, als auch Ort-, Art-, Mengen- und Zustandsgerechtigkeit dokumentiert werden. Voraussetzung ist eine Vereinbarung mit dem jeweiligen Kunden über einen schnellen und offenen Datenaustausch. Schließlich bilden Logistik-Kennzahlen eine wichtige Informationsquelle, um Aussagen über die Ergebnisqualität von Logistiksystemen treffen zu können. Die Bildung von Kennzahlen ist aus Sicht der Qualitätssicherung erforderlich, da sie der Umsetzung von Kundenanforderungen in gewünschte Eigenschaften des Logistiksystems entspricht und damit sowohl Maßstab zur Ausrichtung des Handelns aller an der Leistungserstellung Beteiligten im Sinne der Kundenorientierung als auch Grundlage für die Planung und Steuerung der erforderlichen Prozesse ist. Darüber hinaus wird durch die Bildung und Verfolgung von Kennzahlen, die das aktuelle Qualitätsniveau eines Logistiksystems ausdrücken, Handlungsbedarf zur Verbesserung signalisiert. Im Vordergrund stehen damit für die Qualitätssicherung die Operationalisierungs-, die Vorgabe- und die Anregungsfunktionen von Kennzahlen.

Im Rahmen einer Befragung von 38 Unternehmen wurden acht logistische Qualitätskomponenten unterschieden, die einen Ausschnitt aus der Betrachtungsebene der Ergebnisqualität logistischer Leistungen darstellen. Bezüglich des Leistungsstandards wurde nach der Lieferzeit gefragt, da sich im Rahmen der Distributionslogistik die Standards hinsichtlich Art, Menge und Ablieferungsort aus der Kundenan-

Methoden zur Rationalisierung

forderung und -struktur ergeben und insofern keine Freiheitsgrade des Logistiksystems sind. Die Zuverlässigkeit der Einhaltung der Leistungsstandards wurde mit Hilfe von sechs Qualitätskomponenten analysiert, wobei hinsichtlich der zustandsbezogenen Komponente unterschieden wird in Lager- und Transportschäden, um eventuelle Unterschiede in der Bewertung der durch diese beiden Hauptprozesse der Logistik verursachten Qualitätsmängel feststellen zu können. Die Lieferflexibilität, verstanden als kurzfristig mögliche Anpassungsfähigkeit der Leistungsstandards, wurde generalisierend in Form einer Untersuchungskategorie analysiert. Abbildung 7-40 zeigt die zu den einzelnen Qualitätskomponenten gebildeten Kennzahlen der befragten Unternehmen und die Häufigkeit, mit der eine Kenngröße von den Befragten verwendet wird.

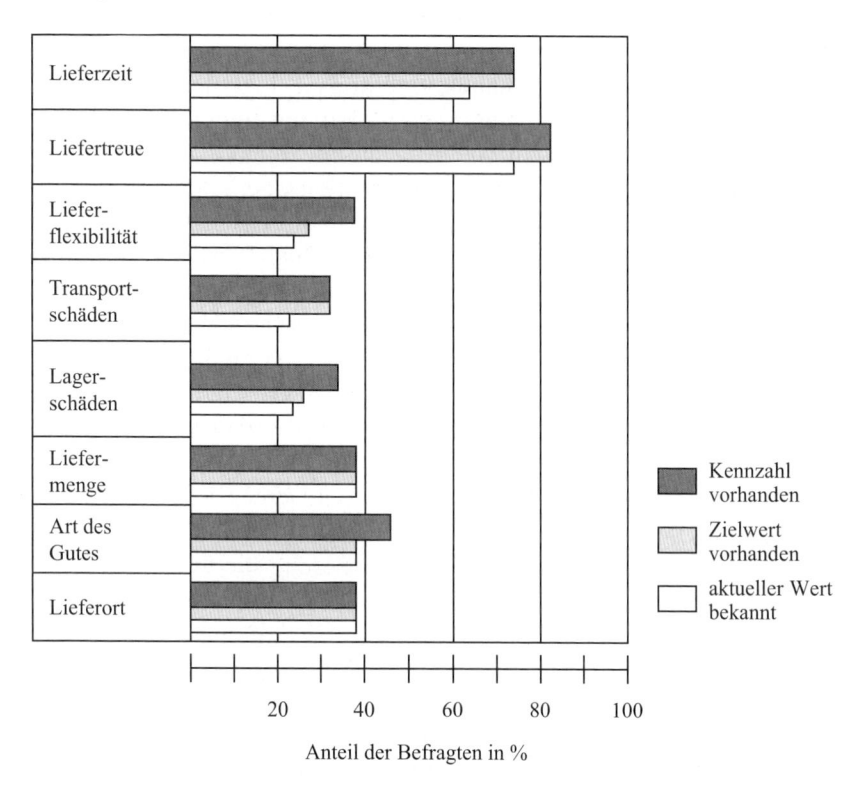

Abb. 7-40: Kennzahlen logistischer Qualitätskomponenten

Das Ergebnis zeigt die Dominanz der zeitbezogenen Qualitätskomponenten, für deren Messung weitaus am meisten Kennzahlen gebildet werden. Auch ist der Ansatz, von der Anzahl der verspätet gelieferten Positionen die Anzahl der zu früh gelieferten Positionen abzuziehen und diese Summe als Kennzahl der Liefertreue zu verwenden, eher gefährlich. Dasselbe gilt auch für die Verwendung des Wertvolumens anstelle der Anzahl nicht termingerechter Lieferungen. Derartige Kennzahlen widersprechen den Zielen einer hohen Logistikqualität. Einen kundenorientierten Ansatz zur Messung der Liefertreue verfolgt ein Automobilzulieferwerk, das die Folge der mangelnden Lieferfähigkeit für den Kunden zur Beurteilungsgrundlage macht. Es wird abgestellt auf die Häufigkeit der Sequenzbrüche, also die Stillstände des Montagebandes beim Kunden, die durch mangelnde Lieferfähigkeit des Zulieferwerkes verursacht werden. Eine solche Kennzahl kann dann gebildet werden, wenn nur wenige Abnehmer vorhanden sind und für den Lieferanten Transparenz über die Folgen seiner mangelnden Lieferleistung beim Kunden gegeben ist. Zur Beurteilung der Lieferflexibilität benutzen sechs der Befragten eine rein zeitorientierte Kennzahl im Sinne einer "eingefrorenen Periode", einer Zeitspanne vor dem geplanten Auslieferungstermin, innerhalb derer keine Auftragsänderungen mehr akzeptiert werden. Zwei der befragten Unternehmen beurteilen die Lieferflexibilität in Form einer zulässigen Anzahl ungeplanter Aufträge je Zeiteinheit, die zu bewältigen das Logistiksystem in der Lage sein muß. Dies wird in einem Fall über die Anzahl der täglich möglichen Eillieferungen, im anderen Fall über eine monatlich mögliche Schwankungsbreite der Liefermenge ausgedrückt. Transport- und Lagerschäden werden von den Befragten als Schadenswert je Periode, als Schadensquote, bezogen auf Umsatz oder Produktionswert oder als Anzahl beschädigter Positionen je Zeiteinheit gemessen. Die wertbezogene Betrachtung ist bei Schäden innerhalb des Produktionssystems, die vor Auslieferung an den Kunden noch behoben werden können, durchaus sinnvoll, denn hier sind die Fehlerfolgen für den Hersteller, die durch den Schadenswert unter Vernachlässigung von eventuell anfallendem Mehraufwand zur Fehlerbehebung angegeben werden können, maßgebend, nicht die Fehlerfolgen für den Kunden. Für fehlerhafte Logistikleistungen in Form falscher Mengen, falscher Güter und falscher Ablieferungsorte wird von den Befragten überwiegend die Anzahl betroffener Aufträge oder

Methoden zur Rationalisierung

die Zahl der abzuklärenden Fälle je Zeiteinheit herangezogen, nur in einem Fall werden auch hier wertbezogene Kennzahlen gebildet.

Aus der empirischen Bestandsaufnahme können für die Gestaltung einer Qualitätssicherung logistischer Leistungen folgende Schlüsse gezogen werden: Anzustreben ist die Bildung je einer Kennzahl für alle unternehmensrelevanten Komponenten der Logistikqualität. Die Frage nach den jeweils relevanten Komponenten kann nur systemspezifisch beantwortet werden, da die Relevanz einzelner Aspekte stark von der Aufgabenstellung des Logistiksystems abhängt. Im Falle eines Unternehmens, das eine Vielzahl von Ablieferpunkten zu versorgen hat, kann die Bildung einer ortsbezogenen Zuverlässigkeitskennzahl sinnvoll sein. Ist der Empfangspunkt lediglich ein Fertigwarenlager der Vertriebsorganisation, so wird eine Kennzahlenbildung entfallen. Darüber hinaus kann die These formuliert werden, daß sich die Notwendigkeit der komponentenbezogenen Kennzahlenbildung mit dem Entwicklungsstand der logistischen Qualitätssicherung verschiebt. Wird die zeitliche Dimension der Logistiksysteme beherrscht, so treten Transport- und Lagerschäden zutage, die vorher unter den Ursachen mangelnder Logistikqualität nur einen nachgeordneten Stellenwert besaßen. Bemerkenswert ist die Tatsache, daß lediglich 38% der Befragten die Systemflexibilität in irgendeiner Form definieren und erfassen. Die Flexibilität ist eine entscheidende Systemeigenschaft, die auf die Qualität der Planung und Steuerung der logistischen Leistungserstellung einen erheblichen Einfluß hat. Liegen hierfür keine Orientierungsgrößen vor, ist sowohl die Effizienz als auch die Anforderungserfüllung der Logistik latent gefährdet. Dem Kunden werden Termine bestätigt, die von der Systemkapazität her nicht erfüllt werden können, ein möglicher Ausgleich von Belastungsspitzen findet nicht statt, zielgerichtete Anpassungsmaßnahmen, etwa in bezug auf die Beseitigung von Engpässen oder die Ausführung von ungeplanten Aufträgen, können nicht identifiziert werden.

7.5.2 Messung und Beeinflussung der Abwicklungsqualität

Die Bewertung von Logistikqualität darf sich nicht auf eine reine Betrachtung der beim Kunden wirksamen Ergebnisqualität beschränken. Denn hierdurch können weder die Ursachen einer unzureichenden Logistikleistung ergründet werden, noch wird ersichtlich, ob eine den

Kunden zufriedenstellende Leistung auch in wirtschaftlich effizienter Weise erbracht wurde. Zur Beantwortung dieser Fragestellungen müssen nähere Informationen über die Abwicklungsqualität der Leistungserstellung gewonnen werden. Darüber hinaus sind Instrumente bereitzustellen, die eine Beeinflussung der Abwicklungsqualität ermöglichen. Von den aus der Qualitätssicherung bekannten Methoden sind insbesondere die Logistikkostenrechnung, das Quality Function Deployment (QFD), die Failure Mode and Effects Analysis (FMEA), Poka Yoke und die Auditierung hinsichtlich ihrer Übertragbarkeit auf logistische Leistungen zu diskutieren.

Um logistische Effizienz wirtschaftlich bewertbar zu machen, ist eine Qualitätskosten- und -leistungsrechnung für Logistikprozesse als das wichtigste Instrument zur Planung und Steuerung des logistischen Qualitätsniveaus zu gestalten und eine Kostengliederung zu erarbeiten. Unter Bezug auf die aktuelle Qualitätskostendiskussion muß dabei von der traditionellen Dreiteilung in Fehler-, Prüf- und Verhütungskosten Abstand genommen werden, da sie verdeckt Aufwendungen enthalten, die zur Gewährleistung der Logistikqualität notwendig sind. Vielmehr ist die Neugliederung der Qualitätskosten in "Übereinstimmungskosten" und "Abweichungskosten" heranzuziehen (vgl. Wildemann 1995b). Abweichungskosten beinhalten den über den zur eigentlichen Leistungserstellung hinaus notwendigen zusätzlichen Ressourceneinsatz. Dieser ist erforderlich, weil die Ergebnisse der Prozesse in der logistischen Kette nicht mit den an sie gestellten Anforderungen übereinstimmen. Wesentlicher Bestandteil der Übereinstimmungskosten sind die bisherigen Fehlerverhütungskosten, die aber durch einen Teil der Prüfkosten, die nicht im Rahmen eines nachträglichen Aufdeckens bereits realisierter Abweichungen anfallen, zu ergänzen sind. Beispiele für derartige Prüfkosten sind Kosten für Auftragsbestätigungen oder die Durchführung von Logistik-Audits, die eindeutig einen präventiven Charakter aufweisen. Erst durch diese Modifikation der Qualitätskostengliederung kann ein Kostenrechnungssystem eine Dokumentation qualitätsbezogener Logistikaufwendungen erbringen, die dem Grundsatz der Prävention gerecht wird.

Ein Instrument, das nicht nur das Leistungsniveau eines Logistiksystems bewerten, sondern auch zu dessen aktiver Gestaltung eingesetzt werden kann, ist das Quality Function Deployment, das im Sinne einer

Methoden zur Rationalisierung

Analyse von Fehlerrisiken Systemgrenzen und Struktur beschreibt und diese vor dem Hintergrund der Ziele reflektiert, deren Einhaltung als fehlerfreier Zustand aufgefaßt werden. Nur so kann bei komplexen Systemen eine Analyse erfolgen, die über pauschale Aussagen zu Art und Umfang möglicher Risiken hinausgeht. Ausgehend von den Kundenwünschen an die Eigenschaften eines Produktes oder einer Leistung werden in einer Folge von Planungsschritten technische Konstruktionsmerkmale und Prozeßparameter abgeleitet und dahingehend optimiert, daß sie in ihrer Gesamtheit das vom Kunden gewünschte Qualitätsprofil bestmöglich verwirklichen. Die Methode berücksichtigt unterschiedliche Gewichtungen von Kundenanforderungen untereinander, die Position gegenüber Wettbewerbern bezüglich der Realisierung der Kundenanforderungen sowie die Wechselwirkungen einzelner Konstruktionsmerkmale und Prozeßparameter. Sie verkörpert damit ein Modell des systematischen, vom Kundenwunsch ausgehenden Entwicklungsprozesses, das sich graphisch in übersichtlicher Form darstellen läßt, was der Methode den Beinamen "House of Quality" gegeben hat. Bei QFD werden folgende Schritte systematisch durchlaufen:

1. Erfassung der Kundenbedürfnisse,
2. Gewichten der Kundenbedürfnisse untereinander,
3. Erfassung der eigenen Wettbewerbsposition aus Sicht des Kunden,
4. Ableitung technischer Merkmale aus den Kundenbedürfnissen,
5. Aufzeigen der Zusammenhänge zwischen technischen Merkmalen und der Erfüllung von Kundenbedürfnissen,
6. Analyse von Wechselwirkungen zwischen den einzelnen technischen Merkmalen,
7. Quantifizieren der technischen Merkmale,
8. Wettbewerbsanalyse aus Sicht des Herstellers in bezug auf die Erfüllung der technischen Merkmale,
9. Festlegung der Bedeutung einzelner technischer Merkmale.

Charakteristisch für die Methode ist das auf den Aufbau des "House of Quality" folgende Stufenkonzept der Planungsschritte, innerhalb dessen zunächst aus Kundenwünschen technische Forderungen an das Produkt als Ganzem abgeleitet werden, aus denen technische Anforderungen an Baugruppen und Komponenten hervorgehen. Nach dem gleichen Muster werden diese in Anforderungen an die zur Erzeugung

Methoden zur Rationalisierung

der Teile und Baugruppen notwendigen Prozesse umgesetzt, aus denen Maßnahmen zur Realisierung der Prozeßparameter in Form von Wartungsintervallen für Anlagen oder Schulungsbedarf von Personal festgelegt werden können. Das Instrument dient damit zur Strukturierung eines Systems dadurch, daß es gegenseitige Wechselbeziehungen aufzeigt und das System in möglichst übersichtliche Teile zerlegt. Der Festlegung von Zielen als gewünschten Systemzuständen dient es auf allen Planungsebenen durch den konsequenten Aufbau einer schlüssigen Zielhierarchie, die sich in ihrer Gesamtheit auf die Erfüllung der Kundenanforderungen bezieht. Dabei kann auch die Tatsache, daß ein Prozeß der Erstellung mehrerer Komponenten oder Teile gleichzeitig dient und deshalb unterschiedliche Anforderungen zu erfüllen hat, im Sinne der gesamtheitlichen Optimierung berücksichtigt werden.

Prävention im Rahmen eines logistischen Qualitätsmanagements kann zum einen in der Konzeptionsphase von logistischen Prozessen durchgeführt werden, indem mögliche Fehlerquellen und ihre Ursachen identifiziert werden. Zum anderen kann sie ablaufbegleitend durchgeführt werden, indem Informationen über vorhandene Fehler zur Initiierung von Verbesserungsmaßnahmen herangezogen werden. Bei schlecht strukturierten Problemen, bei denen die mathematische Modellbildung prinzipiell nicht möglich ist, aber auch bei zwar ausreichend gut strukturierten, aber für eine durchgehende quantitative Analyse zu komplexen Systemen, ist die Anwendung qualitativer Methoden der Risikoerkennung angezeigt. Kern der qualitativen Methoden ist ein Kreativitätsprozeß, der zur möglichst vollzähligen Aufzählung aller möglichen Risikosituationen in bezug auf einen Untersuchungsgegenstand führen soll. Eine stark mit Hilfe von Checklisten formalisierte qualitative Methode stellt die Failure Mode and Effects Analysis dar. Sie integriert die Phasen der Risikoerkennung und -bewertung sowie der Maßnahmenplanung und der Erfolgskontrolle, bildet also den durchgängigen Zyklus einer präventiven Qualitätssicherung ab. Daneben zeichnet sie sich dadurch aus, daß prinzipiell verschiedenste quantitative Methoden in den formalisierten Ablauf einbezogen werden können. Die FMEA wird in der Praxis auf unterschiedliche Untersuchungsgegenstände angewandt. Die bekanntesten Arten sind die Produkt- oder Konstruktions-FMEA und die Prozeß-FMEA. Bei ersterer werden Fehlermöglichkeiten an Komponenten eines technischen Systems, typischerweise einer Neukonstruktion,

Methoden zur Rationalisierung

untersucht, im zweiten Fall die möglichen Fehler im Laufe des Produktionsprozesses. Die Prozeß-FMEA baut dabei insofern auf der Konstruktions-FMEA auf, als Fehlerursachen, die im Rahmen einer Konstruktions-FMEA im Produktionsprozeß lokalisiert wurden, einer weitergehenden Ursachenanalyse unterzogen werden, die Kausalkette also weiter verfolgt wird. Als weitere Anwendungsmöglichkeit wird eine System-FMEA genannt, deren Untersuchungsgegenstand "das funktionsgerechte Zusammenwirken der Systemkomponenten und ihrer Verbindungen" ist. Sie ist Grundlage der Konstruktions-FMEA. Verschiedentlich wird auch der Ansatz vertreten, Konstruktions- und Prozeß-FMEA zu einer Produkt-FMEA zusammenzuziehen, ein Vorgehen, das insbesondere für Kaufteile in der betrieblichen Praxis eine gewisse Bedeutung erlangt hat. Weiterhin wird vorgeschlagen, die FMEA mit anderen Methoden, wie etwa der Wertanalyse, zu koppeln. Für Durchführung einer FMEA im Bereich der Logistik eignen sich als Gegenstände die Aufbau- und Ablauforganisation, Informationsfluß und Kommunikation, Bevorratung, Bereitstellung, Entsorgung, Transport und Versand im Hinblick auf EDV-Einsatz, Ablaufgestaltung, Lager- und Transportmittel, kurze Durchlaufzeiten und qualitätsgerechte Lagerung sowie Behandlung und Verpackung logistischer Objektfaktoren anregt. Die Vorgehensweise einer FMEA ist unabhängig vom Untersuchungsgegenstand. Sie läßt sich kennzeichnen als eine Vorgehensweise zur Risikoanalyse. Die einzelnen Schritte lassen sich an dem in Abbildung 7-41 dargestellten Formblatt, das in der betrieblichen Praxis Anwendung findet, verfolgen.

In der Spalte "Systeme/Merkmale" wird zunächst der Untersuchungsgegenstand, der im allgemeinen Fall in einer beliebigen Systemkomponente besteht, eingetragen. In der folgenden Spalte "Potentielle Fehler" sind sämtliche Fehlermöglichkeiten, bezogen auf die zu untersuchende Systemkomponente, aufzuführen. Die Fehlermöglichkeiten können mittels eines Brainstormings oder der Auswertung bereits vorhandener Erfahrungsberichte für ähnliche Problemstellungen gewonnen werden. Der Prozeß, der zur Liste der potentiellen Fehlermöglichkeiten führt, ist die eigentliche Risikoerkennung. In einem nächsten Schritt erfolgt die Abschätzung der möglichen Folgen des Auftretens eines Fehlers, also der Ansatz zur Bestimmung der materiellen Risikokomponente. Maßgeblich hierfür ist die Sicht des Leistungsemp-

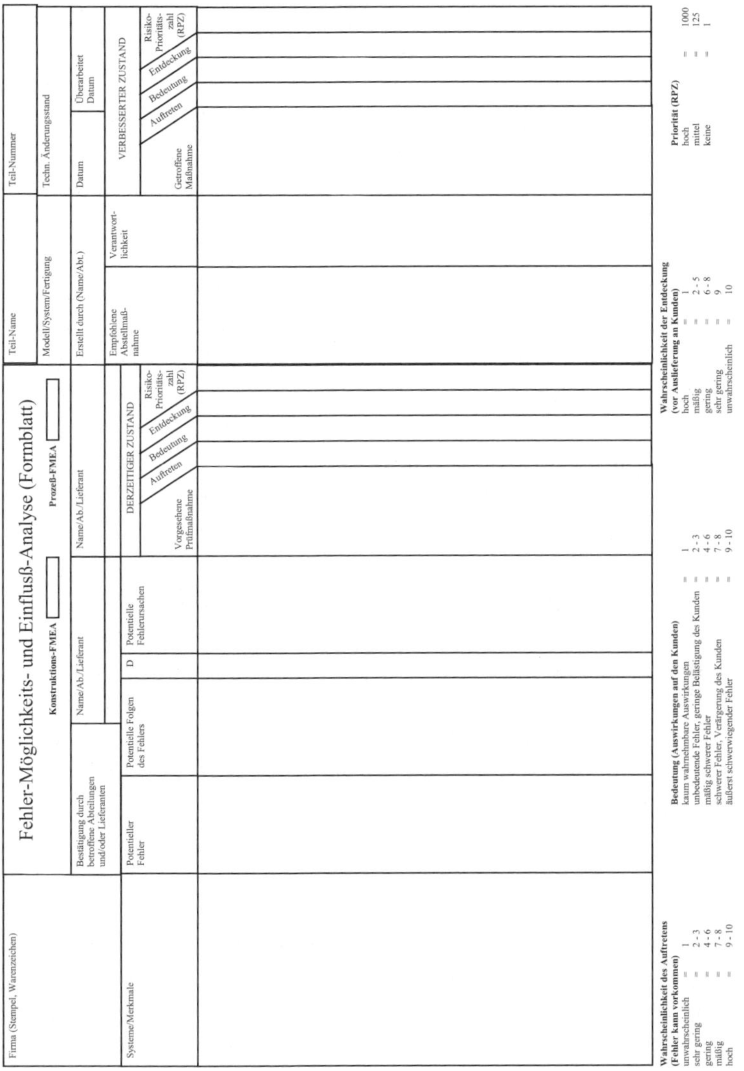

Abb. 7-41: Formblatt zur Durchführung einer FMEA

fängers, der sowohl ein interner als auch ein externer Kunde sein kann. Es ist darauf zu achten, daß nicht schon in dieser Phase Aussagen über die informatorische Risikokomponente, also die Auftretenswahrscheinlichkeit eines Fehlers, gemacht werden. Diese Betrachtung ist Gegenstand eines separaten Schrittes, wie er auch aus Sicht der Ri-

Methoden zur Rationalisierung

sikoanalyse zu fordern ist. Die Spalte D dient zur gesonderten Kennzeichnung dokumentationspflichtiger Systemkomponenten und soll hier nicht weiter betrachtet werden.

In der nächsten Spalte werden die Ergebnisse des auf die Risikobewertung folgenden Schrittes im Rahmen einer präventiven Qualitätssicherung erfaßt: Es werden den potentiellen Fehlern aus Spalte zwei sämtliche denkbaren Fehlerursachen zugeordnet. In den Spalten sieben bis zehn erfolgt die Risikobewertung der aufgezeigten potentiellen Fehler unter der Überschrift "Analyse des derzeitigen Zustandes". Zuvor aber ist die Dokumentation der Prüfmaßnahmen durchzuführen, die zum Zeitpunkt der Analyse vorgesehen sind (Spalte sechs).

Das Bewertungsschema stellt eine Risikobewertung dar. Sie ergibt sich aus der Multiplikation dreier Zahlenwerte, mit denen Auftretenswahrscheinlichkeit, die Wahrscheinlichkeit des Erkennens und die Bedeutung eines Fehlers anhand einer Ordinalskala bewertet werden. Die Auftretenswahrscheinlichkeit wird durch subjektive Schätzung bestimmt und der Ordinalskala zugeordnet, die im Regelfall von 1 (Auftreten unwahrscheinlich) bis 10 (Auftreten sehr wahrscheinlich) reicht. Das Ergebnis entspricht der informatorischen Risikokomponente. Die potentiellen Fehlerfolgen, die bereits in Spalte drei verbal beschrieben sind, werden ebenfalls ordinal skaliert, wobei bei Verwendung einer identischen Skala geringfügige Folgen mit 1, gravierende Folgen mit 10 zu bewerten sind. Aus dem Produkt der Maßzahlen von Auftretenswahrscheinlichkeit und potentieller Fehlerfolge wäre nunmehr eine Risikobewertung möglich. Die FMEA verwendet zur Bildung der Risikoprioritätszahl (RPZ) und damit zur Risikobewertung noch einen zusätzlichen Parameter, die Maßzahl für die Wahrscheinlichkeit der Fehlerentdeckung vor Auslieferung eines Produktes an den Kunden. Diese Maßzahl soll den Einfluß der vorgesehenen Prüfmaßnahmen auf die Risikobewertung widerspiegeln und bezieht sich demgemäß nicht direkt auf einen Fehler, sondern die zu seiner Entdeckung im Ausgangszustand vorgesehenen Prüfmaßnahmen (Spalte sechs). Die Bewertung nimmt einen niedrigen Wert an, wenn der betrachtete potentielle Fehler durch die vorgesehene Prüfmaßnahme nach bisher vorliegenden Erfahrungen zuverlässig entdeckt wurde. Einen hohen Wert dagegen erhalten Prüfmaßnahmen, die zwar mit positivem Ergebnis durchgeführt wurden, den fraglichen Fehler aber trotzdem nicht angezeigt haben. Sind die RPZ für alle potentiellen Fehler nach dem beschriebenen Schema bestimmt, erfolgt eine Prioritätensetzung für die Entwicklung von Abstellmaßnahmen. Die Priorität zur Entwicklung von Abstellmaßnahmen ist dabei um so höher, je höher die RPZ eines Fehlers ist. Einige Autoren geben Grenzwerte an, innerhalb derer eine Beseitigung der Fehlerursachen auf jeden Fall geplant werden sollte. Einige setzen die Grenze bei RPZ > 125 und schlagen vor, bei Einzelbewertungen > 8 ebenfalls die Maßnahmenplanung in Erwägung zu ziehen. Die verbleibenden Spalten des Formblattes dienen zur Aufnahme der Planungsergebnisse von Verbesserungsmaßnahmen unter Festlegung exakter Verantwortlichkeiten sowie der Maßnahmenkontrolle. Diese erfolgt über die Bildung einer neuen RPZ nach Durchführung der geplanten Maßnahmen. Mit Hilfe dieser Zahl kann der Erfolg einer Verbesserungsmaßnahme oder der Bedarf an zusätzlichen Aktivitäten beurteilt werden.

Ein weiterer Ansatz der Qualitätssicherung zur Fehlerbeseitigung ist die Methode des Poka Yoke. Dieses Verfahren beruht auf der Erkenntnis, daß es eine Art von Fehlern gibt, die als unbeabsichtigt und zufällig zu klassifizieren sind. Diese Einsicht ist zu einem Gestaltungsprinzip ausgebaut worden, das die Funktion einer Leitlinie für die Gestaltung von Arbeitssystemen im Rahmen der Maßnahmenplanung hat (Poka Yoke, japanisch für "Vermeidung des unbeabsichtigten Fehlers"). Der für das Qualitätsverständnis wichtige Grundgedanke besteht in der Tatsache, daß der Einsatz von Poka-Yoke-Methoden die unbeabsichtigte, zufällige Fehlhandlung eines Menschen nicht als prinzipiell vermeidbar, sondern als unvermeidliche menschliche Eigenschaft begreift. Der unbeabsichtigte, zufällige Fehler läßt sich durch erhöhte Sorgfalt nicht ausschließen. Der Ansatz, diesen Fehleranteil durch eine entsprechende Systemgestaltung zu antizipieren und den Eintritt negativer Folgen zu verhindern, ist ein wesentlicher Schritt zur Erreichung eines verbesserten Qualitätsniveaus. Mit Hilfe der Poka-Yoke-Methodik wird innerhalb des Produktionsprozesses versucht, Fehlhandlungen von Mensch oder Maschine durch Gestaltung des Arbeitssystems in einem Stadium zu entdecken und zu beseitigen, in dem die Fehlhandlung (error) noch nicht zu einem für den Leistungsempfänger wahrnehmbaren Fehler (defect) geführt hat. Die Fehlhandlungen bestehen typischerweise in Vergessen, Vertauschen, Verwechseln oder Ablesefehlern im Produktionsprozeß. Die System-

Methoden zur Rationalisierung

gestaltung kann entweder die Vermeidung der Fehlhandlung selbst durch Poka-Yoke-Vorkehrungen oder die Entdekkung und Meldung der Fehlhandlung durch ein Poka-Yoke-System zum Ziel haben. Das Prinzip wird auch gelegentlich als "proofing" bezeichnet, in der Literatur wird statt dieses negativ besetzten Begriffes die Bezeichnung "failsafe" vorgeschlagen. Poka-Yoke-Vorkehrungen sind Gestaltungsmaßnahmen, die zu einer Herabsetzung der Wahrscheinlichkeit der Fehlhandlung führen, wie etwa die konstruktive Gestaltung von zu montierenden Teilen in der Weise, daß sie nur in der gewünschten Positionierung eingebaut werden können. Poka-Yoke-Systeme dagegen haben das Ziel, das Vorliegen einer Fehlhandlung zu erkennen und einen Korrekturimpuls auszulösen. Sie bestehen aus drei Teilmechanismen, die zeitlich aufeinanderfolgend die Entdeckung und Meldung der Fehlhandlung ermöglichen. Dies sind der Detektionsmechanismus, der, meist als Sensor ausgebildet, das Vorliegen einer Fehlhandlung, beispielsweise ein fehlendes Teil, erkennt. Ihm folgt der Auslösemechanismus, der, je nach Problemstellung unterschiedlich, den Impuls für den Regulierungsmechanismus erzeugt. Der Regulierungsmechanismus schließlich besteht entweder in einer Alarmvorrichtung, die das Bedienungspersonal auf die Fehlhandlung aufmerksam macht, oder in einer Abschaltvorrichtung, die dieselbe Funktion erfüllt. Die Beseitigung des "error" erfolgt dann von außen. Es ist unmittelbar deutlich, daß vor dem Hintergrund der Poka-Yoke-Vorgehensweise die Maßnahmenplanung zur Verbesserung des Qualitätsniveaus andere Aktivitäten zur Folge hat als die Verfolgung einer Null-Fehler-Strategie.

Eine weitere Methode zur Beeinflussung der logistischen Abwicklungsqualität ist die Auditierung. Die Auditierung wird in der DIN ISO 8402 definiert als eine "systematische und unabhängige Untersuchung, um festzustellen, ob die qualitätsbezogenen Tätigkeiten und die damit zusammenhängenden Ergebnisse den geplanten Anordnungen entsprechen und ob diese Anordnungen geeignet sind, die Ziele zu erreichen". Während früher die Auditierung mit Begriffen wie Revision, Prüfung und Überwachung gleichgesetzt wurde, wird heute die Auditierungsmethodik eher unter dem erweiterten Kontrollbegriff des Controllings eingeordnet und entwickelt sich durch die Ausdehnung des Untersuchungsfeldes über rein qualitätsbezogene Fragestellungen hinaus zu einem Controllinginstrument. Durch die der Auditierung inhärenten Informationsbeschaffungs- und -auswertungsaktivitäten werden im Controlling-Regelkreis die Schritte "Ist-Situation ermitteln", "Abweichungen analysieren", "Maßnahmen planen", "Planwerte bilden", "Ergebnisse berichten" und "Ziele setzen" wahrgenommen. Die Auditierungsmethodik wird in der Literatur für unterschiedlichste Einsatzgebiete diskutiert und findet in der Praxis vielfältige Anwendung. Generell ist eine Überprüfung durch Auditierung für alle betrieblichen Prozesse durchführbar. Im Finanz- und Rechnungswesen sind Resultate und Vorgehensweisen hinsichtlich ihrer Ordnungsmäßigkeit, Zuverlässigkeit und Korrektheit der Finanzdaten kontrollierbar. Darüber hinaus ist die Auditierung zur Beurteilung der Wirtschaftlichkeit von Leistungsprozessen auf operativer Ebene geeignet. Auch in Lieferanten-Abnehmer-Beziehungen stellt die Auditierung ein geeignetes Instrument zum Abbau von Informationsdefiziten dar und trägt zur Vertrauensbildung sowie zur Erschließung von Einsparungspotentialen bei. Am häufigsten wird in der Praxis die Auditierung des betrieblichen Qualitätssicherungssystems eingesetzt, mit deren Hilfe der Nachweis erbracht werden soll, daß ein Unternehmen die organisatorischen Strukturen zur Erzeugung kundengerechter Qualität besitzt. Es wird die Qualitätsfähigkeit verifiziert, die einer rein ergebnisorientierten Betrachtungsweise nicht zugänglich ist. Dies verdeutlicht die Stärke der Auditierungssystematik, die durch Ersatzkriterien eine derivative Qualitätsbeurteilung vornehmen kann. Bei einer Auditierung, die spezifisch auf die Abwicklungsqualität des Logistiksystems abstellt, sind in einem ersten Schritt die Dimensionen der Ressourcenverfügbarkeit hinsichtlich der Erfüllung von zeit-, orts-, art-, mengen- und zustandsbezogenen Anforderungen über alle logistischen Prozeßschritte zu prüfen. Im weiteren ist zu hinterfragen, inwiefern die zur Leistungserstellung eingesetzten Faktoren die Erfüllung der an das Logistiksystem gestellten Anforderungen gewährleisten. Diese Untersuchung kann grundsätzlich in die vier Haupteinflußfaktoren Mensch, Material, Maschine und Methode gegliedert werden und muß auf detaillierterem Niveau unternehmensspezifisch ausgestaltet werden. Zur Durchführungsvorbereitung einer Auditierung von Logistiksystemen empfiehlt sich die Ausarbeitung von Checklisten, die eine strukturierte Abfrage der beschriebenen Input- und Outputkomponenten ermöglichen.

Methoden zur Rationalisierung

Zur regelmäßigen Durchführung von Audits wird die Einrichtung einer Auditprogrammleitung zum Management des gesamten Prozesses empfohlen (vgl. DIN ISO 10011 Teil 1). Diese Leitung trägt die Gesamtverantwortung und bestimmt zusammen mit dem Auftraggeber den Informationsbedarf und die Auswahl der Kriterien für die Auditierung. Sie setzt die Auditoren und den Audit-Leiter ein und ist für deren Kontrolle zuständig. Es ist auch die Aufgabe der Auditprogrammleitung, Methoden zur Messung und zum Vergleich der Auditleistung zu entwickeln. Die eigentliche Auditierung wird vom Auditteam übernommen und gliedert sich in Einführungsgespräch, Untersuchung und Schlußgespräch mit der auditierten Einheit.

7.5.3 Messung und Beeinflussung der Potentialqualität

Um auch langfristig in einem sich immer schneller verändernden Markt erfolgreich zu sein, muß neben der Analyse und Beeinflussung von Ergebnis- und Abwicklungsqualität auch eine Betrachtung der Potentialqualität erfolgen. Durch sie wird sichergestellt, daß das Logistiksystem den zukünftig auftretenden Anforderungen gerecht werden kann. Damit die Potentialqualität gemessen werden kann, sind zum einen die zukünftigen Kundenanforderungen zu ermitteln und andererseits die Variations- und Entwicklungsmöglichkeiten des Logistiksystems zu bewerten. Für letzteres ist die im vorangegangenen Kapitel beschriebene Auditierung geeignet, wobei jedoch die dort aufgestellten Prüfkriterien jeweils auf die Möglichkeiten zur Entwicklung auszurichten sind. Der Auditierungsablauf selbst bleibt unverändert. Zur Erfassung der zukünftigen Kundenanforderungen sind Marktanalysen in Form von Kundenbefragungen und Wettbewerbsanalysen geeignet. Kundenbefragungen werden in Unternehmen typischerweise in Zusammenhang mit der Wahrnehmung der Marketingfunktion wahrgenommen. Die konkrete Befragung der Kunden sollte in einer ersten Betrachtungsstufe die zukünftigen Anforderungen an die Ressourcenverfügbarkeiten umfassen. In einem nächsten Schritt sind neue Erfordernisse hinsichtlich des Informationsflusses zu betrachten, um eine optimale Anbindung zwischen Abnehmer und Lieferant zu gewährleisten. Auf der letzten Betrachtungsstufe ist nach den zukünftig zur Anwendung kommenden Logistik-Konzepten zu fragen, damit eine Harmonisierung der Schnittstelle zwischen Kunde und Lieferant sichergestellt werden kann. Für die Gewinnung von Informationen über

Methoden zur Rationalisierung

die Potentialqualität sollte die Kundenbefragung allerdings gezielt und selektiv eingesetzt werden, da mit ihrer Durchführung erhebliche Kosten anfallen, die einer permanenten Nutzung dieses Instruments entgegenstehen.

7.5.4 Organisation der QS-Aktivitäten

Um eine Qualitätssicherung logistischer Leistungen gezielt durchführen zu können, bedarf es einer geeigneten Ablauforganisation, in welche die Methoden und Verfahren eingebettet sind. Da die Beurteilung des Logistiksystems ein regelmäßiger, fortlaufender Prozeß sein sollte, bietet sich eine Organisation in Form eines Regelkreises an. Derartige Konstrukte finden sich sowohl in der Qualitätssicherung als auch im Controlling. Der Ablauf des Controlling-Regelkreises gliedert sich in die Schritte "Ziele setzen", "Ist-Situation ermitteln", "Abweichungen analysieren", "Maßnahmen planen", "Planwerte bilden" und "Ergebnisse berichten", während sich der Regelkreis der Qualitätssicherung in die Phasen "Ziele setzen", "Maßnahmen planen", "Veränderungen durchführen" und "Erreichtes überprüfen" gliedert. Zwar sind diese Regelkreise im Unternehmensgeschehen voneinander unabhängige Abläufe, sie sind aber in der Aufgabenwahrnehmung trotz des unterschiedlichen Aggregationsniveaus weitgehend kongruent. So können die im Controlling-System gebildeten Planwerte als Input für das Qualitätssicherungssystem dienen, die Überprüfung des Erreichten kann als Output des Qualitätsregelkreises in die Phase "Ergebnisse berichten" des Supersystems eingebracht werden. Da insbesondere die Betrachtung der Potentialqualität eine stark strategisch orientierte Komponente aufweist, andererseits aber die konkrete Beeinflussung des logistischen Leistungsniveaus sehr operativ ausgerichtete Aktivitäten erfordert, muß durch die Ablauforganisation einer Qualitätssicherung logistischer Leistungen eine Verbindung zwischen diesen beiden Regelkreisen geschaffen werden. Durch die Integration der beiden Abläufe, die in Abbildung 7-42 dargestellt ist, wird eine Durchgängigkeit des Optimierungsprozesses der Logistikqualität hergestellt, bei dem abgeleitet von Markterfordernissen und strategischen Unternehmenszielen die logistische Zielbildung erfolgt. Danach wird der aktuelle Zustand der Logistikqualität ermittelt, um dann mittels eines Soll-Ist-Vergleichs die Verbesserungsnotwendigkeit zu identifizieren. Auf dieser Basis werden operationale Zielvorgaben für die

Methoden zur Rationalisierung

Ausführungsebene präzisiert. Daraufhin folgt die Initiierung, Planung und Realisierung von Maßnahmen zur Beseitigung der erkannten Defizite. Mit der Überprüfung und Dokumentation von Maßnahmendurchführung und erzielten Ergebnissen schließt sich der Kreis zur erneuten Zielbildung.

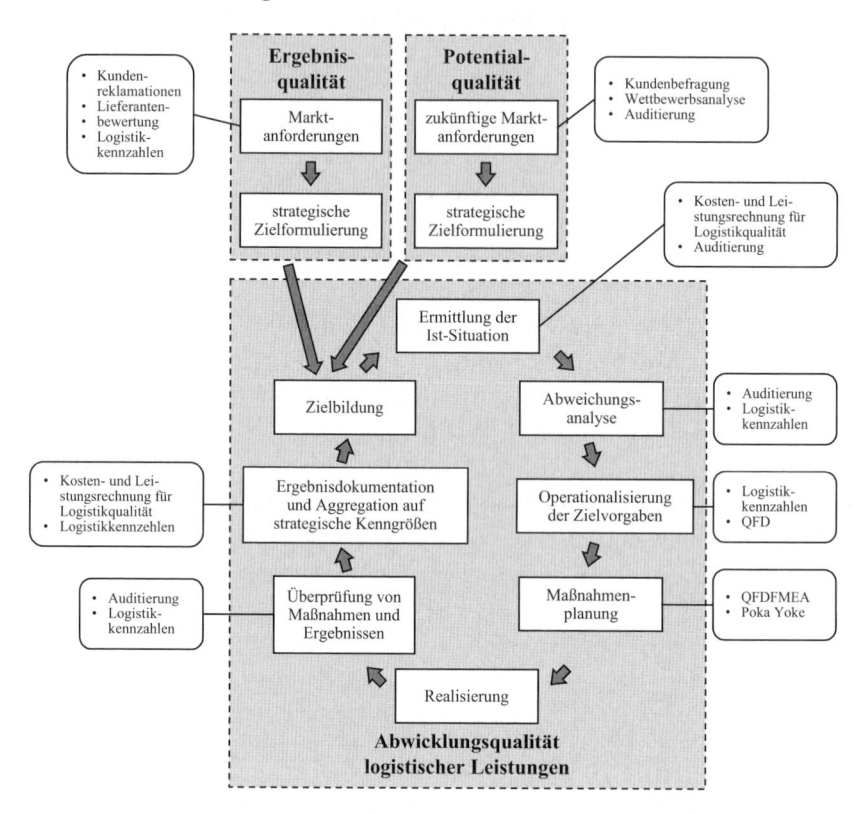

Abb. 7-42: Organisation der Qualitätssicherung von Logistikleistungen

7.6 Meßkonzepte für die Wirksamkeit von Rationalisierungsmaßnahmen

Kostendruck und die Forderung nach einer erhöhten Flexibilität und Schnelligkeit zwingen die Unternehmen, ihre Leistungsfähigkeit und die Wirksamkeit ihrer Rationalisierungsmaßnahmen zu messen. Diagnosen hinsichtlich der logistischen Leistungsfähigkeit mit Hilfe von traditionellen Controlling-Instrumenten, die vorwiegend in finanziellen Kennzahlen münden, berücksichtigen nur unzureichend die Mehrdimensionalität von Ursache-Wirkungszusammenhängen. Die unter dem Konzept der Leistungsmessung zu summierenden Lösungsvorschläge, die als Ergänzung der traditionellen Controlling-Instrumente und der Prozeßkostenrechnung zu diskutieren sind, beziehen nichtfinanzielle Daten bei der Entscheidungsfindung mit ein. Mängel bestehen jedoch weiterhin in einer oft ungenügenden Zukunfts- und Handlungsorientierung. In der Praxis werden als Vergleichsmethoden zur Beurteilung der Leistungsfähigkeit und Selektion von Rationalisierungsmaßnahmen die nachstehenden Methoden angewandt:

➢ Innerbetriebliche Vergleiche: Innerbetriebliche Vergleiche, deren Bewertung und Interpretation durch Zeit- und Soll-/Ist-Vergleiche durchgeführt werden, werden dann vorgenommen, sofern keine Vergleichsunternehmen zur Urteilsfindung herangezogen werden können. Die zeitbezogenen Vergleichsmerkmale beschreiben entweder Zeitpunkte oder Zeiträume desselben Untersuchungsobjektes, so daß nicht nur die momentane Leistungsfähigkeit sowie die Lerngeschwindigkeit, sondern auch die Entwicklung eines Merkmals mit Hilfe von Indexmethoden verfolgt werden kann. Dabei lassen sich drei Verfahren einsetzen:

- die Trendextrapolation,
- das Erfahrungskurvenkonzept und
- das Half-Life-Konzept.

Die Trendextrapolation hat zum Ziel, auf der Basis mathematischer Verfahren eine in der Vergangenheit festgestellte Entwicklung bei den betrachteten Steuergrößen in die Zukunft fortzuschreiben. Hierdurch läßt sich prüfen, ob bei gleichbleibender Entwicklung die Zielwerte realisiert werden können oder ob zusätzliche Rationalisierungsmaßnahmen zur Zielerreichung erforderlich sind. Das Erfahrungs- oder Lernkurvenkonzept besagt, daß bei jeder Verdopplung der kumulierten Ausbringung die Stückkosten um einen bestimmten Prozentsatz sinken. Die Bestimmung der Erfahrungs- oder Lernrate ermöglicht somit eine Prognose kostenorientierter Zielgrößen. Die Erfahrungskurve unterliegt zahlreichen Prämissen, die eine Prognose nur eingeschränkt gestatten. Neben kostenorientierten Steuerungsgrößen sind

Methoden zur Rationalisierung

ferner Zeit- und Qualitätsgrößen heranzuziehen, für die die Erfahrungskurve nicht geeignet ist. Für diese Größen lassen sich jedoch ebenfalls Lernraten bilden. Die Ermittlung von Veränderungsraten über längere Zeiträume führte zu einer verblüffenden Erkenntnis: Fehlerraten, Lieferzeiten, Durchlaufzeiten, Gutteile, Prozeßfehler oder Time to Market-Werte verändern sich mit nahezu konstanten Raten. So konnten typische Zeitwerte, in denen sich Produktfehler pro Einheit oder Fehlerraten jeweils halbieren, ermittelt werden. Nach Initiierung geeigneter Maßnahmen halbierte sich die Anzahl von Produktfehlern pro Einheit alle 10 oder 8 Monate, prozentuale Fehlerraten wurden alle 4 Monate halbiert, Lieferzeiten alle 9 Monate, ppm-Raten für Prozeßfehler alle 6 Monate oder die Entwicklungszeit alle 24 Monate. Dieses charakteristische Verhalten kann als Half-Life-Konzept bezeichnet werden (vgl. Stata 1989). Abbildung 7-43 zeigt die Vorgehensweise zur Ermittlung der Halbwertzeiten am Beispiel der Kenngröße Prozeßdurchlaufzeit. Unter der Halbwertzeit ist jene Zeit zu

Bestimmung der "Halbwertzeit" am Beispiel der Kenngröße Prozeßdurchlaufzeit

% Verbesserung / Durchlauf
x
Durchläufe / Monat
=
% Verbesserung / Monate

Empirisch ermittelte Ausgangsdaten

5% Verbesserung / Durchlauf
x
2 Durchläufe / Monat
=
10% Verbesserung / Monat
=
50% Verbesserung / 5 Monate

Kenngröße [z.B. Prozeßdurchlaufzeit]

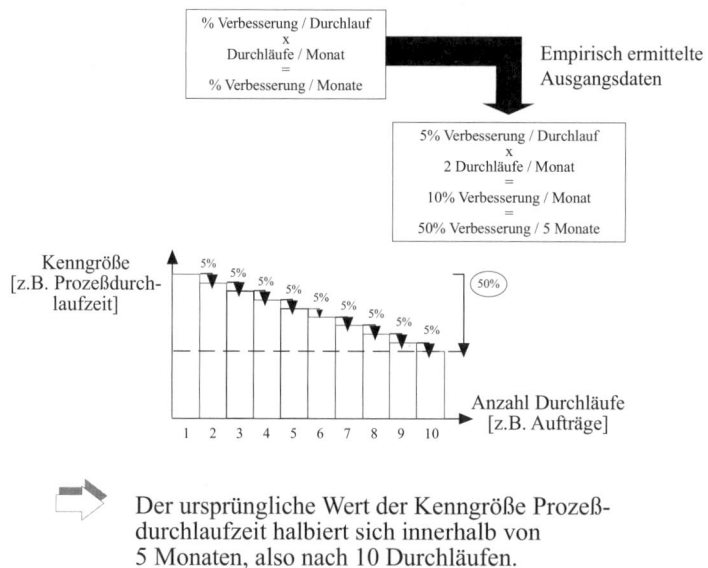

Anzahl Durchläufe [z.B. Aufträge]

➡ Der ursprüngliche Wert der Kenngröße Prozeßdurchlaufzeit halbiert sich innerhalb von 5 Monaten, also nach 10 Durchläufen.

Abb. 7-43: Vorgehensweise zur Bestimmung der Halbwertzeit

Methoden zur Rationalisierung

verstehen, innerhalb derer ein ursprünglich ermittelter Wert auf 50% des Ausgangswertes zurückgeht. Bei doppelt logarithmischer Darstellung ergibt sich dabei ein linearer Zusammenhang zwischen betrachteter Kenngröße und Zeit. Entsprechend läßt sich bei qualitäts- und mengenorientierten Kenngrößen die Zeit zur Halbierung des Ausgangswertes bestimmen. Es kann festgestellt werden, daß bei Anwendung dieser Verfahren derZeitvergleich somit als Grundlage für die Prognose zukünftiger Merkmalsausprägungen dient. Die gegenüber dem Zeitvergleich ex ante durchzuführende Vorgabe von Soll-Werten und deren Vergleich dient beim Soll-/Ist-Vergleich der Kontrolle von Abweichungen definierter Merkmale. Für die Definition von Soll-Werten können als Methoden die Wertanalyse, das Zero-Base-Budgeting, das Reverse Engineering und das Target Costing zur Anwendung kommen. Eine zusammenfassende Charakterisierung dieser Methoden zur Ermittlung von Soll-Ausprägungen hinsichtlich der Kriterien Objekt, Zielgröße, Betrachtungsebene, Komplexität und Aufwand sowie Zeitpunkt wird in Abbildung 7-44 dargestellt.

Methode Kriterien	Wertanalyse	Zero Base Budgetierung	Reverse Engineering	Target Costing
Objekt	Produktion	Gemeinkostenbereiche	Wertschöpfungskette	Produkt
Zielgröße	Kosten	Kosten	Kosten Qualität Zeit	Kosten
Betrachtungsebene	intern	intern	vom Markt	vom Markt, intern
Komplexität Aufwand	mittel	hoch	hoch	absolut
Zeitpunkt	Produktion	Produktion	Entwicklung Produktion	Entwicklung

Abb. 7-44: Charakterisierung der Methoden zur Ermittlung von Soll-Ausprägungen

➢ Unternehmensvergleiche: Diese Vergleichsmethode zur Diagnose, die die Defizite innerbetrieblicher Vergleiche aufgrund des eingegrenzten Betrachtungshorizonts reduzieren hilft, kann sowohl

Methoden zur Rationalisierung

Konkurrenz- als auch Wettbewerbsvergleiche zur Folge haben. Konkurrenzvergleiche, die eine branchenbezogene Vergleichbarkeit weitestgehend gewährleisten, zeigen bezugnehmend auf einzelne Merkmalsausprägungen zentrale Ansatzpunkte für die relative Wettbewerbsposition über der Zeitachse auf. Unterstützend wirken hierbei einerseits die Erfolgsfaktorenanalyse, die eine Hierarchisierung der Erfolgsfaktoren sowie Subfaktoren umfaßt, und andererseits die Ressourcenanalyse, deren Aufgabe der Vergleich der eingesetzten Mittel zur Zielerfüllung ist. Wettbewerbsvergleiche erweitern die Konkurrenzvergleichen zugrunde liegende bilaterale Betrachtung um den Durchschnitt einer zu betrachtenden Menge von branchenverwandten Unternehmen. Verbände wie der VDMA stellen branchenbezogene Kennzahlenkataloge zur Verfügung, die es den Unternehmen ermöglichen, über Mittelwerte, Minima oder Maxima eine Positionierung vorzunehmen und einen strategischen Handlungsrahmen abzuleiten.

Methode / Kriterien	Zeitvergleich	Soll/Ist-Vergleich	Konkurrenzvergleich	Wettbewerbsvergleich	Benchmarking
Quelle der Information	Unternehmensinterne Quellen	Unternehmensinterne Quellen	Konkurrent	Branchenauswertung	Alle Industrieunternehmen
Schwierigkeit der Informationsbeschaffung	gering	gering	hoch	mittel	mittel
Vergleichbarkeit der Informationen	gegeben	gegeben	teilweise gegeben	teilweise gegeben	teilweise gegeben
Art der Positionsbestimmung	relativ/intern	relativ/intern	relativ/intern	relativ/intern	absolut
Zeitpunkt der Positionsbestimmung	Vergangenheit	Gegenwart/ Zukunft	Gegenwart	Gegenwart	Gegenwart
Eignung zur Bestimmung künftiger Leistungsziele	sehr gering	mittel	mittel	gering	mittel
Möglichkeit zur Identifikation von Rationalisierungen	nur intern gegeben	nur intern gegeben	gegeben	teilweise gegeben	gegeben

Abb. 7-45: Charakterisierung der Diagnosemethoden

Die Bewertung der innerbetrieblichen und um das Benchmarking erweiterten unternehmensübergreifenden Diagnosemethoden ist in Abbildung 7-45 wiedergegeben. Die Methoden lassen sich hinsichtlich der aufgeführten Kriterien charakterisieren, die den einzelnen Teilprozessen zur Durchführung von Rationalisierungsmaßnahmen zugeordnet werden können: Die ersten beiden Kriterien betreffen die Informationsbeschaffung. Die Kriterien Art und Zeitbezug der Positionierung nehmen bezug auf die Auswertungs- und Beurteilungsphase. Die letztgenannten dienen der Interpretations- und Entscheidungsphase. Die Bewertung der einzelnen Diagnosemethoden zeigt, daß das Benchmarking ein wirksames Diagnoseinstrument nicht nur zur Identifikation, sondern auch zur Leistungsbeurteilung von Rationalisierungsmaßnahmen darstellt, sondern auch zur Leistungsbeurteilung von Rationalisierungsmaßnahmen darstellt, konzentriert sich auf Unternehmen, bei denen unterstellt wird, daß die Rahmenbedingungen und Strukturen ähnlich sind und eine Übereinstimmung der Zielgrößen gewährleistet ist. Zudem kann aufgrund vergleichbarer Produkte die Datenfestlegung und -erhebung einfacher gestaltet werden. Die Folge ist jedoch ein erheblich reduzierter Suchraum für mögliche Alternativlösungen. Mit Hilfe der Mustererkennung als entscheidungsunterstützendem und handlungsorientiertem Diagnoseinstrument können Wissen und Erfahrungen aus erfolgreichen Industrieunternehmen in Form von deskriptiven Merkmalen hinterlegt werden. Das Untersuchungsobjekt Prozeß oder Unternehmung wird dabei durch ein Muster abgebildet und dessen Zuordnung an bestimmte Klassen mittels eines Mustererkennungssystems vorgenommen. Unter einem Muster wird die modellierende Darstellung der Eigenschaften eines Unternehmens, eines Zustandes oder auch eines logistischen Prozesses durch mehrere Merkmale verstanden. Die bisher eindimensionale Betrachtung eines Kriteriums wird durch Muster abgelöst, die durch eine beliebige Anzahl von qualitativen und quantitativen Merkmalen charakterisiert werden. Ziel ist nicht die Ausprägung einer einzelnen Kennzahl, sondern die Konstellation eines Zielmusters oder das Muster eines erfolgreichen Unternehmens oder Prozesses zu erreichen. Die Entscheidung über die Leistungsfähigkeit einer bestimmten Musterkonstellation kann über ein Klassifikationssystem erfolgen. Die problemlösende Theorie der Mustererkennung besteht in der Zuordnung eines Eingangsmusters zu einer bestimmten Klasse, die mit Folgerungen oder Handlungsempfehlungen verbunden ist. Die Anwendung des Mustervergleichs in allen Phasen des Benchmarking-Prozesses verspricht einerseits eine generelle Positionierung des Unternehmens hinsichtlich

Methoden zur Rationalisierung

seiner offerierten Logistikleistungen und deren Kosten sowie eine Identifikation von Zielmustern. Andererseits kann eine gezielte Selektion erfolgversprechender Rationalisierungsschwerpunkte auf Basis des unternehmensspezifischen Eingangsprofils geleistet werden (vgl. Abb. 7-46).

Auf Basis einer relationalen Datenbank in Verbindung mit einem neuronalen Netz als Musterklassifikator zur Unterstützung des Benchmarking-Prozesses haben wir ein Diagnosesystem WIDIS konzipiert. Die Modellierung des Diagnosemodells fußt dabei auf zwei Ansätzen. Die Leistungsdiagnose setzt eine ganzheitliche Betrachtungsweise voraus, wobei eine Trennung in Struktur- und Leistungsgrößen vorgenommen wird, um die Ableitung hinsichtlich der Leistungsgrößen Ziel- und Potentialmuster zu ermöglichen. Folglich entsprechen die Ressourcen den Strukturgrößen und die Effizienz- und Effektivitätsdaten den Leistungsgrößen (vgl. Abb. 7-47). Entsprechend dem zweiten Ansatz für die Ein- und Ausgangsmuster wird die Leistung anhand des finanziellen Ergebnisses, der Logistikleistung, der Leistung gegenüber dem Kunden und der Innovationsleistung gemessen. Im Gegensatz zu qualitative und quantitative Attribute beschrieben werden, setzen sich die Leistungsebenen des Eingangsmusters bezugnehmend auf die überge-

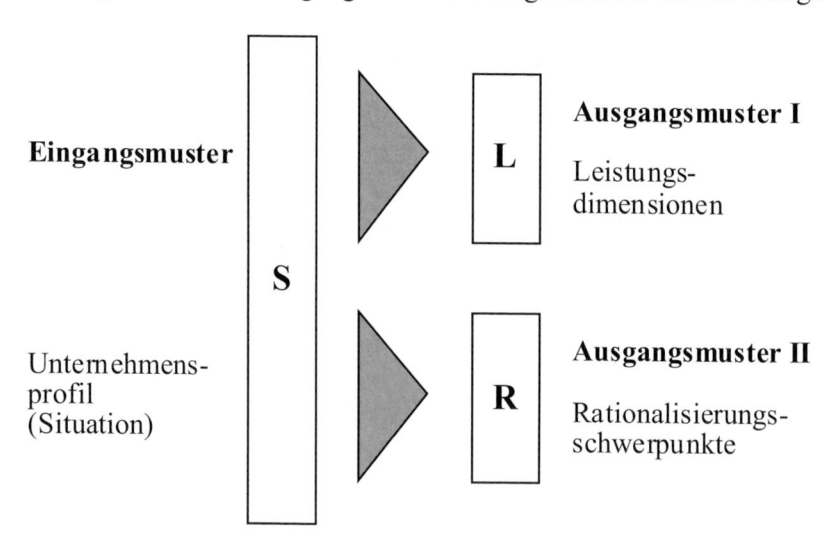

Abb. 7-46: Abbildungsvorschrift der Mustererkennung

Methoden zur Rationalisierung

ordneten Erfolgsfaktoren aus Kennzahlen zusammen. Das Ausgangsmuster enthält Informationen über die Leistungsfähigkeit und leistungssteigernde Maßnahmen, wodurch Handlungsempfehlungen für Rationalisierungsmaßnahmen abgeleitet werden können.

≻ Logistikleistung: Die Logistikleistung und die Service- und Kundenleistung als Bestandteile der Leistungsmuster zielen im Unterschied zu den Strukturmustern, die die Ressourcen des Wertschöpfungsprozesses widerspiegeln, auf die Effizienz- und Effektivitätsmessung ab. Die Logistikleistung gibt Aufschluß über die Effektivität den Strukturebenen, die durch und Effizienz der physischen und informatorischen Logistikprozesse und ist hinsichtlich ihrer Bewertung in Verbindung mit der Kundenorientierung zu diskutieren. Zentrale Größen für die Logistikleistung sind das Verhältnis zwischen der Bearbeitungszeit und der Durchlaufzeit sowie die Umschlaghäufigkeit der

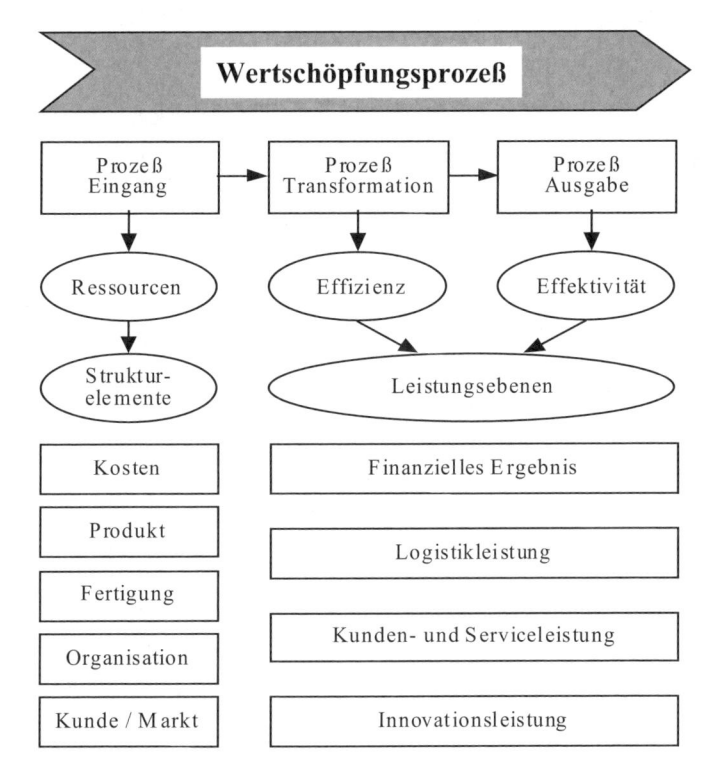

Abb. 7-47: Ebenen des Wertschöpfungsprozesses

Methoden zur Rationalisierung

Fertigwaren (vgl. Abb. 7-48). Aufgrund des dynamischen und produktspezifischen Charakters der Wiederbeschaffungszeit, der Durchlaufzeit und der Bestandshöhe werden ausschließlich Veränderungsquoten und Zeitintervalle erhoben. Die Identifizierung von Zeittreibern und die Definition von Rationalisierungsmaßnahmen setzt insbesondere bei der Durchlaufzeitenreduzierung die Erfassung des auf Teilbereiche bezogenen Flußgrades voraus. Die mit der Bestandsreduzierung einhergehende produktionssynchrone Optimierung der Losgrößen in Abhängigkeit des Bestellaufwands wird ferner durch eine Prozeß kostenbetrachtung unterstützt. Die Flächenproduktivität gibt darüber hinaus Informationen über eine effiziente Nutzung der zur Verfügung stehenden Flächen. Ein wichtiger Indikator, auch in Hinblick auf die Kunden- und Serviceorientierung, ist die Programmtreue, die eine Aussage bezüglich der Umsetzung der geplanten Auftragsreihenfolge und damit der Forderung nach geringen Beständen und einer hohen Fertigungsprozeßstabilität tätigt.

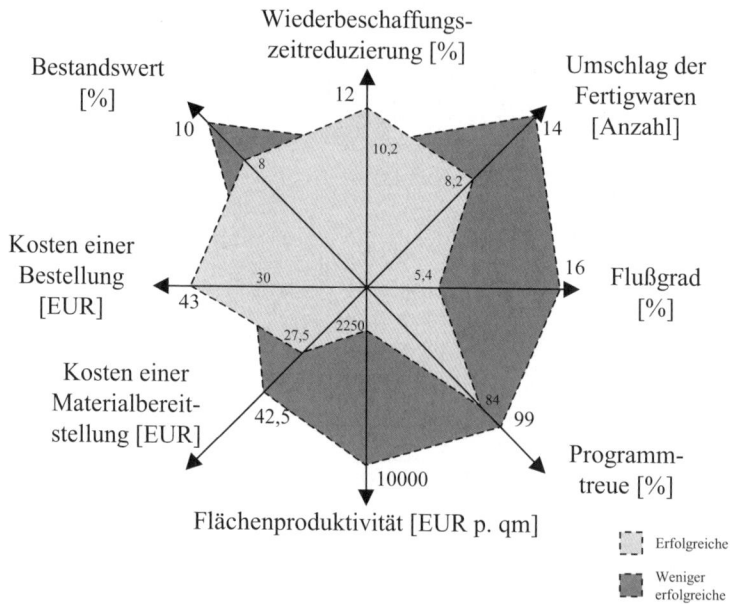

Abb. 7-48: Logistikleistung

➢ Kunden- und Serviceleistung: Das Eingangsmuster der Kunden- und Serviceleistung stellt den zeitlichen und qualitativen Aspekt in

Methoden zur Rationalisierung

den Mittelpunkt der Betrachtung (vgl. Abb. 7-49). Wesentliche Kriterien sind hierbei die Lieferzeit und die Liefertreue, die absolut und relativ im Vergleich mit den Wettbewerbern zu verfolgen sind. Zudem kann die Lieferzeitreduzierungsrate als Ansatz zur Operationalisierung der Effektivität von logistischen Rationalisierungsmaßnahmen verstanden werden. Die Beurteilung der Serviceleistung geschieht unter Bezugnahme auf die Lieferfähigkeit, die Lieferqualität sowie die Nach- und Rücklieferungsquote. In bezug auf die Service- und Kundenleistung im Nachkauf gilt es, die Fehlerabstellzeit für den Kunden zu minimieren. Die Merkmale zur Darstellung der Leistungsfähigkeit im Bereich der Service- und Kundenorientierung sind pemanent zu beobachten und produktgruppenspezifisch zu erheben. Außerdem sind für eine unternehmensspezifische Definition kundenrelevanter Kriterien die kritischen Erfolgsfaktoren mit Hilfe einer Kundenbefragung zu ermitteln.

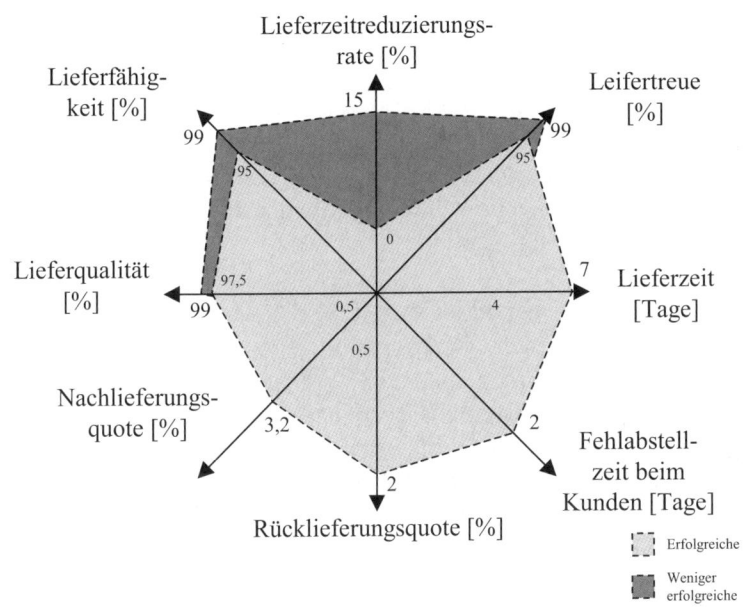

Abb. 7-49: Kunden- und Serviceleistung

Die Ausgangsmuster der Diagnose sind ein Leistungsindexsystem und ein Katalog erfolgversprechender logistischer Rationalisierungsmaßnahmen. Das Ausgangsmuster liefert für jedes Merkmal einen Wert im Intervall zwischen 0 und 100. Im Leistungsindexsystem spiegelt dieser

Wert die Leistungsfähigkeit jeder Dimension wider; ein Wert von 100 gilt als absolut hervorragend. Für die Auswertungsebene der Rationalisierungsschwerpunkte gibt der Zahlenwert die Wahrscheinlichkeit für den Verbesserungsbedarf und das damit verbundene Potential wieder. Zur Generierung verwertbarer Aussagen wird das neuronale Netz anhand von Fallbeispielen erfolgreicher logistischer Rationalisierungsprozesse kontinuierlich trainiert, um die Effektivität des Systems zu verbessern. Die Diagnose des logistischen Systems erfolgt im Anschluß an die Datenerhebung in fünf Schritten, die mehrmals durchlaufen werden können. Durch die Anwendung des wissensbasierten Diagnosesystems wird den Entscheidungsträgern die Möglichkeit offeriert, in kurzer Zeit unter geringem Aufwand Leistungsmerkmale aus verschiedenen Perspektiven durch das Indexsystem zu ermitteln und einer Vielzahl erfolgreicher logistischer Prozesse gegenüberzustellen. Dadurch besteht die Möglichkeit, Zielausprägungen für die genannten Muster sowie für Einzelkennzahlen unternehmensindividuell zu ermitteln. Prozeßbezogene Strukturmustervergleiche können darüber hinaus weitere Ansatzpunkte liefern. Durch die kontinuierliche Anwendung des Diagnosesystems über längere Zeiträume ist es zudem möglich, Leistungssteigerungen zu messen. In zyklischen Abständen kann ein Vergleich mit den erfolgreichsten Unternehmen, die in der Wissensbasis repräsentiert werden, erfolgen und Trendberechnungen vorgenommen werden.

Neben den durch die Logistikleistung und die Kunden- und Serviceorientierung beschriebenen Wirkungsdimensionen von logistischen Rationalisierungsmaßnahmen sind die Wettbewerbs- und Rentabilitätseffekte nicht nur als Ergebnisse anzusehen. So ist einerseits das logistische Leistungsvermögen, das durch die Verfügbarkeit logistischer Ressourcen und Fähigkeiten determiniert wird, als Markteintrittsbedingung zu verstehen. Andererseits verhelfen logistische Rationalisierungsmaßnahmen zur nachhaltigen Erzielung von Wettbewerbsvorteilen in einer Branche. Derartige Wettbewerbserfolge spiegeln sich wiederum in den Rentabilitätswirkungen wider, die aus den die Rentabilität bestimmenden Bestands- und Stromgrößen resultieren. Empirische Untersuchungen zeigen, daß sich eine Erhöhung der Umschlaghäufigkeit des eingesetzten Kapitals aufgrund der Bestandsreduzierung positiv auf die Rentabilität des Unternehmens auswirkt. Kosten- und Leistungseffekte führen zudem zu einer Erhöhung

Methoden zur Rationalisierung

des Gewinns und damit der Umsatzrendite, wobei in die Betrachtung ebenfalls das Opportunitätskalkül mit einzubeziehen ist. Beide Hebeleffekte lassen sich zudem sowohl auf stagnierenden und schrumpfenden Märkten ebenso wie auf Wachstumsmärkten wiederfinden. In stagnierenden Märkten stellt die Verbesserung der Logistikeffizienz eine wesentliche Größe dar, um trotz Preisverfall und Kostendruck zusätzliche Marktanteile zu gewinnen und bei rückläufiger Umsatzrendite eine angemessene Rentabilität zu erzielen. In wachsenden Märkten hingegen ermöglicht die Verbesserung der logistischen Leistungsfähigkeit, daß das Wachstum weitestgehend aus dem Cash Flow finanziert werden kann und eine Rendite erzielt wird, die über dem Branchendurchschnitt liegt.

Um diese Wirkungen abzubilden, wurden zwei weitere Analysemethoden in das Diagnosemodell WIDIS eingebunden. Ziel war es in beiden Fällen, Merkmale zu verändern, die das Kennzahlensystem direkt oder indirekt beeinflussen. Hinsichtlich des DuPont-Kennzahlensystems wurden daher acht nicht-finanzielle Kennzahlen eingebunden (vgl. Abb. 7-50). So beeinflußt der Krankenstand, der sich proportional auf die Personalkosten auswirkt, ein Strukturelement in der Pyramide. Merkmale wie die Bestandshöhen- oder Durchlaufzeitenreduzierung wirken einerseits auf den Bestandswert und andererseits auf die Produktivität des Unternehmens. Durch unterschiedliche Einstellungen der Eingangsgrößen kann der Anwender Szenarien bilden und analysieren, wie sich die einzelnen Werte oder der Return on Investment (ROI) im Kennzahlensystem verändern. Eine Ermittlung der Abhängigkeiten zwischen den Qualitätsindikatoren und den Strukturelementen des DuPont-Schemas mit der Methode der Mustererkennung, insbesondere mit einem neuronalen Netz, wäre ebenfalls möglich.

Eine weitere Analysemethode stellt der Return on Net Assets (RONA) dar, der ähnlich der DuPont-Kennzahlenpyramide eine Aufschlüsselung der Ausgangskennzahl entsprechend ihrer Ursachen vornimmt (vgl. Abb. 7-51). Gegenüber dem DuPont-Schema werden hier zum einen auf der Ertragsseite mit der Wertschöpfung und dem Differenzbetrag der Rückstellungen weitere den Gewinn beeinflussende Merkmale mitaufgenommen. Der Return on Net Assets gibt damit das tatsächliche Ergebnis wieder, da keine Verzerrung dieses Wertes bei-

Methoden zur Rationalisierung

spielsweise durch eine Lagerfertigung auftreten kann. Zum anderen ist auch auf der Passivseite mit dem Merkmal zinsfreier Verbindlichkeiten eine abweichende Aufschlüsselung vorzufinden, die den Charakter eines Leverage Effekts widerspiegelt.

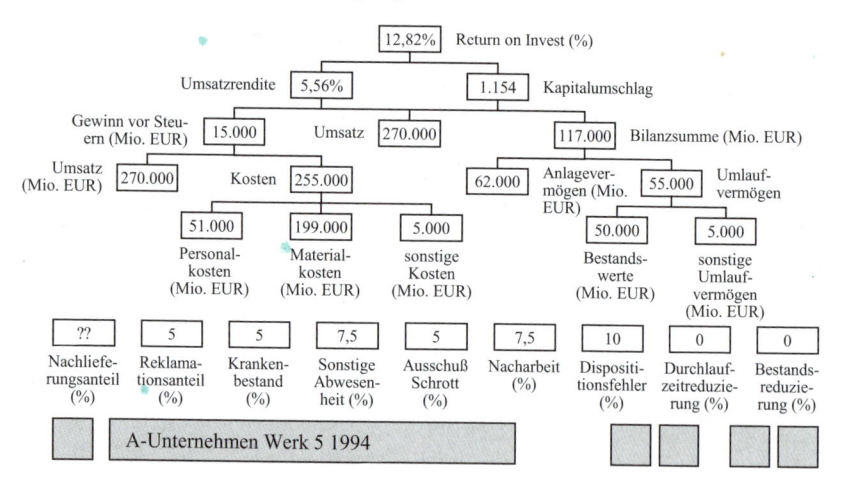

Abb. 7-50: DuPont-Simulation

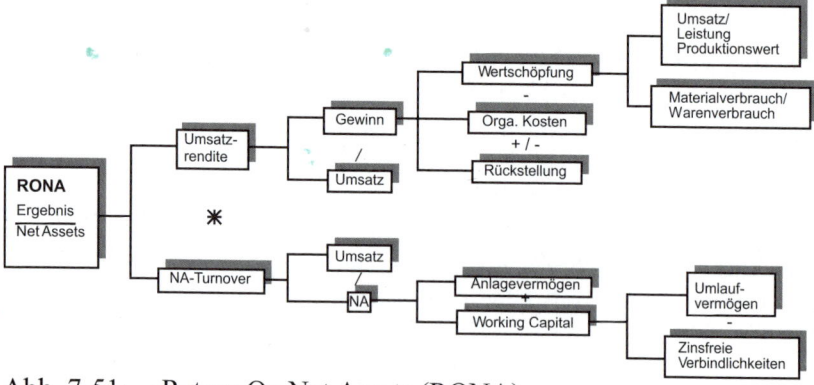

Abb. 7-51: Return On Net Assets (RONA)

8 Logistikorganisation

In der Theorie wie in der Unternehmenspraxis besteht Übereinstimmung dahingehend, daß zur Realisierung der Logistikkonzeption eine Institutionalisierung von Aufgaben und Kompetenzen erforderlich ist. Als Begründung für die Bildung eigenständiger Organisationseinheiten kann neben der wachsenden Bedeutung der Logistik angeführt werden, daß sowohl die Koordinationsfunktion als auch die mit der Einführung von Logistiksystemen beabsichtigten Verhaltensänderungen oftmals erst wirkungsvoll durchsetzbar sind, wenn sie von einer institutionellen Veränderung der Logistik begleitet werden. Unterstrichen wird die Forderung nach einer Institutionalisierung der Logistik durch die Erkenntnis, daß Produktivitätsverbesserungen nicht allein auf überlegene Methoden oder Systeme zurückzuführen sind. Vielfach sind erst die organisatorischen Voraussetzungen zu schaffen, damit die Instrumente greifen und die Logistik dem Anspruch als Koordinations- oder Steuerungsinstrument im Unternehmen gerecht werden kann. Argumente für eine organisatorische Zusammenfassung von Logistikaufgaben und Kompetenzen sind

- eine stärkere Berücksichtigung von Zielinterdependenzen zwischen den unterschiedlichen Unternehmensaktivitäten sowie zwischen Logistikaktivitäten und anderen Unternehmensfunktionen;
- die Realisierung von Synergieeffekten durch Vermeidung von Doppeltätigkeiten bei der Abwicklung von Logistikaufgaben;
- die Schaffung von methodischen Voraussetzungen für eine einheitliche Erfassung, Planung und Kontrolle von Kosten und Leistungen;
- die Möglichkeit zur Vermeidung von Informationsasymmetrien zwischen einzelnen Unternehmensfunktionen und Organisationseinheiten;
- die Bündelung von Logistik-Know-how speziell für die Entwicklung neuer Logistikkonzepte und zur Förderung einer gesamthaften Informations- und Wissensbasis.

Im Rahmen der organisatorischen Strukturierung werden Arbeitsbeziehungen, Kompetenzen und Verantwortlichkeiten definiert. Es wird festgelegt, welche Aktivitäten durch welche Organisationseinheiten

Logistikorganisation

ausgeführt und verantwortet werden müssen. Dabei ist zu beachten, daß Logistikorganisationen Partialmodelle der Gesamtorganisation von Unternehmen sind. Sie können demzufolge nicht unabhängig von den strukturellen Rahmenbedingungen und den Interdependenzen zu anderen Funktionsbereichen gestaltet werden. Die hiermit verbundenen Probleme der Verankerung von Logistikaufgaben werden in der Literatur unter verschiedenen Gesichtspunkten diskutiert. Einen breiten Raum nehmen die mit der Einführung eines unternehmensweiten Logistiksystems verbundenen Probleme der Neustrukturierung der Aufbau- und Ablauforganisation ein. Im Vordergrund stehen hierbei konkrete Gestaltungsprobleme wie die Kompetenzabgrenzung zwischen dezentralen und zentralen Logistikaufgaben und die Ableitung von Einflußgrößen für die organisatorische Gestaltung. Neuerdings werden auch spezielle Aspekte, wie die Verringerung von Hierarchiestufen oder die Einführung von prozeßorientierten Organisationskonzepten, im Zusammenhang mit der Logistikorganisation behandelt. Eine wichtige Frage ist das zukünftige Selbstverständnis von Logistikabteilungen, die in verschiedenen Ausprägungsformen existieren. Es ist offensichtlich, daß die verschiedenen Aspekte, unter denen das Gestaltungsfeld Logistikorganisation gesehen wird, aus unterschiedlichen Schwerpunktsetzungen behandelt werden können. Es ist zu fragen, welche Aufgaben der Organisationseinheit Logistik im Rahmen der Unternehmensorganisation zukommen sollen, wie diese Aufgaben zu Stellen zusammengefaßt werden und wo die so entstehenden Organisationseinheiten hierarchisch angesiedelt sein sollen. Dabei wird die Frage nach der hierarchischen Eingliederung von Logistikaufgaben über Erkenntnisse aus Unternehmen relativiert, die in einem wesentlich stärkeren Umfang dezentrale Konzepte umgesetzt haben. Der zunehmende Bedarf an einer Diskussion über die Neustrukturierung von Logistikfunktionen entsteht außerdem aus dem Befund der mangelnden Effizienz von Logistikorganisationen. Die mangelnde Effizienz zeigt sich in zu hohen Kosten, in schwer nachvollziehbaren Gemeinkostenumlagen für die Durchführung von Logistikaufgaben und in zu hohen Transaktionskosten für die Koordination zwischen Wertschöpfungsprozessen und Controllingaktivitäten. Die Kosten in Zusammenhang mit der Wahrnehmung von Logistikaufgaben fallen nicht nur bei starken Zentralabteilungen an. Auch bei der Durchführung von Projekten sind nicht unerhebliche Kosten für die Logistik zu veranschlagen, etwa für Datenauswertungen, Moderatoren, Experten oder Führungskräfte, die aus den Logistikbereichen zur Verfügung gestellt werden. Dem zunehmenden Reorganisationsbedarf der Logistikfunktion als organisatorischer Einheit wird in der Praxis oftmals mit Imitationsstrategien begegnet, die unreflektiert Trends wie die Auflösung von Stabsabteilungen oder die Dezentralisierung von Logistikaufgaben nachahmen, ohne dafür die erwünschten Effizienzsteigerungen zu erzielen. Es kommt zu Situationen, in denen Bereiche ausgegliedert werden und in der Wertschöpfungskette als zusätzliche organisatorische Einheit unter anderem Namen für die gleichen Aufgabenumfänge wie vorher arbeiten, was grundsätzlich keinerlei Effizienzsteigerung beinhaltet. Ein weiteres Defizit besteht in der systematischen, auf Grundsätzen der organisatorischen Gestaltung beruhenden Diskussion der Entwicklung der Logistikorganisation. Um Handlungsempfehlungen zur Veränderung zu geben, ist zunächst nach den Logistikaufgaben zu fragen, die im Unternehmen wahrzunehmen sind. Bezüglich dieser Aufgaben stellt sich die Frage nach der Einordnung der Logistik in die Gesamtorganisation. Im nächsten Schritt erfolgt die Aufgabensynthese und die Stellenbildung, in deren Rahmen Aufgaben sinnvoll zusammengefaßt und Aufgabenträgern zugeordnet werden sollen. Die so definierten Stellen sind in das betriebliche Leitungs- und Weisungssystem einzubinden. Durch diese Vorgehensweise, die auf den allgemeinen Grundsätzen organisatorischer Gestaltungsprozesse basiert, kann eine zweckgerichtete Organisation von Logistikaufgaben im Unternehmen diskutiert werden.

8.1 Analyse der Aufgaben der Logistik

Die Analyse von Aufgabeninhalten und -umfängen ist der Ausgangspunkt jedweder organisatorischer Gestaltung. In der Literatur können zwei Ansätze zur Erfassung von Logistikaufgaben unterschieden werden. Eine Gruppe von Autoren lehnt sich an idealtypische Aufgabenkataloge an, die regelmäßig von bestehenden Logistikabteilungen wahrgenommen werden. Zu dieser Gruppe gehört Wegner (1993, S. 40), der die folgenden Aufgabenfelder unterscheidet (vgl. Abb. 8-1):

Ein solcher Ansatz orientiert sich stark an bestehenden Aufgabenstrukturen. Eine vom Status quo losgelöste Tätigkeitsanalyse ist zwar möglich, aber die Ableitung der Aufgaben auf Basis der bestehenden

Logistikorganisation

Logistikziele/ Logistikstrategie	- Beitrag der Logistik zum Geschäftserfolg bestimmen - Logistikziele ableiten und vorgeben - Produkt- und marktsegmentspezifische Logistikstrategien erarbeiten - Rahmenvereinbarungen beschließen
Gestaltung des Logistiksystems	- Material-, Waren- und Informationsflüsse gestalten - Logistikprojekte beauftragen und überwachen - Logistikprojekte durchführen - Logistikinstrumente entwickeln und einführen - Rahmenvereinbarungen methodisch unterstützen - Gesamtkoordination Logistik vornehmen - Gestaltungsrahmen für das Logistiksystem vorgeben - Regeln zur Auftragsabwicklung vereinbaren - Prozeßverantwortliche festlegen - Koordinationsprobleme lösen
Planung und Steuerung	- Mengenplanung vornehmen - Kapazitätsplanung durchführen - Produktionsprogramm planen - Material disponieren - Fertigung steuern
Abwicklung	- Auftrag abwickeln - Lieferungen und Leistungen abrufen bzw. bestellen - Transportieren - Lagern - Verpacken - Versenden

Abb. 8-1: Aufgabenfelder der Logistik

Organisationsstruktur greift zu kurz, da neue Aufgabeninhalte und potentielle Veränderungen in den Aufgabenprofilen keine Berücksichtigung finden. Hieraus resultiert die Gefahr, daß bekannte Logistikaufgaben lediglich in neuen Stellen zusammengefaßt und unter neuen Bezeichnungen weitergeführt werden. Eine zweite Gruppe von

Autoren steht für eine subsystemorientierte Aufgabengliederung der Logistik. Im Mittelpunkt steht die Entwicklung und organisatorische Einbindung von funktionsorientierten Logistiksystemen, wie Marketing-Logistik, Produktionslogistik, Vertriebslogistik, Entsorgungslogistik, die logistikrelevante Aufgaben einzelnen betrieblichen Funktionen zuordnen. Derartige Systeme können gleichzeitig als Instrumente zur Komplexitätsreduzierung verstanden werden. Sie tragen zur Verringerung der Komplexität bei, weil sie das Gesamtproblem der Koordination von Geschäftsprozessen in einzelne Teilaufgaben zerlegen. Allerdings ist in vielen Fällen die Beobachtung zu machen, daß versucht wird, strukturelle Probleme durch eine engpaßorientierte Einführung von entsprechenden Teilsystemen zu beseitigen. Auf diese Weise entstehen spezielle Instanzen, die für Durchlaufzeiten und Bestände verantwortlich sind. Diese Ansätze haben zwar zu bemerkenswerten Problemlösungskonzepten geführt, konnten aber keine nachhaltigen Verbesserungen erreichen, weil ihnen oftmals die notwendigen Durchsetzungskompetenzen zur Realisierung der entwickelten Problemlösungen fehlten. Die Vielzahl von subsystemorientierten Logistikaufgaben hat darüber hinaus zu einer extremen Spezialisierung geführt, so daß das gesamte Aufgabenprofil der Logistik kaum mehr überschaubar ist. In Abbildung 8-2 sind typische funktionale Logistikaufgaben dargestellt. Sie decken ein breites Spektrum ab und zeigen gleichzeitig, daß sich bislang kein einheitliches Verständnis herausbilden konnte.

Einen dritten Vorschlag leitet die Logistikorganisation aus einer visionären Sollvorstellung der Logistikkonzeption ab. Im Vordergrund steht dabei die Frage nach der Übereinstimmung von Logistikstrategie und Organisation. Entsprechend der "Structure follows Strategy-These" ist die Organisationsform zu wählen, die der verfolgten Logistikstrategie am nächsten kommt. Eine solche Maßgabe ist zwar als Zielvorgabe für die organisatorische Gestaltung notwendig, bietet aber für die Aufgabensynthese wenig Anknüpfungsmöglichkeiten, da aus einer Strategie in der Regel keine konkreten Aufgabenumfänge abgeleitet werden können.

Logistikorganisation

Funktions-bereich	Logistikaufgaben
Einkauf	• Mitwirkung bei Lieferantenbeurteilungen • Einbindung bei Versorgungskonzepten • Erstellung von Make-or-Buy-Analysen • Durchführung von Einkaufspotentialanalysen • Wertanalyse mit Zulieferanten • ...
Logistik	• Einbindung der Logistik in die strategische Unternehmensplanung • Unterstützung bei der Ableitung von Logistikstrategien • Sicherstellung der Umsetzung der strategischen und operativen Logistikplanung • Aufstellung und Überwachung von Logistik-Budgets • Mitwirkung bei Maßnahmen zur Effektivitätssteigerung • Laufende Erfassung und Auswertung von Logistikleistungen und -kosten
Produktion	• Produktionsplanung und -steuerung • Bestandsplanung und -kontrolle • Mitwirkung bei Bestands- und Durchlaufzeit • Unterstützung des Produktionsmanagements • Bereitstellung von Instrumenten zum Mengen-, Termin-, Qualitäts- und Durchlaufzeitcontrolling
Personal	• Personalbedarfsplanung in der Logistik • Personaleinsatz und -entwicklungsplanung • Ableitung von Erfolgsmaßstäben für die Personalarbeit • Ökonomische Rechfertigung der Personalarbeit • Durchführung von Personal-Audits • Überwachung, Analyse und Optimierung des Ressourceneinsatzes für personalwirtschaftliche Prozesse
Qualität	• Gestaltung von Qualitätskosten- und -leistungssystemen in der Logistik • Präzisierung und Messung der Qualitätsziele • Mitwirkung bei der Ermittlung der Qualitätsstrategie • Unterstützung bei TQM-Projekten • ...
Entwicklung	• Mitwirkung bei der Ermittlung von Zielkosten und Zielterminen • Logistikgerechte Produktgestaltung (DFL) • ...

Abb. 8-2: Analyse ausgewählter funktionaler Logistikaufgaben

Die drei Ansätze weisen insofern ein gemeinsames Defizit auf, als daß sie idealtypische Aufgabenkataloge aufzeigen und die Prämissen, die diesen zugrunde liegen, nicht deutlich machen. Die Ausprägungen von Logistikaufgaben hängen aber im wesentlichen von Art und Umfang der Unternehmensleistung, Unternehmensgröße, Organisationsstruktur, in die die Logistik eingebunden ist, sowie vom Entwicklungsstand der Logistikkonzeption ab. So erfordert etwa eine Cost-Center-Organisation grundsätzlich anders gelagerte Organisationskonzepte als eine Profit-Center-Organisation. Ebenso setzt ein hoher Autonomiegrad in dezentralen Fertigungskonzepten weitaus größere organisatorische Freiheitsgrade voraus als eine Zentralorganisation, die die strukturellen Regeln und Instanzenwege eindeutig vorgibt. Die unterschiedliche Gewichtung der Aufgaben in Abhängigkeit vom Entwicklungsstand verlangt eine kontextbezogene Aufgabenanalyse, die für zunehmend wichtige Aufgaben den Detaillierungsgrad zuungunsten zweitrangiger Aufgaben erhöht. Dabei ist es für die Neugestaltung der Organisation zweckmäßig, die Aufgabenanalyse weitestgehend unabhängig von der bestehenden Organisation durchzuführen, um der Dynamik der Unternehmensentwicklung gerecht zu werden und keine wesentlichen Aspekte zu vernachlässigen. Dies entbindet allerdings nicht von der Frage, nach welchen Kriterien eine systemorientierte Logistik in die Gesamtorganisation eingebunden werden soll.

8.2 Einbindung der Logistik in die Gesamtorganisation

Die strukturelle Eingliederung der Logistik in die Gesamtorganisation bestimmt die Arbeitsteilung zwischen Logistik und den übrigen Organisationssystemen. Im Vordergrund stehen Gestaltungsfragen, die die Festlegung der organisatorischen Kontrollspanne und den Zentralisierungsgrad der Logistikorganisation betreffen. Ausgehend von den zentralen Organisationsformen industrieller Unternehmen können drei Ansätze unterschieden werden (vgl. Abb. 8-3):

1. Eingliederung der Logistik in eine funktionale Organisation: Alternativen zur Einbindung sind die Bildung von funktionalen Subeinheiten wie Beschaffungs-, Produktions- und Distributionslogistik (Modell 1), die funktionsübergreifende Koordination durch einen Funktionsbereich (Modell 2) sowie die Schaffung eines selbständigen Zentralbereichs (Modell 3), der gleichberechtigt neben den betrieblichen Grundfunktionen Einkauf, Produktion und Absatz agiert und sämtliche logistische Prozesse zentral steuert.

Logistikorganisation

Logistik in der funktionalen Organisation

Modell 1   *Modell 2*   *Modell 3*

Logistik in der objektorientierten Organisation

Modell 4   *Modell 5*   *Modell 6*

Logistik in der Matrix - Organisation

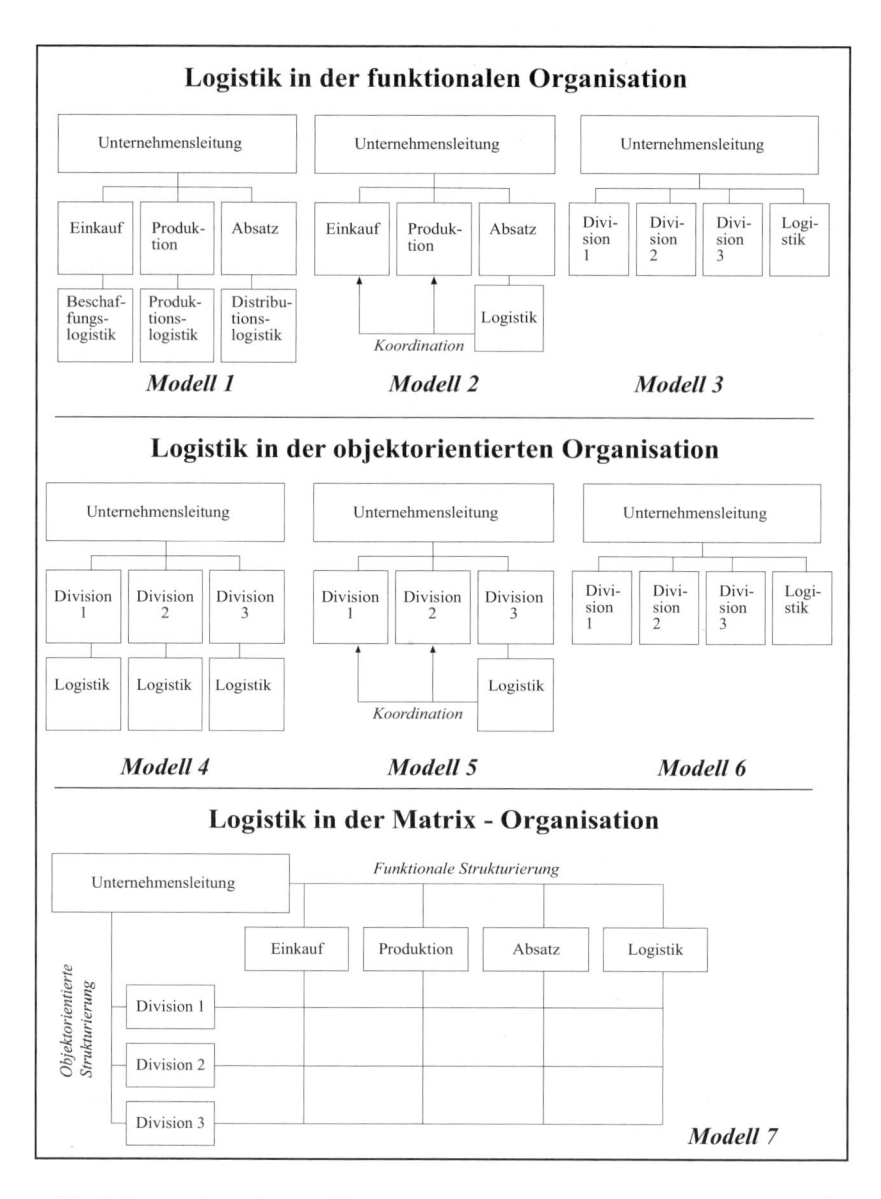

Modell 7

Abb. 8-3:   Grundmodelle der Logistikorganisation

2. Eingliederung der Logistik in eine objektorientierte Organisation: Es bieten sich für die Organisation der Logistik drei Koordinationsansätze an. Neben der dezentralen Logistikorganisation (Modell 4), bei der jede Sparte oder Division über ein eigenständiges

Organisationssystem verfügt, können sämtliche Logistikaktivitäten von einer Division federführend koordiniert (Modell 5) oder in einem Zentralbereich (Modell 6) konzentriert werden.

3. Eingliederung der Logistik in eine Matrix-Organisation: Die Einbindung in eine Matrix kommt der Logistik insofern entgegen, als sie aufgrund der funktionsübergreifenden Koordinationsfunktion selbst Matrix-Eigenschaften aufweist. Innerhalb der Matrix-Organisation wird die Logistik als eigenständiger Funktionsbereich institutionalisiert (Modell 7). Diese zentrale Organisationseinheit ist für sämtliche Logistikaktivitäten der jeweiligen Objektbereiche (Produktgruppen, Regionen oder Kundensegmente) verantwortlich.

Die Modelle unterscheiden sich durch ihren Zentralisierungsgrad und die organisatorische Kontrollspanne. Mit der Festlegung dieser beiden Gestaltungsdimensionen wird der Integrationsumfang und implizit die hierarchische Verankerung der Logistik bestimmt. Dabei sind zentralistische Organisationsformen, bei denen Aufgaben und Kompetenzen aus den funktionalen oder objektorientierten Organisationssystemen herausgelöst und in einen Zentralbereich transformiert werden, durch eine hohe organisatorische Integration gekennzeichnet, während bei dezentralen Konzepten Logistikaktivitäten in mehreren Organisationseinheiten wahrgenommen werden können.

8.3 Aufgabensynthese und Stellenbildung

Unabhängig von der Einordnung der Logistik in die Gesamtorganisation ist es Gegenstand der Aufgabensynthese, die durchzuführenden Logistikaktivitäten so zusammenzufassen, daß sie sinnvoll organisatorischen Einheiten zugeordnet werden können. Potentielle Aufgabenträger sind die Primärorganisation, die Logistikorganisation und Projektgruppen oder Kollegien im Sinne einer Sekundärorganisation. Das Verhältnis der Aufgabenzuordnung zwischen diesen potentiellen Aufgabenträgern läßt sich in Form von organisatorischen Basistypen beschreiben. Die Grundidee der Zentralorganisation besteht darin, parallel zur Primärorganisation eine Logistikorganisation aufzubauen, innerhalb derer alle Aufgaben konzentriert wahrgenommen werden. Diese Organisation stellt einen Service-Center für die betrieblichen

Grundfunktionen dar. Die Verantwortung für die Erfüllung von Zielen wie Kostenminimierung, Termineinhaltung und Durchlaufzeiten wird der Primärorganisation übertragen. In einer dualen Organisationsform arbeiten die Mitarbeiter gleichzeitig in der Primärorganisation und in einer Sekundärorganisation, die die Verantwortung für bestimmte Logistikaufgaben wahrnimmt. Die Sekundärorganisation konkretisiert sich in Projektteams, Kollegien oder Steuerungsausschüssen. Der Ansatz der Prozeßorganisation, bei dem die Installation von "Process Managern" vorgeschlagen wird, die funktionsübergreifende Geschäftsprozesse koordinieren sollen (vgl. Striening 1988), führt ebenfalls zu einer dualen Logistikorganisation. Das Aufgabenprofil der Prozeßverantwortlichen setzt sich auch aus typischen Logistikaufgaben zusammen. So gilt es, die Schnittstellen zwischen unterschiedlichen Geschäftsprozessen zu definieren, die wertmäßigen Input-/Output-Beziehungen festzulegen und die Wirtschaftlichkeit der Prozesse sicherzustellen. Eine hybride Organisation ist dadurch gekennzeichnet, daß alle Mitglieder der Primärorganisation für den Logistikprozeß verantwortlich sind. Damit liegt eine vollständige Dezentralisierung vor. In der Reinform einer hybriden Struktur würde ein eigenständiges Ressort Logistik nicht mehr existieren. Aufgabe der organisatorischen Gestaltung ist es, diejenige Mischform zwischen zentraler, dualer und hybrider Aufgabenverteilung zu finden, die eine maximale organisatorische Effizienz verspricht. In der Praxis dominierte als Konsequenz aus den Arbeiten von Taylor die zentrale Logistikorganisation. Taylor vertrat die These, daß eine Organisation maximaler Effizienz die operativ tätigen Mitarbeiter von jeder unproduktiven Arbeit, die ein erhöhtes Qualifikationsniveau erfordert, entlasten muß und Funktionsmeistern zuzuordnen hat. Logistikfunktionen würden im Rahmen dieses Systems etwa einem Prüfmeister zugeordnet, der neben den anderen Funktionsmeistern gegenüber den Werkern ein Weisungsrecht in Form eines Mehrliniensystems besitzt. Eine solche Zentralisierung eignet sich für Arbeitsaufgaben, die auf der ausführenden Ebene eine rein repetitive Maschinenbedienung erfordern, da die Koordinationskosten zwischen Logistikorganisation und Primärorganisation in diesem Fall relativ gering sind. Die Eigenverantwortung der Mitarbeiter ist in solchen Strukturen von untergeordneter Relevanz. Die Logistikfunktion wird von einer zentralen Organisation effizient wahrgenommen, die das Entstehen von Expertenwissen fördert. Wandelt sich die Arbeitsaufgabe dahingehend, daß der individuelle Beitrag der Mitar-

Logistikorganisation

beiter im Arbeitsprozeß für Effizienzkriterien wie Kosten, Zeit oder Qualität relevant wird, steigen die Koordinationskosten des zentralen Logistiksystems an. Deshalb wurde in der Folge versucht, die Organisation durch Einführung starker Sekundärinstanzen an diese Entwicklung anzupassen. Aber auch die Wahrnehmung von Logistikaufgaben durch Sekundärorganisationen eignet sich nicht in jedem Fall. Deshalb wird in jüngster Vergangenheit verstärkt die Implementierung hybrider Strukturen gefordert, die die Verantwortung für die Einhaltung von Kosten, Terminen und Qualitätstoleranzen unmittelbar dem Mitarbeiter zuordnet. Die Entwicklung läßt sich in Form von Lebenszyklen darstellen (vgl. Abb. 8-4). Die zentrale Organisation befindet sich in vielen Fällen bereits in der Degenerationsphase, ihre Bedeutung nimmt ständig ab, da sich die in den Unternehmen wahrzunehmende Aufgabe immer weiter von der Situation entfernt, die der Effizienz dieser Organisationsform zugrunde lag. Auch der duale Organisationstyp steht am Beginn seiner Degenerationsphase. Am Beginn der Wachstumsphase stehen hybride Logistikorganisationen, die dem Charakter der betrieblichen Aufgabenveränderungen entsprechen. Faßt man die drei Lebenszyklen zusammen, so wird deutlich, daß es nicht zu einer vollkommenen Ablösung der zentralen und dualen Organisation durch hybride Strukturen kommen kann. In der betrieblichen Praxis wird es weiter darum gehen, die geeignetste Mischform zu finden. Zentralinstanzen haben im wesentlichen drei Aufgaben wahrzunehmen:

- die Bereitstellung von Expertenwissen als Unterstützungsleistung für hybride und duale Strukturen, die Durchführung von Schulungsprogrammen und Weiterbildungsveranstaltungen mit einer Anregungsfunktion für kontinuierliche Verbesserungsaktivitäten,
- die Entwicklung und Koordination allgemeingültiger Informationssysteme und Standards und
- die Durchführung von Logistikaudits.

Der erste Aufgabenblock ist bei geringer Spezifität und unregelmäßiger Nachfrage im Unternehmen potentiell auch für eine Außenvergabe geeignet. Demgegenüber gehen einige Unternehmen den Weg, eigene Logistikunternehmen zu gründen, die ihre Leistungen auf Anfrage unternehmensintern verkaufen und auch autorisiert sind, Leistungen auf dem freien Markt anzubieten. Sie werden dann als eigenständige

Logistikorganisation

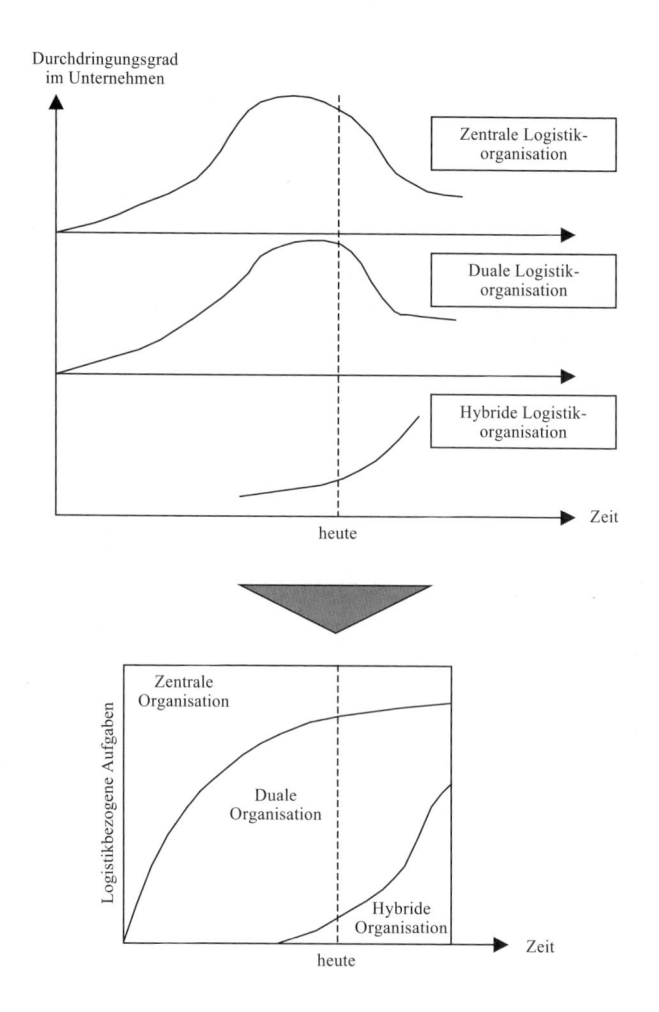

Abb. 8-4: Lebenszyklus von Basistypen der Logistikorganisation

Profit-Center geführt. Auf diese Weise kann Know-how effizient genutzt und über den Austausch mit anderen Unternehmen verbreitet werden. Die intern vorhandene Professionalität wird zum Nutzen des Unternehmens bewahrt. Die interne Wahrnehmung solcher Aufgaben in einem Fach- oder Planungsstab hat zwei Nachteile: Auf die Mitglieder des Stabs wirkt wenig Erfolgsdruck ein, zudem besteht die Gefahr einer schnellen Veralterung oder einer fehlerhaften Spezialisierung des dort akkumulierten Wissens. Die Weiterentwicklung und Koordination allgemeingültiger Leistungs- und Kostenstandards kann im Rahmen eines Service-Centers wahrgenommen werden, das den operativen Bereichen die benötigten Leistungen zu Verrechnungspreisen zur Verfügung stellt.

8.4 Hierarchische Einordnung der Logistik

Die Frage der hierarchischen Eingliederung stellt sich lediglich hinsichtlich der Aufgaben, für die eine zentrale Wahrnehmung im Sinne spezialisierter Stellen effizient ist. Geht man von der These aus, daß dies im wesentlichen das Vorhalten von Expertenwissen, die Entwicklung einheitlicher Informationsinstrumente und Auditierungsaufgaben sind, so ergeben sich unterschiedliche Konsequenzen für die hierarchische Eingliederung. Expertenwissen und Unterstützungsleistungen können im Rahmen von Stabsstellen angeboten werden, deren hierarchische Position möglichst unabhängig von operativen Einheiten sein sollte. Es bietet sich die unmittelbare Anbindung an die Unternehmensleitung an. Stellen, deren Aufgabe die Sicherstellung eines einheitlichen Dienstleistungsangebots ist, sind der Hierarchiestufe unterzuordnen, die über den die Leistung in Anspruch nehmenden Bereichen steht. Alternativ ist analog zum Problem der Qualitätsorganisation die Frage zu stellen, ob nicht ein Vorstandsressort Logistik die übergreifenden Aufgaben besser zu lösen in der Lage wäre als ein Stab. Für die Einrichtung eines solchen Ressorts spricht vor allem die Unabhängigkeit der Instanz, dagegen die Tatsache, daß es sich bei der Logistik eher um eine Sekundärfunktion handelt, der nicht zwingend der Rang einer Vorstandsfunktion zukommen muß. Dieses Dilemma kann jedoch durch eine potentielle Außenvergabe von Logistikaufgaben gelöst werden, wobei hier vor allem die Frage nach der Spezifität der Aufgabenstellung im Vordergrund steht.

8.5 Externalisierung von Logistikaufgaben

Stehen die von der Logistik wahrzunehmenden Aufgaben fest, so bietet sich als weitere Option die externe Wahrnehmung von Logistikfunktionen an. Dieser Ansatz ist in der Literatur trotz seiner wachsenden Bedeutung bisher nicht hinreichend behandelt worden. Er ist aber in der Betriebswirtschaftslehre im Rahmen der Out- und Insourcing-Problematik Gegenstand einer breit angelegten Grundsatzdiskussion um die Frage nach den Kernkompetenzen von Produktions- und

Dienstleistungsunternehmen. Die Bedeutung dieser Frage zeigt sich unter anderem bei der Neustrukturierung von Unternehmen und Unternehmensteilbereichen, der Neuaufteilung von Aufgaben innerhalb von Unternehmensnetzwerken oder dem Einbezug von Dienstleistungsunternehmen in die logistische Prozeßkette. Für die Externalisierung bieten sich prinzipiell zwei Ansätze an. Zum einen besteht die Möglichkeit, sämtliche Logistikaufgaben in eine eigenständige Beteiligungsgesellschaft zu integrieren, die über das eigene Unternehmen hinaus Logistikaufgaben von Dritten wahrnimmt. Ein zweiter Gestaltungsansatz sieht die vollständige Externalisierung vor. Während der erste Ansatz vorwiegend für Großunternehmen mit einem weltweit vernetzten Organisationsprofil vorstellbar ist, kann der zweite Ansatz in erster Linie in kleinen und mittelgroßen Unternehmen zur Anwendung kommen. Diese verfügen in der Regel kaum über die Möglichkeit Know-how aufzubauen, oder verfolgen die Zielsetzung, ihre Ressourcen auf operative Kerngeschäfte zu konzentrieren. Weitere Vorteile einer vollständigen Externalisierung sind in der Neutralität außenstehender Logistikträger, in der zeitlich befristeten Wahrnehmung von Logistikaufgaben und in der kurzfristigen Beschaffung aktuellen Expertenwissens zu sehen. Unabhängig von der Wahl des jeweiligen Externalisierungsansatzes ist zu klären, wie potentiell nach außen zu vergebende Aufgaben identifiziert werden können und welche Einflußfaktoren für die Entscheidung eine Rolle spielen. Ein Ansatz zur Beantwortung der Frage, ob eine Aufgabe innerhalb einer hierarchischen Organisation abzuwickeln ist oder auf dem Markt bezogen werden soll, stellt die Transaktionskostentheorie dar. Es muß allerdings beachtet werden, daß der Bezug von Leistungen und die komplette Wahrnehmung im Unternehmen zwei extreme Ausprägungen sind, zwischen denen eine Vielzahl von Gestaltungsmöglichkeiten besteht. Eine solche Zwischenform sind Arbeitsgemeinschaften und Verbände im Rahmen von Branchenvereinigungen, auf die ein Teil von Logistikaufgaben, wie die Ausarbeitung einheitlicher Richtlinien oder die Erarbeitung und Koordination von Kennzahlensystemen, übertragen werden kann. Ausgangspunkt der Transaktionskostentheorie ist die Feststellung, daß bei identischen Produktionskosten jene Bezugsart zu wählen ist, die die geringsten Gesamtkosten verursacht. Die Kosten des Bezugs werden als Transaktionskosten bezeichnet. Sie umfassen folgende Kostenkategorien (vgl. Picot/Dietl 1990):

- Anbahnungskosten für die Suche nach geeigneten Partnern, die die gewünschte Leistung erstellen können,
- Vereinbarungskosten, zu denen Kosten für die Formulierung von Verträgen und die Beseitigung von Unklarheiten gehören,
- Kontrollkosten für die Überwachung von Terminen und vereinbarten Eigenschaften sowie
- Anpassungskosten für die Veränderung einmal getroffener Vereinbarungen während der Laufzeit der Transaktionsbeziehung.

Sämtliche Aufgaben der Logistik sind daraufhin zu prüfen, für welche Art der Erstellung sich die niedrigsten Transaktionskosten ergeben. Komplexe, spezifische Aufgaben wie die Ermittlung von Zielprofilen bei der Neuprodukteinführung werden tendenziell innerhalb des Unternehmens abgewickelt, da die Transaktionskosten des Bezugs über den Markt relativ hoch wären. Dazu kommen zwei weitere transaktionskostenunabhängige Argumente: Für strategisch relevante Aufgaben ist aus Gründen des Know-how-Schutzes eine externe Wahrnehmung sehr vorsichtig zu beurteilen. Außerdem ist darauf zu achten, daß nicht etwa Unterbrechungen im Informationsfluß durch eine Außenvergabe von Logistikaufgaben zusätzliche Kosten- und Zeitprobleme verursachen, die die Transaktionskostenvorteile überkompensieren könnten. Aufgaben, die einen intensiven Informationsaustausch erfordern, erweisen sich ebenfalls als schlecht geeignet für die Außenvergabe. Ein weiterer Einflußfaktor ist die Häufigkeit des Aufgabenanfalls. Logistikaufgaben, die nur selten nachgefragt werden, sind unter Transaktionskostengesichtspunkten günstiger extern zu beziehen als intern durchzuführen. Eine wachsende praktische Bedeutung als Partner zur Übernahme von Logistikaufgaben haben Lieferanten, unabhängige und branchenübergreifende Benchmarking-Einrichtungen wie das American Productivity and Quality Center (APQC), Branchenvereinigungen wie der VDMA oder der ZVEI und Beratungsunternehmen sowie Logistikvereinigungen. Im Rahmen von Lieferanten-Abnehmer-Beziehungen ist weniger der Ansatz einer kompletten Verlagerung auf Dienstleistungs- und Zulieferunternehmen von Bedeutung als die gemeinsame Aufgabenwahrnehmung im Rahmen von Kooperationen. In einer ersten Kooperationsstufe ist an eine Rationalisierung des Zahlungsverkehrs und an eine gemeinsame Bestandslogistik zu denken, die sich in intensiven Beschaffungsbeziehungen im Rahmen von Just-In-Time-Konzepten bereits durchgesetzt haben. Die

Kostenvorteile liegen hier weniger in der Reduktion von Transaktionskosten als in der Einsparung von Doppelarbeiten begründet. Die gemeinsame Durchführung von Audits ist eine erweiterte Form der Kooperation, die dann Vorteile bietet, wenn die Beschaffungsbeziehungen längerfristig ausgelegt sind, eine gewisse Spezifität besitzen und einer gewissen Änderungshäufigkeit unterliegen. Noch intensivere Kooperationsbeziehungen führen gemeinsame Produktkalkulationen im Entwicklungsstadium oder Einkaufspotentialanalysen während der Marktphase durch, wobei hier die Leistungsbeziehungen auf der Basis echter Wertschöpfungs- oder Entwicklungspartnerschaft beruhen sollten. Unabhängige externe Instanzen und Beratungsunternehmen zeichnen sich besonders in bezug auf die Neuentwicklung von Logistikkonzepten sowie die Ausbildung und Schulung von Mitarbeitern aus. Die Durchführung von Methodenschulungen etwa ist aus Sicht des Unternehmens eine Aufgabe, die relativ selten zu leisten ist und eine geringe Spezifität besitzt, da es sich um universelle Methoden handelt. Schulungsmaßnahmen in dieser Form sind also aus Sicht der Transaktionskostenbetrachtung zuzukaufen. Wird aber die Unterstützung bei der Reorganisation des Unternehmens in Richtung auf eine umfassende Produktivitätssteigerung nachgefragt, so handelt es sich aus Sicht des Unternehmens um eine zwar selten nachgefragte, aber hochspezifische Leistung, bezüglich deren Fremdbezug aus Sicht der Transaktionskosten keine eindeutige Empfehlung möglich ist. Für Beratungsunternehmen, die diesen Prozeß häufiger begleiten, handelt es sich hierbei unter Umständen aber um eine Standardaufgabe, die sie relativ günstiger anbieten können, was neben anderen Faktoren die Rolle dieser Unternehmen bei der Einführung von schlanken Unternehmenskonzepten erklärt. Für den Prozeß der Organisationsgestaltung bleibt festzuhalten, daß alle Logistikaufgaben unter dem Gesichtspunkt von Produktions- und Transaktionskostenvorteilen hinsichtlich möglicher Außenvergaben zu überprüfen sind.

9 Entwicklungslinien in der Logistik

1. Wettbewerbsgerechte Logistikkonzepte basieren auf dem Prinzip der Kundenorientierung: Nur wenigen erfolgreichen Unternehmen ist es bislang gelungen, das Prinzip der Kundenorientierung konsequent umzusetzen. Nach wie vor beherrschen Technologie- und Ressourcenorientierung die Abwicklung der logistischen Prozeßkette. Allerdings zeigt sich, daß sich der Wettbewerb von den Produktmerkmalen, die einer immer stärkeren und schnelleren Anpassung unterliegen, zur Qualität der Leistungen vor, während und nach dem Wertschöpfungsprozeß verlagert hat. In nahezu allen Marktsegmenten wird der Kundennutzen durch die Bereitstellung spezifischer Problemlösungen bestimmt, wohingegen ausschließlich technische Nutzenkriterien in den Hintergrund treten. In diesem Wettbewerbsumfeld kommt dem logistischen Leistungspotential eine wachsende Bedeutung zu, da sowohl exzellente Logistikleistungen als auch wettbewerbsgerechte Kosten Ansätze bieten, um die Nachfrage individuell zu befriedigen und die Kundenbindung zu erhöhen. Neben diesen Produkt-Markt-Aspekten leiten sich aus dem Prinzip der Kundenorientierung auch prozeßorientierte Anforderungen an die Umgestaltung logistischer Prozesse ab. Denn die Individualisierung der Kundenwünsche spiegelt sich auch in der Konfiguration der Logistikprozesse wider. Ansatzpunkte hierfür reichen von der Festlegung kundengruppenbezogener Lieferservicegrade über eine kundenspezifische Auftragsabwicklung oder Bevorratung bis hin zur kundenorientierten Auslegung von Produktionsstrukturen, Fabrik- und Lagerstandorten. Richtig verstandene Kundenorientierung bedeutet ferner, daß ausschließlich das produziert und beschafft wird, was der Kunde tatsächlich benötigt, und erst dann produziert und beschafft wird, wenn ein Kundenauftrag vorliegt. Dieser anzustrebende Idealfall führt zu einer wertanalytischen Betrachtung sämtlicher zur Herstellung eines Produkts notwendigen Geschäftsprozesse. Dabei erhöhen nur solche Aktivitäten den Kundennutzen, die zur Wertsteigerung von Produkten beitragen. Alle anderen Aktivitäten erzeugen in erster Linie Kosten und müssen aus wertanalytischer Sicht als Quelle potentieller Ressourcenverschwendung angesehen werden. Sie sind deshalb konsequent zu hinterfragen und auf ein erforderliches Minimum zu reduzieren. Das Prinzip der Kundenorientierung ist letztlich nicht nur auf den externen Kundenkreis be-

schränkt. Betrachtet man das logistische Netzwerk, dann lassen sich vielfältige Kunden-Produzenten-Beziehungen innerhalb von Unternehmen und zu den Lieferanten definieren.

2. Reverse Engineering führt zu einer kontinuierlichen Reorganisation der logistischen Prozeßkette: Ziel des Reverse Engineering ist, vom Ergebnis ausgehend die gesamte Wertschöpfungskette der Produkte und Logistikleistungen zu reorganisieren sowie auf spezifische Anforderungen eines gegebenen Markt- und Wettbewerbsumfelds auszurichten. Im übertragenen Sinne bedeutet dies, den Logistikprozeß vom Markt aus neu zu entwickeln. Dazu sind drei Faktoren zu koordinieren und in Steuerungsgrößen zu transferieren: die Zielkosten, die Zieltermine und die Zielqualitäten. Traditionelle Vorgehensweisen führten im Planungsverlauf zu den Fragen, welche Eigenschaften ein Produkt haben soll, was es kosten wird und wie schnell es dem Kunden zur Verfügung gestellt werden kann. Der kundenorientierte Ansatz des Reverse Engineering dagegen stellt diese Fragen anders:

- Welche Anforderungen soll ein Produkt erfüllen?
- Was darf das Produkt kosten?
- Wie lange darf die Kundenauftragsabwicklung dauern ?
- Welche logistischen Leistungen sollen in welcher Qualität erbracht werden?

Um diese Fragen beantworten zu können, ist der gesamte Wertschöpfungsprozeß als einheitliches System zu betrachten und dementsprechend Produktion und Logistikkette ganzheitlich zu entwickeln. Hierzu sind sowohl radikale Änderungen der Produktionsfunktionen als auch Verbesserungen im Sinne einer wertanalytischen Betrachtung der Logistikaktivitäten erforderlich. Änderungen der Produktionsfunktion ergeben sich aus Strukturveränderungen, diese wiederum erfordern Verhaltensänderungen der Mitarbeiter. Aus beiden erwächst die Möglichkeit der Produktivitätssteigerung. Außerdem sind als Gestaltungskriterien nicht Funktionen und Organisationseinheiten gefragt, vielmehr stehen Geschäftsprozesse mit den dazugehörigen Planungs- und Steuerungsfunktionen im Vordergrund. Ihre Leistungsfähigkeit ist an der relativen Vorteilhaftigkeit im Vergleich zum besten Konkurrenten und der Erfüllung von Kundenanforderungen zu orientieren, also in Bezug zu ihrer Marktleistung. Die Organisationsaufgabe erschöpft sich somit nicht darin, funktionsübergreifend zu optimieren und Rationalisierungs- sowie Zeitpotentiale zu erschließen. Das Reverse-Engineering-Konzept folgt dem kundenorientierten, ganzheitlichen Organisationsansatz der Logistik, bei dem die gesamte Leistungserstellung nach relevanten Teilergebnissen der Geschäftstätigkeit aufgesplittet wird und der Empfänger der Leistungen als Kunde anzusehen ist. Eine solche Leistung bildet beispielsweise die abgelieferte Ware und nicht eine ausgeführte Versandfunktion. In diesem Sinne ist eine Aktivitätenfolge, die zu einem Ergebnis führt, zusammenhängend und abteilungsübergreifend zu organisieren und eindeutig zu verantworten. Die Rechtfertigung des Ressourceneinsatzes ergibt sich aus der Erreichung von Erfolgspotentialen und nicht nur aus einer verbesserten Kosten- oder Qualitätssituation im innerbetrieblichen Vergleich. Dieser Ansatz hat weitreichende Konsequenzen für den Prozeß der organisatorischen Erneuerung. Der kundenorientierte Ansatz des Reverse Engineering erfordert eine Festlegung von Zielkosten, -terminen und -qualitäten, orientiert am besten Mitwettbewerber, und setzt einen Prozeß des Erreichens dieser Zielgrößen in Gang. Seitens der Kosten wird ausgehend vom Produktpreis als marktinduzierter Größe, der durch die Marktforschung für geplante Produkte ermittelt wird, ein geplanter Gewinn abgezogen und so die zulässigen Kosten festgelegt. Die traditionelle Kostenanalyse verfolgt den genau umgekehrten Weg im Sinne des Verursacherprinzips, indem die Kosten aller Aktivitäten in der Wertschöpfung addiert und mit einem Gewinnzuschlag als Angebotspreis festgelegt werden. Dieser Angebotspreis ist im Spiel der Wettbewerbskräfte unter Vorstellungen eines gewünschten Marktanteils nur zum Teil realisierbar. Die über den Gewinn aufzubauenden, strategisch relevanten Ressourcenpotentiale werden dezimiert und letztlich die Marktposition des Unternehmens geschwächt; das Zielkostenkonzept (vgl. Abb. 9-1), das dem Reverse Engineering-Ansatz folgt, richtet das Augenmerk der Kostenkontrolle auf die Produktentstehungsphase und nicht auf den Herstellungsprozeß.

3. Zeitorientierung als Fokus JIT-gerechter Produktions- und Logistikstrukturen: In Analogie zu den Produktkosten muß auch beim Faktor Zeit ein radikaler Umdenkungsprozeß stattfinden. Vor allem der Zeitverbrauch in indirekten Produktionsbereichen und in der Logistik

Entwicklungslinien in der Logistik

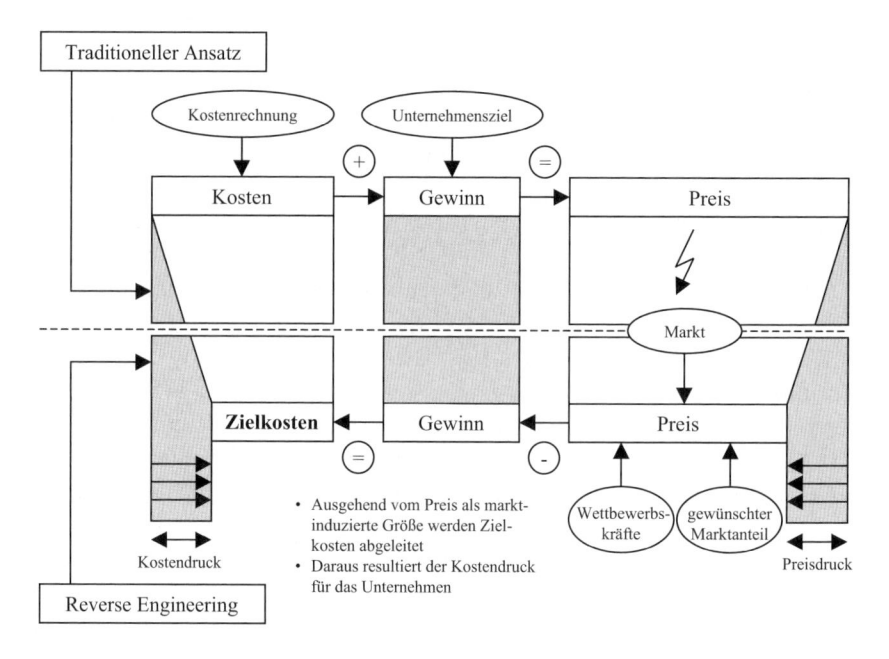

Abb. 9-1: Traditioneller Ansatz versus Reverse Engineering

ist überproportional angestiegen, während direkte Bearbeitungszeiten gesenkt und die Abstimmung der Zeitdisparitäten einzelner Arbeitsschritte verbessert werden konnten. Für Unternehmen besteht die Gefahr, in eine doppelte Zeitfalle zu geraten, nämlich einerseits aufgrund langer Durchlaufzeiten hohe Planungsfehler über lange Prognosezeiträume bei der Festlegung von Produktionsprozessen zu begehen, und andererseits aufgrund langer Entwicklungszeiten zu spät in den Markt einsteigen zu können. Um dieser doppelten Zeitfalle zu entgehen, sind Maßnahmen erforderlich, den Zeitverbrauch in sämtlichen Produktentwicklungs- und Wertschöpfungsstufen weiter zu reduzieren und eine Fokussierung auf den Wettbewerbsfaktor Zeit zu erreichen. Hierdurch können gleichzeitig Quantensprünge in den Erfolgsdimensionen Kosten und Qualität erreicht werden. Die Beziehungen zwischen den Erfolgsfaktoren Kosten und Zeit lassen sich anhand der verbrauchten Zeit in Logistikprozessen darstellen. Aus der Analyse über den Zeitverbrauch gehen die Kostentreiber hervor. Es stellt sich die Frage nach den zeitverbrauchenden Hauptprozessen in der Logistikkette. Auf der Suche nach Zeitsenkungsmöglichkeiten stellt sich die Frage, ob die Kapazitäten für die zeitverbrauchenden Prozesse richtig eingesetzt sind. Es geht darum, die Kapazitäten so einzusetzen, daß Kundenzufriedenheit im Sinne von "richtig gleich beim ersten Mal" sich einstellt. Dies bedeutet, statt Nachbessern vorbeugende Sorgfalt zu institutionalisieren, die zu einer Vertrauensbildung beim Kunden und somit zu einer guten Reputation des Unternehmens führen soll. Das bedeutet, die Informationen, die in die Logistik- und Wertschöpfungskette einfließen und die das Qualitätsniveau der Auftragsabwicklung beeinflussen, einer entsprechenden Qualitätsprüfung zu unterziehen.

4. Kundenorientierung und Zeiteffizienz erfordern eine Ausweitung der Qualitätssicherung auf logistische Prozesse und Leistungen: Die Logistikleistung eines Produktionsunternehmens ist ein zentrales Element zur Erzielung von Wettbewerbsvorteilen. Sie besteht in ihrem Kern darin, dem Kunden eine bestimmte Lieferzeit für Produkte anzubieten, die bestellte Ware in der korrekten Menge zum gewünschten Zeitpunkt bereitzustellen und dem Kunden eine gewisse Flexibilität bezüglich der Auftragsmodalitäten und der Änderung bereits positionierter Aufträge einzuräumen. Daneben ist sicherzustellen, daß ein Produkt durch den Logistikprozeß zwischen Ende der Produktion und Eintreffen beim Kunden hinsichtlich seiner materiellen Eigenschaften nicht beeinträchtigt wird. Weitere Aspekte hierbei bilden die Auskunftsbereitschaft über den Stand der Lieferung sowie die Kommunikationsbereitschaft und Freundlichkeit im Kontakt mit dem Kunden, die die logistische Leistung vervollständigen. Die Bedeutung dieser Komponenten nimmt stetig weiter zu, da das Güterangebot in technisch funktionaler Hinsicht einem Trend zu einer zunehmenden Homogenisierung unterliegt und damit andere Differenzierungsmerkmale erforderlich werden. Um eine Qualitätssicherung der Logistikleistung sicherzustellen, ist es notwendig, die in Produktionsunternehmen auf breiter Basis angewendeten Qualitätssicherungsmethoden auf die Logistik anzuwenden. Versteht man Qualität als die Erfüllung von Kundenanforderungen, so sind im ersten Schritt diese Anforderungen zu ermitteln. Hierbei zeichnen sich trotz der Abhängigkeit von der Art der Produkte zwei Trends ab: erstens sind Kunden immer weniger bereit, lange Lieferzeiten zu akzeptieren, und zweitens werden erhöhte Anforderungen an die Einhaltung der zugesagten logistischen Leistungen gestellt. Am Beispiel industrieller Abnehmer wie der Autoindustrie wird dies besonders deutlich, da von der Zuverlässigkeit der Zulieferungen die Sicherheitsbestände beim Abnehmer und damit des-

sen Kosten direkt beeinflußt werden. Sind die Kundenwünsche hinsichtlich des zu erbringenden logistischen Leistungsprofils bekannt, so stellt sich die Frage, welche Prozesse im Unternehmen Einfluß auf die Erfüllung der logistikbezogenen Kundenanforderungen nehmen. Da Logistikleistungen den Charakter von Dienstleistungen haben, ist die Qualität dieser Prozesse gleichbedeutend mit der Qualität der Logistikleistung. Die Logistikleistung entsteht in Produktionsbetrieben über eine Prozeßkette, die mit der Anlieferung von Beschaffungsgütern beginnt und über die Verarbeitung im Produktionsprozeß bis zur Auslieferung an den Kunden reicht; bei Logistikunternehmen entfällt der Verarbeitungsschritt. Der Kunde nimmt die Qualität des Auftragsabwicklungsprozesses unmittelbar wahr, da er in diesen Prozeß vom Zeitpunkt der Auftragserteilung bis zum Erhalt der Ware eingebunden ist. Die Qualität der Auftragsabwicklung hängt nicht allein von den in dieser Phase ablaufenden Aktivitäten und deren Zusammenspiel, sondern auch von den Ergebnissen der zeitlich vorgelagerten Prozesse ab. Auch das schnellste und zuverlässigste Auslieferungssystem läuft ins Leere, wenn Fremdteile nicht termingerecht beschafft und Eigenteile nicht hergestellt worden sind. Die Qualitätssicherung hat die gesamte Prozeßkette von Lieferanten bis zum Kunden zu umfassen, da nur so die Qualität der Logistikleistung für den Kunden sichergestellt werden kann. Ein wichtiges Problem der Qualitätssicherung in der Logistik ist die Frage der Gestaltung des Einführungsprozesses und die anzustrebende organisatorische Verankerung. Im Rahmen des Einführungsprozesses ist zu beachten, daß das Qualitätsbewußtsein in bezug auf administrative Prozesse in den meisten Unternehmen deutliche Defizite aufweist, die erst durch entsprechende Maßnahmen von seiten des Managements beseitigt werden müssen, bevor ein Konzept der Qualitätssicherung von Logistikleistungen wirksam werden kann. Alle Aktivitäten sind unter frühzeitigem Einbezug der unmittelbar Betroffenen durchzuführen, da nur die konsequente Verwirklichung des partizipativen Elementes einen erfolgreichen Verbesserungsprozeß, der nicht auf eine einmalige Aktion beschränkt bleibt, gewährleistet. Insofern kann auch die Gründung einer Qualitätssicherungsabteilung in Logistikunternehmen sowie die Ernennung eines Qualitätsbeauftragten, die in jüngsten Publikationen vorgeschlagen wird, bestenfalls für die Einführungsphase gelten: der Prozeß der kontinuierlichen Verbesserung kann nur dann als Verhaltensweise dauerhaft in einer Organisation verankert werden, wenn die Methoden und Arbeitsweisen zu seiner

Entwicklungslinien in der Logistik

Realisierung Teil der Primärorganisation werden. Die Einrichtung zusätzlicher Organisationseinheiten, deren Aufgabe die Qualitätssicherung der Logistikleistungen ist, wirkt diesbezüglich kontraproduktiv, da sie einerseits Zusatzkosten verursacht und andererseits die ausführenden Mitarbeiter vordergründig von ihrer Qualitätsverantwortung entlastet, was den Prinzipien einer ständigen Verbesserung entgegenläuft.

5. Eine wirksame Produktionsplanung und -steuerung ist um ein Entstörmanagement zu ergänzen: Die Situation im Bereich der Produktionsplanung und -steuerung (PPS) ist durch einen Vertrauensschwund gegenüber den eingesetzten Systemen und Methoden gekennzeichnet. Auch neue Konzepte und Unterstützungstools - der Marktspiegel umfaßt 90 in Deutschland angebotene PPS-Systeme - haben bisher nichts daran geändert, daß die Produktionsprogramme nur selten entsprechend ihrer ursprünglichen Planung realisiert werden. Charakteristisch ist, daß die kurzfristige Planung mehrere Male pro Schicht angepaßt werden muß, oder daß die Fertigung die Planvorgaben unterläuft. Ursachen für Abweichungen, Umplanungen und Hektik sind Störungen in den durchführenden Prozessen, die das Fertigungssystem stochastisch werden lassen. Die PPS hat diese Störungen in der Vergangenheit nicht ausreichend einbezogen, sondern oftmals idealtypisch innerhalb der lang- und mittelfristigen Planung davon abstrahiert. Das Selbstverständnis der PPS hat sich in Unternehmen vor diesem Hintergrund oftmals zu einer Nachbesserungsstelle mit Reparaturverhalten entwickelt. Es ist fraglich, ob diese Haltung bei wachsenden Störeinflüssen aufrechterhalten werden kann. Vielmehr ist die Frage zu stellen, ob durch eine Ergänzung der PPS um ein Entstörmanagement eine nachhaltige Prozeßverbesserung und damit eine Stabilisierung der Leistungserstellung erreicht werden kann. Ausgangspunkt für die Einbindung des Entstörmanagements in das PPS-Konzept ist der Entstörleitstand. Mit der Zuordnung von Entstöraufgaben und -kompetenzen auf segment- oder modulbezogene Entstörleitstände wird die Verantwortung für die Störungsbekämpfung im Unternehmen klar definiert. Voraussetzung dafür sind organisatorische Veränderungen wie die Verlagerung operativer Entstöraufgaben in den Fertigungsbereich und die Zusammenfassung der Entstörplanung und -koordinierung aus den Bereichen der Qualitätssicherung, Instandhaltung und Logistik in den Entstörleitstand. Insofern erstreckt sich die Einführung eines Entstör-

managements nicht nur auf die Definition von Strategien und Maßnahmen, sondern erfordert eine konsequente Organisationsentwicklung. Wenn es im Regelkreisbereich der Fertigung nicht gelingt, die Störung autonom auszuregeln, so ist es Aufgabe des Entstörleitstands, weitergehende Hilfe bereitzustellen. Der Entstörleitstand fungiert auf diese Weise als Filter gegenüber der Produktionsplanung. Aufgabe des Entstörleitstands ist die zentrale Erfassung und Analyse von Störungen innerhalb der logistischen Kette. Nach der Festlegung des optimalen Eingriffsorts werden auf der Basis vordefinierter Eingriffsstrategien Entstörmaßnahmen angestoßen, koordiniert und überwacht. Die Erhaltung der Ursprungsplanung hat dabei oberste Priorität. Durch eine schnelle Entstörung ist die Abweichung von Ist- und Sollwerten zu minimieren. Intensitätsmäßige Anpassungsmaßnahmen sorgen nach abgeschlossener Entstörung für eine Rückführung der Ist-Werte in das definierte Toleranzband. Sind die getroffenen Maßnahmen nicht ausreichend, so sind zeitliche Anpassungsmaßnahmen durchzuführen. Eine Flexibilisierung von Arbeits- und Betriebszeiten ist hierfür Voraussetzung. Auch ein "Einfrieren" der Planung im kurzfristigen Bereich von drei bis vier Arbeitstagen ist hilfreich. Die Detailplanung dieses Zeitfensters erfolgt mit den Methoden und Hilfsmitteln vorhandener Leitstandskonzepte, jedoch mit dem Unterschied, daß das Planungsergebnis fixiert wird. Für das Produktionscontrolling ergibt sich daraus, daß neben Beständen, Auslastung, Durchlaufzeit und Termintreue die Umplanungshäufigkeit als eigenständige Zielgröße zu definieren ist. Durch die damit verbundene Reduktion von Planungs- und Steuerungsaktivitäten zugunsten einer prozeßbezogenen Störungsbekämpfung wird der Leitstand zum Entstörleitstand. Für zeitlich nachgelagerte Planungsfenster sind durch die zentrale PPS robuste Eckdaten festzulegen, deren Detaillierung mit wachsendem Planungshorizont abnimmt. Zielsetzung dabei ist eine Stabilisierung der Produktionsplanung auf Basis einer Vergröberung des Planungsablaufs.

6. Erfolgreiche Versorgungsstrategien basieren auf einem Methodenmix aus Outsourcing und Insourcing-Konzepten: Die steigende Varianten- und Typenanzahl, ein permanenter Rationalisierungsdruck und steigende Materialkostenanteile belegen, daß bei der Erreichung von Wettbewerbsvorteilen künftig der Schnittstellenbereich zwischen Zulieferer und Abnehmer insbesondere durch ein Neuüberdenken der

optimalen Leistungstiefe, und hier die Reduzierung der Fertigungstiefe, stark an Bedeutung gewinnt. Die weitreichenden und komplexen Wirkungszusammenhänge verdeutlichen, daß die Wahl der Fertigungstiefe einen wesentlichen Einfluß auf den Unternehmenserfolg hat. Als wesentlicher Grund für die Fertigungstiefenreduktion wird der zunehmende Konkurrenz- und Kostendruck angeführt, der zur Konzentration auf das Kerngeschäft zwingt. Als Ziel sollte dabei im Vordergrund stehen, daß ein Unternehmen nur die Aktivitäten selbst wahrnimmt, die auf den für den Unternehmenserfolg hauptverantwortlichen Kernkompetenzen basieren. Die Entscheidung über Eigenfertigung oder Fremdbezug hängt damit nicht mehr nur vom Endprodukt ab, sondern vielmehr vom Vorhandensein des notwendigen Know-hows auf der jeweiligen Stufe der logistischen Kette. Als Ausgangspunkt für eine solche Neustrukturierung ist die ganzheitliche Betrachtung der Wertschöpfungsprozesse zu wählen. Ziel ist es, Flexibilitäts-, Effizienz- und Kostenvorteile zu erzielen, indem bestimmte Abschnitte der Leistungskette oder einzelne Segmente aus einem Unternehmen A herausgelöst und in eine effizientere Unternehmensstruktur B eingefügt werden. Dadurch lösen sich traditionelle Unternehmensgrenzen zugunsten netzwerkartiger Kooperationsformen auf. In Anlehnung an die virtuelle Speicherverwaltung, also die Trennung vom logischen und physikalischen Speicherplatz, kommt dem Management virtueller Unternehmen die Aufgabe zu, eine dynamische Zuordnung von abstrakten Leistungsanforderungen und dem tatsächlichen Ort der Leistungserfüllung zu treffen (vgl. Abb. 9-2). Die Flexibilität virtueller Organisationsstrukturen erleichtert die Fremdvergabe beziehungsweise die Reintegration von Leistungsumfängen und ermöglicht somit das Ausnutzen standortspezifischer Vorteile. Insbesondere für "Kann"-Fertigungsumfänge läßt sich durch virtuelle Strukturen die Irreversibilität von Fertigungstiefenentscheidungen reduzieren und somit leichter der Forderung nach einem Ausgleich von Beschäftigungsschwankungen nachkommen. Die Frage nach den Kernkompetenzen führt zu einem Überdenken der bestehenden Leistungsumfänge mit der Konsequenz, daß bestimmte Aufgaben durch Insourcing-Maßnahmen gezielt reintegriert werden. Aktuelle Anwendungsformen hierfür reichen von Industrieparks über Montagen an Abnehmer-Produktionsstätten bis hin zu Joint-Ventures.

Entwicklungslinien in der Logistik

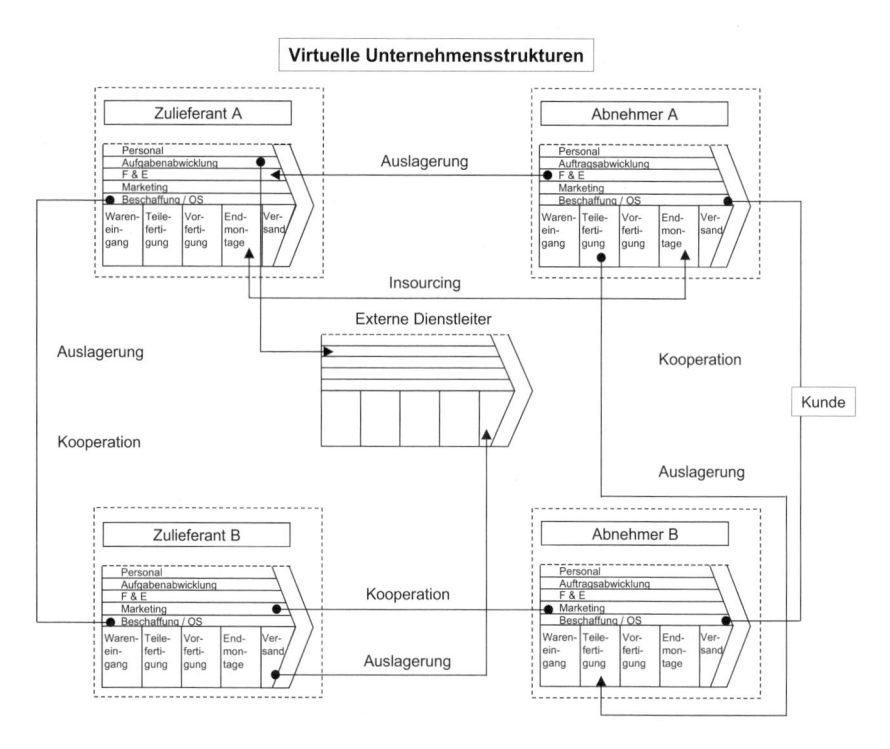

Abb. 9-2: Management virtueller Unternehmensstrukturen

7. Veränderungen in der Arbeitsteilung zwischen Zulieferer und Abnehmer schaffen neue Aufgabenfelder für Logistikdienstleistungsunternehmen: Neue Konzepte zur Optimierung von Fertigungs- und Entwicklungstiefe sowie veränderte Formen der Zusammenarbeit im Zulieferer-Abnehmer-Verhältnis bewirken einen höheren Bedarf an Logistikdienstleistungen, die zunehmend auch auf die Zulieferindustrie übertragen werden. Im Vordergrund stehen dabei Tätigkeiten der Qualitätssicherung, Konstruktion und Entwicklung, die von je knapp der Hälfte der Zulieferer für ihre Hersteller ausgeführt werden. Qualitätssicherungsstrategien verfolgen in der Regel das Ziel einer 100%igen Anlieferung von Gutteilen, die möglichst ohne weitere Nachprüfung direkt in die Fertigung der Hersteller angeliefert werden. Dazu ist nicht nur eine Übertragung von Qualitätssicherungsfunktionen auf den Zulieferer erforderlich, vielmehr muß dem Lieferanten die Systemverantwortung sowohl für die Montage als auch für die Koordination von Unterlieferanten übertragen werden. Ein weiterer Aufga-

benbereich ist das Bereitstellen und Betreiben von Lagern. Aufgaben in der Disposition oder im Rechnungswesen sind heute noch eher von untergeordneter Bedeutung. Eine Alternative oder Ergänzung hierzu kann der Einsatz von logistischen Dienstleistern zwischen Herstellern und Zulieferern darstellen. Logistische Dienstleister übernehmen Transport, Lagerung, Umschlag, Bereitstellung, Anlieferung und Entsorgung des Materials sowie unter Umständen auch Montage- und Bearbeitungsvorgänge. Auch Spediteure nehmen bereits vielfach logistische Aufgaben wahr wie die Rücknahme von Leergut oder Terminabstimmungen mit Abnehmern.

Literaturverzeichnis

Albach, H. (1989): Organisation: Mikroökonomische Theorie und ihre Anwendung, Wiesbaden 1989
Albach, H. (1996): Betriebswirtschaftslehre und der Standort Deutschland, Wiesbaden 1996
Albach, H. (1996): Die Überlegenheit der japanischen Unternehmen im globalen Wettbewerb, Berlin 1996
Albach, H. (1996): Entry, entry deterrence, and exit, Berlin 1996
Augustin, S. (1990): Information als Wettbewerbsfaktor, Köln 1990
Baumgarten, H. (1993): Perspektiven der Logistik, Berlin 1993
Baumgarten, H./Walter, St. (1999): The Next Wave of Logistics, Global Supply Chain Effiency, Berlin/Boston 1999
Baumgarten, H./Walter, St. (2000): Trends und Strategien in der Logistik 2000+, Berlin 2000
Bleicher, K. (1991): Organisation: Kundenorientierte Strukturen verstärken, in: IBM Nachrichten 41(1991)304, S. 15-23
Bowersox, D.J. (1994): Framing global logistics requirements, in: Brace, G. (Hrsg.): Logistics Technology International 1994, London 1994, S. 19-22
Bowersox, D.J./Closs, D.J./Helferich, O.K. (1986): Logistical Management, A Systems Integration of Physical Distribution, Manufacturing Support and Materials Procurement, 3. Aufl., New York London 1986
Bowersox, D.J./Daugherty, P.J./Dröge, C.L./Germain, R.N./ Rogers, D.S. (1992): Logistical Excellence: It's not business as usual, Bedford MA 1992
Boxwell, R.J. (1994): Benchmarking for compet 1994
Breitner, P. (1996): ECR - Efficient Consumer Response, in: Distribution (1996)7-8, S. 12-13
Bühner, R. (1990): Das Management-Wert-Konzept: Strategien zur Schaffung von mehr Wert im Unternehmen, Stuttgart 1990
Bühner, R. (1995): Strategie und Organisation, Wiesbaden 1995
Bühner, R. (1996): Betriebswirtschaftliche Organisationslehre, München u.a. 1996
Bullinger, H.-J. (1991): Produktionsmanagement, Berlin u.a. 1991
Bullinger, H.-J. (1992): Kundenorientierte Produktion, Berlin u.a. 1992

Bullinger, H.-J. (1994): Planung der Materialbereitstellung in der Montage, Stuttgart 1994

Bullinger. H.-J. (1996): Neue Organisationsformen im Unternehmen, Berlin u.a. 1996

Bullinger, H.-J. (1997): Betriebliche Informationssysteme, Berlin u.a. 1997

Camp, R. (1989): Benchmarking - The Search for Industry Best Practices that Lead to Superior Performance, Milwaukee 1989

Corsten, D. (2004): Efficient Consumer Response Adoption, Theory, Model and Empirical Results, Bern 2004

Delfmann, W. (1990): Grundlagen der Marketing-Logistik, Köln 1990

Delfmann, W./Darr, W./Simon, R.-P. (1990): Grundlagen der Marketing-Logistik, Arbeitspapier Nr. 85 des Seminars für Allgemeine Betriebswirtschaftslehre, Betriebswirtschaftliche Planung und Logistik der Universität zu Köln, Köln 1990

Domschke, W. (1989): Logistik: Transport, 3. Aufl., Wien 1989

Eicke v., H./Femerling, C. (1991): Modular Sourcing, München 1991

Eidenmüller, B. (1994): Die Produktion als Wettbewerbsfaktor, Herausforderungen an das Produktionsmanagement, 4. Aufl., Köln/Zürich 1994

Eisele, A. (2003): Citylogistik und Citymarketing in Nürnberg, Berlin 2003

Ellinger, Th./Wildemann, H. (1985): Planung und Steuerung der Produktion aus betriebswirtschaftlich-technologischer Sicht, 2. Aufl., München 1985

Eversheim, W./Schuh, G. (1996) (Hrsg.): Produktion und Management 'Betriebshütte' - Teil 1/2, Berlin 1996

Fox, R.E. (1983): OPT - An Answer for America, Part. V, Leapfrogging the Japanese, in: Inventories & Production Magazine 3(1983)2, March-April, o.S.

Frese, E. (1994): Profit Center, Motivation durch internen Marktdruck, HAB-Forschungsbericht 1994

Frese, E. (1995): Ersatzteilversorgung, München 1995

Frese, E. (1995): Grundlagen der Organisation, Wiesbaden 1995

Göpfert, I. (2000a): Logistik Führungskonzeption, Gegenstand, Aufgaben und Instrumente des Logistikmanagements und –controllings, München 2000

Göpfert, I. (2000b): Logistik der Zukunft, 2. Aufl., Wiesbaden 2000

Gudehus, T. (2000): Logistik, Grundlagen, Verfahren, Strategien, Berlin 2000

Günther, H.O./Tempelmeier, H. (1994): Produktion und Logistik, Berlin u.a. 1994

Gutenberg, E. (1983): Grundlagen der Betriebswirtschaftslehre: Die Produktion, Bd. 1, 24. Aufl., Berlin 1983

Hahn, D./Kaufmann, L. (Hrsg.) (2002): Handbuch Industrielles Beschaffungsmanagement, 2. Aufl., Wiesbaden 2002

Hall, R.W. (1983): Zero Inventories, Homewood, Illinois 1983

Hall, R.W. (1990): The rational consumer, Cambridge, Mass. u.a. 1990

Hall, R.W./Johnson, H.Th./Turney, P.B.B. (1991): Measuring Up: Charting Pathways to Manufacturing Excellence, Homewood, Illinois 1991

Harrington, H.J. (1991): Business Process Improvement, New York 1991

Hauke, P. (1984): Informationsverarbeitung und Informationsprozesse, München 1984

Hubmann, E.-E./Barth, M. (1990): Portfoliomethoden: das neue Strategiebewußtsein im Einkauf, in: Beschaffung aktuell, (1990)10, S. 26-32

Ihde, G.B. (1991): Transport, Verkehr, Logistik: gesamtwirtschaftliche Aspekte und einzelwirtschaftliche Handhabung, 2. Aufl., München 1991

Isermann, H. (1993): Transportplanung und Transportmodelle, in: HWB, 5. Aufl., Stuttgart 1993, Sp. 4204-4216

Jünemann, R. (1989): Materialfluß und Logistik, Systemtechnische Grundlagen mit Praxisbeispielen, Berlin et al. 1989

Jünemann, R. (1992): Umwelt, Logistik und Verkehr, Dortmund 1992

Jünemann, R. (1996): Logistikstrukturen im Wandel - Herausforderungen für das 21. Jahrhundert, Dortmund 1996

Karlöf, B./Östblom, S. (1994): Das Benchmarking Konzept: Wegweiser zur Spitzenleistung in Qualität und Produktivität, München 1994

Kern, W. (1980): Industrielle Produktionswirtschaft, 3. Aufl., Stuttgart 1980

Kirsch et al. (1973): Betriebswirtschaftliche Logistik: Systeme, Entscheidungen, Methoden, Wiesbaden 1973

Klaus, P. (2003): Die Top 100 der Logistik, 3. Aufl., Hamburg 2003

Klaus, P./Krieger, W. (2004) (Hrsg.): Gabler Lexikon Logistik, Management logistischer Netzwerke und Flüsse, 3. Aufl., Wiesbaden 2004

Kraljic, P. (1986): Gedanken zur Entwicklung einer zukunftsorientierten Beschaffung, in: G. Theuer, W. Schiebel, R. Schäfer, (Hrsg.): Beschaffung - Ein Schwerpunkt der Unternehmensführung, Landsberg/Lech 1986, S. 72-93

Kreikebaum, H. (1996): Grundlagen der Unternehmensethik, Stuttgart 1996

Kreikebaum, H. (1996): Umweltmanagement in Mittel- und osteuropäischen Unternehmen, Sternenfeld u.a. 1996

Kuhn, A. (1995): Geschäftsprozeßplanung und -optimierung, Dortmund 1995

Kuhn, A. (1995): Prozeßketten in der Logistik, Dortmund 1995

Küpper, H.-U./Helber, St. (1995): Ablauforganisation in Produktion und Logistik, 2. Aufl., Stuttgart 1995

Küpper, H.-U. (1997): Controlling, Stuttgart 1997

Luczak, H. (1995): Experte Mitarbeiter, Köln 1995

Luczak, H. (1997): Handbuch Arbeitswissenschaft, Stuttgart 1997

Magee, J.F./Copacino, W.C./Rosenfield, D.B. (1985): Modern Logistics Management: Integrating Marketing, Manufacturing, and Physical Distribution, New York u.a. 1985

Meffert, H. (1984): Logistik über Ländergrenzen, Teil I in: ZfL 5(1984)1, S. 25-27 und Teil II in: ZfL 5(1984)2, S. 53-55

Meffert, H. (1991): Marketing: Grundlagen der Absatzpolitik, 7. Aufl., Wiesbaden 1991

Meinig, W. (1991): Preisanalyse für Zulieferteile im Erstausstattungsgeschäft der Automobilindustrie, Bamberg 1991

Mertens, P. (1990): Wissensbasierte Systeme im Produktionsbereich, in: P. Mertens, H.-P. Wiendahl, H. Wildemann (Hrsg.): CIM-Komponenten zur Planung und Steuerung, 2. Aufl., München 1990, S. 172-186

Mertens, P. (1995): Organisation der Informationsverarbeitung, Wiesbaden 1995

Mertens, P. (1996): Electronic Shopping, München 1996

Monczka, R.M./Trent, R.J. (1991): Evolving Sourcing Strategies for the 1990s. In: International Journal of Physical Distribution & Logistics Management (1991)4, S. 4-12

Literaturverzeichnis

Nedeß, Ch. (1993): Produktion im Umbruch - Herausforderungen an das Management, St. Gallen 1993

Nedeß, Ch. (1995): Die neue Fabrik, Berlin u.a. 1995

Österle, H./Fleisch, E./Alt, R. (2002): Business Networking in der Praxis, Beispiele und Strategien zur Vernetzung mit Kunden und Lieferanten, Berlin 2002

Ohmae, K. (1986): Japanische Strategien, Hamburg u.a. 1986

Otto, A. (2003): Supply Chain Event Management: Three Perspectives, in: The International Journal of Logistics Management, vol. 14, 2003, issue 2, pp. 1-13

Pfohl, H.-Ch. (1972): Marketing-Logistik: Gestaltung, Steuerung und Kontrolle des Warenflusses im modernen Markt, Mainz 1972

Pfohl, H.-Ch. (1996): Logistiksysteme: Betriebswirtschaftliche Grundlagen, 5. Aufl., Berlin 1996

Pfohl, H.-Ch. (Hrsg.) (2000): Supply-Chain-Management – Logistik plus? Logistikkette, Marketingkette, Finanzkette, Berlin 2000

Pfohl, H.-Ch. (Hrsg.) (2001): Jahrhundert der Logistik, customer related, global, e-based, Berlin 2001

Picot, A./Dietl, H. (1990): Transaktionskostentheorie, in: WiSt (1990)4, S. 178-183

Picot, A./Reichwald, R./Wigand, R.T. (1996): Die grenzenlose Unternehmung: Information, Organisation und Management, Wiesbaden 1996

Poirier, Ch. C. (1999): Advanced Supply-Chain-Management, San Francisco 1999

Prockl, G. (2001): Supply-Chain-Management als Gestaltung überbetrieblicher Vesorgungsnetzwerke, Hamburg 2001

Richardson, J. (1993): Parallel Sourcing and Supplier Performance in the Japanese Automotive Industry, in: Strategic Management Journal (1993)14, S. 339-350

Sander, U./Brockmann, K.-H. (1995): Benchmarking mit "virtuellen Unternehmen" - Kontinuierliche Prozeßverbesserung, in: Logistik Heute, Januar/Februar 1995, S. 69

Schönsleben, P. (1998): Integrales Logistikmanagement, Planung und Steuerung von umfassenden Geschäftsprozessen

Schonberger, R.J. (1990): Building a Chain of Customers, New York, London 1990

Schreiber, G.A. (2004): Telemetrie und Telematik in der Logistik, Köln (Marienburg) 2004

Schröder, H.-H. (1989): Entwicklungsstand und -tendenzen bei PPS-Systemen, Köln 1989

Seifert, D. (2002): Collaborative Planning, Forecasting and Replenishment, Bonn 2002

Shapiro, R.D./Heskett, J.L. (1985): Logistics Strategy: Cases and Concepts, St. Paul 1985

Simon, H. (1988): Management strategischer Wettbewerbsvorteile, in: ZfB 58(1988)4, S. 461-480

Specht, G. (1988): Distributionsmanagement, R. Köhler (Hrsg.), Stuttgart 1988, S. 144-149

Spengler, T./Voss, S./Kopfer, H. (Hrsg.) (2004): Logistik Management, Prozesse, Systeme, Ausbildung, Heidelberg 2004

Stata, R. (1989): Organizational Learning - The Key to Management Innovation, in: Sloan Management Review, Spring 1989, S. 63-74

Steinfahrt, U. (2003): Karriere in der Logistik, München 2003

Striening, H.D. (1988): Prozeß-Management, Versuch eines integrierten Konzeptes situationsadäquater Gestaltung von Verwaltungsprozessen - darestellt am Beispiel in einem multinationalen Unternehmen - IBM Deutschland GmbH, Frankfurt a.M. 1988

Sullivan, L.P. (1986): Quality Fun ction Deployment, in: Quality Progress, June 1986, S. 39-50

Stölzle, W. (1999): Industrial Relationships, Oldenbourg 1999

Tietz, B. (1995): Efficient Consumer Response (ECR), in: WiSt (1995)10, S. 529-530

Vahrenkamp, R. (1998): Logistikmanagement, 3. Aufl., Oldenbourg 1998

Wallenburg, C.M. (2004): Kundenbindung in der Logistik, Bern 2004

Warnecke, H.-J. (1993): Modell der Fertigungssteuerung, Berlin u.a. 1993

Warnecke, H.-J. (1994): Produktionsstrategie für das 21. Jahrhundert - die fraktale Fabrik, Berlin u.a. 1994

Warnecke, H.-J. (1995): Weg zur rechnerintegrierten Produktion, Berlin 1995

Warnecke, H.-J. (1996): Die fraktale Fabrik, Hamburg 1996

Weber, J./Kummer, S. (1994): Logistikmanagement: Führungsaufgaben zur Umsetzung des Flußprinzips im Unternehmen, Stuttgart 1994

Literaturverzeichnis

Weber, J./Dehler, M. (2001): Der Einfluss der Logistik auf den Unternehmenserfolg, WHU-Forschungspapier Nr. 79, Vallendar 2001

Weber, J. et al. (2004): E-Commerce in der Logistik: Quantensprung oder business as usual, Bern 2004

Weele, A.J. van (1994): Purchasing Management - Analysis, Planning und Practice, London 1994

Wegner, U. (1993): Organisation der Logistik: Prozeß- und Strukturgestaltung mit neuer Informations- und Kommunikationstechnik, Berlin 1993

Weiber, R. (Hrsg.) (2002): Handbuch Electronic Business, 2. Aufl., Wiesbaden 2002

Westkämper, E. (1993): Make or buy & insourcing, München 1993

Westkämper, E. (1997): Leistungssteigerung - Kostenreduzierung - marktgerechte Produkte: mit hoher Qualität zu niedrigen Kosten produzieren, Essen 1997

Westkämper, E. (1997): Null-Fehler-Produktion in Prozeßketten, Berlin u.a. 1997

Wiendahl, H.-P. (1987): Belastungsorientierte Fertigungssteuerung, München 1987

Wiendahl, H.-P. (1989): Betriebsorganisation für Ingenieure, 3. Aufl., München/Wien 1989

Wildemann, H. (1993): Die deutsche Zulieferindustrie im europäischen Markt - ein Blick in die Zukunft, München 1993

Wildemann, H. (1995a): Das Just-In-Time Konzept, 4. Aufl., München 1995

Wildemann, H. (1995b): Kosten- und Leistungsrechnung für präventive Qualitätssicherungssysteme, München 1995

Wildemann, H. (1995c): Behältersysteme - Optimierung des Behälterkreislaufes zwischen Zulieferanten und Industrieunternehmen, München 1995

Wildemann, H. (1997): Produktivitätsmanagement, 2. Aufl., München 1997

Wildemann, H. (1997a): Trends in der Distributions- und Entsorgungslogistik, Ergebnisse einer Delphi-Studie, München 1997

Wildemann, H. (1997b): Fertigungsstrategien, 3. Aufl., München 1997

Wildemann, H. (1997c): Produktionscontrolling: Systemorientiertes Controlling schlanker Produktionsstrukturen, 3. Aufl., München 1997

Wildemann, H. (1997d): Einkaufspotentialanalyse und Europäische Keiretsu-Systeme, München 1997

Wildemann, H. (2003): Supply-Chain-Management, Effizienzsteigerung in der unternehmensübergreifenden Wertschöpfungskette, München 2003

Wildemann, H. (2004): Bewertung logistischer Leistungen und Kosten in der Supply Chain, München 2004

Wolters, H. (1995): Modul- und Systembeschaffung in der Automobilindustrie, Wiesbaden 1995

Womack, P./Jones, D.T./Roos, D. (1991): The Machine that changed the world. Campus, New York 1991

Zahn, E. (1990): Organisationsstrategie und Produktion, München 1990

Zahn, E. (1991): Wettbewerbsvorteile durch umweltschutzorientiertes Management, Stuttgart 1991

Zahn, E. (1992): Umweltorientiertes Management, Stuttgart 1992

Zahn, E. (1993): Fit machen für den Wettbewerb, Stuttgart 1993

Zahn, E. (1994): Technologiemanagement und Technologien für das Management, Stuttgart 1994

Zahn, E. (1996): Strategische Erneuerungen für den globalen Wettbewerb, Stuttgart 1996

Zairi, M./Leonard, P. (1994): Practical Benchmarking: The Complete Guide, London u.a.O. 1994

Zäpfel, G. (1982): Produktionswirtschaft, Berlin u.a. 1982

Zäpfel, G. (1989): Strategisches Produktions-Management, Berlin u.a. 1989

Zäpfel, G. (1989): Taktisches Produktions-Management, Berlin u.a. 1989

Zäpfel, G. (1996): Grundzüge des Produktions- und Logistikmanagement, Berlin u.a. 1996

Zimmermann, G. (1988): Produktionsplanung variantenreicher Erzeugnisse mit EDV, Berlin et al. 1988

Zink, K.J. (1994): Qualität als Führungsaufgabe, München 1994

Zink, K.J. (1997): Qualitätswissen, Berlin u.a. 1997

Stichwortverzeichnis

Seite

A

ABC-Analyse	41
Abfallbörse	253
Abholsystematik	72
Absatzplanung	194
Alleinstellungsmerkmale	3
Anbahnungskosten	428
Anforderungsprofil	108
Anlagevermögen	22
Anlieferung	60, 67, 72
Anpassungskosten	429
Arbeitsgangterminierung	43
Arbeitsteilung	421
Arbeitsverteilung	43
Auditierung	104, 106, 111
Aufbau- und Ablauforganisation	416
Aufbereiter- und Verwerterbetrieb	256
Aufbereiterbetrieb	261
Aufbereitung	259, 260, 262
Aufbereitungs-, Verwendungs- und Verwertungsquote	276
Aufbereitungssystem	259
Aufgabenanalyse	421
Aufgabensynthese	417, 419, 423
Auftragsabwicklung	36, 136, 167, 195, 254, 436
Auftragsfortschritt	43
Auftragsübermittlung	196
Auftragsüberwachung	37
Auftragsveranlassung	37
Auftragszentrum	182
Außenvergabe	109

B

Bearbeitungs-, Transport- und Liegezeit	368
Bedarfsmeldung	194
Bedarfsprognose	360
Behälterfunktion	265

Stichwortverzeichnis

Seite

Behälterkosten ... 272
Behälterkreislauf ... 271
Behälterkreislaufsystem ... 269
Behälterlebenszyklus ... 266
Behälter-Poolstruktur ... 248
Behälterstandardisierung ... 262
Behältersysteme ... 262, 263, 269, 271, 272, 448
Behältervielfalt ... 262
Belegungsplanung ... 151
Benchmarking ... 243
Bereitstellzeit ... 46
Beschaffungsstrategie ... 81
Beseitigung ... 247
Bestände ... 138
Bestandshöhe ... 14
Bestandssenkung ... 154, 280
Bestellabwicklung ... 78
Bestellbestand ... 41
Bring- und Hol-System ... 251
Bring-Pflicht ... 132
Bring-System ... 259

C

Category Management ... 227, 228, 233
Category manager ... 235
CIM ... 21
Continuous Replenishment-Programme ... 231
Cost-Center ... 130
Cost-Center-Prinzip ... 131
Cross Docking ... 231

D

Datenaustausch ... 79
DFÜ ... 78
Dienstleistung ... 2
Direkt-, Stern- oder Ringverkehr ... 251
Direktanlieferung ... 61
Disposition ... 36, 114, 194

Stichwortverzeichnis

	Seite
Distributionslogistik	45
Distributionslogistikprozeß	193
Distributionssystem	256
Distributionstechnologie	190
Durchlaufterminierung	42, 151
Durchlaufzeit	24, 138
Durchlaufzeitenreduzierung	280
Durchlaufzeitverkürzung	154

E

EDI	78, 232
EDIFACT	79, 113
Efficient Consumer Response	221
Eigenfertigung	439
Eingangsmuster	407
Einkaufskooperation	95, 98
Ein-Quellen-Belieferung	89
Einwegsystem	272
Einzelbeschaffung	34, 59
Electronic Data Interchange	227
Engpaß-Kaufteile	96
Engpaßsteuerung	146
Engpaßsteuerung (OPT)	139
Entropiegesetz	31
Entscheidungsbaumverfahren	217
Entsorgung	244, 247, 249
Entsorgungsbeschaffenheit	247
Entsorgungsflexibilität	247, 278
Entsorgungsgenauigkeit	278
Entsorgungskosten	244
Entsorgungslogistik	50, 244, 245, 247
Entsorgungslogistikkosten	245
Entsorgungslogistikstrategie	247
Entsorgungsplanungs- und -steuerungssystem	253
Entsorgungsprozeß	256
Entsorgungsservice	247, 248
Entsorgungsservicestrategie	278
Entsorgungszeit	247, 278

Stichwortverzeichnis

Seite

Entsorgungszuverlässigkeit 247, 278
Entstörleitstand 162, 437
Entstörmanagement 150, 153, 155, 437
Entstörstrategie 161
Enumeration 217
Erfolgsfaktor 242, 243
Erfolgsfaktorenanalyse 242
Ergebnisqualität 13
Eröffnungsverfahren 216
Expertensystem 151

F

Fabrikstruktur 127, 125
Fehllieferungs- und Verzugsquote 242, 238
Fehlmenge 238
Fehlmengenkosten 47
Feinterminierung 43
Fertigungsauftragsfreigabe 43
Fertigungssegmentierung 20, 24
Fertigungssteuerung 36
Fertigungstiefe 439
Flexibilität 33
Flexibilitätsvorgabe 104
Fließfertigung 35
Fließprinzip 17
Flußoptimierung 7, 18, 133
FMEA 120
Fortschrittszahl 143
Fortschrittszahlensystem 139
Fremdbezug 439

G

Gebietsspediteur 70, 71, 72
Gebietsspediteurkonzept 211
Gesamtkostenkonzept 17
Geschäftsprozeß 6, 7
Gestaltungsmerkmal 16
Gestaltungsprinzip 132, 174

453

Stichwortverzeichnis

Seite

Global Sourcing 98
Grobplanung 36, 37
Güterbereitstellung 46
Güterverkehrszentrum 70, 71, 72, 211

H
Handling- und Manipulationsfunktion 265
Hitchcock-Problem 215
Hol-Pflicht 132, 133
Holprinzip 149

I
Imitationsstrategie 417
Informationsasymmetrie 119
Informationsflußgestaltung 73
Informationsfunktion 265
Informationsmängel 113
Innovationsperspektive 127
Insourcing 438
Instanz 419
Institutionalisierung 415
Integrationsfunktion 265
Internationalisierungsstrategie 190
Inter-Shop-Vergleich 47
Intra-Shop-Vergleich 48
Ishikawa-Diagramm 120

J
Just-In-Time 2
Just-In-Time- 21
Just-In-Time-Konzepten 21

K
KANBAN 133, 139, 149
Kapazitätsauslastung 138
Kapazitätsbedarfsrechnung 42, 141
Kapazitätsquerschnitt 20, 132
Kapazitätsterminierung (Kapazitätsabgleich) 42

Stichwortverzeichnis

Seite

Kapitalbindungs- und Liquiditätserhaltung 34
Kapitalbindungskosten 9
Kaufteile-Portfolio 81
Kern-Kaufteil 93
Kernkompetenz 1, 218, 427, 439
Kommissionierung 201
Komplettbearbeitung 134
Komplexitätsbeherrschung 154
Komplexitätsfalle 124
Komplexitätskosten 8
Komplexitätsreduzierung 419
Komplexitätsverringerung 154
Konditionensystem 233
Konsignationslager 67
Konsumgütern 46
Konsumtion 4
Konsumtionsrückstände 2
Kontrollblöcke 144
Kontrollkosten 429
Kontrollspanne 423
Kontrollspanne 421
Kooperation 254
Kooperationsgrad 117
Koordination 419
Kosten der Abweichung 117
Kosten der Übereinstimmung 118
Kosten- und Ergebnisverantwortung 130
Kostenführerschaft 129
Kreisläufe 255
Kreislaufoptimierung 29
Kreislaufwirtschaft 50, 52, 244
Kundenauftragsbearbeitung 171
Kunden-Lieferanten-Beziehungen 3, 125
Kundenorientierung 2, 27, 409, 411, 431
Kundenzufriedenheit 435

L
Lagerauslastungsgrad 239

Stichwortverzeichnis

Seite

Lagerbestandshöhe 240
Lagerhaltung 196
Lagerstufe 67, 363
Lagerstufenkonzept 63
Lebenszyklus 425
Lebenszykluskonzept 266
Leistungs-Center 135, 137
Leistungskomponente 2
Lieferabrufe 67, 77, 78
Lieferantenauditierung 93
Lieferantenbewertung 104
Lieferbereitschaft 33
Lieferbereitschaftsgrad 237
Lieferflexibilität 239, 389
Lieferqualität 2
Lieferservice 46, 47, 48, 212
Lieferservicegrad 28, 286, 431
Lieferzeit 61, 138
Lieferzeitpunkt 2
Logistik 4, 6, 417, 421, 427
Logistikabteilung 417
Logistikaufgabe 427
Logistikbilanz 10
Logistikdienstleister 71, 72, 78
Logistikdienstleistung 440
Logistikkette 1, 2, 7, 8
Logistikkonzept 1
Logistikkosten 1, 2, 10
Logistikleistung 12, 276, 435, 436
Logistikorganisation 415, 416, 417, 419, 424, 425
Logistik-Pooling 230
Logistikstrategie 419
Logistikverständnis 4
Logistische (Spitzen-)Leistung 3

M

Managementkonzept 3
Massen-, Sorten-, Serien- und Einzelfertigung 36

Stichwortverzeichnis

Seite

Material- und Informationslogistik 7
Materialbedarfsplanung 39
Materialflußdurchdringungsgrad 268, 269
Materialfluß 67
Materials Requirement Planning 141
Materialversorgungssystem 71
Matrix-Organisation 423
Mehrwegsystem 270, 272, 273
Mengenplanung 37, 39
Mitarbeiterperspektive 127
Modullieferant 91
Montageeinheit 70
MRP-System 139
Mustererkennung 413

N
Nachkaufleistung 248
Nachkaufmarketing 247
Nettobedarfsermittlung 41
Netzwerke 255, 259

O
Objektivität 283
Operationalisierung 283
Optimierungsverfahren 216
Optimized Production Technology 146
Organisationseinheiten 415, 416
Organisationsform 424
Outsourcing 438

P
Parallel Sourcing 89
Partnering 222
Partnerschaftsformen 119
Planungsflexibilisierung 151
Point of Sales 226
Prävention 103, 108, 118
Primärbedarf 38, 39

Stichwortverzeichnis

Seite

Primärbedarfsplanung 37
Primärorganisation 423, 424, 437
Produkthaftung 103
Produktion 4
Produktions-, Distributions- und Konsumtionsprozeß 245
Produktionscontrolling 164
Produktionsplanung und -steuerung 437
Produktionsprogramm 124
Produktionsprogrammplanung 37, 38
Produktionsspezialist 108
Produktionsstruktur 431
Produktlebenszyklen 124
Produktorientierung 132
Produktqualität 2
Produktverantwortung 50
Profit-Center 131, 426
Prozeß- und Zeiteffizienz 7
Prozeßbenchmarking 284
Prozeß 4
Prozeßelement 2
Prozeß-FMEA 105
Prozeßkette 3
Prozeßkostendaten 162
Prozeßorientierung 130
Prozeßsicherheit 159

Q
Qualität 33
Qualitätsmerkmal 112
Qualitätsperspektive 127
Qualitätssicherungsfunktion 263
Qualitätssicherungsmethode 105

R
Rahmenauftrag 77
Rahmenvereinbarung 77
Redistribution 51, 247, 256, 257, 259, 261
Redistributionskanal 257

Stichwortverzeichnis

Seite

Redistributionslogistik 256
Redistributionssystem 257, 258
Regelkreise 149
Regelungs- und Entstörkompetenz 160
Reichweite 238
Reihenfolgeplanung 152
Reservierung 41
Ressourcenverfügbarkeit 11
Reverse Engineering 126, 285, 432, 433
Ringspediteur 70
Rückstand 244
Rückstandsbehandlung 247
Rückstandsmittlern 247
Rückstandsquelle 255
Rückstandssenke 255
Rückstandstransformation 250

S
Sammelladung 70, 72
Sammelprinzip 253
Schutzfunktion 263
Scoring-Modell 105
Segmentierungsstrategie 188
Sekundärbedarf 39
Sekundärinstanz 425
Sekundärorganisation 423, 424, 425
Selbstkontrolle 134
Selektions- und Differenzierungsstrategie. 189
Serienfertigung 37
Service-Center 137, 427
Servicefunktion 251
Servicegrad 14
Sicherheitsbestand 198
Simulationsprogramm 151
Simultaneous Engineering 93
Sortierquote 276
Spediteur 68
Speditionslager 67

459

Stichwortverzeichnis

Seite

Spezialisierung 419
Stabilisierungsstrategie. 189
Stabsstelle 427
Standardisierung 20
Standard-Kaufteil 97
Stellenbildung 417
Steuerungskonzept 20, 139
Störanfälligkeit 159
Störung 155
Störungswahrscheinlichkeit 159
Strategiebezug 283
Stücklistenauflösung 39
Supply Chain Management 227, 230
Systementropie 31
Systemlieferant 91, 234

T

Tätigkeitsanalyse 417
Teamorientierung. 135
Technologie- und Ressourcenorientierung 431
Termin- und Kapazitätsplanung 37
Termintreue 138
Totalkostenkonzept 16
Tourenplanung 217
Transaktionskosten 416, 428, 430
Transaktionskostenansatz 115
Transaktionskostentheorie 428
Transport 202
Transportoptimierungsmodell 215
Transshipmentkonzept 211
Trichtermodell 145

U

Umlaufvermögen 9, 22
Umplanungshäufigkeit 164
Umwelt- und Entsorgungskosten 1
Umweltinformationssystem 253
Umweltschutzfunktion 265

Stichwortverzeichnis

Seite

Untersuchungs- und Rügepflicht 102

V

Vereinbarungskosten 429
Verfügbarkeitsdimension 13
Verfügbarkeitsprüfung 43
Vermeidungs- und Verringerungsgebot 247
Vermeidungsstrategie 262
Verpackung 201
Verpackungskosten 275
Verpackungsplanung 274
Verpackungsverordnung 262, 265, 271
Versand 202
Versorgung 61, 72
Versorgungs- und Bereitstellprinzip 34
Vertragslager 67
Verwendung 247
Verwendungs- und die Verwertungsquote 277
Verwerterbetrieb 261
Verwertung 247, 261
Vorlaufverschiebung 41
Vorratsbeschaffung 60
Vorratshaltung 35

W

Wareneingangskontrolle 101
Werkstattfertigung 35
Werkstattprinzip 132
Wertschöpfungskette 7, 15
Wertschöpfungsperspektive 126
Wettbewerbsanalyse 243
Wettbewerbsorientierung 29
Wiederbeschaffungszeit 24, 198
Wiedereinsatz 261, 262
Wiedereinsatzsystem 261
Wirtschaftlichkeit 33

Stichwortverzeichnis

Seite

Z
Zeitfalle 434
Zentralisierung 424
Zentralisierungsgrad 421, 423
Zentrallager 230
Zentralorganisation 423
Zielausrichtung 280
Zielkostenkonzept 433

Der Autor

Univ.-Prof. Dr. Dr. h. c. mult. Horst Wildemann studierte in Aachen und Köln Maschinenbau (Dipl.-Ing.) und Betriebswirtschaftslehre (Dipl.-Kfm.). Nach einer mehrjährigen praktischen Tätigkeit als Ingenieur in der Automobilindustrie promovierte er 1974 zum Dr. rer. pol., Auslandsaufenthalte am Internationalen Management Institut in Brüssel und an amerikanischen Universitäten schlossen sich an. 1980 habilitierte er sich (Dr. habil.) an der Universität zu Köln. Seit 1980 lehrte er als ordentlicher Professor für Betriebswirtschaftslehre an den Universitäten Bayreuth, Passau und seit 1988 ist er an der Technischen Universität München. Er hat Rufe an die Universitäten Stuttgart Hohenheim, Dortmund, Freie und Technische Universität Berlin, Hochschule St. Gallen und an die amerikanischen Universitäten University of Southern California und University of Indianapolis erhalten.

Neben seiner Lehrtätigkeit steht Wildemann einem Beratungsinstitut mit über 60 Mitarbeitern für Unternehmensplanung und Logistik vor. In 30 Büchern und über 700 Aufsätzen, die in engem Kontakt mit der Praxis entstanden sind, hat er neue Wege für die wirtschaftliche Gestaltung eines Unternehmens mit Zukunft aufgezeigt. Für führende Industrieunternehmen ist er als Berater, Aufsichts- und Beiratsmitglied tätig.

Wildemann wurde für über ein Jahrzehnt von seinen Kollegen zum Vorsitzenden der Produktionswirtschaft im Hochschullehrer-Verband gewählt. Bei der Forschungsinstitution AiF hatte er über vier Jahre den Vorsitz in der Gutachtergruppe inne und er ist weiterhin Mitglied im Wissenschaftlichen Rat der AiF. Bei der DFG und bei Stiftungen ist er als Gutachter tätig. Seine richtungsweisenden Empfehlungen finden eine breite Wertschätzung.

Seit 1989 veranstaltet er das Münchner Management Kolloquium, auf dem führende Vertreter aus Praxis und Politik Themen von hoher wirtschaftlicher Bedeutung diskutieren. Das jährlich stattfindende Kolloquium ist in Deutschland einmalig und verfügt in der Praxis und Wissenschaft über ein ausgezeichnetes Renommee.

Seit 1992 ist Wildemann Vorsitzender des Gutachtergremiums zum Bayerischen Qualitätspreis, den er gegründet und mitgestaltet hat. Mit

Der Autor

Umsicht und Energie hat er diesen in der Bundesrepublik einmaligen Preis ständig weiterentwickelt. So wird der Preis nicht nur an Industrie- und Handwerksbetriebe, sondern auch an Dienstleistungs- und Handelsunternehmen und an wirtschaftsfreundliche Gemeinden und Städte verliehen. Der Bayerische Qualitätspreis ist ein Markenzeichen für die bayerische Wirtschaft geworden.

Wildemann ist verheiratet und hat zwei erwachsene Töchter. In seiner Freizeit liest er viel und ist ein begeisterter Musikliebhaber und Kunstsammler. Er engagiert sich für die Seemannsmission. Seine Neugierde bewegt ihn ständig, Neues auf seinen internationalen Reisen aufzuspüren und sich damit intensiv auseinanderzusetzen.

Ihm wurde die Staatsmedaille des Freistaates Bayern (1998), das Bundesverdienstkreuz 1. Klasse der Bundesrepublik Deutschland (2001) und die Ehrendoktorwürde der Universitäten Klagenfurt (2003) und Passau (2004) verliehen. 2004 wurde er für seine außerordentlichen Forschungsergebnisse und deren Umsetzung in die Praxis in die Logistik Hall of Fame gewählt. 2006 erhielt er den Bayerischen Verdienstorden.

TCW Fachverlag für Management-Wissen

Leitfäden & Checklisten

1 Advanced Purchasing

Leitfaden zur Einbindung der Beschaffungsmärkte in den Produktentwicklungsprozess

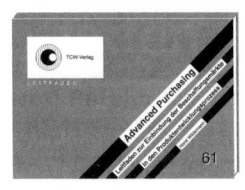

Horst Wildemann
Leitfaden
Advanced Purchasing
9. Auflage
München 2009
ISBN 978-3-934155-38-1
EUR 250,-
zzgl. Versandkosten

Aus dem Inhalt:
- Potenzialquellen der Beschaffung
- Leistungstiefenbestimmung in der Produktentstehung
- Methodenunterstützung für Einkäufer
- Zeitpunkt der Lieferanteneinbindung
- Einkäufer-Qualifikationsprofil und Schulungsinhalte
- Verbesserung der Prozessgestaltung
- Kostenreduzierung durch Advanced Purchasing

2 Änderungsmanagement

Leitfaden zur Einführung eines effizienten Managements technischer Änderungen

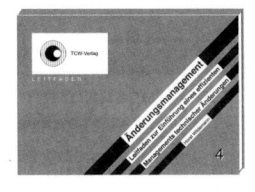

Horst Wildemann
Leitfaden
Änderungsmanagement
17. Auflage
München 2009
ISBN 978-3-929918-16-8
EUR 250,-
zzgl. Versandkosten

Aus dem Inhalt:
- Methoden der Vorverlagerung und effizienten Abwicklung von Änderungen
- Organisation von Struktur und Ablauf im Änderungsmanagement
- Controlling der Zeit- und Kostenparameter zur Planung und Kontrolle von Änderungen
- Werkzeuge zur DV-Unterstützung im Änderungsmanagement

Die zunehmende Produktkomplexität und der steigende Wettbewerbs- und Kostendruck führen in vielen Unternehmen zu einer Korrektur der Leistungstiefe. Damit kommen auf den Einkauf neben einem steigenden Anteil der Beschaffungskosten neue Aufgaben im Rahmen der Produktentstehung zu. Technologische Komplexität, Variantenvielfalt und Standardisierungsdruck verlangen vom Einkäufer eine fundierte Beurteilungs- und Entscheidungskompetenz.

Der vorliegende Leitfaden beschreibt die Leitlinien, Gestaltungsparameter sowie Konzepte und Instrumente im Themenfeld des Advanced Purchasing. Anhand von Fallstudien wird die Vorgehensweise zur Umsetzung von Advanced-Purchasing im Unternehmen vorgestellt.

Die Erreichung des gewünschten Nutzens technischer Änderungen bei gleichzeitiger Minimierung des Änderungsaufwandes durch systematische und praktische Vorgehensweise ist Inhalt dieses Leitfadens. Ausgehend von der Problematik des Managements technischer Änderungen werden die Prinzipien Prävention, Selektion und Effizienz abgeleitet. Die Prinzipien verfolgen das Ziel, Lernprozesse zu beschleunigen und Störungen durch technische Änderungen zu vermeiden.

Der Leitfaden ist zur Schulung und für das Selbststudium geeignet.

TCW Fachverlag für Management-Wissen

Leitfäden & Checklisten

3 Anlaufmanagement

Leitfaden zur Optimierung der Anlaufphase von Produkten, Anlagen und Dienstleistungen

Horst Wildemann
Leitfaden
Anlaufmanagement
8. Auflage
München 2009
ISBN 978-3-934155-52-7
EUR 250,-
zzgl. Versandkosten

Aus dem Inhalt:
- Anlaufmanagement für Produkte, Anlagen und Dienstleistungen
- Ramp-up-Strategien
- Ramp-up-Planung und -Kontrolle
- Mitarbeiterqualifizierung im Anlauf
- Checklisten zur Selbsthilfe
- Referenzprozessabläufe

4 Asset Management

Asset Management und Working Capital Controlling – Leitfaden zur Wertsteigerung von Unternehmen

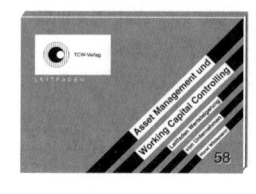

Horst Wildemann
Leitfaden
Asset Management und Working Capital Controlling
10. Auflage
München 2009
ISBN 978-3-931511-99-9
EUR 250,-
zzgl. Versandkosten

Aus dem Inhalt:
- Das Konzept des Asset Management und Working Capital Controlling
- Typische Defizite der Unternehmen
- Leitlinien und Analyseinstrumente zur Diagnose
- Gestaltungsfelder der Optimierung
- Instrumente zur Umsetzung
- Betriebswirtschaftliche Wirkungen
- Einführungsstrategien
- Checklisten

Steigende Kundenanforderungen, Wettbewerbsdruck und die Dynamik technischer Entwicklungen haben zu einer Erhöhung der Angebots- und Variantenvielfalt geführt. Bei zunehmender Anzahl von Produktentwicklungen spielt zur Realisierung einer kurzen Time-to-Market der prozesssichere Übergang von der Entwicklung in die Serie eine wichtige Rolle. Zentrale Aufgabe im Anlauf ist die Beherrschung der technologischen, prozessualen und organisatorischen Komplexität. Der vorliegende Leitfaden setzt genau an diesen Punkten an und liefert dem Leser einen umfassenden Einblick in die Problematik des Anlaufmanagements und leistet durch die Darlegung einer Vorgehensweise zur Einführung sowie von Fallstudien Hilfe zur Selbsthilfe.

Voraussetzungen für ein erfolgreiches Wirtschaften sind die nachhaltige Sicherung der Wettbewerbsfähigkeit des Unternehmens und die Steigerung des Unternehmenswertes. Neben der Schaffung zusätzlichen Umsatzes spielt hier die effiziente Nutzung des betrieblichen Vermögens eine wesentliche Rolle. Asset Management und Working Capital Controlling sind Konzepte, die der Erschließung von Rationalisierungspotenzialen im betrieblichen Vermögen dienen. In diesem Leitfaden werden Instrumente vorgestellt, die zur Analyse der Beziehungen zwischen liquiden Mitteln, Beständen, Forderungen und Anlagevermögen dienen sowie zur Ableitung von Optimierungsansätzen eingesetzt werden können.

TCW Fachverlag für Management-Wissen

Leitfäden & Checklisten

5 Auftragsabwicklungsprozess

Leitfaden für eine kundenorientierte Neuausrichtung und Kundenbindung

Horst Wildemann
Leitfaden
Auftragsabwicklungsprozess
15. Auflage
München 2009
ISBN 978-3-929918-86-1
EUR 250,-
zzgl. Versandkosten

Aus dem Inhalt:
- Ziele von Auftragsabwicklungszentren
- Vorgehensweise zur Einführung
- Analysemethoden
- Analyseformblätter
- Checklisten
- Fallstudien

Der Leitfaden enthält Konzepte für eine Vereinfachung und kundenorientierte Neugestaltung der Auftragsabwicklungsprozesse. Systematisch werden die in den indirekten Bereichen verborgenen Produktivitätsreserven erschlossen. Gerade Einzel- und Kleinserienfertigung sind durch hohe Variantenvielfalt und kundenspezifische Entwicklungen immer komplexer geworden. Der Leitfaden enthält systematisierte Vorgehensweisen zur Planung und Einführung von Auftragsabwicklungszentren in Unternehmen. Fallstudien, bewährte Analysemethoden und -formblätter helfen dem Praktiker bei der Einführung. Der Leitfaden eignet sich zur Schulung und zum Selbststudium.

6 Bestände-Halbe

Leitfaden zur Senkung und Optimierung des Umlaufvermögens

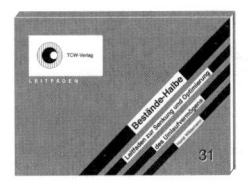

Horst Wildemann
Leitfaden
Bestände-Halbe
13. Auflage
München 2009
ISBN 978-3-931511-04-3
EUR 250,-
zzgl. Versandkosten

Aus dem Inhalt:
- Komplexitätsreduzierung
- Fertigungssegmentierung
- Dispositionssysteme und Kanban
- Bevorratungsstrategien
- Partnerschaften mit Lieferanten
- Fertigungstiefenoptimierung
- Visualisierung
- Bestandstransparenz und -controlling
- Materialflussoptimierung

Dieser Leitfaden befasst sich mit beständetreibenden Einflussgrößen sowie der Entwicklung strategischer Gestaltungsfelder und operationalisierter Stellhebel zur Reduzierung des bestandsbedingten Umlaufvermögens. Betrachtet werden die Einflussmöglichkeiten, die aus der Produkt- und Sortimentsstruktur, aus flussorientierten Fabrikstrukturen und logistikorientierten Beschaffungsstrukturen wie auch aus einem differenzierten Logistikmanagement resultieren. Der Leitfaden eignet sich zur Schulung und zum Selbststudium.

TCW Fachverlag für Management-Wissen

Leitfäden & Checklisten

7 Betreibermodelle

Leitfaden zur Berechnung, Konzeption und Einführung von Betreibermodellen und Pay-on-Production-Konzepten

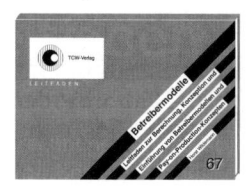

Horst Wildemann
Leitfaden
Betreibermodelle
8. Auflage
München 2009
ISBN 978-3-934155-43-5
EUR 250,-
zzgl. Versandkosten

Aus dem Inhalt:
- Kosten- und Leistungspotenziale
- Risikopotenziale
- Strategische Entscheidung
- Partnerselektion
- Modellberechnung
- Konfiguration
- Optimierungsstrategien

Zur Ausgestaltung effizienter maschinen- und anlagentechnischer Unternehmensinfrastrukturen erweisen sich Betreibermodelle vermehrt als praktisches Instrument zur Verbesserung von Effizienz, Kosten und Verfügbarkeit. Der Leitfaden basiert auf den in Industrieprojekten bei der Planung, Berechnung und Umsetzung gewonnenen Erkenntnissen sowie auf der Auswertung diverser nationaler und internationaler Fallstudien. Der Leitfaden zeigt, wie Kosten-, Leistungs-, und Risikopotenziale identifiziert werden können, um darauf aufbauend die Partnerauswahl und Ausgestaltung des Betreiberkonzepts vorzunehmen.

8 Distributionslogistik

Leitfaden zur Erzeugung von exzellenten Logistikleistungen am Point of Sales

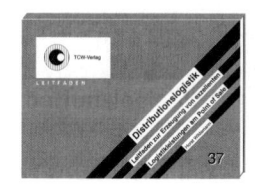

Horst Wildemann
Leitfaden
Distributionslogistik
13. Auflage
München 2009
ISBN 978-3-931511-09-8
EUR 250,-
zzgl. Versandkosten

Aus dem Inhalt:
- Ausgangssituation
- Produktionsunternehmen
- Handelsunternehmen
- Logistikstrategien
- Logistikprozesse
- Distributionsstruktur
- Güterverkehrslogistik-Konzepte
- Efficient Consumer Response
- Logistiktiefe

Der Leitfaden enthält ein methodisch und praktisch erprobtes Konzept zur Erzeugung exzellenter Logistikleistungen am Point of Sales. Neben den nach wie vor wichtigen Kostenwirkungen kommt der Leistungskomponente der Distributionslogistik eine wachsende Bedeutung zu. Aufbauend auf diesem Ergebnis und weiteren empirisch belegten Trends werden Wettbewerbsstrategien, logistische Prozesse, Distributionsstrukturen, das Outsourcing logistischer Prozesse und neuartige Konzepte wie Efficient Consumer Response theoretisch fundiert analysiert und bewertet. Zahlreiche Praxisbeispiele tragen zum Verständnis bei. Robuste Methoden unterstützen die Implementierung.

TCW Fachverlag für Management-Wissen

Leitfäden & Checklisten

9 Durchlaufzeit-Halbe

Leitfaden zur Zeitreduzierung in Wertschöpfungs- und Geschäftsprozessen

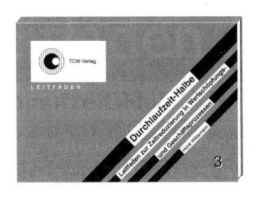

Horst Wildemann
Leitfaden
Durchlaufzeit-Halbe
17. Auflage
München 2009
ISBN 978-3-929918-15-1
EUR 250,-
zzgl. Versandkosten

Aus dem Inhalt:
- Crossfunktionale Teams
- Entstörmanagement
- Prozessmanagement
- Controlling
- Standardisierung
- Qualitätsmanagement
- Partnerschaftliche Zusammenarbeit mit Lieferanten

Die Steigerung der Zeiteffizienz in Unternehmen ist Ziel dieses Leitfadens, da Geschwindigkeit über Erfolg oder Misserfolg von Unternehmen entscheidet. Es werden die Strategien der Zeitverkürzung, der intensiven Nutzung der Zeit und der Zeit als Waffe im Wettbewerb vorgestellt. Aufbauend auf einer Geschäftsprozessbetrachtung werden spezifische Handlungsempfehlungen zur Umsetzung der Zeitstrategie im Auftragsabwicklungs-, Entwicklungs-, Beschaffungs-, Produktions- und Distributionsprozess sowie ein Bausteinkonzept im Sinne einer Hilfe zur Selbsthilfe aufgezeigt. Der Leitfaden ist zur Schulung und für das Selbststudium konzipiert.

10 Efficient Consumer Response

Leitfaden zur konsumentengerechten Neugestaltung von Distributionskanälen und Warengruppen

Horst Wildemann
Leitfaden
Efficient Consumer Response
11. Auflage
München 2009
ISBN 978-3-931511-20-3
EUR 250,-
zzgl. Versandkosten

Aus dem Inhalt:
- Entwicklung und Ausgangssituation
- Ziele und Strategien
- Redesign von Geschäftsprozessen
- Versorgungsmanagement
- Nachfragemanagement
- Informationsmanagement
- Vorgehensweise zur Einführung
- Fallstudien

Der Leitfaden stellt ein in zahlreichen Unternehmen erfolgreich umgesetztes ganzheitliches Konzept zur unternehmensübergreifenden Optimierung der Wertschöpfungskette vom Zulieferer über Hersteller und Handel bis zum Konsumenten dar. Das nach wie vor wichtige logistische Leistungsvermögen wird mit Aspekten des strategischen Marketings verknüpft und eröffnet potenziellen Anwendern durch eine deutliche Erhöhung des Kundennutzens wesentliche Wettbewerbsvorteile. Aufbauend auf dem Logistikkonzept Just-in-Time wird unter den Leitlinien „ganzheitliche Betrachtung des Distributionskanals", „Kundenorientierung", „Kooperation" und „Informationstranspaenz" ein umfassendes Bausteinkonzept vorgestellt.

TCW Fachverlag für Management-Wissen

Leitfäden & Checklisten

11 Einkaufscontrolling

Leitfaden zur Messung von Einkaufserfolgen

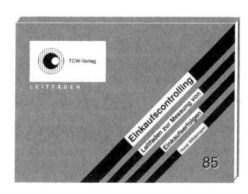

Horst Wildemann
Leitfaden
Einkaufscontrolling
6. Auflage
München 2009
ISBN 978-3-934155-25-1
EUR 250,-
zzgl. Versandkosten

Aus dem Inhalt:
- Trends und Defizite des Einkaufscontrollings in der Praxis
- Grundkonzeption des Einkaufscontrollings
- Leitlinien zur Ausgestaltung des Einkaufscontrollings
- Instrumente und Methoden des Einkaufscontrollings
- Konzeption zur Erfolgsmessung im Einkauf
- Balanced Scorecard im Einkauf
- Fallstudien

Die erfolgreiche wirtschaftliche Entwicklung eines Unternehmens hängt in hohem Maße von qualifizierten und richtigen Entscheidungen im Einkauf ab. Die Entscheidungssituation wird dabei immer komplexer bei zumindest unverändertem Kostendruck. Vor diesem Hintergrund findet das Thema des strategischen Beschaffungsmanagements Beachtung selbst auf Vorstandsebene.
Diesem hohen Interesse an Einkaufserfolgen steht in den meisten Unternehmen jedoch kein entsprechend fundiertes Reporting- und Controllingsystem entgegen.
In diesem Leitfaden werden klassische und moderne Instrumente des Beschaffungscontrollings diskutiert und auf ihre Anwendbarkeit zur Erfolgsmessung geprüft.

12 Einkaufspotenzialanalyse

Leitfaden zur Kostensenkung und Gestaltung der Abnehmer-Lieferanten-Beziehung

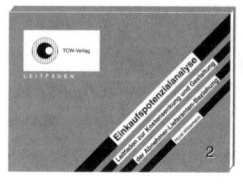

Horst Wildemann
Leitfaden
Einkaufspotenzialanalyse
16. Auflage
München 2009
ISBN 978-3-929918-14-4
EUR 250,-
zzgl. Versandkosten

Aus dem Inhalt:
- Partnerschaftliche Zusammenarbeit
- Simultaneous Engineering
- Produktionssynchrone Beschaffung
- Lieferantenbewertung, -entwicklung und -auditierung
- Wertanalyse/FMEA/QFD
- Single-/Modular-/Global-Sourcing
- Verbundbeschaffung
- Einkaufsorganisation
- Checklisten- und Kennzahlensysteme

Dieser Leitfaden bietet eine methodisch und praktisch erprobte Unterstützung zur Erschließung von Einkaufspotenzialen bei Zukaufteilen, die 50-60% des Umsatzes ausmachen. Bei der Erschließung von Einsparpotenzialen ist es wichtig, die Beschaffungsinstrumente den spezifischen Produkt- und Lieferantenmerkmalen anzupassen.
Aufbauend auf den Ergebnissen von Portfolio- und Benchmark-Analysen werden geeignete Beschaffungsstrategien festgelegt. Zur Umsetzung dieser strategischen Vorgaben wird ein umfassendes Bausteinkonzept dargestellt. Der Leitfaden ist zur Schulung und für das Selbststudium konzipiert.

TCW Fachverlag für Management-Wissen

Leitfäden & Checklisten

13 Einkauf von Dienstleistungen

Leitfaden zur effizienten Beschaffung von Dienstleistungen

Horst Wildemann
Leitfaden
Einkauf von Dienstleistungen
3 Auflage
München 2009
ISBN 978-3-937236-58-2
EUR 250,-
zzgl. Versandkosten

Aus dem Inhalt:
- Leistungssteigerung im Einkauf
- Leistungs- und Lieferantenbewertung des Dienstleistungsentwurfs
- Einkaufsprozess für Dienstleistungen
- Materialprozessstruktur
- Auswahlverfahren
- Komplexitätshandhabung
- Einkaufsstrategien und -controlling
- Strategische Dienstleistungen effizient beschaffen
- Organisationsstrukturen
- Fallstudien

Auf der Suche nach neuen Konzepten zur Steigerung der Wettbewerbsfähigkeit von Unternehmen gewinnt die Beschaffung von Dienstleistungen stetig an Bedeutung. Während Unternehmen die strategischen Hebel zur Realisierung von Einkaufspotenzialen für direkte Materialien optimiert und weitgehend ausgereizt haben, liegt das Feld der Dienstleistungen vielfach brach. Dies liegt daran, dass die direkten Materialien in der Regel vom Beschaffungsvolumen den bedeutenderen Anteil stellen und dass die Komplexität von Dienstleistungen nicht beherrscht wird und die Vergleichbarkeit nicht gegeben ist.
Im Leitfaden wird den Unternehmen anhand der Gestaltungsfelder aufgezeigt, wie der Einkauf von strategischen Dienstleistungen effizient erfolgen kann.

14 Electronic Sourcing

Leitfaden zur Nutzung von IT-Systemen für die Beschaffung

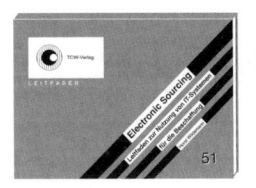

Horst Wildemann
Leitfaden
Electronic Sourcing
11. Auflage
München 2009
ISBN 978-3-931511-96-8
EUR 250,-
zzgl. Versandkosten

Aus dem Inhalt:
- Leitlinien des Einsatzes von IT-Technologien
- Gestaltungsfelder des IT-Einsatzes
- Analyseinstrumente
- Konzepte wie
  Purchasing-Card
  Elektronische Kataloge
  Web-Parks
  Internet-Auktionen
- Fallstudien
- Vorgehensweisen zur Umsetzung

Von traditionellen EDI bis zu Auktionen im Internet gibt es unterschiedlichste Formen der Nutzung von IT-Technologien für die Beschaffung.
Unter Electronic Sourcing ist die Nutzung von IT-Technologien zur Beschaffung zu verstehen. Der Leitfaden gibt einen Überblick, welche Konzepte der Beschaffung zur Verfügung stehen.
Im Vordergrund stehen dabei die Einordnung der Konzepte in die Beschaffungsstrategien, die Auswahl geeigneter Güter, die Konsequenzen für Beschaffungsprozesse und -organisation sowie die dadurch erschließbaren Einkaufspotenziale. Vorgehensweisen zur Umsetzung sowie Fallstudien geben Praktikern wertvolle Gestaltungshinweise.

TCW Fachverlag für Management-Wissen

Leitfäden & Checklisten

15 Entsorgungslogistik

Leitfaden zur Einführung und wirtschaftlichen Gestaltung von Entsorgungskreisläufen in Industrieunternehmen

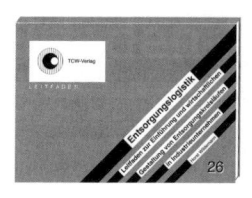

Horst Wildemann
Leitfaden
Entsorgungslogistik
14. Auflage
München 2009
ISBN 978-3-929918-96-0
EUR 250,-
zzgl. Versandkosten

Aus dem Inhalt:
- Beschreibung der Ausgangssituation, Rückstandsaufkommen, Veränderungen im Kundenverhalten
- Defizite in der Entsorgungslogistik (Analyse von Leistungslücken)
- Trends in der Entsorgungslogistik
- Klassische Leitlinien
- Bausteine
- Methoden
- Fallbeispiele
- Vorgehensweisen

Dieser Leitfaden enthält kundenorientierte Konzepte für die Gestaltung der Entsorgungslogistik. Unternehmen sind gemäß §§ 22-26 KrW-/AbfG zur Rücknahme ausgedienter Produkte verpflichtet. Dies konfrontiert sie mit einer Vielzahl an verfahrenstechnischen und logistischen Teilfragen. Die Sammlung von Rückständen, ihre Aufbereitung und anschließende Bereitstellung oder ihre Beseitigung erfordern ein ausgetüfteltes Logistiksystem, um diesen Prozess wirtschaftlich abwickeln zu können.
Hierzu gibt dieser Leitfaden eine Vielzahl von wertvollen Gestaltungshinweisen.

16 Entstörmanagement

Leitfaden zur Realisierung störungsrobuster Wertschöpfungsprozesse

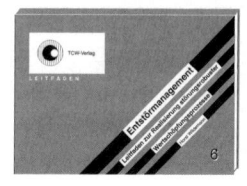

Horst Wildemann
Leitfaden
Entstörmanagement
17. Auflage
München 2009
ISBN 978-3-929918-18-2
EUR 250,-
zzgl. Versandkosten

Aus dem Inhalt:
- Störungstypologisierung in unterschiedlichen Fabrikstrukturen
- Erhebung von Störungsdaten
- Prozess-Strukturoptimierung
- Verminderung der Störanfälligkeit von Prozessen
- Störungskostenrechnung
- Entstörleitstand
- Melde- und Diagnosesysteme
- Stabilitätsindikatoren
- Standardisierte Entstörpläne
- Checklisten

Die Stabilisierung von Produktionssystemen durch eine konsequente und systematische Ermittlung von Abweichungen sowie eine Fehler- und Störungsbekämpfung im Sinne von Lean Production sind Ziel dieses Leitfadens.
Der Leitfaden umfasst ein praxiserprobtes Bausteinkonzept und gibt in Form von Schaubildern Handlungs- und Gestaltungsempfehlungen für ein Entstörmanagement. Strategien und Einzelmaßnahmen werden an Fallbeispielen erläutert. Darüber hinaus werden Organisations- und Einführungsstrategien beschrieben.

TCW Fachverlag für Management-Wissen

Leitfäden & Checklisten

17 Event Management i. d. Supply Chain

Leitfaden zur
Steuerung ereignisorientierter
Wertschöpfungsketten

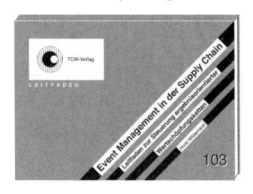

Horst Wildemann
Leitfaden
Event Management in der Supply Chain
3. Auflage
München 2009
ISBN 978-3-937236-60-5
EUR 250,-
zzgl. Versandkosten

Aus dem Inhalt:
- Supply Chain Event Management
- Leitlinien zur Struktur der SCM
- Steuerungsprinzipien
- SCM
- Ereignisorientierte Supply Chain Planung
- Volatilitätsbewältigung
- Fallstudien
- Tools

Supply Chain Event Management ist eine Methode zur ereignisorientierten Steuerung von Supply Chains. Event Management in der Supply Chain erlaubt ein effizientes situatives Reagieren auf Volatilitäten entlang der Wertschöpfungsketten. Die nachhaltige Sicherstellung und der weitere Ausbau der Wettbewerbsfähigkeit erfordern sowohl die Abschöpfung der sich bietenden Umsatzpotenziale als auch die Realisierung von Kostensenkungsmöglichkeiten.
Der vorliegende Leitfaden beschreibt die Leitlinien, Gestaltungsparameter sowie Konzepte und Instrumente im Themenfeld des Supply Chain Event Managements und stellt anhand von Fallstudien Vorgehensweisen zur Umsetzung einer ereignisorientierten Supply Chain Steuerung vor.

18 Global Sourcing

Leitfaden zur Erschließung
internationaler Beschaffungsquellen

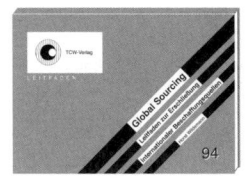

Horst Wildemann
Leitfaden
Global Sourcing
3. Auflage
München 2009
ISBN 978-3-937236-44-5
EUR 250,-
zzgl. Versandkosten

Aus dem Inhalt:
- Entwicklungstrends im Einkauf
- Bausteine einer Global Sourcing Strategie
- Der Global Sourcing Prozess
- Konzepte und Instrumente zur Umsetzung von Global Sourcing
- Risikoprofile für neue Beschaffungsquellen
- Kalkulationsschemata mit Benchmarks
- Potenziale
- Fallstudien

Die Verlagerung von Beschaffungsvolumina Emerging Procurement Markets ist mit Hemmnissen versehen. Ziel des Global Sourcing ist es, Ansätze für die erfolgreiche Senkung der Materialkosten durch die Nutzung neuer Beschaffungsquellen und -märkte aufzuzeigen. Es wurde auf die methodische Unterstützung zur Ableitung einer Global Sourcing-Strategie besonders Wert gelegt. Mit Hilfe einer bewährten Portfoliosystematik kann die Eignung der Materialgruppen für Global Sourcing bewertet werden und Normstrategien zugeordnet werden. Die Beschaffungsquellen wurden mit einem Risikoprofil bewertet.
Erfahrungen aus Global Sourcing-Projekten zeigen, dass mit der hier vorgestellten Vorgehensweise eine Senkung der Total Cost of Ownership um mehr als 20% möglich ist.

TCW Fachverlag für Management-Wissen

Leitfäden & Checklisten

19 Handels-Supply-Management

Leitfaden zur Übertragung industrieller Managementkonzepte, -methoden und -instrumente auf den Handel

Horst Wildemann
Leitfaden
Handels-Supply-Management
7. Auflage
München 2009
ISBN 978-3-934155-53-4
EUR 250,-
zzgl. Versandkosten

Aus dem Inhalt:
- Value-to-the-Costumer
- Wertschöpfungs- und Kostenorientierung
- Organisatorisches Lernen
- Ausrichtung der Prozesse am Kunden
- Informations- und Materialflussgestaltung
- Effektive Sortimentsgestaltung
- IT-Unterstützung
- Vorgehensweise zur Umsetzung
- Fallstudien

20 In-/Outsourcing

Leitfaden zur Optimierung der Leistungstiefe von Informationstechnologien

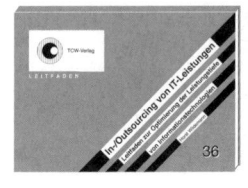

Horst Wildemann
Leitfaden
In-/Outsourcing von IT-Leistungen
12. Auflage
München 2009
ISBN 978-3-931511-08-1
EUR 250,-
zzgl. Versandkosten

Aus dem Inhalt:
- Ausgangssituation und Trends der Outsourcingdiskussion
- Informationstechnologien als strategischer Erfolgsfaktor der Unternehmung
- Leitlinien zur Gestaltung der Leistungstiefe: Ressourcenkonzentration auf das Kerngeschäft; Prozessoptimierung und schlanke Organisation; Know-how-Integration
- Portfolio der IT-Leistungen
- Leistungssymbiose: Was kommt nach Outsourcing?

Um dem erheblichen Wettbewerbsdruck standhalten zu können, haben Handelsunternehmen in der Vergangenheit innovative Managementkonzepte zur Leistungs- und Effizienzsteigerung entwickelt. Allerdings lässt sich feststellen, dass vergleichbare Branchen deutlich höhere Leistungssteigerungen erzielen.
Dieser Leitfaden greift erfolgreiche Konzepte auf und modifiziert sie hinsichtlich der spezifischen Belange von Handelsunternehmen. Kostensenkungs- und Leistungssteigerungspotenziale werden aufgezeigt, die sich teilweise aus der Übertragung, teilweise aber auch aus der Neukombination bestehender Konzepte ergeben.

Die Tendenz vieler Unternehmen, sich auf ihre Kernfähigkeiten zu konzentrieren, führt meist auch zu der Überlegung, informationstechnische Dienstleistungen auszulagern. Entscheidungen zum Outsourcing werden durch die steigende Komplexität der Informationstechnologie und die progressive Kostenentwicklung dieses Sektors begründet, müssen aber auch strategisch gerechtfertigt sein. Zur Entscheidungsobjektivierung sind eine strukturierte Vorgehensweise, eine ganzheitliche Problemsicht und der Einsatz pragmatischer Methodenbausteine ratsam.

TCW Fachverlag für Management-Wissen

Leitfäden & Checklisten

21 Just-in-Time in F&E

Leitfaden zu Just-in-Time in Forschung, Entwicklung und Konstruktion

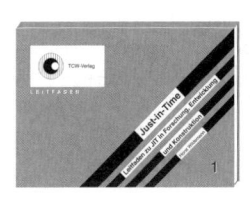

Horst Wildemann
Leitfaden
JIT in F&E
16. Auflage
München 2009
ISBN 978-3-929918-13-7
EUR 250,-
zzgl. Versandkosten

Aus dem Inhalt:
- Strategische Ausrichtung
- Flexible Organisationsstruktur
- Projektmanagement
- Projektselektion
- Virtual Engineering
- Make-or-Buy-Entscheidungen
- Qualitätssicherung
- Informations- und Dokumentationssystem
- PC-Tools ProFit
- F&E-Controlling

Die schnelle Entwicklung marktkonformer, aber auch fertigungs- und logistikgerechter Produkte ist Inhalt dieses Leitfadens. Dargestellt werden Leitlinien und Bausteinkonzepte zur Steigerung der Effektivität – „die richtigen Dinge tun" – und Effizienz – „die Dinge richtig tun" – im Sinne der Selbsthilfe. In Form von Schaubildern werden konkrete Empfehlungen für die Ausgestaltung der einzelnen Bausteine gegeben, ihre Wettbewerbsfähigkeit aufgezeigt und ein Vorschlag für die Einführung gegeben. Der Leitfaden ist für die Schulung und das Selbststudium geeignet.

22 Kanban-Produktionssteuerung

Leitfaden zum Einsatz von Karten und elektronischem Kanban zur Einführung des Hol-Prinzips

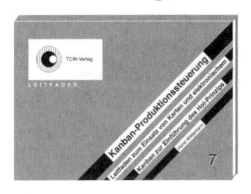

Horst Wildemann
Leitfaden
Kanban-Produktionssteuerung
17. Auflage
München 2009
ISBN 978-3-929918-19-9
EUR 250,-
zzgl. Versandkosten

Aus dem Inhalt:
- Kanban-Fähigkeit und Teileauswahl
- Gestaltung und Dimensionierung von Kanban-Kreisen
- Kanban-Sachmittel: Karten, Tafeln, Behälter und Flächen
- Ausgestaltung E-Kanban
- Einbindung in PPS-Systeme
- Kanban-Steuerung der Zulieferanten
- Einzelfertigung und Exotenfertigung
- Produktanläufe und -ausläufe
- Mitarbeiterschulung und Gruppenarbeit

Kanban ist ein Anliefer- und Produktionssteuerungskonzept nach dem Hol-Prinzip, das auf allen Stufen der Wertschöpfungskette von der Beschaffung über die Produktion bis hin zur Distribution einsetzbar ist.
Im Mittelpunkt steht die Erkenntnis, dass durch kundenbedarfsorientierte Produktion und Anlieferung nach dem Hol-Prinzip Verbesserungen bezüglich Beständen, Durchlaufzeiten, Qualität, Lieferfähigkeit und Steuerungsaufwand erreicht werden können.

TCW Fachverlag für Management-Wissen

Leitfäden & Checklisten

23 Komplexitätsmanagement

Leitfaden zum Komplexitätsmanagement in Vertrieb, Beschaffung, Produkt, Entwicklung und Produktion

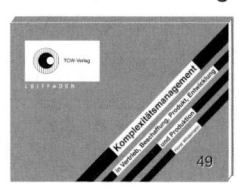

Horst Wildemann
Leitfaden
Komplexitätsmanagement
10. Auflage
München 2009
ISBN 978-3-931511-30-2
EUR 250,-
zzgl. Versandkosten

Aus dem Inhalt:
- Bedeutung eines durchgängigen Komplexitätsmanagements
- Strategien des Komplexitätsmanagements
- Komplexitätsreduzierung im Vertrieb
- Komplexitätsmanagement in der Beschaffung
- Komplexitätsvermeidung durch Produktordnungssysteme
- Komplexitätsbeherrschung in Produktion und Auftragsabwicklung
- Komplexitätskostenrechnung
- Komplexitätscontrolling

Unternehmen geraten zunehmend in einen Zielkonflikt zwischen Standardisierungserfordernissen aufgrund des sich verschärfenden weltweiten Wettbewerbs einerseits und einer aus Markterfordernissen resultierenden stärkeren Individualisierung der Endprodukte. Der Leitfaden enthält das methodisch und praktisch erprobte Konzept eines durchgängigen Komplexitätsmanagements zur Lösung dieses Zielkonflikts. Hierzu werden die Basisstrategien eines durchgängigen Komplexitätsmanagements dargestellt und ihre Auswirkungen auf die Bereiche Vertrieb, Beschaffung, Produkt, Entwicklung, Produktion und Auftragsabwicklung diskutiert.

24 Kundenbeziehungsmanagement

Leitfaden zur Kundenintegration und zum wissensbasierten Einsatz von Service, Logistik und E-Technologien

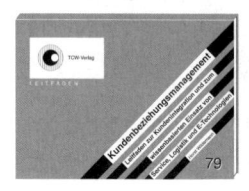

Horst Wildemann
Leitfaden
Kundenbeziehungsmanagement
7. Auflage
München 2009
ISBN 978-3-934155-54-1
EUR 250,-
zzgl. Versandkosten

Aus dem Inhalt:
- Kundenwertanalyse
- Customer-Relationship-Management
- Kundenbindung
- Learning Relationships
- Wissensmanagement
- Kundenintegration in F&E
- Bilaterales Benchmarking
- Service-to-Success
- Beschwerdemanagement
- Kundenorientierte Logistik

Profitables Wachstum verlangt in Zeiten stagnierender Nachfrage und erhöhten Wettbewerbsdrucks einen Aufbau von Beziehungen zur Bindung selektierter, wertvoller Kunden. Außerdem benötigen gestiegene Kundenanforderungen hinsichtlich Lieferzeit, Flexibilität und Individualisierung durchgängige Informationsflüsse zwischen Kunde, Marketing, Vertrieb, Service und Supply Chain.
Dieser Leitfaden zeigt die Gestaltung, den Methodeneinsatz und die Umsetzung eines Kundenbeziehungsmanagements, das auf den Leitlinien Kundenkenntnis, -orientierung, -individualisierung und -integration basiert. Die Ausgestaltung erfolgt insbesondere durch einen wissensbasierten Einsatz von Service, Logistik und E-Technologien.

TCW Fachverlag für Management-Wissen

Leitfäden & Checklisten

25 Kundenorientierung

Leitfaden zur Einführung eines Beschwerdemanagements und Ausrichtung von Vertrieb, F&E, Produktion und Mitarbeitern auf Kundenbedürfnisse

Horst Wildemann
Leitfaden
Kundenorientierung
14. Auflage
München 2009
ISBN 978-3-929918-93-9
EUR 250,-
zzgl. Versandkosten

Aus dem Inhalt:
- Defizite in der Kundenorientierung
- Lernen vom Kunden durch Beschwerdemanagement
- Kundenorientierung durch Qualitätsmanagement
- Kundenidentifikation
- Conjoint-Analyse und QFD
- FMEA und Wertanalyse
- Zielvereinbarung und Controlling
- Kundenzufriedenheitsmessung

26 Kundenorientierung i. d. Logistik

Leitfaden zur Ausrichtung der Unternehmenslogistik als Instrument der Kundenbindung und -neugewinnung

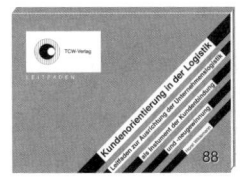

Horst Wildemann
Leitfaden
Kundenorientierung in der Logistik
5. Auflage
München 2009
ISBN 978-3-937236-22-3
EUR 250,-
zzgl. Versandkosten

Aus dem Inhalt:
- Konzepte der Kundenbindung und -akquise
- Leitlinien zur Gestaltung kundenorientierter Logistiksysteme
- Gestaltungsfelder der unternehmensinternen und -externen Logistik
- Vorgehensweise zur Identifikation von logistischen Kundenanforderungen
- Methoden und Instrumente zur Implementierung
- Veranschaulichung anhand von Fallstudien

Die Leitbilder der Kundenorientierung, das Beschwerdemanagement, das Qualitätsmanagement und ein ganzheitlicher Managementansatz zur Kundenorientierung bilden die Säulen dieses differenzierten Bausteinkonzeptes, das insbesondere für den Praktiker den entscheidenden Schlüssel zur Umsetzung der Kundenorientierung im Unternehmen darstellt.

Hierzu können die umfangreichen Checklisten in diesem Leitfaden genutzt werden, die sich an das Bausteinkonzept anschließen und so den Leitfaden zu einem wertvollen Hilfsmittel machen.

Das Differenzierungspotenzial im Wettbewerb, welches den Unternehmen mit der Ausgestaltung der Logistik zur Verfügung steht, wird nicht umfassend genutzt.

Durch den differenzierten Einsatz logistischer Leistungen lassen sich Kunden binden und neu gewinnen. Hierzu ist eine methodisch fundierte, kundenorientierte Ausrichtung der Logistik erforderlich.

Der Leitfaden „Kundenorientierung durch Logistik" befasst sich mit bewährten und neuen Instrumenten und Methoden zur Identifikation logistischer Kundenanforderungen sowie der Ableitung und Implementierung eines auf diese Anforderungen abgestimmten, differenzierten logistischen Leistungsportfolios. Die vorgestellten Vorgehensweisen und Handlungsempfehlungen basieren auf neuen Konzepten und Erfahrungen.

TCW Fachverlag für Management-Wissen

Leitfäden & Checklisten

27 Logistik-Check

Leitfaden zur Identifikation und Erschließung von Logistikpotenzialen

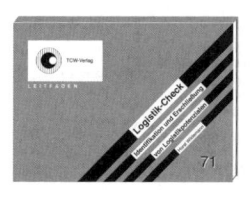

Horst Wildemann
Leitfaden
Logistik-Check
7. Auflage
München 2009
ISBN 978-3-934155-50-3
EUR 250,-
zzgl. Versandkosten

Aus dem Inhalt:
- Logistik als Wertgenerator
- Trends in der Logistik
- Gestaltungsprinzipien
- Moderne Konzepte der Logistik
- Analyseinstrumente
- Logistik-Tool-Set zur Potenzialermittlung
- Logistik-Controlling
- Fallstudien

Die Logistik ist ein entscheidender Hebel zur Steigerung der Unternehmensperformance. Der Leitfaden „Logistik-Check" zeigt eine systematische Vorgehensweise zur Identifikation und Erschließung von Kostensenkungs- und Leistungssteigerungspotenzialen in der Logistik auf. Hierbei wird auf moderne Konzepte und Instrumente zurückgegriffen.
Das neu entwickelte Logistik-Tool-Set zielt auf die monetäre Bewertung von Logistikinvestitionen und wird ausführlich dargestellt.

28 Logistikleistungen

Leitfaden zum effizienten Fremdbezug von logistischen Leistungen und zur Integration von Logistikdienstleistern

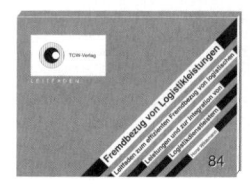

Horst Wildemann
Leitfaden
Fremdbezug von Logistikleistungen
6. Auflage
München 2009
ISBN 978-3-934155-24-4
EUR 250,-
zzgl. Versandkosten

Aus dem Inhalt:
- Entwicklungstrends in der Logistik
- Trends im Markt der Logistikdienstleister
- Zielsetzung und Leitlinien zur Gestaltung der Leistungstiefe in der Logistik
- 3rd und 4th Party Logistics
- Betreibermodelle in der Logistik
- Logistiknetzwerke
- Logistikcontrolling
- Bilanzexternes Wachstum
- Fallstudien

Der Markt für Logistikdienstleistungen hat sich in den vergangenen Jahren verändert: Die Industrie ist dazu übergegangen, ihre Waren in immer mehr Ländern der Erde zu produzieren und abzusetzen. Die Komplexität der Warenströme wächst - und damit wachsen auch die Anforderungen an die Steuerung der Abläufe. Die Organisation eigener Logistikaktivitäten erfordert beträchtliche Investitionen; diese setzen die Unternehmen jedoch gewinnbringender zur Stärkung ihres Kerngeschäfts ein. Outsourcing von logistischen Leistungen lautet deshalb die Lösung für immer mehr Unternehmen.
Dieser Leitfaden zeigt auf, wie logistische Leistungsbündel bewertet und effizient bezogen werden können.

TCW Fachverlag für Management-Wissen

Leitfäden & Checklisten

29 Logistik- & Supply Chain-Architekturen

Leitfaden für die Gestaltung
von kundenwertschaffenden
Servicenetzwerken

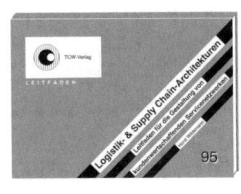

Horst Wildemann
Leitfaden
**Logistik- & Supply
Chain-Architekturen**
3. Auflage
München 2009
ISBN 978-3-937236-53-7
EUR 250,-
zzgl. Versandkosten

Aus dem Inhalt:
- Servicenetzwerke und Performancestrategien
- Kundennutzen durch Logistik
- Logistik- und SCM-Segmentierung
- Steuerungsprinzipien in der Supply Chain
- Logistikkostenreduzierung
- Logistik- und Supply Chain-Organisation
- Erhöhung der Reaktionsfähigkeit
- KPIs zum Monitoring

30 Make or Buy & Incourcing

Leitfaden zur Optimierung
von Leistungsumfängen
in Produktion und Logistik

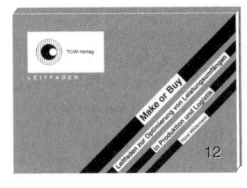

Horst Wildemann
Leitfaden
**Make or Buy &
Insourcing**
17. Auflage
München 2009
ISBN 978-3-929918-24-3
EUR 250,-
zzgl. Versandkosten

Aus dem Inhalt:
- Leitlinien zur Gestaltung der Fertigungstiefe
- Checklisten
- Produkt- und Technologieportfolios
- Erfolgsfaktorenanalyse
- Benchmarks
- Zero-Base-Planung zur Leistungstiefenbestimmung
- Kernkompetenzbestimmung
- Methoden zur Optimierung der Zulieferanten-Hersteller-Beziehungen
- Insourcing-Konzept

Zur Verbesserung der logistischen Leistungsfähigkeit und der konsequenten Ausrichtung auf Kundenanforderungen sind logistische Differenzierungspotenziale innerhalb von Servicenetzwerken erforderlich. Dies wird durch Logistikarchitekturen ermöglicht. Sie umfassen logistische Segmentierung und schaffen ein individualisiertes Spektrum logistischer Leistungen.
Der Leitfaden greift Konzepte zur Schließung der Leistungslücken auf. Zusätzlich zur Darstellung der Instrumente werden Fallstudien dargestellt, die in kompakter Form Problemstellungen, Lösungsansätze und realisierte Potenziale aufzeigen.

Insourcing als neuer Ansatz zur Bewältigung konjunktureller und struktureller Probleme ist das Thema dieses Leitfadens. Insourcing ist ein „eigenfertigungsnaher" Ansatz zur Optimierung der Eigenfertigung und des Fremdbezugs unter Einbeziehung von Zulieferanten als Wertschöpfungspartner.
Die Anwendungsmöglichkeiten, Vor- und Nachteile sowie die Voraussetzungen für die Zulieferunternehmen stehen dabei im Mittelpunkt. Neue Methoden zur Bestimmung von Kernkompetenzen für Produkte und Fertigungstechnologien sowie Handlungsempfehlungen für Zulieferanten werden vorgestellt und im Rahmen einer ganzheitlichen Vorgehensweise integriert.

ⓒ TCW Fachverlag für Management-Wissen

Leitfäden & Checklisten

31 Managementinformationssysteme

Leitfaden zur Steuerung
von Business Units

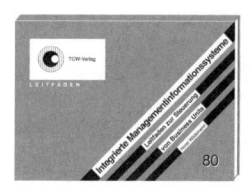

Horst Wildemann
Leitfaden
Integrierte Management-informationssysteme
7. Auflage
München 2009
ISBN 978-3-934155-57-2
EUR 250,-
zzgl. Versandkosten

Aus dem Inhalt:
- Identifikation von Kostensenkungs- und Leistungssteigerungspotenzialen
- Durchführung interner und externer Benchmarks
- Installation eines internen Wettbewerbs durch Benchmarking
- Ergänzung bestehender Controlling- und Reportingregelkreise um innovative Kennzahlen
- Konzeptionierung und Implementierung eines integrierten Managementsystems
- Methodenauswahl zur Steigerung der Leistungsfähigkeit und zur Senkung des Kostenniveaus
- Vorgehensweise anhand von Fallbeispielen

Das Steuern von Unternehmensnetzwerken durch traditionelle Kennzahlen reicht alleine nicht mehr aus, um dem verschärften Kostendruck standzuhalten und gleichzeitig die Prozess-Performance zu steigern. Es stellt sich die Frage, mit welchen Instrumenten Kostensenkungspotenziale und Leistungssteigerungseffekte kontinuierlich identifiziert und Handlungsansätze zur Realisierung abgeleitet werden können. Auch sind bestehende Controlling- und Reportingregel- kreise durch neue zu erweitern. Das Konzept eines Integrierten Managementinformationssystems (IMIS) setzt Schwerpunkte in Auditierung, Controlling und der Geschäftsprozessorganisation und ermöglicht durch Benchmarking die Installation eines internen Wettbewerbs.

32 Monitoring

Leitfaden zur Steuerung der
Wertsteigerung von Unternehmen

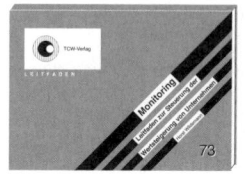

Horst Wildemann
Leitfaden
Monitoring
7. Auflage
München 2009
ISBN 978-3-934155-46-6
EUR 250,-
zzgl. Versandkosten

Aus dem Inhalt:
- Klärung des Unternehmenswertes in seiner Definition
- Prinzip der Wertsteigerung
- Leitlinien und Bausteine des Value Monitorings
- Methoden zur situationsspezifischen Wertermittlung
- Kennzahlenkatalog zur Steuerung der Wertentwicklung
- Vorgehensweisen und Fallbeispiele zur Implementierung in vorhandene Controlling-Systeme

Alle Unternehmen bekennen sich zur Orientierung an der Wertsteigerung, doch wie jüngste Untersuchungen zeigen, besteht in der Praxis eine erhebliche Diskrepanz in der Wahrnehmung des wahren Wertes eines Unternehmens. Die Anforderungen des Kapitalmarktes hinsichtlich der Transparenz der Wertentwicklung sind für eine positive Aktienkursentwicklung jedoch unbedingt zu beachten. Es stellt sich die Frage nach den relevanten Kennzahlen, die erforderlich sind, um ein Unternehmen mit dem Ziel nachhaltiger Wertsteigerung steuern zu können. Der Leitfaden Monitoring liefert Methoden und Kennzahlensysteme zur Transparenzgestaltung und Wertermittlung.

TCW Fachverlag für Management-Wissen

Leitfäden & Checklisten

33 Offshoring-Outsourcing-Optimierung

Leitfaden zur methodenbasierten Gestaltung internationaler Wertschöpfungsketten

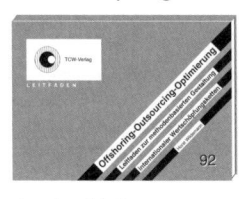

Horst Wildemann
Leitfaden
Offshoring-Outsourcing-Optimierung
4. Auflage
München 2009
ISBN 978-3-937236-34-6
EUR 250,-
zzgl. Versandkosten

Aus dem Inhalt:
- Positionsbestimmung
- Strategieplanung
- Szenarioplanung
- Strukturplanung
- Umsetzung
- Tools und Fallstudien zur Standortplanung

34 Operational Due Diligence

Leitfaden zur Identifizierung von Chancen und Risiken bei Unternehmenstransaktionen

Horst Wildemann
Leitfaden
Operational Due Diligence
3. Auflage
München 2009
ISBN 978-3-937236-67-4
EUR 250,-
zzgl. Versandkosten

Aus dem Inhalt:
- Operational Due Diligence
- Leistungswirtschaftliches Risiko
- Unternehmenstransaktion
- Benchmarking
- Synergierealisierung
- Optimierung operativer Bereiche

Globalisierung führt zu steigendem Wettbewerbs- und Kostendruck und zwingt Unternehmen zur Differenzierung durch Produkte und Technologien. Gleichzeitig eröffnet sie neue Chancen auf unerschlossenen und wachsenden Märkten in der ganzen Welt. Der fortschreitende Abbau von Handelshemmnissen ermöglicht den Unternehmen, die sich bietenden Chancen zu ihrem Vorteil zu nutzen. Die Globalisierung birgt aber auch vielfältige Risiken. Wie können diese Chancen und Risiken ermittelt werden? Welchen Einfluss haben dabei die verfolgten Ziele? Welche unternehmensspezifischen und volkswirtschaftlichen Wirkungen gehen von diesen Entscheidungen aus? In diesem Leitfaden werden erprobte Instrumente vorgestellt, die diese Fragen beantworten.

Unternehmenstransaktionen haben wieder Hochkonjunktur. Dabei gehen jedoch beileibe nicht alle Beteiligungen gut aus und häufig erkennt der Akquisiteur zu spät, dass die Situation falsch bewertet wurde. Die Untersuchungsbereiche beschränken sich bei einer Due Diligence gewöhnlich auf die Bereiche Financials, Tax und Legal. Die Untersuchung der leistungswirtschaftlichen Bereiche wie Produktion, F&E, Einkauf, Logistik und Vertrieb wird im Rahmen der klassischen Due Diligence unzureichend durchgeführt, obwohl diese Bereiche vielfach das Potenzial der Akquisition beinhalten. Der vorliegende Leitfaden beschreibt die Leitlinien, Gestaltungsfelder und Methoden zur Analyse der Operations im Rahmen einer Due Diligence. Es wird ein Referenzmodell zur Vorgehensweise während der Operational Due Diligence vorgestellt und an Fallstudien gespiegelt.

TCW Fachverlag für Management-Wissen

Leitfäden & Checklisten

35 PPS-Systeme

Leitfaden zur kontinuierlichen Weiterentwicklung von PPS-Systemen

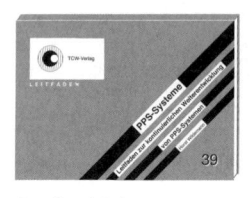

Horst Wildemann
Leitfaden
PPS-Systeme
12. Auflage
München 2009
ISBN 978-3-931511-14-2
EUR 250,-
zzgl. Versandkosten

Aus dem Inhalt:
- Defizitanalysen
- Problemfelder der PPS-Veränderungsstrategie
- Früherkennung veränderter Anforderungen
- Ablauf und Vorgehensweisen zur PPS-Neuausrichtung
- PPS-Auswahlverfahren und -Anforderungsermittlung
- Gestaltungsfelder der PPS-Sanierung
- Checklisten

36 Produktions-/ Zuliefernetzwerke

Leitfaden zur Unterstützung einer marktorientierten Produkt- und Prozessgestaltung

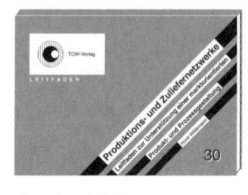

Horst Wildemann
Leitfaden
Produktions- und Zuliefernetzwerke
14. Auflage
München 2009
ISBN 978-3-929918-92-2
EUR 250,-
zzgl. Versandkosten

Aus dem Inhalt:
- Ausgangssituation, die die Bildung von Netzwerken vorteilhaft macht
- Netzwerkformen und Handlungsoptionen
- Führung und Koordination von Netzwerken
- Fallstudien
- Analysemethoden und Vorgehensweise bei der Realisierung von Produktions- und Zuliefernetzwerken

Vor der Frage der PPS-Sanierung oder PPS-Ablösung stehen alle Unternehmen, die eine modulare Organisation oder Gruppenarbeit einführen, eine kundenorientierte Auftragsabwicklung anstreben, eine Variantenexplosion zu verzeichnen haben, sich einem veränderten Kundenverhalten in der Auftragsstruktur stellen müssen ebenso wie Unternehmen, die industrielle Serviceleistungen zu ihren Produkten anbieten. Dieser Leitfaden gibt Entscheidungshilfen für die Restrukturierung der PPS-Systematik, die es erlauben, die Produktionsplanung und -steuerung wieder auf ein Unternehmen maßzuschneidern und die zukünftigen Anforderungen frühzeitig zu erkennen und kontinuierlich abzudecken.

Dieser Leitfaden zeigt, welche alternativen Formen von Produktions- und Zuliefernetzwerken für ein Unternehmen geeignet sind. Unternehmen werden dadurch in die Lage versetzt, die Vorteile kleiner, flexibel auf Veränderungen der Wettbewerbssituation reagierender Einheiten mit den Vorteilen großer, auf umfangreiche Ressourcen und eine breite Know-how-Basis zurückgreifender Unternehmen zu verbinden.
Diese virtuellen Unternehmen können die Vorteile einer zwischenbetrieblichen Arbeitsteilung sowie die Realisierung schnittstellenübergreifender Synergiepotenziale mit sehr geringem Koordinations- und Kontrollaufwand realisieren.

TCW Fachverlag für Management-Wissen

Leitfäden & Checklisten

37 Produktordnungssysteme

Leitfaden zur Standardisierung und Individualisierung des Produktprogramms durch intelligente Plattformstrategien

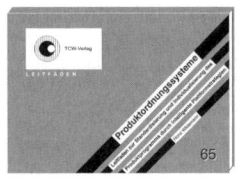

Horst Wildemann
Leitfaden
Produktordnungssysteme
8. Auflage
München 2009
ISBN 978-3-934155-40-4
EUR 250,-
zzgl. Versandkosten

Aus dem Inhalt:
- Standardisierung und Individualisierung
- Analysefelder im Produkt und Unternehmen
- Produktordnungssystemstrategien
  (Teilefamilien, Gleichteile, Baukasten, Modul und System, Plattform)
- Schnittstellenmanagement
- Abbildung von Produktordnungssystemen in Prozess und Organisation
- Einführungsstrategien
- Controlling
- Fallstudien

Viele Unternehmen bringen ihr angestammtes Volumengeschäft durch falsch verstandene Kundennähe mit einem zu sehr auf individuelle Lösungen ausgerichteten Produktprogramm in Gefahr. Andere Unternehmen straffen durch Elimination von Varianten ihr Produktportfolio. Vielmehr ist die vom Markt geforderte Vielfalt möglichst effizient anzubieten.
Der Leitfaden gibt einen umfassenden Überblick über die Ansätze zur Gestaltung effizienter Produktordnungssysteme. Durch die Darstellung von Vorgehensweisen und Fallstudien werden die Grundlagen für die Umsetzung gelegt. Mit der integrierten Betrachtung von Produkt, Prozess und Organisation wird ein erprobtes praxisorientiertes Konzept vorgestellt und anhand von Fallstudien belegt.

38 Prozess-Benchmarking

Leitfaden zur Erreichung von Quantensprüngen in Geschäftsprozessen

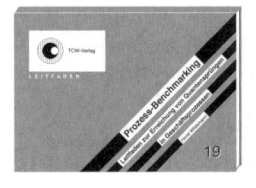

Horst Wildemann
Leitfaden
Prozess-Benchmarking
15. Auflage
München 2009
ISBN 978-3-929918-43-4
EUR 250,-
zzgl. Versandkosten

Aus dem Inhalt:
- Benchmarking: Prinzip und Vorgehensweise
- Informationsquellen für Benchmarking
- Identifikation von Best Practice
- Analyse von Leistungslücken
- Kontinuierliche Prozessverbesserung und Reengineering
- Prozesscontrolling mit Performance Measurement
- Prozess-Benchmarking

Die erfolgreiche Durchführung von Vergleichen mit dem Best Performer eines Prozesses oder einer bestimmten Aufgabe ist Gegenstand dieses Leitfadens.
Im Mittelpunkt steht das Prozessbenchmarking als wirkungsvolles Instrument, um Prozessverbesserungen in Quantensprüngen hervorzurufen.
Effektive Maßnahmen und Handlungsempfehlungen zur Umsetzung der einzelnen Schritte in der betrieblichen Praxis werden vorgestellt und anhand konkreter Fallbeispiele erläutert.
Der Leitfaden ist für Schulung und Selbststudium konzipiert.

TCW Fachverlag für Management-Wissen

Leitfäden & Checklisten

39 Prozessklinik

Leitfaden zur Wertgestaltung und zum Benchmarking von Geschäftsprozessen

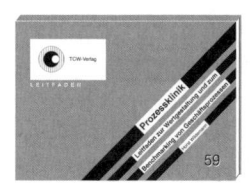

Horst Wildemann
Leitfaden
Prozessklinik
8. Auflage
München 2009
ISBN 978-3-931511-98-2
EUR 250,-
zzgl. Versandkosten

Aus dem Inhalt:
- Prozessanalyse
- Mitarbeiter- und Kundenorientierung
- Leistungsvergleich von Geschäftsprozessen
- Reorganisation von funktionalen zu prozessorientierten Unternehmen
- Projektorganisation und Vorgehensweise

Dieser Leitfaden befasst sich mit der Optimierung von Geschäftsprozessen durch Prozessorientierung und Leistungsvergleiche im eigenen Unternehmen.
Die Konzentration auf wertschöpfende Tätigkeiten in Geschäftsprozessen und die Reduzierung nicht wertschöpfender Tätigkeiten zu neuen Kostensenkungspotenzialen sind Bestandteile der Prozessorientierung. In Anlehnung an Leitlinien wie beispielsweise der des organisatorischen Lernens werden Methoden zur Vorgehensweise der Prozessorientierung im Rahmen eines Bausteinkonzeptes dargestellt und erläutert.

40 Qualitätscontrolling

Leitfaden zur qualitätsgerechten Planung und Steuerung von Geschäftsprozessen

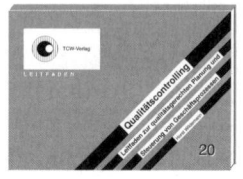

Horst Wildemann
Leitfaden
Qualitätscontrolling
15. Auflage
München 2009
ISBN 978-3-929918-54-0
EUR 250,-
zzgl. Versandkosten

Aus dem Inhalt:
- Prozessanalyse
- Qualitätskosten- und Leistungsrechnung
- Kennzahlen
- Standardisierung
- Benchmarking
- Qualitätstechniken
- Selbstprüfung und Reißleine
- Auditierung
- Qualitätsregelkreise
- Qualitätsberichtswesen
- Organisatorische Integration

Die Darstellung eines Gesamtkonzeptes für das Qualitätscontrolling im Hinblick auf die Verwirklichung einer qualitätsorientierten Unternehmensführung ist das Anliegen dieses Leitfadens.
Möglichkeiten zur unternehmensspezifischen Umsetzung, ablauforientierten Gestaltung und Eingliederung in das betriebliche Führungssystem werden ebenso erläutert wie Methoden und Instrumente zur Planung und Steuerung.
Der Leitfaden ist für Schulung und Selbststudium konzipiert.

TCW Fachverlag für Management-Wissen

Leitfäden & Checklisten

41 Self-Assessment-Tools

Checklisten zur Selbstbewertung von Unternehmen

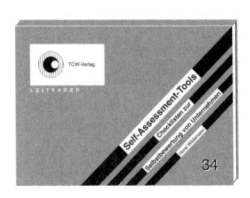

Horst Wildemann
Checklisten
Self-Assessment-Tools
15. Auflage
München 2009
ISBN 978-3-929918-68-7
EUR 110,-
zzgl. Versandkosten

Aus dem Inhalt:
- Checklisten und Auswertungprofile zur Selbstbewertung in den Bereichen
- Qualität
- Problemlösung
- Kontinuierliche Verbesserung
- Gruppenarbeit
- Visualisierung
- Risikomanagement

42 Service

Leitfaden zur Erschließung von Differenzierungspotenzialen im Wettbewerb

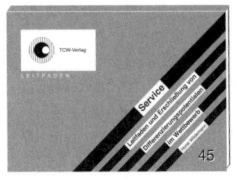

Horst Wildemann
Leitfaden
Service
11. Auflage
München 2009
ISBN 978-3-931511-29-6
EUR 250,-
zzgl. Versandkosten

Aus dem Inhalt:
- Defizite im Servicebereich
- Das Service-Konzept
- Differenzierungsmöglichkeiten durch Service
- Serviceproduktgestaltung
- Serviceorganisation
- Mitarbeiterorientierung, Zielvereinbarungen
- Servicecontrolling
- Beschwerdemanagement, Servicequalität
- Wissensmanagement, Call-Center

Die Durchführung von Self-Assessments und die Aufnahme des Ist-Zustands als Grundlage einer detaillierten Schwachstellenanalyse sind Inhalte dieses Leitfadens. Die in der Selbstbewertung festgeschriebenen Standards sind Ausgangspunkt für den kontinuierlichen Verbesserungsprozess. Im Kapitel Logistik wird die Leistungsfähigkeit von der Beschaffung über die Produktion bis zur Distribution analysiert. Im Kapitel Qualität werden in Analogie zum Europäischen Qualitätspreis Mitarbeiterführung, Produkte, Strategien, Ressourcen, Prozesse, Kundenzufriedenheit und Geschäftsergebnisse untersucht. Checklisten zum Risikomanagement beinhalten Risikoanalyse, -prävention und -monitoring.

Im Wettbewerb ist es entscheidend, das richtige Produkt und den richtigen Service anzubieten. Durch ein auf die Kundenwünsche abgestimmtes Angebot können Differenzierungspotenziale im Wettbewerb und Wachstumschancen erschlossen werden.
Der Leitfaden „Service" erläutert Leitbilder und Gestaltungsbausteine zur Einführung eines Serviceangebots und Gestaltung der Serviceorganisation. Kunden-/Markt-Beziehung, Produkt- und Organisationsgestaltung sowie Mitarbeiterorientierung sind die Leitbilder einer umfassenden Serviceorientierung.
Die Methodenbausteine sowie Analysemethoden und -formblätter helfen dem Praktiker bei der Umsetzung des Servicekonzeptes.

TCW Fachverlag für Management-Wissen

Leitfäden & Checklisten

43 Supply Chain Management

Leitfaden für ein unternehmensübergreifendes Wertschöpfungsmanagement

Horst Wildemann
Leitfaden
Supply Chain Management
10. Auflage
München 2009
ISBN 978-3-931511-42-5
EUR 250,-
zzgl. Versandkosten

Aus dem Inhalt:
- Kundenorientierte Steuerung von Wertschöpfungsketten
- Planungsansätze, Tools und Enabler
- Betriebswirtschaftliche Wirkungsanalyse
- Bausteine des Supply Chain Management
- Einführungsstrategien
- IT-Gestaltung
- Fallstudien

44 Total Cost of Ownership

Leitfaden zur Optimierung der Gesamtkostenposition in Beschaffung, Produktion und Logistik

Horst Wildemann
Leitfaden
Total Cost of Ownership
3. Auflage
München 2009
ISBN 978-3-937236-54-4
EUR 250,-
zzgl. Versandkosten

Aus dem Inhalt:
- TCO (Total Cost of Ownership)
- Prozesskostenrechnung
- Global Sourcing
- Kostentransparenz
- Kostentreiberanalyse
- Vergabeentscheidung
- Rechenmodelle und Benchmarks
- Fallstudien

Die Wertschöpfungskette eines Produktes vom Ausgangspunkt bis zum Endabnehmer ist dadurch charakterisiert, dass nur drei bis zehn Prozent der Produktionsaktivitäten wertschöpfend sind. Der Autor zeigt in diesem Leitfaden einen ganzheitlichen Ansatz zur Optimierung von Material- und Informationsflüssen in unternehmensübergreifenden Wertschöpfungsketten. Der Leitfaden enthält wesentliche Bausteine für eine effiziente Gestaltung dieser Schnittstellen und die Steuerung der Wertschöpfungskette vom Point of Sales. Anhand von zukunftsweisenden Fallstudien werden Handlungsanleitungen für die Unternehmenspraxis aufgezeigt. Der Leitfaden eignet sich als Vortragsunterlage und zum Selbststudium.

Die Renditewirkung einer marginalen Reduktion von Beschaffungskosten ist im Verhältnis mit erheblichen Umsatzsteigerungen vergleichbar. Diese Erkenntnis führt in der Praxis dazu, dass Vergabeentscheidungen häufig auf der Basis der Teilepreise getroffen werden. Die renditewirksamen Konsequenzen einer Vergabeentscheidung werden vernachlässigt und allenfalls die relevanten Transportkosten berücksichtigt. Hohe Gemeinkosten sowie verdeckte Leistungsunterschiede der Lieferanten führen dazu, dass der Teilepreis nicht als alleiniges Entscheidungskriterium für Vergabeentscheidungen dienen kann. Der Leitfaden beschreibt die Umsetzung des TCO-Ansatzes durch die Integration renditewirksamer Kosten in die Vergabe-, Produktions- und Logistikentscheidungen.

TCW Fachverlag für Management-Wissen

Leitfäden & Checklisten

45 Vertriebssteuerung

Leitfaden zur Entwicklung von organischem Wachstum in globalen Märkten

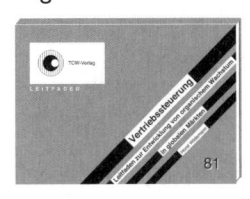

Horst Wildemann
Leitfaden
Vertriebssteuerung
7. Auflage
München 2009
ISBN 978-3-934155-56-5
EUR 250,-
zzgl. Versandkosten

Aus dem Inhalt:
- Identifikation von Wachstumspotenzialen in den Märkten und bei Kunden
- Ableitung von Normstrategien zur Erschließung der Potenziale
- Implementierung der Vertriebssteuerung anhand praktikabler Vorgehensweisen
- Auswahl von Kennzahlen zur Steuerung der Potenzialerschließung
- Vorgehensweise bei der Potenzialermittlung, Strategieableitung und Potenzialrealisierung anhand von Fallbeispielen

Bei stagnierenden Märkten und Marktanteilsverlusten sehen sich Unternehmen einem zunehmenden Wettbewerbsdruck gegenübergestellt. Angestrebte Wachstumsziele werden oft nicht erreicht. Es stellt sich daher die Frage, wie und mit welchen Instrumentarien Wachstumspotenziale identifiziert und welche Handlungsempfehlungen zur Erschließung gewählt werden können. Der Leitfaden liefert Ansätze, wie eine systematische Potenzialidentifikation durchgeführt werden kann und bietet eine Auswahl an Methoden zur Erschließung. Exemplarisch wird anhand von Fallstudien eine Vorgehensweise vorgestellt, mittels derer eine effiziente Vertriebssteuerung implementiert werden kann.

46 Zielvereinbarungsprozess

Leitfaden zur Einführung einer zielorientierten Unternehmensführung

Horst Wildemann
Leitfaden
Zielvereinbarungsprozess
14. Auflage
München 200
ISBN 978-3-929918-88-5
EUR 250,-
zzgl. Versandkosten

Aus dem Inhalt:
- Management-by-Konzepte
- Horizontale und vertikale Zielvereinbarungsprozesse
- Flächendeckende Zielvereinbarungen durch 6+1 Workshops
- Operationalisierung von Zielen
- Personalauditierung/Qualifizierung durch Zielvereinbarung
- Entlohnung nach (oder durch) Zielvereinbarung
- Controlling durch Visualisierung und gegenseitige Auditierung

Dieser Leitfaden stellt praktisch erprobte Konzepte zur Zielvereinbarung vor und gibt Unterstützung bei der Einführung solcher Konzepte in Form von Bausteinen, Instrumenten und Checklisten. Der Leitfaden beruht auf der Erkenntnis, dass die Identifikation von Mitarbeitern mit den Unternehmenszielen ein wesentlicher Erfolgsfaktor für eine wettbewerbsfähige Organisation ist. Sie bleibt nur wettbewerbsfähig, wenn Mitarbeiter in Entscheidungsprozesse eingebunden werden und ein Mindestmaß an Gestaltungs- und Entscheidungsmöglichkeiten erhalten. Dies wiederum erfordert ein verändertes Führungsverhalten.

Leitfäden-Bestellliste und -Themenübersicht

#	Titel	#	Titel
1	Ex. **Advanced Purchasing** — EUR 250,- • ISBN 978-3-934155-38-1	24	Ex. **Kundenbeziehungsmanagement** — EUR 250,- • ISBN 978-3-934155-54-1
2	Ex. **Änderungsmanagement** — EUR 250,- • ISBN 978-3-929918-16-8	25	Ex. **Kundenorientierung** — EUR 250,- • ISBN 978-3-929918-93-9
3	Ex. **Anlaufmanagement** — EUR 250,- • ISBN 978-3-934155-52-7	26	Ex. **Kundenorientierung in der Logistik** — EUR 250,- • ISBN 978-3-937236-22-3
4	Ex. **Asset Management** — EUR 250,- • ISBN 978-3-931511-99-9	27	Ex. **Logistik-Check** — EUR 250,- • ISBN 978-3-934155-50-3
5	Ex. **Auftragsabwicklungsprozess** — EUR 250,- • ISBN 978-3-929918-86-1	28	Ex. **Logistikleistungen** — EUR 250,- • ISBN 978-3-934155-24-4
6	Ex. **Bestände-Halbe** — EUR 250,- • ISBN 978-3-931511-04-3	29	Ex. **Logistik- & Supply Chain-Architekturen** — EUR 250,- • ISBN 978-3-937236-53-7
7	Ex. **Betreibermodelle** — EUR 250,- • ISBN 978-3-934155-43-5	30	Ex. **Make or Buy & Insourcing** — EUR 250,- • ISBN 978-3-937236-24-3
8	Ex. **Distributionslogistik** — EUR 250,- • ISBN 978-3-931511-09-8	31	Ex. **Managementinformationssysteme** — EUR 250,- • ISBN 978-3-934155-57-2
9	Ex. **Durchlaufzeit-Halbe** — EUR 250,- • ISBN 978-3-929918-15-1	32	Ex. **Monitoring** — EUR 250,- • ISBN 978-3-934155-46-6
10	Ex. **Efficient Consumer Response** — EUR 250,- • ISBN 978-3-931511-20-3	33	Ex. **Offshoring-Outsourcing-Optimierung** — EUR 250,- • ISBN 978-3-937236-34-6
11	Ex. **Einkaufscontrolling** — EUR 250,- • ISBN 978-3-934155-25-1	34	Ex. **Operational Due Diligence** — EUR 250,- • ISBN 978-3-937236-67-4
12	Ex. **Einkaufspotenzialanalyse** — EUR 250,- • ISBN 978-3-929918-14-4	35	Ex. **PPS-Systeme** — EUR 250,- • ISBN 978-2-931511-14-2
13	Ex. **Einkauf von Dienstleistungen** — EUR 250,- • ISBN 978-3-937236-58-2	36	Ex. **Produktions- und Zuliefernetzwerke** — EUR 250,- • ISBN 978-3-929918-92-2
14	Ex. **Electronic Sourcing** — EUR 250,- • ISBN 978-3-931511-96-8	37	Ex. **Produktordnungssysteme** — EUR 250,- • ISBN 978-3-934155-40-4
15	Ex. **Entsorgungslogistik** — EUR 250,- • ISBN 978-3-929918-96-0	38	Ex. **Prozess-Benchmarking** — EUR 250,- • ISBN 978-3-929918-43-4
16	Ex. **Entstörmanagement** — EUR 250,- • ISBN 978-3-929918-18-2	39	Ex. **Prozessklinik** — EUR 250,- • ISBN 978-3-931511-98-2
17	Ex. **Event Management in der Supply Chain** — EUR 250,- • ISBN 978-3-937236-60-5	40	Ex. **Qualitätscontrolling** — EUR 250,- • ISBN 978-3-929918-54-0
18	Ex. **Global Sourcing** — EUR 250,- • ISBN 978-3-937236-44-5	41	Ex. **Self-Assessment-Tools** — EUR 110,- • ISBN 978-3-929918-68-7
19	Ex. **Handels-Supply-Management** — EUR 250,- • ISBN 978-3-934155-53-4	42	Ex. **Service** — EUR 250,- • ISBN 978-3-931511-29-6
20	Ex. **In-/Outsourcing** — EUR 250,- • ISBN 978-3-931511-08-7	43	Ex. **Supply Chain Management** — EUR 250,- • ISBN 978-3-931511-42-5
21	Ex. **Just-in-Time in F&E** — EUR 250,- • ISBN 978-3-931511-13-7	44	Ex. **Total Cost of Ownership** — EUR 250,- • ISBN 978-3-937236-54-4
22	Ex. **Kanban-Produktionssteuerung** — EUR 250,- • ISBN 978-3-929918-19-9	45	Ex. **Vertriebssteuerung** — EUR 250,- • ISBN 978-3-934155-56-5
23	Ex. **Komplexitätsmanagement** — EUR 250,- • ISBN 978-3-931511-30-2	46	Ex. **Zielvereinbarungsprozess** — EUR 250,- • ISBN 978-3-929918-88-5

Alle Preise jeweils zzgl. Versandkosten

Bestelladresse / Versandanschrift

Ich interessiere mich für:

☐ **weitere Fachliteratur**

☐ **Fachseminare**

TCW Transfer-Centrum GmbH & Co. KG
für Produktions-Logistik und Technologie-Management
Leopoldstraße 145 • 80804 München
Tel. +49.89.36 05 23-0
E-Mail: Mail@tcw.de • Internet: www.tcw.de

Fax-Bestellung: +49.89.36 10 23 20

Name, Vorname

Abteilung/Funktion — Firma

Straße/Postfach — PLZ — Ort

Telefon — Telefax — E-Mail

Stempel — Datum — Unterschrift

www.management-literatur.com • Mail@tcw.de